無錫文庫

第二輯

無錫富安鄉志
瞻橋小志
無錫斗門小志
無錫開化鄉志
重修馬迹山志
馬迹山導遊
横雲景物志
横雲山莊記

鳳凰出版傳媒集團
鳳凰出版社

圖書在版編目（CIP）數據

無錫富安鄉志等 / (清) 奚錚等撰. -- 南京 : 鳳凰出版社, 2012.5
（無錫文庫. 第2輯）
ISBN 978-7-5506-1316-4

Ⅰ. ①無… Ⅱ. ①王… Ⅲ. ①鄉鎮－地方志－無錫市 Ⅳ. ①K295.33

中國版本圖書館CIP數據核字(2012)第073632號

責任編輯 王 劍
裝幀設計 姜 嵩
出版發行 鳳凰出版傳媒集團
鳳凰出版社(原江蘇古籍出版社)
南京市中央路165號 郵編 210009
發行部電話 025－83223462
集團網址 鳳凰出版傳媒網 http://www.ppm.cn
印 刷 無錫市證券印刷有限公司
無錫市揚名高新技術産業園B區75號 郵編 214024
開 本 889×1194毫米 1/16
印 張 42.5
版 次 2012年5月第1版 2012年5月第1次印刷
標準書號 ISBN 978-7-5506-1316-4
定 價 560.00圓

無錫文庫工作委員會

無錫文庫編輯委員會

主　編

王立人

副主編

須　儉　姜小青

編　委（按姓氏筆畫排列）

王進雄　王賡唐　卞惠興　全　勤　吳　迪　沙無垢

金其楨　夏剛草　倪培翔　徐志鈞　浦學坤　陳文源

過旭明　過耀華　許墨林　張志清　程勉中　湯可可

蔡家彬　劉桂秋　錢建中　錢菲菲　顧文璧

執行編委

王華寶　王　劍　薛　飛　陳紅彦　林世田　謝冬榮

徐憶農　陳　立

編務人員

顧志堅　李躍光

無錫文庫學術顧問

（按姓氏筆畫排列）

朱玉麒　朱維錚　江慶柏　李文海
沈衛榮　武秀成　金良年　胡福明
莫礪鋒　徐中玉　陳熙中　許倬雲
張仲禮　張廷銀　彭　林　程章燦
馮　遠　馮其庸　楊天石　趙生群
劉玉才　錢　遜　錢中文　錢文忠

總序

七千年文明史，三千年建城史，江南名城無錫，襟長江依太湖，自古以來就是魚米之鄉，禮儀之邦。無錫文化自泰伯南奔以來，騰蛟起鳳，尚德崇文，在數千年的傳承發展中，教化常持，經世務實，人杰輩出，大家林立，文藻絢麗，錯彩鏤金。舍南舍北皆春水，欲與湖山作主人，數千年的人文傳統，賦予了風光秀美的無錫以獨特的文化魅力，鑄就了城市剛柔相濟、秀逸清麗的的文化品格。

無錫是中國吴文化的發源地。早在商代晚期，周太王古公亶父的長子泰伯三讓王位，攜其弟仲雍奔吴，定居無錫梅里，建『勾吴國』，『端委以治周禮』，施以禮儀教化；興修水利，授以農桑，不數年而『民人殷富』。泰伯帶來的中原文化與無錫本地土著文明相結合，吴文化以及作爲其重要組成部分的無錫文化就此發端。晋室南渡，北方人群大量南遷，帶來了中原的文化技術，促進了無錫農業、水利、手工業和商業的發展，中原文明再度與吴文化進行融合互滲。在本土文化與异地文化的碰撞和交融中，不斷推動着無錫這座城市的文明進步。

無錫歷史文化『追歷七千餘載歲月滌蕩，遂經四大轉折而成其廣大深厚：泰伯西來，吴文化成焉；永嘉南渡，江左文脉振焉；宋室波遷，江南文風始焉；歐風東漸，錫邑占風氣之先，民族工商文化始焉。數百代鄉彦賢達智慧與創造累積，文獻足徵，無慮百千』（《錫山先哲叢刊》重版弁言）。無錫文化以兼容并蓄多樣化的形態不斷發展。

崇文尚教，以教促文。北宋嘉祐三年（一〇五八），無錫始設縣學；北宋政和元年（一一一一），理學傳人楊時在無錫創建東林書院，此後無錫出現了喻樗、尤袤、李祥、蔣重珍等一批知名的教育家。至明代，顧憲成、高攀龍等在東林書院講學，此後又有許多書院相繼而起。古代無錫對教育的重視，促進了『崇文』和『尚教』的風氣，也造就了大量的人才。自隋朝開創科舉取士到清末廢除科舉，無錫共出了五名狀元、三名榜眼、六名探花和三名傳臚，并有五百四十名進士，一千二百多名舉人；『一榜九進士』、『六科三解元』，自古傳爲佳話。近代以來，經濟的繁榮進一步帶動了教育的興盛。無錫籍國學大師錢穆曾說：『晚清以下，群呼教育救國，無錫一縣最先起。』此後無錫的實業家紛紛出資興辦文化教育事業。教育的繁興，在極大程度上促進了無錫的文化發展，出現了空前的文化人才崛起的高峰。

文脉綿延，後出轉强。歷來『文化』的概念有廣義和狹義之分，這裏的『文脉』之『文』，用的是狹義的概念，即指經史、文學、藝術等人類所創造的精神財富的總和。在無錫的歷史文化傳統中，自古及今，悠悠文脉，如瓜瓞之綿綿。必須指出的是，從文化發生學的角度來看，早期中華文化的中心是在黄河流域的中原地區，無錫在宋元以前，雖有像顧愷之、李紳、尤袤、蔣捷、倪瓚等一批人文英才，但在整體上，無錫的文氣是自明清以迄近現代達到巔峰。在整個江南地區文教昌明和無錫經濟繁盛、教育勃興的大背景下，無錫地區在經史、文學、繪畫、音樂等諸多領域中，建樹卓越，俊才雲蒸，真正呈現出『人文之盛，冠於南國；碩彦輩出，著述繁富』的局面。

求實務本、重工崇商。無錫自古爲江南富庶之地、魚米之鄉。明代東林講學者將士商并列爲『本行』，講求經世致用；近代早期維新的思想家、實踐家薛福成提出『黜浮靡，崇實學』，大力倡揚『工商爲先，耕戰植其基，工商擴其用』的觀念，這些都成了近代以來無錫人求實務本、重工崇商的重要的思想根源；兼以明清時期，封建自然經濟解體，資本主義開始萌芽，無錫經濟日趨繁盛。鴉片戰争以後，上海開埠，由於商品經濟的發展和商業資本積累的增加，逐步形成了一個以上海爲中心的，北接江陰、靖江，西連蘇州、無錫、常州的經濟區域。有布、米、絲、錢『四大碼頭』的無錫，被譽爲『小上海』。到了十九世紀末、二十世紀初，無錫許多有識之士積極引進西方生産技術，大力興辦工廠，形成了近代六大資本系統，無錫成了近代中國民族工商業的發祥地和蘇南經濟中心。經濟的繁盛，不僅爲無錫文化的不斷發展提供了堅實的物質基礎，而且也形成了無錫文化的主流形態之一的，具有鮮明特色和豐富内涵的『工商文化』。

文化源長，文獻宏大。在歷史上，無錫有過兩次較大規模的文化整理。一八九九年，《常州先哲遺書》是包涵無錫在内的第一次區域性文化整理集成。一九二二年，《錫山先哲叢刊》是無錫真正意義上從城市角度進行的一次文化整理。當時，國家積貧積弱，社會動蕩離亂，身處亂世的有識之士高擎文化的旗幟，以縱覽千古的魄力和毅力致力於城市文化傳統的繼承與弘揚，爲無錫地方人文教育提供了文化楷模，對增强無錫崇文興教氛圍發揮了重要的作用，爲無錫躋身江南名城提供了文化動力，其意義至今爲後人感念。

滄桑巨變，天上人間。經過近一個世紀的奮鬥探索，特别是改革開放三十多年來的迅猛發展，中華民族强勢崛起。國運昌隆，盛世修典。中共無錫市委、市政府高度重視地方傳統文化的整理弘揚工作。自二〇〇七年提出『建設文明無錫，打造文化名城』以來，無錫全面深入開展歷史文化遺産的挖掘、清理、保護和修復工作，傳承弘揚優秀傳統文化，彰顯城市人文歷史底藴，掀起歷史文化名城建設新高潮。此後，市委、市政府在《無錫市文化大發展大繁榮行動綱要》中明確要求全面整理出版地方歷史文獻，市委、市政府在《關於深化文化體制改革加快文化强市建設的决定》中再次明確要求編纂《無錫文庫》，正式啓動迄今爲止無錫地區規模最大、綜合性鄉邦文獻集成的修編工作。爲確保《無錫文庫》的編纂工作順利進行，市委、市政府專門成立了『無錫文庫工作委員會』，由市委宣傳部牽頭，設立了『無錫文庫編輯委員會』，計劃用三年時間完成編纂出版工作。《無錫文庫》的編纂，將以嶄新的學術角度和現代學科框架對城市歷史文化進行全面梳理和弘揚，站在時代的高度，充分展示城市深厚的歷史底藴，彰顯先賢哲人的智慧創造，解讀無錫文化的獨特個性，提煉升華無錫的人文精神，光前裕後，古爲今用，以文化人，由人化文，以史爲鑒，開啓未來。

《無錫文庫》的編纂出版必將發揮重要的文化功能：首先是搶救文獻。無錫自古即有豐富的地方文獻，無論經史子集，都有重要著作流傳於世。然而無錫近代歷經戰亂，一些重要典籍已毁佚，僅有書名存留；還有一些珍貴的明清地方史籍，也以孤本存世，處於若存若亡之間。由於各種原因，一些代表無錫文化的典籍保存於國内外各大圖書館中，在無錫不易見到。從清末到民國期間，在文化上有不少重要成果，而這部分書籍因長期被忽視而處於毁佚的邊緣。《無錫文庫》的編纂就是爲了搶救文獻，保存文脉。其次是古籍整理。無錫先賢留下的載籍很多，但現存書籍，版本雜亂，良莠不齊，整體而言没有經過系統編排梳理，使用不便。《無錫文庫》的編纂，就是從版本目録學的角度加以梳理，每書皆撰提要，鈎玄指要，便於閲讀使用。第三是服務大衆。《無錫文庫》所收皆爲地方古史遺文，是研究無錫歷史沿革和文化傳承的必讀書目。《無錫文庫》的編纂出版，使這些書籍的使用更加便捷和廣泛，對無錫的文化建設、城市規劃、古迹保護、名勝開發都具有很高的學術價值和實用價值。

歷史唯物主義觀是《無錫文庫》編纂出版工作的重要指導思想。《無錫文庫》是一部具有社會主義新時代特點的典籍集成，編纂理念和選編觀念更加科學，注重學術性、實用性和經典性相結合，并且儘量收入古籍版本研究的新成果，廣泛收集流散在國内外的珍貴典籍。編纂工作中，始終堅持『尊重歷史、尊重科學、尊重規律、尊重專家』的原則，堅持『雙百』方針，對傳統文化中重要的不同學派、不同觀點的資料兼收并蓄，力求客觀、完整和全面。當然，《無錫文庫》不可能包羅萬象，而以文史哲爲主要内容，兼顧其他類别著述，整體呈現出無錫歷史文化的發展脉絡。强化編纂工作的學術規範，提倡實事求是的良好學風，對文庫的整體規模、體例框架、所收書目、版式裝幀等進行反復論證，反復比較，多方聽取意見，慎之又慎，力争使《無錫文庫》成爲一部真正代表無錫文化的綜合性鄉邦文獻集成。

編纂出版《無錫文庫》的盛舉，得到了海内外衆多著名的文史專家、學者教授的熱烈響應。許倬雲、馮其庸、楊天石、李文海、徐中玉、馮遠、胡福明等無錫籍文化名人和劉玉才、程章燦、江慶柏、張廷銀、金良年等專家學者應邀擔任《無錫文庫》的學術顧問，他們扎實的學術功底、嚴謹的治學風範、卓越的學術見識，爲《無錫文庫》提供了有力的支撑。

千年吴地文明，百年工商繁華，賦予無錫人聰慧和靈秀，創造了具有獨特品質的城市文化和城市精神。當我們手捧先哲留下的珍貴文化遺産，不僅滿懷感恩、敬畏之心，更涌動着不負前賢、勵志圖新的激情，去努力創造城市文化嶄新的輝煌，讓無錫文化大發展大繁榮的春天更加姹紫嫣紅、繽紛燦爛！

無錫文庫編輯委員會

二〇一一年一月

凡例

一、《文庫》所收爲無錫籍作家的著述和與無錫相關的歷代文獻，分爲《官修舊志》、《地方史料專著》、《年譜家乘》、《無錫文存》和《近現代名家名著存目》五輯。

二、無錫地域範圍以現行行政轄區爲準。《文庫》立足無錫市區，兼顧江陰、宜興，適當選收江陰、宜興具有代表性的著作。

三、《文庫》所收著作，以史料價值高、使用價值大爲原則，適當兼顧其版本價值。

四、《文庫》主要采用影印方式出版，《近現代名家名著存目》收入作家小傳和主要著述目録。

五、《文庫》所收著作，其編纂年代下限爲一九四九年；《近現代名家名著存目》則不受此限。

六、《文庫》所收著作，原書如有蠹損、殘缺、漫漶不清處，原則上以相同版本予以换頁、補頁，使全書清晰、整齊。

七、《文庫》對所收每種圖書，均撰寫提要，置於每種書扉頁之背面；每册均新編頁碼，自爲起訖。

八、《文庫》編制書名索引和著者索引，以方便讀者使用。

第二輯編輯説明

本輯爲《無錫文庫》之第二輯《地方史料專著》。這些書籍皆爲個人著作，它們是官修方志之外最重要的地方史料，是對地方歷史更爲精細的記録和闡述。其中保存了官志中看不到的材料，所以也是官志極其重要的補充。無錫自古以來人文薈萃，所以歷史上存留下來的地方史料專著也非常豐富。明清以來這些著述得到了長足的發展。作爲方志體裁的史書，這些著作所述史事已細化到一個鄉村，一座寺廟，一幢宅第，一座園林，一所學府，一項工程，一個專題等，從而爲後人保存了大量第一手的史料。進入民國後，隨着社會的發展，在政治、經濟、文化、教育等方面，出現了許多專門的出版物，這些具有時代特色的文獻，爲我們保存了民國時期原生態的歷史材料。從這些文獻中可以看到當時無錫向現代都市邁進的步伐。第二輯所收書籍，不少都是孤本，彌足珍貴。特別是一些藏於外地圖書館的珍貴書籍，這次也盡了最大的努力加以搜集。由於歷史的原因，一些地方史籍已失傳，僅有書名存留，不無遺珠之憾。一些民國書籍也偶有缺葉。敬請讀者見諒。從另一個角度而言，也更説明了這次文庫編纂的必要。

目録

無錫富安鄉志

（民國）奚鋿編

《無錫富安鄉志》二十八卷，首一卷，（民國）奚錚編，賈道曾審訂。民國二十一年（一九三二）稿本，南京圖書館藏，《中國地方志集成·鄉鎮志專輯》影印收録。

富安鄉位於無錫西南隅，距城四十五里，南瀕太湖，西接武進縣，是北宋至清末無錫二十二個古鄉之一，民國十八年（一九二九）改稱爲無錫縣第十七區。其範圍相當於今胡埭（包括張舍）、陽山（包括陸區橋）兩鄉鎮以及藕塘的一部分。奚錚（一八六九—？），字文軒，本邑陸區橋人，爲寒素之士。民國二年曾任富安鄉議長。卸任後，在張舍秦氏宗祠設館授課。民國十七年（一九二八），以公民名義具文呈請並獲准設局編纂本鄉鄉志。傾其家產，四經寒暑，終成完稿。賈道曾（一八八八——一九五七），字仲偉，本邑張舍人。他在此稿本上共批注四十六處，並寫有約五百字的總批。

此志卷首有胡可藹、奚錚、賈道曾所作序文三篇，以及作者所訂凡例十四則，並附有本鄉實測地圖一幅。稿末則有作者好友、本鄉耆碩吴廷銓所作跋文一篇。正文二十八卷，卷目大多效仿府、縣舊志，如區域、沿革、田賦、山水、物産、風俗、科舉、學校、宦望、忠節、孝友、行義、列女、善舉、兵防、古迹、祠墓、隱逸、儒林、文苑、耆碩、流寓、祥異、雜著等。但也有創新，如卷六科舉，除列出本鄉歷代進士、舉人外，還收録了近現代大學生、中專生、師範生等名單；卷七學校，附有圖書館、民衆教育、農民合作社、蠶業製種場、畜牧場等子目；卷十四交通，則設有電話、郵政、輪船、區鄉道等子目，其近現代特色十分明顯。

富安古鄉不但山水秀美，物産豐富，而且人文底蘊深厚。無錫歷史上第一名狀元蔣重珍、第一名榜眼蔣芾、第一名探花吴情、第一個歷任五部尚書的秦金，皆出於此鄉。春秋遺迹闔閭城、宋代古橋陸墟橋、明清學府安陽書院等文物古迹，至今還較完整地保存着。該志不失爲一部内容豐富翔實的鄉鎮志，又因其編修資金不足，未能刊行出版，故資料價值較高。

本書據南京圖書館藏稿本影印，保留四十多條浮簽，版本價值較高。

（夏剛草）

仁

無錫富安鄉志稿

無錫富安鄉志序

井牧始於黄而九夫經野之制備弼服肪（畍）於堯而九畿分國之制詳唐虞以後載籍之文莫詳於周周禮大司徒掌土地之圖小史掌邦國之制為千古輿地之濫觴厥後有國家者苟欲敷所暨版圖所隸莫不有羣國志一統志縣府志即散而在野之鄉土志亦義取乎此蓋自有人有土有財有用以來民族民權民治民生以後在昔推行仁政始於經界在今努力建設試辦新村十室之邑有忠信百步之內有芳草滆湖之區多山水我民衆飲水思源恭桑敬梓念曩烈景前徽具特見而旁搜遠紹運椽筆而輯雅揚芬人以土著地以人傳人與土固在在有密

切之關係焉顧或者謂一統志紀載翔實縣府志宏富搜羅已足供鄉人士之研究鄉志奚為哉殊不知鄉者邑之根荄國之基礎一統志藏之天府非盡人所能窺縣府志提要鈎玄又非一邱一壑能纖介之畢具鄉先生在鄉言鄉關心民瘼一旦主鄉政苟鄙鄉志而不寓目是何異採干霄蔽日之木而不察其根荄處摘星袖雲之樓而不審其基礎乎蓋服務鄉校捷史也科於齊魯之孔林泰山吳越之洞庭西湖以及長城運河爲前朝絕大之巨工罔不津津樂道童子偶有以鄉土問者則於某山某水雖經涉足未遑考訂何敢强不知以為知一物不知儒者之恥每欲發憤探輿自成一家言卒累於衣食奔走而未果

同鄉奚君錚文字交也年相若職相等貧雖等於思淵才幾齊乎軾轍久有志於鄉志而巧婦無米絀于經濟歲戊辰奚君六秩初度門下士醵金為壽奚君得此憑藉立傾私囊悉充公益而鄉志局亦於短時間秉承縣府組織以成迄今四易裘葛幾經挫折卒賴羣策羣力公家資助而始付棗梨蓋非才之難惟財之難才與財之相需若嘉禾沃壤之不可相離世有班馬陶朱之才與財當疎財而善用其才守財虜無才而吝財其身家往往為財所累而莫或之卹奚君之疎財正奚君之善用其才繼奚君而起者亦大有人在故克早觀厥成耳夫當訓政伊始建設方興之日輯此巨篇以供輶軒如遊藝林引人入勝如讀葩經可興可觀可羣非特官斯土而牧斯民者可以採風問俗考古知今可次第舉畫善政即我富安聲名文物之鄉童年釣遊之地風俗醇良應如何而維持弗衰地利未闢應如何而因時制宜黨政力謀刷新應如何而盡善盡美學校未臻完善應如何而教育普及農工墨守成規應如何而考察改良與夫忠孝節義騷人詞客鄉望名宦遺聞佚事巨賈大匠之代有其人者亦不致千秋萬禩而湮沒不彰焉

民國二十二年歲次癸酉　鄉人胡可鵠謹識

原序

生當叔季之世士君子人各有志志各不同有志在紆青拖紫弋取功名富貴以求榮者有志在枕經葄史閉户著書獨善其身者有志在貨殖生產汲汲於工商實業以逐什一之利者錚之志則不然竊念一鄉之山川人文物產風俗於一鄉有重大關係不有紀載曷稽古昔不有闡揚曷昭來茲此創修富安鄉志之所由權輿也或有難之者曰修志固美舉矣然非素封費何自來錚曰十之七願犧牲其薄產十之三或仰助於公家又有人曰丁茲國家多難時局阢隉省志縣志尚緩圖鄉志豈當務之急錚曰積鄉成縣積縣成省鄉志實為省縣志之基礎烏得目為緩圖況吾邑泰伯開化已有先我而行之者矣於是毅然決然於民國十七年七月以公民名義具文呈請奉 秦前縣長令行舊鄉政局長實查覆核准立案即行設局籌備開辦採訪務求詳確不致失之遺而流於濫編輯必求明通尤敬參乎古而酌乎今自戊辰秋迄壬申冬經四閱寒暑而初稿藏事雖歷年遭天災人禍之變財源艱窘勞怨紛乘而終始勉辦未敢稍懈至初稿竣後迺幾瀕於危蓋款基雖立而個人私款涸矣倚畫無策吁籲無門二編刊印尚需多金爲山九仞功虧一簣吾不為也不獲已又寒暑再更風雨呼號幾經波折沐承故鄉人士慨念公衆事業不可半廢允予攸助地方公款若干以底

於成鑄之聲嘶力竭鑄之衲不自量之過也而鄉人士之曲諒私衷贊助公益之功為足多多矣今㝡稿已付矣其中疏漏之處與訛誤之點知所難免鑄決不敢一得自矜惟自安中十載辦學而後盡吾之心勉吾之力而完成鄉志於衰年但願已畢至知我罪我要非鑄之所計及矣爰述其顛末如次以待夫當代立言君子有以糾正之幸甚

民國二十一年歲次壬申嘉平月里人吴鑄

卷首 序

一

此稿為鄉先輩吳文軒先生等所編著計分二十八門凡十三萬五千餘字於吾鄉文獻散佚之秋而所成者若是其搜集之勤已可想見惟統觀全稿覺可商處尚多記村鎮人口男女之統計不叙時期記田畝稅則之數額河港橋梁之廣狹長短等素歷均未經詳核實於山水兵防等門多載[illegible]以為事已平志書通例而於孝友藝術等等門多列現存人物之事蹟又多采現存人物

民國 年 月 日

二

不涉本鄉故實之著述踰越標榜尤非所宜此尤可商之點著者修詳附答亟應取材全則未嚴編次統系太棄要所生予見此全由於原稿時未能預定體制確立宗旨之準則故遂不能整而理之此稿殺於抗戰前數年不變之史實采輯所以之所距今已遠而其可變之史實所叙尤與現實不符志書貴在事必有徵語無泛設故不論往蹟現狀必先

民國 年 月 日

三

廣事搜羅，方可博觀約取，據以纂述，斷不容
脫離事實，振筆直書，任意增損。今欲繼
諸先輩之志，完成是稿，宜按照所立門類，重
致力於訪查徵集兩項工作，務能多得種種之資
料（資料須由選述者署名並註明來歷），甄選編撰，分別補充，並從參
酌稿內（不佞）僭擬之條，須意見加以整理，並逐一
審定事實，修正文字，剔掛漏，既少疵類，當易
刪除。若但求成書之速，因陋就簡，比而輯之，

民國　年　月　日

四

蕪雜詭誤，甚之足以紛擾大雅，不特不能行
遠而傳後，亦殊非吾儕自重之道也。一得
之愚如此，未知當否，尚祈
振盍吾先與
潛心文獻諸君子協商定之。
實芝瓜附白 年四月五日
不佞於編稿諸公均素所相契，承委點定，
宿諾久稽，媿悚曷有，既極荒陋，皆舉木

民國　年　月　日

五

已拱，展覽此稿，益切黃壚之感。又竊思有
所貢，求於第念事關名山盛業，處人以
德，不應默爾，用敢率直言之，尚祈
通家諸友好所能鑒原也。
芝瓜再白 年四月六日

民國　年　月　日

凡例

一凡志必先地理地理必資輿圖邇清𢇁辦江蘇輿圖局富安亦繪有全圖惟窮僻之處涉歷未周不無疏脫之憾茲詳加審測闕者補誤者正雖限寸幅亦庶乎瞭如指掌焉

一區域沿革清舊志本有布政神護富安三鄉廣袤約各二十里或為區或為鄉或為扁今仍為區

一賦稅糟粮今昔不同關係民生甚重既往無從詳考就近代所徵稅額錄而載之以明人民負擔之數

一山水分南北兩界如有安陽侯廟而名安陽山有僕射祠而名僕射山有華藏寺而名華藏山有孟忠厚墓而名孟灣山

之類水則併合書列如直湖港為南北界而南北刊溝則直貫東西又橫斜于閶江口之太湖三鄉岸之運河三攔渡之南陽湖謝巷橋之白蕩稍塘以東之洋溪與武進及開原萬安二鄉公之

一甲第人物于科舉門遵照縣志及名人集序諸書彙而輯之若事屬傳疑無從証實者姑闕焉

一鄉官錄其出仕在外者宦望錄其政績卓著者採之邑志其未有傳而見于他書確有依據者當亦摭列

一文字以著書立說為重而藝文詩詞次之故以著述為先而附以詩文著述則僅錄其書名詩文則擇要摘錄為他

凡例應參酌各門內簽附

意見另撰

之類水則併合書列如直湖港為南北界而南北刊溝則直貫東西又橫斜于閶江口之太湖三鄉岸之運河三攔渡之南陽湖謝巷橋之白蕩稍塘以東之洋溪與武進及開原萬安二鄉公之

一甲第人物于科舉門遵照縣志及名人集序諸書彙而輯之若事屬傳疑無從証實者姑闕焉

一鄉官錄其出仕在外者宦望錄其政績卓著者採之邑志其未有傳而見于他書確有依據者當亦摭列

一文字以著書立說為重而藝文詩詞次之故以著述為先而附以詩文著述則僅錄其書名詩文則擇要摘錄為他

日觀摩之助

一兵防戰事採摭史書及父老遺聞書畫醫卜屬于藝術善堂義莊列於善舉昔之書院今為學校昔之園墅湮沒者多附于古蹟碑碣之類祠墓居多附於祠墓

一每類各有小序如山水田賦科舉學校宦望忠節孝友行義交通兵防宗教隱逸儒林壽徵物產風俗藝術祥異等類皆備之

一死難紳民明清二代見于邑志者達數千人富安亦有多人其得邀奏請議卹者國居多數雖有未經奏請者當一併附存以昭來兹

一現行政治以教育建設為最各公私學校關于民智教育農

民合作社蠶業製種場關于民生教育郵電輪船縣道支路關於建設交通至區公所公安局商團部保衛區關於防衛以上皆為重要詮次自當詳明

一流寓如人文久湮不傳者姑無論但即見聞所及記之取在鄉言鄉之義有不生于鄉而終老於此與生于鄉而挈家他往者並列之

一列女如婦人未滿三十而寡守至五十餘者而已故固録其當[尚]存者及才女貞孝女等品行卓著確有可信者概行列入以資表率

一是編純係創修去古已遠僅明成淳志清嘉道光緒志間可資以參討故自明清迄今前人記載旁及遺聞軼事即有邑志或無就見聞所及與家藏文集著作之秘者悉採録之寧蹈迂拘駁襍之病不辭繁瑣鄙陋有後賢者起而增損改革之則幸甚

無錫富安鄉志目錄

鄉官录可刪

2.

卷九　忠節　附死難姓氏錄
卷十　孝友
卷十一　行義
卷十二　列女　貞　孝　節　烈　才　俠　附牌坊
卷十三　善舉　附善堂　義莊
卷十四　交通　電話　郵政　輪船　區鄉道
卷十五　兵防　附戰事
卷十六　古蹟　附園墅
卷十七　祠墓　附碑碣
卷十八　宗教　寺廟　菴觀　僧　道　附耶回各教

編排次序、應為區域、山水、物產、風俗、交通、
（甲戌）兵燹、水利、選舉、科第、學校、古蹟、祠墓、孝友、
忠節、義行、善舉、儒林、文苑、耆碩、
[illegible]隱逸、流寓、列女、壽徵、著述、藝
術等、門類名稱之應否改變增刪、
另商。
又建坊不專屬於列女、宜移入古蹟門
3、

全境四周鄰鄉接壤之地名皆應補
注明、亦應補遺。鄉鎮轄區已有變遷亦應查
改
4、

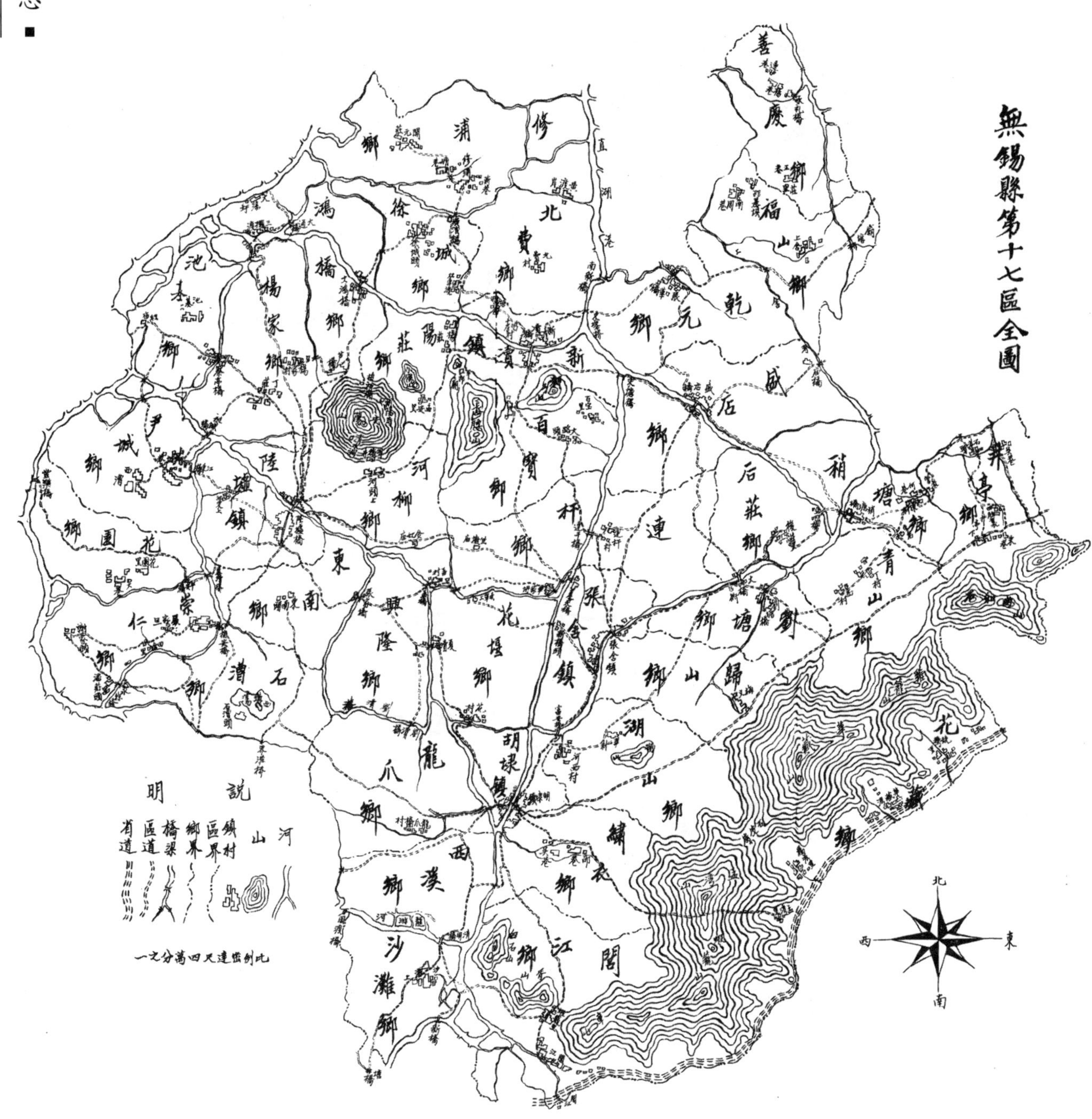
無錫縣第十七區全圖
說明
河
山
鎮村
區界
鄉界
橋梁
區道
省道
北
東
南
西

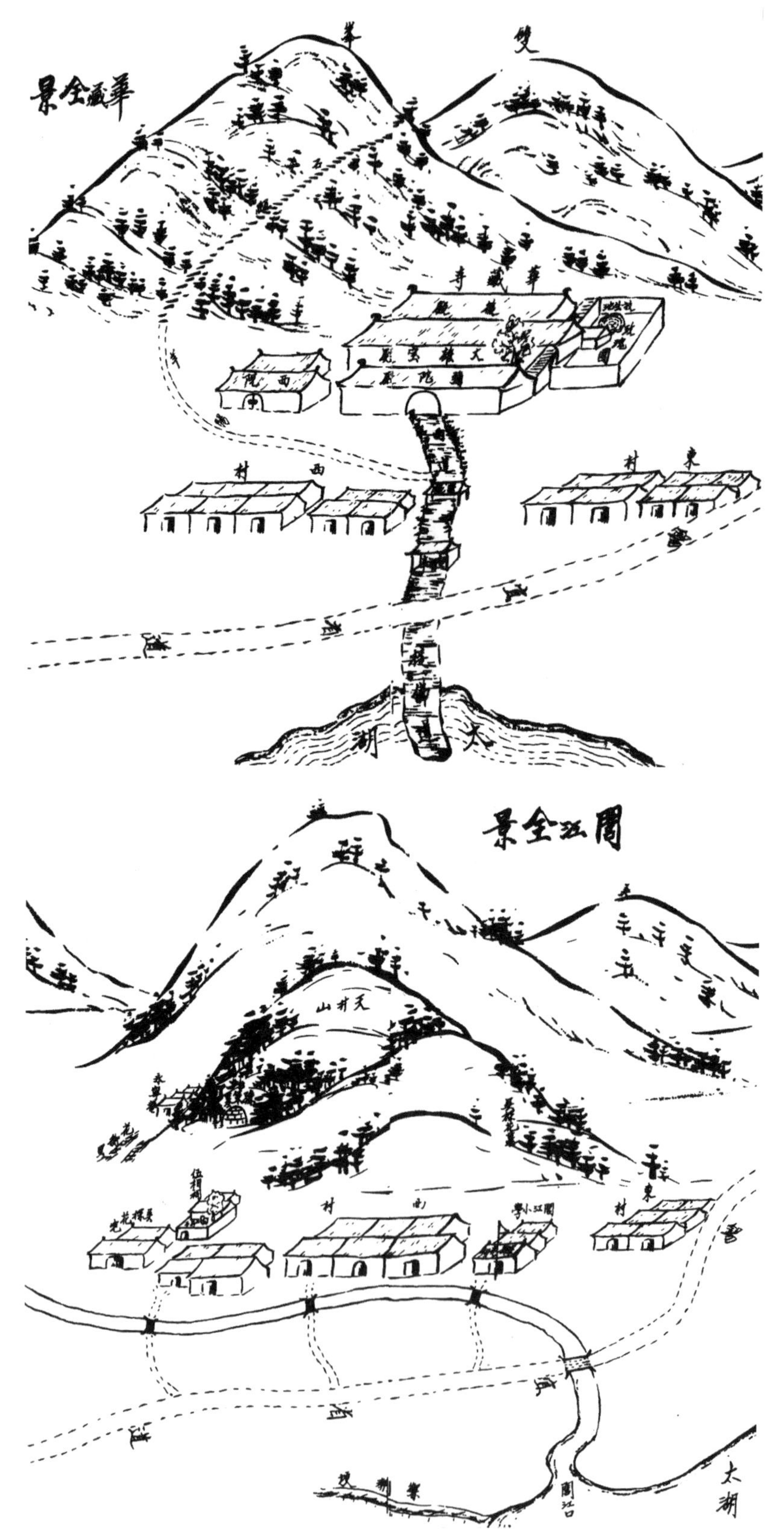

華藏全景
雙峯
華藏寺
大雄寶殿
彌陀殿
西院
西村
東村
太湖
閭江全景
南村
東村
閭江口
太湖

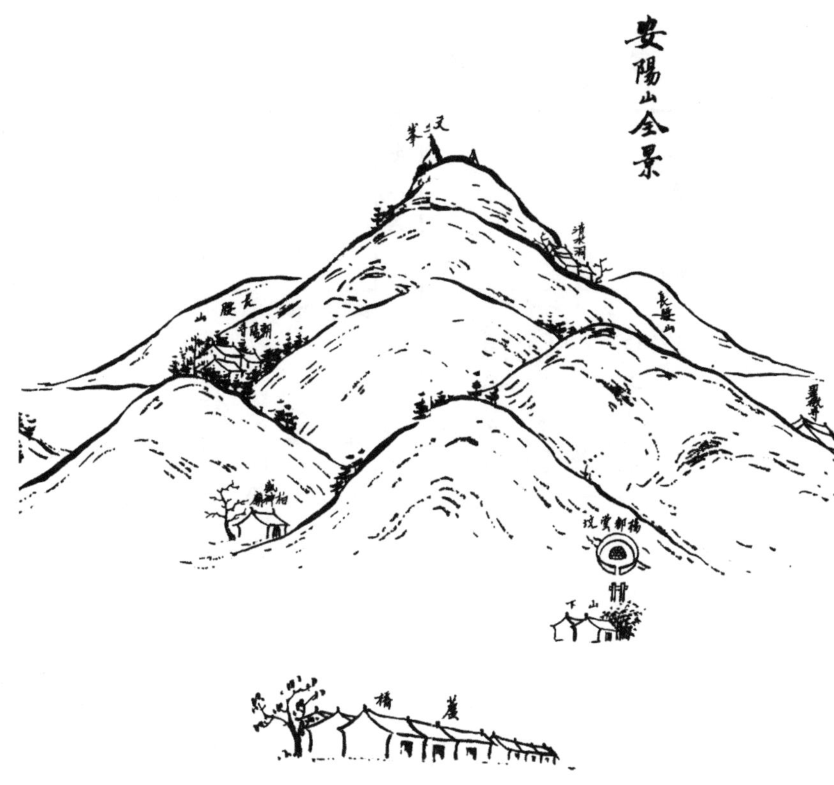

無錫富安鄉志卷一

（區域）

富安位於邑之西南隅，東南界太湖，北界萬安，西界武進，東界開原。縣本二十六鄉，宋省為二十二，明併為十三區，清增為十七市鄉，富安居第十七。近今改鄉為區，為第十七區，此其沿革也。全鄉析三十四圖，鄉改區後，圖改為三十八鎮鄉。村户之數，日益繁滋，編而列之，以資稽考。至黨務、自治、防衛各要政，新置局所，亦境内所不可少也。志區域第一

富安在無錫西南，距城四十五里。全境東西二十四里，南北二十一里。東與開原接壤，南濱太湖，西抵周橋、武進界，北抵武

進、驩塘橋，東北界萬安、青石塘橋、福山、善慶之西、修浦北貫之東，為萬安楊樹園之凹進地。閭江面湖背山，風景幽勝。井亭、歸山多高原，大長圩五百岸皆低。鄉新瀆以南，陸墟以北，安陽山、獅子山等居焉。由錫至宜省道在閭江之南，由宜至錫内塘在修浦之北。城鄉往來，則有南北刋溝之汽船，姚灣縣道、張舍區道之人力車，向東北入萬安之洛社，則有京滬來往之鐵道，至鄰縣武進約五十里，水陸交通，尚稱便利。

建置沿革

	周	秦	漢
郡		置會稽郡	分置吳郡
縣		置無錫縣	元封元年以無錫為侯國；征和四年復為無錫縣；新莽改為有錫縣
鄉	風土記武王封周章少子贊於無錫安陽鄉舊志謂邑之安陽山		

	東漢	三國	晉	宋	齊梁陳	隋
郡		分置毗陵典農校尉	太康改置毗陵郡；改為晉陵郡			改為常州
縣	復為無錫縣；永平元年以無錫為侯國；建安七年以無錫為毗陵僕	省無錫縣；復置無錫縣；分無錫毗陵立暨陽縣		無錫縣		
鄉						

	唐	五代	宋	元	明
郡	大業改為毗陵郡；改為常州；天寶改為晉陵郡；至德改為常州	常州	常州	常州；至元升常州路	改常州府
縣	無錫縣	無錫縣	無錫縣	無錫縣；元貞升無錫州	
鄉		以前縣二十六鄉神護布政富安三鄉即本區神護布政富安三鄉仍舊			

		清	
郡	萬曆改晉州府（避光宗諱）	復為常州府	
縣	洪武降無錫縣	無錫縣；雍正分無錫東境置金匱縣	宣統
鄉		并神護布政富安三鄉為富安區；全縣并二十二鄉為十三區神護布政富安除章青兩字外悉并為富安區；區分上下扇扇各領圖十七	改富安鄉（是年籌辦自治全縣就原有區扇分為十七市鄉）

上既列年數下亦不可簡省 文

清

萬曆 改嘗州府（避光宗諱）
復為常州府

洪武 降無錫縣
無錫縣
雍正 分無錫東境置金匱縣
宣統

并神護布政富安三鄉為富安區 全縣并二十二鄉為十三圖神護布政富安除章首兩字外悉并為富安區 區分上下扇各領圖十七
改富安鄉 是年籌辦自治全縣就原有區扇分為十七市鄉

無錫富安鄉志 卷一 沿革

民國

廢常州府置蘇常道
戊辰 廢道制

并金匱統稱無錫縣

己巳 改第十七區 全縣遵照省頒標準畫分十七區 全縣鄉鎮畫成
本區轄鎮四 鄉三十四

干支二改年數、

6.

自治團體

無錫富安鄉志　卷一　自治團體

清同光間董鄉最久者為錢最繼錢最而為鄉董者有胡君萃賡君桐珪戴君堯天汪君本絡胡君啟廸

宣統二年始籌備自治公推秦伯風為正所長陳寬周汪景侯為副所長錢應運為駐辦員

三年自治成立民選議員十八人議長鄉董由議員票選議長楊宗瀛副汪景侯鄉董錢應運鄉佐陳寬周

民國二年改選議會票選議長吳文軒副張國香鄉董胡啟廸鄉佐錢應運

三年取消鄉自治仍改鄉董制正董陳寬周副汪芴庭吳英揚平名譽董王文怡

自治團體

爾時行政區域稱扇，董其事者稱扇董，敘述宜異如下：

清同治初葉，太平軍之役既平，本縣各鄉仍稱之扇，董鄉政者稱之扇董，由縣令聘當地正紳士任之。本鄉稱富安之扇，為扇董者，初為錢最，最去職，胡草賓、桐達繼之。歷年頗久，嗣汪本紱、戴堯天、胡啓迪，亦均為扇董有年。

7、

九年陳董辭職錢祖勤繼任

十一年錢董辭職胡啟廸繼任

十二年改啟廸乞休改名譽職鄉事由汪吳楊三董負責

十六年改鄉行政局局長賈念曾

十八年改富安鄉為無錫第十七區區長楊仁溥

二十年楊辭職縣委區長華似敷

又宣統二年第一屆縣參議員胡準鄉參議員吳讓等縣議員（及民國十[illegible]成立第一屆）

賈念曾汪錫恩第二屆縣參議員汪錫恩縣議員楊岱霖許[illegible]

常胡啟廸鄉議員強光弼胡亦元等

無錫縣第十七區區公所設張舍民房民國十八年由鄉政局

改設區長一人助理員二人雇員一人常年經費有忙漕附稅一千四百七十三元蕭捐九百元安陽書院田租八十餘畝

無錫縣公安局十四分局於民國十九年四月十日成立局址在張舍局長一局員一雇員一巡長一巡士十七伕夫一

陸區橋商團支部在民國十七年八月由袁錫坤虞達源等收回軍械給養費及捐資創辦會長袁錫坤虞達源

胡埭商團支部在民國十七年十月成立會長陳冕周副姚斐然凌廣甫由地方人張承烈陳貽安謝錫榮等合附近鎮鄉人捐資創辦

新瀆橋商團支部在民國十八年成立會長錢祿耕鄭少鴻第

二届會長錢國華呂醉樓

區農民協會在民國十七年二月成立會址安陽書院　縣組織部長胡正霞區委謝宗元周文治常務胡惠墕

自治研究社在民國十七年成立社址胡埭鎮公所創辦人楊仁溥陳洵懋胡惠墕

無錫縣第十七區保衛團民二十一年八月一日成立由縣府委任虞廣達孫為區團長因經濟關係全區先行組織三甲每甲三排每排十人共團丁九十名虞錫良沙石孚虞仲儀楊健民何伯生張友慶虞建榮沙振亞等八人為訓練員區團部設陸區橋（此項宜低落）

陸區橋地方自治促進會創自民二十一年夏季至二十二年二月得縣黨部指令准予立案始正式成立馮俊彥薛星齋許秉鈞等為執行委員沙仲篪為常務委員沙壽康楊漢濤王基鎬許國銑等為監察委員（此項宜低落）

富安鄉黨務沿革史

秘密時期與公開活動時期

民國十六年三月國民革命東路軍底定淞滬同時第六軍直搗南京大江以南無孫軍蹤跡國民黨公開活動吾鄉於秘密時期已組織三個區分部一個區黨部選舉錢君殿為區黨部常務委員錢重慶馮俊彥薛振達楊世明為執行委員迨國民黨公開活動吾鄉成立十四個區分部產生正式第五區黨部同時薛振達楊世明辭職赴滬由第一次全區黨員大會在新瀆橋區黨部補選周麟色煥為執行委員

清黨時期

是年七月國共分裂南京中央黨部通令全國舉行清黨吾鄉各級黨部亦奉令停止活動一律改組另推錢寶鈞張謨王鏞為五區黨部整理委員迨整理三月完竣由縣黨部指派呂渭文王播聲楊世明為改組委員

改組時期

十七年吾鄉十四個區分部改組五個區分部一個區黨部選舉嚴濟寬為區黨部常務委員鄭少鴻楊世明為執行委員章拔為監察委員是年奉全國黨員重行登記各級黨部奉令停止活動由縣黨部指派鄭少鴻為區黨部保管委員

登記完竣時期

黨務沿革史現以刪去為宜 8、

是年七月國共分裂南京中央黨部通令全國舉行清黨吾鄉各級黨部亦奉令停止活動一律改組另推錢實鈞張謨王鏞為五區黨部整理委員進行整理三月完竣由縣黨部指派呂渭文汪播聲楊世明為改組委員

改組時期

十七年吾鄉十四個區分部改組五個區分部一個區黨部選舉嚴濟寬為區黨部常務委員鄭少鴻楊世明為執行委員章掖為監察委員是年奉全國黨員重行登記各級黨部奉令停止活動由縣黨部指派鄭少鴻為區黨部保管委員

登記完竣時期

十八年全縣各級黨部從事合併吾鄉與青城萬安三市鄉合併組成無錫縣第五區黨部地址洛社萬安為五區第二區分部青城為五區第三區分部吾鄉為第五區第一區分部選舉鄭少鴻錢荷慶章掖為區分部執行委員

十九年改選貝麟許秉鈞鄭少鴻當選為區分部執行委員

二十年改選薛振遠鄭少鴻楊仁溥當選為區分部執行委員

二十一年改選吳經文薛振遠章掖當選為區分部執行委員

二十二年改選貝麟吳經文薛振遠當選為區分部執行委員

自十八年起吾鄉人士當選區黨部執行委員與監察委員者有錢君牧錢荷慶章掖薛振遠鄭少鴻等

卷一 村落戶口

連杆鄉

村落：前舍里、西濇頭、東賣村、小廟頭、張巷上、小俞巷、張典橋、李巷上、前後中連杆、許家旦、龔巷上、前後壙頭、胡巷上、前後西連杆、前貝、王家旦、朝東村、菱浜上、南北賣村、長草蓬、新莊、吳村里、西田舍、覓來橋、夏家旦、邵家旦

戶：三百四十四

口：一千八百二十二

男：八百八十九
女：八百四十九

修蒲鄉

村落：蔣巷、上岸里、吳巷、南村頭、倪巷、下村、蘭降、開九庢、田舍、朱巷

戶：二百五十四

口：一千二百六十二

男：五八九
女：五〇四

徐城鄉

村落：徐城頭、雙車埰、浜頭上、塘南、馮家岸、塘路上

戶：一百六十[illegible]

口：六百四十六

男：三五〇
女：三一三

修蒲鄉

村落：蔣巷、上岸里、吳巷、南村頭、倪巷、下村、蘭降、開九庢、田舍、朱巷

戶：二百五十四

口：一千二百六十二

男：五八九
女：五〇四

徐城鄉

村落：徐城頭、雙車埰、浜頭上、塘南、馮家岸、塘路上

戶：一百六十[illegible]

口：六百四十六

男：三五〇
女：三一三

村落宜改為村鎮，[illegible]於戶口之數字係根據何年何項之調查，並須加說明。

9.

鄉	村落	戶	口	男女
北舋鄉	北舋村、小橋頭、卯巷上、顧巷上、西圩、祈巷上、黃渡岸、老古潭、東降頭	二百三十弍	一千一百二十九	男〤一〇 女五三九
后宅鄉	包家岸、湛渡埧、楊樹浜、棗樹下、後底巷、小廟頭、東家村、木筏頭、陳巷上、中大埧、魚池頭、故村里、沈巷上、大巷上	一百五十二	六百四十六	男三〤三 女三一三
尹城鄉	上中下尹城上、江西岸、中巷頭、後巷里、前後中西漕、胡庄、利巷漕、魚池上、甘田上、朝東村	二百九十[illegible]	一千五百九十	男八六二 女七三八
鴻橋鄉	大鴻橋、前後朱村、前後宋庄、堰頭、青龍橋、蘆橋、殷家岸、東沼河、大長圩、黃家圩、蔣圻岸	二百六十六	一千二百八十八	男七〇二 女六〇二
東南鄉	東南頭、干下、橋頭巷、落龍基、宣溝上、宣溝橋、前後圩巷、管家共、前後黃巷、梁巷上、蕩上、王家旦、燒窰巷、後庄、壩頭	一百九十九	六百二十〤	男〇〤〤 女三九九
湖山鄉	前胡山、後胡山、吊橋、張野里、黃塘里、嚴巷、烏鳥嘴、楊巷上、許巷上、大埧頭、小周家、小溝頭、平塔山、費巷、東蔡村、楊樹下、巷西、河西	二百三十九	一千零九十一	男五八九 女五〇八
花堰鄉	花村、葉家橋、謝堰河南、埧頭、朱巷上、南邵、前孟村、夏瀆上、唐村里、花堰橋	二百三十[illegible]	一千二百零一	男五九二 女五二三
閭江鄉	閭江、虎街裡、長溝、短溝、前中後集賢村、南北匯天灣、胥山灣、[illegible]石山、楊家渡	弍百乂十二	一千五百四十五	男八三五 女七二〇

龍爪鄉

村落
龍爪橋[五八十]　馬巷　湯巷　朱巷
大河埒　後徐　祠山堂　柚樹下
東沼　袁家旦　汪家旦　是家旦
陳巷　前後張村[一八十]　八士橋　花澗里
楊家旦　唐家旦　界瀆橋[五八十]　管家旦
前徐[二八十]　呂家旦

戶	二百二十八
口	一千一百零[illegible]（塗改）

男五〇八　女五六五

盛店鄉

村落
裡水渠　西張村　張典橋　船浜頭　蔣巷上
梨軋基　莊橋頭　大河頭　小漕上　姚巷上
上俞巷　街里　盛店橋　埭上　庄基上
俞巷　吳巷上　張巷上　大埧頭　盛店降
莊里　高家旦　楊樹埧　西張巷　東張巷
大樹下　下莊　章家埧　黄土塘　西埧頭
黄泥埧　上舍頭　廟橋王巷　廟橋

戶	二百[illegible]十[illegible]（塗改）
口	一千九百六十五（塗改）

戶四〇一　男一〇三九　女九二〇

卷一　村落戶口

井亭鄉

村落
李家灣　錢埠墩　朱巷　王巷　殷巷
田肚里　壜里　石巷　陸巷　秦巷
歐巷　吳巷　花園里

戶	二百五十[illegible]
口	一千一百六十二（塗改）

男五二五　女五〇五

劉塘鄉

村落
劉塘橋　酒店橋　大岸里　管家灣　沼山
上倉頭　周家橋　童巷上　盛巷上　黄巷里
大河降　廟溝漕　前後遵巷　毛巷上　大橋龍
邵巷上

戶	二百三十五
口	一千一百零九（塗改）

男五九九　女五一三

新瀆鎮

村落
新瀆鎮[二卅]　上安陽　十房村　廟墩　東塘橋

戶	二百二十三
口	一千零[illegible]（塗改）

男五九〇　女五一〇

陸區鎮

村落
陸區鎮[十六二]　前降東　後降東　花家村　後巷
前橋頭　高降頭　虎降頭　方西　賈家巷
田舍頭

戶	[illegible]（塗改）
口	一千八百八十七

戶[illegible]　男一〇二〇　女八八〇

卷一　村落戶口

鄉	村落	戶	口
福山鄉	北周巷 邵基墳 念四岸 錢巷上 陳家衖 岸裡馮家 蔣家旦 上舍 殷墳頭 廟塘橋 高馮巷 壇樹降 錢家旦 三墳頭 小庄巷 荒田里 楊家墳 馬駐溝 小園里 孫巷上 浦巷上	二百五十[illegible]	一千二百八十三
善慶鄉	殷西房 馬巷上 芝蘭樹下 大三房 庄裡 王巷上 浦巷上 邊家旦 蕭徐巷 呂巷上 邵家橋 夏家橋 溝園里 大岸橋 東大小楊巷 顧家旦 蔣梅棚下 破墩頭	三百三十	一千四百九十八
河柳鄉	薛家場 全家橋 前馬畝 後馬畝 河頭村 寺前 山南頭 前後中徐寺舍 高頭上 前後孟村 蒲溝上 新橋塘 荒田里	二百二十[illegible]	一千一百六十七
稍塘鄉	陳村 木橋頭 下岸 陳村濱上 壇頭 中巷裡 管巷上 河西巷 小方橋 章巷上 岸裡 稍塘橋 河西岸 黄家衖 新豐裡 小馬巷 東巷頭 長吳巷 周巷上 葉家墩	二百四十[illegible]	一千零八十九
青山鄉	陳家灣 廟溝灣 廟頭 小東店 椿樹巷 邵巷上 袁巷上 第四巷 東丁村 三家村 前頭巷 河西巷 蕭家坍 西村 管家灣 上山 柏樹下岸里 西村岸里	[illegible]	九百八十九
胡埭鎮	胡埭鎮 旗頭浜 北岸上 蔡村 蔣巷 張巷 西溪墩 唐巷 蔡巷	二百八十[illegible]	一千二百九十九
沙灘鄉	樓下 馬家旦 潘桂莊 前後巷塔 錢家浜 東巷頭 西莊 前後沙灘 漕上 後吳 西頭巷 東城 江西里	二百十七	一千二百零九

卷一 村落戶口

華藏鄉

村落：姚灣　華藏灣　陽灣　孟灣

户：~~一百七十~~

口：~~八百十八~~

户一九一　男四九九　め三八七

興隆鄉

村落：邵家橋　朝東村　降灣里　西堰　倪家灣　巷前　夏瀆上　宋家橋　水車溝　西下沼　東下沼　馬區里　東家溝　孟村橋　周巷上　殷巷上　劉瀆降　方田里　韓巷上

户：~~二百三十四~~

口：~~一千二百四十二~~

户二〇〇　男五五〇　め五三〇

繡衣鄉

村落：上頭巷　王家灣　長瀆上　油車巷　錢家巷　烏鵲浜　後吳巷　許巷上　莊橋頭　前吳巷　洪庄上　前蔡村

户：~~一百二十七~~

口：六百十二

户一三二　男三〇七　め三〇五

張舍鎮

村落：張舍鎮　高田塍　楊巷上　新橋頭　貿米橋　堵家岸　呂舍里　東塘村　西塘村　小花村　周巷上　荒田村　清真觀

户：二百廿五

口：~~一千[illegible]百[illegible]~~

户二〇三　男五五三　め〇七〇

卷一 村落户口

百寶鄉

村落：大路頭　鄧家旦　管家旦　劉家旦　溝南　賈山橋　丁家旦　後貝　走馬降　八寶里

户：~~七十五~~

口：六百九十九

户一二二　男三九五　め三三八

花園鄉

村落：花園里　匡家岸　石柱岸　小岸里　大岸里　寸庄上　北岸上　牌樓下　堵村里　木橋頭　大巷上　湯家巷　夏家巷　劉備巷　馬大漕

户：~~一百九十八~~

口：~~一千三百三十九~~

户二三一　男七五七　め乙三三

歸山鄉

村落：惠巷　漕上　費巷　黃巷　下沼　布莊前　周巷　徐巷　唐巷　朱巷　蓬樹下　孫巷　灣里　秦巷　葉巷　潭塘頭　梅車溝　漕上　仁義橋　松坟頭

户：~~一百九十六~~

口：~~九百七十四~~

户二一乙　男一〇五　め〇三八

往基鄉

村落：樛基上　蔡家橋　吳岸上　唐家岸　前後張庄　西庄　木橋頭　大小沙頭　張大巷　沈家旦　胡家旦　戚家旦　石家巷

户：~~弍百四十八~~

口：一千三百零八

户二五〇　男七〇八　め乙〇五

卷一 村落戶口

	楊家鄉	西溪鄉	陽庄鄉	石漕鄉
村落	塘岸里 山下 陽湖頭 天井岸 時家巷 石溜滿 魏家巷 大岸裡 張家巷 窰岸上 前後中李庄 前後丁庄上 寒潭橋東 大岸里 南漕頭 楊家村 石屑圩	西溪橋 朝東村 巷上 典橋 姚巷上 楊家 前後下塲 岸前頭 翟巷上 藥師巷 石柱頭 中巷上 鄧家墺 大听上 白水塘 福壽巷 三家村 河西新 西沼王 殷庄	孟安墩 山灣里 占春園 山枝頭 上巷里 工陽庄 郭庄上 下陽庄 下塲村 丁巷上	石人埰 丁家旦 下沼 張家村 臧家里 下園 後徐 臧家橋 石漕頭 謝巷里 漕村 周宮塘 謝巷橋 寔滿橋 前臧
戶	[illegible]	[illegible]	[illegible]	[illegible]
口	一千四百三十六	[illegible]	[illegible]	[illegible]
	戶二九一 男七七一 め六五八	戶二〇八 男五五六 めの八二	戶一九〇 男の〇七 め三五九	戶一八八 男の三九 めの〇三

	崇仁鄉	乾元鄉
村落	圻頭上 王家庄 北村頭 西張 慈雲浜 劉庄 後田舍 西石頭 前田舍 嚴家旦 謝家頭 楊樹頭 趙家旦 下庄頭 大墩蕩 老鳥嘴	上舍頭 下沼村 張華橋 葉巷上 寔巷上 後唐村 前頭巷 孫巷上 唐村里 楊園里 馮巷上 水埰上 殷墅橋 薛巷上 宋家墺 橋南村 張家村 姚巷上 西上舍
戶	[illegible]	[illegible]
口	九百八十九	[illegible]
	戶二七九 男五の〇 めの七一	戶五二一 男八五〇 め六一二

共一萬一千九百五十九 [illegible]

全區戶數 九〇一九
〃〃男〃 二三九九一
〃〃め〃 二〇五二二

（田賦）

前代丁役均於田賦故務丁賦地丁錢漕之説悉本於此人丁繁興永不加賦者為令典何其隆也詎或水旱成災分別蠲賑又何其寬也洎乎政體改革兵費浩繁國庫一如洗於漕帶征附額幾及正額十之七或將倍之閭閻不堪其擾雖非有司之過然豈小民幸福歟茲將原定賦額暨字號畝數分列於篇以告夫研究民生者志田賦第四

無錫富安鄉志卷二　田賦

十五一圖皇字　各則田共三千七百二十九畝四分七厘七毫五

平田三千四百八十五畝零八厘四毫七

低田六十四畝三分二厘四毫四

坂一百六十九畝九分七厘四毫七　埄十[illegible]畝零零九厘三毫七

全年地價稅三千四百八十一元四角五分

十五二圖始字　各則田共四千二百八十八畝六分七厘二毫六

平田三千四百五十一畝六分九厘一毫六

低田二百十一畝二分一厘三毫五

坂蕩五百六十一畝八分九厘七毫五　山埄六十三畝八分七厘

全年地價稅三千七百五十七元八角一分一

無錫富安鄉志卷二 田賦

關於各圖畝分及銀漕等之數額、究係根據何項典籍、應加說明，於各類稅捐更應叙明施行之時期、[illegible]。

實則 10.

十五三圖制字　各則田共五千一百十二畝四分七厘二毫五
　平田四千五百四十畝四分八厘六
　低田十一畝三分四厘　蕩三百九十二畝四分三厘一
　山一百六十八畝二分一厘五毫五
全年地價稅　四千五百五十九元一角五分五
十五四圖文字　各則田共三千八百十四畝四分二厘七
　平田三千六百九十八畝六分九厘二
　低田三十八畝二分七厘一
　坂蕩五十四畝八分七厘八　山埄二十二畝五分八厘六
全年地價稅　三千六百二十三元零一分九

無錫富安鄉志卷二 田賦

十五五圖字字　各則田共三千五百二十五畝五分四厘四毫二
　平田二千九百十九畝九分四厘八　低田三畝五分
　坂蕩八十二畝八分零二厘六毫
　山埄五百二十三畝三分零四
全年地價稅　二千九百零一元四角八分一
十六一圖乃字　各則田共四千九百九十二畝三分六厘〇六
　平田四千五百八十四畝七分五厘八毫二
　低田一百七十九畝二分九厘七毫六
　蕩二百二十六畝三分八厘五毫六　山一畝九分一厘八
全年地價稅　四千六百二十三元八角一分一

十六二圖服字　各則田共三千六百五十四畝一分五厘四
平田三千四百十九畝四分五厘二
低田一百〇六畝二分七厘一
蕩九十八畝四分三厘一
全年地價稅　三千零六十九元零二角八分
十六三圖衣字　各則田共三千九百十一畝九分八厘八毫九
平田三千六百二十八畝八分六厘六
高田八分六厘六
山塝三百五十二畝三分一厘六
全年地價稅　三千五百八十一元四角八分
卷二　田賦
十六四圖裳字　各則田共四千三百六十畝一分三厘七
平田三千六百零六畝七分四厘一
高田九分二厘五　蕩六十七畝五分
山　六百八十四畝九分七厘一
全年地價稅　三千五百八十二元七角八分
十六五圖推字　各則田共三千五百二十四畝五分五厘
平田二千八百三十畝〇八分一厘
低田十畝〇一厘　山塝六百畝〇七分五厘
坟蕩八十二畝九分八厘
全年地價稅　二千八百二十六元二角四分一厘

十七一圖位字　各則田共六千四百五十三畝二分二厘三毫九
平田六千一百十九畝四分七厘七毫七
低田二百八十七畝〇一厘五絲三
坂田三十九畝五分三厘四毫五　塝七畝二分七厘一毫八
全年地價稅　六千一百二十三元零一分二
十七二圖讓字　各則田共二千七百七十八畝一分五厘三
平田二千七百四十五畝七分二厘五
蕩八畝七分二厘五
全年地價稅　二千六百五十九元九角三分一
卷二　田賦
十七三圖國字　各則田三千一百二十三畝五分三厘二毫八
平田二千八百八十四畝八分八厘九
蕩九十畝三分三厘二毫五
山塝一百四十八畝三分九厘九毫八
全年地價稅　二千八百三十七元三角一分四
十七四圖有字　各則田共三千二百四十二畝三分三厘五毫九
平田三千二百四十一畝二分四厘二分九
墩　一畝零九厘三
全年地價稅　三千一百三十五元五角一分五

十七五圖虞字　各則田共二千九百七十二畝一分九厘八毫四
平田　二千八百六十四畝九分六厘一毫九
高田　四十八畝七分零一
坂　三十八畝一分三厘六　　埄二十畝三分九厘九毫四
全年地價税　二千八百二十元零九角一分六
十八一圖陶字　各則田共四千四百四十五畝七分七厘
平田四千三百九十五畝三分一
坂　十三畝五分
埄　十六畝九分六厘
全年地價税　四千二百五十七元九角一分一

十八二圖唐字　各則田共二千六百九十二畝一分六厘七毫七
平田　二千六百三十畝七分四厘八毫一
坂　三十四畝〇二厘五毫七
埄　二十七畝三分九厘三毫九
全年地價税　二千五百四十九元一角二分二
十八三圖弔字　各則田共一千七百五十畝四分一厘一毫六
平田　一千六百十一畝四分九厘八毫八
低田　一畝二分九厘六　　坂四畝九分六厘二毫一
埄　一百三十二畝六分五厘四毫五
全年地價税　一千五百七十三元六角四分三

十八四圖民字　各則田共二千三百九十一畝零
平田　二千二百七十六畝八分〇一毫五絲二忽
倏地　十六畝三分九厘五毫七　　坂　三分二厘一毫六絲
灘蕩七畝〇四厘一毫六　　山　九十畝〇四分四厘
全年地價税　二千二百十九元
十八五圖伐字　各則田共三千二百三十八畝六分七厘八毫六
平田　三千二百十三畝九分二厘三
蕩　二十畝一分七厘二毫八
山埄　四畝五分八厘二毫八
全年地價税　三千一百十三元二角二分四

卷二　田賦

十八六圖罪字　各則田共一千八百八十八畝四分八厘六毫三
平田一千八百三十八畝二分五厘四
蕩二畝九分四厘六　　埄　一畝五分六厘三
低田　四十五畝七分二厘六
全年地價税　一千八百十元零零二分三
十八七圖周字　各則田共二千四百十六畝五分九厘八毫三
平田二千三百八十六畝八分七厘六毫六
高田　八分二厘一　　蕩　十一畝五分二厘六
埄十七畝三分七厘九毫六
全年地價税　二千三百零九元九角一分六

十九一圖發字　各則田共四千六百九十七畝五分二厘七
平田三千一百五十七畝四分五厘四毫一
低田三十五畝九分七厘五　坂蕩二百二十八畝六分七厘五毫五
山埄一千二百七十五畝四分厘六毫六
全年地價税　三千二百七十五元零六分一
十九二圖商字　各則田共二千二百八十九畝四分一厘九
平田　一千六百七十六畝
蕩　五十七畝四分
山埄　五百五十六畝零零一厘九
全年地價税　一千六百九十三元九角四分三厘
卷二　田賦

十九三圖湯字　各則田共三千三百九十三畝一分零八
平田一千八百九十八畝二分五厘六
低田十九畝八分三厘五　蕩二百七十八畝三分六厘
高田二畝一分五厘七　山埄一千一百九十四畝五分
全年地價税　二千零七十二元六角二分八
十九四圖坐字　各則田共二千三百九十五四分六
平田一千九百十九畝六分八厘二
高田二畝五分九　低田　十七畝　八分四
蕩田六十五畝七分七　山埄三百八十九畝五分七厘八
全年地價税　一千九百三十三元六角五分二

十九五圖朝字　各則田共三千六百零三畝六分七
平田三千二百〇一畝二分九厘七
低田一畝九分六厘八　高田　十三畝六分四厘六
蕩　二十八畝六分四厘九　山埄　三十五畝八分一厘一
全年地價税　三千一百十七元九角七分二
廿都一圖問字　各則田共五千二百二十五畝五分三厘五毫四
平田四千二百二十九畝六分六厘七
高田二畝二分二厘七毫八　低田一畝七分九厘九毫五
坂蕩九十九畝一分二厘九　山埄八百九十二畝七分一厘一
全年地價税　四千二百十一元三角零五厘
卷二　田賦

廿都二圖道字　各則田共四千三百三十七畝二分二厘九毫二
平田三千三百七十六畝七分九厘七毫七
坂　五十六畝零四厘八毫七
山埄九百零四畝三分八厘二毫八
全年地價税　三千三百七十三元零三分一
廿都三圖垂字　各則田共四千八百四十七畝一分一厘五毫二
平田二千五百六十八畝九分二厘六毫四
低田　五十四畝六分五厘六　灘坂三百三十畝五分一厘五
山埄一千八百八十三畝九分九厘
全年地價税　二千八百三十八元二角四分二

廿都四圖拱字　各則田共四千八百四十七畝一分一厘五
平田二千五百六十八畝九分二厘六毫四
低田五十四畝六分五厘六毫八
灘坂　三百三十畝五分一厘五　山埄一千八百八十三畝九分九
全年地價稅　三千七百二十九元三角六分一
廿都五圖平字　各則田共二千九百七十八畝零四厘
平田　二千七百三十二畝七分四厘
蕩　二十五畝三分五厘
山埄二百十八畝九分五厘
全年地價稅　二千六百七十一元五角零二厘
卷二　田賦
廿一都二圖愛字　各則田共四千六百九十七畝四分一厘零八
平田四千三百九十三畝九分四厘一
坂灘三百三十五畝一分四厘三
低田二百零九畝五分八厘〇七　墩埄二十八畝七分四厘七
全年地價稅　四千一百二十八元二角五分
廿一都四圖黎字　各則田共四千零四十畝七分八厘七
平田三千九百五十八畝二分四厘二
坂田　四畝八分九厘八
墩埄八十四畝七分三厘
全年地價稅　三千八百五十五元九角五分九

正稅高低平田山埄蕩坂一應折實完納數
十五一啚田三千五百九十九畝五分三厘九毫七絲　忙銀二百〇五兩一錢八分二厘　漕米二百十五石三斗八升二合
十五二啚田三千八百三十四畝七分八厘六毫二絲　忙銀二百十八兩五錢八分二厘二毫　漕米二百三十石〇〇八升七合
十五三啚田四千七百十八畝四分六厘七毫　忙銀二百六十八兩九錢五分三厘　漕米二百八十三石一斗〇八合
十五四啚田三千七百五十畝六分七厘　忙銀二百十三兩七錢八分八厘　漕米二百二十五石〇四升一合
十五五啚田三千〇〇八畝七分〇九毫四絲　忙銀一百七十一兩四錢九分六厘四毫　漕米一百八十石〇五斗二升三合
十六一啚田四千八百〇五畝六分五厘三毫　忙銀二百七十三兩九錢二分二厘　漕米二百八十八石三斗三升九合
十六二啚田三千五百三十六畝三分八厘九毫　忙銀二百〇一兩五錢七分五厘　漕米二百十二石一斗八升三合
十六三啚田三千六百六十五畝八分四厘　忙銀二百〇八兩九錢五分二厘　漕米二百十九石九斗五升
十六四啚田三千七百〇四畝二分一厘八毫　忙銀二百十一兩一錢四分四厘　漕米二百二十二石二斗五升三合
十六五啚田二千九百三十二畝六分九厘二毫　忙銀一百六十七兩一錢四分一厘　漕米一百七十五石九斗四升
十七一啚田六千三百四十八畝二分三厘四毫　忙銀三百六十一兩八錢四分九厘　漕米三百八十石〇八斗九升四合
十七二啚田二千七百四十九畝一分六厘　忙銀一百五十六兩七錢〇二厘　漕米一百六十四石九斗四升九合
十七三啚田二千九百三十五畝二分二厘三毫　忙銀一百六十七兩三錢〇八厘　漕米一百七十六石一斗一升四合
十七四啚田三千三百四十一畝六分四厘　忙銀一百八十四兩七錢七分三厘　漕米一百九十四石四斗九升九合
十七五啚田二千九百十八畝四分六厘　忙銀一百六十六兩三錢五分二厘　漕米一百七十五石一斗〇九合
十八一啚田四千四百〇二畝三分　忙銀二百五十兩〇九錢三分一厘　漕米二百六十四石一斗三升八合
十八二啚田二千六百四十六畝七分七厘　忙銀一百五十兩〇八錢六分五厘　漕米一百五十八石八斗〇六合
十八三啚田一千六百二十八畝〇五厘　忙銀九十二兩七錢九分八厘　漕米九十七石六斗八升三合
十八四啚田二千三百〇〇九分九厘六毫　忙銀一百三十一兩一錢六分　漕米一百三十八石〇五升八合

十六五啚田三千三百二十一畝六分二厘
忙銀一百八十三兩六錢七分
漕米一百九十三石三斗三升三合

十六六啚田一千八百七十三畝四分四厘
忙銀一百〇六兩七錢八分九厘
漕米一百十二石四斗〇六合

十六七啚田二千三百九十三畝八分
忙銀一百三十六兩四錢四分七厘
漕米一百四十三石六斗二升八合

十九一啚田三千四百四十四畝二分〇五毫
忙銀一百九十四兩〇三分九厘
漕米二百〇四石二斗五升二合

十九二啚田一千七百五十五畝五分四厘
忙銀一百兩〇〇〇六分五厘七毫
漕米一百〇五石三斗三升二合

十九三啚田二千一百四十一畝七分
忙銀一百二十二兩〇七分九厘
漕米一百二十八石五斗〇二合

十九四啚田二千〇〇六分
忙銀一百十四兩〇三分四厘
漕米一百二十石〇〇三升六合

十九五啚田三千三百二十八畝四分
忙銀一百八十四兩〇一分八厘
漕米一百九十三石七斗〇四合

念都一啚田四千三百六十四畝二分七厘
忙銀二百四十八兩七錢〇八分
漕米二百六十一石八斗五升六合

念都二啚田三千四百九十一畝六分九厘
忙銀一百九十九兩〇二分六厘
漕米二百〇九石五斗〇一合

念都三啚田二千九百三十一畝七分一厘六毫
忙銀一百六十七兩一錢〇七厘
漕米一百七十五石九斗〇三合

念都四啚田二千九百三十一畝七二厘
忙銀一百六十七兩一錢〇八厘
漕米一百七十五石九斗〇三合

念都五啚田二千七百六十五畝一分五厘
忙銀一百五十七兩四錢一分三厘
漕米一百六十五石九斗〇九合

念一都二啚田四千六百八十二畝二分三厘
忙銀二百六十六兩八錢八分七厘
漕米二百八十石〇九斗三升四合

念一都四啚田三千九百六十八畝八分七厘
忙銀二百二十六兩二錢二分六厘
漕米二百三十八石一斗二升二合

共計折實啚田十萬一千八百八十二畝九分五厘六毫三絲
忙銀六萬三千七百七十三兩二錢八分五厘
漕米六萬七千一百二十九石七斗七升三合

附稅各項總數

征收費每畝二分六厘七毫　計洋二千九百八十七元二角七分四厘九毫

地方費每畝八分二毫　計洋八千九百七十三元〇一分三厘

普及教育畝捐每畝八分　計洋八千九百五十元〇六角三分六厘毫

教育畝捐每畝二分三厘四毫　計洋二千六百十八元〇六分一厘七毫

警察畝捐每畝一角二分　計洋一萬三千四百二十五元九角五分四厘七毫

築路畝捐每畝五分　計洋五千五百九十四元一角四分七厘八毫

補預算畝捐每畝二分六厘　計洋二千九百零八元九角五分六厘八毫

積穀每畝五厘　計洋五百五十九元四角一分四厘七毫

改良畝捐每畝二分　計洋二千二百三十七元六角五分九厘一毫

附稅共計完洋四萬八千二百五十五元一角一分九厘二毫

雜稅各項總數

屠宰稅全年　計洋一千四百七十六元

經懺捐　全年計洋二百十六元

筵席捐　全年計洋一百二十元

營業稅　全年計洋八百五十元

烟酒牌照稅　全年計洋一千五百五十元

本區年納雜稅一覽表

雜稅種類	全年數量	備註
屠宰稅	一七四六元	
筵席捐	一二〇元	
經懺捐	二一六元	
營業稅	八五〇元	
烟酒牌照捐	一三〇〇元	
合計	四二三二元	

本區各鎮牙稅統計表

鎮別 / 等級及數目 / 稅別	張舍		胡埭		新瀆		陸區		備註
	等級	數目	等級	數目	等級	數目	等級	數目	
木業			三等	4			二等	1	
米業							一等	1	臨時帖
苗豬	三等	2					三等	1	
魚行	三等	3			三等	2		1	
牛行	二等	1	二等	1					
地貨			四等	1	三等	1	四等	1	
山貨			三等	2	五等	1	四等	1	
合計		6		8		4		6	

義

無錫

富安鄉志稿

無錫富安鄉志卷三

（山水）

吾鄉東南濱湖諸山銜尾相接山脉自閶江來蜿蜒數十里盤旋凹凸亦一鄉之屏蔽也西北六墟之陽山古者為屯戍用兵地勝蹟尤多固不獨騷人吟咏僅供登覽而已北枕運河南臨太湖瀠瀕賴之蓄洩資之惟湖濱最易藪盜伏莽潛滋守望之法其亟亟乎志山水第三

無錫富安鄉志卷三 山水

山脉考 宕墩附

按廣輿記東南之山皆由銅官而來考明萬歷時無錫縣志云無錫諸山自天目廣德銅官馬蹟渡湖而至閶江湖底山脚可泅而捫也而閶江諸山惟大雷嘴突出湖中里許嘴前石蹟隱隱可見實為吾錫諸山之祖脉也故以大雷嘴為起典山

大雷嘴山原名大驢頭以其形若驢騾也因其突出湖中里許三面水浸風怒浪激轟轟如雷之鳴故定名曰大雷嘴嘴下出没水中之石有若雞形者曰石雞婆上有石洞若眼形者曰驢眼洞明吳明玕記曰梁溪多山水自九龍峯至閶江上

緜亙曲折數十里山勢峻拔大湖繞其足水暴悍湍急轟轟如雷之鳴其下怪石森立水激之騰沸上湧如雲烟雨雹瀰漫空中其磯而去也忽低限數十尺自上臨之惴惴不敢迫雷嘴觀漁為閶江十景之一

雷嘴觀漁　　吳克明 明

湖濆崖峻險此地尤巉巉絕壁迎怒濤迅雷擊空巖怪哉石齒齒飛瀑珊瑚嵌風帆亂日影左右騰暮瀨鳴柳灘水氣往來霜花織獨立重回首從茲隔仙凡

前題　　吳爾寧 明

突兀一峯出波流逐嶺迴嵐封千峰隱風駛亂帆鬧薰熟攜壺

去魚鮮换酒來停橈偕婦穪箕踞漫持杯

前題　吳雨蒼 明

蒼蒼瀰瀰大波流突聳危崖一望收最是古今蕭瑟處獨搦風月對漁舟

前題　吳廷銓

樂哉漁者倚烟波消受足春雨映花紅秋濤涵草綠五湖作生涯萬頃自出沒履險路自夷無塵人不俗閒傍鷗鷺眠不羨冲天鵠我欲放捕魚得鮮換春醁靜觀風月天眠卧芳蒔暮但遇峻危崖慎防暗礁觸

削刀灣山在大雷嘴西以其陡削中空故名

卷三　山

此下兩行排下一頁字

盤塢灣山在削刀灣西古時多植桃花故有碧桃塢之稱　吳■明玕記曰自雷嘴西行里許山盤曲而深林木茂鬱薪楚繁植湖水瑯瑯聲入樹間塢中幽僻煩囂之氣至此而盡多鳥聲樵者聚焉裹糇負笠其中白雲深宵煙嵐飄拂風微木落歌聲錯起山谷遙應嘹嚦木梢自古相傳有避秦處視此亦何必大異也爰為歌曰山高兮何窮松塢深兮雲封考槃容與兮與樵焉終盤塢樵歌為閶江十景之一

盤塢樵歌 盤塢盤曲而深取詩人考槃之意中有碧桃塢避秦處　蕭松齡 明

雷嘴觀漁罷荒尋别塢樵片雲隨入谷東楚落為橋遠覺風榛寂澗愁石浪漂斯人已獨往空作小山招

山水門在詳叙山脈河流之來往分合及其影響於兵防交通灌溉等之利害並登臨吟詠之作、在形入名勝古蹟門、其為鄉人所作者、並可酌量采入文藝門 而於名勝古蹟下叙明某某 見某集往某文門

此下兩行排下一頁字

盤塢灣山在削刀灣西古時多植桃花故有碧桃塢之稱　吳■明玕記曰自雷嘴西行里許山盤曲而深林木茂鬱薪楚繁植湖水瑯瑯聲入樹間塢中幽僻煩囂之氣至此而盡多鳥聲樵者聚焉裹糇負笠其中白雲深宵煙嵐飄拂風微木落歌聲錯起山谷遙應嘹嚦木梢自古相傳有避秦處視此亦何必大異也爰為歌曰山高兮何窮松塢深兮雲封考槃容與兮與樵焉終盤塢樵歌為閶江十景之一

盤塢樵歌 盤塢盤曲而深取詩人考槃之意中有碧桃塢避秦處　蕭松齡 明

雷嘴觀漁罷荒尋别塢樵片雲隨入谷東楚落為橋遠覺風榛寂澗愁石浪漂斯人已獨往空作小山招

前題　　吳即我 明

石徑入雲杳行蹤與塢深松杉迷嶺色樵採識人音鳥語林中意歌聲世外心桃花生谷口秦漢隔遥岑

前題　　吳廷銓

考槃可寤歌永矢勿諼過谷口烟雲蔽塢中風日和翁羲午譜聚鳥鵲暮巢多何必桃源路避秦即此阿

夏墓灣山在盤塢灣西下有獨湖嶺漢孫權族弟東定侯孫必興贈夏侯墓此故名

吳明玕記曰夏墓高峯冠於諸山當初霽時四野雲收諸山少蒙雲氣者於此往往經行遇之樵者道峯巔雲中望之人僅尺許隱隱如空中行也登巔而望畎畝交錯鄉塢歷落如繡九龍峯突兀西行起伏如龍蛇錫山浮圖矗起約現二三尺稍南為錫邑縣治城堙林木朦朧烟霧中高僅及尺蜿蜒數十丈城上浮圖高出少加於錫山者東之勝也下環太湖湖中諸山繞列遠近數十百一望心目加曠嗟夫此山之有已不知幾千萬年地僻天下能文之士無有登而記述之者而泯泯不傳以至於今是可慨也夏墓雲峯為閶江十景之一

夏墓雲峯　　吳即我 明

九龍幾百折拔地竦危崖峻石根青冥樵子出雲霞捫蘿凌垠崿下睨徽畦窪群峯湧地出天入水之涯星辰下霄漢雉堞蟠龍蛇沉吟嶺轉側攀躋短日車峯巔曠遠顧遊覽何容誇

前題　　吳寒求 明

九龍垂畫處此是最高峯島嶼兒孫侍烟雲娣姪從杯觀五湖水蟻闤萬家舂大似蓮花嶽昌黎悔篆節

前題　　吳廷銓

絕嶺登臨望雲霞足底生人如天上坐船在鏡中行雁陣參差影漁歌隱約聲五湖斜照裏白露遠山橫

邵家灣在夏墓灣西其東山嘴危崖中空俗稱章仙洞

吳明玕記曰章洞左右皆石壁延袤數十百丈高數仞石嶔崎轉側俯偃仰立非人工技巧所能設古樹藤蘿倒垂其下不可攀援有小徑階石可上山嶺人行其間如隔壁上湖水瀠淼濆洞飛噴其前洞可容五六人近為水滾石漸崩洞淺狹石縫中有泉滴瀝芳鮮可飲洞中望水外夫椒單峰洞庭林屋諸山環列如屏其間小山烟霧出沒無常奄忽變幻倏斷倏連不可測識雲霞片片飛水上或流遠山或橫樹梢或游行洞口飄飄非人間物也相傳昔有仙人所居夫靈奇之地往往為異人所棲息理或有之然亦何必仙人也但生其下眺望湖水之浩淼羣峯之蒼翠雲霞之動變沙鷗鳧雁之自得心曠神怡脩然世外是即仙而已矣章洞危崖為閶江十景之一

章洞危崖　　吳克誠 明

何年泎流發冲破青山根日月自呑吐洞天幾曉昏懸崖路幽
渺欲叩迷杜蘼月色映沙白雲流疑躋痕尋真獨來往清夜揚
風輪郤憶避秦處桃花爛滿門

前題　吳寒泉明

章仙喚不醒幽洞以君稱壁立丹千仞巖危翠幾層峭應黃鶴
到靜可白雲登恐被媧皇借風雷助爾崩

前題　吳廷銓

章仙已仙去留此仙踪洞戶外映波光隙中靈乳湩苔蘚草薜
蘿花影斜陽送個中絶塵囂閒生百慮空習靜即超凡何必跨
丹鳳

月牌灣山在邵家灣西　吳明玗記曰章洞之北圓曲如新月
麓多喬松更幾百年枝幹拳曲皆虬龍形風過處如萬頃波
倒瀉而至上有石澗名周塘澗澗丈許宜於浮橋澗側大石
起立横兩翼下覆崔危欲飛墮中可列坐三四人山尤宜雪
峯頂四環雪積四面皆白望之寒日照映熠耀如玉射人心
目澄澈嘯歌其間自有以自得者月牌霽雪為閭江十景之一

月牌霽雪灣形曲如半月故名吉木鱗皴連綿灣口每經大雪遠山涯綿霽而望之則粉白如[illegible][illegible]圓月無缺者然　吳克明明

皓潾失古徑轉側行山叢雪過回巒去南望一隙通黑雲兼怒
濤窈冥逗岡峯流泉落水澗滴瀝鳴深空午熠懸中天圓影下
玲瓏四山映無極寒清徹心胸猕踪立崖壁誰與言吾衰

前題　吳甬蒼明

雪棲巖松風斂迹巖上晴光奪幽魄遂望蒼寒不可思遠舉欲
逗江天碧

前題　吳廷銓

山形月色未完全祇是新殘上下弦今日天公助皓魄光明晝
夜自團圓

石臺山在月牌灣西為天井山最高處或曰月臺山昔人望月
觀星所築吳氏祖墓葬此在閭江村上　吳明玗記曰江上
之山高宜遠眺者東夏墓為勝西天井為最因峯之巔甃以
山石為平臺而圓置方石一可羅酒漿嘯其上聲振林谷之
下喬松亭然不見石臺也曲折取徑而上近峰頂有平地廣
數十步陟者往往少息於此縱目所之山水多歷歷指顧間
猶未見石臺也再折而上忽見大石人立蓋臺在焉置身其
上四野曠朗視前所息者大異下視列室比櫛東列夏墓及
龍山其北兩浮圖出烟霞中東北為澄江稍西為毘陵隱隱
遠山或起或伏於澄江浮圖之東者為君山極北地盡於天
不可究極其西為陽湖日映如金自南迄北狹而長光微動
閃爍湖之西雲氣蒼芒其搖撼紛錯如縷者為川為瀆不可
勝記東北突起壁立者為安陽山横卧者為長腰山其在西
南者曰秦望山龜山為虎嘴遠麓瀕湖森翠紆窅林煙稠雜

又南為夫椒其石頂方列屏者為銅官山左為孫山又東為軍章山遠者為洞庭為鄧尉小山如髻如螺如鳬鴨浮沉波濤間者名不能盡知凡東南諸山皆浸湖中湖水瀰瀁與天無際舉目浩曠如在世外釋然忘憂彼富貴利祿之人營營紛擾戚戚以没者無暇樂此此山此水舍吾輩二三貧士其誰有之石臺望月為闔江十景之一

石臺遠眺 石臺在天井山上天然石大似臺面平若棋枰為吾人望象祓除笑祥以當臺榭游覽者也　　吳南屏 明

石逕出晴嵐通天倚蒼翠三吳逐水排雙塔連雲墜天際蠡湖明濤聲陵谷碎孫懷縱所之微軀欲高寄

前題　　吳雨蒼

縱目渾無際蒼蒼古霸圖秋光憑百越江色動三吳烟樹兼天没雲峯出水殊荒臺委蔓草寂寞向姑蘇

前題　　吳廷銓

極目最高處烟雲四野低千村叢樹矮雙塔尺竿齊山色三吳秀湖光百越迷縱觀平壤地短陌少長隄

此行空依一字

虎街山由月臺山迤西與胥山相對山凹有庵曰永寧禪院有泉曰永寧泉

此行空依一字

胥山與虎街山連脉伏而突起頂有子胥故壘胥山故壘為闔江十景之一 案史記子胥既死吳王賜之鴟夷浮其尸於江吳人憐之立祠於江上因名胥山縣志謂是蘇州瀆湖之胥山以邑之胥山當之未是然觀壓胥山之頂故壘隱隱猶存且與闔閭城相去半里隔江對峙成為犄角之勢蓋子胥屯兵於此以防越民懷其惠故死而祀之今闔江江上有伍相祠土人祀之惟謹伍相靈祠為闔江十景之一

胥山故壘　　吳克勤 明

名留近岳重蹟寄慕思深故壘非吳越青山自古今

前題　　吳月巖 明

孫城依山在拒敵籌何長瞻彼吳下士豈果無豪良坵墟易禾黍眺望生惆悵戟鏃久沉没月華空屋梁冥然念初景舊壘懸斜陽

前題　　吳廷銓

西行里許有胥山伍相當年榛梗刪破越終遺心腹恨為吳空自角弓彎潔身不屑孫公智娟主堪憎伯嚭奸廟貌至今留浩氣苑文蹤跡渺人間

白石山　　邵璨

白石山即濮射山之誤音由胥山西遷稍北對峙有漢濮射劉昌墓墓傍有濮射廟有戲臺其山脉至直湖港而盡伏

水清沙白渚蘋香烟月從來和釣航四首風塵人自老寒潮日送斜陽

山木蒼蒼澗道分人家烟火隔秋雲野樵不怕前林虎自在行歌度夕曛

前題　　潘緒

草樹生香路絶塵行歌樵采不逢人白頭自得烟霞趣功業無

卷三　山

心學買臣　評　浣

前題　許　沅仲青

僕射何如姑射幽一春蒼翠枕清流烟村四五羲皇侶酒債尋常粉阮遊竟署頭銜齊宰相誰叅手版證浮邱應須索筆西溪路小記從添柳柳州

僕射廟　吳廷銓

漢代純臣史策彰胥山僕射兩名揚馬封獸石埋千古雞卜豚蹄薦一方歷啟蘩蘿綠玉種德高喜廟不淪齊春利劇能人歸從鶴唳鴉棲伴夕陽

僕射觀劇三首　許沅清

卷三　山

齊犢賈梨園鄉村四月天誰教張僕射逢看李龜年黃崔知羅綺青山殷彼綵光農心獨急梅雨今芳田

又

歌樓無恙倚斜暉僕射年年坐翠微桃葉吟過三月渡柳花飄上六銖衣青山設席迎賓去明明然燈送我歸鼓吹搖遊偏不俗一彈流水賞音稀

隔歲禍今夷掩夕暉去夏大水今春浮樹麥收微村荒言儘尚歌管江冷闌闠仍舞衣萬頃留禽愁水浸一天風雨趕人歸惟祈僕射神靈蘇母使秋冬八蜡稀

心學買臣此下仍回向大雷嘴起順志沿湖諸山

小雷嘴在大雷嘴東聲浪少衰於大雷故名又名縮驢嘴其東為正幹嘴頭二三灣中有河豚地吳穀墓其後吳家山有吳質墓在小雷嘴東為閭江鄉華藏鄉交界處其西有牛尾巴山烏龍口北有扇子山東為孟灣正幹嘴下有白子灘周圍二十餘畝其中石像為湖衝激或成牛形或人形或筍形或表柱形如彫如琢光潔晶瑩若魚鱗然甚為可觀在此小憩風雲變幻波濤澎湃風景絢爛爽心豁目遠勝黿頭

卷三　山

馬鞍嶺在孟灣之北右正幹嘴左廟山嘴雞籠山在其南嶺下路東有王御史墓再東為孟王墓墓旁古柏一株數百年物物身多癰瘤奇異突兀形若虬龍

廟山嘴在馬鞍東為陽孟灣交界處吳許二聖廟在焉廟前石子蕩內有石筍石表柱等形面水背山聲勢雄壯迤東北陽灣村後有蔣家山犁尖山接石皮嶺

石皮嶺在陽灣村北嶺有關帝廟榮華生在此鑿石開道欲通南北之路而工程非小尚未竣事東為新坟山石象山大灣凹山陽灣西有蘇亭三墓為蘇姓始祖墓前一泉水澄清名亭三泉

韓灣山在陽灣東相傳有古王墓御道在焉其西有鏡紋山喇叭山大灣凹山殷朝山寺山其東有莊東灣山尖頭山

華藏山有華藏寺寺中詞章記述甚多另志藝文門又有張俊
墓墓前神道碑已傾裂元志云唐灣山在青山下蒼峴嶺在其側又云宋張循王墓在布政鄉唐灣山即青山毘陵胡莢記云華藏寺在唐灣山之陽即今所謂青山也據此青山與唐灣名異實同皆即今之華藏也
驪山嘴在華藏東其北曰蓮花山西南為姚山嘴西山嘴為仕
郎灣
菜園灣在驪山東灣口有義塚地約畝餘
廟山嘴在菜園灣東下有吳許二聖廟廟前有翁仲二俗名石
道士廟今石人已碎裂不堪矣其向而東也有湯鏵山楊家
灣山又東而北為小張山大張山為紗冒山木石嶁山
鷄籠山一名騎龍山亦稱青龍山山凹有一土地堂山頂有古

庵遺趾在青山東其東之山曰饅頭山下有竹山一名龜山
以其形似也迤東而北曰馬腰嶺
許嶁灣山在姚灣東與馬腰嶺接壤有周公橋與開原鄉鷄坑
山分界樹有界碑碑西有務本小學榮梅青獨資創辦已上
諸山俱南面臨湖之山北面諸山續志於下仍順序自西而東
長壽灣山此下志北面諸山在天井山北明進士吳稹墓此
虎嘯灣山在長壽山北西為小山東為龔巷山嘴其對面為龍
吟灣
照天灣其東即大雷嘴有南北中灣之分南照天灣在大雷嘴
北其南為月架山東為黃狼凸背山北為石闌刀山宋榜眼蔣

芇墓此稍北為菴山古照天寺廢址在此有古井一水深踰
五丈
鷄籠山在中照天灣左為探花山明探花吳情墓此稍南明進
士吳海驁墓此其右有清狀元鄒忠倚墓稍南為明布政司
使堵維垣墓
馬鞍嶺在北照天灣南即鷄籠山北為橫擔嶺東即孟灣
石沙山在橫擔嶺北因明御史王瑛歸田隱此山下得名北為
王家灣山北至石皮嶺
鳳凰嘴山在石皮嶺北明秦瑞五先生墓此南為南灣山北為
北灣山前有小歸山

北灣山又名尚書灣明尚書秦金墓此前為楊胡郎山楊家凹
東為石橋山西為石樓山其峯最高東山背為大西山與華
藏灣比連向外塢為內官山外官山寅家山北為邊花凹黃家
山栢樹凹
大歸山在鳳凰嘴前山有二説風土記子胥既死吳人於此望
其歸故名一説戰國時周舍仕晉之趙簡子公正廉潔愛民
如子人民登此山望其歸家故有此名今其地有周舍廟周舍墓二説似當以
風土記為可據山前有姚墩薛墩蔣灣又前有平墖山若眠
焉又西為胡山一名鳳山蔣忠文公重珍舊居秦端敏公金
居其西今尚書基盡變桑田

黃塘山在歸山北
青山在黃塘山北背接華藏灣嶺有菴其南為門前山火着山
石牌頭大凹裡饅頭墩和尚山北為大山灣醬缸蓋山土地
堂山扇子凹王照山新坟上姚班山嘴
李家灣山在姚班山北南為俞官塘山石和尚山北為馬家灣
唐村山墓坟山有山堪墩螳螂墩樟木樹坟老坟堂張才坟
石埠灣山在馬家灣北北為全家山
小嶺灣山在馬家（石埠）灣北嶺外有楊竹管山狗頭山摩亭嶺山菴
基山再北為毛村山
大乃背山在毛村山東北其西南為石鼓山長坟堂山東與開

原鄉北家山為界
安陽山寰宇記在無錫州之西北距錫城五十里風土記周武
王封周章少子贇為安陽侯名安陽山山下有吴贇墓蓋指
此郡邑志謂山在陽湖之上故名二說當有合今俗稱陽山
亦名西陽山平地拔起周圍一十八里高百二十仞今去古
已遠山脚四圍土人俱墾為田又年久傾圮周不滿十里高
僅七十丈其主峯圍峻矗雲際四望如一者名文筆峯俗稱
石巒以挹湖光林木之秀故易美名上有三十六洞清光緒
中葉猶存其半今則土人鑿崩而圮僅清水朝陽二洞而已
餘盡變為宕由十二宕增至二十六宕外廓幾空山頂有顯

應寺旁有龍湫廣袤二丈深丈餘歲旱祈禱常驗明初從山
麓即今之龍王廟西有翠微院為梁中書舍人陸㬋故宅長
廊遼宇古稱名剎元末莫天祐屯兵山下成戰場寺遂殘毀
明洪永間僧師賢重建又寰宇記陽山石可作磬甸漢大夫
陸端開斷江東數州多藉之其石色赭黃質蒼老有山南山
北之別最奇者于山腹中得天然山水一方紋形如繪惜不
多見大石可造橋梁亂石砌牆壁石子石屑作水門汀近且
暢消滬瀆取石者日以百數山空而取猶不已故明時洞凡
三崩正德中忽見一虎為第一崩嘉靖中忽傳大士發現為
第二崩眾皆奔出惟隆慶間聞雷聲洞中五人不及奔避壓

死此五人皆群所側目者清道光咸豐間大水二次地震數
次又山洪暴發洞多傾塌光緒中連年淫雨洞更圮塞土人
鑿取者俱惴惴不敢深入故注意于山麓開宕云

安陽山　　趙義父 宋

突兀當空勢不群嶄然頭角起祥氛毘陵自古多英杰可信孫
峯解主文

前題　　唐　韓 明

平地巍然起一峯壓山西畔滆湖東勢侵雲漢千尋直影落烟
村四面同龍窟正當螺髻頂僧居端生畫圖中邦人不特資觀
賞旱歲為霖更有功

前題　楊璿 明

官轍東西未得還十年飛夢繞家山一時勝會良非偶半世浮名總是閒幽事會心詩裏寫野花隨意醉中攀君恩早晚容歸老准擬常依水竹閒

無錫書所見　謝應芳

丞相樓船植大鼓鐵騎前驅猛於虎何物鼠輩敢跳梁不畏輕遭萬鈞弩落日未落懸林梢一天殺氣風蕭騷官軍縱火鼠入窟太湖水濶陽山高相君名位同裴度豈無將軍如李愬兜鍪戴雲擣賊巢一夕湖船可飛度我有方寸鐵願作將軍箭將軍三箭定陽山湖水依然淨如練

莫冠平　陳伯雨 明

空巖人去白雲留山上英雄付髑髏百里喜除貙虎患九泉難洗犬戎羞梁溪水北家何在建業城西骨未收風景不殊人事異寒梅千樹亂鄉愁

重恩樓　前人

仙郎臺閣雲烟裏常得東君雨露偏葦杜自連天尺五蓬萊空隔水三千兩朝恩誥金花重八十慈幃鶴髮鮮聞說春來頻送喜碧桃香裏慶華筵

文崖亭　前人

孤高特立三千仞氣格稜稜冬更蒼大地風烟增秀色五更星斗避文光中藏丘壑原殊俗高倚乾坤不露鋩我欲時來挹芳潤揮毫相對澹相忘

冰心亭　前人

何處滄浪亭子好郎中宅裏舊相過踈簾珍簟暑氣薄明月清風佳趣多行樂每尋鷗鳥社生涯常占水雲窩客來莫惜頻携酒請看闌前東逝波

安陽十景

朝陽洞　奚錚

洞口朝陽日出東天然勝景畫圖中松風鐘寺音傳送左瞰西湖右挹龍

柏盛廟　前人

八千子弟起江東古柏森森霸業同水渚山崖崇廟貌春祈壁上觀英雄

都堂墓　前人

清（明）代衣冠望古邱斷碑墜馬指眠牛青山背負坊猶固下繞城溪旁十楸

清水洞　前人

清水半山別洞天太湖浩淼入雲烟崎嶇頂上三茅寺九曲門前掛一鞭

翠微寺　前人

楊柳依依隱翠微廣園十畝背山磯晚鐘深寺朝曦上猶憶中書舊衲衣

王宗祠　前　人

三槐宗宇起巍峩臨水硯池白蕩河左倚周侯右中舍園林背負古巖阿

龍王廟　前　人

南渡侯封霖雨滋魚龍爭覲聚湫池泉深八角從無竭老虎崗前老樹枝

牛山堂　前　人

斗室堂高號牛山桃花萬樹紫雲灣怡園相對池魚躍禽鳥飛鳴樂往還

葫蘆城　前　人

淺草平崖集墓烏一邱古塚號葫蘆荒城湮沒無人跡長使安陽座椅孫

文筆峯　前　人

一枝椽筆矗嶙峋古秀千年狀逼真造物忌才峰破頂透天仍屹有文人

山洞雙還　前　人

仙人洞裏杳人仙五虎游春不見天地固空餘殘碎土小巖湮沒實堪憐

透天洞外透天塘鷹隼高飛九仞旁蝙蝠二猶留半壁西山捉狗瞬滄桑

猶憶庚申遭劫灰下詳諸洞骨成堆蔡家何獨邀神佑扁暗穿居無從哭

滿天曙色到朝陽清水潺潺冽有香南北殊形成犄角猶然古勝發幽芳

嶄險安陽古戰場滿山洞壑可兵藏而今卅六滄桑半十八又為十二塘

陽山氣候物産　前　人

早起看山霧滿巔農民占候雨連天若教洗淨烟巒色定卜晴烘午日前

三春佳節滿游人農産山場百貨陳採藥端須逢端午日持螯又賞九秋辰

陽山俗號臘鬍頭童禿春深草不稠蒼赤古痕留斑蘚中空鑿石土人謀

造物生成無棄材安陽山石著蘇垓牆堦半過橋梁用泥屑全能作水碓

峯閣黑米是餘糧止血難尋百合陽山北銀菌梔查曲沙參蘇葉味堪嘗

安陽遊山　錢名山　畢君鍾　民國

十里清溪畫舫輕春林翔旭聽啼鶯只因詩思多年盡遮

安陽遊　吳廷銓

峭岫嶙峋聳碧天崎嶇陵險歷危巔將軍壁壘營猕穴梵刹嵯峨滴洞泉虎逕看路象豹龍池晴望出雲烟安陽侯廟亘千古愛護吾民常有年

謁安陽侯廟　前人

偏陽教遺澤流長豈但甘霖護歲荒周代鐘虡鎮京洛吳邦俎豆顯安陽仰追梅里文明化俯啟延陵禮讓光廟貌尊嚴勤肅拜藐躬愧不祖功揚

謁安陽侯墓　前人

行行陽東路祇謁古侯墓壠高丈有五周圍百二十步郎封已傾坦亂石縱橫布兔種十二畝葫蘆城名故寒烟蔓草莫荊棘無材樹樵牧所剗頻牛羊蹢躅盡頂鑿坎巖坍地荒野棺屑嗟予後裔疏愧不先靈護忽忽補葺圖碣表防易作穗高萬千年遺跡自常周景仰感唏噓低徊深欽慕

安陽山萬松庵記　王自新　清初陽湖人

余少時遊武無接界名安陽山山亦不甚高大昔元末間張士誠據姑蘇命守將莫天佑立寨焉迄今相傳其遺跡然亦不復追論矣山之西北隅有庵曰半隱自庵而下不及里許有故宦楊氏居焉庵之建不知創自何年大抵由楊氏而始也其山麓植松樹萬餘余始遊時松已數丈矣常郡名公楊兆升題其石曰萬松深處字寔蒼健可摩入松林之內從石橋而上即半隱禪院也每每有高僧遊寓焉一時有縉紳大夫皆踵蹟潛修旦暮香燈晨昏鐘鼓從院而上通石塔穿硐石戶延及山腰高時一亭扁額■快然亭背山面水登其亭者南望劍湖椒嶺西望銅官荊溪北眺横岡武塘轉而復睇其巔即錫邑之龍峯姑蘇之虎丘無不在人襟袖間矣所謂快然大暢者此亭也於是亭院日益修花樹日益茂四方遠近來遊玩者日益多余春春於此哉過此以往余昔在憂中以至宦遊數載復憶而再遊其地殊非昔日之景也向之蘭桂芬芳竹松交蔭變為白露蒼烟薜蘿荊棘也向之雕梁畫棟鐘鼓香燈變為斷垣破壁荒砌崖增也向之管籥聲音懺經梵唄變為風雨晦暝野牧樵夫歌嘆也余圖舊目痛心寔有深感焉既而復詢故家楊宦亦蕭然極矣大抵亭院之興由楊氏之盛亭院之廢亦由楊氏之衰目今徒見山高水清鳥啼花落古人云滄海桑田故宮禾黍似同一轍

俞樞念歷衰興廢之由亦將有感於斯地焉故為之記

登安陽山歷地數清水洞同汪龍亭虞旭齋張曉堂得三十二韻　杭淮

一峯骨立叅層霄石掛雲脚插空穿地肺瀉出眾罡坼天心墜作芙蓉高既如覆釜覆斗拱斗拱上凸覆凹山無草木岵難砂石山戴土砠不毛如人寡髮更濯濯顛地破爛誰爬搔六丁大斧鑿不斷巨靈一指穿其腹礦砂粉碎若撒豆嗓喉虎蹤鯨井猱穿成數洞洞穿腹洞洞皆石靈昭昭我來自西拾級上第一洞天地數標縱縱跡空削千仞下有石室閣高巢觸之以頭天柱響鏑之以足山靈號殷殷雷動風雨集遠近鼉叫蜿蚓逃聊憑廊石暫跌坐放眼百里何清遼右有銅官左軍嶂北則泰望南夫椒一杯笠澤淼衣帶茶母出沒宴愁膠田田麥浪田田水村村柳影村村桃蹊蹐再行路莫辨一線為道藤蘿文纏細繞攬不得相援以手採幽索幽寮傑閣躡石罅石罅透裂珠璣跳洞天窈窕深不測中坐大士香煙飄楊枝甘露灑作雨點點滴滴沾襟袍頭面不乾手足滑澤身起粟陰風颼持炬欲入不敢入大叹地底龍蛇遁出窮其源梯百級一泓倒浸天光搖支派或通二泉脉澄鮮堂劉三江濤不然太華玉井滿餘波分決如船苗不然銀漢瀉天瓢西流下瀉聲嘈嘈置之豐鎬聲價高此間落落名寂寥感慨係之游亦倦言從舊路尋歸舠其東尚有朝陽洞足力既竭情徒遙登絕巔黃鶴翥時到樓觀海日門聽潮面首丈人立峯頂點頭雲外還招邀

安陽山洞宕名稱

張公洞　九門洞　甘草洞　容春洞　地固洞　遊春洞
仙人洞　藏冰洞　崖新洞　鷹隼洞　上蝙蝠洞　下蝙蝠洞
捉狗洞　鶴雲洞　觀音洞　小巖洞　透天洞　無底洞
清水洞　水鐘洞　籬劉洞　暗　洞　扁　洞　金魚洞
夏孝子洞　獐　洞　蛟　洞　南湖陽洞　中湖陽洞　北湖陽洞
狹口洞　乞丐洞　朝陽洞　蔡家洞　五虎洞　蝦蟆洞
草節宕　竈基宕　李家宕　新　宕　白墻宕　大成宕
烏　宕　煨烏宕　金魚宕　小金魚宕　通天宕　透天宕
紅脂宕　鋼沙宕　樗上宕　固金宕　爛　宕　青草宕
南　宕　橫　宕　王官宕　大　宕　青灣宕　觀吾宕
東宕積　西宕積

卷三　山

苦菴山在安陽山東北之小山

長腰山在安陽山東南山上有嶺曰長腰嶺俗稱牛頭山一名臥牛山

賈山在長腰山東一名伏獅子山

臥牛山　杭淮

首枕安陽長尾帖伏獅短萬頃稻初花青牛臥花煖

伏獅山　前人

秋陽曬白石獅子伏如委寒夜或啼呼千岩走百鬼

神廟墩　破墩豆
金妃墩
赤　墩
竹　墩
奚天祐上馬墩在安陽山西南漕頭之前
前埠墩廣四五畝在井亭鄉石和尚山下

水　橋梁津渡井泉龍湫附

本鄉河流以直湖港為幹自陽湖南行花渡港自東來合經萬安市匯村橋至黃瀆渡而入本鄉過新橋南北邗溝水東來貫之又南過東塘橋達杆橋負耒橋西受茅河之水再經新橋華嚴橋南邗溝水由富安橋東來貫之花村水西來貫之再南行過胡埭耿元橋西受章橋來水東受埰橋來水又南行過大西溪橋至僕射山麓其西來之水由武進龍游河過本鄉周渡橋青雲橋來匯又南東行過楊家渡折而南至分水龍王廟其西行者達武進通雪堰橋其東行者一由閶閭江入湖一由水流港入湖按縣志載閭江水溜名異實同故閭江橋跨水溜港互見橋梁舊志別載閭江謂其水來自毘陵戚墅堰今考武進縣志戚墅堰港南通直湖港與無錫接界是其上流亦別無所謂閭江也疑不復著又舊傳閭江頗廣後僅通舟咸豐之季晝浚而深之考正縣志謂閭江水溜港名異實同尚非確論按閭江本循青山之麓向東直達閭江村西為橋鳳凰橋東為橋新桑右道出湖者曰閭江其水由楊家渡向南折東過安舒橋水溜港橋出湖者曰水溜港非一水也

直湖港入本境最北分兩派西入黃鼠郎橋橋南入北貫鄉西北由闌埰橋達宋巷入傅浦鄉闌橋埰北即萬安界稍西即青城界再西則武進界　黃瀆渡稍南分而東經萬安橫塘橋入本鄉楊園橋殷墅橋上舍橋入福山鄉　東南行經廟橋出新豐口達梢塘橋　廟塘橋河西北行出青石塘橋通三鄉岸東過莫塘橋入洋溪河　黃瀆渡南行折西進黃瀆橋達

橫灣河　由橫灣河東南行入老古潭達東鄭湖　向西折北至開九庄下村上岸里過河即武進界歡塘橋　西達大長圩即鴻橋鄉　南行萬壽橋即徐城鄉　由萬壽橋河南行折東入新瀆滙北刊溝之水達東鄭湖　由湖水北行經東垶橋南新橋折而東達乾元鄉之張華橋　其北河之楊渡河西通直湖港東南行達稍塘河

稍塘河分二支為南北刊溝北刊溝西過麻姑橋盛店橋貫直湖港而西過新瀆橋西北經長腰山之陰入南陽湖　由新瀆河向西折南經穀庄橋達陽庄鄉之孟安墩　又西行經大鴻橋（向西）折南過蔡亭橋達尹城　南刊溝一支南行達劉塘橋西行過南星橋（即大播衙）達張舍出富安橋西貫直湖港花村河張橋河南來合之又西經花村河折北過夏瀆橋向西達陸區橋

陸區河向西經（塍）尹城橋一支由富岸井折西北過蔡亭橋三櫂渡而入南陽湖一支向西南經尖岸橋渚家灘旁狗爬橋而入武進界天井河一支由尹城橋南經垶東橋東蘆橋東廟折西過湯家橋楊木橋謝巷橋而入武進界周橋白蕩一支由蔡亭橋西達井亭東經富岸井入丁庄浜黃泥壩田舍浜通陸區河又由陸區河向東橋南入通瀆浜經貫化橋前橋頭達陸隴基橋北經毛（竹）橋浜至城河壩又小木橋浜經寺前（張）

張家橋達河頭村直東經新橋塘三角井折南過孟村橋夏瀆橋宋家橋折東過葉家橋復折南向東過花村橋達直湖港一支由新塘橋三角井向北經行路橋寺前河頭復折東經徐舍浜神童橋姚家橋興隆橋東菴橋而入茆河又由茆河孟村橋浜經角禾橋達直湖港另支由興隆橋浜向南經邵家橋後庄橋垶灣橋劉瀆橋出宋家橋折東南達胡埭張橋河入直湖港

胡埭河北通直湖港東通富安橋達張舍西通花村橋達陸壩南行過狀元橋西通韋橋達龍爪鄉東通垶橋達蔡村邵巷直南通大西溪橋至僕射山麓西通青雲橋周渡橋入龍遊河入武進界周橋再東南行過楊家渡折而南至分水龍王廟西通古城橋入武進界達雪堰橋東達閶閭江入湖

太湖

太湖非一家物也上當咸池周行五百餘里其大三萬六千頃襟帶吴郡吴興晉陵三郡經傳記載種種不一禹貢曰震澤爾雅曰具區周禮揚州其浸五湖張勃吴録五湖太湖之别名義興記太湖射湖貴湖陽湖洮湖為五湖酈道元水經長塘湖射貴湖上湖滆湖與太湖為五湖史正義芟湖游湖漠湖貢湖莒湖皆太湖東岸五灣為五湖虞翻云太湖有五道東通長洲松江南通吉安雲溪西通義興荆溪北通晉陵滆湖東南通嘉興韭溪紛紛諸説未暇折衷就一邑言則綠橫浦獨山吴塘諸門凡西注之水盡得容受歷開原富安新安開化揚名五鄉九十餘里皆支流所滙合也湖内有馬脊山一名馬跡上有靈山寺舊隸本邑今劃入武進

泛太湖　皮日休 唐

聞有太湖名十年未曾識今朝得遊泛大笑稱平昔一舍行胥塘盡日到震澤三萬六千頃頃頃玻瓈色連空淡無類照野平絶隙好放青翰舟堪弄白玉笛跳岑七十二雙雙露寸戟悠然天上去天上搖畫鷁倏忽雪陣吼須臾玉岸折樹動為蜃尾山浮似鼇脊落照射鴻溶清輝蕩抛擲雲輕似可染霞爛如堪摘漸暝無處泊挽舡隨所適討異足邅迴尋幽多阻隔願風與良便吹入神仙宅甘得一蘊書永事嵩山伯

卷三　水

贈韓省之詩　吴寬 明

吾家太湖三萬六千頃中有菁葱七十二峯影浩淼疑將天海通蒼茫欲與滄溟并朝朝龍子抱珠行夜夜奮鬐吼波冷此中自有神靈區洪濤直亘東南隅扁舟曾留范少伯至今仙風爽爽飄菰蘆韓生天才最宏放震澤胞中時繫盪詭此欣然便結廬雄文跌宕烟波上而我故是梁鴻溪上一亭長羞向人間事鞅掌共是吴中烈丈夫袖中匕首影模糊吁嗟乎男兒相逢良不偶富貴浮雲我何有君不見太湖已落吾曹手

湖上送客詩　王達 明

吴越當年曾樹怨百萬雄旗此中戰波濤鬧與血同流千古濤

聲今尚愁朝來送客過湖口烟水微茫風滿舟湖南湖北共同
宇吳越英雄在何許孤鴻杳杳獨山雲落葉瀟瀟洞庭雨一聲
長笛又分攜君往湖東我向西感慨贈君無限意楓林寒隔暝
遠啼

太湖游　李紳　明

汎子覷冠履扁舟挽霄漢嗟予抱險難怵惕驚瀰漫依灘落葉
聚立浦驚鴻散浪疊雪岪連山孤翠崖斷風帆同巨艦雲直成
高岸宇宙或東南星辰成燦爛霞生傾洞遠月吐清熒亂豈復
問津迷休爲呂梁嘆漂泥身詎保覆溺心常判吳越孽異鄉嬰
童反爲亂依稀古井邑嘹唳同鴛鶴舉棹未宵分維舟方日旰

徼彼濟以力若鼓凌風翰易狎當悔遊臨深罔知歎

泛太湖　方千　明

長天接廣澤二氣共含秋舉目無平地何心戀直鉤

太湖春漲　馮善　明

震澤春深漲碧漪浮涵天影綠玻璃遥增越嶠千尋潤頓減吳
山數尺低紅泛落花通別浦綠含芳草漫長堤釣舟昨夜歸來
晚沒卻漁磯路亦迷

震澤飛濤　吳克誠　明

湖山涵空碧量能貯諸流津涯渺何許上下神與游旭日生朝
暉碎金十頃浮璇穹振清籟一鑑文章秋角里合瑶草洞庭非
所倚風帆帶沙鳥遥嶼青螺幽

前題　吳柏巻　明

疏鑿禹功存風開太古痕鬱紆淹日月崩迫盪乾坤暗壑流霞
冷聯峯宿霧曛逸遺不可問長嘯倚柴門

前題　吳廷銓　清

大風起兮波底裂傾峽翻江浪滚雪萬馬奔騰齊嘶鳴千軍疾
走猛鬥決連天際地鼙戰競擊石撼山勢漂漱巨鑑駛流罔在
行小舟返棹防傾折須臾霧散月光明洄湍餘聲猶梗咽

闔閭江懷古　許沅仲菁　清

闔閭城外闔閭江遺恨吁庭氣忍降一勝寧償櫺李矢孤忠忍
見越來艘椽嵐拱揖圖三讓帶水瀰漫沼此邦所幸嬜聲綿至
德千秋瓜瓞衍敦龐

前人

贈閶江吳君國楨　前人

闔閭江靜嘯歌聲湖海襟期老白雲屯長蓬蒿張仲蔚情高向風
雨孟參軍卅年落魄誰知我五夜懷人半憶君近得篤鄰通德
里晨昏雅共細論文

閶江　　金文　明

閶江三月雨春山遠連天直上吳山望乾坤興浩然

前題　　潘緒　明

雨餘桃浪没漁磯鴨綠溶溶好染衣我欲南湖尋樂事買舟來趁鱖魚肥

闔閭江垂釣　　吳廷銓　清 民國

把釣江干感慨生闔閭古蹟騰荒城扶椒遠樹寒煙色萬李沉戈浪怒聲白石山前歸倦鳥碧桃塢裡產新荆古今代謝休閒管擥酒烹鮮卧月明

天井泉 在閶江天井山下　　曹時中　明

卷三　水

石甃何年物清流萬丈深越人移不去留與伍員心

前題　　潘緒

一脉靈源湛碧天不知開鑿是何年若經陸羽親嘗品未許中泠冠世傳

　　吳覲　明

前題　　吳觀蘭　明

幽光不可竭洌洌野人餐若問源何自山空終古寒

前題　　吳甘白　明

泉來自山下清清一何深仙源通惠麓一勺歌金莖靜泓具淵默性境澄無四海終亦放長流起瑤吟膏肓信誰砭寄適通雲林

前題　　吳廷銓

以井名山山係天天然山下出甘泉地靈不滅名區勝佳景愧無人傑傳一勺黿頭鍚逸士九龍冰洞品先賢茅亭若得醉翁建會集羣英試茗煎

永寧泉 在虎術山下永寧禪院

茗泉又名龍眼泉 在繡衣鄉石沙山下

石泉形方而不甚深約汲十餘擔即乾片刻復滿澄清可愛水量每擔較重他十餘斤 在歸山嘴

卷三　水

水利

本鄉之水以直湖港為南北中心要衝北由北新河受陽湖來水南至閶江出湖長二十餘里計四千五百丈其濶處約十餘丈狹者五六丈不等又架石梁處濶僅二丈餘有巨浸五港以北之三鄉岸中段之東鄭湖三欄渡西南之褚家灘南之青雲橋口及楊家渡皆為低窪地每當夏秋淫雨百十支流及上游之水俱滙于直湖港而入太湖其狹隘處淤淺處阻遏橫流溢入田畦不能暢達一遇大水田多淹没貽害非淺自民國甲子無錫縣建設水利工程局討論錫地水利以西門橋閶江港二處為最要區必須開濬至丙寅水利局主任楊翰西君工程司

江應麟君士紳胡君雨人等集衆討論議决闊江港開闊六丈深一丈八尺不等以底平為渡又因老港口直南對太湖巨浸易受浪冲淤塞特開新江八十丈回向東北出口以避浪沙直入丁卯年國民軍底定江南政府每縣五建設局局長某於新開江泥築石堤岸閤江水利工程似為善善但港外未築石埂港口未經開深東南風起浪波冲入風定浪平水退而泥沙沉入江底不能隨水退出今未及十年而江之兩旁各有丈餘淤塞與岸相平此不特關係本區重要且全縣亦悉受影響熱心水利者頗當注意及之况江心亦淺二三尺湖邊石堤被浪捲坍若更數年恐復淤塞不通苟能以挖泥機沿湖邊開深與江

底相平或再深一二尺外砌石埂數十丈以蔽西風浪沙則江口可永免壅遏之虞其石埂須用數百斤大石方不致水浪捲動又須開通水流港以濟旱灌潦洩之不及則盡善矣

按水流港本屬閤江分流處長三百丈今年久淤塞有數十丈之多依胡雨人先前計劃開濬八丈今祗六丈水仍不得暢行放必將此地開通則港身亦有二丈餘水潦不患壅滯旱涸灌溉亦易矣

由直湖港向南折西至陸區橋河長一千零八十丈花村浜葉家橋二處為此地出入要衝兩岸樹椿樹枝塞滿河心瓦礫淤填顯見河底濶不滿五尺祗可通小艇冬水涸時必數人扛抬船身始得放行急宜拔去障礙浚深八尺加濶五尺庶交通無阻而舟行順利

又茆河在直湖港西南由員東河横貫至孟村橋而入陸區河長五百四十丈濶七八尺或五六尺兩岸高而狹舟水不易橋樑低狹夏潦時船不得過冬水淺涸擱不能行且兩岸樹枝杈枒拂壞船身須浚深一丈濶五尺種田橋易度木板則遇水漲可以高桅舟行既稱穩便而農田灌溉亦多利益

南鉅溝即今之張金塘長一千四百四十丈濶一丈六尺

支河員東河長九百丈底濶六尺

劉塘河長三百六十丈底濶六尺

丁村浜長二百零五丈底濶六尺

梅車口浜長二百七十丈底濶五尺

連杆浜長二百四十丈底濶六尺

花村河長二百二十丈底濶五尺

胡埭濱長五百三十丈底濶三丈五尺

又西溪河自釋射山麓長一百五十丈濶三十丈

楊家渡長八十丈濶二十五丈折南至分水龍王廟長七十丈又自龍王廟東至閭江口長三百餘丈濶十餘丈

青雲河長二百五十丈濶十丈

龍游河長一百八十丈濶廿丈西過周渡橋入武進界

卯巷烏鵲浜長五百四十丈濶六尺
張村八士橋浜長一百八十丈濶六尺
馬巷龍爪浜長一百八十丈濶六尺
蔡村黃連墅下浜長三百六十丈濶五尺
北卯溝即今之盧店港長一千二百六十丈濶一丈五尺
支河　稍塘河長七百二十丈濶五丈
東鄭湖週圍三百六十畝昔稱浪蕩田南北東塘北址
東埠長一百八十丈濶二丈零
上舍河至新豐浜口長九百丈濶六丈狹者丈餘
廟塘橋河至莫塘橋口長二千五百丈最濶三鄉岸十

餘丈最狹四丈
東埠北費村浜長二百十五丈濶七尺
廟橋河長一百二十丈濶五尺
張店橋河長一百二十丈濶五尺
新瀆橫行河長八百三十丈底濶八尺
支河　穀庄朱村浜河長三百八十丈濶六尺
大鴻橋河長四百二十丈底濶一丈
雙車塚浜長九十丈濶六尺
上下陽庄浜河長二百七十丈濶六尺
修浦晃開元庄河長五百四十丈底濶七尺

嚴大橋河長一百八十丈濶二丈四尺
陸區　鹿家浜河長四百五十丈底濶一丈三尺
支河　夏瀆孟村河長三百八十丈底濶七尺
劉城河長一百十丈底濶一丈
富岸井河長九十丈濶二丈八尺
東湖謝巷橋長一千二百六十丈濶一丈四尺
蔡亭橋河長三百二十丈底濶一丈五尺
六岸橋河長一百二十丈濶六尺
西漕浜河長一百三十丈濶一丈
褚家灘週圍一百十一畝濶長三百丈

高低田岸
楊家泓基　福山養廣二鄉万字號低田　三鄉岸　石溜溝　堦門前
窑場岸　寺庄岸　李庄共頭岸　楊樹共岸　趙家岸　石
亨浜　南浜頭　鱔尾浜　石膏岸　西塘岸　魏家巷　沈
家岸　尤家岸　和尚岸　東西石膏岸　褚家圩　天井岸
蔣家岸　家東岸　周東岸　蔡亭岸　蔣岸　東西陳蘆浜
向東岸　東掛灘　平塚埠　東西黃泥岸　中梁浼　張庄東
岸　西圩岸　張昂基　新興岸　西庄岸　共頭岸　周龍
基　西庄圳　芸稻岸　老均岸　東西共岸　唐家岸　鉗岸
以上數十岸共計低平岸灘田四千六百零三畝按此兩鄉低

河港溝渠等闊狹長短之數字、是否實地調查所得、或根據某項典籍所載、應切實叙明、以重來歷、調查日並應注明時期

12、

高低田岸

楊家池基
福山善慶二鄉万字號低田　三鄉岸　石澑溝　塔門前
窑場岸　寺庄岸　李庄共頭岸　楊樹共岸　趙家岸　石
亨浜　南浜頭　鱔尾浜　石盾岸　西塘岸　魏家巷　沈
家岸　尤家岸　和尚岸　東西石盾岸　褚家圩　天井岸
蔣家岸　家東岸　周東岸　祭亭岸　蔣岸　東西陳蘆浜
向東岸　東掛灘　平梁埠　東西黃泥岸　中梁浞　張庄東
岸　西圩岸　張昂基　新興岸　西庄岸　共頭岸　周龍
基　西庄埧　芸稻岸　老均岸　東西共岸　唐家岸　鉗岸
以上數十岸共計低平岸灘田四十六百零三畝按此兩鄉低

低田十之七高田十之三每逢大水輙淹沒無收急宜設法
築堤或照田徵工土人俱齊心竭力乘冬水淺涸時填築
高七尺闊五尺必使堅固方可無虞

福山善慶念一都二圖愛字低田岸

葉蘭岸　念畝岸　黃家岸　高来岸　野岸
生圩里　北岸灘　西岸　新岸（以上
九岸總稱三鄉岸）　紅蘆岸　東高岸　施家岸
白鐵岸　南塘岸　李家岸　念畝岸　霞皋岸
大三房岸　殷西房岸　殷家岸　十四畝岸　邊家岸
念師岸　馮家岸　朱家岸　廟塘岸　楊岸

按以上二十七岸共田二千八百零四畝當內運河及北陽湖之咽喉水流湍急以
葉蘭岸北岸灘等稱三鄉岸者為最低其餘低窪亦差相類有堤
者十之二無十之八三年沒兩頭即稍遠者大水亦遭淹沒欲救此數千餘
畝之稻苗非高築堅堤不可沿塘外岸宜高一丈闊一丈三尺內岸層層
築圍高八尺闊一丈其餘隨岸形上下減高闊度高五六尺者闊必七八尺
如是庶免浪濤衝入無災浸之患現雖經水利工程局由三鄉墾牧公司
鑒於十年之水災派員測丈闢築僅五百餘畝有堤以限水經費浩大迄未
續辦最宜聯合三鄉民衆用徵工法一面仍請縣府撥助一面向地方紳富
捐募通工合作早為防禦則農民受惠不淺且河身寬闊泥土腴肥歲收必較他
處為優國稅之徵亦不虞歉年折扣矣茲附近士紳盡急圖之

鴻橋鄉十五三圖制字號低田

大長圩　新杏圩　石盾圩　六師岸　上新岸　大灘圩
東荒岸　黃家岸　渡舟岸　西荒岸　王家岸　楊庄岸
上下五百岸　楊樹岸　黃塊岸　南大岸　北大岸　蔣埼岸
家東岸　上水岸　按制字北半圖四圩十七岸田二千餘畝
大長圩黃家圩爲最低按大長圩古名陸師岸四面皆河週圍
一千二百餘丈田七百餘畝南北兩池橫貫長漕有閘口壩依
南陽湖毗連石盾圩地形卑下遇水即淹居民終歲勤勞不得
温飽清康熙間築堤始稱大長圩雍正間黃紹祖濬南北兩地
另築一堤以堤東爲黃家圩堤西仍名大長圩黃家圩分週七
百餘丈田三百六十餘畝內合東西荒埓東頭大灘小圍及老
官嘴等圩而成堤西分週六百三十五丈二尺田三十餘畝因
黃家圩土壤瘠薄人民無暇東顧致板荒甚多堤邊又臨三攏
渡東尖洋湖等潤河雖屢修築仍然坍損非用特種工程堅築
高堤終難穩固光緒丁未全圩淹沒戊申張兆坤談漢武黃金
鐵唐光熙等將大長圩重行修築高三尺六寸潤四尺民二十
〇年大水張漢雲談益三創引擎機日夕戽水得以保全而黃
家圩則籽粒無收二十一年黃靜山等又將大長圩增高四尺
潤五尺六寸黃家圩仍分圩另築雖稍堅強終不如大長圩
之完美余謂兩圩居民當化除畛域去分圩分週之名合東西

卷三　水利

而爲一長堤估計增高庶無偏枯之患得共慶安全耳

花園崇仁二鄉任字號低田

花渡岸　湯家岸　龍亭岸　尚岸　莊家岸　許郎岸　黃
家岸　十二畝灘　葫蘆岸　文鼓岸　徐家岸　棉花灘
匡家岸　石柱岸　查料岸　南塘岸　空塘岸　賈家岸
連湖岸　按以上十數岸田二千七百餘畝中以花渡查料湯
家空塘連湖等岸爲最窪下現空塘岸已築高堤二十年水災
籍戽水機灌出灌入得以保全花渡岸一片菁淺查料汪洋積
久不退每逢春水暴漲霪雨連綿水輒過腹無法抵禦致年年
籽粒歉收欲濟此數百餘畝之禾苗亦當如空塘岸四面築圍

高八尺濶一丈覆以茅土使之逐年圍費旬日之力護百年之利歲收必豐何至淹沒何憚不為其餘諸岸雖低遇大水尚可設法搶救然亦少有圩堤保障高五六尺濶七尺方可永無水患

尹城鄉服字號低田

蘆岸　埄東橋岸　江西岸　和尚岸　宜興岸　小大岸

張即岸　吳家岸　按以上八岸田七百餘畝窪下不堪水大即淹尤以宜興和尚兩岸為最低淹輒不退近雖稍築圩堤而泥土鬆軟每易傾坍且河底深濶毗連褚家灘大河當內運河之水由褚家灘急流沖入勢難抵禦宜加高五六尺濶七八尺年年增厚使益堅固如是方可無虞其餘六岸亦宜加築隨岸形遞減

西溪鄉罪字低田

定溪岸　楊樹岸　按此二岸田三百畝為十八六圖最低區四面皆臨大河又當清明橋龍游河口濶深處每逢水漲輒先浸沒苗無圩圍終難安居樂食宜照水利工程包辦法急築堅堤高濶隨岸形上下量大小深淺擇冬水涸時加緊工作多挑泥土夾以僕射山麓碎石使之堅厚方可有濟田禾亦可多收水災防免自得以無無患矣

安陽長腰二山間高田約一千餘畝每至秋旱塘水易涸禾苗焦枯輒坐視無救若從寺前浜經張積濮上下扁濟至大炮塘浚一深漕隨老河形約數十丈去三重垻挖一丈二尺深五尺則四面有水直通大河兩岸皆可灌溉既省經費又易為力農民稱便獲利當不在少數或由毅庄橋經孟鞋墩浜至山腳長腰之西安陽之東夾山衖至湯山觀音塘由塘向西南沿大河漕至河頭村向南至唐家頭山南頭西邊濬止開通約百餘丈可溉田數千畝

花園鄉高田在東湖橋西千田浜與尹城鄉交界處稍南劉備巷與大巷浜相對中間之楊瀆橋田約二百畝有楊西沈家等垻三重兩岸淤淺高而且狹灌溉不易河道交通更兼阻塞若能浚四十丈將三垻撤去則東西兩流通行無阻似急宜疏濬

以利行舟機船[illegible]戽水於農田始有裨益無旱涸之患

閭江鄉天齊高田約八百餘畝三面皆山麓距大河遠必須用馬達戽水以灌溉然層級而上雖十餘馬達至秋旱猶易枯涸僅恃少數山塘之水終難救濟相其地勢非設自流井不可否則亦須多開深塘將塘埄加高庶春水漲時塘中積滿旱不為患即溢亦可直瀉而下不至淹沒

繡衣鄉高地田約三百畝在鄧巷山麓旱年每虞困苦若自莊橋經北石橋至上長漕隨原有舊漕形濶二百丈則溉田既易收穫必豐較種山芋等旱產物尤為有益

歸山鄉高地田約七百餘畝每夏旱時農民戽水甚艱至塘涸則

稻苗枯槁宜自梅車口前張沿山脚下開一深溝計百數十丈直通至歸山村東入山澗放下則灌溉較易可與平田相等關心農事者易不力起圖之

東南鄉高田約六百餘畝自魚巷浜入後巷漕原可直達通濟浜所患者中有四壩該地農民因貪牛車之便將壩重重阻塞不知泥土坍下淤滿遂致漕身較大河高至三尺旱時外水不得流入反形枯竭速宜將四壩撤去開濶一丈深五尺使漕低于河或與河平庶兩岸稻田得以滋潤而機船出入河道交通均稱便利去歲曾議一千餘工疏濬今何不决早籌進行也

殿壂橋至蒯橋及至上舍橋二段高地在瑞靜巷旁約有三十餘丈既狹且淺每遇冬季船不能暢行宜加疏濶濬深丈餘或數尺又自上舍河至蒯塘橋河陸路相距甚近水路繞隔奇遠行者苦之以兩河接通而論在最近處上舍至殿西旁開通百餘丈則東西皆可順流而下南北亦可簡省路程于交通上大有裨益

卷三 水利

開河工程

明嘉靖二年邑侯某濬閶江二百四十五丈

清嘉慶十九年本邑吳某濬閶江口百餘丈

民五年二月陳冕周陳汝梅濬胡埭河一百五十丈

民六年賈桐圭曹仁霖陳冕周濬張舍河百餘丈

又六年錢應運濬新讀橋河一百五十丈加濶二尺深一尺

又十三年三月沙建衡虞達源濬陸區橋通濟浜河一百四十五丈加深三尺濶一丈

十四年三月陳冕周陳維勤濬賈來河新橋花渥橋河五百丈

十五年二月水利主任楊翰西濬閶江三百丈又開新江八十丈

十六年張國香濬盛店橋河百餘丈

二十二年三月縣政府濬張舍河至大橋衖三百丈深七英尺又濬胡埭河一百丈

又楊家御推字低田

卷三 水利

紅菱岸 桑樹灣 杜家衖 塘岸第九墩 錢四岸

按以上五岸田一百柒拾餘畝皆無圩堤水大即遭淹沒急宜設法築圍照田派工依水利局章程視岸之大小加高濶度則潦年霪雨亦有備無患

附橋梁　渡

橫灣橋　慶豐橋　七畝橋　蘭埒橋　以上修涌

萬壽橋　周　橋　以上徐城

南新橋　東埒橋　席安橋　黄渡橋　王家橋　以上北貴

大鴻橋　大長壽橋　徐婆橋　蘆　橋　家西橋　正（青）龍橋

南小橋　許筱蘇獨建　堰頭橋　三皇橋　以上鴻橋

新瀆橋　東塘橋　以上新瀆

穀庄橋　新一橋　以上陽庄

堵家橋　賣山橋　以上八寶

運杆橋　貿來橋　蒲溝橋　孟村巷橋　胡巷橋　堵家橋

茅　橋　新　橋　夏家宕橋　張店橋　以上運杆

張舍橋　畫錦橋　三接橋　呂舍橋　新　橋　紗帽橋

富安橋　以上張舍

夏瀆橋　花村橋　孟村橋　葉家橋　宋家橋　新　橋

花堰橋　孟村巷橋　夏家宕橋　以上花堰

富安橋　鳳儀橋　吊　橋　楊家橋　蔡村巷橋　石　橋

臧　橋　以上胡山

陸（墟）區橋　一名清德橋宋淳佑四年僧崇理建佑翁陸區新　小陸區橋　宋寶慶三年建清咸豐邑人虞擢地重建

通濟橋　通順橋　貫化橋　民國十二年沙鏹雲重建　以上陸區

尹城橋　共岸橋　東湖橋　平安橋　埒東橋　木　橋

以上尹城

慶年橋　石亭橋　新圩橋　乾岸橋　以上任巷

汪莊橋　拱日橋　攀桂橋　西橫瀆橋　仙　橋　蔡亭橋　在楊家村後前

以上楊家　蔡亭橋　東小橋　鄭公橋　一名慕祭母　在丁巷　三黃橋　一名杜公橋在楊氏祖墓前　石橋

臧家橋　裏灣溝橋　以上石漕

後巷橋　外灣溝橋　[illegible]　以上東南

永壽橋　民十六年劉傳榮重修　楊木橋　湯家橋　以上崇仁

狀元橋　埒　橋　張　橋　莊　橋　西溪橋　小西溪橋

巷　橋　以上胡埭

大岸橋　小岸橋　狗爬橋　堵村橋　刁庄橋　楊瀆橋

以上花園

巷前橋　黃巷橋　興隆橋　吉利橋　劉瀆橋　夏瀆橋

邵家橋　永安橋　慶會橋　以上興隆

金家橋　行路橋　順童橋　貴德橋　廣濟橋　以上河柳

龍爪橋　八士橋　莊前橋　吳祥橋　界溝橋　安　橋

以上龍爪

鳳凰橋　東倉橋　西倉橋　水田港橋　馬路橋　二尺六橋

安舒橋　以上閭江

青雲橋　護村橋　故城橋　朱家橋　馬故橋　洋木橋

以上沙灘

茅蓬橋 轉雙橋 金家橋 玉皇橋 塘岳橋 拱字橋
邢村橋 以上后岳
皷墅橋 廟塘橋 以上福山
青石塘橋 霞皋橋 以上善慶
黄堰橋 澗橋 以上華藏
西溪橋 王店橋 以上西溪
繡衣店橋 北石橋 後吳巷橋 以上繡衣
劉塘橋 巷前橋 酒店橋 興龍橋 周家橋 坍新橋
姚蹊橋 飛來橋 城里橋 王店橋 新橋 一步二春橋
以上劉塘
井亭橋 將家橋 富安橋 青石橋 劉思橋 小青石橋
以上井亭
張華橋 破張鎮橋 般民橋 葉家橋 大塡橋 楊園橋
下浮橋 盛公橋 小石橋 上金橋 孫家橋 駱駝橋
以上乾元
盛店橋 張店橋 許貞蒼莛廟橋 王土橋 以上盛店
黄家石橋 下沿橋 楊家橋 朱家橋 以上歸山

黄瀆渡 在直湖港。匡橋南由黄渡岸東渡即仁里橋岸入萬安境楊樹園
楊家渡 在濮射山下直湖港
新豐渡 在新豐里
三欏渡 在大長圩西
慈雲渡 在崇仁鄉潘墅頭上
胡庄渡

（物產）

天時有水旱地質有肥磽人事有勤惰惰至不齊則物各不同而書不貴異物賤用物鄉中所產稻穡蠶桑魚蝦果蟹雀之屬彙而誌之大都人云亦云無他特異但上舍之方竹安陽之藥草與山石乃絕無而僅有者也志物產第四

無錫田賦自宋季元明日益加重清初困之民不堪命湯斌始議減賦同治間李鴻章撫蘇奏請減額民困稍蘇民國紀元賦仍其舊迨自治廣辦建設迭興各項附加稅幾與正稅相埒平田一畝每年應納地價稅合銀幣一圓左右云

穀類

有稻麥大小豆圖經續紀稻有早晚惟箭子稻為最金釵糯亦佳鄉農多種晚稻小麥而鮮有種早秈及各種大小豆者

桑

咸豐時僅有野桑自同治初大亂之後田多荒蕪因而植桑工省而利厚值蚕歲大稔獲入較穀類幾多二三倍自土種失敗蠶荒穀貴葉既無人過問幹又老弱枯萎農民又相率除桑種稻滄海桑田殊於變遷

絲繭

清同治初由開化灘及本鄉首有春夏二季農民育蠶繅絲賣新絲不亞於糶新米穀自洋人至華採買鮮繭本地鉅商又多設繭行絲廠而鄉間繅絲者遂絕跡惟拘守舊法不知改良蠶身一病諉為命運自製種場應運而生土種受天然淘汰而秋繭成色之佳尤為前數十年所未見

陽山石

咸淳志云風土記陸墟市東七十步有陽山出石堪作礱凸始民未知開鑿漢大夫陸瑞設肴醴以祭後取為器襄字記云引南徐記云此石堪作器江東數州皆藉此其石質麤而堅至今采之不竭

方竹

植于上舍馮慶宜堂院中幹節方剛枝葉蔥鬱冬日生筍傲霜耐寒相傳自乾隆初年在江西南昌澄山分移植時人視為珍品題有詩話

高節亭亭世所推孤標翠翠露華手規格方依舊稱君子
笋冷雨林識孝兒無實可邀鸞鳳啄有稜肯受雪霜欺卅
年曾未逢相識此日欣看競咏詩 馮鎬

欲訪湖山勝中途詣野王坐深情轉洽石古竹猶方砥礪傳貞範模棱洗俗腸幽尋偕二妙留滯慶宜堂

最喜檀欒影裝面山石旁有筠皆中矩維筍即懷方孫孫之品如玉棱棱節傲霜主人能愛客掃徑月盈觴

漫云瑣碎影交修雪壓風吹韻亦幽背以圓通隨俗尚獨標規格附名流他年自可盈千畝今日先看寄一邱為語主人勤護惜直方高節有誰侔

別有琅玕竹青青滿砌旁影邊疑瑣碎節自挺剛方矩雜森寒月觚棱耐肅霜更當冬日暮煮筍好傳觴　馮翼庭

準擬淩寒去重看蘚石旁雲封應露剪風折更垂方已結三冬友何嫌兩鬢霜斂規多就矩相對快稱觴　前人

卷四　物產

春竹曾過舊草堂碧鮮合矩映蒼筤恐似宸貞還固實節如坤直以方彌覺棱棱形削拔豈隨籬籬相堅剛分撐自可持為杖慎勿規圓失故常

分根曾說自澄州何日移栽庭院幽體以削成嚴有則用非規就適無倚肯將勤正存標格未肯圓通泯善柔好語當年張博望漫誇節歷擅千秋

我昨探阿咸清風繞庭戶修竹挺幾竿斂規都就矩嘉爾夙懷方遲余時眷顧還期潤碧鮮歲歲常如許　馮君達

不那吾仲容況疴久勿愈豐肌日以消瘦骨僅撐拄蒼翠落空庭瑣碎誰領取相對了無語依依懷靜侶　前人

筍

居民多種竹無處不成林有燕來哺雛箬筍鞭毛竹筍來自宜興諸山者鮮嫩有霄壤之別

藥草

安陽山多藥草夏秋之季採掇者絡繹道左如山查茵陳紫蘇山梔香艾二寶花葛根青蒿雞白頭黑牽牛白薇等而海金沙烏不宿紫百合南沙參尤為異品除蟲菊則出自胡山

果實

桃杏棗柿居多石榴香櫞間亦有之近來沿山隙地多闢桃園種水蜜桃其種則採自奉化其價頗昂而栽植亦不易

卷四　物產

菜蔬

園藝菜蔬遍鄉皆有惟白芹於菊秋時分植近溪水田至新春前後出售功難勞而其利甚溥

山芋

民初鮮有種者近則墾闢沿山隙地滿阬滿谷於青黃不接時可救米荒

西瓜

烏子白瓤者味甘裏鬆香瓜以青皮綠肉者最佳

菱

有野菱(紅)腰菱(青)之別野菱(紅)產外河形互角(四角)兩尖心腰菱(青)種內河兩角(兩角)彎而形似腰兩種俱生食又有烏菱白菱俱四角可煮食

菰

俗名茭白四月生者名呂公茭茭中結子如米可作飯一名雕胡漢孝子顧翺居近太湖以雕胡飯供母當即此也近水田者多種之

明許景迂詠茭詩有翠葉森森劍有棱柔條䰐甚比輕冰之句

蕈

松蕈在山中處處有之有驚雷寒露鵝掌鼈甲等名黃山谷詩驚雷菌子出萬釘白鵝截掌鼈解甲是也惟晚稻熟時名雁來蕈者味最佳

卷四 物產

蟹

東陳湖水流清美漁父每于重陽前後設簖取之味勝江蟹

黃雀

稻熟時蘆葦中皆有之獵戶每于夜間設網羅弋(獲)徧售城鄉

工作物

木工有方圓二作列肆街尾多日用品及嫁粧器惟連杆有應時農具春夏有斗板(?)鶴膝出售秋冬有米礱推銷

石作出安陽山　竹器筐籃出張華橋箬帽出楊家村李庄里等

（風俗）

禮之失也求諸野上古里中舊俗或讀書明理學優出仕或務農經商勤樸安業渾渾噩噩風至美也厥後俗與世移上智好爭權處下愚習尚遊蕩中人則安於奢惰男耕女織之教蓋日衰矣挽救頹靡化導顓良是在地方士君子志風

俗第五

無錫縣富安鄉志　卷五　風俗

古時男勤耕女勤織習尚儉約以禮為重迨清光緒中葉此風(漸)衰村夫習拳勇而好奮門士子弄刀筆而失信義年少者喜冶遊雉雀鴉片(煙)酒食徵逐江北虞澄客民紛至侵利土人反以怠惰貧者家鮮積粟時憂不給田多入紳戶而價增十倍富者蓄有貲財大半驕(奢)佃(戶)無力輸納差役追(比)比邑乘謂西鄙之民鷙訐好訟固所不免然學士大夫猶能維持風化以醇謹相勗不致流為奢蕩故縣市之區仍形簡樸鄉村粗陋儉鄙白安風會所趨蓑笠之儔(皆)能近仁慕義亦明清先儒一脉相傳之遺教也

吾區地本磽瘠雖貧苦者盡力農桑終年不飽素封之家一遇

荒歉亦同歸枯涸即如故家舊族錢汪二氏義庄不能推廣南北普濟堂及其他積穀惜字保嬰會之設久而廢棄數睦施濟之風遠不逮古惟掩骼埋胔之各鄉義塚至今尚存國課忙漕之一卯掃數免胥役騷突斯則鄉中翽舉亦慈善家之熱誠故皆能守法奉公踴躍好義若此耳

全區分三十八鎮鄉風氣畧同張舍新瀆望族僑秀居多占勢位最久脩浦陽庄類之達杆其次胡埭安於商賈民情寬厚蕩江重禮節有至德遺風陸區多良善惟少富賺而形委弛崇仁花園昔多以强凌弱楊家池基間有遇事生釁今則智慮之士已矯正之盛店敦樸后庄福山善慶安于儉素華藏沙灘繡衣

龍不西溪胡山劉塘梢塘青山歸山井亭得山水之氣靜不好動興隆石漕東南花壩北費百實以農桑為業鴻橋河柳徐城雲城多故家渾穆無所事乾元習尚委靡近殊振作綜觀現狀其賢者循規蹈範不肖者經懲一二即知斂跡安分守業均無異別也

婚姻古制必量貧富男子親迎奠雁御輪而歸後世僅媒領轎往女宅至新婦過門三朝廟見然後壻往婦家拜見其父母尊長謂之回門女上轎時首蒙紅帕女母號哭女亦哭謂之解花粉煞登堂交拜洞房合卺挑兜送子儐相皆僕隸下人所為近則文明結婚男坐花轎往女宅拜其父母尊長謂之先回門禮

畢雙轎回家不用僕隸下人擇來賓明禮節者為儐相不用紅帖三代而用結婚證書請有德望者為證婚人與主婚及介紹人俱簽名蓋章交拜後即引入洞房從前禮金中人家始終不過百元近則三四百或五六百元服用棉布線綢不衣裘近則羅紈嗶嘰狐皮灰背首飾舊時銀鐲銀鐶近則金鐲富者尤須全籠女宅裝奩普通皆杉木方圓桌同今則梧木或紅木若全副玻璃擱銀櫃而鄉間尚少而酒肴之豐日增一日風俗奢侈不可言喻然且有男家討厚奩女家索重聘銖錙畢較互相詬詈甚至爭長論短有轎在堂前而揩不令上轎者誤過吉期致啓訟端此大可恥也門靡誇多破產難補急宜從儉而有以革

之喪事稱家有無古禮為父服斬衰為母服齊衰三年不茹葷不飲酒不聽樂後世短喪不計閏二十九月近則人心不古僅跨三年其實不過十餘月有喪未葬而援親或貧困不能要迫于搶親者此鄉俗之鄙不屑道亦罕見有服中娶妻納妾設宴觀劇悍然不顧倫常之背且由讀書明理者是無人心可知無怪下賤傚效矣然僻陋農民猶有遵祖宗遺教至祥禫釋服始行婚嫁者其孝可念也大殮用十王麵葬時上山飯上坟酒徧邀親戚鄰友大小輒十數桌謂合家推又有壻家七祭延請釋道士工親友鄰里纖屑自備不煩主人一錢酒食豐腆謂之請枱重他若化器紮庫往往百元多二百餘元耗費之鉅中人每

至破產蕩俗迷信實甚有心者宜挽救之

歲時元旦開戶四日爆竹桃符撈田財婦孺（農家備香燭供神）謁尊長皆循舊例惟老嫗百數成群燒十廟香迷信未除釀酒賀年拜跪之禮已廢五路日商家接放邊炮以香燭茶酒供神謂之素路頭晨食蔬麵上元日商家拂曉放邊炮以三牲酒食供神謂之葷路頭作粉圓薦祖供竈神婦女箸叩門請姑掉龍燈鬧十番鑼鼓有種種游戲二月二為土地日各村合祀社神禮畢聚宴初八祠山生日有風山雨山雪山來賀皆食菜粥十八日馬和尚過江十九日陸區鎮陽山節有各種農具陳列山場農爭購之為一年田作之用多賽會遊者甚衆稱十萬朝山三月三上巳東西

卷四　風俗

南居民往附近武進之南山觀賽會文人聯袂謁龜山先生祠傚蘭亭脩禊穀雨農婦採白殘葉收蠶花清明折楊柳桃花置竈神前竈脚貼紅紙條書螞蟻不許上高山小兒戲作柳人家家掃墓相率至野外踏青三月十八為新瀆橋神廟壞節賽會演劇游士如雲觀賞神龕上陽山石有天然山水其紋形甚著四月初八浴佛日有少數宜興客民以烏桕葉汁拌米作烏飯立夏日採蠶豆小麥櫻桃薦先謂之獻三新農民浸稻種端午日食角黍雄黃酒安陽山近村皆登高嶺歌嘯弄黑米追莫天佑故蹟紀念楮冠時死難先祖又有採藥者滿山谷皆是夏至食麥粥餛飩下午稱人謂不蛀夏十三日為關聖誕設牲醴祈禱禳水龍宴救火會人員六月六為天貺節村人有取小貓小狗置水中游泳謂之貓狗洗冷浴七月七日陳瓜菓乞巧婦女取針浸盆水中于月夜穿之中元設盂蘭道場送宴客必極盛饌耗費至鉅今漸除三十日燒地藏香又戶懸一燈自七月朔至八月五日止謂敬張巡可收災降福如遇瘟疫抬神像遍行境內謂之逐疫蟲荒則抬孟將神巡視田間謂之驅蟲中秋食麥餅晚供月餅燒香寶塔謂之齋亮月重九食重陽糕在東南者登湖濱諸山西北者登安陽獅子等山持螯飲酒或賦詩為樂十月朝掃墓與清明同冬至日各宗祠設饌祭祖合族聚飲整理賬務以積資多寡為興廢十二月初八食臘八粥許蠟筵者

卷五　風俗

用全猪羊惟少數二十四夜作紅白粉糰齋竈與八月二十四日同家家過年酒肴之盛糜費至大除夕掃簷塵結賬諸事畢然後門上插年松場前畫弓箭之類合家歡飲謂之辭年

占候

氣候

老農口授之訣有驗有不驗惟蠶月取桑視山色之陰晴為準備安陽山諺云早起看山霧滿嶺農民占候雨連天若數洗盡煙巒色定卜晴烘午日前故蠶戶遇雨先多採桑枝無蠶饑之患又三月三十六兩日無雨西南風桑價貴東北風有雨則賤上巳聽蛙鳴以聲之上下卜高低田之荒熟芒種後壬日澳船戶剗水平線定升降如高出水面一寸則發水一尺二寸二尺過五尺以上大水不及水線低降至五六分則旱線與水齊高

低熟年試頗有效至歲朝東風江南熟七日人八日穀晴少疾疫不稗（稗）落立春無雨麥蠶强雨水西風水滿塘驚蟄雷米賤春分狂北風米貴二月十二晴果熟四月十二雨爛麥五月十三磨刀雨少瘟災二十分龍廿一雨時裏西風霉裡雨主大熟七月初秋分菜賤月底菜貴處暑十日陰白露十日晴主豐稔有好苗八月二十四閨竈門主久陰黃稻（爛）九月初一小重陽晴農工田地早收成霜降有霜大雪有雪主瑞年十月盤藍風應明年米價冬至二三壬高田枉費心臘月朔東風殃六畜小寒大寒見三白麥主多收禾盈積以此占驗不爽自無差別

卷五　風俗

〔科舉〕

自明清以甲第取士而育賢多方適於前朝往往盛於城郭而不及鄉邨說者謂城多君子鄉多野人抑知不然十步芳艸十室忠信山川靈秀所鍾雖遐陬僻壤詎無掇巍科而登選榜者自科制停學校興試士雖殊拔才則一亦所不廢也志科舉第六

卷六　科舉

進士

〔宋〕	
元符三年庚辰李釜榜	王岡　左司郎中直秘閣
紹興二十一年辛未趙逵榜	蔣芾　一甲二名右僕射同平章事
嘉定十六年癸未蔣重珍榜	蔣重珍　一甲一名刑部侍郎謚忠文
咸淳元年乙丑阮登炳榜	陳炤　常州通判死難
〔明〕	
正統四年己未施槃榜	楊瑨　副都御御史
景泰五年甲戌孫賢榜	楊琛　禮部郎中
弘治六年癸丑毛澄榜	秦金　南京兵部尚書謚端敏

嘉靖二十年辛丑沈坤榜
嘉靖二十三年甲辰秦鳴雷榜
萬曆十七年己丑焦竑榜
萬曆二十年壬辰翁正春榜
萬曆二十九年辛丑張以誠榜
萬曆四十一年癸丑周延儒榜
（清）
順治四年丁亥呂宮榜
順治十二年乙未史大成榜
順治十八年辛丑馬世俊榜

吳禎 盧陵知縣
吳情 一甲三名左春坊諭德
楊應文 南京太僕少卿
吳海鰲 行人副使
吳澄時 衢州知府
秦延烝 兵部知事
堵廷芬 歷城知縣
秦鉽 一甲三名江西按察使
秦廣之 未殿試

俞謹 黃巖知縣
堵維垣 廣東布政使
陳常 教諭

卷六 科舉

康熙三年甲辰嚴我斯榜
嘉慶十四年己巳恩科洪瑩榜
補遺（明）
嘉靖十一年壬辰林大欽榜
崇禎四年辛未陳于泰榜

秦鉅倫 宜君知縣
汪士侃 工部員外郎
王瑛 黎平知府
薛宋 開封知府

舉人

（宋）
景定五年甲子
（明）
永樂三年乙酉
十八年庚子
正統三年戊午
十二年丁卯
成化四年戊子
十九年癸卯
二十二年丙午

楊文龍
楊浩 秀水教諭
俞雍 公安知縣
楊璿 己未進士
楊琛 甲戌進士
楊纓 建昌訓導
謝顯 景行
秦金 癸丑進士

楊緯 興化通判

卷六 科舉

宏治八年乙卯
正德十四年己卯
嘉靖元年壬午
四年乙酉
十年辛卯
十六年丁酉
萬曆七年己卯
十三年乙酉
十六年戊子
十九年辛卯
二十五年丁酉

楊文昇 戶部郎中
吳商
王瑛 壬辰進士
丁謹 復姓俞
吳禎 辛丑進士
吳[illegible] 甲辰進士
吳海鰲 壬辰進士
堵維垣 壬辰進士
錢萬善 國子監學錄
吳澄時 順天榜 辛丑進士
秦延烝 癸丑進士

秦泮 順天榜
楊應文 己丑進士

二十八年庚子	秦重泰 將樂知縣	秦延熹
三十七年己酉	王新政 江都教諭	
崇禎三年庚午	姚銘中 廬江教諭	秦世銓 嘉善教諭
九年丙子	姚亘 定遠教諭	
（清）		
順治二年乙酉	堵廷棻 丁亥進士	陳常 乙未進士
五年戊子	秦鉽 乙未探花	
十四年丁酉	秦廣之 己未進士	
康熙二年癸卯	秦鉅倫 甲辰進士	
五十九年庚子	張應元 舒城教諭	

卷六　選舉

乾隆十三年丁卯	王殿 本姓馮 順天籍	
嘉慶九年甲子	汪士侃 己巳恩科進士	
道光八年戊子	胡榮謄 海州學正	
二十三年癸卯	汪望求 順天籍	
咸豐五年乙卯	錢勛 知府 贈光祿寺卿	

貢生

汪佩宗　汪雲鵬　秦仁　吳崇德　吳汝霖　吳達鴻　楊坡　王震　鄭葆琦

秦汝操　秦錦　杭天德　吳應兆　吳尚輒　吳藻　王新德　錢誦清　鄭瑞摩

楊文明　楊文暉　馮拱垣　胡萃　錢以振　錢榦　楊元平　陳耕南　秦延熙

廩生

陳國華　陳國价　王宸　王榮桂　秦鉥　錢廣濤　許仁卿　馬懷村

鄉進士

楊國英　陳應鑫　陳應麟　陳顯曾　陳述曾

卷六　選舉

庠生

楊維　楊文琅　楊文玕　楊文音　楊文㬎　楊文星　楊文旭　楊前川　楊藻　馬雷

馮之驊　馮之騵　馮拱垣　馮拱斗　馮殿 乾隆丁卯舉人　張燦　張煥　張煌　張星垣　馬增

張景煥　楊蓮　楊茗　楊桂明　楊應明　楊應斗　張觀光　張幹　張橚　謝文明

張耀　張芥秀　張大鏞　張尊美　張樸　杭英 辛卯副榜　杭滔　杭鼎新　杭鼎鉉　謝朝陽

杭日室　杭鼎銓　杭爵　蘇鏡源　蘇開源　姚虎　姚用羽　姚玉堂　楊坦　謝全

貢生以下各人究爲何時人物存疑

庠生

楊維 馮之驊 張景煥 張櫂 杭日宣
楊文琅 馮之驥 楊蓮 張斧秀 杭鼎銓
楊文玗 馮棋垣 楊茗 張大鏞 杭爵
楊文音 馮拱斗 楊桂明 張尊美 蘇鏡源
楊文彔 馮殿乾隆丁卯舉人 楊應明 張樸 蘇開源
楊文星 張燦 楊應斗 杭英辛卯副榜 姚虎
楊文旭 張煥 張覲光 杭滔 姚用羽
楊前川 張煌 張幹 杭鼎新 姚玉堂
楊藻 張星垣 張橚 杭鼎鉉 楊坦
馬雷 馬增 謝文明 謝朝陽 謝全

謝鑾 謝春魁 賈紫垂 賈起 賈湘濤
汪壽安 倪文珍 錢仲理 李迺白 朱賓我
汪道良 時篠中 錢中美 朱明盍 楊志道
汪牧求 楊元達 錢忠孝 楊邂 楊爾德
汪挈求 楊清泰 楊鎬 楊詔 楊皆
汪本繩 楊玉田 王憲 王禧錫 王琪芬
汪本綸 石體 王完 王之經 王鏡
陶上元 楊堡 王寀 王承 王掄節
胡榮書 楊鍾 王許 王元熊 王萬祼
鄭質夫 楊培 王國傳 王膺 王元宗
鄭蔭培 王寀 王國才 王光遠 王龍光

王汝瓚 許煒 陳士文 秦仁溥 秦煥章
王冠 許鼎鉉 臧蔭祖 秦士達 尹宗道
王濟清 王墨飛 周士京 侯清華 堵際和
楊覺民 秦中行 秦原平 蔡之華 堵卲棠
臧奉璋 秦曹 秦定秀 秦欽虞 堵芝谷
周嗣濂 秦魯 堵百斯 陳金南 堵仲美
周啓祥 秦中立 周尚文 湯有光 沙明 文卓
許炳 秦中甫 沙起辰 錢名振 錢應運
許炯 秦文瑞 吳穎 胡啓迪 丁洪方
許兆隆 秦之珍 戴堯天 虞九成 秦宏鑄

秦二丰 秦仁 周亨 秦世鉁 秦延熙
周伯源 周習儀 秦寅 秦延烈 秦重慶
秦春泉 秦文葵 秦釗 張振邦 張士進
吳宗邁 吳仲實 吳濟川 吳稷 吳棫
吳曉 吳鈇 吳全 吳璧 吳慈
吳文 吳汝忞 吳眺 吳應賓 吳永圖
吳袞 吳汝愚 吳惇 吳應龍 吳敷錫
吳永 吳汝憲 吳應志 吳應陽 吳申錫
吳音 吳汝思 吳應祈 吳應祖 吳天錫
吳泉 吳汝愈 吳應賓 吳宗仁 吳永錫

望溪 卷六 選舉

許應祥 許繇 許登郡
吳欽錫 吳康錫 吳弼成 吳惟修 吳龍徵
吳寵錫 吳有成 吳濟時 吳之枚 吳德延
吳延錫 吳吉原 吳濯時 吳之棐 吳禹轍
吳明楨 吳明棟 吳端曾 吳伯明 吳餘慶
吳方至 吳天衢 吳正位 吳壽 吳珠耀
吳觀初 吳觀海 吳景灝 楊春檗 閔深
閔江 閔企淵 閔運英 陳來復 陳錦雲
張懋卿 張緯斗 張明時 秦樫 許璋

辟召
周岳 仲衡

重編

武科
進士
石交鄰 閔玉兒
武生
朱耀斗 蔣鈺芳 殷殿棟
吳煥培 薛鳳來

大學畢業生
張懿誠 大夏 王維能 正 吳育寰 中央 吳育榮 中央
錢祖勤 日本早稻田 陳友章 暨南 殷文友 南洋機械科碩士 錢實鈞 金陵
周維幹 南洋 周家樸 大夏 孫曉樓 東吳法學博士遊美得博士位 錢定康 大夏
尹日昌 光華 周維楨 東吳 賈念曾 北京大學理科學士 秦柳山 勞動
强祿政 復旦 周雲淵 滬江 章楨 國民大學教育科學士 胡路生 同德
孫曉山 同德 秦澤 南洋 秦鴻 南洋工科學士 薛桂芳 金陵

畢業生
是雨蒼 上海法科 吳有光 上海法科 袁宗漢 上海法科 孫曉峯 勞動
錢重慶 金陵 錢韓康 中華藝大 尹壽華 光華交通 尹壽先 交通 馮餘青 暨南

升 刪

師範畢業生
賈道曾 江蘇第一優級師範 袁宗澤 南京高師 秦柳芳 省教育院 許巖 南京高等體育
胡奎光 三師 王月生 二師 許肖軒 南京高等師範 呂毓蘭 無錫縣師
秦志雲 武進縣師 秦堉 三師 吳鎮龍 檢城 吳謨 南京達材
吳震廷 武進縣師 錢光遠 武進縣師 周漢倫 錫甲種

升

法政
王庭槐 袁宗淦 錢荷慶 錢錫慶
秦達誠 是雨蒼 楊仁峰 上海法學院

學校出身以專科以上畢業已起者為準餘應刪

14

刪

是雨蒼 上海法科　吳有光 上海法科　袁宗濂 上海法科　孫曉峯 勞動

錢重慶 金陵　錢韓康 中華藝大　尹壽華 光華交通　尹壽先 交通　馮詠青 暨南

師範畢業生

賈達曾 江蘇省立優級師範　袁宗澤 南京高師　秦柳芳 省教育院　許巖 南京高等體育

胡奎光 三師　王月生 二師　許省軒 南京高等體育　呂毓蘭 無錫縣師

秦志雲 武進縣師　秦堉 三師　奚檢 武進龍城　奚謨 南京達材

奚震廷 武進縣師　錢光遠 武進縣師　周漢倫 錫甲種

法政

王庭槐　袁宗淦　錢荷慶　錢錫慶

秦達誠　是雨蒼　楊仁傑 上海法學院

重編

武科

進士

石交鄰　閔玉兒

武生

朱耀斗　蔣鈺芳　殷殿棟

吳煥培　薛鳳來

大學畢業生 及專科

張懿誠 大夏　王維能 正風　吳育寰 中央　吳育榮 中央

錢祖勤 日本早稻田　陳友章 暨南　殷文友 南洋機械科碩士 遊美得　錢寶鈞 金陵

周維幹 南洋　周家樸 大夏　孫曉樓 東吳遊法得博士位　錢定康 大夏

尹日昌 光華　周維楨 東吳　賈念曾 北京大學理科學士　秦柳山 勞動

強稼政 復旦　周雲淵 滬江　章楧 國民大學教育科學士　胡路生 同德

孫曉山 同德　秦澤 南洋　秦鴻 南洋工科學士　薛桂芳 金陵

畢業生

所謂專科亦宜稍有標準，師範應以具有中學教師資格者為限，本刊照載，不勝載，反多遺漏

就鄉志體例論，似應分些人的列與否

吳闓榮 47 補

刪

軍官

吳介璋江南陸師　侯城陸軍　錢應武江蘇陸軍　錢維藩蘇陸軍

吳雨春中央　邊征東中央　秦秉謙省立警官

楊道行南京將校團　劉秉璋

高中

張家熊南通　張逸鷗正風　張鶴畢南

張　謨南菁　張　烈無錫　周雨蒼江中　胡炎光五中

胡國楨五中　王文貞錫競志女中　馮詠青輔仁附中　劉廣漢上海南方中學

尹鑑心工商　臧　猷工商　吳雨春南洋　楊　譽正風

呂宗岳澄衷　張鴻祥五中　張寉祥晏成　王仲衡金陵大學附課

錢錫成晏成　馬廉泉工商　秦　澈吳江　錢君楊蘇州工專教育科長

卷六　畢業生

王志學錫中　尹旭昌東南附中　尹務言蘇州二中農　戴維屏中國公學

秦逢春縣商業　秦　滌南菁　王叔銘南京東方公學　徐壽安私錫中

錢光怡職業　陳俊三籌邊之江大學　孫曉初五中　吳宗棠

楊觀海五中　楊世明浙江求實　錢振鐘東吳　錢振鏗[illegible]專師

并

專門

鄭汝關上海理化　呂渭文上海文科　汪補生無錫國專肄業　秦炳曦蘇中山體專

秦　壤北京工業　賈碧英省立蠶業　錢蘭英省立蠶業　楊秩然南京工業

許秉鈞蘇州體專　張穰留美專　杭　華上海美專蘇州教育系

并

無錫國專

嚴濟寬　楊仁溥　謝宗元　俞月秋

劉頌善　曹子章　周繼昌

禮

無錫富安鄉志稿

無錫富安鄉志卷七

（學校）

清末廢科舉興學校本上古三代之遺制而參歐亞文化學風為之一變由是民智教育民生教育進不一端幾自通都大邑至市鎮鄉村無不賅徧文風蒸蒸日上魁人傑士均拔乎其中斯亦文字改革之一大關鍵也志學校第七

本邑鄉村教育於民初時以鄉正董兼學董委學務專員而屬於縣政府第三科後改勸學所再後改教育局迨學區劃併學董取消而以學務委員專其責茲將歷年辦過學務者列名如左

錢應運　陳冠英　胡啓迪　錢六箴　以上學董

胡啓迪　吳浩清　邊振卿　賈道曾　錢武　賈念曾

奚錚　是雨蒼　顧元伯　以上學委　薛仲達　汪鏡清　蔣志周

章星垣　以上教育委員

該論清季興學事而未及本鄉教育似覺未當謂為文字改革意亦太偏

15.

本邑鄉村教育於民初時以鄉正董兼學董委學務專員而屬於縣政府第三科後改勸學所再後改教育局迨學區劃併學董取消而以學務委員專其責茲將歷年辦過學務者列名如左

錢應運　陳冠英　胡啓迪　錢六箴　以上學董

胡啓迪　吳浩清　邊振卿　賈道曾　錢武　賈念曾

奚錚　是雨蒼　顧元伯　以上學委　薛仲達　汪鏡清　蔣志周

章星垣　以上教育委員

無錫富安鄉志卷七

（學校）

清末廢科舉興學校本上古三代之遺制而參歐亞文化學風為之一變由是民智教育民生教育進不一端幾自通都大邑至市鎮鄉村無不賅徧文風蒸蒸日上魁人傑士均拔乎其中斯亦文字改革之一大關鍵也志學校第七

學務委員蓋係屬於縣政府而可謂之屬於縣政府中之科股勸學所教育局為縣教育行政非本鄉委員之事要措詞大意亦思如下

本鄉於民國初年由辦理鄉自治之區董兼任學董負籌撥教育經費之責另設學務委員辦理教育行政後因全縣重劃學區裁撤學董而設學務委員學務委員嗣又改學務委員為教育委員此為當時學制變更之一端全縣各市鄉大率相同茲將本鄉歷任學董學務委員教育委員姓名等臚列於下

16.

學校沿革

民國元年化私為公以成立先後為次如新瀆安陽則稱富安鄉立第一國民學校次陸區次沙灘次夏瀆次修浦次閶江次楊家村次連杆次盛店次福山次尹城次后莊次鴻橋次張舍次劉庄之類十三年學制變更定名為第十一學區富安鄉立第　初級小學校十六年學區擴大與開原并區更名為第六學區即以地名為校名二十年又冠以縣立二字前後推廣成立者又有徐城岸前劉塘陽灣歸山廟橋龍爪邵巷鄧巷等校茲將各校名稱地址及成立期備列如左

無錫富安鄉志 卷七 學校

學校名稱	校址	創辦年月	備註
縣立新瀆橋小學	安陽書院	光緒三十一年由錢貴之創辦民國元年收歸縣立	民國十九年由富紳朱寅生慨助平田八十畝為本校基金成完全小學
新瀆第一分校	大路頭	民國九年分立	
縣立陸區橋小學	積穀倉	宣統二年由吳錚創辦民國二年收歸縣立	
縣立夏瀆小學校	是宗祠	民國元年	
縣立沙灘小學校	周宗祠	民國二年	
縣立胡埭小學校	東平殿	民國二年	
縣立修浦小學校	胡宗祠	民國二年	
縣立閭江小學校	吳宗祠	民國二年	
縣立楊家村小學	楊宗祠	民國二年	
縣立連杆小學校	南寶巷	民國二年	
縣立盛店橋小學	關帝殿	三年八月	
縣立福山小學校	福山巷	四年二月	
縣立尹城小學校	尹景賢宅	四年二月	
縣立后莊小學校	后莊	四年二月	
縣立大鴻橋小學	許宗祠	四年二月	
縣立張舍小學校	三審堂	四年二月	
縣立劉莊小學校	劉莊	十一年八月	
縣立徐城頭小學	郭恩榮堂	十四年二月	

卷七 學校

名稱	地址	成立年月	備考
縣立岸前小學校	王宗祠	十四年二月	
縣立劉塘橋小學	邑煥章私宅	十四年八月	
縣立陽灣小學校	蘇宗祠	十六年八月	
縣立歸山小學校	周宗祠	十八年八月	
縣立西廟橋小學	廣福庵	十八年八月	
縣立龍爪橋小學		十九年二月	
縣立邵巷小學校	王宗祠	十九年二月	
私立王氏景山小學	河豆王宅	民國四年	
私立安中高級小學初級中學	關帝殿	民國五年	由王光奕私資創辦十年得縣款補助十七年八月歸縣立屬六區分校民國四年由奚錦私資創辦十六年續辦初中並分初級于陸龍基職家橋桿樓下至十九年停

補錄

卷七 學校

名稱	地址	成立年月	備考
私立西溪小學	藥師庵	民國二十年	二十一年得縣款補助改偁協作學校
私立蔡傳橋小學	蔡傳橋	民國二十年	現改協作學校
私立匡村第一分校	稍塘巷	民國十三年	創辦人匡仲謀
縣立農民教育館	新瀆錢祠	民國十九年	教育分公民生計語言文字健康休閒娛樂

圖書館

名稱	地址	成立年月	備考
	新瀆小學	民國二十年	
安陽書院	獅子山右	光緒八年落成	由鄉董錢嚴募捐創辦置田八十餘畝開官私兩課聘張耕臧為山長民國十[illegible]新瀆小學遷入
張華種植園	張華橋	民國十八年	創辦人張錫疇
蠶業製種場	新村	民國十六年	定名舜耕由朱舜安獨資創辦
心淵養雞場	大花村	民國十七年	杭秉昌創辦
新瀆合作農場	獅子山右	民國二十年	
長樂公司植物園	劉塘橋	民國十六年	

卷七 學校

補遺

私立聿新小學　校址　張華橋乾元觀

私立務本小學　校址　姚灣

民國十五年由張[illegible]閔私資合辦二十一年得縣款補助
續辦人張錫疇
民國十九年由榮梅清私資創辦

卷七　學校

各校成立之先後，敘述及表列似均有誤，且應將其列入一表，不宜有所謂補遺，關於園藝、畜牧可另立一門，書院已改辦學校，應列入學校門，亟新續小學之圖書館，即使規模已具，亦應為該校內部之一機構，無須另提。17、

公立各校成立之先後大約如下：[illegible]
1新瀆、2陸區橋、3沙頭、4夏瀆、5胡埭、6修
浦、7向丘、8楊家村、9蓮杆、10盛店、11上舍、
12尹城、13稍塘灣、14鴻橋、15張舍、
至於公立各校於民國九年[illegible]尚未[illegible]之[illegible]
另查

18、

無錫富安鄉志

（宦望）

仲尼云學優則仕子輿氏云幼而學壯而行積學之士大都欲以功名見於世也鄉之人才有治於人者有治人者或秉正笏垂長紳或握軍符張大纛或勳勞卓卓入祀名宦或一行作吏無愧循良雖皆來自田間其能以身親民一也志宦望第八

卷八 宦望

（宋）蔣芾字子禮宜興人自其祖璯始居無錫芾紹興二十一年進士第二人孝宗即位累遷起居郎兼直學士院時宦者梁珂恃潛邸恩撓權尹穡論珂與祠芾繳奏罷之簽書樞密院事奏言加意邊防請拔將才於行伍除權參知政事同知國用事芾言今財莫費於養兵而招兵耗蠹愈甚請權停一年有半又采眾論參已見為籌邊志上之拜右僕射同中書門下平章事兼樞密使帝銳意恢復廷臣議或主和詔芾決之芾奏天時人事未至忤上意除觀文殿大學士知紹興府提舉洞霄宮尋落職 宋史有傳

宋蔣重珍字良貴世居無錫富安鄉胡埭幼穎悟讀書一覽輒記嘉定十六年魁進士擢承事郎累遷至簽書奉軍國召除秘書正字入對三疏奏語剴切忤丞相史彌遠意遂謁告還家端

親民之官，而未專指州牧縣令等地方有司而言。凡備職中樞，或有任方面，以及統兵將將者，均不得以親民稱之。皆來自田間一語，與歷代鄉先達之家世，恐亦未必盡合。

19、

（宋）蔣芾字子禮宜興人自其祖璯始居無錫芾紹興二十一年進士第二人孝宗即位累遷起居郎兼直學士院時宦者梁珂恃潛邸恩撓權尹穡論珂與祠芾繳奏罷之簽書樞密院事奏言加意邊防請拔將才於行伍除權參知政事同知國用事芾言今財莫費於養兵而招兵耗蠹愈甚請權停一年有半又采眾論參已見為籌邊志上之拜右僕射同中書門下平章事兼樞密使帝銳意恢復廷臣議或主和詔芾決之芾奏天時人事未至忤上意除觀文殿大學士知紹興府提舉洞霄宮尋落職 宋史有傳

宋蔣重珍字良貴世居無錫富安鄉胡埭幼穎悟讀書一覽輒記嘉定十六年魁進士擢承事郎累遷至簽書奉軍國召除秘書正字入對三疏奏語剴切忤丞相史彌遠意遂謁告還家端

宋蔣重珍字良貴世居無錫富安鄉胡埭幼穎悟讀書一覽輒
記嘉定十六年魁進士擢承事郎累遷至簽書奉軍國召除秘
書正字升對三疏奏語剴切忤丞相史彌遠意遂謁告還家端
平初上勵進精更化召爲秘書郎累遷至集英修撰皆不就嘗
築一梅堂萬竹亭褒書自誤天下高之號實齋先生與魏了翁
真德秀孫相友愛其所講明皆聖門正學後以刑部侍郎致仕
卒謚文忠公

覈戶均役民稱便利督覈軍儲實邊事集而人不知勞進
陝西右布政使拜戶部侍郎改右副都御史撫治荆襄流
民巡視東北諸邊鎮單騎赴官宣命拊循既而盜起房竹
殲其魁而散遣其餘移撫河南禁游末抑豪右以勞卒官
予祭葬

秦金字國聲宏治六年進士授戶部主事歷郎中正德初遷
河南參政破流賊趙鐩於陳橋遷山東布政使擢副都御
史巡撫湖廣討叛苗平郴桂猺入爲戶部侍郎世宗即位中
旨各宮仍置皇莊金言西漢盛時以苑囿賦貧民今柰何
剝民以益上乞勘正德間額外侵佔者悉歸其主而盡撤
管莊之人帝稱善從之嘉靖二年擢南京兵部尚書上疏
曰陛下臨御未幾政漸不能如初初政所以清明者政出
公朝也今政所以淆溷者政在左右也宮府之地隔而信
任有所偏婦寺之情親而聽受有所蔽名曰總擥而太阿
之鑄實移於下矣尋改兵部召爲戶部尚書帝欲考興獻
帝金偕廷臣伏闕爭又與何孟春等條張璁建議之非及
上聖母册復不至帝切責之金爲人樂易及居官一以廉
正自持在戶部尤孜孜爲國內府諸監局軍匠至數千人
中官梁諫請下部采金玉珠石奸人遂傳旨乞兩淮鹽引
三十萬金皆力爭積失帝旨六年春以考察自陳乞休歸

閱四年起南京户部陳利民六事召爲工部尚書加太子太保再改南京兵部致仕卒年七十八贈少保謚端敏明史有傳

孫柱字汝立以諸生授中書舍人大學士高拱得辠倉皇去京師官校方四出偵視諸門下皆走匿柱追送百里外吳中行疏諫張居正奪情被杖下詔獄柱挾醫往視湯藥居正積前嗛遷柱魯府審理尋以考察罷歸明史附金傳

(明)吳情字以中嘉靖二十三年進士第三人授編修歷侍讀白以右春坊右諭德掌南院大獄被劾左遷歸久之起南京吏部其宽以其宽以原職致仕居家有農桑教子弟笙簫之間不及長安制產置義田贍族晚自號静端居士

丁鐩字慈甫復姓俞氏嘉靖四年舉人時有建坊金鐩以畀族黨之貧者徒步赴京師會試十年不第家益貧與一僕文壽者相倚自給知縣鄭書久知其名而未相識將去詣鐩請見强而後可再拜歎息乃行舉三十三年進士除黄巖知縣治務簡静至官八十日而卒

卷八 官望

(明)楊應文字子修萬歷十七年進士累官刑科都給事中所上封事如經略薵停中使祛惡税宥累臣皆持大體於妖言事論救諸諫臣尤力進南京太僕寺少卿予告歸見縣志

堵維垣字師甫萬歷二十年進士知南平縣再補江山税璫檄採同青維垣上議採青本供燒造今土青黯淡無當禁物轉發江西勞費彌倍抑勒賠補民困乃大況麾料產無定所差員發屋掘冢變出意外誰任其咎宜聽民自採折價解官時又税間架維垣度不可爭請行有正税以餘税抵間架相當而止民便之仕終廣東右布政使

秦延默字允言金曾孫萬歷中選貢授湯溪知縣簡静不擾民懷其德祀名宦

秦延烝延默從弟以進士知永豐縣著循聲歷官兵部主事祀永豐名宦

秦重秦延烝從子以舉人知長樂縣黜姦胥懲豪右平反疑獄葉紹公歛士民生祀之

秦鉽字克繩順治十二年會試第一廷對第三人召見南海子賜袍服比第一人授國史院編修充戊戌會試分考官大學士合肥李天馥其所取士也旋出爲廣東參議分守雷州遷杭嚴兵備副使嘗有告無爲邪教者鉽問知此曹戒食肉飲酒遂集之堂下遍與酒肉飲食訖散遣之遷福林參政旋擢江西按察使進賢縣有叛人江德八者久未獲而所司得江國八鍜鍊誣服鉽察其非亟請上官奏釋之未幾卒獲德八伏誅又數人詐稱旗兵取人財例當與盗同罪而操舟人徐昆者不得財鉽當昆盗未得財律減死部議生失出降調久之補長蘆運使遷湖廣糧儲參政

卷八 官望

會裁缺歸子汝泌字鄴仙官虹縣教諭能詩善隶未趙又

嘗作服議一篇可補陳氏禮書

(明)王世顯號思山少有大志崇禎間由貢監歷任吉安府太和縣知縣鯁直敢言甫下車見其地之殘破飢饉催科日迫民不聊生會瀋河藩撫莅境攀轅直陳民間疾苦無忌諱撫藩爲之動容遂曲從奏請捐積逋吉民以安後雪寃獄忤權貴幾不測賴夙有賢聲獲免年八十三

(清)錢勖字捘初舉人補中書舍人時李鴻章以巡撫使者督師遨襄戎事每戰必偕歷被薦剡由中書而府道轉吳中平冦記八卷語多徵實李奏命北剿捻匪勖亦偕行年四十二卒於濟南卧至營次適大捷李慟曰捘初見吾敗而不見吾勝傷如之何援軍營立功後病故例請旨得卹贈光祿大夫太常寺卿蔭一子

錢鏞清字子明博士弟子員熟太公陰符言東南亂起吳曉帆備兵海上羅致幕中兼治軍書以功薦保主事庚申蘇常陷絜眷過浙入閩航海入都改官知縣分廣東粵撫郭嵩燾一見傾心清理南海番禺兩縣積案旋檄署海豐擒奸發伏校閱文藝多獎拔金陵餘孽由豫入粵陷嘉應豐順告急大吏以有經濟才即調赴任登陴激厲士民分守要隘陽抱延嶺關潛移軍北溪諭家人以署後古井即闔家葬地進亦死退亦死吾爲國捐軀無憾搏戰三小時賊

驚潰無何調署大埔以豐順守禦功奏補海豐丞以知府用又調署海陽（潮屬）會山洪驟漲城不沒者三版躬率吏民搶護七晝夜目不交睫默禱韓文公廟請獨承咎勿禍百姓閏三月水勢殺撫綏安業至今民猶稱之云

補遺

明王瑛字汝玉號石沙初受書于邊進士伯山伯山讓其華采既入邑庠爲文深厚爾雅詞旨高峻亦不屑於格壬辰成進士試吏部政大冢宰而下咸重其才授太常博士時世宗方興禮樂隆郊廟百神諸祀日贊秩宗斟酌舊典擢監察御史會議南遷瑛與同官疏留而議竟寢奉敕理冀北山東河南馬政摘抉姦蠹條畫便宜枚事修舉爲直指使者最服則謁孔林觀鄒嶧走大陸泛黃河岱宗嵩岳無不游咏庚子出按八閩懲宦邪重民命奬恬退禁汰侈崇教化旌忠烈清寺田以補虛糧復驛傳以蘇疲邑諸所舉措炳在憲牘海邦頌焉歲當大比綜覈嚴密校閱精允閩士被其甄録者多與解額閩中多碧水丹山靈區異境如鵬海鯉湖武夷雲谷使節所經必褰帷以曠視性簡亢負氣激昂不能屈意於人遂譏讒叢生因謝病歸泉石沙山林園映發康莚合樂修觴晏之歡娛以此自終致仕時倭寇欲犯三吳錫城素無堅陴瑛不避艱出貲襄築工總完而寇果至合邑人民賴以捍衞焉

卷八　宦望

朝代宜分別標明於前，不必於各人姓氏上均冠以宋元明清等字。又，凡人可取則取，似亦無分立補遺之必要。

20.

者最暇則謁孔林觀鄒嶧走大陸泛黃河岱宗嵩岳無不游詠庚子出按八閩懲官邪重民命獎恬退禁汰侈崇教化旌忠烈清寺田以補虛糧復驛傳以蘇疲邑諸所舉措炳在憲牘海邦頌焉歲當大比綜覈嚴密校閱精允閩士被其甄錄者多興解額閩中多碧水丹山靈區異境如鵬海鯉湖武夷雲谷使節所經必褰帷以瞻視性簡亢負氣激昂不能屈意於人遂讒譖叢生因謝病歸泉石沙山林園映發康筵合樂修眉晏之歡娛以此自終致仕時倭寇欲犯三吳錫城素無堅陴瑛不避艱出貲襄築工纔完而寇果至合邑人民賴以捍衛焉

王新政字大猷號渼寧九歲能屬文萬歷己酉舉人補江都縣歲文卓異詣選授湖州孝豐縣其地濱湖民貧瘠為一郡最新政詢其疾苦力為蘇息性明決郡有大獄一以屬之兩造具辭片言立服聞仿紫陽白鹿洞規進諸生講學所賞識先後皆成進士孝豐圍綠林數有大盜憑湖嘯聚當事議剿訖無成功新政請用兵須餉日糜財賊不時平民力先盡矣忽輕騎直抵賊巢令一卒傳呼曰縣官至羣盜駭出不意迎拜馬首新政手指曰若等知縣官來意乎若等聚為烏合之衆橫掠無忌一日官兵合圍釜中魚耳縣官父母心知若等迫于飢寒不忍視赤子立就死地倘能革面悔罪縣官雖文弱力能克若等羣盜叩顙號呼曰我等固知必死欲少延殘喘聞城如公安敢有異心誓不負公恩責乃盡擯黨羽解散終其任無有一盜睥睨行路者制撫次第上其事將大用新政以逆璫故急流勇退遽解組歸民爭肖像祠之

卷八　宦望

附鄉宦錄　已入官望者不再錄

宋

吳瀚字叔度嘉定己卯傅學閣文科擢常州儒學提點

楊國華軍功授楊州百戶

臧　謨官徐兗二州刺史

石思謹贈都指揮　　楊文龍翰林院修撰

陳　焰字元伯兩淮置制司參議直寶章閣死節

元

吳均聘采石書院山長

吳伯誠青山鎮巡檢

鄉宦表可刪

楊子椿以輸粟授七品散官　　楊國英國子監學錄

楊子國蘇州錦衣衛百戶　　楊坡浙江諸暨訓導

楊　稠以輸粟授八品散官　　楊志道蒲圻縣縣丞

楊　璉以輸粟授承事郎　　楊公爵青山鎮巡檢

楊侯度指揮參軍

明

楊　紳河南武陽主簿　　楊　絃蘇州衛指揮

俞　雍浙江公安知縣嚴州通判福建延平知府

楊　琛戶部河南清吏司主事升員外郎署禮部儀制司郎中

楊　纓江西建昌府教授　　楊浩建寧訓導秀水教諭

卷八　宦望

楊　緯福建興化府通判　　楊　理福建興化府通判

楊文昇衢州府推官杭州府同知戶部主事署員外郎

楊　紀光祿寺署正　　楊　綱衢州府推官

杭一鶴授太醫院　　姚大經任留守衛知事

姚大文鳳陽縣知縣升濟州府知府

楊元平諸暨縣訓導　　姚　達任青州府知府

朱文溪由孝廉任知縣　　楊文暉衢州府通判

楊文明雲南寶山縣知縣　　楊文昺官光祿寺署正

姚　龍考授州同知　　姚錫中授鴻臚寺署正

姚龍標考授州同知　　姚雲驥候補州同

侍畜

姚銘中休寧縣教諭
許儀衮河南葉縣縣丞
姚文炳貴州銅仁縣知縣
王子曕江西宜春縣縣尹
秦仁濟兩江總督部堂宣傳
秦廷棟考授州同知
秦汝立授中書舍人
秦汝蔭廣西慶遠府知府
秦汴雲南姚安府知府
錢昂字子高安徽撫院

許妳鄭縣縣丞
王士科候選知縣
王世顯吉安府太和縣知縣
秦定秀浙江嘉善縣知縣
姚亘定遠縣教諭
秦重采晉中憲大夫
秦寅雲南蒙自縣知縣
丁昭福建延平府
堵廷棻山東歷城縣知縣
吳勉卿山東深澤縣縣丞

卷八 鄉宦

吳文山東按察司照磨
吳元夫浙江布政司經歷
吳海鰲壬辰進士授行人
吳祺廣東遂溪縣縣丞
吳應兆寧波鄞縣教諭
吳申錫光祿寺署丞
吳澄時山西澤州知州升南京刑部員外郎權衢州府知府
吳三畏武英殿中書
是雲山西大同檢校
錢暎昂中書舍人

吳音山東沂州州判
吳汝霖江西教諭
吳嵩湖廣澧州吏目
吳中立直隸深澤縣縣丞
吳敷錫河南鄭州知州 光祿寺[illegible]監署正
吳濟時西安府鄠縣知縣
吳原信考授州同知
吳楨江西廬陵縣知縣
王瑛邵武府知府

謝景行禮部郎中
王新政浙江嘉善縣知縣
王同穀鴻臚寺序班升主簿
王國士江陰吏典
閔玉兒杭州前衛左正千户
許璿太僕寺主簿
謝洪耀南京留守後衛軍
薛寀開封府知府

清

丁佺浙江湖州府知府

謝景明雲南軍校隨征勝御陞總務
王新德江都縣教諭
王季良光祿寺署丞
王明高六品議叙縣佐
秦樫廣西慶遠府知府
許偉沂州同知
謝公瑾福建福州府羅原縣典史
張應元安徽舒城縣教諭

卷八 鄉宦

陳常太平縣知縣戶部主事
吳逵鴻恩貢揀選知縣
汪士侃任四川羅江雙流等縣工部屯田司員外郎
汪望求揀選知縣
胡榮暲海州學正
吳昌來安陽縣縣丞
吳春興候選縣丞
沙禮英太醫院吏目
吳景烈供事內閣
張壽寶國子監學錄

朱旭安徽太平縣知縣
吳藻直隸分州
汪藻求直隸長蘆鹽大使
秦曰鎔候選縣丞
吳宗秀廣東化州崖州吏目
吳濟和供事內閣
吳文光布政司理問
吳大泉候選縣丞
秦邦基五品州同

沙書苑考取吏員叙縣佐
汪本雲山西平陽府主講
胡　萃國子監學正
錢時偕布政司理問
錢以振山東鄒平縣知縣
錢廣濤知府銜候選知縣出使美日比國隨員
錢承緒候選知縣
蔣鈺芳五品軍功補千總
秦汝泌虹縣教諭
秦　仁官知府

卷八　鄉宦

汪本爕浙江典史
汪本垣浙江泰順縣典史
錢　最提舉銜選用縣丞
錢　翰直隸州州判
錢名振江西即補知縣
錢玉振候選知縣
秦　泮南京都督府經歷
秦鉅倫宜君縣知縣
（秦邦基五品州同見前）

信源堂

秦商章河南信陽縣楊家堂巡檢升縣丞
秦根發東河候補同知升知府贈太僕寺卿銜
秦祖烈分發河南知縣充司令文案兼承審官七等文虎章
秦燀祖縣丞署河南糧鹽道庫大使開封府經歷考取縣知事
山東全省印花稅處處長
秦祖炎清防營守備都司銜
賈桐圭五品光祿寺署正
秦啓賢山東候補府經歷分發四川署岳池縣知縣
吳介璋陝西武威軍統帶營務處幫辦江西都督贈陸軍上將
張宗烈、郢縣第一科科長高淳縣典獄官

謝洪茂五品銜候選巡政廳
馮　殿安徽桐城縣教諭

吳浩陸軍步兵上校少將銜衛戍團團長
侯城陸軍砲兵上校團長
陳俊三蕪湖交通銀行行長熱河灤煤礦督辦
時慶萊由舉人官至杭嘉湖道後徙揚州
馮俊彥由考取教職入鎮江實習區區長訓練所畢業現任六
區區長
張潞政上海銀行公會事務員淮北鹽務稽核所所長
汪本修五品銜中書科中書
陳浚家花翎才勇巴圖魯軍門提督
陳振鴻蕪湖長關稅務署繁昌縣知縣

許　徵贈壽官

卷八　鄉宦

秦祖勲河南厲任職
秦　焜清守備河北財政廳多倫諾爾關監督署科長
楊仁溥前第十七區區長
許銘勲印鑄局簽事鎮嵩軍軍醫總院主任陸軍第三十五
旅旅部秘書
戴維翰五品銜候選州同

周文治中央研究院文牘

附鄉飲賓

（明）陶　瑞　秦重釆　秦介庭　陳　權　陳紹祖

（清）錢文中　楊裕順　周省予　胡　準　邵雲章

朱華萊　秦廷熙　許登郡　倪撫瀜

卷八　鄉宦

（忠節）

履太平之世易處憂患之秋難值五季陵
夷國運絶續之交士大夫蓋於此覘氣節
焉太史秉筆而書之曰某也忠某也節非
易易也歷代正氣不少衰有清洪楊一役
盡瘁捐軀者於野尤夥識者難之厥後潮
流丕變風會轉移義薄天地而光昭日月
者乃幾乎不可聞矣志忠節第九

無錫縣志鄉志　卷八　卷九

（宋）

陳炤字光伯登進士兩淮置制司參議元兵攻常州太守姚訔以炤知兵辟為通判遂墨衰而出率義兵戰禦與訔共以忠節自誓協力固守城陷訔死炤猶巷戰家人請出炤曰去此一步非死所矣因遣子出城存宗祀援絶身死詔贈朝奉大夫直寶章閣下有司廟祀子若孫皆鄉進士

（明）

王鳳生明英俊士崇禎間舉孝廉有才貌時人比之潘安曹植然氣凌霄漢秉大義當甲申之變執德不違被賊所虜不屈死其弟聖生能報轉刃冲擊人之胸斷其首亦即死

此人當列明臣

此行濟字宜另
列一行

吳明玕字頌鈞崇禎末賊陷北都一時海內義士起兵圖恢復玕以布衣號召邑中不為應抑鬱無聊時塗淚流涕舉止如狂或登山嘯歌或臨水自吟及清兵南下薙髮易服令下自囚一室號為遺民憂憤痛哭以歿其身

濟

吳化龍字蟄卿讀書明節義會當鼎革順治乙酉清兵定江南令薙髮易服怨傷流涕拜於孔廟匿居不出憂鬱成疾遂歿

濟秦賓生膂力過人勇敢仗義當清咸豐庚申間土匪猖起首率團勇禦之格殺百數十人匪不得逞後為所誘被執罵不絕口遂遇害

卷九 皇清忠節

鄭瑞麐號靜巷附貢生咸豐庚申之亂土匪蜂起靜巷團練鄉勇保衛桑梓出姊擣於水丈五月拒大股土匪於安陽山殉難贈奉直大夫賜雲騎尉世職入昭忠祠

吳永隆字安性勇敢有胆咸豐庚申粵匪陷無錫集團練禦賊辛酉三月禦賊於胡埭鎮夜襲賊營賊覺手刃數人以衆寡不敵被獲罵賊不屈遂遇害事平奉旨賜卹入祀忠節祠妻杭氏聞夫死殉節

許穀琛字乃猷性倜儻廣交遊急公好義築路以便行人施粥以活民命清咸豐庚申錫城淪陷率鄉勇拒土匪於陽山援絕身殉年四十四卹贈世襲雲騎尉

王朝棟字元才生而穎敏讀書別有會心性孝友父母有疾親侍湯藥未嘗廢離待從兄弟如手足咸豐庚申遇亂殉難

吳竹書性簡默剛直庚申殺賊被害奉旨入祀忠節祠

吳枚良字茂林癸亥遇匪入鄉遇賊殉難死

王澤字維英號儒珍事親篤孝親有疾侍湯藥衣不解帶目不交睫幼穎悟讀書過目成誦弱冠後倫常言行必以法古為心學問迥別時流而屢試輒蹶乃習醫濟世咸豐癸亥遇難殉節

吳理順字元裕業儒能文同治二年土匪下鄉蹂躪鄉里禦匪被執罵賊不屈遂遇害事平奉旨入祀忠節祠

卷九皇清忠節

謝玉玲性至孝父母没喪祭盡哀農田力穡稍有餘貲清同治癸亥土匪蜂起擄掠玉玲率民團禦挫之匪百計誘降玲知不免躍入村前河死

死難姓氏錄

丁榮昶 丁錦昶 杭尚德 鄭瑞摩
丁泰氏 韋貴五 張芹秀 錢仲先
韋陳氏 錢宜卿 錢嚴氏 錢世珏
錢洋 錢馬氏 朱振用 錢惠
錢世端 錢壽森 錢錦魁 朱榮桂
楊鑑 楊東陽 楊邦楷 楊金吾
楊金乾 沙楊氏 楊王氏 楊吳氏
周夢兆 周德興 周龍寶 周瑞龍
周福龍 周岐榮 周坤德 姚道三
姚郁文 王熾氏 王虞氏 秦樹幹

卷九 金匱死難姓氏錄

胡恩冲 葉虎林 葉貫玉 錢紹春
錢鄭氏 楊兆富 朱鑑 朱張氏
楊金裕 楊金南 楊深培 石希文
楊才高 楊姚氏 楊舅大 周安大
周連亨 周壽福 周耽和 周兆榮
周夢熊 周顧氏 周俞氏 周楊氏
周楊氏 周姜氏 周楊氏 邊錫爵
邊之垣 張仁奎 張馮氏 秦吳氏
邊毛氏 陳秘篁 莊朝坤 王張氏
周高氏 丁汜高 丁耀洪 丁煥彩

極

宜男記事續

（印）

22、

胡恩冲 葉虎林 葉貫玉 錢紹春
錢鄭氏 楊兆富 朱鑑 朱張氏
楊金裕 楊金南 楊深培 石希文
楊才高 楊姚氏 楊舅大 周安大
周連亨 周壽福 周耽和 周兆榮
周夢熊 周顧氏 周俞氏 周楊氏
周楊氏 周姜氏 周楊氏 邊錫爵
邊之垣 張仁奎 張馮氏 秦吳氏
邊毛氏 陳秘篁 莊朝坤 王張氏
周高氏 丁汜高 丁耀洪 丁煥彩

丁煥雲　丁煥雲　謝應楨

卷九人里死難姓氏錄

無錫富安鄉志

（孝友）

有子云其為人也孝弟而好犯上者鮮孝弟也者其為仁之本歟斯言顧箕帚詬誶豆萁燃煎世祿之家往往鮮克由禮而至性至情獨知愛敬反有出於鄉曲委巷不期而然者封股刺臂迹近愚誠較近澆漓薄俗可以風矣志孝友第十

無錫縣[illegible]鄉志　卷二　孝友

（明）楊叔瓛居父喪哀毀骨立幾至滅性廬於墓側三年後歸卒於明成化二十一年遺命葬安陽山永思原側 毘陵人品記

按縣志叔瓛景泰五年進士歷官禮部郎中治家敦睦五世同居無間言或問曰食指逾千雍睦如此豈得忍字力耶答曰忍不可久惟無隙斯善耳

吳情字以中嘉靖甲辰探花事贈公及母以孝聞尤愛敬族昆弟友于之情無異同胞置上福新安田千有八百畝以贍貧族給賦役

吳應第字樂伯至武當山為母祈壽刺血為表願減己壽以益母年

吳汝憲號胥巖邑庠生邵文莊公之壻也一見奇之因妻以
女困於棘闈有引之爲高第者峻辭之乃不就試後以文
不合時格黜於學政文莊言於學使復其衿不屑也乃屏
青以帶服終老兄閶峯以事繫獄亦自囚一室與兄同苦
又貸人金其人歿於倭訪其兄弟償之三與賓筵不赴鄉
先達私謚曰貞簡事詳邵志

此行抄入後頁

清 秦重采字幼儀居親喪哀毀盡禮家人失火遍母柩哀號火
及簷而返事兄嫂如父母子鉽

吳應箕字壽伯號存原性孝友嘗鬻田爲父治喪又以父授
屋基讓弟始雖貧窶終以館穀起生

卷十一 孝友

重出

明 吳志道字慎修別號隱堂少時能割股療親疾自奉菲薄至
侍奉二親甘旨豐厚婚嫁弟妹又爲姊氏請旌節孝皆出
於舌耕有餘以濟貧乏至清援例優獎

吳汝憲號胥巖邑庠生邵文莊公婿也兄閶峯以事繫獄亦
藉草自囚一室與兄同苦其身未嘗分居事詳邵志

楊坦字元易號東岡邑庠生事母盡孝鄉黨著聞

吳楙字山業頌筠子也天性純孝親有急難甘以身代家貧
受飢寒不形於色卒以此致病卒年二十

吳國祥字坤英兄天臣爲逃人攀害祥以身代兄在囹圄受
諸苦楚兄得晏然後遇赦釋歸適遇葬親之日兄弟會送

清 時人以爲孝感云

秦仲采字幼儀居親喪哀毀盡禮家人失火遍母柩哀號
火及簷而返事兄嫂如父母子鉽

時[illegible]壽[illegible]

（清）楊沂字漢升性至孝奉母支氏菽水承歡未嘗去左右母疾
篤拜禱城隍神祈減算益母壽因取神前刲腕肉和藥以
進母亡茹素三年既然喪武御酒食輒泣然垂涕不忍下
咽迨年垂白言及父母貧苦狀未嘗不涕泗交頤年五十
時曾疾篤氣絶一晝夜復蘇謂家人曰予可更活矣嚮至
一官府勘予壽數當終謂予能事母加壽二紀未逾月身
體强健如初耳目益聰明七十七卒人咸謂孝感所致云
包廷元字仁懋西漢里人天性純篤仲弟止一子成童時值
庚申之亂為匪擄去仁懋頓足曰吾弟已亡止此一塊肉

卷十[illegible] 孝友

倘不為置刃異日何以慰吾弟於九原手問鄧伯道之遺
風能無滋愧乃覓善於詞令者為説項匪許以贖即備數
十金贖歸為撫養成立娶婦授室鄉黨稱之
秦興棠字龍標割肱療父
邊均然號質齋少好讀書後習農性至孝冬溫夏清靡有所
缺父母相繼殁哀毁欲絶築廬于墓獨居三年非饔飧不
還元旦必入祠謁祖每歲於除夕一薙其髮所讀之書年
雖耄必端坐朗誦以為此書吾父延師所教父不可不聞
兒讀書聲也屢逢恩賚賜冠帶壽九十三
邊月湖少讀書穎悟家貧遵父命出外營生雖所得甚微必

竭力奉親已甘茹苦常以疏于問視為憾父卒哀毁欲以
身殉會有母在堂乃免殯常侍柩旁葬常宿墓側有物必
祭哭泣之哀寢食俱忘母殁哀毁亦如泣父然初艱于育
晚得一子以高壽終
吳章甫字俊學居武進之南宅兄弟四人奉父叔貧無力贍
養己獨任之必竭難泰後遷邑之陸區橋清咸豐庚申父
兄避難江北己隻身往來匪窟中一日忽心動疑父有變
早夜馳至果殁已殮三日矣撫棺踊泣恨不欲生經兄嫂
勸且柩厝異地乃謀歸葬時匪患稍平而口岸盤詰猶嚴
卒以至誠感人得歸葬黃山黎明謁墓往返三十餘里四

卷十[illegible] 孝友

十九日不解帶後每祭猶涕念不置仲姊夫死早寡遺一
女迎養于家迨女長治嫁具送之三十年信任不疑伯兄
中風卒為治喪葬遺一子四女長女字而寡專主家事頗
貞節晚慾于佛誤聽人言將穀二百石捐入常州清節堂
已與堂董商妥悉數册載獻城矣聞之即使人邀于路經
謁紳董某再三磋商始允以半放歸而母子獲全
張世瀛字爾銓代親禦寇於干戈擾攘之中而甘旨無缺
沙俊卿事父明發至孝家無一瓦之覆一隴之植而菽水承
歡不啻鼎烹以養待昆季尤厚始承父命析產以居後漸
充裕復合爨妻周氏早世無出不再娶終身無二色以弟

次子爲嗣謂諸姪曰汝輩皆吾猶子析產務均母祖徇以醫術濟世歲祲助賑壽八秩得賞八品冠帶給弟俊昇事父尤孝視兄事如事其父手足相依無閒言有負郭田數百畝租必躬親貧者減之災者蠲之道光甲戌歲飢煮糜給餓者活人無算

許三益字序賓父元勳生四子益其長也叔元成生三子皆少于益父勳兄弟以孝友聞鄉里終身未析產益孝親敬叔友愛諸弟弱冠即佐家政得父歡諸弟有過教誨彌縫不令父叔知諸弟感服無閒言迨父叔没慨然以承先爲志偕率諸弟亦無乖戾善岐黃術遇貧者勿受餽年七十

卷十 [illegible] 孝友

四子大中傳其業孝友好善能肖其父

錢岯堂善治產以富著然自奉菲儉遇荒歲食蔬藿糠粃爲家人先事親先意承志衣帛食肉務得其歡心年既老父猶督責不少衰愉色婉容曲意承受侍疾居喪能追古以孝聞於鄉

俞志賢貫滬上性厚而淡利早喪父事繼母周氏甚孝周氏嚴刻稍拂意輒怒加杖責志賢跪受之杖竟色稍霽乃起五年四十未敢稍忤周氏八十一卒志賢猶深痛之

俞崙源字宗澂以服賈起家友于甚篤肥田美產惟昆季所欲不以躬劃故有所私周人之急無幾微吝雖鐵面虎項有剛方之氣然性仁厚樂與人爲善視人子弟如已出必誨塈訓誡使化于善年八十八卒清道光兩奉國典授九品職

潘秦孝子無錫西溪人父鳳章以德行舉鄉飲賓孝子年八歲爲土匪所擄強令服役孝子乘閒逸出亂平田園荒蕪孝子半耕半讀畧通經史大義恆取古人忠孝節義事爲鄉人講解以勸故而家業日豐父母之心亦大慰鳳章晚年病喘孝子跋涉山川求醫藥於申江藥進病除旋得痢症偃卧床褥孝子侍奉湯藥衣不解帶久數便溲日夜數十起孝子以身翼父令子弟奉器以承之衣被垢穢親自滌

卷十 [illegible] 孝友

濯不假手於人也病久不瘳孝子於夜靜時焚香禱天割肱肉和藥以進翌日而痢止踰年鳳章以他疾卒閱八年繼母姚氏病數月孝子晨夕侍奉如前姚氏年力衰頹卒不起孝子先後居喪哀毀盡禮既葬結廬墓旁獨居其中三年乃返歲時祭祀必盡其誠殆所謂終身慕父母者歟

馮金鎰賈人子有真性兄弟四人友于甚篤其仲弟金山年二十七卒生子甫六齡叔弟金壘二十九卒生子甫四齡時兩孫皆幼業貧醫藥喪葬悉引爲已任所遺田畝代爲之耕以贍兩弟孀媳延師誨二孫成立不給則自任之十餘年如一日鎰無子人勸納妾則曰姪猶子也兩孫成敗

係吾卒卻之後季弟欲以其子爲伯嗣則又曰吾無子理宜次且幼孫與吾相依久愛不忍舍也孚孫姪所以慰亡弟即所以慰雙親于兄弟子姪間本無厚薄惟義在斯然耳卒以金山子爲嗣

周雲峰父文定諸生早卒依母白氏教養春秋享祀必讀歐陽修瀧岡阡表泫然涕泣其事母也愉色婉容晨昏省親未嘗一日相離白氏偶染微恙輒長跪籲天願以身代及母卒哀毁三年未嘗露齒以節母撫孫竭力奏請大吏准給帑建坊于宗祠之前

卷十 [illegible]君友

秦浦字林福河西人同治癸亥土匪之亂匪將伊父縈卿縛至胡埭橋逼勒銀圓以刀加頸林福立視不忍趨前告匪曰我父被縛無以籌銀我願替父作質釋父籌贖匪聽之後其父以籌款無着置之竟遇害

(民國)陳文蔚字浩生少孫嗜學不倦性至孝事無大小一遵母命民國紀元進簡易師範諸生多剪髮而文蔚不從曰髮者父母之遺體也無母命不敢從乃用簪束髮而冠以小帽母殁哀毁骨立蔬食終喪

秦烊祖弱冠喪父家赤貧長兄爲隱君子母與弟妹甘旨由烊祖肩擔而事兄一如其母從無閒言以筆墨生涯支持教養撫弟成立致身家國後以功名顯

係吾卒卻之後季弟欲以其子爲伯嗣則又曰吾無子理宜次且幼孫與吾相依久愛不忍舍也孚孫姪所以慰亡弟即所以慰雙親于兄弟子姪間本無厚薄惟義在斯然耳卒以金山子爲嗣

周雲峰父文定諸生早卒依母白氏教養春秋享祀必讀歐陽修瀧岡阡表泫然涕泣其事母也愉色婉容晨昏省親未嘗一日相離白氏偶染微恙輒長跪籲天願以身代及母卒哀毁三年未嘗露齒以節母撫孫竭力奏請大吏准給帑建坊于宗祠之前

秦浦字林福河西人同治癸亥土匪之亂匪將伊父縈卿縛

卷十 [illegible]君友

此節可商

秦枝桂字燕庭父世鏞有孝行枝桂好讀書文行謹飭秦氏自其先尚書金始編宗譜有名鏞者圖繪先人遺像以及碑銘傳記彙爲一集閱數世而枝桂又續加纂輯共六十卷逾二十載而後成嘗留館塾歸適有從弟婦歿罄教授所得爲治後事從弟歿殯斂之卒歲家徒壁立蕭然自得

補(明)閔元行字幸農性剛介與弟習每遇花月良辰輒詠詩酌酒其內庭燕室題詠有棠花韡韡燕兄弟桃葉蓁蓁宜室家之句其父子兄弟雍和可見又曰林泉高臥一身閒富貴功名總不關且對黃花斟白酒更臨綠水與青山閒敲棋局殘重布散步郊墟倦便還一詠一吟皆自得何須袞纂列朝班隨

卷十 書友

遇而安優遊自適其真趣可想子元烈穎悟夙成從御史王石沙遊王以偉器目之曰君才與吾不相上下師弟如契友可也相與切磋以期共濟惟命途所如不偶故以春風化雨爲己任一時英才藉以育成

(民國)黃壽康張舍人事母至孝母疾參藥無靈默禱無效遂背人割肉煎湯以進冀母得生雖未奏功而一念之誠足以感天地動鬼神矣今其人現正壯年性情豪爽以直道待人聞欲載記其事敬謝不遑謙遜不敢暴露而志例既負彰善之職爰書其概略爲勸孝箴

秦枝桂字燕庭父世鏞有孝行枝桂好讀書文行謹飭秦氏自其先尚書金始編宗譜有名鏞者圖繪先人遺像以及碑銘傳記彙爲一集閱數世而枝桂又續加纂輯共六十卷逾二十載而後成嘗留館塾歸適有從弟婦歿罄教授所得爲治後事從弟歿殯斂之卒歲家徒壁立蕭然自得

補(明)閔元行字幸農性剛介與弟習每遇花月良辰輒詠詩酌酒其內庭燕室題詠有棠花韡韡燕兄弟桃葉蓁蓁宜室家之句其父子兄弟雍和可見又曰林泉高臥一身閒富貴功名總不關且對黃花斟白酒更臨綠水與青山閒敲棋局殘重布散步郊墟倦便還一詠一吟皆自得何須袞纂列朝班隨

卷十 書友

如人宜以年代之先後編排暨存者暫弗列入 9.23

（行義）

義者利之對也君子喻義小人喻利大義行於朝聲震寰區小義行於鄉恩周黨里歷朝皆義者多迺清孝而少良蠅營物苟惟利是趨求有如慷慨任俠捨而卓絕者能幾人哉志行義第十

（元）楊男邦生性恬淡律身規矩名著一方　僕射山

楊仲字大本行己方正望重一鄉

（明）楊統字汝充號綏安洪武初出粟賑饑例授承事郎鄉里畏服惟殷彥恭恥為所屈密構新塘馬阿保叛黨千餘人來刼鄰人張某報知始集衆為備禦計賊猝至焚毁房屋殺人二十餘張某亦被害家族避入太湖月餘方歸統不知所終後其戚俫士誠率統幼子恍豫叩閽奏理尋差指揮蔡某營華渡悉勦除之

（明）是訥菴夏責人以元將莫天祐擾錫徐魏公大兵壓境百萬生靈恐遭荼毒因與張翼等說天佑降有功太祖賜以額曰克迪前訓

閔兆京字存省膂力過人才能出衆初居安陽山下元末莫天佑據安陽山募兆京勇再三踵門懇共事力卻之天祐怒焚其廬舍逃避至張家村築墅以耕

楊璿字叔璵號松軒漫叟慷慨大度風神峻整動不踰矩羅織徽圉不可為法祖源振兩舉孝廉不就贈都察院右副都御史父宗海贈戶部員外郎五世同居食指踰千公私份雜如一劇邑綜理族務則修廢舉墜櫛垢剔劑罔有遺漏外內政治畫一莫能改之以其餘周窮恤匱開義莊塾立義倉燹通券施葬地惟恐不及里有紛爭者不訟於官而質於叟折服四方知名士嚮慕而來者戶外屨常滿館穀贈遺規切奬借靡不厭其心而成就之故時擬之為戰國諸君

四庵建前勳
俞會文忠厚謹樸晴邑皇不欺為族祭酒訓子弟以孝友因家
式微二兄均已成室已則終身不娶壽八十一歲恩賚粟
帛授徵仕郎
楊中純敦行古道鄉里敬慕 僕射山
楊中偉字立夫號拙菴幼習經史喜吟咏品行足以敦薄俗
鄉里咸敬憚焉奉例冠帶終身邵珪志其墓 僕射山
楊溥字本灝勤敏敦樸德重一鄉
吳敏德字克勤晚號養真子時長區賦紳抗民頑有司嚴督
責公獨平恕自貽私囊故不復事嘗建胡埭閘江西石梁
卷十一 皇 行義
慨獨首捐有荊溪役眾從吳還過江上餓殍垂死急為糜
與食爇薪溫頼以全活景泰間歲祲給賑鄉人貸不歸息
貧不責償甚則棺之已而朝廷令出粟千斛賑饑飢者予
冠帶九品服公如令出之再而不顧官帶有司不容固辭
王清字時潔號石窗少負雋才好讀書羅列經史不事章句
必探其義理所在每遊覽觸處逢源宅旁有名泉排細左
右喟然曰源泉混混不舍晝夜學者如斯何憂學之不進
耶性至孝父立齋有疾衣不解帶籲天祈以身代父瘳孝
養惟謹終身如一日友以父疾故欲貸數金詢得實倍與
之後如數來歸清曰曾是此〻此〻者而必欲還是市道交矣

却不受晚歲尤嗜吟咏韻致清絕出語雄壯直追唐宋
王浦字本道時劉瑾正流毒天下東南諸郡邑民不聊生浦
負少年英銳之才欲得科第致身以伸大志父知其然不
令應試蓋哲人知幾之見也平居研究經史手不釋卷偶
于院後憑眺山水見石內有金心欲動拾之忽悟曰昔人
有揮金而鋤者我何獨讓美前人哉遂不顧而去浦度量
過人性好施與凡足以利人者不憚傾囊以應每遇歲歉
則蠲貸煮賑嚴冬則絮裘鞠寒子瑛成進士官御史宦績
有傳
王河字時平號近山性慷慨豪放不羈仗義疏財諸凡見其
卷十一 皇 行義
志氣豪邁教以力學示以節儉河為文不拘時調暢所欲
言不範于繩尺一務未果遂絕意功名歷瀟湘遊秦晉為
貨殖之謀旅遇一少年恂恂雅飭而窘迫無告河詢之與
姪瑛有年誼其父虧帑無償河喟然曰昔人連舟贈麥吾
何獨不然遂傾囊以貸平居山水花鳥流連酒社吟壇青
帘畫舫曲水流觴桃葉渡烏衣巷凡所歷也厥後姪貴而
斂跡退藏自視猶田夫野老其品望節操迥不可及
王能吳克誠之義僕也克誠輸充糧長時令統縣賦稅着糧
長一人負責克誠長者歲遇荒歉紳抗民頑虧空甚巨官
府催迫嚴厲致罪充陜西寧夏衛軍王能憫主年邁路途

風霜不堪其苦慨然代主充軍克誠憐其忠掛藉子行別曰寧夏支其子孫蕃衍於戍地有時歸謁先塋焉

王環字汝德號盟泉琰從弟性豪邁才智過人時倭寇犯江南濱湖之地悉被蹂躪環糾集鄉人互相守望附近咸賴為保障焉

王祿在字其中號樂菴幼聰穎喜讀書而體羸善病父文旭諭之曰而進取固佳但向上自有實地第慎而言行寡尤寡悔不求聞達何害乃為援例入太學命名曰祿在誌誠也年十七父疾侍湯藥維謹籲天乞身代卒不起號慟幾絕三年不離苫塊每誦詩至蓼莪陟岵諸篇輒掩卷涕洟

卷十一[illegible]行義

呼唔聲與哀哭聲相間也及長赤誠待人不立崖岸不修邊幅調處人之急難破囊弗吝歲饑山鄉尤甚例民納丁糧上下忙各五分屆忙停征錫令江欲以催科署上考限上忙納七分不及者追比胥役四出雞犬不寧其族有王世安欠繳銀一錢方荷蓑插秧胥役突前索挽登舟恐嚇備至世安手稱貸以償而額外需索聲起嘈雜聲徹兩岸農夫舉插蜂至莫能禦略舉手而役舟已拔起胥役循歸飾詞稟縣縣令拘數十人寘之獄祿在聞之中夜起籌畫入城遍謁縉紳縉紳高其義相與斡旋訟以釋祿在道途跋涉四十餘日費鏹無算而數十[illegible]要安歸里不知誰

為為之也

楊叔琬性明敏凡事踔厲奮發有為邑大夫多其能嘗委造龍王廟浚宣溝新瀆東塘等河造買來鄭店東湖等橋十餘座皆就緒不畏豪強為歲掌時同役華江總收一邑銀布所使有奸人桑農挾取陋規獨不與有中貴人過錫橫索民財勢燄可畏巨室亡者十八九行素屹不動卒無擾好排難不肯依違作軟媚語拆人過侃侃不少讓里有訟不之官者一言決服平生所謂不出本分外故自號曰行素佃人歲償租供伏臘外不別治生不屑屑之計籌莫曰人生衣食取足而已積有餘恒貸於人久貸者但取本而止

卷十一 行義

歲丙戌大饑輸粟五百斛助有司賑例授承事郎正七品散官

為孝友也

（清）王辰駿名人鳳字丹巖號梧岡弱冠遊陽邑錢鶴洲之門勤學不勌未幾父卒家道中落人鳳歎曰學者以治生為急硁硁窮年以爭不可知之數非孝也遂浮江淮遊燕晉習會計名譽著公卿間雍正間詔內外大臣舉孝友科寧先黎公欲修薦章人鳳固辭魚門鄭公作藩湖北聘之總理幕務炭牙某吞閩客若干鏹具辭告理革牙勒追牙懼竊其出鐀多金求救不納曰持所鐀以湊償牙如其言後告鄭公復其牙錢人鱗出寧淳安構黃巖蒙內外鉅細一諮之黃巖鐵規畫周至不安寢者累月所活無算莊念農任泗

卷十四 行義

洲羅之南村力為勸駕乃就道以丁母艱謝歸不復出年七十二卒

王祖倈字霞珍號紫祥少讀書過目成誦為文手眼絕高先輩咸目為大器弱冠後為童子師教誨子弟以敦倫飭紀為先而藝次之故從遊者多所造就性剛方遇不平事挺身而起必使是非曲直剖判分明乃已三代直道之風猶有存者

王南金生六歲而孤家貧饔飧不繼賴祖母秦勤織紝以撫養既長務農服賈寀業日隆遭祖母喪哀毀備至誦臣無祖母無以至今日句每撫膺痛哭淚涔涔不絕也乾隆五十九年大疫流行延醫設局胡埭鎮施藥捨材不吝明年又設局於王宗祠施藥三月其樂善不倦類如此

楊式璋字文英性和愷接人溫和如行孤峻終身不娶鄉人題其額曰與古為徒

楊裕順性剛直好儒者與人交接慷慨不吝遇事有血性不肯隨俗浮沉鄉里稱之光緒二十八年公舉鄉飲賓賞給齒德皆備匾額

葛阿清勞農家幼貧苦力耕自給晝夜勤作無間寒暑出入必肩提器物使兩手不空每歲除元旦早起焚香靜坐半日外其餘黎明以至暮夜終不肯暫刻安告人曰吾安則

卷十四 行義

生病且善種植其桑穀之茂資本家不逮也以故日漸充裕性和厚不與人爭有告徹必貸之貸之不能償者亦不索有詐取其財者則語之曰吾憑良心為主爾知之可矣畢生無一嗜好其妻子及家人亦習勤不怠蓋化之矣

楊維絹邵家橋人性端嚴勤謹自守不營世務以義禮教子孫家人皆遵約束無宗族鄉黨無間言性好靜當風雨驟驚雞鳴曉唱時輒正襟危坐思已往之非戒未來之過愛讀顏氏家訓呂氏鄉約等書曉餞于貲有告必貸故無怨者其子孫數十人皆敦厚有禮

邊壽千八歲失怙齠齡見羣兒戲輒避人問之曰我無父母

恐損污衣服補洗為難咸豐後秉性剛直任事不阿解人之阨見義勇為有恃權力而欺懦陵弱者必面斥其非里黨不肖者輒相戒勿令某公知即見其來坐必起譁必靜無行者必潛匿終身見憚于人舉族中能改過遷善者不知凡幾

虞耀洪太學生樂善好義有客某遺物舟次舟人未知而已移舟他處客某返詐欺取財誣陷鳴官大有蹊田奪牛之勢洪察其冤排解不獲挺身救事遂白又鄰近某遺一秃孤其叔厭弃之洪憐其幼撫恤如己子卒秃病漸愈得以長成又販客某售貨十餘件酒醉忘其肆誤認寄洪家強索洪和氣相迎絕不較徐察得實赧謝去其持正不阿扞難恤孤而有容量卒多類此

沙書苑字耀坤幼頴異稟四子五經及百家音律星卜等書靡不畢覽而尤精于醫多才幹凡里中大事人不能任者處分悉當其剌制爭不休者輒以一言折服尤慷慨樂善清道光三年大水辛卯復祲多方勸募盡力辦賑邑令上問賞八品銜自視欿然

沙敬業字開泰讀書頗慧後業賈暇則一編風雨未嘗稍輟事親孝不蓄私貲善處家人骨肉遇貧病無告者輒任恤貰息焚券有古孟嘗風清咸豐庚申道殣相望敬業貫椑

卷十四 行義

載糧全活無算時鄉有團勇艸菅人命遇北來生客利其財欲兵之敬業力為營救始跪謝去後以事道經澄江忽邂逅詫曰此非陸匠之沙君乎肅至家款待因急欲歸里揮涕別絕不誇示人

沙俊昇有事赴郡偶在廁見一包裹有票幣銀約五千取而守之道左俟失金者至詢以有何符號泰累不爽竟還之無德色失金者酬之不顧去年七十一

楊清泰號納菴邑庠生幼從父學年十九父卒時上有祖母下有三幼弟姑姊未嫁清泰以一身肩家事色養撫孤不以屢空貽兩母憂數年中姑姊具適人迭遭祖母母憂喪葬盡禮為三弟各授室已亦再娶諸事叢集而學不懈遂補博士弟子員已而姑家道中落不能自存清泰生則資給歿為殯葬仲叔二弟先後卒無以殯破產獨任及卒其鄉方召梨園祀社里人走相語曰天奪我楊先生吾儕奚演劇為輟樂部爭弃其喪而後舉行

王龍寶安陽山南麓人父早喪母臧氏妻張氏具死于咸豐庚申之難龍寶撫膺號泣哀感路人後招工治石家漸裕戚友之告貸與貧不能償者輒周卹焚債券江陰兩山之佃田者歲給以米或五六石及三四十斛無吝色歙縣許某遺幼孤為鞠育如己子又妻以女命析產分之稍亞諸

卷十四 行義

子餘倡修宗祠建橋梁尤多傾助云

許兆烈字蔭庭性平直篤行義光緒初邑令裴諭吾邑納全熟時兵燹後人民失所田多荒蕪兆烈軫念民瘼呈請免不獲乃聯名狀上事聞蘇撫段准如請闔邑相慶厥後民稍富庶又以國課為急議定圖規銀漕一卯掃數為各圖倡[illegible]

俞大訓幼通經史博覽羣書為文古奧有奇氣淡于利祿以清潔自勵乾隆庚申鑿白茆河邑尊吳舉督役相視經畫動得地宜日夜謀策口不言勞堵村地方貞節坊近佛院奸僧感風水構黨謀瀆毀大訓聞之以名教風化攸關力破其謀驅奸僧貞珉得保迄今歸然尚有戚族弟凡俱亡一門孤寡秋種已納胥吏欺其懦欲倍之大訓為理訴始得免清乾嘉時人

卷十一 行義

秦文熛字聲揚風格峻整有大志不甘居人後父廷枌好勤年六旬猶躬操作文熛年近舞象趨代之曰安有高堂勤劬而子可自安者父喜其能服勞遂令襄家政以勤儉故業隆隆起而性好施歲凶助賑陰訪貧乏量入為出與文人談經史往往有特識為鄉黨推重

秦瑾和名汝玉性謹愿重然諾取與家貧事親至孝好讀書不廢寒暑案頭多抄本教子以義方仲子柳芳任職中央民

此係宗枝例不相符云云

衆教育院李子柳山游學比利

補

周允乾幼業農家道小康儉而謹愿為十七二圖糧書冊籍田畝户口無不了了精稽覈少缺漏之病民間交涉必審慎不聽情受賂有陰賕之者婉辭拒卻人不敢非義窺一洗從前以熟作荒朋結舞弊等事人皆稱之

秦仁濟字廣生父錫產不甚豐而甚有虛名一日盜破門入無所得錫英被掠死時仁濟年十七囓指自誓必報父讐乃傾家產四出捕盜盜夥十一人次第捕獲同日伏法於是秦家郎能以孤童報大讐除大憝人多稱也他如營家廟置祀田恤煢獨尤多建樹云

卷十一 行義

王澤錡字雲章慷慨端方胸無城府不侮鰥寡不畏強禦濟急扶困樂善好施人多稱之

重出

黃叔軒先生張舍人秉性剛介人不敢干以私董率鄉政十餘年排難解紛面斥人過而人不怨不直者不敢聞於先生其以私為先生所知而早自歛戢不敢妄興交涉…至其訓戒後生則又和藹其顏循循善道…

此須補于[illegible]圖下首

同時馬大興性醇謹亦以現甲被產代人償負鄉里免追捕之苦後卒以勤儉能恢復舊業子孫[illegible]云

謝鴻懋性樸實務農起家好為人排難重然諾不喜市直過凶歲輒貸粟帛鄰近無餓者時里中有權豪五人武斷魚肉共相狼狽每值議圖操左右手

耗費之鉅現甲無不破產其貧無力者鐵鎖琅璫幽囚囹圄鴻憋輒資救以是家中落殉身償現甲數次若輩皆斂跡不敢加害其嫉惡心察為濁世老成也當時為大興

姚廷奎字自修早歲失怙事母至孝生當兵燹之後祖業荒廢家計艱窘乃自奮發辛苦備嘗耕讀經商致揮前緒性慷慨樂善西塘溪橋圮倡首捐募改建石梁築塘岸水獨任其勞壩欲傾者塵晝夜呼號聲嘶力竭以底於成其他地方善舉亦必盡量解囊不落人後鄉里待以舉火者數十家堂兄廷楨未婚妻張氏立志歸姚守節即迎歸善待以終其身

戴堯天字侯錫邑庠生性剛直不阿董鄉政十餘年凡所興革不辭勞怨為賢邑令李超瓊楊士晟器重時里中有某圖糧書

以該圖各業主遺領糧單百餘畝串賣與邑紳某吏胥四出追租蹈田無寧日各業主憤甚羣趨求援侯錫激於義憤即挺身代訟之縣邑宰偏某紳勢置不理乃控諸省府時郡守桐公清廉有政聲訪察其情遂得直置某糧書于獄其初為農民奔走呼號也黠者謂螳臂當車必無濟友好咸為惴惴及事白始服其毅力然卒以此招忌越數年竟以莫須有事中傷齎志而沒子慈惠以醫鳴遇貧困施診給藥任公務率直亦有父風

賈桐珪字安懋性曠達不事家人產好讀書為文酣暢淋漓名輩贊賞以數奇絕意仕進與地方人士周旋咸稱長者為本扇董事任勞怨二十餘年輒惴惴不敢自逸辛亥冬有客農某聚徒千數將為不軌即飭全鄉嚴備之選壯士急捕某至漏夜送城別集矯健防截擊當事欲置之法乃進曰某初無大惡因曹利害薄懲之可使悔善後某得釋常語人曰昔一念之差微賈先生何有今日為人和易不為崖岸與人交自甘退讓振困周急輒為眾倡遺貧不過問教子尤嚴動必引古訓年七十一卒

黃東梧字叔軒張舍人少倜儻風雅自喜因數困場屋慕遊於貴顯之門當道聞公名交相爭聘洪楊後人口衰落家道凌夷乃一意家居治生產然非其志亦非所長也與本鄉錢紳覺初邑宰裴公大中相友善雖閉戶讀書不與外務然鄉民以公廉正好義呼籲求直者踵相接雖錢紳煊赫一鄉遇事之艱鉅者莫不顧問委托其辦理本啚公堂以惠啚民清理無主田產以濟貧民津津有條當其時全鎮無失業遊民少年浮薄者絕跡于茶酒肆即狡黠者見之亦退避不遑是以閭閻安堵鼠雀無爭

（列女）

閨門節烈境彌苦志彌堅求之大家世族難況在編氓鄉曲故史家甄錄必書志例仿之至貞孝多才亦非易得足以顯門楣維風俗砥德礪行誠為當代君子所不棄乎志列女第十五

（宋）蔣南式妻顧忠文重珍母也少育於外家管氏一日父母家絕食女剪髮貽其父鬻以給炊歸蔣而寡重珍甫十歲有累舉得官者屬媒堂議婚顧叱去之親授重珍經書平生喜說李氏斷臂事謂婦人當如此所居僅容膝而內外區別不可越貧甚或乞重珍為嗣不聽有願以女贅者田盧畢具顧曰吾孤所以得不死者諸父力也豈可去之重珍舉進士第一人迎養於京邸

（明）錢拭妻胡妙真拭幼病癇胡歸時拭已為廢人遂請立族子為後拭卒胡年二十七舅感後妻慫以田宅畀女而斥婦還父家服除歸請留事不許號哭以行僦廬蔣巷紡績自給既稍裕姑且老而女養不終胡請迎養慚不往則別構廬具以奉舅姑而自留蔣巷閭一往省姑慚終不見戒勿復來胡遣候不怠姑死乃移入奉其舅卒後喪祭如禮張愷為之傳

楊薮妻劉氏尚書鐵柯公孫女明嘉靖元年夫亡時年二十九歲守節三十五年撫孤子倅早卒又撫孤孫應文年六十三歲萬曆三十二年孫應文在南京太僕寺少卿任內具疏請旌奉旨旌表貞節入祀無錫節孝祠萬曆三十六年建坊

馮大洲妻楊氏西陽山楊中丞女結褵四載夫沒遺腹子名雷撫孤成名待旌

胡宸欽之妻程氏二十七而寡七十有六而卒由督撫學請旨給節建坊於本祠之左入忠山貞節祠

胡士尚妻劉氏二十八而寡七十三而卒由督撫學請旨給節建坊於本祠之右入忠山貞節祠 坊祠在修浦慶豐橋

列女 貞孝節烈才州牌坊

周文定妻白氏夫死謂氏曰姑老子幼教養皆汝責也氏嗚咽不能答及殁誓以身殉姑撫慰始免教二子成人沒年八十三康熙甲辰建坊旌節孝

姚廷楨未婚妻張氏年甫十五聞夫耗悲痛幾絕誓死如姚守節廷禎從弟廷奎嘉其志迎歸成服以子懿奉侍孝養數十年亮節清風無幾微慊

朱聖南女貴貞幼性靜笄年即勤代母作為之命造不利於夫矢志不嫁終身非有事故足不越里閈紡績之資悉以給母父病親嘗湯藥沒助喪葬母一切衣服飲食必時其起居為

為之故母女二人相依為命不忍一刻離有龔鴻飛為之傳
朱育英妻虞氏未過門夫病卒氏聞凶耗悲痛欲絶父母鄰
里勸諭之氏毀左目相誓越二日奔長成禮與嫡李氏苦守
勵人稱李朱氏雙節旌貞節牌入惠山貞節祠
朱汝宜妻章氏于歸未週夫卒氏撤環瑱終身不飾旌貞節
入惠山節婦祠、
楊友德妻虞氏撫孤守節卒年七十五乾隆五十三年題旌
邑庠生吳敬修女適邑庠生施未婚而夫卒施迎歸服喪撫
姪續夫後乾隆十二年入祀貞節祠
楊交泰妻唐氏夫亡時年僅二十五歲矢志不嫁立姪望祖

卷三　列女

為子守節五十一年壽七十六道光十年題旌有旨建坊入
節孝祠
倪定安妻楊氏苦志守節德婉敬姜清高宗南巡給帑建坊賜
節孝
胡思明妻黃氏新婚甫周思明瘵死黃氏立志守寡壽六十八
詔旌節孝於同治十三年入北新橋貞節祠有旨建立總坊
春秋祭典、
時琴房繼妻薛于歸甫一歲而琴房卒閱八月遺腹澤昌生即時
孝子葆中也幼穎悟童子試郵冠其曹身入黌門棣園屢薦
薛氏教養之力也卒年七十六

王霞蒸妻朱氏夫亡時年未三十女總六齡子國珍方在襁褓
家產不及中人氏紡紝佐燈火國珍稍長節衣縮食遣之就
傅勉力詩書既冠為之授室未幾媳又亡為之續娶無出而
國珍以勞瘵卒氏乃集宗族以堂姪萬春承其宗祧
王綱詩妻吳氏年十九歲歸王綱詩早失怙不諳家政業漸
落氏事姑先意承志囊無粉粒不令姑知也綱詩得怯證貧
病相連未幾逝世氏年二十九誓不欲生父母諭以事姑撫
孤氏不敢違命乃撫二孤以養以教咸得成立
王正元妻蘇氏年二十來歸正元硜硜有守力必己出氏組紝
機杼以佐之年二十九正元遘疾卒氏以夫亡無子撫叔成

卷三　列女

立以承夫祀蓬首垢衣不修華飾親戚宴會不與隣里罕覯
其面撫幼叔愛逾於己女適就外傅修膳之費具出十指厥
後叔氏娶室生子五嗣夫祧
王步蟾妻吳氏幼嫻姆教性賢淑及笄歸步蟾步蟾文名日起
先輩目為不凡刻苦過甚漸成血症卒氏欲殉翁諭以兩叔
賴汝撫養氏乃不死迨二叔三叔俱有子並嗣夫後
王裕問妻秦氏年十八歸裕問二十六夫亡遺二子一女飲蘖
茹荼數十年如一日乃花甲未週長子又逝氏抑鬱亦卒
王應佐妻吳氏年十九來歸三載而應佐卒遺孤方六月氏欲
殉者再姑止之撫孤事姑蓬首垢面十餘年無少懈子旭初

年二十而夭逝乃以姪為嗣庚申之亂姪又被擄氏目覩大號遂投河而歿

王蘭谷妻鮑氏幼誦内則列女傳畧通大義年十九歸蘭谷竟以瘵卒當時三子一女俱未成立氏乃銜恤襄事事上撫下咸循其方年逾六十卒子紹裘紹南克守家規

王玉培妻吳氏陽邑庠生朝榮女子產根甫襁褓玉培病卒庚申之變產根又被擄氏號泣悒鬱卒

王朝熙繼妻吳氏年二十三孀于王朝熙早世年逾六十歡承子舍蔗境優游茂育孫枝椒聊蕃衍

王產泉妻蔣氏年二十三于歸朞年舉子三歲而殤產泉病之

成疾而卒氏誓以身殉翁姑諭以伯氏得子為汝夫後其弟憂氏乃背地作吞聲泣不令舅姑知其克盡婦道可見一斑矣守節四十餘年現尚勤儉持家

王柏榮妻陳氏柏榮故貧氏同夫操作紡績自勤嫁八年而柏榮卒守節三十年

胡貞女養悟新谷圩胡坤培女坤培生三女一子而卒貞女居長子靖海最幼貞女奉母遺命撫弟成立弟年二十三夭遺孫紀方纔七月貞女哭之慟與寡嫂吳氏撫養襁褓除殞誓不適人衣土布衣食粗糲食顏不施脂粉髮不膏沐日與寡嫂力農紡績數十年如一日每當夜分人靜一燈熒熒姑嫂二人機杼聲與紀方讀書聲相和其待人接物必誠必信閭里皆敬仰節婦吳氏即紀方母年十九歸靖海越五歲而寡平生節勵冰霜始終不渝其儉德一如貞女貞女年六十五節婦五十四紀方則任為任基鄉民選鄉長孫枝茁芽聰穎可念貞女節婦之心至此始慰

楊吳氏陸區鎮吳春申女章甫之姊年十九適宜興周鐵橋楊敦貴未二年生一女敦貴罹洪楊難室無一人挈女回母家同避江北性至孝母病目不交睫刲股以進母沒扶櫬歸里針黹茹苦助弟起家忠謀擘畫姑嫂鄰里無閒言撫姪如己子女長適毘陵朱氏迎養時已逾花甲矣冰霜自勵終身佩

白玉蟾能吟詩有獨生寒霜裏深閨三十年一聲河滿子雙淚落胸前之句至死遺命以白石棺葬守節四十八年

閔是氏夫萬善家貧耕讀氏性孝事姑敬夫婦間有梁孟風生子二皆襁褓夫因母喪哀毀成病卒氏僅二十五哀慟欲絕母泰力勸之曰死者長已矣二藐孤奚託不聞死節易立孤難乎乃含淚營喪矢志撫孤堅貞守節盡力耕織以持門戶子長能勤謹立業及哺烏私殆天之報施歟現年五十六

周時福妻王氏舅姑早歿夫翁以耕樵為業年三十五卒氏攻苦食淡盡力耕織清光緒中飛蝗食禾連年旱潦稻穗無收己丑又大火新舊屋皆燼氏獨力支持門戶教諸子成立蓋

沙用兑妻楊氏節操冰霜垂三十餘年清咸豐庚申死難旌表入祀節孝

朱雲龍妻張氏年二十三喪夫無恒產紡織終身咸豐十一年遇匪焚掠片瓦無存氏適新喪靈柩端坐如故詔旌貞節入惠山節婦寺

胡邦泰妻鈕氏于歸後邦泰早卒鈕氏青年守寡壽七十九詔旌節孝於同治十年入北新橋貞節祠有旨建立總坊春秋祭典

蔣佛二妻顧氏佛二卒於同治甲戌顧氏時年二十六含辛茹苦矢志靡他卒於光緒戊申年壽六十一

卷十二　列女

周廷鉞妻堵氏年二十九而寡子幼孩舅姑老婦兼子職盡瘁備至篝燈紡織課子綦嚴性樸素不輕出戶念夫手澤及祭掃必泣終日守節三十四年入惠山貞節祠媳陳氏孀居二十年事姑課子一如其姑先後稱雙節焉

胡湘蘭妻陶氏于歸後不數年而湘蘭卒氏撫遺孤教養成人僅賴十指維持生活茹辛含苦能忍人所不能忍卒壽七十一

陳永貴妻吳氏永貴卒時吳氏年僅二十三歲生子甫周立志守寡儉于自奉而睦姻任卹無吝色壽六十三

楊俊儒妻虞氏嘉慶癸亥給帑建坊於大巷上

太學生戴麟書妻張氏年十九歸夫家[伉儷之間]恩義甚篤麟書以時值兵燹憂勞成疾氏奉湯藥焚香告天願以身代麟書卒不起氏痛不欲生以上有尊嫜下遺孤子含辛茹苦教子成名守節三十七年六十六歲病沒儒學詹嗣勛為詳請旌表邑候李超瓊題詩揄揚詩入著述門

[次子侯錫翼聲庠序愛知賢侯氏自二十九守寡合室]

戴鳳書妻馬氏 守節三十五年　戴佩華妻張氏 守節三十年

胡春榮妻楊氏清咸豐時人夫死時年僅二十四歲守節三十
餘年
周富春妻王氏年二十而寡有遺腹子一上有兩代舅姑數年
後舅姑祖舅沒祖姑復病痼零丁孤苦家計日艱卒以跬步
不離維持調護而愈又數年祖姑沒破產成直以農撫子成
立守節四十餘年
楊冠英妻董氏夫亡時二十一歲道光間旌表
楊達士聘妻陳氏未嫁而夫卒過門成服矢志守貞恩給鑲金
璞玉區旌獎
丁朱氏進士浙江秀水縣知縣公正妻壯年守節義方教子登

卷十二　列女

上壽贈恭人
朱華經女秀英居沙灘村性至孝幼即不願適人以真璞自矢
父母亦聽之茹素修齋居恒不出門誠厚寡言四十餘年如
一日
吳萬蒼女秀貞性至孝因無兄弟矢志不嫁奉親終老始終不
渝
蔣玉生妻周氏少年守寡茹苦含辛有三子長次夭殤幼子奉
母教克自成立氏亦臻上壽
蔣慶培女守貞不字孝事慈親上和下睦無間言今年近六旬
猶紡織晨昏

陳士學妻吳氏守節撫孤庚申殉難同治壬申詔入惠山貞節
祠
鄭翠寶徐城叔數長女叔數強仕年華始產石麟甫離懷抱即
賦悼亡翠寶念父老弟幼矢志不嫁現年六十四歲有修浦
胡可藹為撰小傳入藝文部
錢淑儀係新瀆盃三女有姊一而無兄弟姊已適胡氏淑儀不
忍令母獨居乃矢志不嫁奉母以終光緒二十八年由知無
錫縣事孫詳請旌表
蔣鳳興妻邊氏青年守寡皓首以終壽八十三
胡可升妻邊氏夫死遺藐孤無恒產篝燈教子節勵冰霜現年

卷十二　列女

六十五
周廷俊妻王氏年十七出閨有期夫亡訃至誓赴夫喪孝事翁
姑節凜冰霜字侄延祠
楊蘭亭妻臧氏 待旌
楊世艀妻俞氏 道光十七年題旌
楊世禱妻陳氏 仝上
楊　泰妻成氏 仝上
楊肇德妻許氏 仝上
楊坤泰妻張氏 守寡
楊恒隆妻殷氏 守寡
楊萬豐妻戚氏 夫亡時年二十七壽至八十五
楊世祺妻王氏 仝上
楊永文妻馬氏 仝上
楊圣清妻蔣氏 入武道節孝祠
楊引峰妻潘氏 仝上
楊慶福妻張氏 守寡
楊文華妻馬氏 守寡

陳士學妻吳氏守節撫孤庚申殉難同治壬申詔入惠山貞節祠

鄭翠寶徐城叔數長女叔數強仕年華始產石麟甫離懷抱即賦悼亡翠寶念父老弟幼矢志不嫁現年六十四歲有修浦胡可謁為撰小傳入藝文部

錢淑儀係新瀆盉三女有姊一而無兄弟姊已適胡氏淑儀不忍令母獨居乃矢志不嫁奉母以終光緒二十八年由知無錫縣事孫詳請旌表

蔣鳳興妻邊氏青年守寡皓首以終壽八十三

胡可升妻邊氏夫死遺藐孤無恒產篝燈教子節勵冰霜現年

卷十二　列女

此以下各列女事蹟宜稍加詳並宜一一例敘明何時何地倘一時竟無從查攷其人暫勿列入吾邑光緒志雖有多人僅舉姓名者究不足為法現尚生存者宜刪

[illegible]

胡亦華妻蔣氏 守寡
杭雲亮妻王氏 守節撫孤
杭待聘妻馬氏 守寡
薛漢寶妻邊氏 守寡撫孤
楊萬元妻蘇氏 守寡
馮金山妻楊氏
馮金壘妻楊氏 一門雙節
臧衡臣妻許氏 乾隆甲子旌貞孝
陳姚氏 守寡
胡坤培長女守貞不嫁

杭君甫妻虞氏 旌節孝祠
杭世祿妻朱氏 旌節祀
葉茂昌妻蔡氏 守寡
蘇金沅妻杭氏 守寡
張佳茂妻王氏 守寡
馮原道妻劉氏 守寡
馮敦基妻俞氏 守寡
陳王氏 守寡
謝邊氏 守寡
朱福林妻蔡氏 守寡

卷十二　列女

朱巧林妻蔣氏 守寡
楊蘭泉妻張氏 守寡
姚張氏 未婚過門守節
王端章母虞氏 守寡
秦廷菊妻管氏 守寡
秦雄堂妻吳氏 守寡
秦玉堂妻王氏 守寡
秦鼎奎妻習氏 守寡
秦掌文妻黃氏 守寡
秦濟清妻龔氏 守寡

陳汝霖妻繆氏 守寡
陳文彬妻丁氏 入節婦祠
蘇廷楨妻莊氏 守寡
王瑞章妻臧氏 庚申同姑墜崖死
秦明堅妻俞氏 守寡
秦達文妻周氏 守寡
秦均元妻蘇氏 守寡
秦雲錦妻張氏 守寡
秦錦奎繼妻吳氏 已旌
秦錦屏妻王氏 守寡

秦春熙妻吳氏 守寡
馮拱奎妻李氏 仝上
吳原度妻蔣氏 守寡
吳　鉄妻秦氏 邑志有傳 壽八十六
吳應德妻顧氏 守寡
龔吳氏 璩長女 髫七十日而寡
吳大經妻白氏 守寡
吳化龍妻孫氏 守寡
吳鍾珩妻陳氏 守寡
吳欽禹妻陸氏 守寡

馮之驊妻薛氏 乾隆十二年建坊
馮龍階妻朱氏 乾隆三十八年建坊
王　岳妻吳氏 嘉靖中旌
滕丁氏 七歲歸吳終身不嫁壽七十五
吳治時妻周氏 守寡
朱吳氏 璩章次女三年而寡同依母家
（重出）吳大經妻白氏 守寡
吳念祖妻蔣氏 守寡
吳家鳳妻李氏 守寡
吳方慶妻許氏 已旌

卷十二　列女

吳飛熊妻顧氏 守寡
吳濟泰妻陸氏 載邑志
吳瑞和妻王氏 同治庚午建坊
吳汝南妻顧氏 道光甲午旌
吳樹仁妻施氏 旌額曰清標彤管
吳朝鑄妻顧氏 守寡
吳鳴榮妻屠氏 守寡
吳尚忠妻榮氏 道光三十年旌
吳樹仁妻施氏 旌額曰清標彤管
吳朝鑄妻顧氏 守寡

吳金璽妻王氏 守寡
吳　壽妻卜氏 守寡
吳　景妻馬氏 守寡
吳鳴萬妻屠氏 守寡
（重出）吳尚忠妻榮氏 道光三十年旌
吳士蓀妻蔣氏 守寡
吳　鑑妻楊氏 守寡
吳汝春妻過氏 守寡
吳雨田妻周氏 守寡
吳尚榮妻陳氏 守寡

吳景熹妻錢氏 已旌
吳洛書妻蔣氏 守寡
吳永盛妻鄒氏 未婚夫死聞訃自經入祀貞烈
吳榮龍妻顧氏 守寡
吳財雲妻章氏 入祠貞節
蔣明高女 守貞不字 茹素苦修
吳隆綸妻龔氏 守寡
吳尚達妻郁氏 守寡
吳文淵女 守貞不字孝親友弟入祠貞節
吳遇春妻朱氏 清道光三十年入祠節孝

吳德和妻徐氏 守寡
吳永隆妻杭氏 夫死盡難聞訃殉節
吳作楫妻龔氏 守寡
吳永熙女 痛父之嗣守貞養親垂五十餘年至今尚存
吳雲湘妻周氏 守寡
吳國昌妻倪氏 守寡現存
陳炳泉妻吳氏 守寡
吳廷雄妻陸氏 守寡現存
吳　釗妻周氏 現年七十餘
吳　顗妻陸氏 守寡現存

卷十二　列女

吳維根妻朱氏 守寡現存
吳根榮妻王氏 守寡現存
張田玉妻趙氏 青年守節撫孫成立
張俊玉妻王氏 年二十五而寡無子
吳汝蕙妻邵氏 宦家女自幼博覽羣書能詩善琴每有吟咏譜入弦歌古之才女也
秦顕承妻楊氏工咏吟善拳術有謝道韞風範木蘭女氣槩顕承卒于光緒　年氏年僅二十哀毀啜泣痛不欲生有勸以姑老子幼者乃忍死須臾厥後寄託其子於姑和貞志在必死不半年而竟以身殉
秦和貞張含秦彥齋之女彥齋父子早亡和貞守貞不字撫姪成立現年六十四歲有吳庭銓為之傳入藝文部 載清寬詩
邊東升妻毛氏咸豐十年四月拒賊死節咨部請旌賜匾表德

流芳

周文庭妻白氏 撫孫成立大吏奏請給帑建坊祠前

胡亦于妻王氏 年二十八而寡負債累累恃十指生活年六十二卒

陳紀良妻楊氏 夫早死撫孫成立教子立業

張壽倫妻鄭氏 年二十四而寡

呂舒祿妻張氏 早年守寡

周天德妻張氏 早年守寡

周德榮妻盛氏 早年守寡

陳士懋妻蘇氏 生孩六月良人見背泣血撫孤至於成立守節苦衷不可殫述待旌

吳茂生妻錢氏 早寡

周南泓妻李氏 年二十四夫卒哀毀骨立家貧茹苦紡織徹夜不休教次子成業雖老不衰守節四十九年

王樂錫妻華氏 青年守寡白璧無瑕

卷十二 列女

李金大妻錢氏 二十七守寡撫孫矢志靡它

俞國伯妻尤氏 年十九而夫卒守寡撫孫含辛茹苦

胡亦周妻管氏 婚期已近乃夫攖疾亡，管氏以未婚妻名義服斬衰喪哀泣成礼，厥後翁姑叔姪相繼殂謝一家大計至今維持不懈現年七十四

吳灘之妻王氏 極孤守貞教子成人壽八十一

湯節婦秦氏 端敏玄孫延默女歸宜興湯振商為室二十而寡著有綠蘭集及依桂斷腸草

秦潢之妻馬氏 青年守寡由河南巡撫倪奏准建坊旌表

陳錫禧妻袁氏 二十九而寡守節三十二年茹苦含辛教子有成於清光緒二十七年三院題奏禮部核實彙疏具奏准奉

旨建坊旌表節孝坊未建

馬院伯妻姚氏 撫孤成立

馬爾南妻錢氏 保孤完節

馬裕增未婚妻莊氏年二十六婚期將屆而夫歿氏過門守節待旌

賈天祿妻嵇氏苦節二十餘年得建坊旌表入節孝祠

賈侍春妻華氏守節四十餘年

鄭吳經文國老吳潑恒族妹好讀尚俠夫族有貪金婦者嫁李巷蔡男子為夫拷掠而投諸河上下苞苴檢驗無傷經文力辯吏謂干卿底事乞封棺經文益憤（而諸堤西蔣先生乃請再議）[illegible]得覆驗蒸骨相傷痕班班宛白吏黜抵夫於法女權為之一振有俠女吟詳載歌吟類

卷十二下 列女

牌坊

節孝坊 在修浦慶豐橋胡宗祠左右一胡宸欽妻程氏一胡士尚妻劉氏嘉慶十三年由江蘇督撫學彙題給帑建坊旌表嘉慶十八年二月建立

百歲街 在新瀆南北街緣光祿寺卿錢勗母陳恭人壽至九十七清光緒丙申由督撫學奏請給帑建坊

吳氏節孝坊 父老相傳在張舍秦宗祠前今石柱猶存而地已易姓字亦不可考

節孝坊 在大巷上 旌表楊俊士妻虞氏嘉慶癸亥建坊柱有聯云芳名傳百世懿行頌千秋

貞節坊 在花園廓周宗祠之前 旌表周啟祥妻白氏 清乾隆四年己未十二月建

節孝坊 在花園廓大巷村東面 旌表楊俊儒妻虞氏 清康熙四年建

旨建坊旌表節孝坊未建

馬阮伯妻姚氏　撫孤成立

馬爾南妻錢氏　保孤完節

馬裕增妻莊氏年二十一婚期將屆而夫沒氏過門守節待旌

賈天祿妻馮氏苦節三十餘年得建坊旌表入節孝祠

賈侍春妻華氏守節四十餘年

鄭吳經文國老吳瀫恒族妹好讀尚俠夫族有貢金娣者嫁李巷蔡男子為夫拷掠而投諸河上下芭苴檢驗無傷經文力辯吏謂干卿底事叱封棺經文益憤而諸堤西蒼先生等力請再議得覆驗蒸骨相傷痕班班冤白吏黜抵夫於法女權為之一振有俠女吟詳載歌吟類

卷十二下　列女

建坊不再屬於列女宜移入古蹟　門懷

26

〔善舉〕

貧富不得其均天演公理富不濟貧則貧者殆故無論修橋鋪路施粥藥卹宗族賙鄉黨皆善行也守財不施散徒之身不保而轉為財累智者不為況當今世風益壞若繼富而不周急則更刁斷之尤者也志善舉篇

十四三

卷十二　善舉　附善堂　義莊

秦文炌字耀藏以勤儉起家敦宗睦族之事慨然身任之乾隆壬午僧圓覺將建橋於青雲渡商諸文炌文炌首倡捐資并為鳩工庀材寒暑無間歲餘工竣行道之人頌德不衰乙未歲祲米騰貴文炌倡平糶里人賴以不困乙巳江南旱常鄉尤甚文炌捐貲數百金又勸殷富輸緡若干總其出納酌户賑恤

胡德懋國學生熱心公益好善樂施數歲助賑活人無算乾隆戊午無錫縣知縣王允謙有贈匾額曰樂善可風

許茂餘字忠顯儉樸貌古有先民遺範好施與一切義舉不甘後人嘉慶丁卯歲大饑茂餘首倡捐賑一鄉賴以安全

郡守卞聞而嘉之旌其閭曰樂善成風道光三年大水繼捐巨資活人無算有六子十五孫

沙書震字耀乾性豪爽好施與急公義有告匱者輒傾囊周之清嘉慶十九年歲旱首議濬河任勞怨俾灌溉救濟田禾數千畝道光八年大橋圮尤首倡捐助有志竟成

姚璉如字良貞喜施與曾以田十畝屋十間捨于善濟堂為慈善基本至今勿替善濟堂另詳秦姓稿中新瀆橋錢氏

新瀆橋錢氏義莊為御善嘉惠惟祭三房公堂所成另由該族人子明捐田一百畝于光緒二十六年五月成立約計田數四百七十餘畝

以上善舉　附　善堂義莊

南城義塚 錢光鍪于民國十七年私貲獨建在十六都二圖服字一千八百九十九號京丈一畝七分以壘二毫四圖築土立石以誌不朽

鄭月洲國學生五品銜見義勇為好善樂施嘉道間水旱頻仍而癸未暨庚戌水災尤重設粥廠施銀米前後所捐幾及萬金邑宰韓公請於上欽賜恩榮堂額

秦曰鎔字茂耕號納溪有才識諳世事為鄉人排難務得其平祖仁濟嘗捐田搆屋招徠四方孤苦居之食之已百數十年因總管不善經理諸事廢弛孤苦星散曰鎔遇易總管自監督之十年而規模更勝於前道光乙亥霪雨為災曰鎔報災請賑邑令即舉曰鎔董理賑務乃討與戶口首先倡捐複勸圖中殷戶共濟事竣列名入告賞給八品職銜以縣丞用咸豐丙辰夏秋旱蝗兼災人情洶洶時兵餉常虧不能恩賑添當地殷戶賑之曰鎔又先倡捐且邀眾助以捐數散給饑戶如乙亥辦法

思傷祠 祠中奉祀無主　祠址在劉塘鄉周汝閻由鄉人遺奉之劉設

遺古愚姚濟善士幼敏悟入塾五年六經全誦家貧遵父命非道義一介不取親友急難必竭力周濟恤孤寡憐煢獨其時有因饑荒而賣兒者傾囊給助賴以免骸骨暴露

以上善舉　附　善堂義

解衣掩埋網魚射宿必勸勿為中年授徒研究經史所製詩文體裁高古邑中名宿多欽服有詩稿七百餘庚申燬又雅善琴年壽七十餘猶耳聰目明步履康健云

陳榮壽世居貢東橋好善樂施出於天性咸豐六年大旱成災歲寒目覩鄉民之無衣無食者心為惻然乃出貲周濟廣設粥廠力不足繼以捐募一鄉之人全活甚眾

普濟堂 在西漢清初秦仁濟創建捐田若干畝收養四方之煢獨無告者後有姚翠楨亦捐田若干畝奉憲勒石具詳碑文

朱月圓清道光二十九年水災奇重十室九空月圓目不忍覩乃獨貲設廠施粥活人無算附近十數村尤藉以保全

錢此堂為人敦樸善居積累巨萬慷慨好施興應得長孫田七畝辭不受改為祭田經營多年得良田數百畝乃公諸族房歲入除祭費外用以贍族後遂併入義莊而義莊成立至醫藥活人修橋補路數十年行之如故云

王耀祖清候選縣佐年六十三歲二十四圖石橋頭人樂善好施救災恤貧為吾鄉著名之慈善家曾獨建南星橋出資三千元又兩次建茅蓬橋出資五六百元民國四年張舍橋重建捐銀四百元十七年清明橋重建捐銀一千元又於是年捐米一百五十石賑濟鄉里之貧苦者民國四年前連杆村火災合村被燬庐民無存出資三百元為全村人民建築新居現與榮德生商議重建馬家橋其餘本鄉有公益事宜如開河等均其資助

人之上善舉 附 善堂義莊

張育麟字坤生幼讀書長習賈慷慨好義樂善不倦有顧賈莊橋者傾圮失修鄉人繞道耕作跋涉為難乃出資重建人多稱便事在民國十八年

周祥雲曾任本鄉鄉董多惠政值歲饑民乏食於本社廟橋廣福庵立施粥廠活人無算

陳紹祖生平愛惜字紙於梢塘橋建造惜字爐每年必親赴鄉村帶花籃收換字紙入爐焚化並立勸善文竪四石於爐前遇隆冬嚴寒給發棉花胎以惠寒者民感其德後舉鄉飲賓給額曰賓筵碩望

許貞蒼性豪爽樂善好施里有張店橋係木質年久傾圮且為南北交通要道光緒三十年乃出資獨建石橋里人稱便

善舉 附善堂義莊

善堂　義莊

普濟堂　在西漳清初秦仁濟創建捐田若干畝收養四方之煢獨無告者後有姚梁楠亦捐田若干畝奉憲勒石具詳碑文

南城義塚　鍾光鰲於民國十七年私貲獨建在十六都二圖服字一千八百九十九號京丈一畝七分八厘二毫四圍築土立石以誌不朽（又同號京丈一畝三分四厘九毫）

里傷祀　祠中奉祀無主　祠址在劉塘鄉清同治間由鄉人邊奉之創辦

錢義莊　在新瀆橋北為師善嘉惠惟際三房公堂所成

汪義莊 另由族人錢誦清捐田一百畝於光緒二十六年五月成立約計田數四百七十餘畝

在新瀆東北由族人汪本絡創辦

吳氏願濟堂義莊 在泰伯鄉今廢附錄義莊記兩篇

善舉 附善堂義莊

吳氏願濟堂義莊記

申時行

蓋先王之教民義也則莫如收族收族之宗及乎食采受民之家而止其法不頒於鄉然而人知惇俗化至淳著何也在周禮保息以養之本俗以安之為之閭比之法辨其可任與施舍者而均其力政為之委積而賙其艱阨其以煦嫗一鄉之人勤而字之如其家也擁護孚翼惟恐傷之如其身也族是以聚焉而不分人是以有恒業財用相灌輸而情相縻係故先王施政不出鄉而眾著於合族之義矣王道廢鄉教戒禁令舉失其職相保相愛之法不足維其渙相周相恤之惠不足固其存則有慕羶不厭操瓢而為溝中之瘠者使人易亡其業而輕去其鄉夫

汪義莊 另由族人錢誦清捐田一百畝於光緒二十六年五月成立約計田數四百七十餘畝

在新瀆東北由族人汪本絡創辦

吳氏願濟堂義莊 在泰伯鄉今廢附錄義莊記兩篇

善舉 附善堂義莊

此記宜刪、願濟堂義莊既不在本鄉、亦不應列入

26

安得聚族而食之自聚族之難而人始益私其族即有施予振業罕有推而及乎族之外者嗟乎古之為其鄉與為其族也上無擇仁下不自名其義是公之也而後世别族于鄉人自為施家自為養同閈而秦越之則猶私之也斯亦古今之變然歟孔子曰斯民也三代之所以直道而行也夫居今之世有能推先王之法厚惜其鄉以庇其族者是亦三代之道而已矣吾師澤峯先生為錫山著族錫于江南為壯縣縣以時徵賦於鄉率名召其鄉之高貲著姓及仕宦者之子孫為之長長賦之家率不勝病先生恒自念曰夫鄉賦一歲而更役役不再三而中家以上大抵皆破是空吾鄉也吾族數千指吾能矜其寒饑而衣食

善學 附善堂義莊

之異時且復受役與閭井俱敝是空吾族也藉之不存毛將安附吾為德於族盖亦為德於鄉庶兩有濟歟則置田縣之上福新安兩鄉凡千八百畝自供稅假與貧民外歲入千石以什七歸鄉之長賦者命之曰助役其什三以贍族人族之貧者娶者婚嫁喪葬不時舉者子弟不能就塾與為博士諸生者升入太學及與計偕者資之如有率家之正卒力不能齎送者有贏則儲麥三百以待凶札必取盈焉無乏歲事其籍以畀族之端睦有行者俾攝行之因築室一區為義莊顏其堂為顧濟曰所以志也已而告其門人時行使為記之行觀近世所稱義田則猶別族於鄉者而先生獨深慮其族之所不堪而急其鄉之所甚病施舍賙恤之惠以溉於鄉業系灌輸之法以聯其族世世相保垂利無窮非所謂三代之道公其義而不私者歟先生雖不獲大用然推是足以知先生之所存矣行故著其大都以示先生之子孫俾守義無替且以告夫吏茲土者使矜式焉先生姓吳氏名△仕為太子諭德老於家稱鄉先生云

又　許國

吾師宮諭澤峯吳先生力行古道不阿世俗雅慕商保衛之為人作而歎曰彼其躬耕不動於千駟一夫不獲引為己辜若推内之溝中是操何術哉賴天之靈徼福於吳氏宗祐幸以明經起家備在文學侍從稍有禄入尚不能及其宗謂匹夫匹婦何

善學 附義莊

余家富安鄉鄉賦當縣之什一最重督賦者往往或傾家自余親見諸君子患苦斯役同姓蓋三百餘口聚族而居其貧者不下十二三閔閔然若有望於余余獨奈何缺宗人之望也既歸而明農益修先世之業務本節用積十有五年始及與伯子數錫仲子申錫圖畢斯事伯仲唯唯先生自以周泰伯後即其祠旁上福新安二鄉置畝石之田千八百十畝有奇為墅觀橋左偏墅不足四畝以貯畝石之入歲輸國賦及優耕備外得米千石十七以助供應十三以待賑贍麥三百石以備凶荒蓋其凡也供應以米易銀函寄宮邸以佐督賦者歲米七百石石四錢當鄉區之十二歲歲以為常賜宗人貧者歲米三石次乃遞

減其一為差婦寡而老者二[illegible]倍之無子而死者銀五
兩貧不能婚嫁葬者各銀二兩甚者倍之其他畢裝者塾學者
游郡者邑校者應鄉與　貢者計偕者各有給家廟祠四孟
月墓展春秋各有具詳在牒中無條其事著為家令攝以宗人
有行誼者按籍出內先公後私歲計有羨則以歸伯仲世世子
孫為口分不論本支議既定因縣令某以白部使者都御史宋
公參政楊公王公皆高先生之義比於先賢遠者范文正公近
者徐文靜牒令世守為引華氏莊例且復其徭而先生固不可
幸而徽國曰余所為此將以愧世之規避者豈望復哉夫田孰
非公家者後因田起以此安吾為臣一惟茲同姓孰非先世遺

善畢附善堂義莊

體忍令失所而坐視焉以此安吾為子二吾有田不盡歸吾二
子二子賢何處損志以此安吾為父三因歲之餘均散二家稍
存古宗法以此安吾子孫四門生其為吾記之小子國者數太
息善乎先生之以四者決策也三吳沃壤民所以不聊生者巨
室連阡陌歲徵發一切有司不敢問乃併而移之小民俗之漸
衰人雖賢者亦狃于其故無論他姓即期功袒免而下啼饑號
寒曾不得沾其僕妾之　且揚揚然意得空遺子孫以仇怨
與世相推及一間耳也　舉非欲竊比於先賢以為名高抑
其中有惻然者倘亦內也　公乎語稱博施濟眾堯舜猶病自
古及今給孤漏澤徧於郡國而負戶乃勝收養賦歸公吏徭代

私家君門萬里安得人人而齊之風行鄉邑自先生始誠使三
吳巨室化先生之義各止　人戚其宗由一方以及海內雖
以眾濟可也寧獨吳也　先生子孫世世修之毋廢因書其
事以待後來

貫觀詠字耀山幼失怙性至孝母病刲股以療家貧治生產業仰
取俯拾贏得過當貲至萬好施與親串中孤寒窮困及所任
依者輒藉以舉火清道光二十九年水災首倡捐金咸豐
六年旱災設粥廠兼董其役當事者欲彰之力辭去庚
申之變井里繹騷艤舟濟鄉避難之人全活甚眾同治初米
石萬錢暴骸載道復慨施泉幣為之葬埋牛數十頭穀數
百斛俾鄉人賴以得食耕田播種無捐瘠能重振故業
者觀詠之力居多為人樸茂勇然諾重義輕利有士
君子風年八十二卒

此卷入行義錄

沖漢

27

石萬鐵累骸載道復慨施泉帑為之葬埋牛數十頭穀數百斛俾鄉人賴以得食耕田播種無損瘠能重振故業者觀詠之力居多為人樸茂勇然諾重義輕利有士君子風年八十二卒

智

無錫富安鄉志稿

（交通）

上古草茅未開鴈帛魚書帆檣舟楫之
制行而關山阻塞聲氣艱通何其滯
也洎乎俗尚改革科學昌明航郵路
電之政俱設專官以董其事風馳電
掣瞬息千里覺乎遠矣茲就鄉
中所已設置者著於篇其亦王道平
平無遠弗屆也夫志交通第十四

郵政

陸區橋郵政分局 在南街楊宅於民國四年二月設置
張舍郵政代辦所 在費合興於民國元年設置
胡埭郵政分局 在西街虞恒盛宅於民國元年設置
新瀆橋郵政分局 在餘慶堂於民國元年設置
稍塘橋郵政分局 在張協興於民國十年設立

電話

電杆由無錫梅園直達張舍 胡埭新瀆橋於民國二十年十月試辦

電機 新瀆橋農教館 張舍區公所 胡埭鎮公所

電碼 即由鎮名通電

輪船

陸區橋公商汽油輪船由鎮開錫由虞達源倪效良等集資股設立公司於民國十七年四月開辦
張舍中華新裕恒記輪船每日有早晚二班由周鐵橋雪堰橋起過張舍而達無錫於民國十年開辦
稍塘橋輪船局在陳恒隆有早晚二班與張舍同惟由新瀆橋來者仍達新瀆而去
胡埭輪船早晚班張舍同惟時間相差二十餘分
新瀆橋輪船由漕橋經大鴻橋過新瀆出稍塘橋達錫

路政

富安區道二　具由城達鄉橫貫富安者一由管家灣向西經劉塘橋張舍達陸區橋一由李家灣向西經稍塘盛店橋達新瀆鎮

張舍路　由張舍向東北經區道過南新橋至茅蓬滙大壩麻姑橋達稍塘橋詳別由南新橋折東隨區道經飛來橋至井亭鄉　由張舍橋南向東南過潭塘頭至歸山　由張舍向東北至田舍　直北過胡巷前達杆李巷達張店橋　由前達

交通一门近來已多變遷宜查明現實情況修改 28.

胡埭輪船早晚班張舍同惟時間相差二十餘分
新瀆橋輪船由漕橋經大鴻橋過新瀆出梢塘橋達錫

路政

富安區道二 其由城達鄉橫貫富安者一由管家灣向西經劉塘橋張舍達陸區橋 一由李家灣向西經梢塘盛店橋達

新瀆鎮

張舍路 由張舍向東北經區道過南新橋至茅蓬港大壩麻姑橋達梢塘橋詳別 由南新橋折東隨區道經飛來橋至井亭鄉 由張舍橋南向東南過潭塘頭至歸山 由張舍向東北至田舍 直北過胡巷前達杆李巷達張店橋 由前達杆向西北過達杆橋至貝巷賈山橋 向西北過里舍橋負耒橋夏家巴吴村里至新庄 向西過畫錦橋折南過紗帽橋至富安橋達胡埭詳別 由畫錦橋向西過新橋頭孟村橋接區道達陸區橋 由新橋向南至花沿橋折北至茅橋 向東接富安橋

陸區路 向西分三支 一由橋塘(陸區北向西)經方西田舍頭丁莊蔡亭橋洪廟頭入武進界戴溪 一由鎮南(向西)經藥師菴東盛橋甘田上脚樓下匡家巷刁莊橋(大洋橋)到狗爬橋入武進界天井橋 一由施家弄經唐家浜烽東橋尹城達西潘里由烽東橋向西折北至江西岸乾岸橋至吳岸上唐家弄(岸)入武進界戴溪 其西南由施巷溝經後菴魚巷頭東廟湯家橋西漳嚴家巴南

田舍謝家頭慈雲渡入武進界南宅 一支由東廟經邵村藏家巴十八墺前戴入武進界周橋 向南由施巷溝東南顏陸隴基後庄周官堂周四里入武進界 向東南由聖公會區道經教化橋興隆橋馬區里折南至夏瀆橋謝堰葉家橋達胡埭 向北由青龍墩經山下蘆橋堰頭大鴻橋萬壽橋達徐城至修浦 一由青龍墩經賈巷南頭楊家村楊湖頭石屑圩三擺渡入武進界岑村 向東由小陸區橋經馬畝里河頭上經湯山觀音堂達新瀆 一由小陸區橋經新橋塘迎路橋金妃墩後徐舍姚家橋達新庄通張舍 一由區道向南經石壩頭後黃巷前黃巷至邵家橋

新瀆路　由南街門向南折東經神廟墩過東塘橋達盛店即區道　由獅子山西麓向東南經大路頭折東過貝巷達蓮杆　由安陽書院前向南經竹墩至孟村西達陸區南達胡埭　由橋南向西沿長腰山北西南至河頭上達陸區　若由上陽庄前向西經穀庄橋過上巷里即安陽山　由橋北折西向北經北胥村入黃瀆岸（由黃瀆渡過直湖港接萬安境楊樹園）由孔胥村南折西北西至徐城達大鴻橋　北由黃灣橋經修浦直北入左舍里接武進歡塘橋　由修浦東街向東過七畝橋至黃瀆岸　出修浦向東北孔道經鎗埂過蘭垺橋接萬安境達楊樹園　由鎗埂向西北至下水壩即青城境入北新橋　由新瀆橋北向東西折北經東垺橋（浜頭上向西南）折東北達張華橋（萬壽）　由萬壽橋向西北經後鴻橋達大長圩　萬壽橋向西南過大鴻橋接陸區路　由大鴻橋向南經朱村過長腰山西麓達山南徐舍　由朱村向西經蘆橋村後過楊家村達蔡亭橋尹城　由新瀆橋北向東折北經東垺橋達張華橋　張華橋南經盛店橋達蓮杆　北經靈岸廟章巷接萬安境達楊樹園　向東經唐村小園里至唐巷里接開原藕塘橋　向東北經姚巷上楊圖橋入岸里馮家福山鄉　由福山小學向東經上舍折東北達廟塘橋　廟塘橋北（向西楊巷青石塘橋）接萬安境洛社　東南接開原達藕塘橋　由殷墅橋廟橋新豐口經麻姑橋達稍塘橋

稍塘路　向東由營壩豆章巷上宮莊渡接開原界許巷　由營壩豆向東南經大東典錢婆墩過井亭達李家灣接開原界　由營壩豆向東北經陳村小方橋壩里橋朱巷壩接開原界　由麻姑橋向北經新豐黃土橋戴上橋廟橋小園里荒田里殷家廟達廟塘橋　向東南經三節橋東丁村青山寺土地堂達姚灣區道

由井亭南行至青山鄉有支路二一由西北達稍塘橋一由西南達劉塘橋其幹路向南越區道達歸山鄉（歸山通胡埭張舍路見前）

胡埭路　由東街當房向東經蔡村過莊橋東南行達繡衣鄉邵巷由邵巷向南經三尺六橋至長短溝中路達閭江　由東街經法善庵橋南向東經楊樹下費巷里許巷過石皮嶺達陽灣接省道　由巷橋北向東北經小周家窦巷達（或稱黃樹下）入歸山鄉　由南街經垺橋至路牌東南行經蔡巷過小西溪橋入閭江鄉　向東至後集賢村向南經中前集賢村過短溝村西邊至虎街山達閭江接省道其閭道西過安舒橋至闔閭城入武進界　其東則過馬路橋經大小雷嘴第一二三灣過鎮幹嘴達孟灣陽灣華藏姚灣界碑入閭扉界由路牌向西南經蔣巷張巷過大西溪橋經姚家向南過青雲橋折西過蘉村橋沙灘豆西頭巷折南經楊木橋潘貴庄馬家橋過孫家橋錢家浜入武進界雪堰橋　其支路由姚

家前西行經當店橋王店橋（舊有當店今廢）至段莊橋界武進　由西街向西過章橋接龍爪鄉經俞家橋八士橋龍爪橋　北經陳巷李家旦徐家旦祠山堂東達吳祥橋界濱橋界武進　由龍爪橋向北經朱巷上唐家旦後龍爪巷達劉濱橋入興隆鄉　由龍爪橋南向西南經田舍里周司里過翁家橋入武進界　由西街向北達花沿鄉經花村北達花沿橋折而東接富安橋　由西北行經花村前過釘棚橋葉家橋謝沿達興陸鄉通陸區鎮其支路由謝沿西行過宋家橋通劉濱橋接濟里　由北街至富安橋折東經河西過弔橋達前後胡山過富安橋即張舍塘

無錫富安鄉志卷

（兵防）

富安非用武之鄉然自元將莫天祐屯兵安陽而梢塘胡埭閶江等處遂為濱湖險要區矣清庚申之變匪蹤蹂躪民罹兵革近今軍事疊興雖彈丸一隅而水陸隄防要不能無守禦焉志兵防第十五

安陽山古稱險要濱近太湖多葦淺為常錫必經之地上有三十六洞洞可藏兵故常置巡艦二艘武弁一員以為防衛與華藏二艘閶江二艘相為犄角今其下皆多淤塞變為平壤四面河道狹窄距湖窅遠無事防守相傳明隆慶間已遂廢置不設

元至正間淮張部將莫天祐守錫以安陽山為大本營結水寨於梢塘橋山上四面築土城開濠河廣數十丈編竹為籬中雜砂土外裹葛籐號竹箍城上架弓矢礮石甚固明師徐達既克宜常命湯和率師十萬屢戰二十餘日奪其濠河營壘竹箍城不易破卒用羊萬頭爇其尾火攻之始潰天祐退走無錫

清咸豐庚申土人大刀關福僧某等糾集鄉團數百扼陽山為

守禦計五月端午突來悍匪數十騎經山麓閩福等正在劇飲猝起襲擊之以大石礫其巨首餘盡殲脫去二人時吳王陳玉成大隊由宜興趨錫聞欲復仇居民一夕數驚以此山可恃皆挈眷避匿洞谷間後二人者果於十三日黎明率萬騎掩至四面兜抄白石無所用僧某等死居民老少被戮幾滿山谷惟朱村人匿蔡家洞者一村俱全

民國甲子蘇奉之爭兩軍相持洛社橫林間土人不知兵凶戰危於十二月二十八日夜登山遙望其始聚者數十人後增至七八百人燈光萬盞照徹天際艱方敵軍見之皆疑有伏偵騎驟至聲言欲將此山剗作火線駕過山礮居民驚恐乙丑元旦

奉軍來勝果率一混成旅近萬過境集中陸區橋分向惠麓民衆潛逃一空所蓄例新年豬羊酒食等盡飽兵士之腹幸奉軍紀律尚嚴未至擄掠住一日夜而去地方之損失亦不貲矣

閭江山峯俱作礮壘有空者有實者空者中可架礮實者為疑兵脊山之頂石壘形跡隱隱猶存當中與闔閭城土壘勢成犄角光緒年間閭江曾派駐水軍一哨以防湖匪旋即移駐胡埭民國十三年江蘇齊燮元浙江盧永祥交戰十四年奉軍張宗昌又南下擊退齊燮元奉軍派胡埭駐兵一營閭江駐一連練湾駐一連於梅園之園部由民出資犒軍並供給茶水柴草等一月後孫傳芳由浙出師襲擊宜興常州奉軍盡撤以去二十一年滬日之戰防倭西遷蘇軍顧祝同出師駐閭江駐兵一連鄉民集資犒勞逾兩月救平調回原防

附莫天祐事畧

莫天祐淮張部將表授同僉樞密院事守錫十一年以安陽山為大本營結水寨於梢塘橋舊有陽山莫老虎之稱是時鄰境之常州宜興江陰三邑皆為明有駐兵寨門以抗明師困徐達于牛塘谷拒湯和于安陽山轉輾斗山望亭等處為平江北障徐達不敢直擣無錫濟師自宜興出太湖徑趣湖州道進攻然後克之天佑納降被誅城西錫民追思不絕猶某高冢以資紀念事經兩代而人往風微蓋世戰畧無徵不信

茲僅摭拾舊聞分節論之

明史天祐不列專傳僅附見于張士誠傳末

莫天祐者聚衆保無錫州士誠招之不從以兵攻之不克士誠既授元官天祐乃降士誠累表為同僉樞密院事及平江既圍他城皆下惟天祐堅守士誠破胡廷瑞急攻之天祐乃降太祖以其多傷義兵誅之又士誠傳云至正十六年二月士誠陷平江及常州路吾邑介平江常州間當亦同時收下而士誠之遣天祐守錫意即其時又傳載至正二十七年明師取無錫州計天祐守錫凡十一年有奇此其歲月可考者迨明季吳江史冊著隆平紀事首記士誠起兵以至滅亡次記

輔佐諸人與其佚事篇中于天祐事凡三見一士誠起事義社十八人天祐與焉二天祐遣部將楊茂至平江被執三平江被圍士誠徵援天祐遣兵屯于望亭數者足補明史之闕其傳莫天祐云

莫天祐者興化人有膂力善格鬬攻陷盱眙濠泗其力居多平江之圍天祐令部將楊茂泅水入城通問有一成興夏五千後趣之語為徐達所獲達屢遣使諭降皆被殺及平江諸城皆下天祐猶堅守明師急攻之乃降太祖以其多傷兵士磔尸建康

邑志于安陽山誌云元末莫天祐屯兵山下連營于廣濟橋毀

橋塞口于梢塘橋誌云莫天祐屯兵于此號掃蕩營土人今稱其地為梢塘營又張翼傳云徐達破姑蘇胡廷瑞率師攻無錫天祐困守達命使諭降天祐殺之達怒檄廷瑞曰即不下屠其城于是翼與徐績往見天祐曰西吳兵急矣將軍計安出天祐曰吾受主厚恩誓以死報翼曰將軍固守為張氏也今張氏已就縛又將誰為胡平章舉十萬師壓境生民之命懸于將軍若翻然改圖則上不失名位下免數十萬衆之荼毒將軍豈無意乎天祐沉思久之擲帽于地曰誠如君言吾不惜屈己事西朝顧如失信何翼請往議乃縋城下見廷瑞許之翼歸報天祐自縛詣軍門降廷瑞入城不戮一人市肆安堵錫民至今德之按天祐守錫十一年明師雄據常州先後取宜興江陰互相犄角進窺邑境殆無虛日直至淮張版圖次第歸明士誠就擒起十萬雄師力攻不下僅乃降之迄今讀王逢揚名閘化掩骼詩想見當時死亡之慘逢詩與謝應芳西膠山雪晴詩同為天祐抗敵之苦有愛民之心蓋謝詩為胡家渡築城發罷役而也二詩載後

清乾隆間邑人黃卬著錫金識小錄亦輯其遺事謂元至正十六年張士誠遣將莫天祐據無錫安陽山十七年三月明兵既取常州而天祐猶堅守無錫以抗明兵俗傳有徐達困于牛塘谷之說徐達傳達圍常州不下士誠兵突出掩之常遇

春胡大海來援夾擊大破之考其時乃元順帝至正十七年也考續通鑑至正十七年秋七月徐達率兵攻常熟擒張士德送建康遂循望亭甘露無錫諸寨皆下之十九年張士誠攻江陰明守將吳良遣萬戶吳貴蔡顯間道出無錫三山絕其糧道士誠兵遁去按三山在太湖中當獨山口又常州府志至正二十三年明將湯和破安陽山天祐退保無錫二十四年湯和破安陽山水軍湯和傳常與吳接境張士誠間諜百出和防禦嚴密再擊却之俘斬千計大破吳軍於錫山走天祐鹵其妻子此安陽山大本營告陷之歲月也

安陽山既破天祐退守錫城逾年平江圍急士誠求援天祐乃

兩詩主意並不專切本鄉兵防宜刪 27

春胡大海來援夾擊大破之考其時乃元順帝至正十七年也考續通鑑至正十七年秋七月徐達率兵攻常熟擒張士德送建康遂循望亭甘露無錫諸寨皆下之十九年張士誠攻江陰明守將吳良遣萬户聶貴蔡顯間道出無錫三山絕其粮道士誠兵遁去按三山在太湖中當獨山口又常州府志至正二十三年明將湯和破安陽山天祐退保無錫二十四年湯和破安陽山水軍湯和傳常與吳接境張士誠間諜百出和防禦嚴密再擊却之俘斬千計大破吳軍於錫山走天祐鹵其妻子此安陽山大本營告陷之歲月也

安陽山既破天祐退守錫城逾年平江圍急士誠求援天祐乃出兵平望為犄角亞築城胡家渡北禦江陰進兵之路至正二十六年十一月徐達等圍蘇州獲天祐部將楊茂于閶門水柵釋而用之縱茂出入盡得其彼此所遺蠟丸書知士誠天祐虛實二十七年九月命胡廷瑞康茂才取無錫天祐以城降此與隆平紀事天祐傳道志張翼傳所叙略同

清道光間邑人周有壬著錫金考乘復據流俗遺傳謂距小渲淹二里有土城為莫天祐所築時明將湯和守常州數以舟師由太湖水道犯境天祐屯兵于此禦之繼復謂綜生平而論謂無錫自元順帝至正十八年明祖取常州至二十七年邑士張翼說天祐降明此九年中幾無一日不有明師天祐卒能堵禦保守土又多傷明兵是其謀勇兼備有尋常人所不能及者設得早遇明祖必可大展才猷功勳不在藍沐諸人下末復叙其籍貫後裔謂讀陳汝霖安陽山莫寇平詩是天祐實邑人謂其後裔有名旺者諱莫而贅于徐去亻姓余嘗見劉應選所撰家乘序知之孰謂蓋世勇士終淪于湮没不彰哉

白

卷十五 兵防

野史氏曰莫天祐淮張之純臣守錫十一年遺愛在民本諸身徽諸淮張迄于今歲以七月户懸一燈收災降福赫然與至誠感神之九四香並隆于今古城鄉小民掃除寺宇迎雎陽神香火虔誠祈禱其所以嫁名保障江淮者殆避有明之禁

按田網耳美哉天祐明德遠矣

按明清父老遺傳至今謂淮張既降元表天祐同簽樞密院事守無錫州據安陽山為大本營頂上顯應寺為行轅及屯糧之所築閘化揚名望亭諸堡石塘梢塘諸水寨皆受其指揮以抗禦明師天祐膂力過人異常勇悍使大關刀騎高駿馬性凶暴嗜殺凡戮人必先祭刀畢則晾刀依石蠻作架懸刀其上人畏之如虎故有陽山莫老虎之稱里中高士楊某有幹畧善詞令嘗往見天祐喜輒招之飲酒下棋漸相親密因從容進説曰將軍愛民如子果能不加誅戮撫以恩義則地方皆將軍之人也于是天祐令軍中距安陽山十里不准妄取民間一粟妄害一人全活甚衆迨湯和率師圍攻歷數十晝夜楊某又往返竭力勸解倣佛圖澄故事天祐信之即日退保無錫一方免荼毒之慘明師既破陽山獲其輜糧無算迨今六百餘年山頂石罅中猶有黑米餘糧殆天祐愛民其精誠所結留遺人間耳觀巍巍雙墩想見昔日點將出師風英勇無匹有心人登山憑吊不知其家何在高塚何處殊增悼嘆

白田　卷十五　兵防

王逢厭骼詩

分藩多賢勞不敏忝賓客雖無官守廉亦復與言責一鄉虔劉禍慘甚長平厄先王制禮經孟春當厭骼僕夫有難色馱役攬任策駿駿度岡坂澌澌循藪澤稍稍烟微青歷歷野四白游魂魂行草上遺老候莫測我豈物役徒茲來出心臆皇天久下憫赤子非寇敵鴟鳥何不仁銜啄血更瀝因歌戰城南風悲淚狼藉

謝應芳雪晴詩

夜來雪深二尺強石人縶指冰蠶僵猶喜金烏兩翅凍不折天明飛出海上之扶桑老夫晨起膠山下風景看來渾似畫蓮山萬頃玉為田隔水數家銀作舍田中築城團義兵日高未飯飢腸鳴黃泥凍地硬如鐵白柄短鋤鏘有聲不辭受寒飢但恐虧工程將軍踏雪來點名萬夫鵠立顧且驚馬前壯士五色棒棒頭性命鴻毛輕余生悔不習兵法雪夜擒吳書奏捷余生抱膝漫悲歌奈爾義兵寒苦何

白田　卷十五　兵防

雙墩懷古

淒烟衰草護雙墩誰誌前朝戰士坟千載尚留餘威在至今猶道莫將軍

任策駸駸度岡坂漸漸循藪澤稍稍烟微青歷歷野四白游魂
魂行草上遺老候莫測我豈物役徒茲來出心聽皇天久下憫
赤子非寇敵鴟鳥何不仁銜啄血更瀝因歌戰城南風悲淚狼藉

謝應芳雪晴詩

夜來雪深二尺強石人凜指冰蠶僵猶喜金烏兩翅凍不折天
明飛出海上之扶桑老夫晨起滕山下風景看來渾似畫連山
萬頃玉為田隔水數家銀作舍田中築城圍義兵日高未飯飢
腸鳴黃泥凍地硬如鐵白柄短鋤鏘有聲不辭受寒飢但恐虧
工程將軍踏雪來點名萬夫鵠立顫且驚馬前壯士五色棒棒
頭性命鴻毛輕余生悔不習兵法雪夜擒吳書奏捷余生抱膝

卷十五　兵防

吟詠古蹟之詩，如為他鄉人所作，可擇尤叙入關古蹟之叙述文內；如為本鄉人所作，則應移入藝文，而於關古蹟叙述文內叙明某人某詩，見藝文。此詩似覺平常，可刪。

酌用原題

30、

〔古蹟〕

人事有代謝，世運有變遷，而物質之影迹，歷亘古而猶存。如闔閭城，在縣西五十里，富安鄉邑志所載，迄今荒壘依然，而流風餘韻不可磨滅也。所謂物以人傳者，非歟？他如名園別業，大都出自賢哲所手築，高人所足寄，附著於篇，用垂不朽。志古蹟第十六。

卷十六　古蹟 附園墅

闔閭城 去閶江二里許有大小二城小城在十八都三圖大城在武進十六都八圖按越絕書伍員取利浦黃瀆土築闔閭城吳地記闔閭城周敬王六年伍員伐楚還運潤州利浦土築之以闔閭伐楚還取以為名土人有城裏城外之稱壘雖存而形已圮

闔閭城懷古　丁鏞

霸業已云古荒城空草萊可憐城上月曾照越人來

又前題　曹時中

築城本防越傾城乃亡國千古恨綿綿女牆春草碧

前題

君王東徙築雄都尚有離城水一隅山擁蛇門迴震澤浪翻胥
甲走姑蘇碧桃塢在荒煙上青[illegible]濕歸落日孤自古興亡俱寂

前人

圖墅為古蹟之一無錫名勝另提邑

志古蹟門注附圖墅不足據

31. 懷

闔閭城 去閶江二里許有大小二城小城在十八都三國大城在武進十六都八圖按越絕書伍員取利浦黃瀆土築闔閭城吳地記闔閭城周敬王六年伍員伐楚還運潤州利浦土築之以闔閭伐楚還取以為名土人有城裏城外之稱壘雖存而形已圮

闔閭城懷古　　丁　鏞

霸業已云古荒城空草萊可憐城上月曾照越人來

又前題　　曹時中

築城本防越傾城乃亡國千古恨綿綿女牆春草碧

前題

君王東徙築雄都尚有離城水一隅山擁蛇門迴震澤浪翻

甲走姑蘇碧桃塢在荒煙上青笠漁歸落日狐自古興亡俱寂

寞西風啼殺夜棲烏

前題　　吳廷銓

慨想當年吳越爭湖濱備敵築防城江山依舊人何在雉堞荒

涼月自明丞相孤忠還勝跡大夫遠慮枉談兵撫今弔昔徘徊

久千古興亡戰一枰

前題　　丁　鏞

鼕鼕築吳城城高防越兵越人兵未起長城已先傾

前題　　曹時中

霸事也云古

西施本絕色誰解失雄圖却怪千年後荒城始屬吳

皇　卷十六　古蹟附園墅

前題

姑蘇原是僚王國城郭無端屬闔閭尺土終非身後物荒煙留

與越人鋤

資福菴碑記 在歸山宋渲熙十五年惠山僧沖希撰書列後

文峯書屋 在安陽山北有秦樸譔序

吾鄉自昔號稱文獻之地蓋宋狀元寶齋先生蔣文忠公故里也先生以文章德業克紹龜山楊先生道統之傳鄉之耄耋轉相稱述以為鍾秀於文筆峯為然也蓋其峯屹立十仞有若卓筆因號為文筆峯峯之西半里許有世族原楊公者焉翁有五子皆聯芳顯秀魁偉特達其仲子宗浩夙領鄉薦屢仕建寧青州錢塘秀水等教授陞至諫官明經修行馳聲遐邇翁遂於所居之西構屋若干楹為家塾復於茂林修竹中為藏書之閣特扁為文峯書室以延師儒為講授之處夫世之人有豐其產而崇其居室以為歌舞宴樂之地矣曾未見其有不務名利而延師會友虛懷若谷而敦詩說禮者

選取吟詠古蹟之詩已於吾防門附答述凡例

32

前題

姑蘇原是僚王國城郭無端屬闔閭尺土終非身後物荒煙留與越人鋤

資福菴碑記

在歸山宋淳熙十五年惠山僧沖希撰書列後

文峯書屋

在安陽山北有秦樸譔序

吾鄉自昔號稱文獻之地蓋宋狀元實齋先生蔣文忠公故里也先生以文章德業克紹龜山楊先生道統之傳鄉之故老轉相稱述以為鍾秀於文筆峯為然也蓋其峯屹立千仞有若卓筆因號為文筆峯峯之西半里許有世族原振揚公居焉翁有五子皆聯芳穎秀魁偉特達其仲子宗浩夙領鄉薦屢仕建寧青州錢塘秀水等教授陞至諫官明經修行馳聲遐邇翁遂於所居之西搆屋若干楹為家塾復於茂林修竹中為藏書之閣特扁為文峯書室以延師儒為講授之意夫世之人有豐其產而崇其居室以為歌舞宴樂之地矣曾未見其有不務名利而延師會友虛懷若谷而教詩說禮者今翁居富而樂善循禮不尚世俗之好惟聖賢之訓是嗜誠史所謂博雅好古之君子矣翁為全鄉黨執友而翁以忘年穎過禮意隆洽箴規之益言猶在耳翁雖蟬脫而樹德流芳慶延後裔故翁之諸子宗源宗瀚宗海宗濬咸肯搆肯堂肇啓世業有光前烈余故知文峯書室非特為藏書之所也必能延真儒以啓迪其子孫而其才用於朝而登台衡之任則鍾秀於文筆峯而擬武於文忠公者信不誣矣

亦堂

清初杭文蕤築在花村東有楊莹澂記

杭君文蕤作室數椽僅蔽風雨人譏其陋杭君笑曰是亦堂也吾居之而身安焉心安焉即廣居也即安宅也又何華屋為哉吾見世之好營第者矣興土木治園亭經營結搆窮極工巧曾幾何時而他人入室甚有化為邱墟而子孫無立錐地者吾為屋易成功不勞資不費子孫業業而居足矣因即以亦堂顏之而問序於予予曰杭君之言藹有道者非僅達人之見也昔漢蕭何營室樸而不華隘而不廣人以為言何曰後世賢師吾儉不賢毋為勢家所奪有識者服其言趙宋盛時士大夫治第東都者競以華侈相高而呂蒙簡入參大政就屋以居編籬汲園日課兩奩頭種蔬其間後金人入汴華堂傑閣焚燬無遺而蒙簡之園獨無恙杭君之亦堂儻猶是歟予是以為之序而係以詩曰夢得銘陋室陋室千古傳石崇侈金谷金谷蕩寒煙果椽不加斵自昔雖聖賢人生如傳舍上壽無百年智力殫土木樓止僅一廛杭君敦遠者卜築舊居偏茆茨蔽風雨為牖甫及肩出則可負耒入則橫經便顏之曰亦堂亦堂足流連客哉下陳榻日夕相周旋娟廬但雅潔容膝情泰然儉德貽子孫奕奕勿棄捐

卷十六 古蹟附園墅

陸墟別墅

在安陽山南麓宋中書舍人陸舉築明楊璿詩云

文筆峯前湖水西幽棲地僻少輪蹄花間稚子坐垂釣竹下老翁行灌畦酒熟漫拚金谷飲詩成先許錦囊題已聞孫笥如蓬賤更說雕胡似掌齊

文筆峯

在安陽山東面山巔形似筆故名

一梅堂

在縣西胡埭宋寶慶間蔣忠文公重珍致仕歸築堂後有萬竹亭皆自為記

名家序紀可與名古蹟標題下敘述文字銜接排列無須抬頭另行 33.

華堂傑閣焚燬無遺而黃箱之圖獨無恙杭君之亦堂儼猶是歟予是以為之序而係以詩曰夢得銘陋室陋室千古傳石崇侈金谷 金谷蕩寒烟果椽不加斲自昔聖賢人生如傳舍上壽無百年智力殫土木樓止僅一廛杭君歿遠者卜築舊居偏茆簷敝風雨為構甫及肩出則可負米入則橫經便頻之曰亦堂亦堂足流連客我下陳榻日夕相周旋蝸廬但雅潔容膝情泰然儉德貽子孫奕奕勿棄捐

陸墟別墅 在安陽山南麓梁中書舍人陸舉築明楊璿詩云

文筆峯前湖水西幽棲地僻少輪蹄花間稚子坐垂釣竹下老翁行灌畦酒熟漫拚金谷飲詩成先許錦囊題已聞孫簡如蓮賤更說雕胡似掌齊

文筆峯 在安陽山東面山巔形似筆故名

一梅堂 在縣西胡埭宋寶慶間蔣忠文重珍致仕歸築堂後有萬竹亭皆自為記

雲龍小隱 在龍尾陵道蔣重珍別業

月臺 在楊家村東與仙橋相接明副都御史楊宜閒之遺址

寶覺堂 在北灣資福菴右為明尚書秦端敏公寫字間菴東有潮河廳中有清乾隆御筆書松風水月額

仙居亭 **湖山祠** 在陽灣西湖背山向南約半里即太湖

章氏公園 在陽灣清光緒丙子章定安創

後園 在西溪淮海祠後廣僅畝許襟山帶水四時風景絕佳

問湖亭 在獅子山巔民國二十年由侯葆三等募捐建造

燕嘉堂 遺址在安陽山西麓有明秦棟撰序

君子會集必有周旋揖讓以攝其威儀宴享和樂以將其厚意此吾鄉耆英原振燕嘉堂之所以作也公以文獻世族讀書尚古凡文人碩士之造其門者必延款隆洽久而彌敬遂構堂於所居之中而扁以燕嘉蓋取諸小雅鹿鳴以燕樂嘉賓之心之意也湖廣僉憲思安張公既為之記而翁之賢孫叔璣為錫庠彥復俾余序之余以燕饗之禮所以接賓客也敦禮俗將之以禮和之以樂蓋所以致其殷勤之學而欲嘉賓之樂其心而敦示大道於無斁也夫能樂其心斯能醉飽其德矣能醉飽其德則福祿綏之矣翁之子孫雖之從之恢家家世而仲子宗浩給隸修行望重鄉邑璧業從良為國栖用余然後知翁之子孫之多賢淑乞嘉燕之取善於人而人以善道淑之而興於賢秀則福祿綏之說信不誣矣雖然後之賢者燮燕嘉之堂要知其不以幣帛飲食為悅而勸酬之間可當數其大道之要而慕其敬止之意俾知為人臣者止於忠為人子者止於孝為人弟者止於敬為人君者止於愛而於朋友之交則止於信夫婦之間則止於貞節義也然余之所以尊尊於此者豈非欲悅其心而相規之以道義歟余老矣尚冀數璽於斯堂咏歌以備嘉賓之樂而聆所未聞抑又幸矣

楊原振墓石 明初有顯者覓礦至此歎賞購買覆勘中止後有僧來言是處氣脈宏遠有陰德者可卜斯穴從之僧以年

卷十六 吉蹟附園墅

尼向空擲曰循此卜葬即集夫從事但見山巔墜一巨石重千鈞適當其穴攻不可去不能遂退一石地而葬圍以石甃其形似箕巨石上鐫有樂哉斯邱四字篆法蒼古凡遇子孫登科年甃石墻起欲裂榜揭如初歷有奇驗

張氏別業　明承事郎楊叔琬建今廢

賈山別墅　明太學生楊士書建今廢

莫天祐點將臺　即今覲墩在安陽山東

掃蕩營為莫天祐駐兵處後人誤謂梢塘營橋曰梢塘橋其地週圍有戰河東有營壩西有土城南有校場今已劃為闤市

（祠墓）

建祠封墓崇德報功國家著為隆典、由來遠矣存而書之所以起人民愛敬表孫子孝思用意至深遠也殘碑荒碣石刻纍纍皆著其豐功偉烈者並附錄於後以符石實志祠墓第七

錢武肅王祠在新瀆橋南中街

明光祿大夫少保戶部尚書秦端敏祠在張舍西街民國十一年創辦建

楊宗祠在胡埭東街乾隆四十二年楊姓捐資重建

時宗祠在陸區橋南街

馮宗祠在陸區橋街後

薛宗祠在蘆橋

姚氏分祠在西溪南

尹宗祠在尹城上

陳宗祠在西漕後村

臧宗祠在甘田上

薛宗祠在陸區橋北街

許宗祠在大鴻橋街後

錢宗祠在丁莊上

詹宗祠在管巷

尹新宗祠在尹城上

張宗祠在西漕後村

賈宗祠在尹城上後巷里

（祠墓）

建祠封墓崇德報功國家著爲隆典、由來遠矣存而書之所以起人民愛敬表揚子孝思用意至深遠也、殘碑荒碣石刻纍纍皆者其豐功偉烈者並附錄於後以符石實志祠墓第十七

[illegible] 祠墓附碑碣

秦宗祠以下各宗祠、均先冠以始遷祖官名或謚法以昭一律 [仲僕] 弘

周宗祠在歸山
葉宗祠在圓通菴西
楊氏宗祠在楊家村前街
楊宗祠在住基上中村
吳宗祠在閣江村鳳凰橋
陶宗祠在修浦東街
吳宗祠在修浦村東
戴宗祠在閘原莊村左
邊宗祠在劉塘西南
俟宗祠在建杆北岸上

春十七

馬宗祠在龍爪鄉
閔宗祠在龍爪鄉
是宗祠在興隆鄉
王宗祠
殷宗祠在井亭鄉
朱宗祠
朱公祠 仝上
吳宗祠在杭塔里
戈宗祠在黃渡橋
周茂叔祠在後沙灘

邵宗祠在邵巷西
杭宗祠在葉宗祠西
楊新祠在楊家村後街
張氏分祠在新谷圩張家巷
鄭宗祠在徐城村東
胡宗祠在修浦慶豐橋北
馮宗祠在上舍
吳宗祠在閘原莊村右
王宗祠在貢巷里
胡宗祠在南寶巷東

祠墓附碑碣

秦宗祠在西溪上
邵宗祠在胡山鄉
是宗祠在花堰鄉
薛宗祠
戴宗祠 在花堰鄉
周宗祠在沙灘頭
馬宗祠在婁下
張宗祠在双埠塘西
王宗祠在王巷上
徐宗祠在西圩

戚宗祠在楊樹浜東
蔣宗祠在蔣巷上
石宗祠在石巷頭
張宗祠在圍蕩頭
顧宗祠在廟墩西
王宗祠在繡衣鄉祀明進士御史王琪號石汾公欽賜給帑命有司春秋致祭
吳宗祠在繡衣鄉後吳巷
姚宗祠在胡埭
姚宗祠在乾元鄉
胡宗祠在水埭上
許宗祀在張店橋
周宗祀在牌樓下

王宗祠在湛瀆灘
丁宗祀在壚里
陳宗祠在陳村
王宗祠在王店橋
虞宗祠在大路頭
陳宗祀在胡埭
馮宗祠在馮巷上
孫宗祠在孫巷上
錢宗祠在乾元鄉
俞宗祀在大巷村之東

卷十七　祠墓附碑碣

〔周〕

安陽侯贊墓在安陽山 高一丈五尺周百二十步積為葫蘆城舊志稱風土記武王封周章少子贊於無錫為安陽侯卒葬山下因以名山子孫有七十餘家按寰宇記引風土記封贊於安陽鄉不言侯山名蓋因乎鄉

〔漢〕僕射劉昌墓在白石山 舊有斷碑向湖有廟即其墓處

〔後漢〕夏侯孫必興墓在夏墓灣 孫權族弟名必興封夏侯葬此灣中因而得名

〔宋〕

秘書丞曹肅墓在長腰山

侍郎曹鍇墓在長腰山 嘉慶志鍇紹興十二年進士未詳官階舊志稱侍郎不知何據

信安郡王孟忠厚墓在孟灣 忠厚字仁仲洛川人隆佑太后兄子靖康中知海州高宗即位授徽猷閣待制累官浙東安撫使封信安郡王贈太保

卷十七　祠墓附碑碣

一甲二名僕射蔣芾墓在照天灣石關刀裡 後人名曰狀元山按宋時進士一甲第二三人皆得稱狀元見周益公省齋集

張俊墓在青山即華藏

侍郎蔣重珍墓在在縣西四十五里謝堰 有陳高過蔣狀元墓弔古詩晚步出西郊遠遠望郊畝松林何蕭森流水在左右孤墳隱其中壟封猶培塿剝石蒼苔深積土黃葉厚父老向我言茲墓由來久其人在前世獨擅文章手枝藝多士林精光射牛斗柱折蟾宮枝名冠龍榜首祿仕軒冕貴勳業汗青有不朽時相權孤忠知自守寵榮一生前零落百年後至今在壟墓骨枯名未朽我聞增嘆息懷古思尚友生雖不同時神交或可取落日啼鴉歸寒林鳴林藪臨風薦秋菊灑淚酹

梁溪教授尹文一墓 在尹城村前尹氏始遷祖

〔元〕

處士閭江始遷祖吳睿墓在閭江西山
鄉進士墓楊國英墓在歸山
来石書院山長吳均聘墓在天井山麓

（明）

都御史楊璿墓在長腰山
贈光祿大夫南京兵部尚書秦欆墓在歸山
贈太子太保兵部尚書秦霖墓在歸山蔣灣
尚書秦金墓在歸山薛墩諭葬
都察院右副都御史楊宜閒墓在長腰山西麓安陽山東南 太僕寺少卿完與鳳麓祔葬

一甲三名右諭德吳情墓在雞籠山左 後人名曰探花山
進士行人吳海蘩墓在小巷山 與探花墓撞壞
進士御史王瑛墓在孟灣孟王墳左
進士知府吳瀅時墓在盤鳩灣
進士知縣吳楨墓在長壽山
進士廣東布政司使堵維垣墓在雞籠山
南京户部員外郎楊瀛洲墓在安陽山東麓
僉事王問墓在華藏山
都察院右副都御史楊源振墓在安陽山西麓 禮科給事中宗濤宗源宗瀚宗海宗[illegible]澹五子附葬四圍皆砌石鑴方石上鐫樂哉斯邱四字

給事中贈太僕少卿侯先春墓在華藏山 子世美世芬祔
處士吳之枚墓在閭江集賢村
徵君楊大化墓在苦菴山南安陽山東北
隱士吳明玕墓在小西溪
浙江衢州府推官楊墨莊墓在安陽山西麓
贈奉直大夫都督府經歷秦洋墓在歸山姚墩
教諭陳國華墓在邵巷王家灣

（清）
一甲一名國史院修撰鄒忠倚墓在照天灣雞籠山
進士陳常墓在青山
按察司使秦鉽墓在照天灣歸山
知府秦汴墓在姚灣
贈奉直大夫遷錫修浦胡惟五墓在孟灣
巡撫孫永清墓在胡埭西
侍郎秦瀛墓在龍石尖子知縣緗武祔
隱士庭棟墓在修浦慶豐橋南
知府秦沅墓在歸山子國楠祔

開封府知府薛寀墓在青龍山 圭字二千五百八十五號
知縣秦定秀墓在閶江小山上
贈工部員外郎汪嘉名墓在安陽山
老人墓在張舍田壠東 相傳呂姓老翁壽百二十歲歷代失考
粵閩南使海防軍民同知侯蘭墓在寺灣
海州學正舉人胡榮瞻墓在後鴻橋
旌貞孝女孫亦昭墓在寺灣
兵部右侍郎秦心硯墓在陳村河東
縣庠陳常重蕃墓在照天灣
章定安孝廉墓在大灣凹山
楊翰西原配惲夫人墓在陳家灣
春玉田 閘墓附碑碣
四庫館謄錄蔡寅墓在管家灣小長山 右附子蔡堉墓及孫媳薛氏墓
圩都二圖道字二千三百四十三、二千三百四十四、二千三百六十四、二千三百六十七、二千三百六十八、二千三百六十九、二千四百七十五，共山田十一畝四分五厘；並置道字二千一百八十二、二千二百六十四，垂字二千零五十七、二千一百十四，平田二畝六分五厘二毫六絲，給墳丁護守

碑碣宜附於古蹟門並宜於[illegible]
碑碣標題後注明所在 仲懷
36

宋蔣狀元母夫人墓誌銘 魏了翁

嘉定十有六年夏五月戊申，蔣重珍舉進士第一。故事，京師給騶哄自端門騎至期集所，侯王大第供帳左右觀焉。時重珍迎侍母顧夫人於京，下馬稱壽，都人榮之。留兩月餘，授簽書建康軍節度判官，御其母以歸於常州之無錫。方榮聞四馳，惕然如將勿勝，韞輝潛實，益求其可顧者，竊所器愛焉。明年，重珍以書來曰：走也不天，以禍吾母。曾不及豆區之養，嗚呼，尚忍言之！吾母十餘歲鞠於外家管氏，一日父母家絕粮，母祝髮而號曰：天乎！吾親之未慭也。此髮其有售乎？命鬻於市，得白金以給炊，自是父母家生理稍蘇，若有相之者。逮歸我先君，事大母軒氏樂

而忘其疾我諸父七人或夭或貧先君不能自振假館于人吾
母贊治室事既備且戒能講習五經論孟親以授異重珍有閫
於義則伸而復之重珍既聯諸父給以饘粥母治絲枲處末之
贏以給之嘗歲寒無衾重珍覺而溫如則吾母紉纊以覆之且
語曰保汝以奉先祀也重珍泣數行下孤孀之人不堪其苦或
以貲訹重珍爲之子而奪母志以配累舉得官者吾母叱之吾
先君之未泯則母之力也重珍年十七歲爲人授小學有穤鶉
結忍啟以待束脩之入它日吾母持啟穤於諸父曰藏此俾無
忘貧賤時有欲要重珍以女室廬田土皆具母謂幼孤得不忘
者諸父之力謹毋他從乃因謝焉重珍年四十餘始獲齒名于

卷十七　朝堂附碑碣

進士籍冬至之前日親黨賀吾母生辰母曰吾雅憚宴族今不
聽汝爲之後將有悔重珍色然以疑季冬得疾月正元日而卒
身後惟破楮敗衣嗚呼天乎吾母居約蹈困而曾不食子之報
也今將以三月庚申葬于謝堰之原祔先君兆重珍暨試禮部
嘗以文字受知于先生由是幸有録于門心授神予非他人面
交勢合比也墓中之石不可以他屬某嘗聞之國人曰重珍之
父南式貲方教爲學辭贍不事舉子業其卒也重珍方生十年
顧夫人持家教子有儀法讀書至男子由右婦人由左誦之尤
喜言李氏斷臂事以爲婦人當如此所居雖容膝而檢防內外
凜不可越然則今於重珍之請也曷不敢諾顧氏晉散騎嘗侍

贈侍中榮之後世居建業入國朝徙毗陵曾大父某大父某男子
一人即重珍女適李大年孫女一人銘曰
先儒有言婦適不再婦適而再飢寒之害然飢寒之事小而失
節之罪大此豈婦爲之責抑爲士也之戒自義理之不競渺世
途之焉屆雖本無飢寒迫己莫知此身之愛偉哉夫人七十九
載困窮阨陋而若是介百挫一折亦莫之待琢銘幽宮其永勿
壞

宋故刑部侍郎蔣公壙誌

尤焴

公諱重珍字良貴常州無錫人曾祖紹祖瑞卿父南式皆隱德
不仕父以公貴贈奉議郎嘉定癸未公以進士第一人擢承事

卷十七　朝堂附碑碣

郎簽書建昌軍節度判官廳公事未上丁太夫人顧氏憂服闋
除簽書昭慶軍莅官一考引疾告歸改簽書奉國軍需次紹定
己丑召除秘書省正字入對奏語剴切執政者不悅遂謁告歸
還家就遷校書郎力辭不拜改通判鎮江府復以疾辭遂以直
寶章閣主管華州雲臺觀端平改元上勵精更化召爲秘書郎
兼莊文府教授辭不得命乃詣尋兼崇政殿說書俄遷著作佐
郎兼權司封郎官權起居舍人兼國史館編修官實錄院檢討
官同知貢舉遷起居郎說書常如故以疾丐外除集英殿修撰
知安吉州當上病甚屢請祠宮不允召爲刑部侍郎趙朝甚急
而公疾不可爲矣請致其事詔特贈兩官守權刑部侍郎致仕

積階朝散郎享年五十四公少以儁異聞于鄉踰壯以高文魁天下士入朝以直言名震天下由是受上異知入侍講席晉拜柱石密勿嚴近知無不言而期年遂退處于家蓋平生侃侃自持不肯詭隨流俗少不得其意則必奉身而退於名位利祿常若浼已上思其忠蓋方倚以大用而公遽殁朝野莫不歎惜焉公生於淳熙癸卯三月己巳殁于端平丙申十一月乙丑次年二月壬寅葬于當縣謝墩先塋之後從遺命也娶水邱氏承務郎介之女封恭人子二人長儀次似女一人適登仕郎趙與可孫一人遂孫公之清名勁節殁而不朽自有名儒鉅筆任是責者茲謹撮出處大略書而納諸壙朝奉大夫除直寶文閣差知吉州尤焴述書

叁十七　陶堂附碑碣

安陽山顯應龍王廟碑記

明進士河南汝寧府推官張九方撰

名山大川儲祥挺秀作鎮一方真宰心命神物守之闡揚威靈禱便不祥為民造福此祀典恪恭祀事者廟有錄矣若吾邑安陽山顯應龍王廟是已蓋山巔有龍淵一方水恒不竭每上有雲氣覆之天飄雨故邑人遇歲大旱必竭誠以禱以訖必致霖雨靈旱不為災其廟自宋紹興三年禱有靈驗敕賜廟額顯應其來久矣洪武初肯正祀典有司以著為令邑武其廟初在茲山以北宣德間徙今地成化二十三年秋邑令任丘賴瑛觀祠宇傾頹階級剥陊惕然于衷廼出公帑錢若干緡俾承事郎楊叔琬董修之叔琬歸謀諸從兄都察院右副都御史鈇名其弟禮部郎中叔瓛府向祀典宜亟之乃鳩工（以下模糊約十三字）閩江吳良素亦出銀之半村訳資助持捕荷畚董工即日先作正殿前建儀門翼以廊廡為齋宿之所金碧輝映如天花落𢈔（以下模糊三字）升降有階儲水府池悉甃以石告成之日乃以明年正月初十日先夕有龍大一小二於山之絕頂見其麟甲謖謖大如（以下模糊二字）疾趨而過又見其金光閃鑠照耀人目莫敢仰視三次所見信然無疑夫正月上旬方神龍潛蟄之時而欻然形見者豈以廟成而致昔以顯應名廟有足徵焉廟成之明年叔琬復言於邑侯延道士陳崇德實鄉進士肅之孫清修苦疎戒行端詳焚修書誠事神罔缺一旦具狀請記其事鐫石予惟龍靈物也而能致雨有可感者特在夫一誠耳禱而致使旱荒變為豐潤廟功誠大矣哉廟而祀之以報功也非僭也大抵賴侯汲汲以修建為心叔琬拳拳以督工為務是皆能盡事神治民之道也予故樂為之紀復系之以詩　魏魏安陽翠插太空上有靈湫神龍栽栽總攝雨之佐補真宰沛澤無窮曰暘而暘曰雨而雨救旱潤枯廟祀斯溥電掣霆行遍于寰宇大闡威靈衆神翊衛堂堂廟貌茲山之前賜額

顯應紹宗興年爰正祀典

叁十八　陶堂附碑碣

聖明當天春秋二祭牲醴肥鮮允矣賴庚興頹起廢責其董工鄉之善士善士伊誰叔琉楊氏員外之兄都憲之弟已出十金為巨慎偶經營圖廻寢食殆忘新廟已成繚之垣牆龍神興感降以奇祥屢降缺二字我民受祉五穀豐登思歸天子報祀以時神其歆只繼〻承〻粤千萬祺

成化二十四年四月初吉承侍郎楊叔琠立石

吳養真府君墓誌銘　胡　濙

余辭南宮歸毘陵閑門謝事久矣錫山吳質襄[裒]經[纆]奉同邑李庶狀其父養真公事行踵門泣拜請曰質宩佑先君於天順四年十二月四日奄棄儲孫今年十二月二十四日卜葬家山祖壠

自[illegible]卷十七　[illegible]附碑碣

之旁不有大人先生墓石之文何以照先德於後人願竊有請按公諱敏德字克勤姓吳吳出季札世家延陵後徙閶江公師浩之子原度之孫伯成之曾孫也妣王氏自幼器度不凡成童即受家政時長區賦有司期速集嚴督責公獨平恕然亦不後于是上下憪[惜]然弱冠卒父事母謹母疾躬事逾年及卒哀毁過禮事兩兄終始不弛敬愛雖異居而味一之甘必公於兄凡家人疾痛必躬問雖寒暑不廢好義當建胡埭閶江二石梁荊溪役衆從吳還過江上凍餒垂死急為糜與食爇薪溫之多賴以全活者景泰間歲祲公給賑鄉人貸不歸其息貧不責其償堯則癃以棺已而朝廷令出粟千斛賑饑者予冠帶同九品服公如令出之再而不願官帶然有司卒加公公性質直剛中少容觸物或強急霆震若不可測尋即已鄉人有過恐公知之受折者退亦無怨有善則談不去口與人交而能敬于姻族故舊周急尤盡其誠聚食百指男女別衣食均內外斬斬子孫化公之德咸修飭恣委家事家臨震澤負閭山樂山水之勝當風和月明登臨嘯歌自適悲世之變眩繽[紛]紜一不以經意喜誦陶詩因摘詩號養真云卒年七十生洪武二十年六月十九日嗚呼善固可以兆籍也世固多貲累巨萬而驕且吝者觀公之行可謂富而好禮積而能散者矣雖不有祿位然嘯歌泉石間無一日顛躓之憂以壽終壟格後世豈有他伎巧哉嗚呼善固可以兆

自[illegible]卷十七　[illegible]附碑碣

籍也墓之銘余安敢辭銘曰

不詘不驕不震以揚養真而不斷[斷]其所存者良既廣施惠而僅及於其鄉閭山之陽公其永藏鬱乎松梓勿拜勿傷為邦人之望後人之章

吳母鄧孺人墓表　儲　巏

宏治辛亥孺人壽百歲其子若孫有耄艾焉其曾孫多有室者於是鄉之封知府秦公洎其子方伯公大司馬華亭張公侍御蘇門夏公相率以詩壽之謂不易得也又明年孺人以疾卒卒之又明年正月七日葬閭江山祔夫兆先事其子質等遣孫裒賚狀走南都乞表於巏按李庶舜明所為狀孺人姓鄧諱妙貞

常之無錫人曾大父彥常大父矯父文贊母顧氏孺人閑於教範端静夙成及笄嬪於吳吳自延陵徙錫之閭江凡幾世矣其後師浩生克勤號養真孺人其配也養真行端而好誼凡田疇室廬器物與兩兄相讓各從所愛取之孺人節儉好施正統己巳大旱有事於南舳艫相啣風雪饕虐役者重繭凍皸無所憩亟止之宿設巨釜為糜食之景泰甲戌歲祲褰袂戢屨貿貿於道月給粟且兩助有司賑貸全活無慮萬人以恩授九品章服世人閉門守財帛雖損一絲粒利天下不肯為寧甘以貨敗如養真豈易一二見然皆孺人有相之之功吳族敦詩禮延名儒淑群子弟戶外多賢達屨孺人饒饌惟謹已而見諸孫及曾孫接踵登鄉校曰吾宗世德厚矣顧無食其報者庸詎知不在若等勉乎哉年七十養真捐館猶日督婢妾紡織僧尼巫覡及門外厚於宗族姻黨嘉凶弔慶之禮服御澣濯而已每初度諸子婦率曾元孫雁鶩行以進稱觴介壽慈顏于于不知躬之老也比歲朝廷詔養老賜粟帛焉至是病革諭諸子曰吾老待盡耳毋以醫禱為也昔吾母死實九月四日吾其是日乎已而果然其生洪武二十五年十月十五日子三長質次貫次賓女一適邵鍔孫男十一穀稔奉穎稠棫程穆稳稱稙女八曾孫男十六文章衮音衮衷齋商永雍亨彥爽裔卞袞女十九孫男四愚憲情愉女七嗚呼以余觀於孺人為婦為母為大母為曾大母為高大母及見五世焉淑德盛福可不謂至哉嗚呼可慕也已曲禮百年曰期頤壽至期則飲食居處無不待於頤養也如孺人非所以養之者有道與可以知其子孫矣彤管職廢蓋有潔修乎閨門而湮没不傳者故為表於墓道以繫夫孝子慈孫之用心者

吳鈍齋公墓碑銘

唐順之

嘉靖甲辰吳翁子情舉進士第三授官編修翰林其明年閏正月十有九日翁病疽卒年六十有二情解官奔歸將以明年丙午葬翁青龍之合原于宴徐孺人之兆禮也先葬情既以墓中之銘請于尚書孫毅齋公而復介其姻給事中張君屬余書其墓道之碣情因涕泣謂余曰情少為郡諸生而大父卒是時先君與諸兄弟分產而獨持門戶益落莫不自支惟時時撫情慟哭曰汝祖固日夜望汝汝奈何辛卯歲情中式南畿還先君望見情泣曰汝祖固日夜望汝乃今不見及汝之有立也未幾吾母疾作明年正月卒先君泣曰汝母與吾共甘苦三十年且余教汝嚴父也汝母悉吾意時時課汝讀書其嚴乃更過我今汝始進取而汝母不待矣情三試禮部不第先君每慰藉之癸卯冬且就試先君語曰汝不須念我我不到城市者十三四年朝夕誦唐詩數過杯酒五六行更無他望惟望汝勉強無愧古人耳甲辰情舉進士及第先君又痛吾祖吾母之不及見也每語

輒泣下時寓書於舉情會試時所命題先事後食為戒蓋歎歎望情以不愧先賁之言也明年而先君遂卒矣嗟呼自吾舉于鄉先君方痛吾祖之不及見也孰意未幾而遽痛吾母也吾始及第先君方痛吾祖與吾母之不及見也孰意未幾而遽痛先君也情至孤孽不幸人也又曰先君終始布衣無他大行可記獨念先君性剛直耻為諂秘婞婀之態其遇事雖不關己利害亦公言激發無所避疾之者或乘其臵也相與搆而侮之先君如若也久之搆者知先君之無城府也相與愧而服焉先君如若也先君且死戒無厚葬而獨因舅氏語情願得當世名人一言於墓吾即瞑矣嗟呼情不及祿養先君而又墜其將絕之命

卷十一 [illegible] 附碑碣

是重情之不幸而不瞑我先君也惟君其有意愛憐之始余未獲識翁而交於情也久自壬午歲與情同時為郡諸生已奇情之為人嘗竊歎中世俗益薄士人稍得志輒恣已飾物甚者怙侈驕驁其廉耻往往出市道人下情自中第後益務謹飭遠勢利侃然有志概間嘗過余操十斛舟從羸僮一兩人與之言察其意氣蓋絕與同為諸生時無異余益奇情知其志所向與其後所樹立未可涯也是足以徵翁之教矣且尤以情之祖與母不及見其孫與子之舉於鄉與登第之為可哀也余哀之而許之銘翁諱亨字從禮性弦急因號鈍齋世居無錫之閭江大父諱貫父諱程母鄒氏繼母周氏子二情懷懷側出女一銘曰惟天之道猶弓斯張高者下之抑者及揚維翁之晦其後之昌其昌維何冠此多士冠此多士不獨其藝砥礪廉隅曰惟先志以邁厥跡以顯厥世沿流溯源以為翁誄

吳澤峰公墓誌銘

申時行

嘉靖辛酉時行始舉京兆旅見於澤峰先生先生儼然正容與稱引先達刺譏當世且屈指其人曰諸生為此毋為彼行議之不敢忘初京兆之籍奏也以録文觸忌諱固請於先生有所更易落第生搆蜚語浸淫聞都下科臣有以普禮相望者因媒孽先生天子察知其誣僅以更録文為罪詔外補先生遂卧家不出明年行登第已許少保國周吏侍子義吳宮洗中行相次皆

卷十七 [illegible] 附碑碣

第皆在翰林皆先生所舉士士大夫翕然推先生惜其被讒不用而尚冀其一起也乃遽以萬曆壬午八月二日捐館舍嗚呼悲哉先生姓吳氏諱情字以中常州之無錫人也所居距縣城五十里為閭江背山而面震澤故號澤峰其先祖浦泉勝國時始卜築閭江五世為克勤克勤生貫貫生程程生亨號鈍齋贈翰林編修是為先生父母徐贈孺人先生少沉靜治博士家言不逐時好年十九為諸生遭家多故一切徭使追胥旁午皆身應之以翼蔽贈公而刻厲讀書不丙夜不輟文譽大起嘉靖辛卯舉於鄉三上春官不第去之僧舍下帷發憤其自苦益甚甲辰貢於禮部對策為天下第一及奏上復有所更置得第一甲

第三人授翰林編修乙巳丁贈公憂戊申服除充會典纂修官甲寅封代藩為冊使當時詞臣服頗任曠達以弃酒文翰相高竝破觚踰簡稍鶩聲利先生弗然之朝謁罷輒揵戶謝客出言舉止必依故事曰吾聞之先輩云其臨事果確執義深堅則賁育不能奪也丙辰滿九年考陞侍讀戊午進右春坊右諭德仍兼侍讀掌司經局事凡同考會試者二主武舉及應天鄉試各一簡拔知名士甚眾然卒以鄉試事被誣而先生自信無幾微見於辭色調廣東市舶司提舉不就尋丁繼祖母憂服闋部檄趣之不起乃上書請以原職致仕以太子諭德終於家先生行甚謹其生日與父母忌辰皆正月每誕辰輒唏噓流涕戒子孫

卷十七 [illegible] 附碑碣

無上壽無納賓客以為常時里中徭困於長賦又族涣不收做義田法割上腴若干頃歲度其入以什七助長賦者什三贍族人之窶寠者葬者婚喪不時者諸生上公車者凡五當齎送者與各有率語在行所為義田記中棄官家居日行田間課僮奴耕作絕不談時事竿牘之間未嘗至長安中有司以鄉飲禮賓先生僅一往而罷其嚴重如此先生生弘治甲子正月十二日年七十有九娶楊氏先卒贈孺人繼戴氏封孺人子男二長敷錫光祿寺監事娶黃氏繼劉氏次申錫國子生娶張氏光祿君等卜以卒之又明年甲申臘月二十四日葬閭江之新阡乃屬少保傅其生平吏侍為狀宮洗表諸墓而納銘隧中則以屬行行聞先生晚號靜端居士先生不競榮利靜也獨行好古無苟同於俗端也先生固善自名也已

銘曰

世方躁競克守其定逵則險傾吾履其正豈不遭時厥施未竟巍然典刑闇然質勝嗚呼靜端斯名允稱

吳澤峰公墓表　　吳中行

蓋錫山有閭江吳氏云背郭濱湖五十里而遠裔九傳而澤峰先生崛起于儒以鼎甲官詞林為青宮諭德嘉靖辛酉先生典南畿試事所舉三輔五經之士稱最盛今少保許公袞然首也而元宰少師申公魁尚書同邑學士周公與不佞皆在舉中三

卷十七 [illegible] 附碑碣

公先後登三事九列不佞以廢再起復塵侍從而先生則以是舉被口語左遷粵舶長既倦游還里會有大母喪竟自罷隆慶丁卯得請於朝以原職致仕家居二十餘年為萬曆壬午先生春秋八十高矣卒於家孫申錫敷錫徵學士周公狀謂申少師之德不朽俟而銘以納之幽謂許少保之言信于今也俟而傳以貽之永則又謂不佞從三公之後為文學臣俟而表以樹之隧焉不佞雅聞里父老言先生家故貧弱冠補郡諸生嘉靖辛卯薦於鄉壬辰喪母徐孺人尚無以葬也元配楊孺人脫簪珥佐之服闋凡三報罷春官歸下帷錫山之上甲辰登進士第三人授翰林院編修乙巳喪父鈍齋公尚無以厚葬也獨乞卹公

名言以為重服闋凡三考績陞侍讀又明年晋諭德視篆司經局漸通顯矣而秩俸所入不足以卒歲理農家子故業修田功歲得三百石僅供伏臘顧自奉菲約非賓饗不為具非朝祭不御袨服乃令壞于屬厥祖禰而被緼纊是其守官也者寡能為封殖計哉先生性嚴貌莊于人無繆恭無謏辭至推轂善類若已有之家食里居輒謝客鍵關不一跡公府歲舉鄉射禮守令數造請為驩一出而已常督司晨鷄旦則起課子孫誦及綱紀徒眉比耦稼穡之事久而資稟用以饒幾埒素封矣桑麻在田而營菟裘之業老于邑念五宗之屬有不得眾廬而居者乎有不得秉耒耜而耕者乎如我曩貧時也割邑中地為三畝之室以居割都鄙閒膏腴田若干畝挈祖而食直指使表為吳氏義莊蓋自申公記之矣先隴就荒時而修葺為樹垣表者六所因故所發憤處而作錫山之臺以祠庶幾後世賢則師吾勤乎所居西溪民病涉為捐金三百伐石梁其上而為德于家于里者不以起纖嗇而漸於施也語有之十年之計樹穀百年之計樹人千萬年之計樹德先生敦行飭躬競競矩矱以高第致身于承明著作之庭遂積閥儕驟乎嚮用矣藉令無中山之篋席善資綦膴仕需有成勞于上理乎何有曆十八年階五品而以田里終乎哉乃治田力穡不以宦豐以本富則好行其德施與利濟由親始而周窮拯溺仁義附焉至于四舉士而得文武

卷十七　祠堂附碑碣

之儁此其所樹宜蒙上賞古之人均視家國平等物我丈人有事家之人胥治之耳功不必出自己也夷吾一匡而世多鮑叔矍成舉段干木卜子夏田子方而魏瑣不敢與比績夫以人奉國家任則穀不任則蕘今同升諸賢逢年邁會樹茂滋隆詎非先生之穫哉斂其不用者于已而寄其用于人則易百畝而適也猶然在三事九列其所為愉快者在此不在彼矣先生諱情宇以中世系配嗣生卒具志傳不佞撮其凡因論著其大者而表之曰此其樹穀起家樹人報國而又樹德以貽世為春坊諭德兼翰林侍讀勾吳賢大夫吳公之墓

王宗祠碑記

高攀龍

石沙王公祠在郊巷祀明監察御史巡按福建王瑛萬曆間郡司理余繼善檄縣董建邑人顧憲成記嗚呼此吾邑錫石沙先生之祠也蜀為祠之閩志也蜀言乎閩志先生當按閩所為功德閩者甚鉅今五十餘年矣閩中思之猶一日也而會厥嗣懷石君官鴻臚奉使入閩時則太僕少卿王公維中御史張公英王公泮周公京苑馬卿鄭公一龍參政陳公柯陳公全之羅公一鸞參議張公晃蔡公一槐副使田公楊僉事康公憲王公徽猷太守鄭公銘張公數滑李公春芳李公長盛朱公資王公繼芳陳公九經解元鄭公啟謨趨而逆諸境既見莫不泫然涕下曰先生之子也聚族而謀祠先生以永所思於是乎有祠祠蜀

卷十七　祠堂附碑碣

不於閩而於石沙其說曰惟兹八郡一州五十一邑何之而非先生所波及也其誰得而顓諸先生誠不忘閩御風乘雲時儼然式而臨之於此乎於彼乎不可知也吾聞先生少嘗讀書石沙山中既老復就而息焉石沙先生之始終也神必栖矣與其以先生狥閩也寧其以閩狥先生衆以為允遂捐金而授懷石君已而太常池公裕德選部李公多見後先過錫亟走拜先生壟上相顧躊躇不能去退而徵祠盟於是郡司李余公繼善檄邑尉袁君董其事既成懷石君肅祠而謁其邑人顧憲成曰甚矣諸君子之不泯於先大夫也敫不敢忘先大夫敢忘諸君子君其記之憲成作而嘆曰噫此是其上下之際深哉則又曰是

不獨閩志也於邑亦有之憲成生而晚不及事先生而間從里中父老習先生之譜以為危言危行魁然古之博亮君子也其居鄉絕不妄與人通遇曲直秉義而裁之不少假即有利害大故挺而白於有司不少避先生之所施於鄉遠矣夫非吾儕之典型耶故曰是不獨閩志也余惟士方俛首閭巷閒諷先王之業各粹然懷君子之意及其倖博一第稍試之行事顧往往乖剌不應民無德焉彼其遠有所蔽也即使投機遘會徼立名節托於赫赫之途及其一旦罷歸優游自娛而已甚者至恣睢以明得志彼其近有所奪也乃先生之所為功德閩者既如彼其所為施於鄉者又如此不亦難乎詩有之高山仰止景行行止先生往矣而今而後過者望先生之祠而謁焉覽睹其像戟髯虎目英英凜如業已知其非恒人徐而考其行事流風餘韻久而彌彰不為衰歇庶幾悚然而興敫然而起繼之以躍然而不能已也夫然則世之不及事先生與其睹先生之近而遺其遠睹先生之遠而遺其近者皆於斯乎有賴也其所係大矣為次其說以俟焉

秦端敏公神道碑　　嚴嵩

嘉靖甲辰正月二十有七日尚書鳳山秦公薨於里第訃聞上震悼輟視朝一日下所司議祭葬如例既乃贈少保賜謚端敏制得樹碑神道於是公之子都事汴以文請於余余往與公同

仕兩京幾二十年道義交相好也其奚可以辭按狀公諱金字國聲常之無錫人也系出宋國史院編修贈直龍圖閣少游先生觀之後也先生坐黨籍屢徙道卒葬高郵其子湛倅常州遷葬錫之龍山因家焉遂為無錫秦氏公生而穎異過人弱冠舉應天鄉薦弘治癸丑登進士第召試館職以親老辭乙卯授戶部福建司主事監督倉場糧斛差檢勘順天災傷融敏精幹即嶄然脫穎矣總視諸司章奏事無難易纂畫悉當遷員外郎郎中丁父憂起復除郎中初鹽引者國家實邊重計正德間宦戚奏乞引者從中報下阻通撓邊鹽法幾壞公當署堅奏格之擢河南按察司副使督學政當是時中州之士出公指授多顯者

初公同邑邵文莊公督學有聲至是人則稱秦邵云陞右參政分守大梁值劉賊起畧河洛間將薄封邱設法防御兵會參將宋振提師南下因邀與合陣遇賊於陳橋奮擊大破之士人立祠祀公陞山東布政右使轉左使時久罹鋒刃瘡痍未復公加意拊循除一切弊政民大感悅擢都察院右副都御史巡撫湖廣至則屬地方連年大水飢饑饉公躬粗賑濟察罷貪吏上便宜八事再上十事其書在國史以文多不載又盜賊數起公擒賀璋廖琪於江討猺峯於郴桂平叛苗於香爐峯民賴以寧宸濠變起車駕南征諸宦寺權要人因緣為姦橫求有司權勢赫壓公抗疏却之誅求少戢在楚七年餘威譽惠流績繄大著嘉靖

卷十七 [illegible]碑碣

初拜戶部右侍郎改吏部尋轉戶左是時公攝部篆清理皇莊整飭鹽法申鹽引商禁督追逋負蓋公既習知諸務而益殫厥心力補弊興滯燦然改觀國計倚重爲録郴桂諸平賊功蔭子錦衣百戶世襲公辭乃詔進俸賜白金彩幣拜南京禮部尚書參贊機務不踰年召為戶部尚書條奏國儲數事在所司令尚循守不變丁亥年六十一上疏乞歸賜璽書乘傳歸命有司歲給輿隸朝臣自宰執以下至諫官御史皆以公行能最高年文未艾不宜苟遂其退請留公不報公既歸言者不止復起為南京戶部尚書尋工興改工部尚書矢心勤督制節謹費大工賴之加太子少保尋加太子太保再改南京兵部尚書以年七十

告謝再疏甚力上知不可留溫詔賜歸仍給輿隸如初公生平志務經世博極天下之故識達時變而守之以正平居溫溫樂易當其職守毫髮不可奪歷兩都五部卿矢忠勤一節雖退老猶言天下事性寡嗜欲焚香一室左右圖書自娛親課諸孫學業知舊問遺手自勒狀好惠養宗族作家乘建四代塋域築祠祀淮海先生配以先世有德者四人名曰五先生祠以風勵族里蓋巍然鉅公長者矣為詩文純雅可誦所著有鳳山詩集撫湖政要安楚録雜著稿臺省奏議諸疏類稿多梓行於世曾祖諱物初祖諱景薰父諱霖皆累贈至太子太保南京兵部尚書妣皆一品夫人配鈕氏累封一品夫人子二人長泮鄉貢士先

卷十七 [illegible]碑碣

卒次沐蔭授南京後軍都督府都事其葬之月日與子姻婭之詳具在大宗伯費公誌中茲不贅載公之大者以書諸墓上之石而系以銘曰

秦肇龍圖有斐令德文實擅宋名適齊軾用弗究施卒死於慝
天佑善人懿爾孫子巍巍尚書廼誕厥祉十世而發振其家祀
始仕為郎令聞孔揚允文允武何用弗臧教被中土多士思皇
河洛之墟大盜攙攘含爾鳴鏑干戈用張訖誅叛亂封邱之陽
爰自甸宣以撫荊楚豹服有黻錫以鈇斧熊旌鳥章實總羆虎
彼蠢有昏負是深阻三犁逆巢民有寧宇惟是楚人式歌以舞
天子召之卿貳即序敷政優優不吐不茹歷正諸曹鞠躬盡瘁

未老告休逝其與處延有輿論列疏留公歸而再起勲望益隆仍司邦計復與司空保釐舊京宮保加榮公再歸矣第禄康矣耆德壽俊民之望矣俄焉長逝乃盡傷矣崇階美謚稽實易名高朗令終世莫與倫其倫維何山甫其人夙夜匪懈明哲保身陳詞焯德以刻穹珉厥聲鴻鴻百世孔振

楊宜間神道碑銘

王　㒜

成化十年四月二十有七日都察院右副都御史楊公以疾終於河南巡撫之行臺壽五十有九訃聞上為震悼命驛舟歸櫬禮部諭祭工部遣官營塋眷遇甚厚公之子太學生紳卜以是年十二月丙申奉柩塟邑神護鄉長腰嶺新阡紳遂奉狀過余

卷十七　澗堂稿碑碣

請銘楊王世婚姻家余辱與公同朝知公特深銘顧何辭公諱璿字叔璣常州無錫人自少勤敏嗜學弱冠入邑庠授經講讀窮晝夜不輟學日以進正統戊午中京闈鄉薦己未登進士第時公尚未受室乞假歸娶還朝拜戶部四川司主事兩考秩滿給敕命贈封其父母晏陞山東司郎中累陞山西左參政陝西右布政使河南左布政使未赴聞母喪歸無錫服除召拜戶部右侍郎入謁改都察院右副都御史奉璽書撫治荊襄流民巡視北直隸節制永平山海密雲居庸諸邊鎮秩滿給誥命進階通議大夫巡撫河南敭歷中外幾四十年勤勞頓瘁屢乞休致章再上不允會崇王之國郊迎感寒疾殆甚猶日就卧榻治官書州縣吏白事戒直入卧内口占酬應敕至命加公服猶強起作頓首狀起而輒仆頃之遂卒嗚呼公可謂盡忠於國一息不懈者矣公才質通敏臨事果斷在地官為大司徒金公所器財賦出納凡經公籌劃不復營省在山右遍歷州郡覈實戶數立上中下三等法均其徭役民用便利奉敕督輓軍儲二十萬石實邊廩事集而人不知勞清流諸縣學舍敝陋咸加葺治陝西地控三邊動輒有警往歲西夏用兵芻粟轉輸皆須公調度洪渠水溢涇陽縣公治堰以殺其勢卒之無患賑恤匱乏存問煢獨其治民如山右而加勞焉蓋在山右者八年在陝西五年而有河南之命先是流民嘯聚荊襄南陽山谷間者以百萬計朝

卷十七　澗堂稿碑碣

議求諸老成克堪撫循重寄謂無踰公者故上既欲任公曲、邦而尋撤公以去授以峻秩加賜寶鏹公單騎直抵其境勤宣帝命周行賑贍留者占籍去者運糧遠邇宴然無愁嘆聲未幾有盜起房竹縣境相挻剽刼公曰是曹殆迫於饑寒者猶撫諭之弗從請兵於朝命將興師俘獲數千人衆議謂當捕刈公持不可曰殲厥渠魁脅從罔治此上意也第戮首惡數人餘悉縱遣是時畿内八郡歲荐饑公聞命兼程以進首問預備四倉空無所儲百方營聚有司怠於趨事者公繩之急而豪宗鉅室又憚公勤分遂騰口肆議公無所顧惟汲汲以康濟斯人為務比移河南先聲所至人益慕賴化行俗遷上嘉念公寵賜綵四表

衷而公亦感上知遇期於盡瘁事為之理初無凝滯日力不足
繼之以夜所至數求人瘼搜聚吏弊禁游末鋤豪右奸宄屏跡
而善類知勸屢奉上命稽察庫吏旌別淑慝人無後言公天性
介特與人交不苟合始舉進士鄉人有為中官者氣燄熏灼
人趨附恐後公絕不通問家雖貴富其自奉殊清約祿俸所入
分給姻族一姊嫠居時加問遺二兄頃逝厚撫其遺孤子而處
諸弟篤友愛塾師夏處莊匠文佐卒亦優恤其後嘗闢義阡葬
死無歸者且創義莊未果蓋公既豐顯從弟叔瓛亦起家甲科
歷官郎署群從子姪補官擢科後先相繼公每以盈滿為懼寓
書申戒俾咸知獨義故公平生所為多義舉其性尤酷嗜文史作

卷十七　謝肇附碑碣

為文章溫厚典重詩尤有體格遇佳山水吟眺終日公退手不
釋卷蓋其嗜學之心貴而不衰中歲有退志遂扁其居曰宜閒有
宜閒集若干卷其先世有令德曾先祖廣光孝舉義保障鄉邑
人用不懼鋒鏑時識者已占其後必封也銘曰
天祐皇明英賢挺生發名成業為時股肱地官劇曹岳牧重鎮
肅肅闕臺秩號雄峻步履所至茂隆聲實天子曰嘻嘉乃丕績
邦計所屬錢穀委輸粢粟絲麥待用無遺洎歷雄藩於秦於晉
或禆或專厥聞大振民有父母闔有屏翰公宜久任遽遭家艱
入貳司徒厥有成事命屬茲流移實公撫定固援中丞東鉞南
征公寔其威仁袍惠行弄兵潢池何物小醜苗婦嫠撫微公孰
宥邦畿千里郡縣以蘇越茲大梁載道咿呀訃音來聞悲感哀
極賻奠有加肇建塋域華皓一節哀榮始終伊孰比倫吁嗟乎
公

謝肇附碑碣

（宗教）

上古佛老二氏與儒孔並行，修真見性之徒類皆竊居𡶰剎，求清淨學，未始非舉武，捨身有以提倡之。後世信教自由，亦所不廢，且保管寺廟定有成法，以垂永久。至滄桑改革，士大夫之記之方外者，又當分別論之也。風氣開通，而教流入益盛，之以資參考。志宗教第十九

此门以宗義為名，茲切實因稿內並未叙及各宗教源傳先鄉之史實，又序言立意亦欠周密，起處尤覺失次，宜改將寺廟附僧道及耶蘇天主堂序言另撰碑記，應移入碑碣一類。

37、

無錫縣富安鄉志　卷十八　宗教　寺廟庵觀　僧道　附耶回各教

伍相祠　即伍員子胥廟也。子胥為夫差所殺，投之江中，吳人哀之，為之立祠。祠●若祖宗，故不曰廟而曰祠。今祠在縣西●香山下閘江上，有古井，稱俱名甦醒。府志連枝。明萬歷時改建。

後人有詩弔之：吳未軒弔三吳蹟，同嘸勾踐愚行成。千古恨今屬子胥，居朝當時中數息，胥丞相孤祠獨向。江忠魂未忘國，千古守吳邦。明蕭松齡：萬頃閒江月斂千。秋伍相祠未波濤凌石室，音兆悚隨夷越水時通恨吳愛。任祝釐顯君王苗古壘慈見萬蘿花清吳廷銓丞江相生貴。民没復鄂神歸山招魂祠傍小海悲聲沈氣江河自。精忠日月明鑲●賜，後祠像獨留名，兵丁不忠古寧廟。別吹劍血猶醒，雙踈舌中藏百萬越人，叔邵璨將。當山口寒泉咽，三寸孤臣劍下死，已遺不來謀鼓寂日。罪遺骨葵東吳，不流河年野廟孤牛，禍江邊蕭鼓廟門。斜踈樹有啼烏，化池年是淨屍事，可哀來●吳寂寞魂。閒洪濤怒捲三尺，潘緒疑●忠魂尚往，來●湖上游忠。不可招古祠落日樹，蕭蕭君王莫信，讒人為口枉殺越。良國勢濟史鑑歌舞台前，鹿暗遊忠言空，獨夫誅滌。兵未必能忘國，飛壞吳城是，屬鏤體長史，一過荒祠。滿襟英雄自古少，知音江邊，敵詐才嘗膽台上佳人正。

無錫縣富安鄉志　卷十八

伍相祠　即伍員子胥廟也。子胥為夫差所殺，投之江中，吳人哀之，為之立祠。祠●若祖宗，故不曰廟而曰祠。今祠在縣西●香山下閘江上，有古井，稱俱名甦醒。府志連枝。明萬歷時改建。

後人有詩弔之：吳未軒弔三吳蹟，同嘸勾踐愚行成。千古恨今屬子胥，居朝當時中數息，胥丞相孤祠獨向。江忠魂未忘國，千古守吳邦。明蕭松齡：萬頃閒江月斂千。秋伍相祠未波濤凌石室，音兆悚隨夷越水時通恨吳愛。任祝釐顯君王苗古壘慈見萬蘿花清吳廷銓丞江相生貴。民没復鄂神歸山招魂祠傍小海悲聲沈氣江河自。精忠日月明鑲●賜，後祠像獨留名，兵丁不忠古寧廟。別吹劍血猶醒，雙踈舌中藏百萬越人，叔邵璨將。當山口寒泉咽，三寸孤臣劍下死，已遺不來謀鼓寂日。罪遺骨葵東吳，不流河年野廟孤牛，禍江邊蕭鼓廟門。斜踈樹有啼烏，化池年是淨屍事，可哀來●吳寂寞魂。閒洪濤怒捲三尺，潘緒疑●忠魂尚往，來●湖上游忠。不可招古祠落日樹，蕭蕭君王莫信，讒人為口枉殺越。良國勢濟史鑑歌舞台前，鹿暗遊忠言空，獨夫誅滌。兵未必能忘國，飛壞吳城是，屬鏤體長史，一過荒祠。滿襟英雄自古少，知音江邊，敵詐才嘗膽台上佳人正。

棒心入郢共知仇已雪　臨吴誰識恨尤深　素車白馬終何益
不及陶朱像鑄金
許沅楚殺父兄　越殺君　君仇與父本同倫　未識狐兎先
烹我竟養幽蚖列食人　雲斷楚天悲孝子　濤鳴越水泣
忠臣　讓王聚族還祠廟　一體春秋祭祀均　晉門戰闘
鎖寒潮　更此枌榆靈既昭　沃土年豐方社樂　平湖夜靜
鬼神朝　戰功近指夫椒壘　幽怨誰收吳市簫　却笑鍾纛
徒麃麃　何人擊鼓近雲韜

棒心入郢共知仇已雪　臨吴誰識恨尤深　素車白馬終
何益不及陶朱像鑄金

陽山翠微院

在安陽山前　梁太清初創　號遠山寺　中書舍人陸
槃故宅　宋[illegible]太平興國間賜今額　明洪武二年勅
建　後人創韓題　平地巍然起一峰　歷山西畔禍湖
來勢侵雲漢　千尋直影落烟村　四面同龍盤正當
螺髻頂僧居　疏生畫圖中　邦人不獨資觀賞　旱歲
為霖更有功

華藏寺

華藏古名青山　山前面皆太湖　以太湖為沼　以山為華
華藏之名起為　華蓮華也　上下左右皆蓮[illegible]蓮從上望
石如掌　遙心隱ゝ　從下望　峯如箇蓮　辭層ゝ從左右望
盤ゝ籛ゝ　半笑半含　遠蓉砍數　蓮衣未擬　山勝在湖ゝ
勝亦在山　翠白浪中　時有青數一朵搖風眏日于其間
此世界真天上　非人間矣　山前舊建雲海亭　即望湖亭
南望七十二峯ゝ如畫　依山建寺　宋建夫閣　名青山
寺　今改華藏寺　入門青松狹道數百武　為天王殿　又數
百武為大雄殿　殿宇壯觀　雅於山　稱山寺　香火歲四月
初八浴佛日　為傳經會　村娅野媼以興會　為華近數里
遠數十里八面奔赴　厓吞為滿殿　後舊有講經臺　禪堂
及精蘆數十間　奉僧大樹為任持　僉為生色　考寺所從

卷十八　宗教　寺廟庵觀　僧道　附耶回各教

來則為宋循王張俊勅建碑記樂傳為寺旁郎其埋骨
地有神道碑　額[illegible]安民保太祠　戴元數　循王之碑為宋
高宗御筆　武功自徐有負　有詩劍之從龍南渡　號元數
附儒戚忠事　忍聞今日蹤庇骨　禮宮帷祀岳王故
高攀龍疏畧　華藏為張俊賜葬地　寺為俊建也　俊佑檜
殺岳武穆　千古而下　仁人志士爭欲斬屍揚灰　猶怨為
大地之穢　今俊墓已在荒煙敗草中　為野狐牧藪之穴
而寺尚存　寺存非為俊也　為地勝也　湖山浩渺之致　禪
房花竹之幽邃　勝者所必之　故寺屢圮而復修　寺修非
為俊也　為勝也[illegible]寺　僧募修寺已殘　投募都人士　整三
世之像而砍手　為引語乎頭湖　山依寺　寺依佛　佛像雁當
修而因為大眾說佛　佛者覺也　檜乎後乎　一何迷乎佛
之教空也　檜乎俊乎　千古臭穢　佛能空乎　知不能空千
古之臭穢　則當自覺其是非之本[illegible]心
錢紳題華藏寺　窮寵招提入翠微　碧波千頃照巖扉　句
頭僧[illegible]向斛陽　五黃帽人衛細雨　歸若草遠從湖外見
殘雲紛續雁邊飛　分明一片家山景　卻憶松間筍蕨肥
姜夔題雲海亭　茫茫復茫茫　中有山青巒　大哉夫差國
坐占天一方　夫差醉蓬宮　巨痕搖不醒　越師從何來　奮
我玉萬頃　至今亭上秋　一遠萬古愁　誰能知往事　飛下

雙白鷗尤表題青山寺崢嶸棲閣插天開門外湖山翠
作堆蕩漾烟波迷澤國空濛雲氣認蓬萊一香饒龍象揮
金碧雨過麒麟剎翠台二十九年三到此一生知有鐵
面來邱岳登雲海亭幽靜到華巖峽巔穿林霏玉鑑水
千嶂翠屏山一圍雲濤浩莫測瀛海是耶非馬鬣葵英
骨鷗夷脫危機問君借沙鷺容我著釣磯狎鷗似相識
來近湖干飛錫法尚題雲海亭目前多少古今情盡在
太湖之上亭綱艦浮空雲影亂鐲鏤洸水浪花腥一杯
激灩含雲夢敘点蒼茫認洞庭明日君山曾有約又攜
茶鼎汲清冷飛雨與悦泰宇遊無錫華藏寺湖上亂峯
如醫叢湖迷才子駐全駿霜餘鸚鵡沙汀淺日落麒麟
墓道寒古壁風望無盡意清尊雲海有絲欢遠遊未羡
鴟夷子直向飛仙寓而鷁擢鐫遊華藏寺暢好清涼曙
色拂疏松數樹隱禪扉朝霞遠鎮山中寺錯認丹邱在
翠微雲染華峯夕照紅酒闊詩興正摩空拈來好句推
敲隱日落深山古寺鐘登雲海亭有感徘徊雲海眺晴
湖一片空明近可呼山枕長流光浩蕩天連極浦影模
糊銀濤不捲伍胥恨烟樹疑聞范蠡國往事只今勞想
像洸誰指點說姑蘇　邵寶　青山歌　吾聞太湖之上羣
山叢參差一碧皆摩空茲山乃獨擅名字西洞庭北夫

[illegible]宗教　寺庵　黃觀　僧道　附郎四各卷

椒東南條兩來幾經路東將到海還盤薄左旋右引真
有情古色疑從天上落望湖亭如一粟小嶼烟濤連樹
抄又十二峯名者誰今古興亡雪[illegible]香之援山當和恒
山歌斷碑破塚如予何振衣獨上絕高零滄浪調遠清
鄉讀諮師來病初起拭目江湖千萬里丹師信有在人
間茲山茲山毋乃是老僧報我山春花題詩為報山中
人他日歌詞已陳跡頭君再拂湖迦石吾嘗一題少空
三匡廬不知山露謂我今何如　泰夔　題青山寺太湖
之邊此亭古高秋風景亦悠哉夫差舊事猿堪帀范相
扁舟竟不回人世百年奔棲時雲山一幅画圖中渦題
詩不盡登臨興汀[illegible]鳥沙鷗莫浪猜　奠止　題青山寺
江湖無地不安恬夢裡尋山興精添水鴉影飛青船小
墨花香藏紫毫興拈禾釣竹雲平帽睡足脩身月滿簾
更上荒丘生百感當年想妝禁雪嚴　陳近思　題青山
寺湖山舊識青蓮界此日懸空白社情廢院久荒蘭若
地題碑將沒太師名曉懷風月笼誰領　浪跡鬼罵持我
盟好再偏爾適釣侶烟波萬頃一丝輕　馬愈　題青山
寺火闌華藏寺絕勝陟高台十載空馳想今朝始得來
山于湖裏見花向佛前闌張俊何如者松杉此地哉
蘭鹿析題青山寺梵宮蕭瑟太湖漾卑錫今逢支道林

參義

一極慈燈通浩劫滿空香雨滌塵心所經松際遶聞磬
說偈台前徧布金光我隨來無住着春深還到上方尋
　劉金達　青山寺　不到茲山已廿年重來風景故依然
千尋石壁翠盤陀萬頃湖波光接天出定有僧鐘與報
蕣芳無主墓空修乾坤俯仰俱陳跡不何沙籠寬舊聯
　施策　遊青山寺詩出遠峯下綠湖事更幽破光晴落
日山色翠實瀨對酬佳興送僧得勝周懷今昔威人世
若浮鷗　鄒迪光　遊青山寺度嶺足凌競龍宮點一兒
野禽當坐咏隣豕認階升衲侶不忘佮[illegible]寧宮翻似僧
祇亦盡剎蘇何豪覓全絕白馬何手稠青鶯此日荒飢
分諸佛供坐備差僧床華上界罷孫紗侵贔屭黃誰知
不懷地亦自有興亡　成嫵終題留雲卷白雲堆裹青
山寺鐘磬送已白雲裹住山禪師猶愛雲一見雲未心
[illegible]喜雲來雲去無定期僧欲留雲〻不知白雲本是山
川氣雖欲贈我難攜持圖如雲本無心物假此為由丘
名色何如無見亦無當雲我相志卸成佛　王永積　和
邵天在公　青山歌　太湖有山如花蘂青遠朵〻晴明空
近自婀宮遠天目湖深直過[illegible][illegible]來峯迴路轉數包絡
振衣絕頂謂磅礴九龍九照相映青同向笑蒼湖外落
卸笑世人眼睢小日將拳匀爭秒岳王淪陷幾春秋吳

卷十八　宗教　寺庵　黃觀　僧道　附郎四各卷

越興亡空香香絕代佳人舞複歌慶兮慶兮素若何觸
髏高掛看兵入極目烟波感慨[illegible]多慈恨蘭芳呼不起
咫尺吳宮今萬里功成豈必學陶朱鳥盡藏弓非耶是
蟻伏湖濱已十春妝孫泰承知何人扁舟一去無蹤跡
啼噎獨弔寒山石誰顧隆中舊草廬便擬踏破蓮台填
平澤國將何如

許沅天開法華輪轉作春花藏藏花并藏物花佛曆一
相佛前頂禮花下徘徊我來正值中春節梅花力把桃
花催信手此間花有藏一花未盡又見一花放道是世
尊拈幻空色道是仙女散花展法力丈六金身變化
賑大千花胡為藏花藏物別有天我欲叩斯旨花佛俱無
言 嵐光賑人潔麥氣翻天黃楷疊蔽日使單衿披風
深引登蓮迦座士女閭蜂擁摩訶說佛號鐘鼓鬧鶴王
莫慈天龍噴且向祇園望廊形浣池水鳥語談禪房此
是清淨地大此凡塵飛憶昨中春時來此看花枕花
欲金笑梅花尚留香騰交初夏拋離離塞院牆攀手子
惹袖到口酸破腸禪家味若此拋我黃蘼香四環團撫
所見落日遊人狂鴨頭趁風色鶴背馱雲光中湖一回
首隱約山烟蒼 湖波碎縈鳧嬉汐山烟離離蜂放衙
麥隴琳琳碧玉裊菜畦艷艷黃金花春光暖醺眩人眼
相隨一徑頭陀家尋禪不厭經數至山門老殿樹猶鷄
我逢佳節多錯過梅花落盡桃含葩老僧識我舊遊客
上堂堂瀹紅丁茶摩訶般若全覯恕伊蒲齋供銀篦攙
蜂臺講說在修淨背齋毋乃難攙掇菩提妙諦自極樂
檀那左計堪長嗟焚香望西來意舉頭且看南天戲
急趁晚晴去雨聲猶在松逢僧知近寺入院未聞鐘林

從下項起至第四項止宜與前後項排齊

暗坐幽鳥磵深眠毒龍住持能發客諫果瀹茶羹 宋代名藍
纔翠崖響閑大乘行無遮山深中可藏千佛地闊旁堪置萬家
錫杖不鳴餘止水金剛已壞嘆空花永州雅有袈裟願叔布黃
金叩釋迦 毘盧花藏萬花藏蠟屐先探第一有處士出家錦
佫努美人入定見空王無邊香霧達仙處有數雲窩遠
佛場得句欲書壁鐵幹指光畫破蘚蒼蒼老樹橫斜嫩
樹倚高枝零落猶枝研前頭有个南無佛入腳無多小
有天雪盞飛屋翻白是瑤華墜地化青蓮精廬別構花
淨處可許山人借一椽 山僧善娶妻一娶千貫婆山
僧善啖肉肉味菩提多果園列左右萬本爭婆娑東西
兩僧齋各據安樂窩石垣當金廛翠嶂張青蘿花時雲
錦鋪果時珍錯羅想見鶯籠滿累積山之阿貢賦輸青
錢貴遊解鳴珂一生喫着是無須叩檀那可以長子孫
可以盪諸魔此是藏嬌鵝不許野鳥過此是好唐門曉
得染指麼此是大福田胡取三百來此是極樂國君不
如頭陀此而不作佛作佛當如何合掌開如來拈花笑
呵呵

資福菴在北灣上

資福菴觀音碑記 宋淳祐戊申三月望日 慧山月印沖希并書 沈得一刊

圓通大士示現於十方億剎者或慈或威或定或慧莫不叩之而影從答之而谷響鄉達尊用齋鴻禧監簿王公具政妙見獲大發明學粹而識密才優而德邵凝身涖政潔如也至于神樓內典性徹眞機蓋根器從 大士心印中來於嘉熙丁酉春絜家遊古華山及暮而歸中流遇風操舟者懼公以平日定力嚚不動容曰有 大士慈航護我言未幾既而恬靜自是益尊恭焉不特此也寔適之時嘗見寶所莊嚴之地符于夢緣居里之日又袍毗盧三佛之尊得于意會豈非以誠以信以敬以恭一念曾不退轉己亥之夏因疾有感不囑他事惟欲造 大士像置庵僧莊為急未幾凝然而逝闔玉階蘭不忘治命而了心要孺人善永日懷夕想載經載營於是掄巨璞搜神工涉歷歲月琢為滿相寶珠垂髻金蓮襯趺三十二妙威儀自在像成乃議築追崇之廬於公墓之左傭役于淳祐丁未之秋適際湖澗主乩叟椽工餱傭粒跨山行陸費一倍半凡畚鍤斧斲者堊墁雕繪者佃夫應募者皆得以資之是亦愛及人之仁也得主席之名衲曰如可董其就緒屋廣三十餘楹衍以修宇繚以層廊沈之渠渠甲於鄰壤 大士堂建于丈室後視前廡高二級崖龕邃巧金碧絢明鎮奉於中栴檀之香馝馞繙華之供列陳四衆

此文の碑石寫

念曾不退轉己亥之夏因疾有感不囑他事惟欲造　大士像置廩僧莊為急未幾凝然而逝聞王陷蘭不忘治命而了心吳孺人善永日懷夕想載経載營於是掄巨璞搜神工涉歷歲月琢為滿相寶珠垂髻金蓮襯趺三十二妙威儀自在像成乃議築追崇之廬於公墓之左倡役于淳祐丁未之秋適際湖洞圭孔隻椽工餱傭粒跨山行陸費一倍半凡畚鍤斧斲者堊墁雕繪者佃夫應募者皆得以資之是亦蛩及人之仁也得主席之名衲曰如可董其就緒屋廣三十餘楹衍以修宇繚以層廊沈之渠渠甲於鄰壤　大士堂建于丈室後視前廡高二級崖龕邃巧金碧絢明鎮奉於中栴檀之香鈊鍸繙華之供列陳四衆瞻之駭若東海之紫林碧苑也名菴曰資福所以流芳錫美垂於奕葉也若大慈戒定慧　大士之願力佛之應變也誠信敬恭閑衛之皈間佛之記莂也佛者何心是也心者何前乎締此盟後乎續此脉者皆是也以此心而報發源之初志固可也以此心而壽傳流之善念亦無往而不可也後之人其宜扶植此意于無窮者歟余與公有訪道之舊乃為之記

卷十八　宗教　寺廟　庵觀　僧道　附郡四名教

朝陽律寺在安陽山東明武洪二年敕建清光緒初年僧海靜重建大殿及金剛殿

福成菴在北照天灣嘉慶時龍華會衆建造

永寧禪院在虎街山麓明嘉靖間吳情奉母敬佛建造

後永寧菴在中集賢村之後

烏龜廟在尹城上因廟基地形似龜而名

柏盛廟在朝陽寺西北山麓

古照天寺在南照天灣故址舊名

永寧菴在尹城上後菴里
萬善菴在楊木橋清康熙三年僧某建道光二十八年僧燦亭及秦里人秦寶林重建
金妃廟在墅舍村西光緒二十八年里人重建
前菴在余巷頭今廢菴址猶存
順童堂在墅舍村中於同治初年建 閘南
後菴在余巷頭光緒甲午里人倪錫培重建
圓通菴在墅舍村東姚家橋
東廟在東南鄉清光緒乙亥道士炳奎重修
築墩廟在南貴村後又名築墩堂建於光緒十二年
西廟在崇仁鄉道士周增重建
孟村菴在孟村之東
龍王廟在陽山翠微律院東宋紹興年敕封有司春秋致祭前清有道會司今廢
東社廟在楊家村明萬歷間楊叔琬建
張中丞廟在大岸橋念一二圖
大王廟在丁庄村東俗稱丁庄廟
顧尚書廟在楊巷之南
二聖廟在廟墟橋之南俗稱殷家廟清光緒庚子年遭火焚毀民國三年里人集資重建

卷十八 宗教 寺廟 菴觀 僧道 附鄉回宗教

福山菴在念一二圖中心熙
圓通菴在花村橋北明初里人捐建
水雲菴在大岸橋之東南與張中丞廟畔連其地原名水仙墩
東平殿在橫灣廟西
三鄉壇在三鄉岸坐圩里
洪社廟在張庄村西明代楊宜間等助資建
樂善壇在上舍
茅菴在楊家村東明萬歷間楊叔琬創為家菴
善慶菴在徐城前巷
橫灣廟在橫灣橋右創於嘉慶八年有不碑記亭
觀音堂在陽湖頭
巽龍菴在修浦街東
觀音堂在祭亭橋今稱青龍菴
觀音堂在陽湖頭村西
關帝廟在陸區橋前原名萬壽菴咸豐庚申燬光緒十八年邑人虞允憲等募資重建
張巡廟在陸區橋南街稍清同治初僧興大重建
藥師菴在前降東東原名鄉約菴民國十四年被風傾塌邑人周允乾集資重建

圓通菴在開原庄村之東南
圓通菴在貴巷後
南寶菴在蓮杆橋東
祠山堂在龍爪鄉
福綠菴在龍爪鄉
蔡村菴在胡山鄉
圓通菴在龍爪鄉
福城菴在井亭鄉
普濟菴在沙灘
三官堂在濱貴庄
清德菴在黃渡橋
文昌閣在廟墩東
東平殿在廟墩
關帝殿在盛店橋
鄉約菴在大鴻橋北
關帝廟在石虎嶺
永秀菴在徐巷西
周舍廟在周舍里
廣福菴在廟橋
社公廟在廟橋

卷十八 宗教 寺廟 菴觀 僧道 附鄉回宗教

賀菴廟在劉塘西南
延壽菴在劉塘橋北附財神堂
野廟在蓮杆橋南
水蓮菴在前連杆東
後龍爪菴在龍爪鄉
見後
花村菴在花墅鄉
關帝廟在龍爪鄉
青雲菴在青墅橋
圓通菴在雙東垛
牛郎廟在長腰山北
諸葛武侯廟在廟墩
社公廟在黃土橋
萬壽祗園在盛店橋
清水洞在安陽山西麓
東平殿在橫車口東
福祿菴在張舍橋前
大悲菴在稍塘橋
雷尊殿在廟橋
分莊廟在陳家灣

普福菴在王土橋
圓通菴在陳村
鎮山菴在吳巷頭
永寧菴在石橋頭
祠山堂在顧家旦
猛將殿在張舍
淨水菴在牌樓下
興福菴在貫山橋
尼姑堂在王家旦
文昌閣在梢塘橋

三慶菴 在繡衣鄉

圓通菴在貝來橋
法喜菴在蔡村
凌岸廟在張華橋
觀音堂在水墩上

僧道

叁十八頁 宗教 寺庙 庵观 僧道 附耶回各教

東平殿在王土橋
致敬菴在青山灣後
雷尊殿在芽蓮橋
圓通菴在花東村
胡山菴在貴巷里
清真觀在張舍
真覺菴在牌樓下
萬壽菴在廟墩上
青山寺在青山
都城隍廟在前黃巷

關帝廟在馬鞍嶺
吳許二聖廟在孟灣
慶雲菴在桃灣
南觀音堂中巷邑在乾元
林水菴在牌樓下東

聖公會在陸區橋南街清宣統元年美牧師慕高文創設其始租賃馮姓房屋為會址派中教士王君常駐所宣傳民國二年購周家巷基地二畝建造會堂并開辦小學校一所繼無錫聖公會美牧師戴澤民管理中教士朱雲駿駐堂迄今二十餘年四鄉教徒達二百餘人朱君因年[illegible]職以[illegible]君一[illegible]他

重修關帝廟記 在陸區鎮　奚鐸 文軒

帝德通乎天聖德繫乎人而人之能天人感召則又存乎誠誠者神之所憑依也神行乎宇宙如江河流大地日月照六合無遠弗屆其鑒察塵類衣被萬物又無往不復故其享祀徧於寰中雖遐陬僻壤罔不崇奉何獨於吾鎮而有異哉吾鎮之有關帝廟本萬壽菴舊址前清規模宏壯兵燹後僅頹屋一椽而已光緒中葉有里人虞允憲者竭誠祈禱矢意恢復其資經營不數年廟貌重新堂宇巍然雖不及昔時隆盛而聖德攸[illegible]昭屢感靈異足為一方信仰民國肇造錚附設安中學校由私立改為鄉立由鄉立改為私立高級莘莘學子弦誦其間迄今十有九年人才蔚起有出而任軍政法學者有任農工實業者成德達材各安其業以是知帝德之尊聖德之隆有以熙化之此廟北濱大河南臨通濟東西水閣横貫其中兩岸甃石下深數丈上駕小石橋行者惴惴九年夏旱濬河斧斸木石凌亂滿積吳生鳳岡猝隨得無恙十二年大水流急虞生仲濤隨獲救亦無

叁[illegible]頁 宗教 寺庙 庵观 僧道 附耶回各教

校

此文不必記可入碑碣

39.

帝廟本萬壽菴舊址前清規模宏壯兵燹後僅賴屋一椽而已
光緒中葉有里人虞允憲者竭誠祈禱矢意恢復集貲經營不
數年廟貌重新堂宇巍然雖不及昔時隆盛而聖德攸[illegible]昭屢
感靈異足為一方信仰民國肇造錚附設安中學校由私立改
為鄉立由鄉立變為私立高級莘莘學子絃誦其間迄今十有
九年人才蔚起有出而任軍政法學者有任農工實業者成德
達材各安其業以是知帝德之尊聖德之隆有以默化之此廟
北濱大河南臨通濟東西水陽橫貫其中兩岸斂石下深數丈
上駕小石橋行者惴惴九年夏旱濬河斧鋤木石凌亂滿積吳
生鳳岡猝墮得無恙十二年大水流急虞生仲濤墮獲救亦無

恙殿左數生煨犬竹簾幾兆焚如適有人自外至滅之僉謂有
神相助回憶予幼時曾亦墮此河卒慶安全無他要皆聖之明
德有以鑒之人之至誠有以召之錚旋于石橋旁度小木橋一
虞君允泰王君文怡復加鋪以板始稍[illegible]固可免幼童溺患惟
是錚年已老自將私立高級又改歸鄉[illegible]之人管理遂致殿壁
黝堊極守剝蝕種種腐壞不堪曩時朔望錚必率諸生行祭禮
後則除遇聖誕里人奉祀外廟門永閉香火寂然殊非所以尊
聖也亦非所以使人慕義也又非所以保存國祀也爰發起與
虞君允泰等集議重修貲助不敷加以募捐虞君本有同情里
中父老又皆贊成特于某年月日葺而新之鳩工庀材兩月[illegible]成

叁十八　阜教　寺廟　庵觀　僧道　附郵回各教

並收回廟產作永久祀費有餘充本鎮公款勒石永禁毋許變
置工竣似不可無書以告來者錚不文爰濡筆而為之記
中華民國十九年孟冬之月

項甍碑亭記　吳仲倫

自古神廟之說曷嘗不有其人亦曷嘗必有其人哉秦漢之間其立主而祀或以意以夢或光景音聲動人民若西時鄜寺金馬碧雞咸祠祀焉是非不必以人之明徵歟欒公布有德於民公死民為立社號曰欒公社周右將軍杜伯大梁魏公子無忌是以其人歟然則得人而神之可也不得其人而神之亦可也橫灣之廟舊云神姓項氏諱甍生七歲而為孔子師鮑彪謂即列子問日出者列子之文大抵皆寓言猶莊周所謂藐姑射之山有神人云爾而橫灣之民旱乾水溢則禱焉疾痛慘怛則禱焉畜養瘯蠡蝗螟螣為苗害則禱焉盜賊偵伺居人行旅不得寧息獄訟牽涉百凡不能任者時於神愬之而神應之若響祥慶時下民益敦信競競不敢謬妄曰趨於善有不待教其孝友睦婣任恤而惟恐行之不力以干神怒者先時民貧神廟庳隘今既豐碩樂生思報因度其隰原距舊址百步重建祠宇諏臧卜吉始于嘉慶八年季春月日至來年落成屋數十楹丹刻藻研庭除閒朗堂設神像一具左右侍衛以壯威嚴東西有序齋庖有房可以散福登登憑版築各出其耕九之餘無勸募之者其月甲子大祭於廟既卒事乃來請記余惟神德之靈而其名取諸臆傳莫稽其終始不敢誣也不敢誣是敬之大者能用敬以律身屋漏無愧則冥冥不爽鑒臨本得叢福故為道其所由俾鐫之石以迪後人

卷十八　宗教　寺廟　庵觀　僧道　附郵四名教

僧道

僧性受字西傳姓陳氏嘉定人博學能文出家後主持安陽山
翠微寺著有韻會增註通鑑集覽正誤等書

鶴雲道人住安陽山龍宮道院鶴雲舟爲山前王氏庠生墨飛殘雲錦之弟由儒入玄習道術名珏法諱鶴雲別號彩霞生時其母夢仙叟授以白玉長尺餘光燁滿室因出家身長玉立倜儻不羣涉獵經史爲文下筆千言惟不屑塵俗考究仙家道經金書玉笈丹訣符篆善奕喜茶酷似陶宏景清閒遠曠瀟洒出塵構草廬山房與士人交闢松麻作小圃栽花種竹養魚聽鳥置古彝鼎圖玩日徜徉其間且善畜鶴購其佳者又於精琴理鼓時鶴鳴而應之撫數闋羣鶴亦高下賡鳴不息月夕霜空唳聞數里人皆曰此山中王道士鶴也遂以鶴名軒鄭環張鎬爲序記詞人咏鶴雲軒詩者時傳爲佳話

卷十八 宗教 寺宇庵觀 僧道 附耶回各教

楊阿慶出家萬英閣爲僧

楊應稔出家洞虛宮爲道士

楊兆耀出家宜興胥村殿爲僧

楊世諫出家宛如菴爲僧

侯甫元削髮于褒義寺法名邦顯現在該寺主持

（隱逸）

深林窮谷委巷間往往有奇人傑士變姓易名藏跡於中令後之人聞風興仰其或懷才莫遇寧甘高蹈抑或徵書不至閉戶窮經又或勝國遺民終身韜晦情各不同隱則一也蒐而錄之不惟志氣節并足資取法焉志隱逸第四十九

無錫縣舊富安鄉志 卷十九 隱逸

（宋）

吳瀚初名海闓自入太學即師事黃勉齋先生以理學自任三上疏言事朝廷優納之當道交章荐舉將大用再疏乞休以兵火道阻遂卜居無錫州前與二三逸士往來梁溪蓉湖間賦詩飲酒以自娛其實宋室國事日非悒鬱不豫假詩酒以自消遣故更號休菴居士謂時事已去不可復為也

元 吳均聘字徵民號知晦秀邁不群直言無避年飢出粟活人千餘監司以事聞授採石書院山長僅取給服食餘則散之貧乏親疏各有差晚年居傍葺圃植花菓藝蔬種竹竹間治室曰還牖取鳥倦飛知還意日飲酒宴樂靜坐其中州人王孟端先生為記其事

吳伯成號養拙山人性精敏負氣節元末舉青山巡檢時權重如後世巡撫巡察有政聲然非其志也遂掛冠歸徜徉山水以自娛

吳理中字伯通號居慎海圖子也好學善文兩舉行修科不起所居搆軒曰頤和志在山林樂養天性子宗邁號樂潛別號無求子博學好古通春秋左氏傳尤精於易有大員累舉茂材不應與父皆義不仕元也泊然於世味與逸士俔元鎮為莫逆交世稱楙一秀才

書卷十九 隱逸

吳濬號浦泉又號頽檻散人儁拔奇穎好濂洛之學師事鄉先生周士衡日夕講究篤好逾於同學諸生務見之施行先生謂其學有淵源可為任道之器隱逸山中息交絕遊自適天性

明 吳賢字良佐博學善詩詞性好靜為圖章山結屋三楹題曰東山小隱愛藝花竹所居別有風致惡顯達姑蘇祝允明記其事

吳濯時字漢若澤峯先生孫也博涉有清才頗傲物與顧宸唐德亮並稱附見邑志唐采臣傳中按公少時負雄志補博士弟子員體氣英華不可一世善善惡惡甚峻所以小人多嫉之性孝友古今文皆卓卓可傳遊旌所至擁篲恐後一時名公巨卿官江南者以一見為幸操文壇選政數十年有起衰之功天下之文與其選者如登龍門每新本出一懸書林不脛而遍海內然性介不宜時所如不遇晚年歸隱閭山閉門謝客徜徉山水

去 吳明玕字頌筠安貧樂道時遇鼎革棄舉子業不事進取隱閭江山屢絕饔飧或日一餐或不舉火晏如也每登山舒嘯吟詩數則以自解著述甚富邑志入隱逸傳

書卷十九 隱逸

重 吳之杕字卜臣邑廩生世居閭江少喪父家貧年十八未知書採樵養母會以逋賦為縣吏所辱或云為弟子員則可免乃發憤讀書孫祁雍誨之作文晝夜苦讀食止粥一盂齋數莖秦道然聞而餽之食笑而郤之繼登道然之門性素魯道然授以高子遺書一見有省服膺終日曰道固如是人安得不如是堂堂六尺軀可與草木同腐乎五言行事以高顧二先生為標準程朱兩夫子為要歸卒成名儒歿祀東林書院道南祠邑志儒林有傳

吳遠字人毅號西竹邃於經史工於詩文年弱冠業師秦太

師以遠大期之目爲翰苑才後數奇不遇以設教餬口四方多士被其甄陶蔚爲王國之楨者比比斯文中學養兼優者首屈指焉生平正色莊容言動舉止必繩以格每當五鼓及雷鳴疾風甚雨雖夜必興衣服冠而坐清晨讀紫陽家訓一通日記功過格以省身心晚年高卧深山不入城市學問功夫純正篤實無一毫苟且上追濂洛關閩近慕高顧諸君有志造聖賢之室者也

楊廣字大化號樵隱又號德施行義於鄉矩矱足式當元季大亂兵荒薦臻一鄉之中拯救是亟至明初高皇帝兩舉孝廉不就時稱徵君隱士享年九十八歲塟苦奄山今塚穴無恙墓碑猷側矣

皇 卷十九 隱逸

(明)王暄字朝範明萬歷進士初寄文筆僧舍好學不倦繼見天下擾攘隱居教授于家漱流枕石終身不樂仕進晚益韜晦教子立學以高壽終

王暄幼子士科諱月洲性明敏讀書一目二行年十七補弟子員聯登北直賢書繼中進士贈候選知縣以兵戈騷擾棄職歸故里教授洛社開利寺從學者三百餘人多名士已則遁跡山林不喜軒冕高尚其志時有嚴光流亞之稱

吳明玗字頌筠居閭江少工舉業已而棄之家貧不事生產嘗日晏未炊家人相顧有饑色明玗方讀書笑曰汝輩愠見耶因爲講富而可求及求則得之書數章家人嚚其迂次第避去明玗恬然自如而明玗性至孝自以母老孫煢無所取給輒歎曰爲子若此何益有無又值鼎革悄焉自傷每獨行山巔四顧蒼莽執竹枝擊石歌曰天高兮不可知煢煢兮生我何爲極目望兮將安之歌闋長號不自禁明玗博綜羣書詩文古雅與族人濯時並負清才而明玗介特竟以貧賤老

張列字惕菴諸生明鼎革後避居陽山陽湖間爲詩文多酸楚之音命二子經緯並弃諸生籍李子光緯字次民殫見洽聞隱居著述有青巖集若干卷

皇 卷十九 隱逸

(清)王鶴皐字明甫擅才華爲吏隱計簿書鞅掌運籌決策爲當道所器在公三十餘年歷任邑候屢加眷顧鼎革初荒疫死亡相繼破產賑饑全活甚衆能詩浮白高吟時作驚人之句晚年棄世事怡情山水號耽霞子

楊在朝字采臣號菊隱好讀書通經史淡於功名早棄舉業以筆墨自娛多購宋元名畫爲法本善淡墨山水曠遠蕭疎得雲林筆意詩亦似之家有小園好種菊多至數百本花時載酒問奇者接踵至在朝焚香烹茗酬應賓客於況齋中人目爲隱君子子鎬庠生有感題壁詩蕭然環堵寄疎頑恒與諸賢絶往還堤畔平臨旁舍樹門前斜對隔溪

山謀生計拙原非儉涉世才迂不是閒株守却憐蒲柳質
故應憔悴鬢先班
秦欽周字郁生中行孫歷遊兩京乙有凡先達諸賢多與之
交明亡後遂隱居教授終老於家
俞善字有賢少聰穎志清逸以吟咏自娛不沽名不干祿手
植竹木構小軒顏曰此君坐卧其中怡情自得詩清新句
多警策
邊應劉塘鄉人生有逸氣善談諧嗜酒及奕每宴會必取大
斗豪飲至笑言啞啞酩酊始已奕則無卜晝夜勝負皆欣
然色喜少隨其父隨走三湘七澤間馳騁四方足跡幾半
卷十九 隱逸
天下善應酬所至皆尊禮之工吟咏神紙疾書刻燭可了
其音律中節後逸有別致尤篤友誼尚聲氣其所不得者
未嘗輕見色亦未見有忤物時希夷瀟蕩蓋得黃老之學
而隱於奕酒者歟
前抄
明王瓚字汝器號聽泉幼與從弟瑛同筆硯瑛有神童名弱冠
游庠不數年登甲榜瓚三試不遇遂棄舉業篤志于為己
學以深造自得為期終日對大編端坐不動每有會悟便
欣然忘食家設講堂課子姪凡掃灑應對以及孝弟忠信
循循善誘故一門子弟有古人風嘗曰士生叔季讀書者
但知工時藝徒取功名於聖賢實學次第寂然不講然觀

宋代大儒周程朱張諸先賢細心體認皆以修身踐行為
本而舉業何有焉讀書不可不返求諸本也迨瑛辭職居
林下昆季間以聖賢義蘊相切劘春秋佳日或登山遠眺
或深林閒步深得吟風弄月之趣
閔庭瓚字汝楫幼從舅錢啓新遊素行端方立志高潔不入
五侯宅嘗授徒山西楊都府家子輩欽其才德懇訂蘭譜
庭瓚以布衣却之都府再四邀之任又堅執不允臨別贈
遺麾之不受既歸杜門不出與弟講信修睦以山水自娛
楊行素名瑛字叔琬幼從夏處莊遊讀書過目成誦父宗海
卒以家產殷富為稅長任久謝去曰吾寧僕僕於是即買
卷十九 隱逸
舟浮大江涉淮至汴覽山川之勝弔古遺跡所交皆一時賢豪
歸去家里許拓地數百弓日務種植佳葩奇卉紛然暢茂中構
軒三楹扁曰花竹交居書醉翁亭獨樂園二記於壁四面鑿渠
以資灌溉歲得魚蔬果實以供祀饗養二鶴客至則縱其飛盤
旋雲表大笑以為樂又有別業在張庄極水竹之勝暇日命子
拉客以往或泛陽湖以弄雲水或登安陽以發舒嘯或乘款段
以行原野閱家人力穡會意處則吐辭為詩動成篇什呼酒痛
飲醉則歌嗚嗚自適年七十營生壙築孝思堂以備享祀三休
亭以資退息一樂所以為燕集又于宅右作堂事偃息冬官員
外書其扁曰老閒人因稱為老閒翁胸懷恢廓終身不慕榮利

信

無錫富安鄉志稿

無錫富安鄉志卷二十

（儒林）

窮經求理之士莫盛於宋吾鄉進士蔣重珍從尤袤游講伊洛學一時儒者翕然其彰〻也厥後此風少衰經〻重文氣而疏經術顧服古之儒或敦行勵品砥礪廉隅或讀經明義教誨諄〻能竟絕無其人後之學者可以風矣志儒林第二十

無錫縣舊富安鄉志　卷二十　儒林

宋王綱字壽祺居無錫貫山稱貫山王氏世雄於財至綱尤嗜學耽玩經史父厚贈資貨使之遊學自是文益精元符三年舉進士除北京國子司業通判揚州時丞相呂頤浩統戎任辟置幕下高宗南渡丞相〔頤浩為〕拜御營使以綱為參議官畫多用其計後丐祠歸紹興初上思其人召為北部郎中復歷金部遷左司郎中頤浩去國綱請老以朝散大夫直秘閣致仕與晉陵孫覿友善覿天中有稱王左司者即綱也其弟亦為中興後都司

費肅字懿恭無錫人少秀穎拔俗尤嗜學中大觀三年進士第復以薦除秘書正字紹興初大臣舉其賢行與簡齋陳與

漢儒窮經宋儒說理各成宗派未可牽強混合揩
詞見韵

49

宋王罔字壽祺居無錫貫山稱貫山王氏世雄於財至罔尤嗜學躭玩經史父厚贈資貨使之遊學自是文益精元符三年舉進士除北京國子司業通判楊州時丞相呂頤浩統戎任辟置幕下高宗南渡丞相頤浩拜御營使以罔為參議官畫多用其計後丐祠歸紹興初上思其人召為北部郎中復歷金部遷左司郎中頤浩去國罔請老以朝散大夫直秘閣致仕與晉陵孫覿友善覿天中有稱王左司者即罔也其弟亦為中興後都司

費肅字懿恭無錫人少秀穎拔俗尤嗜學中大觀三年進士第復以薦除秘書正字紹興初大臣舉其賢行與簡齋陳與義同召赴行在時被召者三人獨肅抗節引辟不起子鏥亦中科第

尹焞生於宋元豐四年辛酉幼師程伊川先生與張繹同進從母命善養躲徙洛中講說性命之學靖康元年被召至京不肯留賜號和靖處士紹興年間授禮部侍郎兼崇政殿說書著論語解及問答録行世壽八十一歲紹興三十一年卒尹氏遞善養即此始 焞子文一由進士官梁溪教授卒於官葬邑之西呈尹城遂家焉

卷二十　儒林

蔣芾字子禮本義興人父及祖宣和中進士至朝請大夫知鎮江府祖瑎政魏公之奇之孫元祐擢第大臣以經術薦為太博累遷至郡守遭兵革後無錫故芾為無錫人芾以父蔭入仕紹興間登進士第授建康理官秦檜欲羅致拒之檜怒終其世不召用及檜敗附檜者皆竄逐芾獨免芾嘗官東宮為莊文太子所知薦其賢於壽皇命權直舍人院因繳內侍梁珂語徽德壽宮上皇歎其忠除簽書樞密院條奏邊防軍功甚悉孝宗尤極嘉獎拜右僕射同平章事上方銳意恢復芾力陳天時人事未可舉兵凡二千餘言忤旨讒忌者乘之既而丁內艱去職朝廷起以左丞相不赴後判紹興奉祠以終

蔣重珍字良貴嘉定十六年進士第一簽判奉國軍嘉定二年入對首言自天子至於庶人所當先知者本心外物二者

之界限限明則知有天下治乱生民休戚而已何樂其尊哉遷校書郎端平初入對上五事乞召用真德秀魏了翁帝曰人主之職無他惟辨君子小人重珍對曰小人亦指君子為小人此為難辨耳兼崇政殿說書戒家事勿以自務積精神以寤上意每章奏齋心盛服有密啟則手書削藁時史嵩之既失相主出師闘洛詔百官集議重珍力爭乞專意備守不得已則用應兵既而闘洛師大衂復進兵重珍言在恥敗而欲勝之則心不平而成忿氣不平而成怒生靈之命豈可以忿怒用哉又言更化以來舊弊未去者五今又益以輕易遷起居郎以疾求去以集賢殿學士知安吉州權刑部侍郎三辭不許自劾不能取信朝廷之罪詔守刑部侍郎即致仕重珍生十歲而孤母顧氏親教以書一覽輒記從尤袤游講伊洛之學與真德秀魏了翁友善卒謚文忠 宋史有傳

卷五十 儒林

王新德號龍峯以拔貢補江都縣訓導訓士先品望後文章肫然有古君子風諸生摩服其模範任滿陞教諭江都人士均欣喜過望幸其留由是嚴課程崇實行會修本學率士民勸鹽蠲不入私橐數月而成生平秉公嫉邪不受私謁言坊行矩卓然大儒

（明）王震字兆亨號赧軒恩貢生行事已軼而晚年自為赧軒說傳於世其詞曰赧軒子性好砥礪而心慕學道之稱以為學道非不美之名然當實踐自得不當騰沸講說騰沸講說使是己非真徒誇而已無當也方總丱時人即以此嗤之故由少而壯壯而老閱數十年止如一日品行端方謹慎常嚴二事學術醇正纂修尤審一經會古今之義禮參帝王之蘊奧着為尚書通訓一編微辭正解曲折詳明務使成人小子有所持循一覽俱得豁然二事者何非先王之法言不敢言非先王之法行不敢行檢身之二事也仁者愛人而非仁無為有禮敬人而非禮無行存心之二事也藜藿不給處之穆然澹泊以明其志而非好為陋雖在塵囂翛然不染寧靜以致其遠而非好為婾潛養退藏之二事也從善則如不及去惡

卷三十 儒林

則如探湯見賢恒切思齊見不賢時深內省能自得師之二事也意所欲為人諍其非則亟止意所不欲為而人讚其是則速行人能告之而輒喜人不告之而反懼虛己聽納之二事也有嫩在躬未嘗欲使人知有勞在物未嘗欲使人感不伐不矜之二事也有慈未嘗不遷而亦願期於不遷有過未能不貳而亦願其於不貳篤友學反求以庶幾於克復平情繕性之二事也二十年以來未嘗敢為不孝敢為不弟而二十年以來惟惴惴焉日漸不孝日漸不弟明發有懷悲思風木門內自責之二事也利之所在可與摩趨而不苟為趨名之所在可與摩附而不苟為附志商衡之所志恥漢英之所

恥潔守介操之二事也為人謀無或不忠而嘗恐其不忠與
朋友交無或不信而嘗恐其不信以為吾將不負天下不負
一人何異今日者無欺之二事也人有無端而誤生怨隙至
怨滋而遂煩謗議者則曰止謗莫如無辯息怨莫如不爭吾
第內反無疚而已則又與物相忘之二事也昔人有行年五
十而知四十九年之非千古傳之以為美談而今後報斬其
自知矣乎倘一旦湛焉斯露果日而晞則生平隱闇亦鬱
鬱矣因姑撮其大端而記之

堵景濂維垣孫幼學於東林晚中崇禎十五年舉人巡撫祁
彪佳延之幕府以目疾辭歸未幾失明家居教授生徒日使

人誦書於前因為剖析其義先後從學者蓋八百餘人一念
慮之失輒自記注名曰自知錄

吳之枚字卜臣世居邑之閭江少喪父家貧年十八未知書採
樵養母會以逋賦為縣吏所辱或云為弟子員則可免乃發
憤讀書孫祁雍誨之作文之枚晝夜苦讀食止粥一盂竄數
篋秦道然聞而餽之食之枚笑而卻之繼登道然門之枚性
素魯道然授以高子遺書一見有省服膺終其身

楊玉瓚字國瑋號笠漁性穎悟讀數行下成童應試屢拔前茅
弱冠入國學三試鄉闈不售遂自放於酒豪邁之氣悉發於
詩歌行古體慷慨激昂有阮嗣宗劉越石風味著有笠漁吟
草

胡榮曕字竹溪與弟榮書同遊李申耆門其學以致用為體以
居敬為功以闡明性道為宗主文壇二十餘年以名孝廉教
授於鄉𢄙啓後進其門下士取科第而成名者相繼秦瀛如
觀察錢揆初太守孫鼎烈太史其尤著者也道光戊子舉人
海州學正著有深柳草堂文集

各人应依朝代编排各
朝应另行分列至绝相类
各门可以此为准

41.

（文苑）

能文章者未必擅經濟長經濟者又未必善文章若市政優之而斯文卓之竟以文字見於政界者求之輓近幾等鳳毛麟角目益卑儒術日益微夫亦運會使然歟志

文苑第二十一

無錫縣舊志要鄉志　卷二十一　文苑

（明）

楊聲字康叔號閑遠明語贈通議大夫都察院右副都御史讀書尚古富而好禮建文峯書室以藏名帖後建燕堂以接親朋故文碩士多造廬焉有秦抱拙為序以記其事

秦霖字潤夫號卑牧以儒素教授鄉里手一編終日不釋學既該洽尤精于史和光謙德溢于眉宇人有犯之者輒置不校一時目為長者年壯時貧甚嘗詠斗室詩云芝金難買地結屋僅容身簾破能通燕簷低欲礙巾曲肱時肆志抱膝屢凝神莫笑規模窄中藏萬斛春時年四十一育一子即端敏公也

秦中行字汝復號顯菴庠生博學宏才為邑中龍經領袖及門高第為少冢宰孫柏潭大參堵太冲少京兆周蓮峯其餘以文學著名者甚衆子之璊庠生自幼穎異過目不忘屢躓南闈學者惜之

秦欽文字達生中行孫性豪邁意氣不諂於俗而士大夫重之善真草書子仁沛生而敏慧書法精妙不假師資

（清）

汪士侃字寫阮嘉慶十四年進士知雙流縣入貲為工部員外郎性耽讀書研究術政官時以俸錢買書數千卷寢饋不離尤精於氏族之學邑中著姓均能道其所自出有其子孫所

[illegible]卷二十一　文苑

不能知者卒年八十餘子望求舉人亦博學能文

胡榮書字節漢與兄榮瞻同遊李申耆門勗以博而精為有用實學於是縱觀十三經十七史旁及諸子百家訓詁義理而窮其奧故其為文沉雄透闢卓然有大家風著有君敬集進德錄

錢勗字揆初咸豐五年順天舉人勗少負才名厭舉業著為詩歌駢儷文辭沈博絕麗類吳偉業楊芳燦之倫同治初巡撫李鴻章統師上海勗以內閣中書參其幕累薦以知府用後從剿捻匪得疾卒於濟南贈太僕寺卿蔭一子知縣有張嗣平者與勗友善勗嘗延嗣平主其家共著國朝詩話商

（耆碩）

鄉中耆碩甚难其人今次自明以下得若干人雖非必遨漢廷爵祿之榮而黃髮駘背能以高風懿行照著黨里夫罕而見珍歟大德必壽明徵是不可以不書之志耆碩第二十二

（明）

楊叔璵明天順間翰案授承事郎七品散官兄璿都察院副都察御史弟戶部員外郎皆以清白稱爲時名臣璿羽翼供助之力居多每大享賓客錦衣蹁躚子姓森列故家大族弗如也垂老謝家政闢花竹交居閒陸墟別墅爲娛老計幅巾藜杖談棋樂酒日游其中醉則撫孤松偃仰嘯歌竟日忘返自號松軒漫叟以高壽終

楊應文字子修蚤失怙恃言及輒泣下喪祖母時哀毀動行路族多貧乏歲予周給里有孤婺委曲賑貸性恬澹不問生產布衣蔬食以爲常與人無佞容無諛詞亦不欲以峭直賈怨終其身不聞庀紙干人孤特之操賁育不能奪年近七十卒

杭德字天德成化戊戌明經進士年未衰或勸之進取德曰德之不修是吾憂也位之有無有命存焉日惟以圖籍自娛制藝詩章不屑推敲以協律調而胸次洒落吟風弄月之趣追配古人尤喜汲引後生誘掖獎勸之不暇又撰杭氏家規有不率者則免冠自責必改而後止接童豎亦必以禮故鄉邦之人不惟良善者薰其德雖僻險而健悍者亦不忍加以非禮嗣是年高德劭郡邑長鄉飲禮必虛佐以待德輒辭不赴養生以寡欲爲主精神至老不衰年七十三

吳情字澤峯以太子諭德歸田二十餘年年八十有司屢以鄉

飲大賓敦請一往不再優游山水不談時事鮮入城市晚號靜端居士

吳敦錫號渼湖探花澤峯公子謁選光祿署監事以來鹽瑣屑中貴橫索無忌不忍耗商賈膏髓一裁以法中貴暗傷之乃翻然歸隱以父蔭子貴撫髯自詡吳味信陵君故凡食貧者衣寒者櫬死者藥病者祠宇圮者康莊濘者橋梁圮者皆允求不厭縉紳行爲希古會春秋佳日勝地觴咏而神旺氣充飲食談笑和顏怡色胸無城府人皆樂與之遊高忠憲公稱爲壽富康寧考終兼舉不易得也

吳汝憲號嵩巖邑庠生邵文莊公婿言行高超遠權勢不營利

祿三與賓筵不赴鄉先達私謚曰貞簡事詳郡志

秦樸字物初長身古貌博學有文章嘗與同邑瞿厚諸人為真率會不求聞達而衣冠文物表率鄉里號抱拙生年九十三卒孫霖字卑牧雅有祖風即尚書金之父

顧道潔字嗣白諸生喜為詩古文年甫艾輒謝科舉屏居南邦別墅與從弟治相酬唱簡棄塵俗惟讀書鼓琴用自娛悅卒年八十有七

（清）

汪嘉名字揆度力勤事父色養惟謹練習時務非意見侮恚不校好為人排難解紛償券不償立焚之子士侃登仕版嘉名

裔孫士頎 書

亦以祖詒嘉善留衣圖勖之年七十餘卒

胡準字念茲名孝廉榮聰之孫淵源家學於六經音義瞭如指掌門下多貢舉顯達之士已在闱場屋不青衿泊如也晚舉鄉飲介賓芒鞋竹杖有隱者風矩襲先民至老彌謹歿之日巷哭有端人正士希世之珍碩德耆年於今罕覯之嗟弟受茲附貢生子啟迪郡庠生皆高壽終

蔣忠儀生於農家而喜讀先儒書敬宗睦族篤于孝友先祖福貴於同治初創宗祠于蔣巷不數年而祝融稅駕忠儀益為族人曰君子將營宮室廟為先居室為後吾儕皆有舊廬以蔽風雨不忍見祖宗憑依之所荊天棘地乃一倡眾和鳩工庀材不數月而堂廡神龕煥然一新力不足者陰以濟之族人至今稱道勿衰壽七十餘

（民國）

胡可鶼字仲吉少孤家貧而好學無力購書輒就富人藏者借閱珍貴者手抄本卒能淹博經史旁通諸子漢儒訓詁宋儒性理尤能融洽一時著有青年文行集行世任教職三十載擢照教育部令年老乞休大府准之歲給養老金年卒

裔孫士頎 書

（壽徵）

禮經云六十杖鄉七十杖國八十杖朝九十者天子欲有問焉則就之又八九十曰耄壽至[illegible]耄耋事非易易茲援例自八十以上之壽民壽婦均編列之德不必劭年固已高其得以邀尋而恩賚建坊者尤為熙世之[illegible]洵絶無而僅有也志壽徵第二十三

（宋）蔣文璧字國光以子重珍顯賜爵毘陵郡公生紹興癸丑卒紹定庚寅壽九十八

（元）吳宗道字順德晚號樂禾子壽九十九事詳隱逸

（明）陶永寧字公球生萬歷癸丑卒康熙辛卯壽九十九　譚恩錫賚頂戴

秦横號艳拙壽九十一　秦榕字理初壽九十三

吳瑞璋妻蔣氏生天順戊寅卒嘉靖戊申壽九十一

吳叙恭妻王氏生萬歷丁亥卒康熙丁卯壽九十一

楊大化壽九十八稱徵君隱士

吳克勤妻鄧氏壽百有三歲其卒之日玄孫有四愚憲情愉情楳花邁愉進士

（清）吳瑞楨生康熙壬寅卒嘉慶壬申壽九十一恩賚粟帛頂帶

（清）俞天成生順治甲午卒乾隆壬申壽九十九

俞天成妻鄧氏生順治癸巳卒乾隆丙寅壽九十四

俞勝祖妻沈氏生康熙甲午卒嘉慶癸亥壽九十

俞國榮妻吳氏生雍正己酉卒道光甲申壽九十六

抄入北頁

吳桂慶妻張氏生道光甲辰現年九十一

戴敎大妻蔣氏生道光癸卯現年九十一

沙志伊妻范氏生康熙四十八卒乾隆五十九壽九十三

張德隆生雍正十三卒道光六壽九十二恩賚頂帶

張德源妻高氏生雍正六卒道光三壽九十六

張德芳妻萬氏生雍正九卒道光元壽九十一

（清）周蔭泰妻張氏卒民國十七壽九十六

錢曉卿妻陳氏生嘉慶己未卒光緒乙未壽九十七光緒丙申給帑建百歲坊

楊源益偕妻成氏乾隆時人夫妻偕老壽同登九十

嚴寶大妻黄氏壽九十三

楊鳳福妻陳氏壽九十

楊士亭妻秦氏壽九十現存

姚錫中授鴻臚寺署丞壽九十一

俞得安妻蔣氏壽九十

吳悦源字洪贍两蒙恩賚粟帛給賜頂帶壽九十二

姚榮如字得奎壽九十
姚申九妻楊氏壽九十四
陳心根妻管氏壽九十一
陳餘慶妻王氏壽九十
秦廷枌壽九十六
邊均然壽九十三恩賜冠帶
重出 蔡樸字抱樞壽九十一
又 蔡榕字理初壽九十三恩賜冠帶
周隆福妻朱氏壽九十三
周正儀妻黃氏壽九十三

皇壽徵 卷二十三

姚榮如妻周氏壽九十
謝應鳳妻葉氏壽九十三

(清)周元藩壽九十一
周聖岐壽九十四
周廣臣壽九十
周天錫壽九十二
賈金茂壽九十三
俞海文字觀瀾生康熙二十一卒乾隆四十九壽一百有三
恭遇覃恩錫賚八品銜頂帶粟帛給帑建立百歲坊
周大昌壽九十三
杭瀛洲壽九十二
馬元英生康熙元年卒乾隆二十一年壽九十五

丁應南妻陶氏壽九十四
楊龍福妻周氏壽九十二

(民國)吳玉潤妻鄒氏壽九十二
周紀川妻是氏壽九十一
吳桂慶妻張氏現年九十一
戴敖大妻薛氏現年九十一
楊年高妻秦氏現年九十

皇壽徵 卷二十三

(元)陶瑞字兆昌生至正成化三年府鄉飲大賓卒正統丙寅壽八十一
汪貞保字以元生至元壬辰卒洪武壬子壽八十一

(明)吳椿齡生萬歷甲戌卒順治戊戌壽八十五
陶公球妻李氏生萬歷甲寅卒康熙辛巳壽八十八
俞集賢生嘉靖辛卯卒萬歷乙卯壽八十五
俞集賢妻馮氏生嘉靖癸巳卒萬歷丁巳壽八十五

汪淑慶字善長世稱藍谷翁生萬曆四十六年戊午卒康熙
四十三甲申壽八十七
楊恒山壽八十一冠帶壽官　張報祖壽八十四
丁佺妻朱氏生崇禎五年卒康熙五十二年壽八十一
陳士恒字養寓舉鄉飲大賓生萬曆二十二年卒康熙二十
四年壽八十九
吳玭字用之壽八十二　張名修壽八十四
吳情字以中號澤峰嘉靖甲辰探花壽八十
秦世鑑號若氷壽八十三　閔　序壽八十二
閔　充壽八十四　謝洪僕妻　氏八十三

金匱壽徵　卷二十三

（清）邵榮華妻朱氏生道光乙巳現年八十九
林仁喜妻鄭氏生道光辛亥現年八十二
俞阿源妻毛氏生道光戊戌年卒民國乙丑年壽八十八
蔣福貴生道光壬辰卒民國甲寅壽八十三
邵裕良壽八十四
俞東仁生康熙丙午卒乾隆乙丑壽八十覃恩錫賚
俞明曜生乾隆戊戌卒咸豐戊午壽八十一恩賚粟帛
俞明曦妻陳氏生乾隆丁酉卒咸豐庚申壽八十四

俞秉禮生康熙丁巳卒乾隆辛巳壽八十五覃恩錫賚
俞元法生乾隆丙寅卒道光丁亥壽八十二
俞熙柏妻沈氏生雍正七年卒嘉慶戊辰壽八十
俞熙柱生康熙戊子卒乾隆壬子壽八十五
俞熙榮生康熙丁酉卒嘉慶己未壽八十三
俞熙棨妻朱氏生康熙丁酉卒嘉慶乙未壽八十三
俞國華妻許氏生雍正甲辰卒嘉慶庚午壽八十七
俞偉烈生康熙癸亥卒乾隆乙酉壽八十三
俞偉勳生康熙丁卯卒乾隆辛卯壽八十五
俞意鏸妻錢氏生雍正壬子卒嘉慶丁丑壽八十六

金匱壽徵　卷二十三

（清）俞應慎生萬曆戊午卒康熙癸未壽八十六
俞應慎妻鍾氏生萬曆己未卒康熙甲申壽八十六
汪士佩字晉之嘉慶己巳進士工部屯田使員外郎生乾隆
三十九年甲午卒咸豐四年甲寅壽八十一
俞先組妻管氏生雍正乙巳卒嘉慶庚午壽八十六
俞天基妻臧氏生順治戊戌卒乾隆丁巳壽八十
俞仲山生乾隆丁丑卒道光壬寅覃恩錫賚壽八十六
俞振章妻臧氏生康熙辛丑卒嘉慶丁卯夫死守節奉旨旌
表壽八十七
俞鵬遠生康熙己卯卒乾隆戊戌覃恩錫賚壽八十

李瑞雲妻許氏生道光二十三年卒民國十年壽八十二
俞會文生乾隆庚寅卒道光庚戌恩賚粟帛頂帶壽八十一
是希曾壽八十二
是祝三妻周氏生乾隆十八年卒道光二十一年壽八十九
是朝秀妻戴氏生乾隆癸巳卒咸豐壬子壽八十一
鄭仲明生道光壬寅卒民國乙丑壽八十四
鄭伯華妻胡氏生道光壬寅卒民國乙丑壽八十四
周金玉妻朱氏生嘉慶二十三年卒光緒三十一年壽八十
九歲
周濂長妻秦氏生嘉慶三年卒光緒三年壽八十

(清)周三慶壽八十四
周在明壽八十一
杭瑞理壽八十一
杭兆禧壽八十
杭聖發壽八十五
曹(杭)維松妻曹氏壽八十二
杭行忠妻秦氏壽八十
杭嘉福妻俞氏壽八十四
杭朝秀妻張氏壽八十三
杭寅亮妻王氏壽八十三
杭嘉積壽八十九
杭士俊壽八十
杭日瑞壽八十三
杭聖民壽八十五
杭守仁壽八十三
杭嘉祥妻周氏壽八十
杭嘉昇妻胡氏壽八十九
杭彭年妻薛氏賚壽八十一
杭椅妻陳氏壽八十二

張德培生雍正八年卒嘉慶十六年壽八十二歲
張德培妻丁氏壽生雍正十一年卒嘉慶十九年壽八十二
張繼俊妻沈氏生乾隆三十九年卒道光十九年壽八十四
張德芳字藹亭生雍正十一年卒道光元年壽八十九
匡邦治字公衡生順治十三年卒雍正十三年壽八十
楊子荊壽八十一
楊敏壽九十四
楊益壽八十六
楊醴乾壽八十六
楊明祺壽八十一
楊漢壽八十
楊訓壽八十
楊廷芬壽八十一
楊時煥壽八十一
楊彬妻戚氏壽九十

(清)楊鏞妻壽周氏壽八十
楊亮采妻吳氏壽八十六
楊佑文妻包氏壽八十二
張丕烈生雍正四年卒嘉慶十三年壽八十三
錢浩生乾隆三十六年卒咸豐元年壽八十一
錢履信繼妻王氏生乾隆四十六年卒同治四年壽八十四
嚴文賢妻生康熙乙丑卒乾隆丁亥壽八十三
錢惟中妻劉氏生康熙辛亥卒乾隆戊寅壽八十八
錢起謨妻劉氏生康熙戊寅卒乾隆丁酉壽八十
錢佐雲繼妻陳氏生雍正丙午卒嘉慶戊辰壽八十三
楊清泰繼妻吳氏壽八十
楊寶琮妻殷氏壽八十一
薛濟生母郭氏壽八十一

錢瑤妻王氏生康熙辛未卒乾隆癸巳壽八十三
錢起元妻韓氏生康熙戊辰卒乾隆乙未壽八十八
錢文寗妻顧氏生乾隆九年卒道光十一年壽八十八
錢麟昭妻盛氏生雍正十二年卒嘉慶十年壽八十四
錢茂生妻丁氏生嘉慶庚午卒光緒辛卯壽八十二
錢士尚妻張氏生乾隆四十五年卒咸豐十年壽八十一
錢二培妻管氏壽八十
楊士煥生乾隆丙戌卒道光丁酉恩賚頂帶粟帛壽八十一
楊心培壽八十一恩獎九品銜
吳恩大壽八十五
錢潮生祖母王氏壽八十二

人瑞壽徵 卷二十三

（清）周蘭喜壽八十三
石瑞雪壽八十一
嚴寶大壽八十二
張林寶壽八十二
楊龍元妻周氏壽八十七
楊桂芳妻張氏壽八十二
楊佛林妻顧氏壽八十一
楊士甫妻項氏壽八十一
楊萬豐妻戚氏壽八十五
楊桂生妻黃氏現年八十二
徐貴甫壽八十
俞大茂壽八十一
周三慶壽八十四
項兆秀妻楊氏壽八十七
是惠善妻許氏壽八十二
臧坤泉妻石氏壽八十三
楊兆齡妻胡氏壽八十二
胡根福妻戚氏現年八十
王阿茂妻吳氏現年八十八

楊福高妻謝氏壽八十八
楊介福妻陳氏壽八十五
石阿根妻時氏現年八十九
殷文德壽八十
朱會能壽八十一
許大年字殷賢壽八十八
蔣福貴生道光壬辰卒民國甲寅壽八十三
許茂玉妻王氏生乾隆三十五年卒咸豐八年壽八十九
許煥明妻朱氏生乾隆十四年卒道光十三年壽八十五
許茂賢妻朱氏生乾隆三十四年卒咸豐四年壽八十四
楊壽南妻王氏壽八十六
楊應山妻顧氏壽八十九
成文翰妻榮氏現年八十四
許馨字廷鈺號敬齋壽八十四
許茂餘字忠賢壽八十四

人瑞壽徵 卷二十三

（清）丁悛字雲昌生順治十三年卒乾隆元年壽八十一
丁蓮繼妻許氏生康熙二十年卒乾隆三十二年壽八十七
張丕烈生雍正四年卒嘉慶十三年壽八十三
周岳鎮生康熙三十二年卒乾隆四十二年壽八十六
周惟新字延年生乾隆三十四年卒道光二十八年壽八十
周大昶生乾隆三十九年卒咸豐四年壽八十一
馮漢儒妻楊氏生康熙四十六年卒乾隆五十六年壽八十五
馮紹基妻張氏生乾隆三十一年卒道光二十五年壽八十
馮鳳祥繼妻陳氏生乾隆二十二年卒道光二十四年壽八十八

馮漢武妻劉氏生康熙四十四年卒乾隆五十八年壽八十八
馮漢英妻陳氏生康熙五十四年卒乾隆六十年壽八十一
周方林妻陳氏生乾隆四年卒道光三年壽八十五
周三福妻朱氏生道光二十九年現存八十一
姚學義字大倫壽八十九　姚洪叙字元吉壽八十三
姚錫中妻陳氏壽八十九　姚飛緄字荊州壽八十一
姚覺明字元知壽八十　姚覺明妻支氏壽八十
姚士龍妻支氏壽八十二　姚瀛妻鄧氏壽八十二
陳銓字紹來生乾隆十二年卒道光七年壽八十一
陳景雲字佛齡生嘉慶十八年卒光緒十九年壽八十二

[illegible][illegible]壽徵　卷二十三

(清)陳士文妻秦氏生隆慶元年卒順治三年壽八十二
陳元妻邵氏生嘉慶十八年卒光緒十九年壽八十二
陳士妻夏氏生康熙五十八年卒嘉慶七年壽八十四
陳紀妻鮑氏生康熙六十年卒嘉慶七年壽八十二
陳銓妻吴氏生乾隆二十五年卒道光十九年壽八十
陳豐妻龔氏生乾隆四十七年卒咸豐十一年壽八十
陳景雲妻宋氏生道光十年卒宣統三年壽八十二
陳銘妻韓氏生康熙三十七年卒乾隆四十八年壽八十四
劉永盛生康熙四十六年卒乾隆六十年壽八十九恩授登
仕郎

劉永茂妻陳氏壽八十一　俞福山壽八十三
俞竹軒妻楊氏壽八十六　俞志賢祖母周氏壽八十一
俞崙源壽八十八九品銜　俞大森壽八十一
謝源福妻顧氏生嘉慶二十四年卒光緒二十六年壽八十
二歲
俞肇源字允謙壽八十三　吴玉成壽八十
吴賢字良佐壽八十五事祥隱逸　吴大成字集之壽八十一
吴貫號携菴壽八十　吴柄字國鈞壽八十四
吴璨字瑩之壽八十四　吴汝懋字治卿壽八十
吴曜字子明壽八十　吴萃秀字天生壽八十三

[illegible][illegible]壽徵

(清)吴鈇妻秦氏孝子旦女三受節旌壽八十六事祥列女
吴汝愚字智卿號闇峯邑庠生入太學例授壽官壽八十七
吴見灼字國佐壽八十一　吴燾字子容壽八十一兩蒙恩賚
吴錫字選士壽八十二　吴玉庇字德政壽八十三
吴南廬字漢陽壽八十一　吴欽旦字賓周壽八十五
吴注海妻顧氏壽八十五　吴中升字玉如壽八十一
吴巘字在義鄉飲介賓恩賚粟帛壽八十八
吴懿妻秦氏壽八十七　薛伯振祖母施氏壽八十二
吴遇嘉字績熙禮部士儒壽八十五
吴峰字立山恩賚頂帶給九品職銜壽八十六

吴邇字在謙號抑軒例授修職郎恩賚粟帛壽八十九
吴明偉妻王氏壽八十二　吴始一妻唐氏壽八十二
吴開洪字玉昌壽八十一
吴棠字尚木號鴻軒壽八十事祥著作
吴松字公木例授登仕郎壽八十三
吴舜臣字瑞伍恩賚粟帛例給八品頂帶壽八十二
吴大經妻白氏守節教子壽八十七
吴大本字惟中壽八十二　吴大本妻杭氏壽八十
吴起堯壽八十一　吴起舜壽八十六
吴邦鑄字季陶兩蒙恩賚粟帛例授八品散官壽八十五

白田壽徵　卷二十三

（清）劉廷材妻謝氏生乾隆十二年卒道光七年壽八十一
是榮高妻虞氏壽八十三　吴殿揚壽八十
吴晟字曰成壽八十三　蘇文吉妻高氏壽八十
陳萬春字松柏壽八十二　陳萬春妻姚氏壽八十二
邵雲章恩賚粟帛鄉飲介賓例授登仕郎奉旨纂入國史榮奬壽八十一
蘇時耕妻楊氏生道光壬辰卒民國癸丑壽八十二
姚均安妻壽八十三　姚永佑壽八十五
章桐軒壽八十二　陳惠田妻萬氏壽八十七
章永祝生咸豐元年現年八十一

陳鈐字燦然妻錢氏壽八十　邵耀祥壽八十三
邵産春壽八十四　重出　姚學義壽八十五
秦韶壽八十九　秦錫嘏壽八十一
秦浩雲壽八十一　秦錦昌壽八十
秦觀海壽八十　秦雄堂妻吴氏壽八十六
秦姚氏壽八十四　秦臧氏壽八十六
秦二根妻尹氏壽八十三　秦王氏壽八十七
秦姚氏壽八十七　邊梁成壽八十
張承留壽八十三　張振鄉妻徐氏壽八十
張介倫妻戈氏生道光十七年卒民國八年壽八十三

白田壽徵　卷二十三

（清）陳繼福壽八十四五
俞惟義妻葉氏生乾隆癸巳卒咸豐乙卯壽八十三
俞天韻生乾隆丙戌卒道光戊申壽八十三
俞天韻妻馬氏生乾隆丁丑卒道光庚子壽八十四
陳全仁妻袁氏壽八十二　吕復初壽八十三
莊洪福妻邵氏壽八十三　莊朝亭壽八十九
堵景澍妻錢氏壽八十一　堵景濂壽八十四
堵列墳妻曹氏壽八十三　秦湜字南湖壽八十五
秦虞尊妻金氏壽八十　莊組昌壽八十二
章月泉妻王氏壽八十　張乘豐壽八十六

范鳳興妻邊氏壽八十三
陳永年妻周氏壽八十二
張興松壽八十六
秦愛蓮壽八十三
陳阿林妻壽八十二
周曉芳妻王氏壽八十三
周泰安壽八十四
周效漢壽八十一
周聖岐妻堵氏壽八十四
周仁賢壽八十五

呂舒祿妻張氏壽八十九
陳子忠壽八十一
秦延壽壽八十二
秦愛蓮妻吳氏壽八十
賈根榮妻虞氏壽八十三
周永瑞妻陳氏壽八十
周觀光妻陳氏壽八十一
周炳南妻潘氏壽八十一
周瑞豐壽八十二
周霖雨妻何氏壽八十六

錫山壽徵　卷二十三

周學明壽八十七
周浩然壽八十二
周汝梅壽八十一
周惟玉壽八十五
周文煥妻張氏壽八十二
秦雄堂妻吳氏壽八十六
秦汝楨妻姚氏壽八十四
秦觀海妻吳氏壽八十
秦祥熙妻姚氏壽八十七
周明玉妻王氏壽八十二

周志信妻王氏壽八十六
周汝簋妻王氏壽八十一
周元興壽八十一
周龍生壽八十
秦澂文妻臧氏壽八十六
秦鼎奎妻習氏壽八十四
秦春熙妻吳氏壽八十六
秦道棠妻王氏壽八十七
賈金茂妻周氏壽八十五
章桐軒壽八十一

王延孝生康熙癸亥卒乾隆乙酉壽八十二
王鍊生乾隆甲申卒道光丁未壽八十四
章乾生妻丁氏生乾隆二十五年卒道光二十二年壽八十三
石祖福壽八十三
丁仲壽八十三
馬仁林壽八十
劉富連壽八十七
吳灝之妻王氏壽八十一
閔永文現年八十四
謝天綬妻吳氏　八十二
謝　　八十一
蔣中榮　八十五

石忠信壽八十一
丁南桂壽八十二
倪清培壽八十四
虞仁福壽八十五
閔勝華壽八十四
許五福妻臯邊氏壽八十六
謝春容妻薛氏　八十一

錫山壽徵　卷二十三

民國 鄭叙慶妻楊氏生道光二十九年現年八十五
鄭國寶妻邵氏生道光二十八年現年八十六
吳榮昌妻童氏生道光甲辰現年八十九
吳從周妻薛氏生道光壬寅卒民國丁卯壽八十六
戴墨林生道光辛丑卒民國壬戌壽八十二
戴墨林妻虞氏生道光甲辰卒民國乙丑壽八十二
時壙峻壽八十六　時秋庵壽八十
汐俊卿壽八十
時壙峻妻楊氏生道光十四年卒民國十年壽八十五
時書賡妻薛氏生道光十八年卒民國十三年壽八十七

邑志壽徵　卷二十三

民國 周南榮妻王氏生光緒十八年卒民國七年壽八十二
周廷杰妻姚氏生道光十八年卒民國八年壽八十一
楊蔚雲妻薛氏生道光十七年卒民國十年壽八十五
汐全銘妻張氏生道光八年卒民國十八年壽八十二
袁鑑壽妻錢氏現年八十九
袁旭昌壽八十三
周永瑞妻陳氏壽八十　吳塑妻蔣氏現年八十七
吳文淵妻薛氏壽八十三　吳煥明字孝達壽八十五
吳書田妻秦氏壽八十一　侯甫慶現年八十三
吳紀洪偕妻邵氏現年同庚八十一

曹長根現年八十　堵紀兆妻芮氏現年八十五
俞長壽妻周氏生道光庚子卒民國庚申壽八十一
俞莉人生道光丙申卒民國丙辰壽八十
王國棟年八十　王龍寶妻堵氏壽八十五
席金榮年八十八　席龍生壽八十二
席茂根壽八十五　邵塑華妻虞氏生道光乙巳現年八十九
林仁壽妻鄭氏生道光年月現年八十二
吳炳福妻戚氏現年八十　王阿茂妻吳氏現年八十八
楊桂生妻王氏現年八十二　石阿根妻時氏現年八十九

邑志壽徵　卷二十三

戍文翰妻嚴氏現年八十四　周三福妻宋氏生道光二十九年
呂錫鰲敦樸 年八十二　現年八十一
章永祝生咸豐元年現年八十七　渕永文現年八十四

清

倪撫瀅壽八十六　薛鴻洲妻堵氏壽八十一
賈召懋八十六　賈聲坊妻壽八十三
賈季遐壽八十　賈季遐妻鄭氏壽八十六
賈硯滌壽八十二　許瑞洪妻韓氏壽八十五

（著述）

著作等身藏之金匱石室千載而下讀其書知其人關係非淺尠也而文藝次之詩詞文次之是編之輯著述存其目詩文録其尤俾後之人可以敦可以觀可以詠歎回互諷諭而當代所不廢與志著述第二十四

（宋）

遂書三十卷　蔣芾

（明）

魁橋吟稿　秦鏜禎　　小山吟稿　秦泮

讀書百咏　秦泮　　怡情稿　秦檀

無錫縣萬安鄉志　卷二十四　著述　藝文　詩詞附錄

琍塘詩文集　秦柄　　一舫齋銘　秦檀

宜間集　楊璿　　抱拙生集　秦檏

阜牧吟草　秦霖　　湖南雜録　秦霖

文崖集　楊琛　　墨莊詩集　楊綱

鳳山奏録　秦金　　撫湖政要　秦金

鳳山詩集　秦金　　安楚録　秦金

通惠河志　秦金　　未軒集　吳縠

仁壽堂詩藝　吳中秀　　蘭雪集　吳稔

三教簷簷草　吳中秀　　求志齋詩稿　吳昂

詩餘雜著　吳中秀　　懷李齋集　秦汴

無錫縣萬安鄉志　卷二十四

琍塘詩文集　秦柄　　一舫齋銘　秦檀

宜間集　楊璿　　抱拙生集　秦檏

阜牧吟草　秦霖　　湖南雜録　秦霖

文崖集　楊琛　　墨莊詩集　楊綱

鳳山奏録　秦金　　撫湖政要　秦金

鳳山詩集　秦金　　安楚録　秦金

通惠河志　秦金　　未軒集　吳縠

仁壽堂詩藝　吳中秀　　蘭雪集　吳稔

三教簷簷草　吳中秀　　求志齋詩稿　吳昂

詩餘雜著　吳中秀　　懷李齋集　秦汴

此一門名改稱藝文分詩詞文著述三目詩詞文須與本鄉山水古蹟風俗生業民情等等有關而著作人已故者始可入選著述但舉書目以成書為限者又果漫無標準則泛濫無例而文收不勝收矣

仲懷

42

三才通考 秦汴
通鑑集覽正誤 僧性旻
百朋別集 吳百朋
希聲集 吳之霖
煙霞希夷二集 吳道成
五經是二十卷 吳明玗
介安堂典林 吳明玗
周易參義 吳之杕
亮湖集 吳峻
徽雲山館詩詞 秦喬章
笠漁咏草 楊玉瓚
遺教篇 吳志道
芻言語錄 吳志道
魯齋醫案 吳邦銓
儒學論 吳永熙

清

醒齋古文 張應元
秦氏金石錄 秦枝桂
秀雅堂詩集 秦宏鑄
服議 秦汝沙

通鑑集覽韻會增註 僧性旻
錫山遺響 吳三畏
有志堂遺別集 吳濯時
尚書日箴 吳吉
四書是四十卷 吳明玗
立山堂文集 吳明玗
周易集成 吳之杕
鴻軒咏意 吳棠
秀雅堂詩稿 秦客齋
管窺蠡測實錄 秦喬章
慎修集 吳志道
夢骨詩稿 吳道周
便便子集 吳以元
古文辭 吳永熙
青巖集 張光緯
思訓堂詩話 張應元
公廣真稿 秦廣之
果存集 秦宏鑄
也峯詩鈔 馮鎬

著述 藝文 詩詞記錄

柏廬格言詩 葉藹堂
讀書類 秦鉽
八卦尋源 秦瑾和
深柳草堂文集 胡榮曕
雙影龕詩詞 錢昴
闔閭江鄉志 吳廷銓
蘆花餘詩話 賈季超
輯清代諸名家古方千餘卷 賈文熙

補念詩稿 秦鉽
遏雲谷曲譜 馮鉞
茗窗賸稿 馮錦
藕塘新稿 馮殿
吳中平寇記 錢昴
青年丈行集 胡可藹
集先儒語錄 賈文熙

著述 藝文詩詞記錄

宋

一梅堂記略

蔣文忠公重珍致仕歸築是堂為靜養地、名胡埭去邑四十餘里

寶慶丁亥重珍以病歸治藥石無容榻地脫闠中簷瑱得敗屋一區灑掃而居之癸巳春奉祠杜門痼疾勿瘳乃於屋之東南隅為堂一間兩夾室置藥罏丹灶蒲團紙帳于其中故舊有謂予者曰子其掃除一室之小丈夫與吾視子幼孤甕牖繩樞傍人籬落竊一椽之庇輒以為幸矣以堂為予愧然曰是予之過也雖然吾豈以堂為樂哉獨念吾家凋弊五十餘年珍不肖誤蒙寧廟親擢

名列班濟公懺此身病廢退休足矣雖然此身父母之遺體也可不敬乎築斯堂也敬斯體也乃所以報親也不然則安宅何在廣居何在而顧區區于此堂哉自斯堂成而可以求師也凡盛德俱尊者學可及人者義理精熟者克忠克孝者博通經史者深識時務者晉於此下風而問焉則身雖病而心不病矣自斯堂成而可以合族也凡姿禀可教者好禮知恥者遷善遠罪者小廉曲謹者貴不簡傲者賤不卑屈者文藝日將者多識事物者晉於此同材而篤焉則身雖病而家不病矣自斯堂成而可以取友也凡能修而通者能言而踐者卓犖而重者淳靜而立者能知大體者能勤小物者虛心無我者善如己出者惡如

蓄著述 藝文 詩詞 記錄

無隱者相觀為善者吾於此久交而敬焉則身雖病而道不病矣心不病則不敝家不病則不替道不病則不孤貧無憾也賤無憾也存順而沒寧也此豈忘其親而事其身哉堂之前有梅一株清圓茂密因以名堂亦不改其舊也

萬竹亭記 蔣重珍

余已記一梅堂復為後圃開林為徑縛亭東偏扁曰萬竹亭有池池上有梅梅之外琅玕森然向亭而立如眾賢盍簪秩秩其清也如三軍成立懍懍其嚴也風清明月發揮高爽雨陰霧晦韜晦蒙密景物常變皆啟人意余時命蒼頭扶掖病足自徑而亭焉非日涉成趣之謂也非起居適安之謂也其所感慨深矣

余生於淳熙末年時和歲豐田里安樂先君與諸父賓居鳳山貧不聊生故廬已屬有力者然茅齋才池館足幽趣前植古梅後列修竹藜杖野服日引兒姪從容其間故余平時清夢皆此時事嘗刻之家傳以寓罔極之恩矣今是亭之營本非求合而梅老竹茂渾然天成時異事殊心感情愴見先訓遺風使余一刻之不能忘也是余之一遊一息洞洞屬屬如將見之也可不謹哉雖然園林之樂一也而其所以樂此者則有間焉蓋先君諸父之樂此也安於貧而余之樂此也安於病貧者循其理分之當然病者出於形體之偶然律之以原憲之言則大有愧矣先儒亦曰人多言安於貧賤此是力屈才短不能營畫若稍動

蓄著述 藝文 詩詞 記錄

得恐未肯安余之病廢抑近是與書置壁間因以自警

大雷嘴記畧 吳明玕

梁溪多山水九龍峯至闔閭江上緜亘曲折數十里山勢峻拔太湖遶其足轟悍湍急轟若雷鳴水浸三面聲急於他處崖下怪石林立水激之騰沸上湧如雲烟雨雹迸浸空中其激而去也忽低陷數十尺自上臨之惴惴不敢逼視漁舟紛集風檣歷亂掩映落霞殘照間往來如織棹者划者篙者停橈者行者旋者泊者設網者收者貫魚者鳴榔者小舟往來巨艦市易者不可勝數每一瞻望以為畫中非真有也

楊宜閒文集 高攀龍

陽山吾邑西之巨鎮也嵓崒雄拔能出雲爲雨歲旱禱者輒應
環山而居者取山之石爲礱礲治爲什器走之四方數百里
內資之千百年不知瘠其支脈之秀蜿蜒盤踞爲楊氏之居楊
氏貴盛不絕宜閒公與其從弟文崖公後先舉進士宜閒公孝
廟以大中丞節鉞歷皇畿晉楚秦之閒所至拯民饑溺不遺餘
力全活無祘民五世而子孫修復舉進士司天子耳目者數年
其人溫然惠然宅心長者所至有以及物宜閒公舊有詩文若
干卷行世歲久亦蠹蝕不辨子修一刊之而徵序於予予讀其
詩相見其人於其人想見其時美哉熙熙乎盛時景物盛時人
才盛時人才盛時風雅不可及已而予又重有感感也夫之於

皇明著述 藝文 詩詞 記錄

民仁愛之至矣山川出雲雨以膏澤之出貨財以衣食之出賢
人君子以政教之民天下名山大澤皆然士大夫秉炅秀而生
不念吾所以生壁之爲其身圖視吾民若秦越人亦其背天逆
生也哉

楊墨莊詩集　錢福

予從吳中好事者遊往往得墨莊所爲畫及題識隱然想見其
爲人類清苦絕俗之士既而辱承其子文昇於金陵修然玉立
有梧鳳之姿又以爲得其似者於是論其世則紈綺裔也時心
竊異之比卒文昇復以其所遺墨屬京邸索題則又出予向所
見者遠甚要其得意筆也未及題而失者爲之悵然文昇聞之
固適吾先人之游戲耳焉足傳哉乃裒其所爲詩若干篇請予
曰此則吾先人所恃以及不朽者謝終惠之以辭予陋不能爲
詩家者然觀其年未及下壽而所積之富若此苟縱天假之年
亦駸駸乎名大家矣於是而考其志爲亦適異乎世之所謂貴
介子弟矣夫以如是之才而有如是之手一旦擢科目登瀛洲
步列職叙事孰能禦之而竟以隱終亦不異哉昔人謂台閣之文
豐盛宏博山林之文枯槁奇峻迥不相入而於詩尤甚蓋性情
之真見也若居台閣而能道閭閻之艱宅山林而不忘堯舜
之思則可與論於詩之外矣墨莊之詩殆不繫於其地者哉此
余之所爲異也抑亦有說焉潘安仁石季倫輩能爲清逸流麗

著述 藝文 詩詞 記錄

之詞而不去侈靡競進之習識者有以占青社之將屋而諸第三
爲壎續墨莊之詩而論其世匪直爲楊氏賀抑以占風爲則
是集詎可少哉而況楊氏之子姓者珍而梓之亦云宜矣至於
嬈音協律以究其自來則請俟諸能詩者墨莊諱綱字士宏姓
楊集以其所號名從其志也其律身得之其父承事郎其學得
之其伯父都御史宜閒先生而益之他山之助縉紳之教者以
當從其季父郎中公之遊宜是爲序

重刊初學記序　秦金

初學記一編唐集賢學士徐公堅等奉敕撰也歲久板廢抄本
狼籍字多舛訛識者病之錫義士安國購得善本謀諸塾賓口
口相與校讐釐正遂成完書選能鳩工繕寫鋟梓以傳其嘉惠

後學之心盛矣間出視余徵言為序〻病且迺夫何言哉慨昔青其興人文漸著六經載道之文不可尚矣秦漢以來典籍日富至有厭常喜新別開戶牖蒐奇獵異各成類書浩如紛如卒澤於仁義道德之歸者鮮矣今觀是編為卷凡三十為部若干為目若干上自天文下至地理中盡人事物情經史諸子百家之言身採備載事以類敘文以代收向以備對雜然而珠貝陳爍然而星斗麗一開卷而刺昭目快心可以為談柄筆鋒之助識初學之指南也雖然學貴自得道非外求務學而不知要猶勿學也為文而不明道猶無文也善學者苟能博學彊記溫故知新窮探聖賢之閫奧以極性命之精微俾斯道悉會於吾心而斷輪之

著述　藝文詩詞記錄

妙於是乎在其庶幾乎不然徒以抽黃對白為工誇多鬪靡為勝以貽玩物喪志之誚則去道愈遠而學非其學矣彼所謂書淫傳癖者奚足尚哉此固非刊是編者意也予素不能文亦非深於道者姑書此以引其端且與四方同志商之

（歌詠）

樂溪居萬卷樓　蔣重珍

小艇溪邊月來舜萬卷樓遂初讀書處鶴去白雲樓

其二

剩有溪山樹書樓迹已沉古人不可見遠樹一悲吟

其三

萬壑注清流孤煙起莫愁龍山青溪半落雁影過書樓　前人

自題雲龍小隱

龍山錫山兩山雲出能為雨入為晴雲山之氣有斂散斂散之理斯為神我廬山下有小隱雲為動兮山為靜悠然而出物之澤屹然而峙地之鎮我見雲山喜與俱雲山無情不見余我比雲山多此見不如一似雲山無

前湯普濟菴　陳焰

一夾龍舌地蘭若此中開曲徑深依竹荒池淺鑿苔要令溪水接莫礙野雲來只愁菴居興難掩出世才

生著述　藝文詩詞記錄

西溪村在富安十八六圖明初秦淮海裔孫福三由武進秦村徙居於此子姓蕃衍分二巷曰河東河西村有八景各附以詩

西溪夜月　徐獻

圓影漾溪流皎潔渾無比分明白玉盤墮入龍宮裏

前題　沙煥

偶玩西溪月清光五夜明露濃螢氣濕煙淡水波晴照渚菱花動澄空鷗夢驚披裘船上客相對卧殘更

前題　吳欣

漁舟向晚泊雙隄明月流天映碧溪清杵齊敲千里影霜鐘初

白五更雞和風拂浪玻璃碎浩氣凝虚星斗低如此良宵莫辜負更深沽酒到村西

南隄深柳　清　秦汝梅

密柳如幃耀眼青南隄好景最瓏玲村邊掩映疑拖線池畔輕盈似作屏藏得黃鶯聽覞睆飛來紫燕看娉婷風吹弱絲迷芳徑春暮橫披滿碧汀

前題　吴欣

南望平隄春色融萬株新柳夾西東長眉綠帶三分雨細葉裁憑二月風慣拂行人如著意會牽别意只排空最宜柑酒觀携坐聽個黃鸝百囀工

[illegible]丘著述　藝文　詩詞　記錄

普濟蓮池　秦汝梅

好景初傳普濟前亭亭翠蓋一池蓮香生柳岸香還繞水接溪流水愈妍大謝題詩迎曉日豪莊適性愛清泉最宜長夏凭欄賞淨挹薰風擬仙

前題　吴欣

普濟池中植慧蓮遺風擺月静娟娟芳姿獨出汙泥外疎葉空摇秋水邊貞潔原存君子品豐茸豈望美人憐遠公結社誠堪慕舌底瀾翻可悟禪

下堂虬柏　秦汝梅

古柏虬枝樹遠年下堂培植景無邊濤聲暮響鸞棲鳥黛色朝含碧映叢蔗老榦經霜偏耐冷蟠柯照日愈生研甘棠勿翦爭春豔勁骨撑空性自堅

前題　徐獻

下堂遺址存古柏欣瞻仰老榦勁無枝化作虬龍樣

前題　吴欣

古柏離奇形曲拳青虬蟠結勢冲天風雲久鬱根將化霜雪難凋質本堅堪擬龍門桐百尺豈同古社櫟千年可憐手植人何在夜月春深呼杜鵑

石磴觀漁　秦汝梅

游魚最喜躍清溪漁子閒來石磴西舉網都宜臨古岸垂鈎還欲到長堤噴香自覺鱗鱗接鼓鬣應教職職齊童稚釣遊偏自得登龍豈復憶蟠泥

[illegible]丘著述　詩詞　藝文　記錄

前題　沙煥

石磴凭欄望魚嬉汀渚多江湖閒草笠花柳掛煙簑拋網翻紅荇游鱗躍碧波羨他芳岸下贏得髩絲皤

藥師清梵　秦汝梅

何處傳聲趣倍增梵居幽静避誰曾坐來恍入光明界聽去還聞最上乘却訝談經過慧境因知説法晚烟凝塵心到此俱消盡翹首頻看月上升

前題　徐獻

古刹相沿久文殊設教深會聞鐘磬響劃却利名心

溪渚漁燈　秦汝梅

溪渚漁人唱晚天燈光向夕望中連熒熒火映斜陽外點點星移古岸前傍雨還明因結網乘風乍滅却含烟遙看閃爍藏蓮底深夜還疑月滿船

前題　徐獻

向晚集漁舟漁人傍溪宿燈影射玫明紅焰垂金粟

前題　吳欣

漁燈掩映近前汀天淨雲空烟水青弱櫓搖開一溪月垂綸牽動半潭星漸從曲岸花前過旋向雙隄柳下停豈必九微千萬

[illegible]著述　藝文　詩詞　記錄

影此中相對已忘形

前題　沙煥

日落停漁唱疎燈溪渚挑螢燐添影烱明滅隔蘆摇鎩炷綴魚燦光寒烟水迴陰雲遮不去蒹岸度殘宵

秦祠雙桂　秦汝梅

佳種幾株發素秋祠中雙桂色常留最宜月影清光滿尤喜烟籠金粟稠露冷花開香愈遠風吹子落幹還遒蟾宮高折宜隨步奮志青雲莫與儔

前題　徐獻

竇氏燦五株秦氏榮雙桂連步上青雲蟾宮摘香穗

前題　沙煥

淮海傳祠宇秋芳擬薌林氤氳金粟子蓊鬱古藤陰逗月天香遠流風俎豆深年年雙蕊發折取莫沈吟

前題　吳欣

麗日烘雲暑未涼迎風雙桂競流芳八公並拉淮南客五子同登竇氏堂聆鑾無聲驚冷露天香乍落感秋霜小山招隱詞誰和把酒無言對夕陽

癸丑春闈聞金兒禮闈試捷　秦早牧

橋門辭講叩天關黃甲新恭進士班金殿傳臚啣鳳詔玉階繞伏覲龍顏已將姓氏聞天下好立功名在世間猿雀也知

癸酉[illegible]著述　藝文　詩詞　記錄

榮幸事春晴隨我看青山

泥金飛帖卜平安老眼摩挲帶笑看祖述有源流不盡君恩無限報尤難立身要在師賢哲輸世還期作好官拚却買書錢一束剩沽春酒速賓歡

讀忠武王磨忠錄　前人

賊檜甘心事虜猷武王冤憤竟何休一收上將三十士半失中原百二州青史有名齊李郭黃泉無愧見伊周栖霞嶺下東西樹鬼哭猿啼夜夜愁

贈華藏寺靜巖和尚　秦金

靜岩登座幾年來解識遠公眼倦開萬頃湖光涵日月四圍山

色擁樓臺樣簾花雨禪心定欹枕松風鶴夢回老我肩輿遊欲
徧新詩題罷重徘徊

贈徐東之　　秦金

浮名不足貴古道宜自任悠悠百年內歎息誰知音有孅晉陵
士正氣凜素襟奇才見國瑞博學成書淫胡為久寂寞獨鼓薰
風琴谷幽蘭更芳川媚珠豈沈西江渺千里一官拜儒林慊然
此南去聊以慰母心母心既云慰斗祿千黃金偉哉孝子計師
橫重官箴傳經自白日壇杏青春深江湖來遠夢巨麓動高吟
俯仰皆樂地世路徒嶇嶬眷眷臨別懷杯酒聊共斟

單貞女　　前人

著述　藝文　詩詞　記錄

卓哉單氏女蚤字沈氏郎女也未于歸郎兮倏云亡誓不改他
姓悠然謝紅粧髮雲剪零亂臂血鶯淋浪爺娘不能強媒妁空
舍皇女身一毛輕九鼎扶綱常糟糠僅充口織紝聊為裳青燈
伴形影白日輝肝腸鄉閭不識面荏苒八十霜丈夫志許國此
女堪激昂有懷三歎息行將獻廟堂

三節堂　　前人

古道不可作薄俗難具陳佳哉溧陽史盛事今罕倫一門著三
節譜牒傳來真姑也為烈婦避辱甘殞身姪也為孝子刲股疾
愈親孫兮死血戰偉然作忠臣正氣塞天地孫標出風塵綱常
九鼎重公論千年新高堂扁仍在白日懸蒼雯聲詩詔來裔庶

俾民風淳

西溪俞翁哀詠　　前人

憶昔贊翁像旋復銘翁丘幽明隔生死瞬息成千秋賸茲西溪
滸吾道歸滄洲平生吊古懷無復商歌謳惟餘舊書卷貽厥闕
孫謀孫也念祖德勵志追前修英聲蜚藝苑獨向南宮遊秋香
卧染指春色仍皇州忠孝照綽楔恩光被松楸食報終在天天
道寧悠悠

送鳳山戶曹歸省　　杭淮

白雲虛眺鳳山居此日真登易路車胡漢秋高無牧馬司
農邊儲有羊鶴江花且拂青春佩海月先傳白鴈書客子

著述　藝文　詩詞　記錄　　秦金

出門達定省寒風吹酒重踟躕

答秦鳳山　　杭濟

薊北紅雲遠荊南碧樹秋有天隨去住何地聚交遊日月催餘
景江山對晚愁停雲思無極千里一登樓

壽秦司徒丹鳳圖　　杭濟

崇階踐台斗三朝歷兩都廷儀照舜治岐瑞協文謨世際明良
盛恩承雨露殊天將錫難老為國佐丕圖

送鳳山歸省　　前人

經國平生事趨庭日夜心江程分曉色霜柿拂秋陰白髮山俱健黃
花酒共深劇歡還起舞新綵照華簪

帑賜列千緡虛橐來是貧還家真喜極戀別轉情親秋老
青楓岸風生畫鷁津隨君有清夢飛傍故園人

捉兵行　秦鉽

聖朝遠略方右武柏林都尉猛於虎日發軍符遣健兒四出捉
人補軍伍健兒奉令不敢停馳驅絡繹如雷轟窮追急捕過盜
賊雞犬村村不得寧丁男奔走婦女藏道傍躑躅啼孩嬰煢煢
二豎方傭耕忽遭急縛難支撐健兒報命都尉喜忙書年貌閱
姓名傭夫被捉心魂失叩首陳詞心戰慄自言本是山野人生
成愚鈍真無匹有手但能把鋤犁有耳何曾聽官軍律況兼戶
內有丁糧征輸有期法令必里長昨傳縣官語今歲催科倍加
疾不惜一身事將軍縣官租稅何從出都尉聞言更大怒奉令
募兵誰敢拒但使邊城武備張安顧室廬與田土上官尚且不
敢問區區縣令何足數趨加束縛置密室莫令脫走煩更取急
呼軍吏治文書便以姓名上幕府傭夫掩淚起彷徨口不敢言
心自傷同伍競來勸酒漿笑汝作計何不良身居戎伍多氣概
何用自苦勤耕桑今時邊境正太平長城以北無戰場四方偕
亂驅馳盡永不征調離家鄉不用挽弓與披甲終歲安生支官
糧田園拋棄租稅在自有同里為賠償更可依倚將軍勢陵轢
鄉里誇身強傭夫聽說猶錯愕一朝幕府軍書落數行伍籍甚
分明姓名已奉元帥諾刈薪飼馬日夜忙誰敢支梧更前卻捉

著述　藝文　詩詞　記錄

兵自古將自衆請得緡錢歸將橐借問何人此橫行官是守戎
身姓郝

臨別留贈戴竟天　李超瓊

廿年早飲惠泉清來顧湖山感一更矢為明時宣上德數從鄰
邑盜虛聲膺薦換縣知才拙柳敏臨行感物情惆悵陽關三唱
意祝規難副吾恩名
列日與公賦遂初城東讌說兩蘭葷麟辛重收蘭害馬難容
衆牧豬疾惡志希朱伯厚緩刑書愧路溫舒婦容綺服愁徵亂
三復荀篇風徽予
中年異政豈能進螟不為災年有時出郭商股田上上入冬收

叁壹四　著述　藝文　詩詞　記錄

獲稻遲遲郊從觀稼登高日快寫歌豐老喜詩班傳一言差自
慰所居民富國虛辭
豐含華菁毓偉材新知舊學漫驚猜經師未老孫明復績臧多
通庾季才濟世根源忠孝在讀書事業古今該莫憂滄海狂瀾
倒祇待儒生手障回
聖朝薄賦斂無苛閑桀均輸意莫說款議頻知紓禍亟溫綸常
見恤民多市饒杭粳盈儲胥人校榆貴總和尸素敢期中下考
未優攜字拙推科
飄忽爭採赤白丸翁歸術短衛民難地隣江海萑苻盛俗尚寬
柔亦守望卑敢護徼巡三失伍若為教養一長嘆置樓懸鼓五家

事全糅千村枕席安
團練肩鐵辦何能獨抱心壺一片冰有累敢攜倩獻崔集才難作邳都鷹綠形閑戶摑何益乙耆爭田讓未曾元日千言多苦口不嫌辭費勗黎蒸
臺訪姑蘇昔戴星飛鳧地近路頻經伯謀自顧髯全白阮籍何期眼為青南浦有情增繾綣東林未沫識儀型九龍山色頻回首西笑扶歌許共聽

詠揚戴節母　李挺瓊　清

霜筠雪幹質性堅暮春歲挺挺神獨全蝎嫠志節足相况萌芽托蔭終差天九龍岡麓夾湖走陽山卓立諸峯後湖山清氣發神

卷二十四　著述　藝文　詩詞　記錄

維戴家節母名未朽節母之亡今五稔邑人鄉邦重題品當時共命慘分飛三十七載冰霜凜刲股精誠泣鬼神魔難不死甘艱辛雙雛成就資熊胆　九陛旌揚錫闔綸我來久聞郇鑄事令子非公未嘗至車驅廻與陽鱎殊從知母教先行誼雍容矩步矜青青偃室皆為澹臺祠試陳古訓辨督正心期有道表儀型昔聞漢代鄉三老孝弟力田籍咨致魏晉九品中正名才望交推晉國寶今鄉置董將毋同亭長里社惟廉公扶持交助勵六行善良蕙德心和融彥方少游事可風鄉曲閭見晴能蒙浮沉浮尊正波靡詎存作偭由當躬幾人昧此若憑社猶狼恣貪狐善假左袒竟及牧豬奴下流甘為害馬者智昏大抵因阿堵老成鄙夷羞噲伍汚矣直嫌庚亮塵爽之宜鳴冉求鼓我愧鳧舄頻換縣齋丕剎弊皆親見錚錚佼佼自有人一語未忘儼嚴面君家奔席誇經師雞羣立鶴夫何疑里居樹德厚鄉曲大雲出岫推而施廣俗毀譽雖多私此心無愧終芳知桔槔我亦抱孫慟令名羞辱將毋貽從來節孝皆心起畫荻遺徽著青史會看珂里競摘揚非此母不生此子

秋日重過錢氏小園　杭濟　明

梓出安陽左橋橫新漬幽來尋十笏地能會衆山秋白板扉仍啓清茶味更稠坐聽禽語熟甲子一為籌
看竹四經春重來松菊存主人初識面為我掃閒軒姚魏花全

卷二十四　著述

謝麓蕉碧有痕從今成故舊風雨索清尊

陽灣觀樂部　許沅　清

青山一路踏春行譜出歌臺絲管聲楊柳和風吹碧落杏花微雨近清明賣餳天暖人如畫禁火村寒鳥欲鳴難得家家好時節與誰共領此中情

路旁邊樹　楊仁傳

步此不登勤築路，路旁奇植楊柳樹。樹高葉茂蔭農田，晝吸陽光夜吸露。吁嗟夫！樹晝長成禾則枯，收成減色向誰訴？減收尚不妨，祇須節用度，可憐穀不生，無常納田賦。賦無從出入囹圄，誰人念我農民苦？

感時詩三首　壬午年十月　楊仁傳　民國

中原兵氣未全消，蕃地東瀛起狂瀾。衛國無人心欲碎，
意遣紅嬌看鐵騎，[illegible]蹺起我中山畫動搖[illegible]黑
面心存漢室欲平遼處
天南猶有黠神傷，何處揚戈挽夕陽。古木參差風打雨，白楊

題
劃火霜為鄉生處有血誰甘首，歌哭新聲我欲狂，願莫
忘[illegible]精誠團結揚扶桑
秋風一夜渡遼東，錦繡山河血濺紅[illegible]
幾時清宴[illegible]夢難圓，轉眼空[illegible]
平海島神洲許爾是豪雄

棄肉吟　楊仁傳

朱門餘果肉。餵犬滿銅瓿。那知犬嫌惡。棄去類糞土。乞兒時在旁。食之大快口。感此欲問天。苦樂汝知否。太息貧家人。不如富戶狗。

懷母吟　嚴濟寬　民國

烏啼月欲暮，寒風吹竹林，竹音一何悲，感我遊子心。天乎何高高，海也何深深，聊將明發意，成此懷母吟。憶我生六歲，遽遭阿父喪，阿父有遺命，彘茲兩兒即弟裏兒則讀，鞠育惟汝望。在昔無父兒，每作野家兒，母也戴拜言，養子如種穀，願將茹糵心瞑汝。于秋日八齡入學，初晨起為梳沐，焚香告父靈，掩涕理書服，謂勿學他兒，他兒福命佳，有父有田產，汝窮且無爺。黃雞屋角叫，今日又生卵，速讀去拾來，飯時為汝炙，姨來有果餌，舅來有雜[illegible]，速讀去探來，全吾愛汝。弟妹不解事，恐汝讀書，手速讀持筐來，從我取蔬有水，苦無鹽，有水複無米，速讀待春來，飯糯先

卷二十四　著述

擷與。四月養蠶忙，吁兒助采桑，飯關可賣錢，為兒製衣裳。五月田事急，吁兒管牛羊，牛飽可耕作，羊肥將繁昌。衣食於焉賴，東作於焉生，書衣看帚帚，兒衣日以長，無貴千萬鎰，語貴千萬箱。插柳初成蔭，種樹未成梁，客歲來西粵，日夕縈愁腸。住處八口窘，去家萬里航，兒心猶膝下，母心已他鄉。臨行都緘淚，祇恐兒心傷，那知命途舛，我遇丁倉皇。硯田成惡歲，穫末未能將，況復得妹書，云母日就衰，展書損寢食，嗚咽淚滿襟。未能奉救水，敢為游有方，撫檄媿毛義，迴駕慙王陽。心以修竹碎，夢與白雲長。遊子意如何，小草歧路旁。

俾民風淳

題秦貞女荷貞　　嚴濟寬

瑞華化作女貞枝撤盡瑱環泪暗滋卒載頭䯻如梦一門屈指不勝悲强栽阿母忘憂草幸得孤雛續命絲一例媧皇補天手論功應勝北宮兒

秦貞女行述生誌　　吳廷銓

貞女秦荷貞張舍彥齋先生女彥齋生有子女各二長次二子早世而出季子顯承而又癯於學妻楊悍夫繼亡遺孤一女三貞女以父兄繼喪弟嫂運亡上有老母下有遺孤二姊既俱適人仰事俯育責無旁貸乃撤其環瑱伴母以居守貞不字持齋綉佛操持家政内外兼營不勞母力以三孩並育撫字不遇奉母命將姪女月仙寄養張姓將姪子雲女蘭英盡心教養母氏棄世喪葬盡禮家道蹇窘盡心計核寧節衣食而延師教姪不吝脯修以歷年維持家計心力交瘁病魔纏繞五載卧床幸天鑒苦心得占勿藥今子雲已厠身學界二女擇配望族克孝翁姑皆貞女教導所致也噫秦氏中葉似續幾希若無貞女扶持則克臻此由是觀之貞女不惟能貞實存孝意大有功於秦氏今貞女年逾花甲猶然襄理内政夜深夙興白髮皤皤而閨女儀容凛然謹守古所謂巾幗鬚眉者余於貞女見之子雲與余為忘年交囑余為誌余雖聾聵而欽慕芳型固辭不忍爰為直筆不加藻飾不作諛詞他年請旌聊備採擇云

卷二十四　著述

記徐城孝貞女士鄭翠寶　　胡可藹

小姑徐城名媛叔數長女幼嫻姆教長習枲麻純孝本乎天性友愛出於至誠妙齡及笄慈母見背父本寒儒鰥居而猶就館穀弟才襁褓保護僅賴乎姊行於是鉛華不御膏沐不施荊釵布裙跳舞會掩耳不聞秋月春風遊戲場終身絶跡其孝養嚴君也棗栗肴脩定有時彬彬有容其應時接物也恭儉溫良巾幗中嘖嘖稱善其綜理家政也酒漿粢盛內外閒井井有條有執柯者至輒以父老弟幼為辭為主幹為鬚眉生色為女宗爭光如冰之清若玉之潔稽載籍考史乘貯衛六合從古今得與姑後先媲美者固代有其人然律以晚近之風俗人心崇自由尚戀愛幾不知孝為何事貞為何物並姑之世若姑之賢歟歐風東漸後尚有幾人哉迨乃弟冠婚已了乃父鬚眉髮已班女子三十而嫁未可云遲然一念及垂暮鰥老何忍息肩於弟嫂虞舜五十而慕豈甘獨讓今而後無暇白璧得遂初衷於生平其在詩曰孝思不匱易曰女子貞不字小姑養生送死全孝完貞謂四德具二難并可無愧焉迄今皓首白髮猶是北宮女子浚假易笄而弁不啻南極老人當年之孝貞可嘉末日之猷軒宜采藹誼屬姻婭才非馬班愧無燕許之大文頌笄珈之令德俚句偶成鷺章待旌

卷二十四　著述

二鰥記　奚銲

閭江修浦有二儒者人稱二鰥其境遇同賢哲挺生同
優遊泉石克享遐齡同而中歲喪偶不再娶著述自娛又無
不同當二鰥悼亡時女號於前兒哭於後內政外務分身乏術
有勸以續娶者輒拒之謂膝下既有子女能負擔教養遐天之
眠或能如願以償若繼娶偶一不慎適以生煩惱而促予壽且
賢否未可知其辱沒青年婦女則何忍二人同心其利斷金卒
能類了向平蘭桂芬難能也亦可貴也閭閭江多吳姓本至德
後裔修浦亦多胡姓代有聞人入其鄉見婦孺老幼皆彬彬禮
則力守防閑絕未聞有蕩檢踰閑致為宗族鄉黨所擯棄者夫

卷二十四　著述

豈非二鰥之力所以潛移默化與一自四三失偶今年七十五一
自四十斷絃今年六十七均康强健飯步履如常知多壽之
徵原於寡慾洵不誣也二鰥為誰予友吳廷銓胡仲吉

附二鰥吟　嚴濟寬

震澤之西陽山北山明水秀清曠域嵩嶽降生誕耆英仁
者壽徵合其德閭江修浦二鰥老譽道同術數風好耆年碩
德希世珍端人正士邦國寶幼習舉業通今古長擁皐比宗
鄒魯天惜一衿成韋布安貧時隱伯通廡名場傀儡運坎坷捷
徑終南一笑呵伯夷生來無媚骨寒蟬甘抱百尋柯弱冠朱陳
早聯姻成羣兒女各祈循多男空說爹娘福為誰辛苦為誰貧
琴劍飄零客異鄉妻病亟醫未商量藥爐茶竈不生燎一封
絕命折鴛鴦風散彩雲愁萬斛不聞機聲聞夜哭戒旦猶聽
雞曉鳴歌悼鼓盆淚一掬屈指同牢十九年後先共賦誄亡篇
朝課生徒聽鐘下夜歸兒女泣燈前誰家有女貌如花何處姬
姜顏似玉蜂媒蝶使時臨門聲聲勸續蘭房燭二鰥立志堅拒
絕願作義夫永守節夫為妻綱同甘苦忍教兒女愁眉結南鰥
騷壇稱文雄北老王立美髯公青年文集付梨棗訓詁性理一
鑪融閭閭五社號平心家書寶藏感人深年逾花甲始卸職政
府歲給養老金二鰥喬梓山斗仰父為議員子鄉長盡規獻納
人景從福國利民歌擊壤克家有子能自强耕且讀兮兼習高

卷二十四　著述

術體天心師韓康松齡遐對慶生堂富安鄉志勤採訪同堂編輯
共草栅手不停披百家篇龐眉皓首老益壯蕉境漸甘已白頭逍
遙杖履故園秋枝滿陰綠兒孫福海鶴年姿世罕儔二老姓氏
究為誰耆艾相逢九老會至德後裔吳廷銓安定世家胡可
藹　雪寬

[illegible]女吟　奚銲

[illegible]女吳經文良人鄭少鴻同里全榮者夫屬為本宗榮妹貢
全婦嫁與李巷農嫁後時反目輒遭丈夫凶歸寧必涕泣含
淚訴苦衷一甚再而三爺娘假作聾緘口反躬四德三從惟

有百般勸慰寬女胸夫既不良姑又苛虐妯娌不相逢催命
符歸去歸去雙眉緊閉鎖重重入門拳足怕交加一步一回
頭知死在臨頭彷彿刀俎鼎鑊炭熾紅勞拍幾聲嚮半夜聞
鄰舂司空見慣不多事有誰從井救阿儂拂晨夫婿忽奔來
聲稱窮物逃無蹤接連三報無幾刻又報落河身死訃彌縫
父母聞之號淘哭馳看尸卧停垣墉兄念死者長已矣哀憐
撫恤懇情鍾詎知不言猶自可言遭怨目勢洶洶噫嘻一柔
好芙蓉頭骨遍體似鱗龍一手掩盡天下目大有背景顯神
通偉哉[illegible]女士吳經文不平代抱鳴冤鐘官吏受賕鄉愚懦莅
場相驗慢疏慵枉身雄辯幾滔滔一無傷一有傷唇鎗舌劍
鬥機鋒不干定欲干恫嚇不怕嚇屍場爭鬥相攻衛無奈勢淩
官威大爪牙似虎杞官封巾幗毅然丈夫志一肩重負不放鬆
声請再議蒙核准
[illegible]止控高院訴情悰主審五審
[illegible]最後開棺惠麓峰
開棺關係人命重必須畫寫反坐供畫畢覆驗屍體既久已臭
腐生腫膿並須蒸骨蒸籠備洗刷蛹時煙氣濃太陽班斑殷紅
色致命鐵證難消溶[illegible]
[illegible]屍光
無語低首服懸案定判告始終沈冤大白人心快幽魂自此慰寒塋
偉哉吳女士吳經文赤膽伏義真可風污吏斂跡凶頑惕歌聲動
樹蓋慈龍

（藝術）

六藝之中不廢書數而繪事亦代有傳人專門之學一藝之長雖不必同文章经濟見重於時而指毫弄墨攄抒一家識者尚焉他如盧扁見於史書著籠垂諸簡冊旁及琴棊綉刻百家九流之屬擇其尤者彙爲一編其亦小道可觀者歟志藝術第二十五

無錫縣富安鄉志 卷二十五 藝術附書畫琴弈 篆刻 術數 醫卜 刺繡 河匠

（宋）臧中五精華陀術宋徽宗賜第宅給迎鳳額

（明）吳曄字子華好學書工柳顏尤善詩奕寸紙片字人皆寶之

吳澗時澤峰公孫也號心澤嗜學能詩書法工小楷畫學工草虫名於世

陶永寧字公球明萬曆時人工詩畫有淡墨牡丹傳世

楊綱號墨莊以詩畫著名著有墨莊詩集

楊文星字時奎號龍川善畫紅梅

錢天爵字秩卿通經史諸子百家尤喜邵子易說精於數學每事前決懸策而驗者十八九時流賊方熾絕意進取會大兵下金陵福藩出走大江南北震動江陰忽烈日中大

雨雹公謂當有驟兵起筮之得遯之同人其繇云羝羊觸
藩有退無前涉水得山若瓜之緜綿公曰數也易示我矣
遂挈家避居無錫安陽山下未幾江陰故閣典史以大兵
十四萬戰守八十餘日事平城中無得脫者人始服公之
先見遷居新瀆橋百姓從之者數十家遂成爲市
俞兆熊精幼科遠近延致治劇病輙應手愈貧不能醫者資
以藥餌且助以錢著有活人醫業爲後學準繩
（見道）楊仁賢農家子貧不能讀書專攻刺繡精人物花卉翎毛之
屬異常活潑時人稱其有針神相助爲男子中不多得者
（無出）章光斗工繪事擅描鯉魚墨龍

卷二十五　藝術

（清）秦儀字鳳岡號梧園性明敏工詩隨父徙釭夫遂習丹青以
山水擅名尤善畫柳尺幅巨箋蘸筆揮翰對之如萬樹濃
陰令人神思煥發每作一圖輒自留題體格清絕可愛名
公鉅卿慕其才藝爭相結納比部鄒一桂尤與契厚爲納
粟入監并勸以詩畫進呈富貴可以立致儀辭而不爲漠
然自處榮利兩忘約裝歷燕京登岱嶽訪會稽凡名勝之
地靡不畢覽晚憩吳門吳中購求詩畫者喧闐于門儀秉
興揮翰千幅萬壑奔赴腕下圖幅既成短篇長句入手立
就咸驚以爲神乃集詩句彙成卷帙顏曰吳門遊草一桂
序之子寶亦以畫名年未三十卒

張南薰善書法擘窠大字尤擅長
黃鍾字樂亭善醫疑難症應手奏效不責酬人餽之亦不辭
貧者資之藥物數本好施伯叔早卒無子竭誠事諸母伯
母有女寡迎歸與母同居數十載親友之貧者養之終身
不倦手輯解圍元藪古本及樂亭醫案行於世子瀚亦有醫名
沙書善文翰筆力遒勁老于書篆者至稱其爲得鍾王家
之法
薛漢翻善畫山水有倪雲林之目自號安陽山人
陸清翰字耀明性嗜酒醉後繪金魚活潑無比尤善爽研精
竭慮鄉里稱爲國技中得三昧者

卷二十五　藝術

（清）沙煥字景雲號燦如精醫理遇疑難證諸醫束手危不可救
者一經刀圭出靈丹立見神效性耽子史善吟咏與吳蔭
余等相倡和有文峯詩草沙氏醫業行于世
吳章甫字俊學擅岐黃術尤善喉科性仁恕貧病不較施醫
藥發飢米每歲除夕爲鄉里倡著定例清咸豐庚申間全
家渡江北俊學隻身往來兵燹中月一省視及親沒閻耗
哀毀幾不欲生年七十餘猶引以爲憾能吟詩有云渡江
不見父親面兄嫂麻衣泣涕漣沒祭不如生[illegible]薄養烏私
未遂恨終天之句
另行
徐建常善卜尤擅輿師聲宏亮能知人
休咎有疑難事卜之輙驗遠近嚮風有徐半仙之目

君川善碁一枰風雨試輒冠其儕雖素稱國手者無有能勝
其技
胡臯字在茲太學生善畫山水動物描容尤心靈手妙形神
畢肖
(民國)薛拱宸(辰)字星齋縣一高小職(教)員精手術善繪画金石雕刻尤
匠心獨得
秦柳江無錫蕩舍小學教職工詩善畫值世風丕變學術革
新乃棄職而習岐黃師韓康名馳遐邇晚年性耽周易於
皇極神數尤多心得當世聞人如何玉書等多為揄揚
章仰之字光斗少貧苦善讀書善丹青所畫墨龍鯉魚躍躍

卷二十五 藝術

欲飛栩栩若活一時文人學士喜藏其圖而寶貴之
虞祖畊聰穎好學秉性耿介工書善畫於國音並字母拼合尤多
心得任校長十餘年聲望日著惜年壽不永没於上舍小學於
安陽書院開追悼會時人多惜之
許序賓諱三益精軒岐術貧病不計有求急治者輒舍要務就
診嘗語人曰病家求醫冀活耳若計私而不盡心或遇急症
而不速往是人非死于病死于醫之利欲薰心也余何敢然
以是活人無算性尤好施與里有貧困者恒周恤之路有艱
行者買石補之門門有木橋妨夜行危險每夜親燃路燈始
就寢
賈雲裝書圖勁取法顏柳詩得六朝神韻畫工蘭花

昔章實齋謂志書記人物須如正史之紀傳不可稍涉標榜而史志通例又都以蓋棺論定為原則故現存人物似宜暫勿列入 43

欲飛栩栩若活一時文人學士喜藏其圖而寶貴之
虞祖畊聰穎好學秉性耿介工書善畫於國音並字母拼合尤多
心得任校長十餘年聲望日著惜年壽不永没於上舍小學於
安陽書院開追悼會時人多惜之
許序賓諱三益精軒岐術貧病不計有求急治者輒舍要務就
診嘗語人曰病家求醫冀活耳若計私而不盡心或遇急症
而不速往是人非死于病死于醫之利欲薰心也余何敢然
以是活人無算性尤好施與里有貧困者恒周恤之路有艱
行者買石補之門門有木橋妨夜行危險每夜親燃路燈始
就寢
賈雲裝書圖勁取法顏柳詩得六朝神韻畫工蘭花

貫豐綬工書法初入二王室後臨歐柳得其神又善畫蘭

流寓

吾鄉擅山水天然之勝名流賢哲託足從居頗不乏人雖非生長於斯而學問道德高風雅韻實有足傳取左鄉言鄉之義即生於鄉而携家遠遷僑寓他方者亦並列之志流寓第二十六

清

朱清藻字香國副貢生武進人清咸豐初避難於富安之陸墟性嗜酒豪飲能詩文與地方人士相倡和尤善楹聯嘗題陸墟橋石柱有雁蕩雲排紅迷桃岸鴨頭春漲綠漫柳堤之句先庚申一年病卒葬於鎮市之北

時慶萊字蓬仙本鄉陸區橋人光緒初舉孝廉官杭嘉湖道以官地為家即挈眷遷居入杭州籍

毛羽豐字軒霞武進毛家橋人廩貢生博古通今教授不倦在陸區鎮講學十八年一時羣彥多出其門下

錢以振字琳叔本鄉新瀆橋人邑庠生富有田產光緒中葉遷

武進東城內雪洞巷遂以為家官山東鄒平縣

楊岑號心和官北京東城兵馬司副揮使後徙武進縣定東鄉圻舍

鄒卑爾字立如光緒舉人先居武進之三河口後講學於陸墟之安中致用專修社善屬文弟子從遊者百數十人其英俊皆有名於時寓鎮三年餘卒

崔克順宜興蘭右望族光緒初授明經善隸書骨幹勁拔終日不倦在安中講學二年求墨者眾人皆稱之

(民國)吳介璋字復初由武進薛墅巷遷居新瀆橋陸師學堂畢業以道員任江西統制光復後升江西都督卒贈陸軍上將為有功民國之人

秦祖游武進革邨人也好讀書性廉介喜靜惡囂搆草廬于吾鄉邵巷之船子岸其地離村落里許無左右鄰居其下雖淹沒不遷半耕半讀聚徒教授自食其力嚴取與於一芥散衣蔬食簞瓢屢空晏如也

朱華萊常熟耿涇鄉人棄農習商設糧肆於鄒市慕錫山水之勝遷居安陽山南之菱塘里結茅剪棘以勤儉起家舉鄉飲賓以高壽終

(祥異)

旱潦風雹饑饉荐臻至不祥也於史必書所以示儆戒是則雨暘時若穰穰歲稔不可多觀者並錄之及其他山石崩裂紙妖興祟種種不經見者亦并存之非敢語奇祇以記實也志祥異第二十七

(明)成化十七年春夏旱七月丙戌大風雨水驟漲八月乙未風雨又大作安陽山水漲尤甚壞民廬舍歲大祲

嘉靖十三年大水陽山蛟冲巨窟二百餘丈淹沒田禾人畜無算

隆慶四年陽山石裂崩沒五虎洞斃土人八五

(清)順治十九年大水淩及安陽山之麓田盡淹民廬多壞舟行數百里不循故道疫癘大作病民閉戶相枕而死村落為空

雍正元年旱　二年　三年又旱

乾隆五十一年自春至夏無雷六月十六日始聞雷是年大疫

嘉慶十九年大旱
道光三年大水
道光二十九年又大水
咸豐三年三月地震八月又震
咸豐六年大旱
同治八年木狗食人畜
光緒二年白蓮教妖作祟有物壓人民不安居（祟剪男辮女髮者又聲震民屋床次）
[illegible]
光緒三年五月枚木蝗入境不為災
光緒八年飛蝗蔽天食草根竹葉殆盡

卷之十七 祥異

光緒十五年大水淫雨四十二日
（民）十二年夏雨雹如鷄卵傷人畜
十四年秋隕霜殺蔬草
十八年米騰貴每石近六十千
十九年秋禾大稔冬大雷奇寒殺菜蔬
二十年大雨滲春蠶奇荒桑萎枝僅尺許秋大水隄潰
二十一年春蠶奇荒歲稔穀大賤
二十三年春蠶麥大稔夏大旱高田籽粒無收張舍胡埭河流斷
四日陸區鎮七日新瀆五日至八月始得雨雨蝝蟲又災及成熟之禾安
陽山竪歸山有啄狗未傷人

重出此也抄入
井泉類

（雜著）
稗官野乘所記載往往譚鬼怪漫語神奇荒唐不稽之論要見疏涉妖諧識者病之茲編所錄或得之父老傳聞或採之家藏秘著亦博曲引足以擴聞見而資佐證者亦取不賢識小之意也志雜著第二十八

[illegible] 卷二十八 雜著 附遺聞軼事

楊澗字清一號月澗楊忠二子元處士明張士誠將莫天祐微時月澗之佃丁也至正十六年張士誠遣偽將莫天祐據無錫安陽山性嗜殺無可與言者月澗至祐悚然每勸諭皆從故全活者甚衆一方賴保障焉（說載華山野錄）

秦瑞五少貧困避索逋出行至錫西富安鄉之胡埭日暮無聊莫可棲止因就橋檻坐以待旦有王野舟先生者本鎮人也是夜夢見橋上立一鶴橋下雛鶴不啻萬千醒而異之晨起經橋上見瑞五雖風塵困頓不類賤人詢之知為儒者因思夢兆以女妻之秦氏之得開族於錫殆有由來也

歸山嘴上有石泉其形方而不甚深寬約汲水十餘担而泉中

穰著應改為穰識無須另附遺聞軼事

楊澗字清一號月澗楊忠二子元處士明張士誠將莫天祐微時月澗之佃丁也至正十六年張士誠遣偽將莫天祐據無錫安陽山性嗜殺無可與言者月澗至祐悚然每勸諭皆從故全活者甚衆一方賴保障焉說載華山野錄

秦瑞五少貧困避債逋出行至錫西富安鄉之胡埭日暮無聊莫可棲止因就橋檻坐以待旦有王野舟先生者本鎮人也是夜夢見橋上立一鶴橋下雛鶴不啻萬千醒而異之晨起經橋上見瑞五雖風塵困頓不類廝人詢之知為儒者因思夢兆以女妻之秦氏之得開族於錫殆有由來也

重出 此已抄入井泉類

歸山嘴上有石泉其形方而不甚深寬約汲水十餘担而泉中即乾片時水歸原位終年澄清歷久不乾其水較河水每担重十餘斤

秦端敏公金未第時倦於讀書偶匿病人家病者必愈是時病者多不延醫而喜公之蒞止一日夢家堂神語曰公大貴也出入必煩我起居不如另置之為便公覺依神言另置一處自是尚書第無家堂焉

華藏寺前舊有望湖亭今遺址蕩然其西南有一泉泉水澄清合灣取汲清光緒二十五六年間泉中青石上現光緒元寶金錢一文迄二三月忽然不見宣統時現同上金錢六七文適年餘而沒其時四方疫氣厲行惟此灣人民無恙

卷二十八 穰著

安陽山西麓里許明萬歷間楊大化五世同居其子孫原振及宗浩宗源宗瀚宗海宗璿皆顯達時家宅基地有九十一畝零週圍四十二畝零房屋六百四十八間有前中後三街因名楊村男丁九十二人婦女百數朝廷旌表義門一時稱盛

墓誌銘大有效力吳申錫者明萬歷時人探花情之子進士澄時之父也妻黃氏合葬於胥山之陰因其宗派本支興於河南省本支衰微兵變後山糧放棄墓地被人侵佔於民國十八年山人某種植其地將其夫婦棺槨掘出偶為吳姓得其銘石一方鐫有冢婦黃孺人墓銘七字閱譜的係黃氏早亡乃翁尚在申錫後再娶故申錫之銘雖被藏匿得此石為徵相與交涉遂還其墓立碑築匡以復舊觀倘無此銘則其墓永滅矣

秦金未貴時隨父卑牧適館就學主人設宴召客總未及金卑牧出甸命對曰東家設席兒無分金對曰北闕登科我獨先係請于父曰兒豈志于食者自後請大人不必形諸齒頰父始奇之

胡仲吉年老乞休教部准其在籍食俸休養林泉有術者謂其歲行在已必死乃卜居安陽山朝陽洞天久旱洞水涸山僧每晨下山汲水頭汗涔涔疲于奔命吉乃爇香禱於世尊曰寧絕吾命毋絕吾水趺坐蒲團默念彌陀百聲不三日而甘霖大沛洞水為滿山僧大悅而吉至今仍健康如常

朱晉博錫邑沙灘名醫紹陽之子也甫離懷抱其父教之識字

即無遺忘六歲入小學成績輒為同學冠並精奕理進退攻守己中肯要尤善擘窠大字嘗為吳伯超作七言對聯挺拔可愛即周旋里黨閭彬彬然儼若成人性復孝友好學彌留前猶故為嬉笑以慰父母並要求轉學於縣初中其智識之高尚語言之敏捷殆夙慧歟乃聰明不壽七歲而殤時民國十九年十月也紹陽悼兒詩云

甫離襁褓學行時始識之無似早知夢得深山徵誕[illegible]果然跨灶[illegible]英姿嬌小玲瓏見口才牽衣繞膝笑顏來新奇玩具皆非好日向文房走幾回枝照書囊成債多墨花一現可奈何無聊伱向枝前去怕見鄰兒結隊過曾記當時病已深故為嬉笑發嬌音不知福薄前生事空抱初中轉學心孝友從來出自然千金難買再生緣一盂水滴營齋奠涓滴何曾到九泉又吳會詩云龍遊蜿蜒安陽側一旻秀所鍾青人傑深山夢見古衣冠肩負穿簪道帝立蹤無一句抱

叄二十八　穫著

之歸生有自來非凡物甫能學語學行時教之識字無爽失入學肄業纔朞年已通圖畫與算術課餘尤好一局棋進退攻守殊無敵嘗為吳娃作楹聯筆走龍蛇饒腕力周旋鄉里既文明應對語言又敏捷孝友從來出自然轉學未成賚志沒舉為正字擬士安召赴玉樓差二十天公倘再假之年學業成時[illegible]當卓絕如[illegible]聰明真可兒聰明如此何夭折吁嗟乎人生若果特達視百歲光陰亦頃刻窮通修短何足論使越精神不磨滅

韓灣前澗濤橋有青石一方上現鯉魚形一尾傳為魚王石每當春水漲時有多魚來朝土人將石上鑿一朱字今魚不來朝矣

照天灣下大壩壩屬山澗離大河里許壩下有一黃石相傳中有魚王形每至黃霉水發時有羣魚來朝土人每於此捕獲多魚

大雷嘴古名大驢頭以其形若驢頭伸入湖中里許與馬蹟山相對相傳有時驢頭與馬蹟相鬭烟霧瀰漫中漁人每見馬蹟退縮驢頭向前或謂因馬在水中故力不勝驢也

騎龍山下生骨牌草草上點畫如骨牌但不能全

橫灣廟之盤陀石（在修浦黃灣橋右）落成於清嘉慶九年天衣無縫至同治紀元石上顯出白筋成人口太平四字愈拭愈明洪楊軍肅清後至今民不苦兵

此宜插入以下行王價志疑

孫葉塚　清許沅字仲青馬蹟山人陽湖孝廉曾與作此詩未識有考證否

蓋世英風仲謀難兄已足鼎曹劉目無河北三千寇生并江東八十州伯業何曾輸項籍雄圖應不數錢鏐伯符自是三分傑百代還存土一邱

遺聞

王墳在閶江石臺即天井山麓吳姓祖塋之右陵高二十尺圓精形週二十丈餘俗稱王墳即三國時小霸王孫策之墓但既無碑銘可據不敢徵信古老相傳此陵中空有石室以鐵練懸棺棺前設有石臺石橙臺上置有香爐一燭奴二色黑若鐵或疑為金頗起盜心中有大蛇突出其人駭死後雖譁傳塚中有妖眾遂呑擴塞其戶後無得覩者觀其隧道規模不小決非等閒人之邱壠惜其道口既塞無從探究其實也

此宜添入孫策塚詩

明秦瑞敏公金後裔至重字輩為最盛兄弟十九人遂聞三十六子之祥以科第言有進士四舉人十四進士者如萬歷癸丑延燕順治乙未秦鉽辛丑廣之康熙甲辰鉅倫是也十舉人者除四進士外有滸延壽重泰煋之鴻琳是也至其官績亦皆卓卓有聲於時云

卷二十八　遺聞

此宜添塚詩

延燕順治乙未秦鉽辛丑廣之康熙甲辰鉅倫是也十舉人者除四進士外有滸延壽重泰煋之鴻琳是也至其官績亦皆卓卓有聲於時云

王墳一則應入祠墓

45

佚事

胡可藹幼名迎春，齠齡進村塾。塾師援筆爲開神童詩課本，題曰胡（依春讀本）。藹持以歸，適爲族兄念慈所見，曰：先生題乎？曰：然。兄微哂曰：先生文理欠通。叩以故，兄曰：爾立春前三日生，爾父據禮月令先立春三日以迎春於東郊，故名之。今塾師冠以口才之侫，而續以三春之春，上下語氣不通，故曰欠通。噫，一名之題，煞費推敲，洵乎塾師之板櫈不易坐也。

卷二十八　佚事

以删去為是

46

跋

老友吴君文軒，寒素士也，欲以私資創修本鄉鄉志，始事至今，裒葛四更，屢作屢輟，皆由經濟竭蹶也。於是人言嘖嘖，謂伊不自量力，作此損己而無益人事。文軒其殆書癡歟？余曰：然。文軒誠癡，雖然，惟其癡也，可以知其人矣。嘗觀古來之任大任、成大事者，方其勇往直前，不避艱難，不計利害，挫百折不回之志，必底於事成而後已，其始若癡也，其終不癡也。世之自爲不癡者，着弗行事，思前顧後，見利則趨，見害則避，首鼠兩端，一事無成，其不癡也，其實癡也。文軒慨吾鄉之山川文物、風俗人情，與夫先正遺型、及忠節孝友之可觀可風者，莫爲之後，雖盛不傳，一意孤行，任怨任勞，犧牲一切而不顧，誹笑百端而不較，其事之艱，甚至典質皆空，債臺高築，而三年稿成，見其左支右絀，百計彌縫。去歲冬，蒙全鄉鄉鎮長副及有道之士鑒其苦衷，將功敗垂成，於區務會議時議決公款補助若干元，於是二編及梓，曾有着，而文軒之癡事成矣。文軒之宿願酬矣。銓以老朽菲材，承招贊助，自維龍鍾潦倒，何敢肩此重任，然一念及梓鄉義務，故交情誼，不得不參末議，贊襄一二。茲當刊事告竣，聊述始末，志之簡尾。

民國二十二年　　志尚吴廷銓拜手　時年七十五歲

卷二十八　跋

瞻橋小志

（清）王鑑纂

《瞻橋小志》四卷，（清）王鑑纂，清乾隆三年（一七三七）刻本。

瞻橋原名磚橋，位於無錫東南隅，舊屬垂慶鄉，近代屬後宅鄉，現屬無錫新區鴻山鎮梁鴻村。其名始見於元王輔仁《無錫志》，既是一座古橋名，又是一個古村鎮名。村在泰伯瀆南岸，橋即跨於瀆上。清雍、乾年間，當地文人王鑑等嫌『磚』字『不雅馴』，换同音字『瞻』，且『瞻』又正好含有瞻仰泰伯、梁鴻『三讓』、『五噫』高風亮節之意，故得到鄉人的一致贊同，遂更名爲『瞻橋』。

王鑑，又名王史鑑，字子任，號月抱山人，世居無錫瞻橋，與其兄王史直（字子孳）一起，都是當時無錫鄉間知名文人、學者。《無錫金匱縣志》存録他所著書有《宋詩類選》、《醉經草堂文集》和《瞻橋小志》。他熱愛家鄉，深感瞻橋雖狹隘，但屬泰伯故都梅里外郭之内，文化積澱深厚，尤自元明以降，名人學士輩出。正如蘇州名士祝允明（枝山）所説，『吴越世家，散處東南爲多，而錫山之磚橋爲益振，不特以業地自雄，蓋王孫風度中有禮有文焉』。『身居其地而不知其地之典故可乎哉』？因此，他特輯是志，『以備一方之文獻』。

該志收録了瞻橋的地理位置、鄉邑變遷、文化勝迹、風土民俗等地方資料，尤其突出了瞻橋的歷史人物和名人詩文，占全書的四分之三，既是吴地文化的一個很好的縮影，也是無錫古代村鎮志之發端者。

本書據乾隆刻本影印。

（夏剛草）

瞻橋小志序

宋歐陽公嘗言少家漢東漢東僻陋無學者州南有李彥輔頗好學見其家弊筐貯故書在壁間得唐韓昌黎先生集六卷予家梅里之甎橋雖爲泰伯遺墟鮮好學之佳士如李彥輔者有壁間韓集之藏幸先君外祖呂伯淳宏覽博物汲古多藏先君少長從學耳濡目染故經史羣書頗多手澤舊本今予學殖荒落老未聞道端居多暇瀏覽邑志與鄉先正邵文莊吳郡吳匏庵王文恪及茶陵李文正諸集所載甎橋人物事迹班班可攷爰撰錄舊聞效堂滄浪亭志之式前列

地圖後錄志傳詩文條分類別編爲四卷亦名曰瞻橋小志昔趙岐之決錄廣及三輔常璩之國志通攷華陽今茲所錄止於一隅然瞻橋地雖狹隘在元時有詩人周子羽抱朴含貞才情雅麗可頡頏於倪高士浦舍人諸才士間在明初有錢公治之博雅尚義嘗與從子惟常出粟千石賑給鄉邑詔表其門弘治時錢世恩登癸丑進士仕戶部郎與邑中邵文莊同爲李長沙門下士節守清介著聲當世正德間惟常之子孟濬愛文好古以宋人所輯歷代確論刻置家塾以廣其傳又因先世所建重緝祠堂藏所傳器物遺書遵用朱子之說以祀其先其以禮承志之孝誠有不可及者此匏庵先生所以因世俗之苟簡而嘆美之也瞻橋之地名始見於王仁輔志意起於宋元之間自元明以來人物之載於邑志及文集雜記者其秀異如此可謂至盛矣予家族自江陰沙山遷邑之梅里已十有一世則瞻橋固予世居之地也身居其地而不知其地之典故可乎哉故予輯爲是志以備一方之文獻云

乾隆二年歲在彊圉大荒落陽月抱山居士王鑑撰

瞻橋圖
瞻橋小志
圖

瞻橋小志
圖

瞻橋小志目録

錫山 王鑑 子任 編

瞻橋小志卷一

錫山 王鑑 子任 編

原始

磚橋之名其來已久近友人謂磚字不雅馴盍易爲瞻取三讓五噫瞻仰高風之意其言甚當故今定瞻字凡前人著作悉仍舊存原本也

東漢趙曄吴越春秋云泰伯仲雍知古公欲以國及昌古公病二人托名採藥於衡山南嶽遂之荆蠻自號爲勾吴司馬貞史記索隱曰荆者楚之舊號以州而言之曰荆蠻者閩也南夷之名蠻亦稱越此言自號勾吴吴名起於泰伯明以前未有吴號地在楚越之界故稱荆蠻荆蠻義之從而歸之者千有餘家共立以爲勾吴史記吴泰伯世家云立爲吴泰伯數年之間民人殷富遭殷之末世衰中國侯王數用兵恐及於荆蠻故泰伯起城周三里二百步外郭三百餘里在西北隅名曰故吴徐天祐注泰伯所都謂之吴城在梅里平墟今無錫縣境人民皆耕田其中泰伯卒葬於梅里平墟愚按越絶書記吴地傳云無錫城周二里十九步高二丈七尺門一樓四其郭周十一里百二十八步牆一丈七尺門皆有屋此言無錫城郭里數與吴越春秋不合越絶書據王充論衡案書篇乃會稽吴君高所作亦後漢時人楊用修以越絶書爲袁康吴平所作蓋本於論衡何所載之不同如此據吴越春秋所云城周三里外郭三百餘里觀劉昭後漢書郡國志注補云無錫縣

東皇山有泰伯塚民世修敬焉去墓十里有舊宅井猶存即宅置廟則泰伯始所居地自在皇山之西南今立廟之處即吴越春秋所云梅里平墟是也吴越春秋云泰伯起城周三里與越絶書所云周二里其里數猶相近如越絶書言郭周十一里與吴越春秋言三百里大爲殊異據所云三百里則四境所周甚廣今泰伯鄉及瞻橋等處俱在當時泰伯所起外郭之内

本志

元人王仁輔邑志津梁云磚橋通平江路

弘治邑志橋梁云磚橋通蘇州屬垂慶鄉

萬曆邑志橋梁云磚橋在垂慶鄉學士華察修

本朝邑志橋梁云垂慶鄉磚橋跨伯瀆

按舊志新志皆以瞻橋屬垂慶鄉今磚橋屬泰伯鄉王仁輔邑志云鄉二十有二泰伯在縣東七十里南長洲縣界北景雲鄉東垂慶鄉西運河鄉黨之制見於周禮無錫縣共二十有二鄉從鄉分都從都分啚猶隱然晝井分疆之遺意焉

水道

唐書地理志云常州晉陵郡望本毘陵郡天寶元年更名無錫南五里有泰伯瀆東連蠡湖亦元和八年孟簡所開

唐書孟簡傳云孟簡字幾道德州平昌人舉進士宏辭連中元和中以悻切出爲常州刺史州有孟瀆久淤閼簡治道溉田凡四千頃以勞賜金紫名爲給事中

王仁輔邑志云泰伯瀆去州東五里貫景雲泰伯梅李垂慶四鄉西枕官河東通蠡湖又東達於濠湖入平江界歲久淤塞唐元和間刺史孟簡浚之長八十里闊一丈二尺深四尺民獲霑溉之利唐書地理志云元和八年孟簡開泰伯瀆東連蠡湖寰宇記云泰伯瀆西帶官河東達范蠡瀆入蘇州界澱塞年深粗分涯岸元和八

年孟簡開浚之併導蠡湖長八十七里廣十有二丈自後泰伯瀆謂之孟瀆蠡湖謂之孟湖孟簡傳云元和中簡爲刺史有孟瀆久淤治道溉田千頃盧同有謝孟諫議茶歌云安得知百萬億蒼生命墮在巔崖受辛苦之句正浚此瀆時爲其勞民也此瀆始開於泰伯所以備民之旱澇民德泰伯故名其瀆以示不忘瀆上至今有泰伯廟

史記吴泰伯世家言泰伯仲雍二人犇荆蠻文身斷髮示不可用應劭曰常在水中故斷其髮文其身以象龍子故不見傷害按唐虞之世洪水氾濫禽獸蛇龍之害

人不聊生至益焚山澤禹治洪水人已得平土而居泰伯當商之季安得荆蠻之人常在水中意文身斷髪如漢時匈奴椎髻黥面乃彝狄之俗泰伯讓國遯逃恐季歷求歸嗣位故身效彝俗以自廢非因常在水中象龍子以避傷害也泰伯既恐荆蠻之民被中國侯王兵戈遂起城立郭又開伯瀆以備民之旱澇其有功德於茲土甚大故民感其德於瀆上卽宅置廟皇山泰伯塚民世修敬至東漢猶然皆所以報泰伯之德也伯瀆唐時雖嘗呼孟瀆今仍稱伯瀆云

古蹟

越絶書云麋湖城者闔廬所置麋也去縣五十里今泰伯鄉瞻橋之東南有麋城其東有湖乃闔廬時古蹟也王仁輔謂麋城在州東南泰伯鄉去州二十里載藉無可攷按麋城見越絶書安得云載藉無可攷所云去州二十里亦誤弘治志云麋城在縣東南七十里泰伯鄉以鴨城觀之亦吳王豢麋鹿之所弘治志言麋城在縣東南七十里路程六尺爲步三百步爲里韓詩外傳云長三百步一里或云三百六十步爲一里弘治志所云里數彷彿近是但弘治志不言麋城所由出第因鴨城而附會吳王豢麋鹿之所非也萬曆志及　本朝新志皆因仍前志而不知麋城之載於越絶書吾邑諸舊志及新志攷索甚爲疎略此特其一端耳（王崇巖錫山景物略言夫差愛鴨特築城舍之愛麋又築城而鴨之名特著則愛鴨甚於麋也亦不能攷麋城所出）

神異

勾吳聞見錄云邑磚橋李翁豹誠慤不欺生平無失行年八十餘日以脩身寡過爲事家奉岳武穆王像翁嘗夢王告曰明日有一顧尚書過此以其祖積德而生詰午松閣顧公可適騎而至翁延款之告以夜夢時顧方爲諸生甚少及長登進士第任職三四年歸復詣翁翁復夜夢王告曰顧生任性傲物心術已偏不當大顯且

不壽翁夢中曰其祖積德遂無報乎王曰何可無報當移其慶於他孫耳松閣果不久於宦而卒且斬其嗣其從兄可學已致仕久因與元相厚善一旦薦之於朝起爲通參不數年遂八座加太子太保（按顧可學託長生之術邀世宗寵故子不登於錫山獻集茲因神異之事而載尤月潭所記蓋小說虞初之意也）

名族

錢户部宅水部世恩錢君所居也諱榮爲南邱諱溥之次子錢氏自邑之湖頭徙磚橋至南邱爲三傳世恩舉弘治癸丑進士第仕至户部巡河郎中愛民仗義知幾蚤退與邑中邵二泉先生同爲李長沙門人又與大梁

李夢陽信陽何景明爲友伯兄楷爲鴻臚序班弟概嘗植梅後圃性愛梅因號味梅長沙詩東陽有懷麓堂集一百卷

王家莊王氏始遷所居也在瞻橋之南瞻橋名族元時推周氏爲盛吾宗自南渡太尉公諱臯生三子分爲三沙東沙王汝懋字信十明洪武時自江陰避亂徙邑之瞻橋贅於周氏信十公力學嗜古尚義好客豪俠之聲聞於遐邇焉事詳家乘所傳有醒世邇言二卷此瞻橋王氏始遷祖也子四孟溫孟潤孟端孟清惟孟清定居瞻橋餘悉徙他處今吾族瞻橋王氏皆孟清後裔也

瞻橋小志卷一

瞻橋小志卷二

人物

錫山 王鑑 子任 編

元

周翼

弘治邑志遺逸傳云周翼字子羽磚橋名族攻於詩醇厚雅淡號贛齋元末不仕

列朝詩集小傳云周翼字子羽號贛齋無錫人元季處士陳子貞有夜宿周子羽家詩

華幼武黄楊集題周子羽詩藁後云楮葉三年刻未成獨慚郢斲思逾精渾渾澗底春泉急不似秋蟲入夜鳴

周文華圃史云周子羽題雁來紅詩云朔雁南來塞草秋未霜紅葉已先愁綠珠宴罷歸金谷七尺珊瑚夜不收識者以爲絶唱

海鹽徐泰詩談云錫山張籌剛勁之氣未能全融而金石鏘然足洗塵樂之耳時周子羽錢子正子義浦長源嗣是王達善王孟端楊叔璣秦廷韶秦景美近則邵國賢浦文王

周祐

弘治邑志摭遺云周祐字惟吉翼族孫體貌魁梧記誦

過人為詩有理趣有詩文集同里鄒驄與吉俱有隱操而驄不拘小節作詩長於歌行迅筆立就號梅雪

明

錢秉

弘治邑志撫遺云錢公治名秉家世好禮秉尤讀書博雅端慎純厚合族數百指處之裕如足未始入公府居常手一編不釋歲饑與從姪惟常出粟千石賑饑受旌門之榮蕭山魏驥雲閒沈粲咸重之弟公守從子惟心皆尚文墨

毘陵人品記云錢秉字公治無錫人博雅端純善睦宗

族歲饑與從子惟常出粟千石賑給鄉邑詔表其門

萬曆邑志行義傳云錢公治名秉以字行家世好禮秉尤博雅居常手一編不釋歲饑與從姪惟常出粟千石賑貸受旌蕭山魏驥雲閒沈粲咸重之

本朝新志行義傳云錢秉字公治以字行家世好禮秉尤好讀書正統六年饑與從姪惟常出粟千石以賑有司以惟常名聞於朝英宗敕奬諭焉

錢榮

萬曆邑志宦望傳云錢榮字世恩舉弘治癸丑進士授主客主事歷户部巡河郎中濬川葺隄民不知費權貴有撓政者一繩以法多嗛之會武廟駕自南郊還百官迎道左邏者忽執榮以去下詔獄訊鞫無所得乃免時逆瑾亂政榮三疏乞歸養家居數年不入城府榮恂恂文雅人稱長者其居官大節凜不可犯為執政李長沙門生十四年不求薦其守可知矣所著有百川集毘陵人品記本朝新志無大異同故不録

按鄒文莊公容春堂續集載談太恭人錢氏墓表云錢氏裔出吳越武肅王之後諱進字寬甫者自嘉禾徙無錫世居湖頭餘百年矣國初有子正子義仲益並以詩名蔚為族望又容春别集錢世節傳云吳越

忠獻王三傳至進由嘉禾徙錫之湖頭又四傳至正三以行義稱又四傳至公達號梅堂徙瞻橋今所居是也合觀談恭人墓表及錢世節傳則錢牧齋列朝詩集甲集所載錢子正子義乃錢進之後居於湖頭當時所稱湖頭錢氏也子正有緑苔軒詩六卷王學士達為序子義有咏史詩一百五十首程篁墩先生咏史絶句亦多採子義詩子義猶子仲益元季進士國初翰林修撰出為漢府長史有錦樹集八卷蕭山魏驥為序 本朝新修邑志不載錢子正子義於文苑乃遺闕也於仲益傳不載其所著錦樹集八卷亦

爲漏略錦樹集詩錢牧齋列朝詩集謂詩多不録殊爲不解朱竹垞明詩綜云長史詩格爽朗惜遺集罕傳予從秦對巖前輩購得亟録其詩八首猶未盡其藴也今觀此八首竹垞詩話所稱長史詩格爽朗誠爲信然今吾邑秦對巖家所藏羣書悉已散軼明初先輩文集如錦樹集者何可勝數當收藏全盛時不能撰輯通邑古今詩文彙爲一編以垂永久徒扃鐍塵封任其散亡殊爲可惜故予既輯錫山文獻兩集又編瞻橋小志以備一方之文獻蓋深惜前人著作之易亡當網羅而表彰之亦明知聚久之必散當及

身而編纂之所以旦夕孜孜惟恐不及也瞻橋錢氏始於梅堂故列朝詩集載子正子義詩明詩綜載長史詩因其未徙瞻橋故傳與詩皆不録惟載梅堂之後爲瞻橋人物

錢清

邵寶

邵文莊容春别集明故景妻處士錢公墓誌銘曰公諱清字孟清姓錢氏别號景妻無錫人也其先蓋出吳越忠獻王王曾孫某始由嘉禾遷無錫七傳至裕而族始大裕之孫曰彥春元永嘉書院山長公高祖也曾祖伯剛祖公達父惟常世有隱德惟常配鄒氏生公甫二旬而鄒没公鞠於諸母稍長從周誠齋先生游敬而能勤日課外涉獵羣籍尤熟小學性孝友自能言詢得母儀容悲慕不置屢形夢寐父疾刲股者再皆有感及喪斂葬如禮而哀毀過之復衷銘志之類爲書以傳所謂遺芳集者是也庶祖母姚寡居踰二十年公白於官以聞詔旌曰貞節弟孟深早世以次子模後之及諸幼弟均爲立産或室祠堂之禮品式具備躬率子姓春秋墓祭忌日寢祭哭泣終身生日不受燕賀至老猶然周恤貧乏篤於私好助官賑民饑者凡二正統庚申出米二千石朝廷有義民之旌時公尚少實贊其父惟常公爲之

景泰甲戌出米三千石公獨爲邑人先自是益樂施予内外二族及鄉之親舊待以舉火者數十家爲糧長費不及民顧有助焉常製藥以濟病造棺以濟死立義塾以教人子弟其治道路建橋梁歲有之不可勝録公儀容豐偉衣冠朴雅望之人皆知爲重厚長者表然世族楷範聽其言簡而度即其行端而恪罔不起敬性好賓客江左知名士多與之遊有詞章贈遺動盈卷帙其趣尚所寄舟名水雲圃名寰瀛恒以古書畫自隨奇花異石不讓昔人所謂名園者邑大夫以鄉飲禮請輒辭之時有縣官不得見之稱閭右有健訟者人必舉公爲戒

公益謙慎欲以柔道率物慕師德唾面事故號曰景婁云及疾作閉門不出者數月一日集諸子暨孫告以後事且有規言又三日而卒公生永樂丙子十月某甲子卒弘治壬子十二月某甲子享年七十有六配邵氏繼孫氏皆先卒子男三俱義官長楨娶華氏次即模娶何氏次棟娶司馬氏女四孫男十楨等卜以癸丑冬十月某甲子葬公於邑西開化鄉軍帳山先塋之次二配合兆奉其從叔父孟洪君狀屬從弟今禮部主事世恩請於故少保璚臺邱公爲表其墓復以寶在姻屬俾之銘謹敘而銘之公嘗授義官而鄉先生題墓曰處士本其志也銘曰處士之業好義而濟復有羣行忠信孝悌以義而官有峩者冠考公平生匪直一端所未滿者公身在野公實樂之時豈公舍孰題厥阡君子曰然有徵斯銘後千百年

景婁錢翁像贊容春别集　邵寶

翁吾尊姑之夫也翁卒之七年某還自京師其孫諫諷以遺像見示敬述贊言

吉人辭寡知德者希周旋田里帛冠布衣誰歟招者王孫不歸壯志高逸晚節謙柔碧山將栖乃復景婁誰歟招者羽客丹邱墓我爲銘像我爲贊我懷先生隱[illegible]訕

錢槩　邵寶

邵文莊容春别集錢世節傳曰錢槩字世節無錫人其先出吳越忠獻王三傳至進由嘉禾徙錫之湖頭又四傳至正三以行義稱又四傳至公達號梅堂徙瞻橋今所居是也梅堂生閱耕諱正德閱耕生南邱諱溥豪邁有才識以其子今工部郎中榮貴贈禮部主事進工部署郎中世節南邱第四子也始南邱教之業儒沈默善悟以家故不卒業既而伯兄楷爲鴻臚序班於京師家政及焉世節殫力酬應南邱無内顧憂比析産以成室遜諸兄自闢草萊以居南邱卒襄事畢力立門户愈勵勤儉於是工部擢甲科或以韋布爲世節歎之世節曰分也苟無愧於禮義良農與貴仕等耳一意稼穡益求樹藝之法豐收歉貸踰歉弗歉賦於公每先期退而靜處怡然自得立小宗祠堂薦祭告謁禮不違義賓客之過從者簡餽而豐儀知者予之子仁衡遊邑庠求師擇友皆惟其人嘗植梅後圃花時步翫其下自謂知梅因號味梅其於世蓋泊如也年四十八卒配華氏子一即仁衡以學稱

論曰吾聞諸工部世節貌偉而心下性樸而才審行儉而義周無武斷而鄉曲平無文飾而姻

友篤中蓋有確然不拔者知弟莫如兄信斯言也如世節者可多得哉予於錢氏世戚徵諸其内外無間工部之言孟子所謂一鄉之善士吾於世節見之矣

錢濬　李東陽

李文正懷麓堂文後集味泉錢處士墓表云無錫錢氏故文獻家予所銘識者殆數人大抵以工部郎中世恩請比其叔父味泉處士卒且葬又請表焉其辭曰榮固知先生之弗逮及也顧以榮故意者其不終拒乎嗚呼世恩固能文也而必我之託蓋將以公視而不敢以私預也處士諱濬字孟濬以居邇惠山因號曰味泉鄉之

人謂其不屑仕也皆稱曰味泉處士生而峻嶷多智識而沉默不外見弱歲代父長鄉賦不令而集居常勤穡事月累歲積其所拓業百倍於初然益儉節不妄費一錢獨喜交賢大夫士館穀餽贈未嘗色悋亦不以盛衰存亡易心用是名籍籍動三吳間每市田物必稱其直佃夫之貧者歲所入租常十免其一又以其二貸之而弗收其息於是佃者德之相戒莫敢負業顧以益裕歲大祲凡三出粟以佐賑濟郡守擬授七品階不受以移其子杞杞亦屢出粟薦陞蘇州衛指揮僉事縣令復欲官處士不能彊卒旌其門禮之爲鄉飲賓處士雅服孝義少刲股療父疾居喪哀毀如禮譜先世所遺文字自武肅以後若干世凡若干卷傳於家自族屬暨於鄉黨道路周窮卹嫠各當其分嘗造石橋四佐有司者半之餘所施藥茗棺櫬諸物多至不可數宋人所輯名賢確論者近始出鈔本騰貴或至一金處士刻置家塾其傳寖廣蓋其晚歲所爲義舉類如此而未竟也處士年及歲制乃自治壽藏於艮山之原壽七十有一而卒君子謂達生知命正受而全歸者處士近之矣斯可謂一鄉之善士非耶

按唐宋名賢歷代確論十卷自三皇堯舜禹湯文武

至於唐宋五代或論其世或論其人或論其事或專論或通論所集論斷作者如唐人舒元輿李華梁肅牛僧孺李翰柳識賈至鄭魴高郢李商隱劉蕡蕭定常仲孺沈顏程浩張籍李觀李節陸參陳越石劉軻朱敬則黄垍盧藏用林簡言張彧呂溫等宋人孫何孫明復鄭獬劉敞章表民何去非張唐英等其文集皆罕傳英華文粹宋文鑑外惟賴此編所載存什一於千百猶之李善文選注所引韓詩章句朱晦庵先生嘗欲從文選注中寫出亦惜其不多見也味泉翁以宋人所輯名賢確論鋟梓行世誠大有功於藝苑

故長沙李文正公作味泉處士墓表特稱此事爲義舉可見流布前人著作乃大人君子之所深許也今世身享素封晝夜籌畫心勞身悴一生辛苦無片刻之暫閒不識先賢撰著爲何物不知表彰流傳爲何事醉生夢死乃與草木同腐宋范石湖四時田園雜興詩云可憐世上金和寶借再閒看四十年其警發憒憒之鄙夫可謂深切而著明矣

又按名賢確論一書李長沙味泉處士墓表謂宋人所輯予觀宋人蔡蒙齋詩林廣記於韓昌黎贈張籍詩後載歷代確論沈顏辨李肇國史補爲不諭文公

之旨則此書自是宋無名氏所輯令予所見正德丁夘宗文書堂刊本卷首標華亭狀元錢福編集以宋人所輯之書易以明人姓氏誤之甚也

本朝

顧茂叔傳　王鑑

顧淳字茂叔邑之梅里人也志豪邁絕俗少負不羈之才著聲庠序喜爲宏覽博物之學流觀百家酷嗜奇文祕籍雕肝琢腎手鈔口吟寒暑無間以超逸之才加稽古之力故年愈老學愈邃文與詩愈奇同邑呂大韶浦子藩皆明季遺老博雅多通咸推服其績學偉行矣

中諸縉紳先生欽慕其高才爭具書幣延請先生孤介少諧意氣投合者交之苟不合者雖貌恭贄重先生視身外之名利不啻等若浮雲未嘗以富貴之烜赫少攖其方寸也嘗浪游武陵西湖行李無資方徬徨於紅英綠樹間偶值富貴知文者出遊數語相契即與騎俱歸居其家三年賓主相得甚歡如一日也以思子辭別遂不復至非先生之抱負有足以服人者安能於傾蓋之時動人欣慕以漠然不相識之人相賞於風塵之外乎所居古木扶疎竹森深容翠光美蔭頗有山林幽雅之致先生晚年倦遊棄捐世事鶴髮童顏身著古衣冠曳

杖逍遙或與逸客騷人論詩說賦或與田夫野老課農桑占晴雨徜徉於衡門蓽木之間絕似商山老人谷口真隱也所作撥悶詞最爲士林所傳上篇言富貴由天安排素定與其纏縛於功名不若吟弄夫風月況人命危脆世路風波自當蚤棄一切超然於世外下篇言英雄不遇不必焦勞千古奇士恒爲造物顛倒終則庾詞讔語托意神仙聊以耗磨壯心消除塊壘使高才無貴仕者觀之激昂慷慨欲泣欲歌幾欲吐壺擊碎搶地呼天如聽巫峽之哀猿如讀三閭之歎詞也生平所作詩文甚夥予從其後人欲訪求其一二竟無一存者聞先

生深於字學遡流窮源辨晰形聲有吳才老黃公紹之博洽其書已爲人取去里中人制作近在咫尺之間猶散逸若此況聞見之所未及網羅之所未周或爲兵火風雨之所焚毁或爲鼠蟲之所剥蝕燥濕之所消亡者何可勝道也哉

先府君傳略

王鑑

府君諱允福字元鄉號見素先世自江陰徙居邑之磚橋先祖諱希裕字孝垂早卒祖妣呂氏苦節五十餘年蒙

聖恩旌表先君少孤智略過人師先外曾祖呂伯淳諱大韶宏覽博物奇士也爲愧三蘭先生所識拔日講涑水通鑑紫陽綱目諸書俾先君明忠孝大義故自幼已知立品節樹坊表爲大君子行事常言學問事業當比我不如者服食器用當比不如我者觀范文正實諫議録慨然以濟人利物爲已任有以空乏告者雖屢貸不償卒陰與之人無知者親族中有年少無依者輒爲冠婚俟其有子然後别居有衰老無歸者憐其貧苦生則給以衣食死則與以棺槨人有患難若已有之苟力有可爲靡不竭蹶經營或至丙夜不寐代爲籌畫或有凌弱暴寡者聞則排難解紛不侮鰥寡不畏强禦四五十載間鄉黨無大鬬爭遐邇歎慕稱吾鄉爲仁里皆先君保持之力爲多東漢時有爲盜竊者恥使王彥方聞知有相爭訟者輒求陳仲弓判正史策書之著爲美談若先君之循禮守義平心率物方諸古人庶幾無愧晚年猶讀諸史書不輟有得隨筆記録撰讀史臆評五卷見素家訓四卷最足長人識力事祖母呂氏至孝晨省昏定出告反面祖母氷霜清節必欲力爲表彰至康熙六十一年蒙　恩旌表雍正二年四月無疾而卒年六十七

王文學傳

長洲　沈德潛

王文學諱史直字子肇號慎齋無錫梅里人少無雜嗜

多讀書體厥考期望欲以古學鳴以考精史學未顯聞有待後人也貫吳之長洲籍補諸生試省闈四不遇慨然曰士不能鋭心好古徒工對偶聲調與善進取者較得失邪遂廢制舉業專攻古學凡諸經傳註箋解義疏諸子老莊管晏而下包羅旁魄而於馬班陳范後諸史横豎鈎貫務窮委源辨是非定功罪而後已嘗言士不能佐天子出政令活天下人又不能提勇敢健卒折衝邊塞便當撰述有用書使姓名彪炳列於著作之林又嘗言宰相榮辱人於生前史氏進退人於身後史職綦重而士人伏處草澤無繇成一代國史當先葺郡邑志

兼以見史裁如無錫一邑泰伯端委以來素稱文獻邦然前賢事蹟半歸湮滅名家著述散亡略盡從前邑志名宦起於唐儒林始於宋隱逸不載明以前文苑缺略晉以後唐代祗傳李文肅小集宋代祗傳李忠定纂本餘皆闕如因以一邑文獻分爲二集自前代史書通省志書暨古今文集稗野記載皆鈎録類纂網羅囊括中寓微顯闡幽之旨殫心瘁力日月既久將次成書於康熙戊戌閏八月以疾卒年四十先是患宋遼金元四史繁蕪錯雜而宋史尤甚欲準歐陽五代史例刪汰斷制以成一書條例體裁定矣因葺錫山文獻遂中徹生平

詩以杜韓爲宗不喜西崑香奩諸體文以唐宋八家爲宗兼及南宋諸家而工繡聱帨者皆屏棄著有六經日箋愼齋小集愼齋雜說凡若干卷昔班固漢書未成固妹曹世叔妻昭補成之八表及天文志皆昭筆也今獻集皆直手定文集係弟鑑續成共若干卷鑑字子任亦好學著書蘇郡學生有詩文集直子二思志思尚俱能讀父書

女弟紉蘭傳　王鑑

紉蘭名琬英行二幼無他嗜好讀書女紅之暇枕籍騷選年十四五即能詩吐屬工雅絶似韋穀才調集風致兼喜繪事點染花鳥蟲魚意趣生動傳釆鮮新卒時年僅十九有文𥦗詩集四卷

瞻橋小志卷二

瞻橋小志卷三

錫山 王鑑 子任 撰

藝文

明

跋

朝正倡和詩跋 李夢陽

詩倡和莫盛於弘治蓋其時古學漸興士彬彬乎盛矣此一運會也余時承乏郎署所與倡和則楊州儲靜夫趙叔鳴無錫錢世恩陳嘉言秦國聲太原喬希大宜興杭氏兄弟郴李貽教何子元慈谿楊名父餘姚王伯安

濟南邊庭實其後又有丹陽殷文濟蘇州都玄敬徐昌穀信陽何仲默其在南都則顧華玉朱升之其尤也諸在翰林者以人衆不敘自正德丁夘之變縉紳罹慘毒之禍於是士始皆以言爲諱重足累息而前諸倡和者亦各飄然萍梗散矣賴皇帝明聖斷殛元惡伸拔英類於是海内之士復矯矯吐氣此又一運會也而顧君適以開封知府歲覲都下乃有朝正倡和之詩蓋余不聆此音者數年矣今一旦見之誰謂異於空谷跫然者哉然倡和者五人而已而其詩顧猶多憂讒念歸之辭則余不知所謂矣

賦

別思賦 何景明

君何爲兮遵修途以長徂俾予懷之弗怡懭悅惝而罔慸顧左右而若遺莽川陸之迴薄迥城闕之逶迤山翳翳而景入林蒼蒼而鳥稀拂清霜而採松迎夕露而折葵托涓忱於微贈諒予志之可追皎秋日以矢心指寒歲以爲期俟行塵之我延臨晨風而褰衣

後別思賦 何景明

伯川將之河西予旣爲別思賦矣及王舍人文熙館爲別予以事不得往益爲之怏然乃紓鄙懷爲後別思賦

懷諸彦之雅趣款行客以終宵慨離違之多端接晤語而逍遥時乃御閒館即別院天洌洌而疾飈月霏霏而徵霞開重簾之華燈飛逸翰於清讌締久要而莫渝顧豁睽而益眷瞻芳塵之未遐仰光惠而引領悅予神而奮馳悵予駕之弗驂覽歲事之遲暮延軒楹之夕景葉歷歷以辭秋霜淒淒而凝冷顧征鴻之稍滅戀行雲之佇影送夫君以申佩寄一感於茲遊悼霖澤之久愆恐江河之不流矧庶役之未蠲固凋弊之所由懲舊途之仆軌濟巨川而思舟操吾道而罔屈何令名之不修傾風響於咫尺日結睇於河洲

辭

伯川辭并序

何景明

伯川者周太伯之所遺也水部錢君家於川上世敦讓節至水部益修文義有紹芳烈將俟官成歸於伯川之上命予作辭歌以樂志

錫山之下兮伯之河水鱗鱗兮石峩峩子之室兮水阿緇綠蘅兮葺荷白蘋兮青莎何以繚之兮素沙子朝出遊兮暮來歌子不樂兮復如何若有人兮河之湄施蕙帶兮服芰衣循州沲兮下水裔目眇眇兮獨懷思若華兮蘭蘂折之兮遺誰霜露兮夕下恐芳菲兮我萎歲暮兮無聊佳人兮來歸川之上兮太伯所居我迎伯兮河之隅羞蕙肴兮薦文魚伯之來兮駕栢輿芬霏霏兮爛襲予我思伯兮世靡渝

祭文

祭錢世恩文

王鏊

疇昔之夕惠而過我信宿惓惓欲去不果去不三日忽以訃聞俯仰之間遂成古今乃知前來蓋以永訣始終之義子也罔缺念昔詞垣從遊諸彥一朝來歸兩消雲散歲時寒暄子獨不變哭之寢門吾感實多遠致薄奠傷如之何

祭世恩錢君文

邵寶

烏乎伯川已矣人謂伯川没而不足者二寶亦謂然然與人之言殊伯川以母老請終養歸乃身先母死死其瞑乎伯川懷抱利器雖嘗試用而未究厥施其爲天下之心曾何時忘謂伯川不足此固然者然當伯川上疏時究瑾方竊柄萬一忤意禍且叵測遑恤其他謂伯川吝足金紫豈其心哉烏乎伯川已矣寶辱知已病不能弔且哭焉臨祖一奠以寫予衷凡伯川節行政學諸君子有文以發揚之寶亦僭與執筆爲後世地者悉矣烏乎哀哉

記

無錫錢氏改建祠堂記

吳寬

禮之祭其先也自天子至於士皆有廟庶人特祭於寢天子尊矣後世貴而顯如古諸侯大夫之官亦可以爲廟若夫士於制既不得爲而寢者亦生人之常居非所以專意於先世之地此朱子祠堂之名所由立其制所由定而爲天下之通禮也按其書曰君子將營宮室先立祠堂於正寢之東爲四龕以奉先世神主夫正寢之東陽位也蓋法古左祖之義曰先立見治家者急於事先而追遠報本之道所當舉也則祠堂之制人可以得

爲而又不可不爲如此然而流俗日卑徇末而貴近高其宮大其室以爲賓客之樂妻妾之奉子孫之計者皆是語及先世則漠乎不以爲意往往即私居之偏庋置神主其苟簡至是雖諸侯大夫或然況乎爲士若庶人者哉錢氏在江南爲名族其世代遷徙攷於前人之述作可見蓋自吳越忠懿王俶納國於宋至於今餘五百年子孫業儒而爲士務農而爲庶如無錫軏橋之族尤盛者若將仕府君惟常既用朱子之說以祀其先至如晨必謁出入必告正至朔望必參時節必薦新且惟其說是遵若忌日不飲酒食肉哀慕終日又其孝也府君

既沒其子孟濬奉承先志惟謹乃天順壬（六年）午之秋家被火厄祠堂燬焉孟濬以爲懼既重建如制顧其地隘不可拓而族人日益衆堂成殆無所容乃即其地改建重屋奉安神主於上其下因爲藏器物若遺書衣物之庫而孟濬以爲非制其心不安也他日述其事諗於予遂請爲之記夫禮固有變者麻冕禮也純儉而孔子從之杜氏之葬在西階下至欲合葬也季武子許之錢氏之爲此舉其亦禮之變者與蓋爽塏而不污深廣而有容周旋於斯著存於斯洞洞屬屬如將見之與世之苟簡者異甚雖以爲祠也亦宜乃書以復孟濬其尚安焉孟濬之先曰元永嘉書院山長彥春生文林處士伯剛伯剛生梅堂處士公達公達生惟常此其四世所得祠者惟常有弟二人曰惟孝惟義父沒而異居諸子曰孟津孟溥輩又各爲小宗之祠云

資仁堂記

邵寶

吾邑埤橋錢君孟潤之爲堂也君子過之而見其扁者問之曰君之堂何以名資仁哉君起而對曰吾聞之仁者人也人而不仁不可以爲人吾斯懼焉雖不敏不敢不勉名吾堂所以志也曰爲仁由己孔子之訓也君而不聞乎顧舍諸而言資也無亦重自任而輕人之求歟

曰何敢然哉資之於仁大矣矧如不敏者非資焉言則曷聽行則曷觀禮曰率法而强之資仁者也敢不務乎曰然則資惡乎在曰昔者孔子之告子貢蓋嘗曰事其大夫之賢者友其士之仁者凡堂焉而吾坐者皆若人也此吾所爲資焉者也不然吾省焉雖然吾所居里去郡邑遠大夫士非特至焉者吾見亦罕矣資將焉取哉曰野固有人焉冀缺耨而敬胥臣稱其有德謂仁之則於是乎在今之野焉知無缺乎苟有之其稽古傳恭將無說乎所謂資焉者孰大於是君聞斯言也以爲得資再拜而受之他日以告予予謂之曰允哉君子之論可

以銘君之心矣遂爲之記君名潤孟潤其字系出五季十國所謂吳越王鏐蘇眉山稱其有德於民甚厚者也君九世祖進宋祥符間始繇嘉禾徙居無錫勝國時其孫寬甫益大其業至以私廩代公賑鄉人德之事具許忠敏公所爲墓銘國朝洪武中君大父公達徙今塼橋父惟常世修鄉惠正統中用義受璽書旌於門君生承厥世而天資近道持身及家克勤無怠今且老矣猶不忘自箴如是君之伯兄孟清於予爲尊姑之夫予之知君蓋四十年於兹矣因并及之

本朝

記

東沙王氏祠堂記　王鑑

天地者萬物之父母祖宗者生人之本原動植飛潛靈蠢愚智人亦在萬物之中天地無不愛之物如祖宗之無不愛之子孫也爲子爲孫爲賢爲否其尚下差等不同祖宗之愛後人如天地之愛萬物也然雷動而風散雲行而雨施天地之於萬物無心而成化不言而自神使之各得其所而無夭札疵厲之傷祖宗之於子孫其仁愛之心雖與天地同其貧賤富貴壽考短折寘昭曹闇之間有黜操綱維主宰之權者非祖宗之所得而易也天地有仁愛萬物之心萬物無不得其所之憂蓋變化之道在天地而不在萬物也祖宗有仁愛子孫之心不能使子孫無不得其所之患蓋振起之責在子孫而不在祖宗也夫子孫之心其欲盡於祖宗者寧有窮期思人情之所喜者飲食之甘旨也祖宗已不在矣雖肩臑胉骼親登籩鉶知宗祖之式臨否乎思人情之所適於衣服之華美也祖宗已不見矣雖衣裳在笥冠履依然知祖宗之憑依否乎思人情之所甚樂者宮室之爽塏也祖宗已永隔矣雖以諏以龜牆屋修施知祖宗之陟降否乎以子孫之心推祖宗之心盡子孫當盡之心

尚未必慰祖宗之心是祖宗之心有一日之不慰在子孫之心能一日之即安歟故子孫盡孝之心無盡而孝道亦無盡也已往之祖宗既不及養之矣當思有以顯之能顯之矣當思有以安之能安之矣又當思有以永之修德以淑其身讀書以通乎理揚名以顯於天下使祖宗之聲譽著當時而彰後世此所謂顯之也苟致身於富貴俾祖宗得享其光榮而才不克勝乎位善無以及乎人貽謗譏於清議而不免乎危辱之累此猶未得爲安之也其或富貴而祖宗安之矣勢位可以耀一時而名節不足傳後日則祖宗之令名不能垂於長久此

猶未得爲永之也蓋能顯其祖宗者固難顯而能安者愈難能安其祖宗者甚難安而能永者尤難矣我磚橋王氏自信十公始遷以來至今已十有一世先府君以宗祠未建嘗隱痛焉先府君十月而孤先祖卒年二十七時祖母呂碩人年二十六享年七十有九卒於康熙五十一年當康熙四十八年先府君即以呂祖母貞節實行具呈各憲至雍正元年　恩詔建坊旌表二年四月先府君棄世鑑承先府君之志建坊於瞻橋之南復立祠堂於德溪之右以盡尊祖敬宗報本反始之意本程朱兩先生之論設高祖以下四代神主一歲之内春

秋二祭凡品物陳設之儀享獻拜跪之節輯爲儀節一編藏於祠中參用朱子家禮及當世通行之禮俾後世子孫敬恭遵守久遠而勿忘焉

明

序

名賢確論序

吳寬

名賢確論一百卷皆唐宋人所著也其説散見於文集中或病其不歸於一輯成此編以便觀覽其所論遠自三皇近至五季或論其世或論其人或論其事或專論或通論上下數千百年皆具於此夫人生乎千百年之下而欲論乎千百年之上其世遠其人亡其事隱攷其治忽辨其賢否求其得失以爲定論其亦難矣蓋人生同時者每有愛憎之心其居異代者必無好惡之念此人之常情而名世之賢又不必以此語之也惟世之立論者逞異以爲高出奇以相勝人自爲説不肯附和如法家之斷獄得其情者固多或失於慘刻流於姑息者其刑未必皆平也故雖文章大家君如武王以爲非聖臣如馮道猶以爲賢史筆操縱一至於此他尚何望哉錫山錢孟濬出江南大族好爲義舉以此編不能家有因刻以傳世來請序於予自顧區區末學何足以知此

既久始克書而歸之惟此編特出於唐宋之人予猶恨其不上及於漢如賈誼過秦之類豈漢以來別自有編耶

本朝

序

恭祝誥旌王老親母呂太君七袠壽敘

陸楫

曩余遊北平交王子崑繩自言本錫沙頭人永樂初以軍功顯世官執金吾因讀寧都魏叔子所著三恭人傳且道甲申京師事甚悉予固心知沙頭之王爲若姓其

敭處都邑者猶章章如是壬午歲除余方鍵關息景有王君子摯持其尊人元嚮刺造廬來請以母呂太君登七袠交友姻戚稱賀者屬余言侑觴問其族乃自沙頭徙居泰伯里予别崑繩久既見其族子而喜又聞太君之賢自近世士習波靡與俗詭隨鮮克自振拔而皎然一節緩急可倚仗者僅僅於閨閣間遇之尤欣然樂爲之稱道太君出吳望族歸孝垂翁方翁捐館時太君年二十有六耳元嚮甫未期煢煢藐孤宗祀如綫懍乎有風雨漂搖之懼太君持之以鎮靜劑之以慈和躬秉筦鑰臧獲以下無或徒手以嬉服其先疇以待弱子之壯

自適館授粲以逮施衿結褵內而蘋蘩筐筥之必虔外而雜佩問遺之勿替公私費繁皆心手擘畫即有乘間抵隙睥睨其側者陰有以銷其鋒而落其距詎不卓然丈夫哉蓋嘗讀易節之旅曰苦節不可貞其之兑則曰安節之臨則曰甘節夫所謂節者疑若危厲刻苦而顧有取於和緩悅懌之義何耶國家有事患不得志節之士而意銳氣迫者往往不能以有濟當太君之失所天也形可謂危衷可謂苦矣慷慨自矢於生何有惟以百折不回之心爲萬全無失之計長顧卻慮數十年閒艱徊隱忍不疾不徐時其辛甘燥溼卒能令危者益安苦

者愈甘節五之得中也四之順剛也實兼而有之古之君子決大疑靖大難朝委裘不亂不動聲色而措宗社於磐石之固亦猶是志也太君之生在崇禎之七年自是數歲陵谷遷改而太君至今家門燕衎田廬式廓入其里雍如也登其堂藹如也夫漆室之女念繫宗邦紀郭之嫠力伸大義彼口詩書而身冠裳者寧不重有愧哉元嚮奉母教持身治家有方業隆然起子摯伯仲英俊邁常流視功名如戾契太君神加澤貌加豐耄耋期頤福未可涘量易之所謂吉與亨者將於此可驗崑繩母恭人當甲申三月闔門仗義此節上所云悔亡者較

之太君夷險不同而大節炳然如出一轍采風之君子徵閫範於王氏其以魏子與予之言爲不誣也詩有之南有樛木甘瓠纍之蓋言甘也莫莫葛藟施於條枚蓋言安也太君於茹荼之餘收碩果之報聞余之頌禱或以爲愈於松筠冰雪之文與日月岡陵之祝也已余落落無鄉里交方崑繩訊其桑梓余未有以應惜知元嚮也晚今予歸耕奉母而崑繩挾文章遊館閣交游多海內知名士子摯暨次君子任並有四方之志他日邂逅有更起而效無疆之誦者請以予言爲之先時

康熙歲次癸未孟春　穀旦

晉川詩集序

杜　詔

自古詩文名世要在不凡三家邨學究生來一具凡骨又苦守兔園册子胸中不用古今澆灌之則落想凡落筆必凡故無論爲詩爲文欲去一凡字甚難其人而今乃得吾王子蓀服蓀服父周翰文行重於一鄉與弟嵎暘子曾祁蓀服並以諸生有聲於時而蓀服尤秀出幼負神童之目弱冠補諸生凡遇督學使者試輒高等如今少司農海鹽俞公閣學聊城鄧公皆待以國士李廣文若華每評其文原本經學胚胎匡劉異於世俗平庸柔曼骫骳之辭今年甫二十餘以拔貢生循例赴京入

見　天子從此中大科登金門而上玉堂當以文章名世而余第論次其詩雖所作不多決其名世無疑者唐史稱韓退之所爲文務反近體抒意立言自成一家新語惟其不凡也以觀蓀服之詩亦如其文能脫落凡近而鍊字造句頗類退之挾此以遊京師有如俞少司農鄧學士與李廣文能品目其文必有能品目其詩者惜余窮老力不足以張之而蓀服亦無藉余言爲重余尤愛其爲人溫醇謙謹不露鋒鍔求之諸少儁中絕無而僅有他日行成名立所爲名世者豈獨以詩與文哉

錫山文獻序

王　直

莊子云號物之數有萬人亦在萬物之中其衆多豈可勝計哉以藐然之軀處於百千萬人之内而欲留姓氏於人亡世遠之後存名字於影消迹滅之餘此其勢非居天下之至難其事非極天下之至異乎然事有所不可知勢有所莫能禦者亦視吾志而已矣視吾才而已矣視吾識而已矣苟非有超越流俗之志則有所不欲爲非有洽聞彊見之才則有所不能爲非有特立獨行不顧世俗毀譽之識亦有所不敢爲此百千萬人之中豈無雄偉卓犖之士可與造物爭千古卒不免身與名俱滅者豈非志氣之卑弱才陋而識寡耶嗚呼此千秋

萬歲之業古人所以歎寂寞於身後也愚自蚤歲流觀百家即欲與古爲徒以庶幾行遠而傳後每讀史乘所載與諸家文集記録凡值銳意著述至今彪炳文苑者不覺意動色飛神與俱往嗚呼此愚之所以窮於世也雖不敢上窺金匱石室之藏欲稍正大郡名邦之志即如吾邑有志始於有元布衣王仁輔繼修於景泰學博馮擇賢續修於弘治儒士李舜明吳鳳翔又修於萬曆藩伯秦子成

本朝修於康熙二十九年秦對巖嚴蕩漁兩先生自元至今邑志五經修輯不可謂不勤且廣矣然詳覈新舊

志中人物一類正史所載尚有缺遺大儒文集不免漏略而况輿籍之附記窮簷蔀屋之幽光潛德乎用是不揆檮昧奮力搜羅凡在新舊志之前爲所遺漏者廣搜而增入之凡在新舊志之後當爲續修者亦訪求而增補之分爲二集獻以記人物之事實文以録古今之詩文事據可信之書文訪舊家之貯不狥情以干譽不惕勢以緣飾雖不敢自謂獻無所不載文無所不綜亦不敢自附於著作之林以掩蓋前人之美然攷古徵今耗靡日力正訛糾謬役用心神且爝火之明非有損於日月土壤之細寧無裨於泰山將來從事志乘者徵文攷獻則是二書或未必無小補云

周贛齋先生詩集序

王鑑

有明三百年間吾邑詩人比肩接踵稱爲極盛在國初則倪元鎮乃有元之遺老張仲簡爲鴻山之逸民周履道自吴中戾止吕志學爲本邑教諭他若華幼武朱彦昇王俊民張惟中錢子正子義等皆以能詩稱於一時其最著者惟浦舍人長源與福清林子羽及三山周玄黄玄諸人稱閩中十才子王學士達善與吉水解大紳東阿王孟揚長洲王汝玉輩號東南五才子又王舍人孟端工於繪事兼善吟詩永樂初供事文淵閣十年此皆國初詩人之有名者也若夫志懷嘉遯終身隱約不求聞達於當世并無稱譽於人間如贛齋周子羽先生者非所謂蟬脫囂埃之中自致寰區之外者耶子羽詩始於皇慶壬子終於至正庚寅以及丙申丁酉按庚寅乃順帝十年丙申則十六年也是時元政不綱羣雄竊攘方國珍起於台州劉福通起於潁州李二起於蕭縣徐壽輝起於羅田郭子興起於濠州張士誠起於泰州明太祖於至正十五年自河陽渡江取太平路十六年遂克金陵是年二月士誠據蘇州遂陷常州松江諸路子羽丙申正月避地詩云柳未藏雅春未深東來兵甲已駸駸士誠於至正十四年攻揚州敗達識帖睦爾兵至十六年遂入蘇州時當二月故云春未深也自揚州至平江故云東來兵甲也丁酉歷不至詩云天上春風何日到欲知消息問梅花是時劉福將毛貴連破膠萊等州山東道梗故歷遂不至此子羽略記時事乃少陵之詩史也子羽生於成宗元貞大德之間卒於順帝丙申丁酉之後其詩雖不多格力高雅誠可與國初諸賢分鑣並轡諸所記録略可攷見喪亂本末惜其集零落殘闕流傳不廣錢牧齋列朝詩集止載近體二首亦殊漏略庚子春日偶於友人家故紙中得惡鈔本魯魚亥

豕不可勝數稍為校正録而藏之因略述子羽同時能詩諸有名人及子羽詩所記可攷證當時國事與史家記載符合者如此

瞻橋八詠徵詩引

王鑑

蓋聞星分斗野躔寶婺以凝輝地號勾吳由端委而建國惟開基於禮讓自鍾秀乎名賢季札審音能鑒微於興廢吳王好士致多士以彙征義方畫像東觀標文苑於漢史伯鸞流寓南土傳佳咏於適吳長康三絶兼優安石一時推重南平唱和傳長史之華篇文肅忠誠垂昔遊之佳製二表韡曄秀發曾見賞於東坡三洪含章

挺生擅文名於建紹龜山德隆望重宣大義而闡微言忠定治亂安邦本儒雅而兼經濟尤遂初文才工麗推為南宋名家翁士特建安大魁嘗居李公門下二陳兼工詩畫器重於壽皇二戴增光辟雍鑾草乎文體約莊高尚遺響猶傳薇山慕賢亦工騷雅表亡親之忠義志孝而能詩依墟墓之松楸茂異而才俊雲林高士博雅而多材席帽山人咏歌而自得子貞僅存之什不減楓落單辭東臯酬唱之篇寧止荆南馳譽明初四傑眉菴工纖麗之詞錢氏三華錦樹長爽朗之格飛卿愛文而尚俠炙轂慶於一梧長源善畫而工詩遂列名於十子孟端書畫雙絶兼擅詩才達善究極羣書揮毫敏捷仲山高雅吟詩為逸興之餘子羽安貧詩品若寒松之翠得長沙之衣鉢實推二泉學韋柳之蕭閒厥惟四友徵茲通邑既霞蔚而雲蒸考之一方亦比肩而接踵梁溪東下伯瀆承流地號瞻橋南接蠡瀆東望海虞山翠縹緲於雲間西瞻慧錫諸峰參差於林表建置起於宋季志乘可徵名士盛於元明諸集並載贛齋流離世故多感慨之情惟吉好古博聞工理趣之什峻節清風推世恩之高介文雅好義美公治之旌門知尊祖敬宗惟常循禮而建祠能愛文搜祕味泉拔俗而刊書人物遺踪

班班可攷欲事披覽必藉篇章於是弄筆晨書然脂暝寫既輯小志以彙詩文復采佳章用摹景物所望名公才子墨客騷人吐金聲玉振之宏辭發摛錦繡珠之雅唱鼓吹風雅揚推芬芳巧製名篇增江山之佳麗清詞麗句助水木之清華錫谷之仙人因緣情而如見華山之蓮蘂藉體物而聞香妙絶時人如玄度五言之句擲地金石並與公作賦之才漫引詩端持贈才士廣馳尺素式佇瑤華

瞻橋小志卷三

瞻橋小志卷四

錫山　王鑑　子任　撰

藝文

元

詩本地詩詞

望行人　共選四十二首　周巽

文囿風雨生秋草相如多病朱顔槁手寄泥緘小字書青鸞為向文君道夢斷歸舟湘水深眼空煙樹青山小望望美人終不來相思一夜芙蓉老玉京繁華古云樂珠宮貝闕黄金閣行人自是不思歸

可是車輪生四角今年氷泮淛江西故園花開春鳥啼青緗誦言君當歸誰其語者雙烏衣

清溪小姑歌

宋元嘉中會稽趙文韶步月清溪忽逢一女郎年可十八九許容色絕妙趙作歌贈之女令侍婢歌繁霜自脫金釵扣箜篌和之明日入清溪廟女郎及婢像在焉

清溪流水何濺濺清溪小姑顔色妍飄然而來若飛仙珠璫玉珮光嬋娟問郎何來繫歸船郎亦見之心懸懸命婢歌繁霜發聲清且圓頭上脫金釵擊節朱絲絃曲申明月照修竹欲去不去空留連落花寞寞子規叫明朝相見清溪廟桃李無言錦帳寒青山為爾留殘照

送徐均玉之福建

楊柳青青花滿蹊城門送君持酒巵朱絲莫奏白翎雀高歌好折黄金枝車班班不可止夢逐楊花渡春水丈夫長材遇知己幕下風雲從此始

莫戚戚

莫戚戚戚戚令人老功名過眼雨空花生死循環一昏曉莫折並頭蓮休栽斷腸草萬事無如酒一尊踏歌搥鼓城西道

雲松巢

水清雲白山之幽長松十尋風雨收玄鶴側翅不敢下仙人結巢居上頭餘陰往往入戶牖清風肅肅凌斗牛俯窺倒影白日速萬蟻戰酣殊未休

八月十四日夜楊士可置酒分韻得清字

碧落秋將半高堂夜不扃月明愁狡兎露重濕流螢憐我鬢雙白知君眼獨青酒酣橫吹發客思不堪聽

觀水

俯檻觀池水秋光發興多雲來微見影風定不曾波慎勿盟鷗鷺毋令植芰荷月明清徹底氷鏡不須磨

看花

日煖樹生煙春濃花照天素雲青鳥醉紅雨白鷗眠早落還堪惜遲開更可憐多情雙蛺蝶相逐過秋千

冬日見蝶

小蝶來何暮依簷戀晚晴棲遲應有恨鼓舞尚多情粉冷身逾瘦花枯夢不成夜來何許宿霜月滿江城

登烏山遊回福寺

艤棹餘杭溪水西遠尋山寺策青藜長杉杉當殿懸鼯鼠修竹參天叫畫眉僧出無人長閉户客來不語自吟詩上方猶在孤雲外更有西禪第一枝

過臨平山宿石目亭下

東吴有客倦行役投宿繫船楓樹根殘陽到地鳥擇木黄葉滿階人閉門擊火平臨山下石捕魚石目水邊邨喜無亭長來呵客坐到月明開酒樽

陳子貞同遊膠山

秋山夜雨藤蘿濕雲路曉行沙石清故寺丹青空窈窕斷碑文字不分明忘機野老同醒醉多事山僧遠迩迎松下筍輿鳴落日乳泉攜得滿瓶罌

中秋與楊氏諸昆季泛舟鵞津

八月十五夜何期鵞湖漾舟人未歸水生金碧（列朝詩作浪）

兼天湧雲渡青冥傍月飛鴻雁沙寒微有影芰荷秋冷不成衣故人一去渺何許黄鶴舊磯今是非

周履道徵賦梧桐月

雲捲清秋畫角悲梧桐滿地月明時斜穿翠葉通銀井化作金波落硯池青女喜驚烏鵲夢素娥偏惜鳳皇枝故人有約來何暮獨立雲階影漸移

題華季充剪韭軒

吴下有田宜種韭高風莫笑庾郎貧暈飛畫棟青林表玉洗行盤緑水濱夜雨剪來茸自長春風吹起緑初匀客來一筯分清供不與區區肉食人

題惠山寺次同遊潘傳之韻

路出城西紫陌頭旌忠寺裏作春遊桫欏葉暗雲初起躑躅花開雨未收古殿龍蛇唐制度東山歌舞晋風流野人不慣乘車馬也向溪邊具小舟

懷故友華懋卿

我昔從君骨肉同十年裘馬踏春紅俄爲地下修文主不作人間折臂公南圃看花思酒伴西牕留客話詩窮重來門巷無人識慟哭西風白髮翁

早行之鴻山

山窗殘夢五更鐘又踏孤舟逐斷鴻未卜幾時歸學稼

每逢佳節恨飄蓬多情草色爲誰綠二月杏花渾未紅
小雨忽來沾席上春寒愁殺白頭翁

柳莊詩爲高郵士人賦

彭澤歸來事若何山莊高隱日婆娑葛巾藜杖看楊柳
草閣柴扉牽薜蘿風起陌頭飛絮遠鳥啼門外綠陰多
神珠照夜明如月甓社湖中聞棹歌

春晴

山靜竹雞啼春晴燕子歸日烘花上露化作白雲飛

聞角

春寒畫角悲月落古城西吹斷梅花曲千門動馬蹄

綵扇

綵扇錦鴛鴦薰風片月涼撲螢懷袖冷掩面口脂香

秋日池日

蕭蕭翠蓋寒槭槭金風起別岸有餘花美人隔秋水

燈蛾二首

投火飛蛾急甘同五鼎烹寧於明處死不向暗中生

其二

膏以明自煎遺殃及飛蛾不作趨炎戒紛紛來更多

田家

放鴨出疎籬牽牛飲小池漚麻龍脫骨剥笋豹留皮

夜闌

斗轉玉繩低晨雞不肯啼微風吹鐵馬月在小窗西

杜鵑

啼苦血成痕傷哉古帝魂年年明月夜腸斷花落邨

夏夜

夜深人語稀螢火隔簾微何處思歸鳥哀鳴獨自飛

齊門雪中

急雪寒城暮疎花獨樹春綠窗臨水屋紅袖倚闌人

鴈來紅

朔鴈南來塞草秋未霜紅葉已先抽綠珠宴罷歸金屋

七尺珊瑚夜不收周文華圃史抽作愁屋作容

過吳興峴山

白雲洲上水雲涼小峴山頭草木長唐相窪尊在何許
平坡落日臥牛羊

暮春二絕

二月櫻桃樹樹開風吹紅雪點青苔舊時花下相逢處
今日攜樽獨自來

其二

日下晴雲漲紫鱗雜花幽草各矜春青錢沽酒須留客
白髮無情不貸人

夜泊東還

沙上隣舟起暮煙分燈夜語對愁眠五更解纜唱歌去
知向阿誰雲水邊

江上

錢塘江上綠於苔江上桃花處處開鷗鳥也知春意好
暫時飛去復飛來

楊柳枝二首

樹頭黃鳥啄金蟲陌上青絲絆玉驄日暮行人重回首
風流不在細腰宮

其二

陶令門前細柳枝雨催金縷換青絲風流已減向時態
張緒少年能幾時

紗帳二絶

經煙緯霧織方空斗帳流蘇玉手縫曲院回廊塵不染
一池秋水浸芙蓉

其二

夜凉綃帳静含風咫尺飛蚊無路通一抹澹煙吹不散
夢回斜月在梧桐

偶題

散盡黃金白髮長落花啼鳥怨斜陽馬蹄不敢樓前過
羞見春風舊綠楊

本朝

詩

瞻橋八詠

柳陌鶯簧　王鑑

紫陌楊花滿路飛千條弱柳繞溪圍艷聲窗外驚殘夢
砭俗春郊醉落暉宿雨朝煙時報曉紅稀綠暗聒漁扉
不同燕雀爭泥滓碧樹深棲惜羽衣

王會汾

東風陌上春柳絲正堪把主人醉遺經宜倩鶯簧寫

昭文 宗少文

垂垂掩映畫樓高裊雨翻風綠萬條深隱謌喉調歷舌
暗藏梭影擲黃袍音流綺席和瓊管絲拂遊驄躍翠濤
斗酒雙柑堪聽處詩人爛醉一揮毫

陽湖 毛秋繩

春深柳穉雛鶯試舌惟時披鶴氅手一編拖山樓中
陡覺翠色迎眸圓音入耳簧鼓六籍自當別有會心
真不愧丰姿濯濯春月中行也紫桑風景宜莫先焉
裊裊輕陰院院笙經殘拋塵夢魂清晴雲短屧煩三請
曉月扁舟挽一程髮合池萍嗔睡起舌鏤金葉換飛聲

永豐東角頻啼處可許烏衣問姓名

本邑　李大本

翠柳重陰合流鶯百囀新曉煙籠淑氣小雨潤芳塵巧
喚深閨夢青田客舍春蠻腰欹舞態鸝吹叶歌唇伐木
思求友攀條贈別人誰攜柑酒去林下樂閒身

本邑　黃嘉慶

弱柳垂條日新鶯出谷時金衣藏密葉簧舌囀高枝未
入簫韶奏將同銫竹吹清音疑引鳳翠幄似調篪砭耳
還驚夢催耕且織絲緬懷勤儉德載咏葛覃詩

本邑　鄒乾樞

又是鶯黃搓就時細風斜日影垂垂金衣一點濃陰裏
巧語生生唱柳枝

虞山女史　蘇陳潔

千條萬縷裊晴煙拔拂遊人綠映天點點金衣翻影亂
關關巧舌弄聲圓玉樓怨醒圍屏下繡轂停聽曲水邊
縱使笙調花底滑須知此地更幽然

海虞衲　律然

柳染鵞黃色未深金衣公子日相尋春光漸好無人覺
特倩頻伽遞好音

莎堤蛙鼓　王鑑

吹非必竹絲聲兩部笙簧入耳清脩飾偭人徒好大
擬開黃閣似狂酲草萊不剪幽人思慿式求才賢主情
莫厭蝈音徒聒耳田家卜歲是蛙鳴

王會汾

蕭皋宿靄收明滅星光晚清商何處來閣閣因風遠

宗少文

蹙泥赴水號蝦蟆兩部誰分聚岸沙聲振屏幃驚蝶夢
喧傳庭院鬧蠭衙每隨文士吟章句常和山僧誦法華
滅跡潛蹤樂井幹閒中風月羨伊家

毛秋繩

嗟爾蛙何閣閣豈不念暮雨陰寒蟹舍火光如豆漁
父持叉相待耶凡持布鼓向雷門曁脫莎屩而謀廊
廟者皆自蹈不測之機墻東夫子所以避世而不出
也

溪女留錢放坐魚（坐魚蛙字魚言其族坐言其形）槐陰風露仄莎居颺
灰焚鞠煙還古接腋持頤跗又趄漠漠水田犁影散棖
棖堤岸鼓聲舒襟披蒲鵝歸驅犢角挂蛙螢代漢書

本邑　華士方

雨歇郊原快晚晴怒蛙何事不平鳴誰憐此處頻歌吹
錯怪終宵亂點更青草池塘空入夢素娥宮裏別題名

只因不作公私辨兩部還留太古聲

本邑 錢 基

莎色雨後鮮蛙鳴聲蜿蟺懸知草堂人萊蕪常不剪

鄒乾樞

鼓吹兩部屬誰家清夜閒遊小徑斜忽憶子韶聞道句
霜天月白一聲蛙

蘇陳潔

梅雨連宵忽放晴長堤草滿亂蛙鳴高低清濁隨風墮
遠近喧譁帶月更讓彼丹書誇異質羨他金背占高名
優遊自得林泉趣不犯公私舊有聲

律 然

遠岍孤蒲掩澤陂青蛙聲亂夕陽池吹幽擊鼓遥相和
父老爭喧賽社詩

風翻麥浪 王 鑑

隴頭風暖盛來牟翠浪翻空似水流牛背牧童偏得意
閨中少婦每多愁晴光時作千層瀲微雨涼生四月秋
布穀鳴春農事急田夫早起滿平疇

王會汾

並舍繅車動連畦餅餌香繡翎時決起不奏艾如張

宗少文

郊原綠遍響颸颸風擁狂瀾極目浮錦縠千層空裏漾
黃雲萬疊望中收兩岐秀色齊生穗四月濤聲忽作秋
父老行歌小兒舞共歡麥熟在西疇

常熟 山 照

村邨蹄鳩日初長麥浪翻空勢若狂湧去黃雲行疊疊
傾來碧海瀉泱泱遠連楊柳難分色亂落桃花不泛香
客路波濤曾歷險錯看平地亦徬徨

毛秋繩

餅爐飯甑無饑色接到西風熟稻天石湖此語大足
垂涎今兹王氏西莊風摇碧浪固黃雲萬頃之先聲

也爲告抱山主人能如龐氏作雞黍待徐元直則鄒
邑狂生且褰裳就之矣

蠶豆花香緩步前輭風剛散白榆煙輸他層碧桃華浪
錯認浮槎竹葉船鷺躍塍滯鷗泛泛馬行秧畔蝶娟娟
詩中有畫文心似風水淪漣憶輞川

本邑 華 永

瀲灔掀翻綠滿疇清和天氣似三秋風摇萬頃青逾遠
月映千畦翠欲流照野瀰瀰飛澤雉橫空霎霎下沙鷗
直鈎不釣浮名利好覓當年陸處舟

鄒乾樞

一波起處一波平燕尾翻雲百態生好是雨餘風定後
嫩黃深緑兩盈盈

蘇陳潔

麥信風催夜吐花芃芃隴上遍連沙千層湧翠看無際
萬疊搖青望有涯錦雉朝飛掀浪遠白鷗晴浴躍波斜
當今
聖主過堯舜九穗將生更可誇

律然

漸漸麥秀欲齊腰風景晴和野雉驕一霎迴飈催急雨
平疇萬頃激飛濤

月漾松濤

王鑑

秋水寒潭徹底清金波倒浸月華明松風振響浮光耀
氷鑑涵空綺陌平彷彿湘靈遊汗漫逶蛇螭象舞蓬瀛
自從弘景參鸞去誰賞山中韻濩聲

王會汾

寒空隱秋濤潑眼如流汞清絕茹芝人羣生似蟻蠓

宗少文

萬榦蒼虬拂紫冥影摩應訝斗牛星月明時作波濤勢
晝靜如聞風雨泠嘗挾嶺雲停尚梟每驚巢鸛睡還醒
千潯一派從空響恰稱高人日夕聽

山照

颯然涼吹入松楸淼淼寒濤漾月流樓畔若鳴千澗雨
檻邊似瀉一江秋秖堪警鶴衝雲漢未許浮槎犯斗牛
最是山齋清絕處金波穆穆夜煙浮

毛秋繩

天香滿院碧杜紅龍無限清秋景物第遠志小草之
誚既非閒户著書者所宜聞而脫手槐黃且摘香于
童僕矣科頭箕踞白眼看他故舍彼取此

風入青琴窯颱颸素娥鞭鬣響琤琤晃垂針露搖珠索
倒瀉銀潢挾雨聲籬外螽蛩酬黯淡堦前荇藻浸空明

武夷孫子仙緣薄辜負松頭鶴背笙

李大本

月色橫空冷松風入夜涼侵眸偏皎皎盈耳欲洋洋陶
院清音細庾樓逸興長終宵無俗韻是處總輝光彷彿
聞天籟依希散曉霜幽人當此際能不獨傾觴

黃嘉慶

皓月盈三五蒼松貫四時金波流碧甃偃蓋氾氷除遥
望霜凝榦還疑壁挂枝澄輝雙激射清景兩參差桂魄
輪中滿龍鱗浪裡迷鵲驚三匝繞錯認影娥池

華士芳

一輪秦鏡挂籐蘿疑有乘槎使客過每到谿回風更遠偶當雲起浪偏多聲騰髙澗泉同响影掃層巖石不磨只此影聲俱是幻何曾午夜起風波

華　永

水浸空庭藻荇横蓬萊兩度但聞名勢傾三峽同潮响聲吼千林雜澗鳴翠巘光揺驚野鶴碧溪影落動長鯨松風水月忘機處已覺翛然虚白生

鄒乾樞

有客橋東夜著書紛紛松影落輕裾氷簾不動清如水坐看虬龍入綺疏

蘇陳潔

瑶臺鏡擁脈松蘿彷彿飛儇響珮過棲日轃貞經歳古擎天力勁歴寒多九霄風雨聲常撼萬壑龍蛇影不磨竟夕涵輝清入耳欲憑綃素寫煙波

律　然

百尺龍鱗勢屈盤錯將虚籟認驚湍當頭更湧中霄月映徹清光下界寒

黿渚吴歌　　王　鑑

江南舋語草生時澤畔繁花生滿枝欸乃櫓聲鷗不擾悠揚晩唱夜偏宜歌回落照風吹斷響振空林谷應隨牛渚咏詩來賞識吴歈雅俗定誰知

王會汾

太息霸才盡地接蠡津誰堪弄渚鷗臨流望遠者獨上木蘭舟

宗少文

生涯柳岸與蘆灣占盡無邊風月閑忽發新歌魚躍浪陡聞清唱鷺驚湍聲飄渺渺馮夷府音繞芒芒巌子灘借問鳴榔何處去煙簑雨笠卧江干

常熟劉霄鸞

畫入桃源便是仙緑簑青箬碧雲天前村牧犢人初返斷港漁舟網正懸柔櫓幾聲衝夜月醉歌一曲蕩晴煙阿儂自識來時路不用重尋更惘然

毛秋繩

瞻橋河爲歸吴適越孔道左右極望渚蕩瀰漫以十數藕花滿其中暑月香甚羣流交注橋上活活鬬奔泉聲柳陰散髮納凉舴艋飛艎往來相觸棹歌聲如訴試問吴姬越網即何減横塘聲散採蓮歌也

河朔追凉暑乍醒曲莖簪柄摘娉婷蝦鬚捲碧攙香粉鷺尾分紅下渚汀何處征帆拋遠夢幾人深夜泣歸舲鄉音怕與風荷亂燈下樊蠻擁髻聽先生兩姬侍皆姑蘇人

李大本

湖光千頃碧一曲櫂歌清斷續饒遺響悠揚得遠情調因風力勁波映月華明鵶軋隨柔櫓嘔啞度短更賡歌成叠韵互答叶雙聲高閣孤眠客聞之逸思生

華士芳

阿儂應號竹枝仙澤國生涯別有天放鴨船歸潮未落釣魚人散月初懸數聲欵乃浮殘照一櫂咿啞沒遠煙老盡丹楓江上冷湘靈鼓瑟解煩冤

鄒乾樞

新翻子夜換前腔遠入煙波韻更長欵乃聲中生計足

等閑身世付滄浪

蘇陳潔

蘭舟記泛擬神仙風縐波紋水浸天斷續聲中雙槳動悠揚韻裏片帆懸頓教魚鳥忘歸處卻逐雲霞落暮煙大婦剛停小姑和白蘋紅蓼共爭妍

律然

夜涼短棹屢經過好聽吴儂發浩歌皃雁閑閑不驚起澄潭淺渚少罝羅

漁邨煙火　　王鑑

東風吹雨過長溪市罷漁舟繫釣磯楊柳陰中人彷彿桃花蚜側網依稀炊煙斜拂滄波細夜語時驚白鷺飛收拾船窗眠卧穩恐遺野燒起光輝

王會汾

漁火燦星點暝色歸鸕鷀請君唱銅斗爲賦叉魚詩

宗少文

千家罾網颺風齊暮色冥濛一望迷縷縷炊煙籠竹樹紛紛燈火照山谿空中似作張楷霧水底如明温嶠犀下熟稻粱鱸正美瓦盆邨釀漫提攜

常熟　徐寘

漁舟結伴聚江濆語笑喧譁雜不分近起爨煙迎白日

遠籠暮靄接紅雲遊魚光耀潛波底飛鳥煙浮失故羣但願飯魚生計足世間風浪不知聞

山照

落日鳴榔噪暮鵶水雲深處隱漁家炊煙颺白蓮輕靄野燒分紅續斷霞高映波光疑月上平吞樹色趁風斜村浮遠浦黃昏暗幾點時如星出荻花

毛秋繩

雪舟漁火煙樹孤村彷彿當年花渡捕魚歸景寒舍在蘭陵花渡之間目下鎩羽依人風饕雪虐愁心似火尚敢望棲身煖地耶先生凍合三舟現貯筆床茶竈不久永

澌日迴自瞻橋破榜遶漁邨而出且將獨釣寒江倘
他時乘興訪舊藤溪敝廬應剩半壁紫門幸勿信宿
迴帆效君家狂子猷也

兩株衰柳對庄門忽忽鄉心攪夢魂紫鏡霜花新鶴髮鏡神名紫珍故亦稱紫鏡綠蓑青蒻舊漁村磚橋里第河汾隱瞻一作磚煙火微茫風雪昏宵訪他年戴安道預燒枯葉湛清罇

李大本

蒲蘆叢雜處集網自成村晚飯炊菰米歡呼倒瓦盆拍肩嬉婦子抬手喚兒孫月白吹橫邃風清理釣綸饗飧多稻蟹畜牧足雞豚一醉無餘事天光任曉昏

黃嘉慶

繫艇蘆中宿停竿火始然常將魚作飯每用酒為年乍擬螢流野還疑星墮淵光寒同月照影靜伴雲眠映水魚驚熠隨風雀避煙悠然逃世客得意已忘筌

華士芳

自喜波臣別一家蓬窗輕穩泊蒹葭爨煙浮動籠洲渚艇火遊移映水涯燈隱蘆葦看一點港迷楊柳辨三义稻粱菰米年年熟不羨銀河夜泛槎

本邑　華萬育

日落溪光暝星星破夜煙鮮鱗換斗酒共醉蔚藍天

鄒乾樞

幾縷炊煙出遠山斷霞明處鳥飛還一星微火疎林外知在漁灣蟹舍間

蘇陳潔

桃花灘上盡漁家芳草叢叢半雜葭暝色炊煙籠樹杪岸燈船火聚津涯蟹行碧荇潛離斷魚躍青萍故避义記得月明停泊處乘舟恍擬泛僊槎

律然

北陌南阡靜掩扉漁燈閃閃似星稀長魚換酒懵騰醉一任輕潮沒釣磯

村墟落照　王鑑

四山凝紫下牛羊暮色蒼然送晚凉遠樹參差藏反照亂峰高下隱光芒担松樵父憂村暝沽客行舟愁路長安得揮戈廻日御長留靈曜曠扶桑

王會汾

村墟白鳥明小市炊煙碧宴坐復何為結跏可終夕

宗少文

遥瞻村落靄斜暉紅映家家白版扉山帶彩霞迷鳥道水流綺錦浸魚磯蕩舟漁父收綸返負担樵夫跣足歸一色微茫好風景柳煙松霧正霏霏

昭文俞棻章

笛聲喚犢反村庄野老閒看落日黃出屋炊煙旋罨菜入林暝色遠蒼蒼白雲堆外鴉幾點紅蓼灘頭雁一行最是幽居堪畫處餘霞片片映寒塘

毛秋繩

築圃滌場而後稻堆高出屋山頭巖寒日莫雞犬籬門老稚晏息枯藤敗井閒煨榾柮尋芋魁相餉此是瞻橋一幅真畫景惜無有當年老叔明其人耳

纔聽盲詞瓜架綠又看哺腹稻堆紅鴉馱暝色迎新月柳帶斜陽戰朔風榨出新芻歡稚子補完殘衲護衰翁

休嫌冷信黃昏較昨夜村舂細雨中

李大本

西山銜落日返照入村墟暮靄分青紫閒雲自捲舒牛羊下壠坂雞鶩集庭除野渚喧爭渡前溪歸荷鋤淡煙微暝際新月上弦初遊子應知否有人還倚閭

黃嘉慶

暮景村墟好猩紅映竹扉青山銜半日碧水漾斜暉影向千峰落霞隨孤鶩飛遠林煙靄靄深巷月依依埜老荷鋤返牧童吹笛歸矅靈如可頓欲倩魯陽揮

錢基

墟里煙波渺倒影半村紅牛羊歸籬落人在夕陽中

華士芳

村邨蔀屋接蒼茫門戶家家帶夕陽霧隱峰頭拖去紫雲收雨脚捲來黃鳥知暝色投巢急人趁殘霞覓渡忙杖策不愁前路遠每看月起濯滄浪

華萬育

天末晚霞飛夕陽掛疎樹牛背笛聲來前邨帶煙霧

鄒乾樞

霏微涼露下蒼苔曲逕幽探晚未歸底事遙空煙霧斂依依墟里月痕來

蘇陳潔

水天一色景微茫西崦人家晚向陽晷映老農耕野綠霞凝少婦織流黃羣峰眩彩歸雲急叢樹搖金宿鳥忙欻變態兮言莫擬却教染翰灑淋浪

律然

悠揚笛外起炊煙蟹斷漁灣夕照邊雪鬢霜髭不知老桑麻雞犬自年年

林杪山光

嵩 王鑑

遠山挺秀入雲霄啓戶晴風似拱朝樹密難關村隱約雲輕易顯玉峩嵬放神遠慕巢居客絕迹聊隨谷口樵

秀木蘭林得至樂畏攖𧕱觸近塵囂

王會汾

疎林氣清遠天際浮脩眷何年買山隱此地堪與期

宗少文

舉頭隱躍見青山山在熹微林杪間雨過洗開紅錦幙

風迴遥拱綠煙鬟弄音好鳥性應悦出岫浮雲心亦閒

每愛登臨發長嘯放懷天地遠塵寰

毛秋繩

木葉脱霜嵐滴翠如新沐西九龍東海禺樓窗四敞

主人坐而延之夫是之謂抱山也主人胷次崒嵂五

嶽他小山若培塿纍纍作兒孫羅列夫何足云

天高嘹唳送霜禽冷逼空山磬響瘖樵擔遠梢枯澗葉

錦雲微綴晚楓林晴湖挽浴千層翠滿月猶賒半壁陰

賸有餘霞在西崦老僧支策上危岑

李大本

千林落葉盡疊嶂送青來丘壑奇且秀煙雲合復開恍

疑登日觀約略到天台雪霽孤巒瘦風號老樹哀槎枒

還屈曲崒嵂更崔嵬妙得山林趣慚無作賦才

黃嘉慶

楓葉丹疑染青山翠欲流天邊峯巑岏門外樹清幽高

髻枝頭聳脩眉林際稠淨因秋雨洗明為夕陽留煙擁

皇山暮雲封石室浮愛山高士趣登覽與優遊

華士芳

遠山出沒見林端已露奇峰萬象看霧蔚霞蒸原不掩

煙霏雲斂更堪餐雨餘洗出晴嵐秀旭起收回曙色寒

雙鳳關高何處是臨風一望海天寬

本邑 華爾行

青山繞舍合鬱岪出林端曉霽光堪挹晚晴秀可餐閒

雲生翠巘飛鳥傍重巒眺望情無限幽偏得自安

鄒乾樞

平林曾不礙嵐光半是雲封半夕陽畢竟深秋更高秀

崚嶒石骨露清蒼

蘇陳潔

旖旎林花入鏡端捲簾飛閣縱遥看樹邀嵐翠朝堪挹

山卷林霞夕可餐攀飲野猿啼月皎引雛仙鶴舞松寒

忘機一撫瀟湘曲胸次翛然眼界寬

律然

平林盡處露煙鬟飛鳥穿雲去復還曳杖溪頭看不厭

橫披一幅米家山

瞻橋小志卷四終

無錫斗門小志

佚名纂

《無錫斗門小志》不分卷，佚名纂，清光緒年間抄本。

斗門，又稱陡門，是無錫北郊的一個老村鎮，離城二十餘里，清代屬天授鄉，後屬石塘灣鎮，今屬惠山區洛社鎮天授村。北宋元祐年間，官方爲治理芙蓉湖而在此設立斗門閘，以殺湖水。從此開始，斗門就與治理芙蓉湖這一重大水利工程結緣，其歷史延續了七八個世紀。斗門老街鎮也是有了斗門閘而逐漸形成和興旺起來的。

由無名氏手抄的這部小志，無體例，無類目，無標題。所記人物和事件，上起東晉初年，下止清光緒十六年（一八九〇）；地域範圍也不局限於斗門這一村鎮，而涉及到整個芙蓉湖的圩區，相當於現在的黄巷、石塘灣、堰橋、前洲和玉祁等鄉鎮。

芙蓉湖，古稱無錫湖，又名上湖、射貴湖，位於無錫城及惠山之北。其西至武進，北接江陰，東達吴縣，水面面積達一萬五千餘頃。因地勢低洼，常患水災。自東晉起，不斷進行築堤、圍湖和疏通出水河道。尤其從北宋起至明清，多次進行大規模的圍湖造田，湖面大爲縮小。到現在，除白蕩圩等尚能看到殘留的一些湖面外，已都成爲田地了。因此，該志所記載的湖道、河蕩、壩閘等名稱，圩田面積的變化以及《芙蓉圩圖考》一文，均爲查考、研究芙蓉湖變遷的重要史料。

該志所記載的人物如李廷發、李金鏞父子，是典型的斗門名人，很有資料價值。但也有一些人物，如明代的王問、王鑑父子，既不是斗門人，也不是芙蓉湖圩區人，爲何在該志中出現？尚待考辨。

本書據清末抄本影印。

（夏剛草）

斗门见于邑志，曰斗门闸，成于中□，以杀芙[illegible]

咸淳志：闸在县西北四十里，地今距县二十[illegible]

闸以防水，其高地遏於湖，无几里，要不必拘。又以此西

言东湖刘家圩、杨家圩地博而入前洲莲荡，后称北社七房，今称北七房诸地

距庙虑其湮入

运域东以五泻河落圩，今称北七房北达于四河口，降西为运河之发

口嬴分支，连运而北为泰伯河，由五泻河之北东流而达

菱蕴折而西北落横港，自西东西北流而入宫荡

河北流折而东经永安闸北，与芙蓉圩毗连，北东

流四河闸自东而西经五牧泾，又西为羲塘河，由南而

来入之，自此西流而与永安闸河会合，其间市镇曰

曰玉祁，曰礼社，曰莲善社七房，后称北，曰石幢，曰浮舟村

曰前洲，曰秦巷镇，其大较也。

晋张闿治芙蓉湖

南徐记：晋张闿宏浚芙蓉湖水，令入五泻注于具区，欲以为田，盛冬著赭衣，令百姓负土，值天寒凝冱，

其功不成。府志

嘉庆志云：晋元帝大兴四年侍中张闿出为晋

陵内史，开曲阿新丰塘，溉田八百余顷，见府志名宦。

按即闿赭衣，按赭衣，汉书南粤王传师古注以赭染

衣曰赭。今案张闿晋书有传。以上

高橋河即五瀉水俗稱由瀉圩自匯河分支出高橋東
北行稍南為西五丫浜又北行分兩西為梅泾不遠西
止又北行為蔓河撲石瀆柘塘諸水自西來合又
北行分兩東為北張泾又北行分兩東為后陸港又北
行五牧泾自西來合又北合四河口接江陰界 舊志
元志云五瀉水在州北一百里天棲鄉闊六丈深七尺其源
上湖大陵自五瀉口北岸行泝源四十里至江陰晉
陵兩邑界雉尾口從界北四十七里至申浦上口北入大江
湖汊所出可勝二百石舟舊有堰號官壩名五瀉堰
宋元祐間治芙蓉湖為田置閘於此今列鶯橋西
中上與高橋兩堰兩閘俱廢 郡志
元祐中堰芙蓉湖為田置蓮蓉湖斗門閘以殺芙
蓉湖水 全上
咸淳志蓮蓉閘在州北二百五十五步斗門閘在西
西北四十里 全上
明宣德中巡撫周忱溯治芙蓉湖為田
以芙蓉湖田歲久浸廢乃築溧陽東壩以捍上水閘江

陰黃田港諸港以洩下流於是湖之殘處皆露築堤
成圩西湖芙蓉圩為田四十萬八千餘畝於本田七萬餘
畝屬無錫者三之一為田二萬餘畝東湖楊家圩為田
中萬七千餘畝 邑志
萬歷八年武進丞郭之藩築芙蓉圩堤
郭支河工銀兩借給倉穀分撥武進無錫二邑協恤
隄防周圍六十餘里 全上
十年知丞楊春光修芙蓉湖隄 全上
天啟二年知縣劉五緯修芙蓉湖隄 全上
國朝康熙元年夏大水壞芙蓉湖隄知縣吳興祚
修之
凡捐俸米三千三百六十石給散飢民與修圩岸
田主每畝出傭米三升給田佃力 築計共土每日三
千五百六十三名自七年二月起工至四月乃竣編設圩
長三十六名岸甲一百八名照田分派猪倚凡見圩為之
役並專值隄工優免雜項差徭 邑志
按湖縣芙蓉圩周圍六十里
其水壩兩邑鄰岸共計一千七百九十二丈五尺東南隅圍

岸包百小圩共計二千三百八十九丈六尺屬青城鄉八、
一八二八三八四八五七六等啚有中澗港東澗港諸家壩三
牐龍潭二處西北址武進界河東址五龍涇南隄窪
下支河五錯防禦尤難東湖楊家圩圍堤大岸一九千七六
百八十餘丈內大小五十六圩各分界岸統共三十四萬五千六
百八十餘丈三尺屬青城鄉六一六八二六八三七一七三等啚有御
九一九四等啚有八牐三十八壩龍潭二處東址江陰
界東抑高橋沖尚排江陰界東北四河口乃為江陰界也
光緒元年知無錫縣廖綸修楊家圩隄 孫春
按元王仁輔治湖為田蓋至宋之元祐然一遇水潦輒
復淪沒蓋隄岸之制猶未備也至明宣德間周文襄
公為巡撫修治溧陽東壩以捍上流開黃田諸港以
瀉下水湖之淺處皆家居民隨地填土築隄成圩今
所說芙蓉湖者乃其中極低處築隄為一大圩其實
隄外諸小圩皆古芙蓉地也地極低窪宜稻不宜麥俗
稱不麥低田然至武邑者北而稍高在錫者南而愈下而
武邑田一畝折平田八分六釐六毫在錫者折平田七分四
釐一毫高反輕低反重錫民尤苦之 識小錄

此圩形如仰盂圍稍隆起中心極窪下內四周作抵水岸逐層
而下邐之若梯梯然兩岸未滿二尺猶微露岸形若水面
二尺則各岸平沉汪洋一片矣更若淫潦不止外水衝入
則圩田居民盡為魚鱉故防守隄岸最為緊要 識小錄
南隄東接五龍涇西至新安龍潭蓋昔日蛟龍窟穴也故隄
雖短於武進而工費倍蓰凡充圩甲之役者尋值修築一
應差徭輒免 識小錄
四周隄岸闊一丈八尺高八尺內帶子岸高四尺中間界隄闊
一丈二尺高六尺一線孤隄土疏難保只椿石夾鑲加高加
闊庶可保久而無泊沒之患矣 識小錄

芙蓉圩啚攷

壇芙蓉為田始於宋成於明至今隄岸斗門規制大備於
惟居其地者熟悉之而書多不得其詳考康熙子徑元
家圩中見舊志芙蓉圩條下所載殊失實遠今修志
願子洪溪以河道一門見屬吳子乃以芙蓉圩啚寄示
已條其大要載入省志然方志水道未暇及田之形勢
曲折另繪啚入志又似非体乃姑置之然其啚甚精閱
整構得之甚難棄擲之甚易故錄而存之庶幾後有

可效 識小錄

南田五瀉湖出高橋西南址蕩安鄉通石瀆西抵前洲通濱己橋西北聯芙蓉西湖和尚圩之五馳涇北址江陰芙蓉湖十七圩一名馬家圩東北址西河口圩地外高內低形如仰盂漸進漸低內畫縱橫水岸如遇水漲高水不入於中之水不入於下之水不入於低每年春水既涸春漲未來起土椒築一律堅固毋致一堤滲漏全圩受累　湖民安堵無恙　楊家圩有辛瀆河東西三里南北圩田藉以蓄洩其東西各有大壩東壩有旱洞通流內灌諸圩滿則兩壩各設車戽以禁私築肢壩以致阻塞（一邑志）

芙蓉湖在邑西北興道鄉寰宇記上湖一名射貴湖一名芙蓉湖一名無錫湖在晉陵江陰無錫三邑界東去州五十九里東南流爲五瀉水越絕書云無錫常州多魚兩甚清又吳地記無錫湖四萬七千三百頃陸羽記東北山九里有上湖一名射貴湖一名芙蓉湖其湖南控長洲東洞江陰北掩晉陵蒼蒼渺渺迫於軒戶或云昔其地多芙蕖數十里不斷于是皮日休陸龜蒙毗陵魏樸時乘短舫載酒甌一由五瀉涇入震澤穿松陵抵杭越因其名曰五瀉舟又南徐記晉張闓宗湛芙蓉湖之水令入五瀉注於具區以爲田盛冬着赭衣令百姓負土值天寒凝結其功未就至宋民因其舊跡堤岸　水志爲良田至今蕃堰猶存土人猶有湖東西之稱又郡志謂明萬曆年間官爲出錢募夫堤寨築蓋塞流多置堤閘其上于是其地可入三錢厥田上上厥賦下下民間以以有繳稅之謠也周文襄公忱撫吳時僅每畝科米五升以備水旱未入賦額至嘉靖中知縣王其勤始復加丈量而改低田輸稅焉據是則宋時已治爲田而湖之全湮

廢未存久宜其舊界猶有餘址之共不壹茫無可攷
矣如此又舊邑志蓮蓉湖在北門迎溜館前蓮蓉即芙
蓉蓋今北塘之堤謂之芙蓉湖地 浩湖錄
此湖自唐宋元明之前本屬大川為蛟龍出沒之區汪洋
浩蕩湖濱煙渚蒲柳叢迴浴鷗飛舞夾岸芙蕖庚
宋諸賢秉舫載酒石游覽之地 仝上

知縣吳興祚條議民隱再詳界址閘壩
東址江陰界南由五瀉湖出高橋橋西之迎溜館西南嵩[illegible]
鄉通石瀆西抵乙廣橋以接前洲西北聯芙蓉西湖
和尚圩之五龍涇北址江陰之芙蓉湖十七圩一名馬家
圩東北址四河口計閘八壩三十八
六一啚閘二壩九
中港 墓塘 皇天蕩 惠家 東閘 黃港
放生河 犂軛 張涇閘 監頭港 西斜港
六二啚閘一壩七 龍潭一
東吳瀆 衛涇 楊瀆閘 西吳瀆 下新瀆 西藏
瀆 朱芳芳 北藏瀆
六三啚閘三壩五
浮舟村 小流港 蕭家圩 葉書港 墓塘東 墓
塘西 無龍閘 迎龍閘 石板閘
七一啚壩三
花頭涇 高瀆 塘港
七三啚壩四
東徐瀆 新瀆 陰壩 西徐瀆

九一畝塘八閘二龍潭一
蔣涇　新涇　淩涇　石牌涇　洋涇　張道涇　黃
祥涇　坡塘　洲泗瀆閘　東龍潭閘　龍潭閘外
九四畝塘二　長溝　黃泥　田不滿五百畝
湖灘湖心統計四萬七千餘畝定三萬有零係河
道河蕩也按此湖田地外高內低形如仰釜漸進漸低
內盡縱橫如遇漲水高水不入于中中水不入于下下水
不入于低如有抗違鳴官究治
此湖田地以隄爲民命防隄之要甚於防盜之嚴盜
之爲害不過一二家數家而已水之爲害湖隄一決一瀉
千里屋漂廬蕩老幼男婦立喪波濤諺云萬丈雖
好只怕一丈傾倒余自康熙二年蒞錫至五年犯臨
湖境歷覽湖隄岸頭類破若潰若斷黎民屢饑詢
其由蓋因水旱不均十年九荒于是深入湖心見其地勢
最低內外百川交集野漲一發即風濤接天一綫長
隄孤危難守外保湖安堵必加木石內外交鎖石隄
方可共工費浩繁一時難措九年春夜洪水爲災蒙
民隱命詳報具題賑救先捐米三千三百六十石給
散饑民先行築岸未雨綢繆　又勅免業主每畝出備
米三升并給佃戶併力挑築計其隄工每日三千五百
十三名自康熙十年二月十六日起至四月十五日該工牆廣
日後隄工艱難凡充圩畝之役專值修隄詳請優免
永久雜項差徭編設圩長三十六名岸甲百有八名
令其照田分派催督每年修制高闊修築毋至惰悞
違者稟究圩隄一役必可永勞永固惟是武邑同湖低
田每畝科算低田六分三厘一毫錫邑每畝科算平
田七分四厘一毫故輕重不同錫民倍苦
一此湖本屬大川今雖瀉爲田變一潦即水妖復至龍
陣怪風拔木傾廬無不騰碎隄岸一決如同混沌合
湖全洸其慘不可勝言
一湖田極低過寸雨即漲尺水有蓄無散故久雨即驚
洪波停蓄半年不退居民築木棲身三年兩淹非
全荒即未熟有秋之歲什不得一雖獲每年豈熟
約計十年之內全稔者不過一二熟地瘠民貧莫過
於此
一低田似無旱潦豈知湖中土性浮鬆朽腐旱不戲

水一漲即淹田低隨庫隨涸故淹無術長流遠隔數
里湖內猶如乾碗凡值大旱倍苦他處
一此湖向來無麥低田兩熟夏熟荒一熟兩年受饑若
兩歲並荒直至三年之後方得接食較之他處之田連失
五熟故圩民家無餘粟
一湖民概無積蓄如遇凶年催科日迫欲變產苦無售
主鬻子賣女不忍分離往往激公無計情極損生深可
憐憫查通邑低田而書城湖田不及參之一最為有限
凡遇災荒催從寬恤無礙催科之政
一荒區初起最苦併征久饑之後民未全甦若盡情追
久用其二而民有浮用其三而父子離且湖荒莫若漕
米在官府為漕運急不知饑民先宜無門即窮內補廢
勉措升斗皆為他處糶米難赴倉場故歷見荒未竭
力申請停征萬不得已權將積穀挪餉其存留之款
今荒戶不拘米色隨續緩輸
一此湖田外高內低旱荒則外圍沿邊之田或可灌以外
河之水其內地皆焦水災則外田岸邊之田或可減水戽
出外河若內地不得由防害衆祇就沿邊看荒似乎
稍有生機遠神塘地蘆葦隱現疑有熟地不知實
玉其外敗絮其中非常之災最重於內故此湖荒不可
不深入湖心洞見底裡
一湖內災荒民皆紡織為生捕魚為業可恋市井富商
花米高擡時價致饑民難以謀生捕魚必用小船設或被
竊全家坐斃而捕魚之人每有為害地方者小船三五成群
黑夜以捕魚為名遇路截貨劫掠船舟偷竊池魚柴
草等物故荒歲宜急平物價弭緝盜賊
一饑民升斗之惠亦可旦夕延生若發帑恩賑必俟題請
事為上憲主裁尚隨地官府能倡義捐施造福無
窮朝廷恤災尚且撤懸減膳有等無積不顧饑民倡
為祈年禳災之說紛會演戲剝削枯髓大荒之後必
多疫癘土風最信巫言禱鬼傾家蕩產以致荒歲子
女拋散皆由邪巫以致誑有少年不法賭博成群夜聚
曉散釀成盜甚或乘機略販使人骨肉分離殊堪痛
恨願吾鄉君子留意

崇禎二十年巡撫慕天顔檄修芙蓉湖隄委糧道劉鼎
督之
時知縣吳子駒設法購料散給口糧通計每畝名甲
近田均派將圩中小岸專責佃農外圍大岸種田者
築三之二輸役者築三之一圩長岸甲督率併力修
築其派修之法每畝均分十段以十甲挨次任修惟蕩
安九一畝湖字界內有東鮑潭溢瀆頭圩等處河
澗水陰施工處難不得視他畝均派因酌難易以定
分段爲五其最難五其段使於吳公生祠分寫
十號十甲公督指定畝分修有田在此而分至彼
者不得移自更易　邑志
東南有楊家圩介芙蓉塘爲泰之間今土人稱芙蓉
爲西湖楊家爲東湖蓋即時善昌湖也　邑志
淳熙十年臣僚請修五瀉牐上游之
十一年臣僚言平江五常州有楓橋許墅烏角
谿新安將軍堰各通太湖如遇西風湖水由諸
而入皆不必濬惟無錫五瀉牐損壞累年常旱
湖堰徹底放舟更江陰軍河港勢低水易走泄
若從舊修築不獨瀦水可以通舟而無錫晉陵
間所有陽湖亦當積水而四旁田畝皆無旱暵
之患　邑志

王閏字子裕少從邵寶游以學行稱嘉靖十七年進士授戶部主事監徐州倉改南京兵部南京額設馬快船七百八十有艘歲修役卒四千有奇病民滋久閏白尚書虜酌款鈔之時思有逸要問預籍武健而厚其廩食比撥隸多有簽領武清追之閏曰人輕其死以來又撤罷遂而官奪其餘他日朝廷更下尺檄誰復應者官南曾時迎其父澤澤不敢行而令閏畫三十韻韻為一詩自朝至晦日持其子以代子之侍前也比擢廣東僉事溯行父愴然有離別之色閏即自悲循其䛤而歎久之曰吾為親不能為溫太真吳兵行至桐江投劾歸終父養不出閏工詩善書畫清修雅尚士大夫皆慕之卒年八十門人私謚曰文靜先生明史附邵寶傳

子鑑

王鑑字汝明父閏鑑嘉靖四十四年進士初授定州知州下教與諸曹掾誓曰若不飭貴緣為奸利者官有常刑刺史罪不自飭病吾民以自肥者神鑒殛之郡伍伯以事揭府帖恫喝諸掾吏鑑庭詰之語不遜立收之賦羨贖鍰為車騎修城郭以案無隸者會編役鑑廉知猾胥以次甲乙之一豪家猾不受役鑑按并首罪其人由首伏入為戶部員外郎歷吏部稽勳郎中念父老謝病歸奉養不離側父歿久之進尚寶卿改南京鴻臚卿引年乞休進太僕卿致仕鑑亦善畫有書勝其父者遂終身不復作明史附邵寶傳

張有譽字誰譽號靜涵岵瑆次子萬曆乙卯舉人天啓
壬戌進士授戶部主事權稅邗關佚不拜魏忠賢祠
出知饒州府擢參政總理七省漕儲經畫有具
有成績遷四川按察使癸未大計舉清廉第一甫
手書其名於屏風後累拜戶部尚書太子太保江南
亡棄官髡幅巾蔡杖與緇素遊自稱大圓居士卒
年八十有一著有孝經衍義六卷金剛經參疏廣
衍三卷

張暉字孔昭號白齋早歲補博士弟子員中弘治戊
午鄉試授山東寧陽縣知縣德善教養政簡刑清
民寧陽之永不名一錢未嘗告歸孝養封翁與弟
華參考古今典籍手不釋卷寧陽士民追感其
德崇祠名宦

張謙字仲謙號樂清其先趙人父文益贅賈汪善
洪武間汪善舉賢良擢丞無錫文益從焉愛錫
山水秀麗遂占籍居錫人謂甘淡泊力穡湖田躬
行仁義卒于天順二年年七十有八

張桂字廷馨號存誠壽文益之曾孫性質直遇
事不肯媕婀有司舉為耆老風日清美與諸
名人怡情詩酒其趣超然

秦鉌令正橫塘 副貢生康熙元年令永川知無官廨
僑寓松子溉城中戶口寥落鞠恭心招徠在任三
年流民大集祀名宦 縣志

季騏光字聖昭康熙十五年進士知閩清知移
諸羅時甚潟尚入版圖設郡知諸羅以新闢之
邑諸所措置規畫曰無寧晷寧傑謙工大府一

鄒楨之 基清泰

斗门李翁字時舜進士麒光之父也麒光師王君
用康刘状元雲錦之父也李翁延王君教其子极
忠且敬一日下午進點王君方改文未覺也翁窥
師不於命聊進更易如是者三王君家失火燬其
门居雇人赴館報遇李翁曰毋驚王君吾代汝言
而也翊日入城為營造王君偶緣見居更新方知其
遇火夏月王君有友至館留之宿夜来涼坐久意
主翁已卧戲曰此時有猪油麦餅将茶一壺豈不大妙
友曰安得有此宜速睡内小童出曰請相公少坐餅即
出矣須臾茶點俱備食之甚適即卧思餅内猪油
甚鮮時将三鼓何由得此清晨起如厨遇独僕見
新宰一猪於地破腹而取其脂毛血尚存也王君
教其子亦極誠無懈有何王君欲弟子孰而發女
孰曰聖賢與三小兒聖賢麒光字三小兒謂状元
公也麒光孫璪亦進士 錫小録

明
李元丑字述李有勇力讀書學劍多俠遊元至正中群
雄競起元丑謂天子氣在淮泗間乃渡江來投明太
祖從為平緣士誠有功將官之遼卒詔賜斗门田
以贍其子李氏遂世著於斗门
余治字達村號杏江勤善為己任每謁壹道及諸富
室盡鄭災保嬰等事多得行江陰長興沙有劇
盜王錦標咸豐四年大府委札福山總兵將往剿以治
習沙民機宜先往治至集衆諭以禍福皆聽命其
縛錦標旋寔悉解治晚年益廣刊善書或集億
人俾演古今果報事莫不感發鄉愚一時有余善人之
目當病劇其僕治慶刲一指療之既愈數年而卒
倪景尧號门人母疾嘗禱於天母素瘉及卒景尧亦然
身不茹葷道光二十九年大水盡淹其田數十畝以煮
粥賑饑於宅旁建保嬰堂並設義塾遭亂居上
海亦募捐煮粥以食難民並木棉紡具俾自謀生計
人余治孫光楷以白壹季謨異辭不受
李縉字承曾父望病淚月不絕常跋而三年不絕衰完

子明徵少孤和金為櫂長贈曰孤兒至此立福矣隱身代之遂倘其家不遺尺土卒不悔子應祥

李廷堯字梧軒奉化鎮南之李莊人幼有至性不克卒讀去儒而商設肆於蘇州以經紀誠信孚於衆肆寄巨商積貨販運閩商林某奇貨値萬金計息贏十之三猝病危招廷堯臥榻以貨券簿書授之曰貨之利君取之積金之本則歸家人來取李諾函中矣廷堯諾之而林卒瘟疫已售貨果贏如所言廷堯載金與柩歸費之閩納其家林商子載拜泣謝以父命致金廷堯不受而歸閩中咸高其義平生義舉不勝書倡捐千金與里中倪建保嬰局以收棄孩卒年六十一子金鏞清史列傳

李金鏞江蘇無錫人同治三年由監生捐納同知投効淮軍隨同淮軍克復無錫金匱宜興荊溪常州等城出力賞戴花翎加運同銜九年奉調回巡不請辦理興安甘捐轉運軍械糧餉西軍以振光緒二年淮徐海洊薦饑金鏞倡義舉糾合浙紳胡光墉等籌集十餘萬金既至繪圖徧告義捐接踵而來全活無算旬是而之山東之青州武定兩府屬十餘州縣直隸之天津河間冀州三府屬二十餘州縣親歷查放不下五六十萬金累洊紳民爲建生祠五年捐升知府六年委修西淀之千里隄工長七十里百日蕆事七年奉檄出關辦理琿春招墾時琿春界内蘇城溝華民墾種者數千戶常苦俄夷侵掠金鏞與俄之邊界官廓米薩尔反覆辯詰嚴申禁約海參崴通商議設通商領事俄人遂於於東三省要地一律設官金鏞擬約力辯其謀遂阻八道河有華民王純依寓棡被俄官拔掠捦殺八命金鏞往驗確實與廓米薩尔力爭卒將俄酋抵法八年吉林將軍銘安疏陳金鏞才猷留吉委用旋奏勘圖們江口界址中俄條約由琿佈圖河口順琿春河及海中間之嶺至江口瀕以西屬中國距江口二十里立土字界牌地圖以紅線爲界地蹟兩界畫未詳遂至嶺西之里吉毛巴崴等處海口鹽場均畫置線外已與條約不符俄人復於中國界線内黑頂子地私設卡倫距江口幾百里金鏞援圖據約責令廓米薩尔退還佔地重立界牌復以沿江口三十五里之廣坪溝設中國卡倫以備控制八月署吉林府知府嚴禁拴兒以銀錢作攤丁於地以甦民困九年擢長春廳事廳屬在廓尔羅斯公地光緒七八年間丈量加租民擾不堪金鏞兩詣廓尔羅斯公府籲請永緩並援道光年舊案呈請奏准永不加租又創建養正書院同善堂以至與民講孝弟力田老幼環聽親如家人父子廳屬周圍八百里盜風素熾劇盜苗青山黨羽甚衆金鏞設計擒斬屬境以清金鏞在琿春時運布三萬匹至高麗買牛以給耕者中途水涸舟膠盜劫其布後知爲金鏞之物悉數送還並以車代運其在任裁草陋規清理積訟除盜安良興利剔弊均能事事求實廳以大治巡東稱循吏者競言李高濟金鏞及昌圖知府高同善也十二年獲盜出力

以道員用十三年查勘精奇里河四十八旗屯地被俄佔地四千餘里全轄與俄員據約辯論挖濠定界由彌丁屯至老岱林一百七十餘里以安旗丁辦理墾務事刊有琿牘偶存一書記其事旋調辦漢河礦務五月由墨爾根入山勘道裹糧露宿行三十六日始達漢河金廠在萬山中凡建屋設廠購糧招夫經營備至共設漢乾溝三廠歲增至十萬金利源頓啓十五年以吉林設電敘功賞加二品銜十六年以積勞咳血病殁於漢河礦局直隸總督李鴻章奏 聞得 旨下部議卹尋

賜卹如例

秦謨字宇乾生明天啓二年卒清順治二年秦氏叢載其不肯剃髮死於常州其他行誼莫詳嗚呼清令剃髮胡俗野蠻遍鄉曲編氓往往以一毛髮而不隨胡服以改易髮其國破君亡之後與悼江淮憤以死而姓名不彰於明之季葢不知凡幾矣謨其一也嗚呼

罵賊首秦溦泰茂鎮人咸豐庚申四月十八日同兄衡出避難石塘年卅歲

賊獲至舟塞不前溦奮身覆出登岸為賊傳被害

秦憬德三十三歲同治二年五月十日被擄至江陰陽橋賊令

刈麦忿共四晝夜為賊奴恥自剄死

孫懋勲陸门橋人年四十八歲同治癸亥八月十八日賊恨其不從

全殺之棄尸而去

周源茂橋家圩人年五十有歲咸豐十年四月九日賊進橋

家圩焚燒殺掠源茂拒之賊以刀斧之沈尸於河

罵賊唐玉階前洲鎮人年五十八同治元年二月十八日賊犯鎮

玉階提刀赵偕恭勇五十餘人禦之殺賊三敗而遁酒史蔣

峰溝而玉葉勇遺玉階被困猶罵賊敵良久身受重傷

死

華大中住青城鄉咸豐十年四月十二日賊入鄉焚掠大中

年六十八歲負八十餘母遁行至許遇賊于塘村被殺妻

張氏同治元年四月十三日與避難江陰華墅鎮遇賊被

殺時年五十五歲

挽聯彙錄

理學得家傳真脈前推伊洛後起先生繩其祖武范之

而今已矣　鄉居以物與為懷道契橫渠如同邨

里感大端芳舉之其人鄉能手

排結同康社白髮徜徉番東絡山所寓語

曾經一雨緣青衫淚倒杵傳柳花越志歌

錢慶華住青下鄉八三圖同治二年三月十九日賊犯青
下鄉慶華執斧砍賊首賊大譁奔告賊酋至慶華
力不支被殺于社
朱秦氏手門楊朱寶瑞妻氏出儒家幼嫻禮義明大義
年二十四嫡子朱寶瑞夙有癲疾氏事之敬逾年寶
瑞卒氏結粧蔥遽姑曉諭百端乃含淚赴家故貧紡織
自食撫伯氏子為子君嵩服五同治二年遣子娘於上
海已守門戶八月二十九日賊至脅之怒罵被害守節三十
十年
秦倪氏敘棠妻年五十六歲同治二年八月二十日賊索米穀
衣物不遂刀斫之斷右臂赴河死
秦唐氏光祖聘妻年二十歲同治二年三月十六日遇賊虜
被污辱赴河死
俞秦氏曉雲妻年六十三歲同治二年三月二十日賊挺刀
入室索銀錢氏言無賊揮刀劈碎頭角血濺身蜂口
毒罵赴河死 十門楊樹下倪茂人
倪廷富年四十五歲同治二年十月一日居官兵追賊引路
遇賊營壘賊突出大炮轟斃

吳纘汾字泳姜世居秦巷性質朴工書試不售纘亦
進取家道中落晏如也庚申四月八日寇逼領眾大
戶脅以刀纘紛叱之責以大義酋怒束縛曰投則赦爾
豈屈賊耶斬臂旋寸磔死衣工沈湖在乾旁叹翊其
喉而死

無錫開化鄉志

（清）王抱承　纂輯
（民國）侯學愈　重訂
蕭煥梁　續纂

《無錫開化鄉志》三卷，(清)王抱承纂輯，(民國)侯學愈重訂，蕭焕梁續纂，民國五年(一九一六)活字本。

開化鄉是宋代以前無錫縣二十六鄉之一，位於無錫縣西南隅的太湖之濱，其地域包括現在的雪浪、南泉、東绛、大浮一帶。自宋代至民國，鄉名一直未改。這裏山水秀麗，人文薈萃，民風淳厚，古迹衆多。清代康熙年間本鄉文人王抱承就纂輯了無錫歷史上較早的一部鄉志——《開化志》，訂有凡例，分爲二卷，共二十六個類目。但該志僅是抄本，並未刊印。直至清末民初，本鄉秀才蕭焕梁及其同窗好友侯學愈，一起重訂例言，續纂該志。

王抱承(一六三一——一七〇四)，字果延，號補齋，又自號溪南遺老，清初無錫開化鄉人，工詩好文，隱居樂道，著有《補齋集》和《開化志》。

侯學愈(一八六七——一九三四)，字伯文，號戢庵，無錫縣城人，清末秀才，近代作家、教育家。蕭焕梁(一八五六——一九三五)，字少瞻，無錫開化鄉雪浪山人，清末秀才。光緒年間曾被出任寧紹台道的薛福成聘爲『助司筆札』，民國初年，歷任無錫縣參議員、開化鄉學董。著有《横山草堂雜抄》等。他們爲了尊重前人原稿，類目仍爲二十六個，續纂時，除了卷帙由二卷擴充爲上中下三卷，内容也大爲增加：上卷包括山水、墩港、橋梁、寺觀、廟社、儒林、宦望等七個；中卷包括忠節、孝友、行義、貞烈、文苑、科目、隱逸等七個；下卷則包括神仙、釋道、技術、流寓、兵防、著述、祠墓、風俗、土産、灾祥、遺事、異聞等十二個。每個類目中，凡增補的内容，都著有『續』字；未注明者，則均爲原稿本中固有的内容。

該鄉志基本上參照了縣志的分目，故對於地处一隅的鄉來説，有些類目的内容就顯得不足，未免有附會失實之處。儘管如此，這部鄉志仍不失爲很有特色、很有價值的地方文獻資料。

本書據民國活字本影印。

(夏剛草)

無錫開化鄉志敘

鄉土志古鮮善本如蘇州吳縣之有洞庭志福州仙游之有九鯉湖志皆就一鄉風土人物薈萃成編以爲邑乘支流體似稍卑然苟紀載翔實亦足爲文獻之考證吾邑山水清嘉西神秀媚而蜿蜒射貴空明而淡沱頎氣勢狹隘不足披豁眼界激蕩心胸則欲擴山水之大觀其必自開化始矣開化爲西南瀕湖之鄉峯峯岌嶪烟波浩渺土厚脈深鍾毓靈秀以言人物特挺閎通之儒以言風土雜禀剛勁之氣卽其

間巖壑幽邃亦可資騷人逸士之吟眺康熙間王果延先生輯志二卷於是鄉文物甄采畧備惜未鏤板行世蓋寡高翁松濤篤嗜邑中文獻手自鈔錄藏之笥篋囑余重訂付梓會其鄉蕭君少瞻雅有同志力任蒐采續爲補遺并醵貲助刋凡期月而工竣吾不知於洞庭九鯉湖兩志優劣若何要其爲邑乘支流足備他日文獻之考證則一也僭書數語質之蕭君并以荅高翁見屬之盛意云

丙辰冬月　邑後學侯學愈戢盦氏謹敘

開化鄉志序

鄉統於邑無庸分出而別見也顧錫地廣大邑志不能詳如茲鄉羣山糾紛河水縈帶舊志新志遺缺失次率陳陳相因夫山水之在天壤間嵯峨浩蕩立封域之表竟使之湮滅錯謬履其處者不爲改正將誰爲之含牙戴髮之倫各具天良率其所行能合至道初未爲奇特因爲世所崇獎便詫當前儘有斯人譬猶良金美玉在深山大谷中不知重也及見夫都市貴遊什襲珍愛則野老歸而拾之矣故竊效錫新舊

志例取山水人物編次成一帙焉昔王文恪公濟之輯洞庭志名震澤編洞庭固隸於蘇之吳縣者也而公另出手眼舉七十二峯三萬六千頃悉供浥注洋洋大觀今誠以開化與洞庭絜長短則人民之數地方之界開化尚已苟後之人與我同志嗣而輯之庶斯鄉之道德文章貞烈行義斯人之不朽也

康熙三十四年乙亥冬十二月　王抱承識

開化鄉志凡例

一　山皆親履相其形勢詢其土名循邑志申訂焉

一　土田戶口賦稅悉照康熙三十五年丙子編審冊

一　古蹟未見者特爲指出已見者再爲詳之

一　人有生於鄉而他往有不生於鄉而終老並列鄉中云

一　品必取端故知名不惜見遺其大醕而有小疵亦不爲掩

一　人終身愿樸流俗所輕獨不忍置

一　鄉自來無志人文不傳者何可勝道今亦但即所見聞者記之大抵亦十年間事耳許子將月旦之評固興起一鄉一時之人心即麟經是非二百四十二年亦在存天理遏人欲而已

一　婦人近四旬而寡及有子持門戶有產給衣食不入

一　蓋棺論定品行著聞未可遽入間有一二信其決不改易竟預入焉誠重之也誠惜之也

重訂例言

一　先生此書成於康熙乙亥其時與其參訂者有過王所簡鮑子芹泮先生以明季逸老教授鄉里名不出閭巷邑志無傳可稽行誼日就湮沒惟藝文著述載開化鄉志二卷王抱承輯當時曾否鐫板亦不可考此本爲其鄉蕭氏所藏輾轉傳鈔中多訛脫不揣譾陋重爲參訂用聚珍板排印以廣流傳

一　原鈔本分卷二分類二十有六義例畧仿邑志惟地既限於方隅體欲參之志乘未免有附會失實之

處然古人善善從長未敢妄加改竄茲悉仍其舊卷則增二爲三俾以類相從便於檢閱

一　前人著述後學重刊例得考補以成完璧然甯缺毋濫茲志增補如忠節貞烈文苑科目技術祠墓土產災祥等類他從畧且附於論後加續字以示區別

一　此書鈔錄收藏捐貲發起者高翁松濤采訪增輯醵貲助刊者蕭君少瞻朱君劍涵少荃參校者侯君泰初鶴清不敢掠美謹此附書

丙辰冬月　邑後學侯學愈戢盦氏識

無錫開化鄉志目次

卷上

卷中

卷下

開化鄉全圖
開化鄉志
卷上
圖
一
方湖
太湖

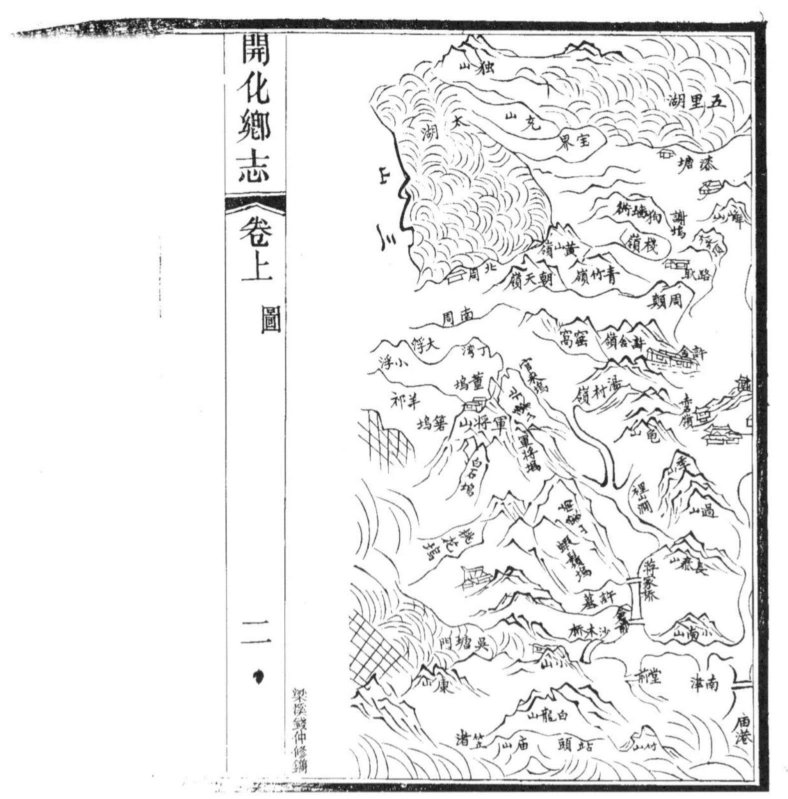
開化鄉志
卷上
圖
二
梁溪錢仲修鐫
五里湖
獨山
太湖

無錫開化鄉志卷上

錫山王抱承輯

山水

通邑之山茲鄉分半各區之水此地占多夫天地之氣融而爲川結而爲嶽萃於片壤豈偶然哉志山水第二

獨山附琴山　三山　充山　朱山俗呼蝦蟆山　大嶌　小嶌　黿頭渚

獨山不界開化而湖開化之山必由此始地之形勢

然山之脉絡然也　王崇巖景物畧云邑水西注自西定橋直下分爲二一從馬蠡港下五里湖長廣溪越三十餘里出吳塘門入太湖一從大小渲越十餘里由管社入太湖溪與湖勢不相接惟賴羣山障之劈當湖口有山兀然突開一門立於溪湖兩水相接處洪濤拍天者名獨山門出門復有兩山曰充山琴山合名之曰三山山左右有朱山鹿頂山大嶌小嶌皆獨山羽翼也下爲曹灣水石激濺山根盡出嵯岈蒼老緜亘數十丈許更有一巨石直矙湖中如黿頭然因呼爲黿頭渚　按此處有王問書天開峭壁四字當山之巔有泉甘而且冽上題源頭一勺舊置堂屋數楹開軒面湖汪洋不測夫亦以有源之水聚而爲一勺散而爲三萬六千可見昔人取意名泉隱與至道相合今廢矣基址猶存弔古者徙於荒煙野蔓間尋石壁遺書臨風灑淚而已秦虹洲舊志云琴山在縣西青祁村三山在太湖中獨山門外鼎峙洪濤中充山與獨山隔浦東臨五里湖西枕震澤鹿頂山與充山接朱山與鹿頂山接　按五里湖西接震澤

南聯長廣溪其形橫王司馬似以長廣溪近馬蠡處爲五湖則湖溪合縱而南下矣其敘諸山亦不如秦布政之精覈

寶界山即漆塘山與朱山接東俯蠡湖西浸震澤　鮑子芹泮曰寶界漆塘之山名漆塘寶界之水名今土人以漆塘名其南以寶界名其北豈南屬開化北屬揚名因以是分之歟

石塘山與寶界山接即野山或曰蟹山山上有巨石崔巍可愛透峯爲觀山山麓有石塘菴及徐偃王廟

下有石塘枕長廣溪一名廟塘隔溪而東有社公嘴自山而北有山門嶺逼漆塘大𡾰二山直南爲大尖嶺棧嶺下爲袁家塢塢中有泉一坎居民仰給晨夕然窪大尖山根瀝下水耳惟北山下石穴中有泉湧出一日夜間能漑田三畝

路耿山與石塘山接巖巒重疊山石稜層上有石池不盈不涸龍王祠臨焉又名龍王山亦稱茅巖山西南有董塢磨盤嶺陸窖窩塢下有惠家嶺山下爲羅嶺北達石塘山其旁小山無名南通許舍　按錢武

肅侵南唐夜裏甲過此謂軍士曰路耿了因以爲名

鮑子芹泮龍王山記夫易言飛龍在天見龍在田龍之爲靈昭昭也邑中之峯以龍名者九龍峯是也鄉中之潭以龍名者咸性寺龍潭是也茅巖山以龍王著稱者何居余嘗從山之東北徑而上約四五百步有石側立半伏於土攀援而上可容百人取卷石擊之其聲逢逢俗呼鼓石更上百步有石直立大可五六圍高一人有半頂如盤盂積水盈尺久晴方涸涸即天雨俗呼洗手石躡山之巔有若獅象之趺眠者有若馬牛之牧放者有若熊羆虎豹之蹲踞者山身皆石無甚土脉而竹木偃仰亦能交蔭愈覺有致焉又於泉石之中得一石窟周深丈餘泉從石罅迸出傳爲龍湫雖大旱不竭因建楹曰龍王祠則是山之名起於此矣或者疑之疑夫龍爲水族也乃居於山乎余曰不然夫是山左溪右湖一碧萬頃遙與天接而石窟宛在中央即謂龍之托於斯也亦宜　按類書錢武肅薨於後唐長興三年南唐始於後晉天福二年徐知誥稱帝金陵今志中言武肅侵南唐未知何據因記之以俟識者決疑

許舍山羣峯盤旋結爲深谷有湯村嶺許舍嶺入南爲洞菴嶺即五湨山之陰　鮑子芹泮云山名今昔不同如龍王山南今呼爲周顛山又南爲雙墩坳又南爲周亭山此即所謂野山者如湯村嶺今呼爲草鞋嶺自東北越嶺有一大塢南行四里達軍嶂又南行四里達長泰諸山如許舍嶺今呼爲窑窩嶺自東越嶺有二狹塢北行二里達大𡾰西行四里達董塢又達羊祁凡今呼窰窩嶺嶺下山有菴西山及洞山南山等總稱爲許舍山也

大㟁山一名大坯在路耿山陰浮於水面山西別有大石浸湖中曰小㟁

南山接路耿山臨長廣溪　鮑子芹泮云是山之陽爲南橫山西爲洞中山爲洞菴嶺越嶺爲黃柴塢東達菴堂橋西達軍嶂山南達赤石嶺塢狹而山高草木叢茂虎多伏此

羊祁山在大㟁山南面湖或曰颺旗　鮑子芹泮云是山東北爲董塢南爲箬塢較董塢又濶松柏蔽空荆榛塞徑無居人尤易爲虎穴

軍嶂山在羊祁山南視湖上諸山爲最高南唐屯兵於此以備吳越故名北有甲仗塢西有箬葉塢南有官來塢旁有孚澤廟東麓有龍井井旁有成性寺

按今山頂建眞武殿南下峭壁深谷有成性寺寺有龍潭及井卽孚澤廟也　又按軍嶂爲溪南主山四面皆張翼戴東爲正面南北二象山分左右列頂峯直趨而下如鵬展翅層層雙撲登巔東望洪邱浄水繞吳妃墩葛埭橋逌背龜蛇蟠伏宜其爲玄帝行宮也　過王所簡曰軍嶂山南行分二支一支西行直抵吳塘一支東行爲黃泥嶺南象山蝦鬚塢

白茅山或曰白旄在軍嶂山南山下有蓮花井南巷有綸泉周圍石甃如井深五尺立青石碣刻綸泉二字水清不竭

吳塘山在白茅山南充山脈至此稍止下爲平田去三里許爲長廣溪入震澤處號吳塘門　按逼臨吳塘門者爲社山山接田田接門吳塘山尙在社山西北象山軍嶂山之支峯也　過王所簡云有南北二象山此南象山也

五泿山與軍嶂山連下有芮家嶺西有石人塢　又云由湯村嶺發東西橫列南下支峯五道若波濤狀故名南橫山與五泿山接東臨長廣溪有橫山菴西有祠山廟山頂有雪泿菴山麓有巨楓楓爲宋人手植大可四圍枝生芸香蔭十餘畝今合爲一楓下舊產硃砂有硃砂墩旁有喬松七蕭氏君愉曾建亭於下卽名七松成僉臬又負巨壑建橫山草堂皆廢山下名橫塘蕭氏世居也　蕭光緒巨楓記畧余家世橫山又世習毛萇家言維詩有云惟桑與梓必恭敬

止又云蔽芾甘棠勿剪勿伐古人於一茇舍間而歌咏勿忘况生長於斯喬木在望乎山麓故有巨楓一山之居民習而安焉而不知其爲宋元間物也楓雖一木實則雙株其膚則楓其腹則石故老相傳雙株對峙時中本空空山中童稚或行人以石投之纍纍焉輒投輒滿楓則潛滋暗長膚與膚接而其腹中實藏石子數斗然泯然無跡又不知幾何年矣今亭亭獨立高可數十尋大可圍四人下覆數畝可布數十席上有千萬枝枝枝向北取而爇之片片皆作芸香

春夏間密陰障日不風而風霜寒露冷萬葉搖紅如彩霞如丹錦因念楓之生辰亦有幸有不幸楓宸丹陛名重掖垣則楓何其貴重煙波釣徒之初生其母夢楓生腹上則楓何其清高在今則故宮禾黍僅得余衰朽之身結菴其下豈往有楓天衆地栖神羽化之說至余而始驗耶因自號曰楓菴亦望後之人以篤親爲桑梓以保世爲愛棠則楓菴之拜賜多矣

吕銘巨楓詩宋世誰培雙幹楓隆隆秀起過層峯高標信可追三檜古色眞堪匹五松春雨香凝千點綠秋風葉改萬枝紅山人不辨何年物趺坐濃陰咏化工　吕質七松亭詩松遶高邱景培淸數椽小構一茅亭幽花透檻搖書幌翠色穿簾映畫屏明月瑩瑩移蓋影微風颯颯弄濤聲考槃自識山中趣絕勝煙光滿帝城　秦夔橫山草堂詩澹仙莊上題詩去滿目溪山足勝遊回首相思便陳迹此生何異泛虛舟
　故園詩酒尋常會只恐愁途又轉篷回首竹林編七逸虛名應不數王戎　過簡曰南横山有二澗澗中産頳石裡山在長泰山北過山西下有裏山澗

王果延裏山澗歌裡山澗水天上來轟轟震響雷爲推前驅迸遏後推發何獨瞿塘灧澦堆有客似嫌詞未切我將眼見爲君說黄梅時節雨翻盆西山北山水直趺頃刻山中化作湖銀濤雪浪縱橫鋪黄龍大澗號自昔吸入通身一口敷十日五日勢不殺一里二里澗澎湃豈比涓涓地上流我道天來何足怪

過山在裡山東山不甚高而能興雲雨諺云横山出雲過山笑過山出雲雨便到山陽田塍邊時滲出泉行地十餘丈若濬導之使可成池成井亦有以餅罍

挹注者味勝他水　過簡云過山自湯村嶺五泿山赤石嶺南來爲支龍止處堪輿家以龍止爲過反言之也廟山在過山裡山之坳

龜山在五泿山南南橫山遶其東軍嶂山峙其西前臨曠野界以清泉　按龜山形勢甚合堪輿家說及定穴封襯後竟以不潔徙去者再矣而擇地過此者猶低徊留之不能去云

流福山東面倉前浜而望南山北望許墓南連倉前山邑志未載　小南山邑志不載山在長泰之南童

然孑立下即濟渡處所謂南津也村居其東者曰山東村居其西者曰山西　倉前山東望南山南面杪木橋西連廟嶺廟嶺西連吳塘山吳塘山南起一小山名曰社山居民在社山東者爲東吳塘在社山西者爲西吳塘社山直逼吳塘門郭思王逢曰倉前山俗呼野猪山細觀玩之一豕蹲伏其狀宛然

鶺鴒山在吳塘門南與吳塘山南北相望　按今下杪木橋一山北麓即橋之南埵其名長山甚培塿耳稍西峯巒高大意是鶺鴒山故老無知舊名者但呼爲伏湖又爲伏虎音猶稍近鶺鴒亘而南有通行低嶺名小山頭小山南面聳起者鳳凰山其西南另起一峯名康山山涉湖中懸廿丈又露一片攢石名浮停山康山東南湖面露石稜若帶名米欆子說者謂康大米小不相稱云郭思王逢曰長山形如圓餅堪輿家稱爲太陽在港南與社山相對社山如半月稱爲太陰在港北名日月捍門山脉自北渡水而南此過峽處也　王偁西天爵康山望湖詩半塢煙雲澤國東西聯馬蹟一葦通風帆片片離前浦沙鳥翩翩

下碧空軍嶂招堤春樹綠洞庭烟水夕陽紅儼然一幅瀟湘畫坐我鴻濛萬頃中

長泰山在過山南下有長泰寺

沙頭山一名白龍山與鳳凰山僅懸幾十武其最高頂名大觀山邑志未詳景物畧云沙頭山與鶺鴒山相近南臨震澤旁有錢桃塢（有桃實大如錢而美故名）即宋惠濟利民侯王越祖舊壤生葬於斯者久爲兵火不到之地侯子孫因族焉居人栽梅種梨植桃李每春明爛熳遊屐所至眞如入萬花谷中片片落紅未許漁郎

問渡至侯十世孫訥曾分十八景景各有詩今亦半歸湮没尚可指示者曰西湖曰南湖曰西山坳曰北山坳曰錢桃塢曰碧雲塢曰竹岡曰槐陌曰梅坡曰橘林曰杏花店曰萬松嶺曰芙蓉岸曰柳浦　桂山詩到處湖山多勝遊故園風物屬沙頭半帆影落清溪日一笛聲殘碧樹秋磧上有風平鳥篆磯頭無客荷羊裘何時載酒陪清賞卻把心情付白鷗　金湜詩湖水南來浪拍天村村綠樹接平田箇中別有揚雄宅問字時逢載酒船　又落日扁舟似夢中江南人

在五湖東靜聽沙客行相語明日開颿有順風　王與西湖詩具區舊是湖中勝風景寧輸潁與杭不用千金買圖畫只消一曲和滄浪颿開遠浦迷春雨簾捲晴波逗夕陽遊宦歸來重吟賞肯教蘇子擅文章

卞榮南湖詩乞假歸來尋別業南湖湖上正逢春行行野樹非新植兩兩漁家是舊鄰沽酒却嫌投市遠賞花寧惜放舟頻輞川未必能勝此逸少風流信可人　楊壽西山坳詩別向坳西築草堂風光渾似輞川莊青山路隔紅塵遠綠樹陰連白晝長勝侶每勞迂杖履良辰偏稱引壺觴高情不減王摩詰牘有新詩貯錦囊　徐觀北山坳詩北山形勝輞川同佳致尤憐屋後峯十里雲煙春冉冉半空屏帳翠重重山人去後留元鶴仙子歸時有赤松何日秋風能約我湖亭挂笏看芙蓉　冉質錢桃塢詩前度劉郎觀裏栽何年分向此中來光風披拂自然好細雨沾濡取次開香入酒杯霞作暈煖蒸書幌錦成堆漫言結實三千歲且共看花日幾回　李維碧雲塢詩坐久三峯曉望中凝碧雲不應談世事自是出塵氛佳氣

層層見秋聲處處聞美人端可待風景欲平分　焦挺碧雲塢詩夕陽黯將沉缺月遲未吐滿眼琉璃堆翻疑夢中覩玉樹秋盌明驪珠夜方露繞檻碧雲收陳迹故難有　張寧槐陌詩清隱南湖上高槐紫陌長疎花閑自落幽夢覺還忘坐見遊人盡行看舉子忙地偏風物好不是學三王　高宗本梅坡詩野水晴山十二橋鏤銀雕玉萬千條夢回東閣驚春早吟徧西湖見雪消畫角裊空風淡淡翠禽啼月夜迢迢當年老宋風流在擬欲相過賦一瓢　金湜橘林詩

山前山後橘千頭不減江陵萬戶侯折柬一封三百顆秋來端肯惠吾不　趙博杏花店詩二月山南淑氣回東風吹得杏花開紅酣葉底霞千點艷圻枝頭錦一堆但許孔壇琴對撫不勞唐殿鼓相催幾枝斜出東牆外招得行人沽酒來　鄒幹萬松嶺詩松徑迢迢望轉奢碧雲深處有人家層巒聳翠多晴幹曲澗流香半落花夜月巖前來遠鶴夕陽林杪集寒鴉湖山憶昔曾游覽偏是孤高閱歲華　桂茂枝芙蓉岸詩秋江江上露華清兩岸芙蓉照眼明秦客漫誇

仙子掌蜀人多認錦官城芳葩帶兩臙脂濕嫩葉牽風翡翠輕載酒每勞王逸少清時遊賞快吟情　洪顯柳浦詩兩堤楊柳是誰栽遊覽人從此處來樹杪風生柔線動水心魚躍緊萍開畫圖雅似王維墅題咏慚無子建才自古名邦多勝概會當貰酒共徘徊

沙渚山一名笠渚在西鄉南極盡處直立湖中日爲浪擊故洗出玲瓏嚙成突兀探奇者推爲勝觀

竹山在沙渚山東南自嶂峒分脉爲橫山蜿蜒六七十里至是止景物畧云是山廣五十畝其與平壤接連僅三畝而嬴山足約有十七盡受湖波之衝擊方湖落時盤盤洄溯怪石疊出或凹凸或俯仰或突露如牙或迸裂成洞石子累纍與白螺殼相間可數百斛遊人坐石遠眺湖光盡浮水面已復梯徑登臨萬頃玻璃忽從眼光落下一上一下間倏忽改觀又喜不高石根而土其頂舊植竹今改植松　按邵寶字國賢於成化壬寅遊竹山越十九年弘治庚申訪秦廟字邦哲於沙頭因復過竹山賦詩云十九年來復此遊醉眸高閣五湖秋孤松似蓋峯前立萬舸如雲水面

浮有興直須瞻北極無詩眞恐負南州憑誰再作登臨約淮海先生未白頭　秦廟和昔年斗酒竹山遊屈指俄驚十九秋天霽依然山色好風微不見浪花浮此身暫寄來吾境一念常懸在帝州惟有老人迂拙甚百年高卧太湖頭　辛酉三月錢榮字百川和十載黃塵此勝遊麥風吹雨半湖秋沿村碧樹高低接罨畫青山遠近浮范老風流餘震澤宋家勳業舊杭州眼中多少興亡恨且趁壺觴醉石頭　弘治壬戌九月朱袞字廷甫和廿載竹山頻夢遊來遊剛好是深

秋萬林紅樹眼前齊一帶青山水外浮浩興倚風懸北斗壯懷隨雁落兩州憑高極目無窮意只見草亭安上頭　弘治甲子十月秦金字國聲和乾坤何處寄眞游晴日平湖萬頃秋雲葉洗空天宇淨浪花飛動竹山浮少陵詩興高千古司馬襟懷溢九州我亦欲留雙眼碧蓬萊遙望海東頭　弘治甲子秦勵再和半載流光兩度遊野花林草自春秋四圍山色參差見一帶湖光瀲灩浮愧我甘爲雲外客知君名動帝王州昔年幾許登臨伴此日相看盡白頭　莫止和

地主重逢感舊遊廿年眞負竹山秋崖根老耐湖波激天極東連海氣浮形勝縱觀經幾士帆牆交影落三州登臨却悟追隨晚願乞奇書挂杖頭　大清順治間王永積字柱石號崇巖官司馬和憶昔尙書結伴遊於今彌望海天秋南來縹緲依山盡北極蒼茫亘地浮萬井風煙連震澤一方雞犬護瀛洲明朝好趁漁郎棹及早移家住上頭　康熙庚辰王杲延和勝欲先生首倡遊勝欲姓蔣名捷宋德祐元年進士家竹山得名四百有餘秋曾無修葺千竿映剩有空明一片浮星聚昔偏來勝友陸沉今已盡神州眼前風景猶然好一一題詩在上頭

五里湖一名小五湖在揚名開原二鄉北受梁溪南合長廣西入於震澤而開化志之者以水之發軔自此始也不知者指石塘一段爲五里湖此僅湖之東杪滙合處自石塘巷前西流至獨山門滔滔漭漭直長亙十里邑中之水藉以輸洩但水勢西流地理家以爲不宜猶賴獨山爲中流砥柱云　華淑字聞修五里湖賦湖廣遠可十里其視具區則猶錢塘之於溟渤也蒼巘周遭堆藍攝秀大類武陵西湖西湖之

勝以艷以秀以嫩以圜以堤以橋以亭以祠墓以雉堞以桃柳以歌舞如美人焉五里湖以曠以老以逸以莽蕩以蒼涼俠乎仙乎而於雪於月於煙雨於長風澹靄則目各爲快神各爲爽焉華子作而歎曰西子與西湖蓋不相知哉而稱湖必曰西子何也五湖扁舟事本杳茫蠡湖於蠡猶若有粉光香膩撩亂於漁歌烟樹中者世妄傳之乎亦妄賦之惟震澤之漭蕩兮實溉灌於三吳伊茲湖之滔瀰兮乃泛濫於具區其洪波瀰瀁澰瀦瀸瀣匒匌陒陁洽泙浛渃潏淢

洄泓滋濡驚濤迸迫平波紆徐水則棠千青祁石塘漆塘梁溪廣溪小渲大渲菰瀆蠡交涇通泉落星浦嶺許舍曹灣絲分眉析雨集星環灘沙滙點浪影煙攤山則遠有大雷小雷錫山惠山白茅赤石吳塘軍嶂近有嵂峢五浪蕫塢管社羅嶺湯村朱山寶界路耿南横裏山長泰參差岧峉撣掇獠獲谽芽沕霩㧑犗佹跪傾欹崟覆擊磏磷磂若翠屏之環繞如繡嵊之重圍至如水族之倫鯿鮒鯽鯩鰱鱶魴鮊䱇鰻鯉鯖鼉鼊龜鼈鼁鼀鼅龜喁沫噴藻嘘吸漣淪又如

波間鴛侶水上鷗羣鳶鳲棲渚雁鶩眠汀飛飛泛泛關關嚶嚶或搏沙而相顧各延頸以和鳴弄烟光於遠浦啄芳草於溪瀨又如渚花綺合石荔羅生苔錢斑駁萍葉零星莼菼蒲荇薏苡芰菱蒹葭鋪藻荷渠敷紛郁茀苾烈隰滿陂平或朱霞之晨卷若翠靄之夕升横輕瀾而搖曳濛素影而陰森散瑤光於淸淺灑麗照於空明樹翛翛而送碧波渺渺而攤青至如莽雲委岫墨霧沉陰水號風而捲沫雨飛瀑以噴冰沙石吞烟而滅沒蟲髻和浪以浮沉篙師偃楫漁子

迴簪苟截流而徑渡雖三老其奚憑若乃春風暖春草生湖水碧兮楊柳青輕舠容與兮河湄畫舫夷猶兮水濱指軍嶂而遄發咸湖畔而一停青楓綠酒白舫紅燈堤上桃花水邊美人香風旋旖艷色輕盈舟中歌管樹杪鶯聲或夫木葉落而湖水澄寒潭靜而秋風淸魚莊歌發蛟室風腥於時水仙酒吏蕩槳湖心攬紅霞之靄靄浮碧水之盈盈或舉杯而邀月或倚棹而看雲或咏蒼葭白露或歌菊秀蘭芬或坐舟前之孤石或叩松下之禪林莫不寄遐心於古淡吐

逸志於幽深至如爽籟齊發炎氛不侵風搖樹碧雨洗峯青水泛雲而欲舉烟横波而忽沉又如山容憔悴雲景繽紛岑巒飛白縞素成林攬寒光而一色共邀夜以長淸景無時而不曠趣有極而必盈於是騷流靜侶逸客隱君流連晨夕笑傲乾坤築芙蓉之別館結水竹之芳鄰眷幽芳於蘭澤洗空碧之溪陰睨波禽之點點數游魚之鱗鱗盻風帆之上下量嵐景之陰晴臨淸流而長嘯倚修樹以孤吟釣香鱗而薦酣摘蓮實以和樽或攜野老或命友生撫來溯往弔

古愴今歎夷光之芳艷晻少伯之英靈掩映乎殘山剩水彷彿乎澤畔溪濱以館娃之仙子爲澤國之波臣行行越舫去去吳艇付青齡於逝水委香質於浮雲望故宮兮何日謝君王兮此心溯游溯洄載浮載沉慨蘇臺香逕之已燼想錦帆響屧之成塵悵去國之遺迹成罵蠡之孤邨對空波而挹遺照擧杯酒以酹芳魂已焉哉春水綠兮波輕秋潦空兮潭清思美人兮碧舫瘖佳期[illegible]遥岑邈清懽其奚在撫香夢而難憑晻湖山兮未老倘扁舟兮可尋重爲之歌曰宇

湖以蠡湖有情兮字蠡以施蠡無憾兮胥江石室同一夢兮山空水平浩于春兮閑閑者流若有人兮渺渺予懷來無方兮　王定生慧曰五里湖指爲范少伯泛扁舟又指仙女墩爲西施駐足處是說也先輩尤瑛辨之詳矣謂范蠡載西施一事正史不載特見之於杜牧一詩有西子下姑蘇一舸逐鴟夷之句及覽墨子則曰吳越之裂其功也西施之沉其美也墨子去吳越甚近是吳亡後西子亦沉於水其言甚明又吳越春秋逸篇云吳亡後越浮西施於江隨鴟夷以終浮者沉也子胥譖死而施與有力焉是西施實爲禍本敵旣滅矣沉西施使隨鴟夷者下報子胥之忠也此言更與墨子合特范蠡去越亦號鴟夷子牧之詩豈誤以子胥之鴟夷爲范蠡之鴟夷耶余又見任昉述異記云洞庭湖上有釣洲昔范蠡乘舟過此遇風止釣於洲上刻石記地里志范蠡宅在湖中有梅杏大如拳洞庭志范蠡故宅在杜圻洲馬蹟山南方十里蘇州志范氏本陶唐後裔范蠡滅吳辭越居洞庭東山子孫有爲吳人者又按史稱范蠡乘扁舟

浮五湖後適陶爲陶朱公豈浮湖時嘗止杜圻與洞庭耶若由諸說觀諸少伯之載西子無論有無其在洞庭與馬蹟固有徵矣郎謂扁舟由罵蠡港泛五湖出獨山門而放於馬蹟於洞庭殆未可知也

長廣溪長三十里濶處一二里受揚名開化諸山諸浜之水北合五里湖南出吳塘門過王所云坊橋一帶之水向名閃溪糜巷橋向有棚　鮑子鼎銓句斷壑雨收千里碧孤帆風細一川平

棠干渰自新安蠡瀆分流合諸小水蓄而爲浸南行

合洪邱瀆西行出板橋合長廣溪

洪邱瀆自新安溪來合棠干諸流演漾儲蓄西（合長廣溪）太湖上應咸池周圍五百里大三萬六千頃襟帶吳郡吳興毘陵三郡經傳記載種種不一禹貢曰震澤爾雅曰具區周禮揚州其浸五湖張勃吳錄五湖太湖之別名義興記太湖射湖貴湖陽湖洮湖爲五湖酈道元水經注長塘湖射貴湖上湖滆湖與太湖爲五湖史記正義蔆湖游湖漠湖貢湖胥湖皆太湖東岸五灣爲五湖虞翻云太湖有五道東通長洲松江

南通安吉霅溪西通義興荊溪北通晉陵滆湖東南通嘉興韭溪紛紛諸流未暇折衷就一邑言則由獨山浦嶺吳塘諸門凡西注之水盡得容受歷開原富安新安開化揚名五鄉九十餘里皆支流所滙合也湖內有馬脊山（一作蹟）上有靈山寺舊本隸邑今割入晉陵若但言開化區則西南兩面當太湖潤處吞長光挹洪濤實覽全勝焉　唐皮日休詩聞有太湖名十年未曾識今朝得游泛大笑稱平昔一舍行胥塘盡日到震澤三萬六千頃頃頃玻璃色連空淡無類照野平絕隙奸放青翰舟堪弄白玉笛疏岑七十二雙雙露寸戟悠然笑傲去天上搖畫鷁倏忽雪陣吼須臾玉屋坼樹動爲蠡尾山浮似鼇脊落照射鴻濛清輝揚抛捲雲輕似可染霞爛如堪摘漸冥無處泊挽船隨所適討異足邅迴尋幽多阻隔願風予良便吹入仙人宅甘得一蘊盡永事嵩山伯　李紳詩范子蛻冠履扁舟挽霄漢嗟余抱險難怵惕驚瀰漫窮通泛濫勞遨遊殊昏旦落日蕩層空浮天淼無畔依灘落葉聚立浦驚鴻散浪疊雪峯連山孤翠崖斷風

帆問巨鼇雲蠹成高岸宇宙或東西星辰沉燦爛霞生須洞遠月吐清熒亂豈復問迷津休爲呂梁歎漂沉身詎保覆溺心嘗判吳越羣異鄉嬰童反爲翫依稀古井邑嘹唳回鵾鶴舉櫂永宵分維舟方日旰微彼濟川力若鼓凌風翰易狎當悔游臨深罔知歎薛瑩何落日五湖游煙波處處愁浮沉千古事誰與問東流　摘古句逢山方得地見月始知天南國吞將盡東溟勢欲連何當洒爲雨無處不豐年

論曰軍嶂爲此處之主山不但北來石塘路耿諸

山即南下白茅吳塘諸山四圍俯伏即湖中衆峯亦皆遥望雲端眞有九重開閭萬國拜稽氣象長廣溪爲此區之經河兩岸東西之流爲緯唐干洪邱二湀雖濶亦歸溪猶附庸統於大國以朝宗於震澤也　鮑子芹泮曰自獨山至笠渚竹山遥三十里山之重沓糾紛起伏綿亘或以形勢得名獨山横山之類是也或以地方得名吳塘山白茅山之類是也或以俗呼得名鵓鴣山鳳凰山之類是也或以古蹟名者軍嶂一作帳山之類或以神廟名

者龍王山之類是也大抵有人居有人行處其塢其嶺其山多命名少人居少人行處則有總名無分名即有分名亦不能徧稽而入志亦如水但誌溪湖湀港至於支流浜灣則畧之而已

續　寶鎮偕友游南横山之雪浪菴詩挈伴暢遨游晴湖片帆曳停船陡入山徑曲多陰翳松密不見天草深不見地衣袂渾疑濕舉目惟寒翠行行近峯巔忽看有古寺厰名雪浪菴菴旁池清邃高憑蔣子閣讀書緬遠志俯視蕭姓居聚族屋鱗次横山舊草堂久已嗟廢棄欲尋宋巨松幾回臨風遅

橋梁志五

橋梁接地脈通人行不論大小扼要者重志橋梁第五

石塘橋舊有廣濟保慶惠安三橋宋嘉定間僧月堂一作月林建元末明兵南伐莫天祐毀橋塞口爲拒戰計溪水久塞明洪武中里人浦行素重開石塘始建木梁隆慶辛未郎廣濟故處爲石梁高數十尺邑中士大夫多樂助焉橋南有三潭曰旋水深不可測橋門水勢與風勢相左諺云順風逆水石塘奇傀蓋南風

則驅湖水入獨山門故橋門之水自北而南下也北風則驅湖水入吳塘門故橋門之水自南而北上也迤南則爲袁家灣山其形兩邊高而中凹郎棧嶺大尖嶺處土人呼爲狗牆衖外有山一層夾壑千仭北豁南旦湖風北入塡壑風旣從下決起西南湖風衝來當凹處又倍勁倂勢撩溪遂至水飛棹脫故此處牆衖風能覆舟旋水潭能沉舟舟人懾焉若春漲汪洋波頭佇立橋心脇輕眼明中秋良夜水月花映登之眞巳出凡橋於雍正九年重新

橫山橋　後丁澤橋　前丁澤橋　坊前西橋　賓東橋　杪木橋石橋　永濟橋里人陸子春丁鳳岡楊文駿於嘉慶二十二年建　已上七橋跨長廣溪係開化水路

坊橋　糜巷橋　河莊橋嘉慶二十一年丙子里人捐貲重建　周思橋　新橋　王悌橋　南板橋　富長橋　陸店橋　玉帶橋　陸巷橋　葛埭橋石環梁　徐舍橋　坊前東橋　已上十四橋係陸路爲開化中路

許舍橋　菴堂橋　裡山橋跨澗不通舟　寺前橋　魚行橋　顧龍橋　周埭橋　蔣家橋　倉前橋　已上

九橋係開化沿山西路

何藥橋　陶墅橋　棠干橋　楊橋　弔橋　橫塹橋石梁鄉人黃宏毅於乾隆三十三年捐貲修造　上顧橋石環梁　馬面橋　畫師橋　施橋　周團橋石梁　新橋　後洪橋東西兩橋　已上十三橋係開化東路

廟港橋　張橋　窰竈橋　銀渚港橋　萬步橋　楊干橋　趙舍橋　竹埭橋　已上八橋沿澗跨港係開化南路

論曰鄉之橋水路以石塘橋爲始杪木橋爲殿兩

石梁束長廣溪首尾永濟橋又以結杪木橋之餘氣中間横山橋前後丁澤坊前西橋瀆東橋皆跨溪而聯東西地亦交鎖溪面可以設棚備警陸路則自坊橋南板橋陸店橋抵葛埭石梁此梁既逼南北大道東納洪邱漾干二漾之水而出長廣溪實水陸交衝處也直南則坊前東橋從坊前東橋下河流東南出銀渚港港口有石梁逼澤拱焉從坊前東橋指而南有窖竈橋循湖堤而西有廟港橋再西爲堂前堂前南北列居有木梁名大橋爲連

合迤北有張橋張橋稍北合長廣溪由杪木橋而出吳塘門處之永濟橋焉再從鄉之西偏溯之許舍浜有石橋菴堂亦有石橋進赤石嶺則軍嶂諸山之水滙裡山澗迅急南衝澗上有橋跨空低昂推鄉棧道水過澗橋盈蕩泱灞望南而奔至長泰山寺前橋又南有魚行橋西去爲許墓有周埭橋循周埭橋浜南行有蔣家橋倉前橋以會杪木橋而出永濟橋焉再從鄉之東偏溯之有棠干橋棠干漾水分而右行歷楊橋弔橋入洪邱漾棋墅橋

在洪邱漾之東水亦注於漾折而南歷後洪橋上顧橋而水分出於銀渚港楊干港棠干港左行歷新橋周團橋施橋而水出於竹埭橋湖西埭港新安匯之張橋此其大略也若夫湄廻澳繞縱横交接於疎竹蘆邊緑楊堤畔者又烏能悉諸

都圖志三 地名字號附

都以管圖圖以管甲國志也命名別地分地從名俗謂也並書之則綺迴繡錯中而條分縷析矣志都圖第三

開化鄉在縣西南三十里東新安南太湖西太湖北揚名按鄉分二十二今改分十三區念六扇茲區仍名開化區區分化上化下以區領扇以扇領都以都領圖然圖之屬都數有多少都圖之屬扇不依次敘二十四都向屬揚名者今移都內二圖入開化上扇

都內六圖入開化下扇化區跨四都三十三圖焉悉照今具在於左

上扇十七圖

二十四都一圖地名塔上　竹字號

二　萬思橋　白字號

二十七都一　許墓　才

二　許舍　良

三　陸巷橋　知

四　楊墅苑　過

六　董巷　改

七　顧巷　得

二十八都一圖地名桫木橋　能字號

二　桫木橋　莫

三　坊前　忘

四　橫山　罔

二十八都五圖地名庵堂　談字號

六　唐埣　彼

七　坊前　短

二十九都一圖地名墩上　靡

七　弔橋　可

下扇十六圖

二十四都三圖地名河莊　駒字號

四　曹童巷　食

二十四都五圖地名石塘　塲字號

六　漆塘 大浮 路耿　化

七　湖東巷 顧馬頭　被

八　山門口　草

二十七都五圖地名棠干楊橋　必

二十九都二圖　畫師橋　恃

三　後洪　已

四　大董巷趙舍　長

二十九都五圖地名坊前　信字號

六　銀渚港　使

八　方湖　覆

九　鮑家莊上　器

十　王村莊上　欲

十一圖地名小楊橋　難字號

論曰邑有高田平田低田糧分三等獨此鄉沿山圖畝如才字良字能莫忘字罔談彼字等號田有全爲山田半爲山田者而與平田糧埒又水道遙阻止藉蕩水蕩旣額有定糧復加莊課其稅過半於田蕩淺易竭禾常就槁逼邑不被荒豈因此鄉山畝之荒而獨稅噫此亦山農之無告者

王備四天爵云此下尙有田糧戶口兩項夫田糧戶口雖國家大事然有職之者故但錄其都圖字號而兩項亦概可見矣

墩港志四

墩不具論論港之利害南則自西而東若吳塘門若新開廟港若唐漕銀渚若新涇鴉涇若楊干趙舍若湖西埭港北則獨山門旱潦藉以行水出入賴以通帆然湖中寇盜竊發不可不慮如由銀渚港犯坊前爲最捷徑今吳中設三吳總鎮獨山門撥數人吳塘門撥三四人而已志墩港第四

半路墩在長廣溪中西望袁家灣北望石塘橋東望糜巷橋正當溪之濶處宛在水中央墩上有池可魚

有壤可畦若經營之護以蘆葦一重楊柳一重內種蔬菜外種芰荷築垣架楹取適而止旁列四寵居之結漁舟爲鄰不啻蒹葭三章矣　過王所云墩在長廣溪蘆葦叢茂蒼翠可愛中有轉河昔周氏建讀書樓於其中今廢

破墩在楊樹園東南北通陌歲久跡深形如飛禽展翅故名　過王所詩破墩橫道中欲待誰人補金甌不常圓屈已存千古

洪邱墩相傳葛洪曾止此故橋名葛埭渰名洪邱

吳妃墩在洪邱渰中水圓如鏡橋跨如虹溯往蹟者猶興弔古之懷云　過王所簡曰余家之南爲洪邱渰渰南有洪邱墩高及尋廣三十餘畝或曰葛洪曾止此或曰梁鴻隱處考之邑乘所書爲洪邱西偏即葛埭橋則葛洪爲近是而好異者又指渰水中央一圓墩爲吳妃墩謂昔吳王之妃曾葬於此余思此地去吳宮不遠安知不爲歌舞行中粉褪香銷地耶而里中詞人不勝低徊感慨有溯流光望美人之咏則直認爲宮人阡矣予亦口紀一首以質夫好異之諸

公云聞說吳妃墩吳妃葬於此此事幾千年無人識其址我來四顧審而無香塚逢嗟彼有情癡徒爲意所鍾　鮑子芹泮詩自別吳宮千百秋芳魂猶復繞洪邱多情遊子遙相憶同作瀟湘一段愁　王定生慧詩館娃宮裏生居未御與東光骨並沉故國有儂來弔古靈心何處不歸魂鏡開洪渰舟中水裝抹橫山濃淡雲何弗鳴璫良夜月淩波微步學湘裙

獨山門梁溪之水至此入太湖艘盜必走處也宜嚴守禦以峻出入之防舊志云獨山自橫山西南來至

此中斷五里湖由此入震澤獨山屹峙其中北望管社號浦嶺門南望充山號獨山門天下之水皆東流而錫之水獨注於西南地理家以爲不宜賴此山横當其衝瀠回紆徐風氣凝聚焉

吴塘門吴塘山名山下有門溪湖出入處也此門與獨山門爲兩要害　蕭氏山記云邑西注之水獨山門不能全受洩於石塘之南遇山澗之下衝卻而成澗最合蓄洩之宜微獨山則水皆西下歸併而南山澗豈能與之爭微吴塘則澗水歸併而北西注者亦

不相下有一於此爲害不小二門相爲表裏眞有神功

廟港水漲則通水涸則斷

唐灃港由窰竈橋西達瀆東

銀渚港有石梁跨港北通坊前再北過上顧橋

萬步港北合銀渚港

新涇港長里許不滙於經河

鴉涇港止長二百步

楊干港有石梁東北合趙舍港西北通上顧河

趙舍港西連楊干港東北由北曲通洪印棠干

湖西埭港

論曰港口多不但慮寇盜又居民裝載貨物不由滸墅關而竟由湖出境關吏惡之設巡船捕緝巡船獲貨恣欲既居爲利藪奸民又從旁挐囮捉隱因而獄訟繁多愚民更貪於小而昧於大遂避巡船以間行每遭風遇盜究其根源皆由光棍護送出界船户包攬裝載先當嚴懲此輩則愚民無牽引蹈險之事關巡絶藉港詐銀之門庶拯溺之方也或曰欲民之不邀湖尤在輕稅其說近是故並

存之

寺觀廟祠志六

寺觀廟祠多而僧道之流眾土木之工繁牲醴之費廣然而神靈之跡不可沒利濟之澤不可忘與夫結精藍於幽雅修淨業於清閑亦樂得而次之志寺觀祠廟第六

長泰寺在縣西南四十里長泰山下建自梁大同元年名長泰隋大業五年廢唐上元二年重建宋賜額普甯禪院元末廢明洪武十五年僧惠宗改建仍名長泰景泰三年僧慧性重建嘉靖四十年僧昭仁俗

姓徐重建大佛殿植丹墀柏樹幾及百株萬歷二十九年昭仁增建祖師殿清順治初僧正可建雨花堂齋堂行廊厨房後德爲繼之建天王殿廓大殿闢法堂造兩旁殿後齋堂毀康熙間中和禪師就其基監準提閣又立普同塔正可以前寺屬應教正可以後始分南房爲應北房爲禪寺屬北房掌管寺中有古蹟六曰留笠閣相傳僧伽留笠之處曰羅漢跡大雨後時現曰畫猫壁殿壁畫猫至今鳥雀不至其處曰宋朝柏曰碧照軒曰千僧井　正可六景詩宋朝柏前代産靈柏山齋久住持夜聲虛野殿寒翠落空池却與頑石老還經古雪期衲僧望歲月問臘數虬枝畫猫壁僧厭鳥嘈雜人傳此畫猫爪牙看壁立辟易聽風標欲避南泉斬全憑好手描每憐生骨駿招爾共清宵千僧井開鑿知誰是靈源接上方探幽神骨爽引興葛衣涼水面封塔草雲根識玉漿古今僧挂搭杯茗共山房羅漢跡巖畔巨人跡何年寄此遊空花頻作雨靈霧結成樓眉目誰能辨行藏自可求蒼苔石梁地應是壑潛舟碧照軒斗室臨高樹虛窗浸綠天炊烟香

露滴補衲碧雲連水觀三千偈峯開十二肩殘碑何處覓芳草自年年留笠閣先哲曾留笠松寮幾變更山光無世路苔色見人情鳥下分僧飯魚聲響佛名且隨黃葉葉自莫討山程　按長泰六古蹟千僧井外皆湮沒不可考康熙年間僧定遠於樓前建客座王天爵仰視山半松檜拱翠謂合碧照之意因書以爲額然未知當年果在何地也又樓下有蘇東坡金剛經石刻

成性寺在縣西南四十里軍嶂山旁塢底舊名龍寺

旁有龍湫因名宋淯熈間孫氏捨基創建明天順二年僧祖章奏請今額隆慶六年比邱能遇重建萬歷二十年僧寂香重修四十年北禪寺僧行奭重建僧居法宇清順治間僧俗姓魏人呼爲魏大勝造樓及旁屋康熙間僧聞目重廓正殿寺徑曲折而入循坡而上石壁四周松篁高覆眞飛塵不到處也里人於三月十六日羣往遊焉　王崇巖景物略云宋淯熈初邑令王文林建廟以祀龍神遇歲旱禱雨輒應開禧二年賜名孚澤朝散郎高可大有記廟旁有龍井

井旁有成性寺　按今寺有石潭有石井井深於潭水亦淸洌於潭有碑在寺壁碑文稱孚澤是成性寺卽孚澤而建也明矣沿寺門石磴右上數武另屋一間坐像號水歿娘娘危巖峭壁備極幽致居人占水旱甚驗其尾址大石下水聲盤旋作響土人呼爲烏龍吟曾不現出固有陰脈云　薛浮休孚澤廟歌神龍廟前百尺井淵然無波色深靚神物收藏雜蛙鼉深夜時時出光景若歲大旱土不膏東家西家鳴桔槔禾黍就槁山岳焦有禱卽應蘇民勞刲牛擊豕競奔走共向祠前陳俎豆合沓睢盱列巫祝屢舞傞傞答神佑紅綃蠟炬照盤筵撞鐘吹螺鼓淵淵白頭老叟拜且言但願明年還有年　王穉登詩松塢石林林秋風萬壑陰泉淸塵客耳花照定僧心龍去野祠破鳥啼山竹深蒼生飢渴甚朝夕望爲霖

方湖寺在縣西南四十里宋紹興二年僧笠菴建明洪武五年僧善見重修正統間僧志力重建嘉靖間寺廢僧去基爲俗姓所侵十去其九止存佛殿餘慶菴僧經過此寺地方挽留漸結僧廬相沿到今萬歷

二十四年僧德實重建旁屋及修正殿淸康熙間僧含輝建客座三楹　元進士費諧方湖寺記其略云面拱兩地淸流迴繞小橋引道松柏夾行寶殿熒煌妙相赫奕左旋有文懿許公從祀祠文昌閣魁星樓寫字軒讀書所轉而右僧房屈曲廊廡層層內築禦牆外設塹河遶甚百畝儼如城郭則寺之勝可知

石塘菴卽古石塘寺在縣西南二十五里石塘山下向名永安院元至正間僧守眞建明洪武末僧復興重建萬歷十四年佛殿火二十四年僧濟恒重建二

十六年又重建山門三十六年僧顯達撤舊楹建覺照堂新禪房法宇修治廣濟橋菴當長廣溪五里湖滙處楹宇重複基址峻㨂望之蔚然尹嘉賓留聯壁間云山留東𡶶石橋鎖半湖烟周炳謨書覺照堂云照在覺內覺爲照體離覺無照是一非二鑑體是覺反鑑曷照虛空生白彼岸可到求彼岸者須修般若視彼河梁斯堂之下　王崇巖景物略云菴爲宋端明學士尤焴香火建於嘉定初年初名法王繼名寶慶至明正德間僧法篪增建水月軒環香閣崇禎間

副憲唐士𡷊於菴後建樓三楹上祀關帝三面皆可望湖去菴里許僧曉峯又結小菴自題曰小靈山後改名三教菴軒楹幽雅竹木叢茂曉峯居之峯河南人通玄門號谷神子邑紳多與之遊　唐士𡷊石塘菴關帝記畧關帝之靈歷唐宋徧華夷千有餘年家尸戶祝億萬萬計在京師則首正陽門天子致祭祀典特隆帝生於五月十三日至期遣太常寺堂上官行禮先十日具題祝文仍書漢前將軍關某改稱帝自天啟四年始加封自萬歷四十二年始本年十月十一日司禮太監李恩齎捧九旒冕玉帶龍袍金牌牌書勅封三界伏魔大帝神威遠震天尊關聖帝君於正陽門祠建醮三日頒知天下於是天下廟像概加冕旒然仍舊貌冠將巾帝亦不加罪邑廟不可勝記皆建大陸無湖山之勝𡷊爲諸生時讀書石塘菴菴西偏三面臨湖擬祀帝於其間以鎮一方而力有未逮甲戌倖捷乃修前願築基三十餘級建樓三楹以肖帝像而時往瞻禮得憩息焉香火大盛羅拜者無虛日香屑淋漓香桌皆滿癸巳春正月火延香桌

桌炎延及龕帳龕帳焚勢已上炎蓋岌岌矣魚舟過廟前望而驚駭持水往救杯水卽熄眞有神功乃驚相告曰非帝默相豈易得此𡷊聞之而重有感也帝忠義蓋世威靈亘古今𡷊不能贊一辭念自陳壽志三國妄意帝魏非得晦翁綱目何以服後世之心然極重難返以帝之忠勇協以諸葛武侯之神謀而天心去漢帝固無如天何國朝文皇帝北征勒銘胡山而還道經潤濟海至幹難河每見沙漠霧靄中有神前驅巾袍刀仗顏色髯影儼然帝容回蹕乃勅崇祀

典千百世爲邱逆閹犯闕正陽門廟貌幾罹灰燼帝又無如天何今乃睠睠此方寸地湖水揚波祖龍焰息帝靈山靈其式憑之則此臨湖數椽行與高山流水億千萬年豈顧問哉　過王所云閣於康熙間移大殿後使岡巒體勢一旦頓失何山僧之太俗也舊址尙存余每過之即爲太息址下有井深尺許居民烹茶釀酒輒仰給焉　陳近思詩湖南佳處漫停舸紅葉淩寒玉露餘伊喔雞聲茆屋近飄飖颿影水雲虛牧童引犢行隨草漁父鳴榔故趁魚好景留人志去

任言歸不覺月明初　邵文莊寶觀水謠東南風湖水生西北風湖水落昨夜今日皆天風不見水往來但見郊原成一壑海深如不容洪流橫復縱都水使者難施功三江不爲江震澤不爲澤岳陽何處樓長嘯洞庭窄君不見山東不雨夏接春赤地千里還愁人　袁德馨蘭歌登樓一覽情無際村中煙樹清風起清風吹破碧天雲碧天倒浸清破底漁歌欸乃過長溪秋風淅瀝來山西漁歌秋聲合爲一把酒臨風聽不出醉眼模糊試相望花影重重歸路失君不見古人行樂後人傳今人豈無後人述趁此情懷更舉觴拚倒樓頭到明月　鄒迪光詩湖曳冰綃寫梵宇山飛金簇射香厨一僧八十偏耽酒自挈長罌向市沽　又石塘百尺挂虹蜺橋畔雲山歷歷低剝啄空門人不應沙彌騎犢過郜西

三教菴本武進翰林莊問生庄房捨爲佛地僧曉峯初名小靈山

漂白菴在袁家灣

洞菴在洞山下竹林陰蔽藤蘿紛披幽闃閴寂止靜

之所　過王所云菴在山麓景甚奇闢其上尤勝有一人泉吳江徐松之有銘載百城烟水集　周丕元袞詩乘興前行去因過茂竹間徑隨流水曲人伴白雲閑山鳥聲相引松扉晝自關不辭輕剝啄僧定適當還

橫山菴在縣西南三十五里南橫山下宋淳熙間僧普光建名敬福菴明洪武初僧碧旻重建萬歷十二年僧守廉建觀音閣於大殿之後三十五年僧道德徒僧法弘相繼重修佛殿法宇堅好勝故清順治間

僧心持增造房廊曲折往復菴背倚南横山門拱長廣溪　秦甯侯備參云菴宋蔣一梅先生故居今捨契猶存菴僧藏沈啟南碧山吟社圖及吳匏菴邵二泉諸名公眞跡甚可愛玩山頂有雪浪菴卽公讀書處兩湖夾映松柏森然亦勝地也　陳柏雨禪房梅花詩羅浮一别惜傷神月落參横恐未眞今日細看枝上雪當年曾寄隴頭人孤山占斷千花譜百咏空銷萬刼塵偶到禪房聊一白和頭憔悴不勝春

雪浪菴在南横山頂蔣一梅先生讀書處有蔣子閣

在焉菴旁石池清順治間僧一語增葺康熙間不息禪師嗣葺菴前谿形石壍直下石徑折上　過王所冒雨觀瀑記横山之坳有澗焉廣五六仞長近頂迂迴曲折皆怪石或峻嶒離奇怒如張牙或嶮巇萃嵂奮如舞爪或巖然而壁立勢若插天或窈然而涵泓深欲入地或盤桓高拱或廣可布席或立不容錐以石之奇水之出也亦奇時回旋時倒瀉時霏霏玉屑時飄飄素練時千頭萬緒若琴若絃時一瀉直下若怒若渴幽奇變幻不可殫狀水石相遭不知幾經年月而得造此異境也四時皆然春夏爲甚余家直東二里每日影稍西則水光注射白色如銀上下一片爲目眩心移不能去云澗下有里社爲祈年禱雨之所憶壬子夏從里社會飲微醉忽聞山澗有聲尋而遊焉客有從余者躡水曷子躡旱曷衝流而上不半道曷敝遊亦自此止今甲子五月天小旱水甚涸山下父老憂之夏至乃雨越三日大雨如注蕭君容如謂予曰子聞有聲乎始聽淙淙繼聽洶洶倦怠者以之而神清躁妄者以之而氣融蓋非雨非雷非松非

風而適介乎此山之東與子偕往以求其踪命童子出繳一屨二且曰洗爾足躡爾衣束爾帶遂由麓以上愈上水愈多不容置足余爲仆一蕭君仆者二輿愈高攀岸而上衣袂盡濕足在水身在雲霧中須臾過石梁梁上少憩再上則雪浪菴在隱隱中蕭君曰吾兩人冒雨來登好作此山他年佳話旣至菴見以松爲門以石爲垣向之大悲殿獨露堂不知入何處所有一僧見余兩人徒跣突至匿榛莽間不出徘徊半晌復循澗而下是時雨隨雲散已夕陽在山矣噫

使此澗而生於邑之龍山未必肯讓兩人之獨步使此澗而生彭澤匡廬未必遜五老之得名今乃生於寥落無人之境人莫知之卽舉以告之亦莫肯顧亦獨何哉康熙甲子五月十六日記

雨花菴在縣西南三十里湯村嶺東有許舍嶺創始無考萬歷丁巳邑紳趙士禎捐資倡助已而僧性雅建山門佛宇僧舍

羊祁菴左傍山右濱湖楹小而幽潔淸康熙間僧徹明撤舊重建塑大悲香像

薜蘿菴在大暢橋山門外有巨柏一株高四丈大可圍二人虬枝蟠曲古色可愛

留福菴在流福山下淸康熙間僧中禪師重建鄒九揖陞有記

小山菴在小山頭依山結楹梅竹松柏循池傍楹中供香像三尊杲菴禪師居之因卽名杲菴沈鴻際朝鳴有記秦對巖松齡有跋王備四天爵書

福會菴在縣西南二十五里西偏爲樂圃先生朱氏宗祠

申明亭菴在二十四都一圖南北去來大道中藏靜室門楹猶存亭制淸康熙三十四年僧撤去之　按亭有長亭郵亭漢制有亭長亭侯此以申明名者必宣示條約訓飭閭里耆老之所莅衆庶之所觀也故當四通五達之區蓋不爲一都一圖而設大可見矣大抵今之觀音堂卽昔之里社壇則申明亭匯而爲靜室固習俗所移乎亦猶幸而其名終不可沒也

銀渚菴前面湖左臨港僧恒靜建其徒守遇道源相仍遂爲南來精藍　許泰尹侯東詩拉伴游湖過翠

微晴光瀲灩正當扉新茶送味來禪盞好竹移陰上客衣近聽灘聲知浪湧遙占風色看帆飛萋萋芳徑無人到惟有閒僧坐石磯　金聞字聖章和乘勝尋遊入翠微森森竹柏護禪扉無心洲石鷗尋夢有意枝頭鳥趁衣變易滄桑山色在興亡吳越浪花飛悠然會得無生語直欲因僧買釣磯　朱德燦字遵甫詩縹緲湖山遠風來薄霧消洞庭浮水面蘭若傍溪橋刻燭吟詩短登樓寄興遙嘯歌應有在未許俗塵招

眞武殿在軍嶂山頂明崇禎間僧陳望坡建前殿後樓

清康熙十四年僧靈波重廓前殿二十一年後樓毀僧玄逼改樓作後殿更諸旁屋相傳三月三日爲眞武誕辰居民燃香明燭環坐殿前一夕歲以爲常其遠所來拜禮者自三月朔至四月望稱香市焉長廣溪中輕舫畫船綠波絡繹艤岸乘輿日照新裝風飄香袖十里松陰交馳爭走遠望山巔如蟻陣盤旋應不下武當也　王崇巖景物略云羣峯環列一峯首出建眞武殿於絕頂玉符金甲嵩岱並尊寶蓋朱旛龜蛇長護者軍嶂山也水深山高神靈益顯凡上山

進香者邑士女無定期里人則於元旦羣拜禱焉萬曆戊午香客至火熄復下山取火有儒生周景濂跪且祝曰神能顯異此一炷香不火自焚隨炷入爐中移時燄騰騰起衆客復至異之遂傾動一邑流傳四方爰是香火大盛山又適當湖溪之間禮拜畢至殿後望太湖湖光渺渺香舟往來歷五里湖湖光又渺渺歷清溪長廣溪溪光又渺渺邑好事者於是載星往載月歸素饌往酒醴歸虔誠往嬉笑歸梵唄往笙歌簫鼓歸每春日晴和秋雲淡宕大舟小舠香烟繚繞紅紫繽紛遏雲繞梁更唱迭和沿溪湖四十里可絡繹不絕也　按山俗稱軍帳其形如帳之迴合南唐伏兵焉盤亘三十餘里有甲仗塢教場嶺官來砦溪等塢皆有石穴可容數人或數十人蓋當年以太湖天塹結營以備越兵者山下有池數十畝產金鯉魚今堙塞　華聞修詩祇爲玄都一瓣香藍輿樿樿白雲鄉雖然珠玉紛如錦不作人間歌舞場

關帝殿在軍嶂山下前殿位靈官中設帝像亦稱靈官殿道人錢某建西殿位四相觀音

祠山大帝殿在南橫山南面西偏每歲二月八日指爲神誕燒香塡集本里居民列祭品鼓吹結臺演戲以爲慶（雍正年間建戲臺及門樓三楹）

小大帝殿在軍嶂山北塢得名在先今居民奉祀者數家殿一間殿前有石船一隻長二三尺相傳自空飛來問籤靈驗

龍王廟在龍王山頂前俯長廣溪後負震澤五里湖映其右實勝景也昔人志之矣今其廟前坐張睢陽中坐金狄後另有殿三楹坐三茅眞君龍王臨池而

已　按青烏家言龍王山爲馬背形僅可住一人雪浪菴爲獅背形可住三人容有然乎

徐偃王廟在石塘菴右宋尤棟記王嬴姓諱誕爲周諸侯治以仁義穆天子西遊忘反諸侯交贄朝徐穆王馳歸伐徐王不忍其民去之子孫因散處徐揚間故往往有爲王立廟者或云徐子章禹見執於吳徐之宗族子弟散居揚州因其先王之廟在錫芙蓉山舊亦有廟今廢　王果延抱承徐偃王廟文古者封君皆有食邑沿及宋時制誥有食實封幾百戶之例

凡有功德於民者生食其戶數之祿沒享其戶數之祭此里社之所由來也北人尊社號曰社公吳人尊社號曰大王大王之稱始於戰國萬乘之主是王又進於公矣我錫里社神名氏著於史冊者有四馬東亭則諸葛武侯亮縣治東則春申君黃歇城東隅則宋參政呂蒙正南偏溪湖滙處有石塘總管大王徐偃王總管爲唐時尊官之銜宋元亦因之王更冠以總管則石塘里社神更尊矣每歲八月二日民扶老攜幼拜王廟中終日傳爲神誕康熙癸亥甲子間承爲袁家塢小子師偪遜王廟每過天朗氣清步至石塘覽水心之雲影挹瀾面之巒形盤桓久之憩王廡下有感王遺日之事作文以記之王當穆天子西遊政令無稟諸侯相率朝王王於是時宜如陽城貧山之避而顧不爲及天子怒而伐王王不忍用其民卒以走死其蔽也愚王何遽出此耶以愚度之諸侯既背周歸徐王順而撫之使無四逸俟天子還京師仍率以朝周此王之素心豈天子不之察王遂棄國出亡以明其無貳心不然王已臣服一方何難帝制自

爲而不聞更姓改物更何難憑高負險以逸待勞竟自速趨死耶至有以行仁義而亡國其爲仁義禍也益大矣愚固知王仁能懷鄰國義能敬天王故當世尊之重之時尚値周之盛諸侯無敢僭稱王者獨宗諡以王凡以答其誠慰其靈垂之今日而不泯使王果有負於周則爲六師所移之逆臣將并其國號削之矣

南津塔在南津里濱湖高二尺近去其頂佛巷罩之乃立以鎮湖濤衝激者　按今自南津而東及銀渚

西被沙頭不受濤嚙若新安湖堤則月損而歲壞矣此塔之有功於鄉正未可知而鄉人幾無識之者余嘗過而審視塔甎元至大元年戊申六月建至大爲元武宗海山年號歷年多脫落欲壞又考南津菴爲靈慧寺今僅卑寮二楹塔在槽後架下一村僧守焉過王所云二十四都一圖有里名塔上者詢之土人其西偏向有塔基則昔年亦有塔矣

論曰邑之梵宇脊昂鴟尾鐸振懸令者不勝數矣而稱刹者二十開化居三焉長泰成性方湖也稱

菴者石塘橫山爲最屬應教三教洞菴雪浪流福申明亭諸菴屬禪門稱殿者眞武關帝大帝小大帝殿是也稱廟者二龍王廟徐偃王廟稱塔者一南津塔是也其他土木綵繪裝金塑像各踞一方供粢盛之馨香者曰觀音堂薦雞豚之饘鄉者曰大王廟則不具列也

續

開化文祉在方泉鎮之東清諸生莊濠王炳彪楊延熙王炳麟蕭煥唐王壎蕭煥梁等集貲積地方特別繭稅建　蕭煥梁文祉緣起云開化本無祉有之自光緒十二年十月始先是開化地近太湖習浙江湖州風俗居民早以蠶桑爲務自嘉道以迄咸同中遭兵燹土著之田盧戶業得以稍稍興復者厥惟蠶桑之力然剝繭抽絲僅守先法之舊迫乎通商互市以來泰西人日闢新機創有烘繭一法於是收絲之商變而爲收繭之商往往挾重貲來擇桑繭叢盛之區創設烘竈名曰鮮繭行而開化廿七二圖許舍實發源焉牌號其均均者平也

似有取公平之義不辨其商爲英吉利人爲法蘭西人即華商之有貲收繭者亦託名於洋而慨曰洋商倘該行與地方有爭執稍不遂意之事動輒函達省吏飭地方官妥爲保護彈壓此洋商之權例固然也然爾時風氣初開鄉民不免少見多怪該商交易規則亦頗可疑如稱權有元亨利貞區別洋角僅作百文之類而交易未經數日鄉民羣起齟齬聚衆大譁時宰吾邑者爲霍邱浩亭裴公大中該商援例請爲彈壓賣繭者走相告曰洋角

作百尙折虧無幾至稱權大小竟相去倍蓰按市核價直不可以道里計若貞字之稱已足有十八兩漕砝至元亨利字更無論矣吾鄉分繭稱絲素以漕砝十六兩四錢爲通用謂之四碼稱準黃泥埄絲市公同較正收絲之用者今據賣繭之所云是其均誠不均也於是莊少游濠王星陛炳彪楊殿卿延熙王業珩炳麟蕭少華煥唐王伯吹壎蕭少瞻煥梁七人相約赴該行談話詎棻敘尙未責問其內容若何而洋商有所謂通事者遽將七人

之名遞於邑侯裴公之手意欲面求戒飭裴公嗤之以鼻曰此數人皆吾書院肄業士也諒不至有鬧事舉動當時七人初不知該行伎倆爲先發制人以爲壓制一方使無人敢言其强硬手段之辣之計於是七人相議一不做二不休欲與該行理論必得該行眞實不規則之證據遂乘間攜取貞字稱權一枝歸與四碼稱相較果足有十八兩漕砝始信告者之言不誣前此聚衆並非無理取鬧也且稱尾有穴孔一線外箍以銅其物不在手則

何能知爰急赴署遞呈裴公面呈巔末懇請法究裴公當諭七人曰此事較大宜詣省稟牙釐總局示辦法候省諭批迴庶可遵行矣於是七人逕返而許舍之繭市遂停該商自知不直難以勢勝遂朿裝返滬而又隱啣七人之人數過多也復賸訴駐滬領事飭縣着學有查問二蕭三王之信時學師爲如皐以亭張公雲生本爲七人爰知師且深知事係公益以無非爲民請命等語詳覆其事遂寢越二年裴公調署昭文回無錫本任凢錫金繭

行稱權俱須給印花一律較準十六兩四錢四碼稱行用以符錫市收絲權衡之制并示諭交易須公平如稱權有不貼縣中印花並過於十六兩四錢者卽以私論同時與繭行齟齬風聞響應者不一而足而事後卒嘿嘿無聞惟許舍以權衡大政於政府未頒命令統一之時竟能仗義執言仲公理以折夷情迄今利賴偏於四方當以此爲嚆矢論者謂晉有竹林千古錫以嘉名邑紳裴廷梁以此語輓王炳彪開化此舉亦無多讓焉於是鄉民歡聲雷動謂非

賢父母深悉民隱曷克臻此厥後裴公有事赴鄉七人中有謁謝者談次及連年大比生等久不與院課有以道遠爲辭裴公敦勸立文社首先倡書捐冊集貲按月一會凡赴開化收繭之商酌議每洋捐三釐充文社經費稟准給示立案其均其首戶也顧裴公之意原以宣南登瀛（時登瀛社課最利場屋南北二闈必有數人）望諸生而諸生以聚散不常或遊幕遠方或設帳他邑既苦經費不充又惘是鄉之應小試者類皆日訓童蒙家無常師公議不如專課文童

其效較速其盈較宏於是草訂章程仿唐人夜試例假公地以爲課所聘邑之名宿（如歲貢薛元宇孝廉陸紹雲皆主斯席）評定甲乙歲奉其脩贄月給以花紅一時來會者多至百餘人少僅二三人自光緒丙戌以迄庚子廢八股之令下而課試乃止錫金繭業公所成而釐捐亦革凡肄業文社而獲雋者都二十有餘人至社有會計庶務書記等事則以莊君濠先故而六人迭爲經理公議不支薪費以盡義務故朱紳鳳銜所以有文社惟七人是問之語也歲丁

亥蕭煥梁遊學甬江時無錫叔耘薛公分巡浙江甯紹台道薛公素裕經世學久爲梓鄉所推重而又喜奬掖後進治甯之次年即建崇實書院於道署之旁以課四明之翹秀會煥梁以開化立文社相告若有不謀而合深契樂育之意者薛公喜形於色謂振興文教於家鄉無異振興文教於宦國生平好士愛才出處其一致也乃慨然捐助廉金並敦勸文社須建置房屋俾垂永久恐非此不足以傳後爰郵書敦勉王君炳彪經理社務妝患費

之不充特患事之不成於是相度基址擇地於廿九五圖方泉鎮之東偏構堂三楹門房三楹庖室一所後基以南北東西田畔爲界糧納信字七百六十六號平田一畝正於光緒十九年秋月工作伊始越明年夏月落成顔曰開化文社論者曰文社之起起於裴公文社之成成於薛公二公可謂有愛於開化之士林者矣迄今風規雖渺建設依然後之人飲水思源恐數典而忘其祖也爰不揣譾陋據實而敘其緣起如此

石寶叢骨塚在雪浪庵下瘗咸豐庚申殉難之骸骨無辨者　按石寶在横山雪浪庵下天然有穴俗號仙人洞門臨深澗口僅容一人出入進愈深而愈廣縱横約有數仞好事者執燭進遊惟覺寒氣逼人水點滴不止咸豐庚申粤匪陷城後大擾鄉村居民避匿其中始頗安靜後匿者愈衆且攜黄白物以爲安藏計匪覓知之亦無如何有黠者虵行進攫被洞中之勇有力者殪之於是羣匪計所以報集山中之破棺朽木蘆葭枯樹易焚之物堵

塞洞口燃以火一時烈焰熏天腥風滿谷不越日而匿其中之男女老幼三十餘人皆熸焉慘矣哀哉同治癸酉甲戌間邑紳楊壽楨讀書雪浪庵聞其事惻然憫焉爰僱土人以叢骨另於洞上之高原擇地爲塚以瘞之標其碣曰石寶叢骨塚其父楊以廻有記載梁溪文鈔中

儒林志七

顓孫干祿端木貨殖爲己立命之學若是乎其難之然而十室之邑必有忠信聖人先得獨無所同然乎志儒林第七

尤袤字延之弱冠入太學魁監省紹興十八年進士嘗從喻樗遊得楊龜山之學初幸太興金人犯境士庶望風而遁袤獨堅守不去尋以薦除奉常高宗廟號未定袤引經援古悉有根據平生博極羣書洞貫今古爲内外制及内禪典册悉服其雅正官至禮部

尙書兼侍讀形貌不踰人而丰度端凝晚益嗜書不倦所藏三萬卷爲詩平淡題落梅有却憶孤山醉歸路馬蹄香雪襯東風題海棠有自是格高難着句不應工部總無心等句取孫綽遂初賦以自號光宗嘗書二字賜之所著有小藁六十卷梁溪集五十卷内外制三十卷卒謚文簡子槩孫焴相繼登第許舍人或曰文簡墓在白石里卽今楊樹園

蔣捷字勝欲本陽羨人德祐元年進士好著述主於義理不事勤說於小學詳斷尤能發明旨趣入元遁

跡不仕大德中憲臣交薦皆不就家竹山人稱竹山先生　按勝欲又擅詩名

王昭字吉夫邑諸生受業於高攀龍鄒期楨潛心程朱之學入清野服緘口不交世務以天倪名齋教子以誠意正心謂學必從此入帖括家言乃應時末技著有天倪齋集年七十一無疾端坐而逝

嚴穀字佩之號生軒以文名於諸生弘光新立上書陳時政會有禁不果嘗讀高子遺書歎曰吾舍是書將誰與歸及高彙旃世泰脩復東林書院推主講席

時學使者張能鱗以禮致不往贈匾不受或勸以野服謁謝不答所居新河區三面環水短垣茆舍栽竹成林嘗得句云牆頭喜見羣峯出竹裏時聞滯水還無子撫史姓甥爲嗣

張遯字素臣易代後幅巾領衣行止卓卓持論不少假借頗愛藏書終日抽展嘗自言耐寂寞甘淡泊六字我實堪之壽七十九坊前人　王杲延抱承傳先生諱遯字素臣清脩高節衣冠從先杜門不出少年爲吳進士堦吳勢餤用事先生因租不責輸債不責償恐人以爲倚外翁勢坐是入奢僑居坊前日有湖盜夜掠一里竄伏先生挑燈危坐羣盜入先生揮之隨手皆仆長子以門外盜且眾勸令止遂爲盜挾入舟先生危坐盜中不言不食盜亦知異送登岸時年已六旬外平日相知俱不識其勇力如是閻出壯年所著論皆憤崇禎間流賊橫行遼東告警規畫方略抱請纓繫頸之志承今思其人乃具文武才知世不可爲用明哲以保身故清初獨不入起義壯士中將一腔熱血冷滌於枯寂中亦大可見矣年七十九子

三皆早世止一孫卒之日召承至榻前出自定門狀及辭世歌示承復講存心養性死而後已之義舌本間強稍以湯潤高談轉清承勸且默張目曰君來已遲假此刻中與君譚爲學眞際獨奈何重枯質而輕名理乎爲黑命退夜分而瞑棺停後屋壞椽下四壁半缺承命其孫如蘆席蔽之要非先生意也先生生不戚戚其身死戚戚其身耶藏書甚富孫不能守凡所著述亦多零落止以手錄自註義經十本付承時承尚未通易義質之秦寧侯寧侯守藏焉後寧侯歿子雙峯付

蕭嘉猷嘉猷持人道學會中後草草葬承於先生於始識古今來身砥行之士皆期善其身慊其心而已初未馳思於福澤聲譽乃世之人往往以其不裳福澤聲譽而惜之不太相刺謬耶輓之曰古來稱君子不在溫飽中舉世莫之愛天亦固其窮然後見言行可以爲世風誰爲後來者素心推我公結廬雖人境杳然閉閑宮一函羲文經抱以究始終我來永訣時猶提主敬功痛惜我翁去蕭條閭巷空負翁日已多永矢愛吾躬秦詔字寗侯號雪㠠邑諸生目覽手錄亹亹不輟尤

開化鄉志〈卷上　儒林　圭

專注於理學接人從客談論眞睟而盎背周旋中禮氣象壽七十六許墓人　龔震西廷歷傳秦詔字寗侯別號雪㠠無錫人宋學士少游公之裔十一傳爲瑞五公瑞五生彥起彥和兩公起爲西關派和河上與散居及開化派雪㠠則開化裔也西關河上科名赫奕開化以舉貢起家至今綿衍而潛德懿行累代不替蓋自彥和之子儉節公以迄景山公凡五世皆舉鄉飲賓而景山之子梧巖公孫子晉公俱媲美前人雪㠠承數百年遺澤畫矩而蹈擇口而言方七歲

失恃遂欲同殉雉經幾絕歷三繼母事之如一異母弟三同母妹二愉愉怡怡白首靡間其立基於孝弟者有然遵袁了凡功過格日行數條夜則焚香告天如趙清獻故事纂諸生理學爲明心錄採古今格言爲省心錄其勉勉於聖賢者復然生平無他嗜好正業之暇多摘秘方有怪症奇痾良醫所束手者公投以刀圭立愈貧窶雖厦偶遇顚連煑糜給槥者比比其存心愛物又如此補博士弟子員屢應省試數奇不偶至於班荊定交道契之儒蘭臭相投惟恐交臂

開化鄉志〈卷上　儒林　奎

而失貴介之子炎可炙手遠之若浼也行其庭登其堂子孫無佻達宕逸之容娣姒無誶詬嬉笑之聲肅肅雍雍高曾之遺矩百年如一日焉旣而世態滄桑感時觸物於是燬棄帖括弁髦子衿歌風賦詩以舒其牢騷之况拈花藝草以寄其閑曠之懷舌耕筆稼以盡其教育之功精進研摩以淬其治心之力或以名不暢寔位不稱德爲公憾而公夷然不屑也夷然不屑故致冷惟致冷故天全夷然不屑故味淡惟味淡故機忘斯則所謂雪㠠焉爾龔震西曰余讀萬石

君傳羨其恭敬無比諸子皆以馴行孝敬稱及數傳而稍以罪去恭敬益衰未嘗不歎濟美之難而率祖攸行之不易也自瑞五至子晉凡十世皆享遐齡郡邑禮爲嘉賓鄉里推爲祭酒今雪凫懿嫩既備克追踪先軌以視一再傳而瑣尾者相去何遠哉歷文行荒謭幸得交於子晉公而於雪凫生平知之尤稔因爲此傳以表仰企之私蔡伯喈自稱爲人碑志皆有慚德惟郭有道無愧歷於此傳亦云

蕭銘功字嘉猷與兄嘉徵少年即從事於爲己之學

兄早世撫姪如己子一門雍穆與人晤對靜嘿坦直蓋知道者南横山人

論曰凡人作苦皆有爲而爲之獨無所爲衆人笑焉竟陰行不倦此非具眞知烏能立志較然不欺其隱乎誠難之也誠重之也

續

蕭雲升原名泗字佩尼與顧棟高同學游庠後從金敏湯之錡游於其學山居潛心爲己之學著有書紳錄後築眞學社於宜興亳村聚徒講學往返不輟

宦望志八

士學亦期於濟世耳誠能名聲施於當時功烈著而不滅蔑爾桑梓邀榮無既顧不偉歟志宦望第八

許德之字振叔原籍河南父希道爲鄉宿儒四子皆傳一經德之居長最穎悟紹聖初登進士第爲揚州法曹侍臣薦其才徽宗召見便殿德之對治道無多術惟進賢退不肖上嘉納之擢司封郎中遷太常少卿常顯謨閣出知婺州督軍討清溪方臘會朱勔進

萬壽山花石縱軍擾民具疏劾勔勔糾童貫等交章誣奏坐貶賓州司戶及二帝北狩隨駕南渡卜居無錫方湖高宗復其官奉祠卒贈柱國顯謨閣學士兼戶部尚書謚文懿賜葬流福山建祠方湖寺左合州郡歲時祭祀弟衍之紹興間登進士特奏第一子仲孫璹俱登進士　按德之居方湖寺嘗建讀書亭於鶴溪營墳於流福後遂稱鶴溪爲許舍流福爲許墓焉

蔣瑎本義興人遭虜難徙無錫山中多虎種棟成城

虎不能入

蔣芾字子禮紹興間登進士第授建康理官秦檜欲羅致拒之檜怒終其世不用及檜敗莊文太子薦其賢於壽皇命權值舍人院內繳內侍梁珂請上皇歎其忠除簽書樞密院條奏邊防軍功甚悉孝宗尤極嘉奬拜右僕射同平章事上方鋭意恢復芾力陳天時人事未可舉兵凡二千餘言忤旨丁內艱去職朝拜起以左丞相不赴後判紹興奉祠以終

施坰字林宗少力學登進士第再除爲太學博士宣

開化鄉志　卷上　宦望　夲

和末提刑江東朝廷命鑿銀林河通大江調役繁興坰抗疏極言其害役爲寢徽宗下詔奬諭進秩一等累遷至禮部侍郎顯仁皇后回鑾坰考議儀注時以爲宜後以敷文閣待制終生平篤意孝友在官得親書必冠帶跪讀遇恩奏補官率推及弟姪鄉里稱其賢施坰之祖本武進坰父南康公始徙居無錫至坰遂爲邑人坰弟垓有吏績紹興末累持節終朝議大夫湖北運使坰嘗卜居許舍

陸寀字古寔 字元珍山陰人尚書左丞佃之子任台州

寧海丞攝令事遇事立決老吏畏懾所至以政治稱後提舉京畿常平等事置司陳留靖康間會金人犯闕游騎突至諸司皆遁去寀獨以便宜招集燕山戍卒數千日夜部勒扼據要害虜不能犯潰卒亦不爲亂措置號令赫然有大將風因間道上章自劾且乞犒軍詔從所請未幾罷歸屏居開化之陶墅讀書賦詩以自適子新城令演再徙徐陶寀九世孫敬中字士儒明洪武二十四年以人材選吏部考功司主事秉性介潔居官不受祿葦家穀自贍門無私謁有清

開化鄉志　卷上　宦望　𠦃

愼聲居棠干

王訥字敏行號介石別號萬松中正統己未進士授建安縣知縣遷威遠陞沂州同知以勤敏聞

周清字本澄兒時輒自挾策從長者受句讀中景泰辛未進士入翰林爲庶吉士授監察御史清軍四川有能聲卒於敘州子楷教諭今其後嗣建祠於申明亭西偏前槽祀焉

陳賓字朝用由天順甲申進士仕終布政使所至有政聲卒祀鄉賢居漆塘

朱紘字廷和號直齋登第授臨海知縣擢御史出按貴州貴州鄉試士子皆遠涉千里就試雲南紘疏請分試詔從之以事謫判福寧歷遷雲南同知終代府長史

論曰命世之士不世出而才與時遇又難期茲鄉自宋入明亦是屈指靈氣所鍾不爲獨靳也

無錫開化鄉志卷中

錫山王抱承輯

忠節志九

願爲良臣不願爲忠臣忠固人所不願爲乎顧逆當其否勢值其窮普天食祿者殉國能有幾人乃鄉亦有人挺出彰大義於百世使鄉之至愚談及抵掌吐氣揚眉如誦文信國正氣歌志忠節第九

何以培字曰厚武諸生能爲古詩歌崇禎末出佩參將印屯欒鎮江及清師定江南常鎮兵道招之降不屈見殺　王果延抱承傳先生姓何氏諱以培字曰厚其先無錫開化鄉人以隸軍籍住金陵自浙江叅議汝健公生四川參議湛之公福建御史湝之公湛之公生襄陽推官棟如公祖孫父子兄弟叔姪皆登進士有官聲棟如公生德普爲太學生配卜氏夫人生先生復還於錫生而短小精悍復雅好文學自其童齡已補武弟子員隨棟如公募兵出塞自効便能獨入敵中斬馘記功當崇禎壬午癸未間知天下將有變退居開化別業種竹浚池賦詩飲酒若終老然

甲申思宗烈皇帝慘變始誓肌刻骨欲立功見志遂出受參將職乙酉弘光立於南畿奉命視師鎮江大命已去諸鎮奔潰不得已抵家時有寫容陳子雲客余家先生因致書家嚴云晚生生不逢辰零丁孤苦兒值君國大難不共戴天心歸馬革此固先生知我有素者也聞陳兄家傳虎頭妙技磅礴高齋從前爲晚生圖小影者皆作白面書生盡付祝融一炬今要寫屈原悲憤之狀賈誼痛哭之形聊爲異日作麟閣樣子非敢望凌煙寫照也其志固決於此矣已而聞

隆武立於浙閩先生月下磨利刃向寢室而中止者三蓋意欲殺妻妾然後南行耳越兩晨而害及害先生者常鎮兵備道張儉儉本欲生致先生而用其勇先生服故參將服入見友人見之驚曰此何時尚服此勸易去先生笑曰今日不着更有何日遂入見儉慰語令降答曰恩豈可赦赦了不肯赦以培世受國恩不能做此勾當儉嗔曰何等大官抗此語答曰官無大小受君之心則一也儉怒適牽二盜就刑令同斬先生厲聲曰彼盜也安得與我俱先斬我縱步趨出操刃者請就縛先生以兩手挽兩肩曰如此便可斷頭有老僕馮標持衣而慟先生叱使去矢口占詩韻未終而及下音垂於胸餘音猶嗚嗚挺立不仆揭首錫南城標以怙固不服四字越三日家人舁戸領首歸殮焉年三十葬開化坊前西南先世墓旁嗣一姪名鈺字廷堅壯哉先生顱頭雖擲腰膝自存志卽未伸死足不朽余恐先生位卑仕淺或易湮沒爲敘其寔後有作者應留意夫　秦寧侯詔弔何參軍弁小傳何以培字曰厚弘光時授兩淮鹽漕參軍乙酉

爲兵憲張儉所執諭降不從曰吾世受國恩豈降汝乎今日乃致命之日也適斬亂民與同赴市曹曰讓我先去立而受刃慷慨就義詩曰寵章三世錫先朝未忍君恩一旦拋駿馬有心嘶日月壯夫無計挽腥臊提軀天下尋知己懸首東門長怒濤竊意將軍猶未死英魂應化霍嫖姚

論曰興革乘除時邑之逼籍殉節於金臺者則有馬素脩先生殉節於南都者則有龔潛默先生既退居而出就死者何曰厚先生當其前華鳳超先

生當其後而今之修邑乘者以鳳超先生入孝友而不許其忠曰厚先生竟擯而不錄噫異矣

續

邵芾棠字仰之咸豐庚申禦粵匪於石塘橋死之先是匪至鄉村擄掠其弟建之被擄經芾棠奪回至是親率民團衝陣匪有相識者以爲不殺芾棠不足以雪被奪之恥也於是叢刃交下芾棠至死駡不絕口焉

朱鈺楊橋人浦錦堂石塘人俱邑武生禦匪於揚名

大橋死之初粵匪屢寇鄉南以開化民性好鬬每下鄉必互有傷亡故有開化白頭之稱主團練者以黃石堵塞石塘橋門不使匪舟南下外此東路小河如寅時橋等處則拔橋相阻陸路惟揚名大橋是城下必經之道最爲扼要鄉民以爲守此險隘不使踰越則西南半壁猶可苟安也偵得某日匪當至鄉人鳴鑼相聚每家一人每村數人或荷耒耜或攜土槍集於橋之南堍者約二千人是日匪果率大股自城南網巾巷一路鼓譟而來直撲橋之北堍朱浦二人手挾弓矢發必應絃所向披靡匪雖眾不敢越雷池一步相持竟日鄉民有以飢餓而暗潰者陣腳遂亂匪窺有隙可乘遂有黠者於荒野繞道鳧水暗藏土槍伏於二生之後以擊之匪見二生既倒於是大進而鄉南之蹂躪幾無完土矣是役也復有錦堂族人映榛以及無名可稽者數十人均遭斷脰決腹之慘二生其尤著焉者也

蕭禹階燒香浜人禦匪於寅時橋死之邑諸生朱畢吉輓以詩有句云寅時橋下揮戈日千載如聞殺賊

聲傳誦一時

按開化依山阻水邑志風俗門云民稟剛巒之氣動好鬬狠觀於粵匪之擾益可徵信計自咸豐庚申陷城後至同治癸亥克復屈指三四年間無日不在風聲鶴唳之中卽無日不有顛沛流離之苦至避無可避相率而出於抵禦所謂困獸猶鬬其勢然也况吾鄉本性不甘退縮者歟聞當日鬬狠之劇非第男子與匪搏卽婦女亦有時敢負嵎飛石擊匪雖捍者亦受創而去蓋匪多民少則匪勝

匪少民多則民勝此其大較也故敘開化兵禍以粵匪之亂爲最烈敘開化死節以揚名大橋寅時橋石塘橋三役爲最衆迄今年湮世遠訪緝氓之姓氏故老無存尋國郵於窮閭殘碑莫考弔古者亦惟有臨風懷想感慨係之而已乃粗述梗概附於志末俾來者有考焉

鄉後學蕭煥梁識

孝友志十

天下之達道五然君臣夫婦朋友猶屬後合者也父子兄弟則出自一本故論理以事親爲仁之實從兄爲義之實論治亦祇在乎親其親長其長而天下平是則誰無父母誰無兄弟端有望於居斯鄉者志孝友第十

秦勵字一誠葬父景輝於沙頭白龍山中山舊無水公廬墓作永思居泉忽自穴中流出或謂純孝所感因名孝子泉　胡某有記其略云公赴京謁選忽心

動遂束裝歸而父景輝公已厭世以終天爲恨廬墓垂四十年朔望則衣冠拜泣淚滴松根松爲之枯今深山出泉可潤數百家信乎忠孝之氣上可格天雷陽之竹孝婦之草又何疑焉　沈鍊孝子泉詩山川寂寂水濺濺苔蘚常封孝子泉四十年前無限恨夕陽影裏咽啼鵑

鮑承明字復泉軀幹豐偉厚重少文事母至孝娶王氏雙瞽而相莊白首僑居坊前一生爲小子師兼通星卜曾於茅巖山路傍拾金數兩訪遺者還之遺金

人爲宋巷宋爾源年六十次子大岳字曙甫遷莘巖山下恂恂訥訥有父風事母亦以孝聞

陸基勳字伯常卜居坊前爲人藹然年八旬爲陸父之後父字時貞邑之東市人家貧力養母年七十常病父夜禮北斗及東嶽廟願以已算益母周旋坐起又十餘年而卒嘉靖己丑詔旌其門以彰孝二字基勳今列諸中堂孝子吾不得而見之矣得見孝子之裔如見孝子矣得見孝子之扁尤如見孝子矣故扁不生於鄉而典型於鄉爲詳誌之

王甡章長子某生而鈌唇傭工菲父母畢撫養三弟至壯娶兩弟婦已身寧鰥惜中道夭南橫山人

許國蘭許國芳同父往深山採樵忽虎出嚙父去蘭兄弟併力追之脫父於虎口後三年父以他疾卒羊祁人

過濟字用楫六齡失怙速丁曾祖母與祖母艱家益中落奉母浦氏雖時鈌甘旨而能致母懽常訓其弟澗曰吾持家弟其力學里中推孝友必先伯仲惜不永年一子亦殤不無伯道之悲云有遺稿風格入古顧巷人

徐世芬字子清母沈氏年八十九子清年亦六十六事之惟謹旦夕不離左右曾割股以愈母疾不使人知此亦事之至難者矣許墓人後母九十一而卒清悲哀憔悴亦卒

秦泳晉字聖思居湖濱康山食母方氏以甘旨而已代母茹素終母世而止值母病劇私割其股煎湯進之病爲瘳後永六十餘止一子已成立而殀鄉人哀之

周永陞字月生周涇流人家貧孝養康熙十八十九年連遭水旱陞夫婦子女俱以野菜雜豆屑煮食奉親仍以甘旨偵父病篤泣告天曰陞聞古之人子動輒格天因割股肉和丸與父吞之病得平復時邑宰徐永言旌其廬曰純孝格天

袁成學字習之居袁家灣同母兄弟四人學居長乃獨膳其母冬月念母寒以身煖其衾一日母病垂危學焚香稽顙北辰割臂肉調羹進母食之母病隨愈及母以天年終追思不已尋以病亡

薛孝子諱某任路耿下高忠憲公爲傳載高子遺書
出秦宮侯備參
榮某嘗割股肉以愈母疾後復割股以療父不幸而
卒寢苦枕塊極盡其哀一時文人稱道其賢　王備
四天爵詩側聞鄢人對刲股本非經親疾奉湯藥胡
爲毀其形廼有至性者刀圭苦無靈籲天割其股冀
以格蒼冥哀哀榮氏子兩股血痕腥一割瘳母病再
割父不醒思欲以身殉何人侍萱庭聊復留殘喘時

見涕淚零雖非中庸士亦足光汗青還期采風者一
一奏彤廷
王氏郭爾巽婦事舅姑曲盡孝道事夫子必敬必戒
蓋婦德之尤難者事詳鄒九楫傳郭爾巽文中許墓
人
朱氏路耿人父字巽卿喪母念父無給侍人誓終身
欲盡孝養聞父欲擇所字輙涕泣居常不櫛髮隆冬
束麻縷裙使無欲娶者年三十二卒而父尙存里中
憐焉
虞氏秦雙峯婦事翁恭謹令聞素彰翁逝後季弟宜
士得艱食疾雙峯迎至家氏事之體貼志意士不思
還城敬其翁弟尤人所難比閭有秦氏浦令脩婦亦
循孝行何許墓里之美歟
夏誠明妻施氏家貧養姑織悉體貼一日姑飢躡入
厨房見氏方檢熟粒爲一器以食姑熟草爲一器以
自茹姑心悲不能咽朱元音見施氏必揖之重其孝
也魚巷橋人
王熙臣王若孺子有田足以供食指勤營力作恪盡
子職父年七十九事之如嬰孩聲色婉轉於膝前母

雙瞽妻某氏克相其夫扶掖翁姑父母日按節而歌
非中懷暢適不至此南橫山人
王君範家世豐饒旣中落樂天知命和洽鄉里年臻
八十二棠行里人
論曰子事父母婦事舅姑此其常耳然自德色誶
語反唇相稽之風慣不得不以服勞奉養爲孝矣
況奉養歷久而彌篤愛敬不在其中哉

行義志十一

士之談名教未嘗不曰得生不用避患不爲也及勢窮事蹙惜死而苟且畏難而退刼矣乃重廉恥負梗概者則毅然行之爲俗驚異而不敢信噫此豈可多得者哉志行義第十一

三山和尚與何參軍以培善何殉節遺妻妾三人惡奴謝德欲占一妾爲妻且云主人生時許我和尚撫奴背曰汝做親亦須成禮隨我入城置買物件卽僱船挾之行至汪洋處數奴罪揮刃就舷斷其頭而去

時隆武在閩和尚間關涉閩言何參軍殉節事隆武准邮典和尚持廕牒歸付其子鈺幷衣食之撫其成立當總戎黃蜚之在湖中也曾分隊抵南長街與清師交鋒和尚特來助陣一手握麵店𠝹麵大刀一手擎民房掇樘悍然衝入清師亂截馬足馬仆截人清師奔入城和尚不知所去勇哉軼賁育高成荆矣

何廷墍鈺傳三山和尚姓吳名以幻貴州銅仁府人性率直勇力超羣少年被仇家所累出家爲僧流落江湖二十年至無錫開化止湖中三山有羣盜登山刼其衣囊和尚潛拔盜舟至山頂盜返不得舟駭服謝罪和尚復挐舟入湖甲申思宗殉社稷天下擾亂吾先子避居湖濱與和尚相得甚及先子乙酉殉難和尚除惡僕戕清兵事詳王傳中順治己亥有旗軍兌糧作橫辱侮官長淩虐小民和尚立擒元凶解司李畢公忠吉重懲邑民受惠和尚後隱於錫之北門草庵一日忽來訣别予未之信越數日過庵探之已示寂矣壽九旬

秦公鎬字二酉淡靜寡合涉筆淵茂著流壤集先是

泰太朴無子嗣酉有業三百金後朴舉子酉交還撥付曰叔父已有弟矣姪告去酉少年出贅內家舉一子殤遂夫婦分處不願生育寓跡於館歲時一歸相見如客禮讀書抽摘百餘卷字大於圍棋子晚年用以貰酒或散失邑中貴顯仰慕來謁避弗見有欲召致之者告之曰君好讀書飲酒二事吾能適君意弗應也余曾於軍幛山香市中見人皆集於鬧獨有一人盤桓於松下秦寄侯指示余曰此二酉其性異人康熙庚申饑諸姪進膳或不給一日手持餅咽疾行

向前見者問何之答云有緊要竟走入湖適有船過來援搖手止之急沒其頂咄抱石自沉獨申屠狄能之哉直可稱志士不忘在溝壑矣康山頭人

鄒九揖陞傳縣西南五十里曰沙頭面湖環山陵谷窈窱中有隱君子自號從吾道人年少時嘗讀書洞菴夜半不輟風震林木湖水送聲鵂啼鬼嘯而道人一燈熒然又嘗至虞山托處海濱聽海潮三四年不歸家人不得其處歸而掃室湖濱爲詩歌不啟人事書卷縱橫置架上隨手摘一卷覆道人娓娓連誦不

訛一字室中多聚松子木屑盡道人好酒晨起爇爐火溥飲頹然間爲里中塾師所入贄幣悉以蓄酒瓶瓮纍纍列几榻旁客至輒與之酒酣醉乃罷不喜食肉愛食魚見漁人以魚至輒買之其贈人也亦必以魚遇不當意人輒閉目匿影去余過沙頭其里人或稱道人類方山子或曰王无功阮嗣宗之流乃余又聞其宗老言其伯無子嗣道人後舉子以其產均授道人謂伯有子不受強之受瘠田二畝種秫釀酒宗人某買田葬其親四倍其值道人以其半歸伯子乙酉後薙髮令其妻歸其家有田數畝聽之去妻死不問其田道人因日者言某年當死盡出篋中金報平生所交死友後卒不死貧甚宗黨或有餽遺卒不受也時時讀書飲酒而已道人姓秦名公鎔字二酉又號五湖釋客所著書百餘卷曰流壤集先世贈貽詩曰縞紵集從吾軒詩稿若干卷云　贊曰道人非方山子及醉鄉之徒也東坡先生稱方山子妻子奴婢皆有自得之樂今道人一無有醉鄉之徒譏訶笑嘲道人飲不亂性其所遭不能少佐饘粥不憂飢寒而

一托於窮餓無人之鄉枯槁爲榮寂寞爲愉道人實能自全其天而豈徒寄之湖山詩酒守其餘業者哉

陸嘉祥字還一俗指爲孔夫子年七十五出探遠親留之宿夜夢冥差家喚對曰今在親家大不便容我歸終家寢且別兒女冥差許諾晨起步歸述所夢家人未信踰晨果卒噫信及幽冥足古素行矣坊前人

王木字宇楨身短小志切師古爲俗所憚年八旬六店橋人

朱以培言必信行必果苟不愜於心常夢寐驚躍起

北莊人　王果延抱承誅之曰承七歲受業師門步立坐起瞻視飲食悉有定則於蒙養最得力年五旬以無嗣始娶舉一子殤因悼痛旋卒悲夫師無所留矣而留於承之心後有覽承誅者知承心吾師之心而知吾師生平教人之心

浦嘉肖字錫侯好讀書窮年不輟不苟言笑於世漠然石塘人曾刻浦氏詩選

蕭之栻字子貽禀性質直不事脩飾而行已有恥望六而卒其自題像贊曰與考不利終身貧士教授生徒心期古處官逋早完不入城市此中眞樂寶之弗語南橫山人

趙氏王冀湄寄巖階岑母夫亡分析後自存贍田十畝饔飧獨給不喜閒散日拈女工遇貧苦者私與飲食米麥衣衫不欲人知年七十九體微倦四越日而終神湛如也及逝後受其惠者各自言之沙頭人

黃輝字覲昭亦事硯田頗獨邀稔其外父殉節勝國遵母命不出應試游泳詩詞含英咀華爲名流所推許積三十金刊養志齋如夢草八卷投之同人以見素志爲人言行簡核自號具湄猥者橫塹橋人

朱樟字懷仁邑諸生潛心道義之學教授生徒勤勤懇懇嘗語人曰余一生別無所得惟教不倦學不厭六字於心耿耿不忘卽此可知其人之梗概矣楊樹圍人

論曰夫人信古而疑今若數子者人所共見聞也彼何人斯獨能出此應知望望硜硜行之所在氣矜任俠義之所收何可略也

行義補志

錄既成矣而遺言瑣事故老所傳頗猶可採復纂輯之釐爲一卷無復義例誠不免蛇足之譏然徵鄉事者或可備卮言之一二更望博雅君子網羅散軼擴我見聞則幸甚

前章朱封君之兄家富於貲其子妏得一善書僕楊雀朱翁見之曰此子狀貌奇異才十倍吾兒可僮僕數耶召慰且遣之自言得罪於父不可歸翁以子畜之三年其父念兒乞之歸爲廩生因代人試謫爲吏

又代人試謫戍朱翁常憐念之一日有蒼梧參將至翁家即雀也以才事劉瑾官三品要翁父子至其家處中堂處焉晨夕率妻上食猶執僮僕禮時出召故等夷稱兄弟翁留旬日告歸饋百金念主德不忘如此此條見尤鏜梁溪雜事

長泰寺後多古木脩篁朱直齋絃讀書其中每僧寮具餐畢則有一猿下啼於樹躡履堂中已列食矣且日如是略刻不爽直齋嘗夢吏跪而進印文有長泰寺後爲御史抗疏謫長泰知縣而邑志本傳則云謫判福寧鄉志又云有諸生王應期與御史里居相近有族子被淩卽草詞俾達宸聽直齋以此譴與抗疏貶謫又異此條見黃堯咨錫金識小錄

朱南仲前章人明法律推擇爲吏主刑名景泰末大饑濱湖民强貸富室富室指爲盜郡守擬以大辟南仲執爭甚力守怒掠榜之身無完膚不易詞獄久不決歲暮守遞南仲囚聞之將自殺南仲慰止之至郡復庭爭不變受杖還明年天順改元遇赦獄解諸囚羅拜南仲活命恩南仲曰爲小吏而活三十八人吾

願足矣退而耕於野三十八人來受約束比奴僕南仲十年舉五男黃州丞袞御史紘梧州推官恩辛酉舉人蓋臣皆其裔也見梁溪雜事

陳賓字朝用由進士授稽勳郎居銓衡鑒者十四年不能依阿時相出參山西行省所至皦然持三尺提刑吏民貪墨者望風自罷尋進福建布政司例造弓矢既成而徵銀賓曰造弓矢在例前徵銀在例後卒以弓矢納兵部省民金數千擒巨盜王槐等平反十七疑獄李東陽以開府薦五上書致仕歸武廟世廟

登極兩進恩階監司榜其門曰一品第自號晉菴居士見同前

朱恩字廣仁幼嗜弈弱冠時已爲吳中第一已乃破局讀書父强其治田晝穮穮而夜吟誦弘治十四年舉南畿任尋甸府推官過於哀矜多所縱釋尋握郡篆有大盜王寮係獄從獄中上書言九十老母病甚乞暫歸省心憐之左右皆得賄俱稱寮孝許寧親十日至期不至往擒之已遁矣坐是謫戍鎮江衛三年寮獲始釋歸家貧甚縣延請鄉飲直以無衣冠謝八

十餘以老困歿紳士斂錢殯之此條見錫山史逸

雪浪菴在南橫山頂菴旁石池水甚清中有無底螺昔村民將食螺已擊去其底有僧勸之放生乃取螺投池中不死今其遺種不絕見識小錄

赤石嶺下有祠山神甚靈朱御史紘未遇時嘗宿齋以卜終身忽覩神於幃中冉冉而起如答拜狀朱君大驚喜明年聯捷登第遂增廣殿楹而新之見同前

王仲山最喜蹴踘左旋右轉終日隨身江南毬場中推第一此條見邑志補遺黃堯咨曰談信余縣學筆記尤伯升梁溪雜事於仲山大致不滿之意至其子繼山又推許無異詞繼山崇祀呈詞卽出伯升手筆斷非私其子而憾其父也而仲山之歿門下士私謚文靜先生抑又何歟

承緒白茅村農民妻患膈症有年滴水不能下咽夜夢人告之曰某所有人施藥汝往乞之病可愈以告家人皆不信婦自匍匐去之一墟塚間有一乞兒晒藥叩頭求之乞兒與一丸囑以明日早服持藥卽能起行至家卽能食服之病頓除人以爲遇仙云此康熙初

年事見識小錄

披裘翁居漆塘夏姓工書善小牘八分父甚貧有十畝山田半不收妻孥飢餓不勝愁之句披裘見父詩而泣遂執筆事寧波總帥取脩脯養父母歲暮持其地玉版笋十頭歸父食而甘以三頭埋山阿中人皆笑之蓋竹可移而筍不可種也明夏發萌至秋成竹不五六年遂盈千竿其筍甘美異常富人競持錢米往易其價十倍常筍此翁瓶粟常盈矣披裘卒孫幼爲人所欺鬻其山於王氏山中人聞滿園竹泣開花

而死（見梁溪雜事）

乾隆十七年夏旱六月祈雨崇安寺七月初三得寸雨止祈請而諸鄉多未得雨開化鄉民數百人糾合揚名鄉農幾至千擁擠縣庭邑令王公鎬出安撫之許以復請而開化人要挾縣令必欲遷將臺於太保墩堂厨碎裂縣令顚擠於地冠服毁傷諸役皆集聲言營兵至開化人狡黠先走獲其留者四人皆揚名人隨至者下於獄越數日重杖而遣之（見識小錄）

秦劍川云長廣溪上有胡氏別墅山廻水遶竹木陰

密余嘗與弟假館卒業秋月薄暮忽覩一影入室似人似獸旬日三見末後見入童豎臥房隱帳內遂與弟掩之裹之以帳啾啾有聲曰獻珠獻珠予曰以珠來遂不見蓋無欲之人鬼始懼有欲妖迺去矣明日步溪濱以語諸漁子漁子年少者曰吾無妻𡰥獻數十溪妖其體如冰宜於夏夜然不爲害既而詰二豎與之合者數矣時有樹果攜來臥不見脫衣起不見着衣餘無異人也予自此束書而歸（此條見秦劍川蠡溪筆記）

周柯峯失其名居開化鄉精星命術自謂年當八十有八至六十九大病醫謂必死家人將爲治棺時口不能言搖手止之疾果愈至八十八深秋時凡身後事一一具備刻期召親鄰訣別至暮尙食粥二甌沐浴更衣以俟子號少峯亦精星理曰過午難星退當無恙曰今日不死尙延二十年安有百歲外人乎言訖坐榻上瞑然而逝嘉靖間人（見識小錄）

秦鄒洛工爲文筆舌尖刻人多畏之自號尖軒人不解所取義蓋鄒洛嘗病中昏暈魂遊至一神廟神責其筆舌之過將減算削祿鄒洛跪叩謝誓改前愆神

曰汝所爲某稿在書篋幸未傳於世當速焚燬命吏今且送歸歸至門門垣忽倒吏去魂入室乃甦問家人垣倒果於是刻時八月八日事也愈後檢稿焚之閱字書有尖字爲二八因以爲號欲不忘八月八日以字儆也（見同上）

元教授程清遠先生章自白鹄中避讐居周涇流能文章物望清重與涇上周玩易衡友善明太祖召玩易爲右正言淸遠賦詩送之諸大老見而賞歎交薦於朝下詔特徵清遠逃匿有司求得之不得已隨使

者入都至丹陽遇玩易忤旨見殺喪還清遠撫棺大慟自語曰吾將全尸見先人於地下遂自經死見梁溪雜事

曹明經雲鵬久阨鄉試嘉靖辛酉清明祭墓遇雨假宿明陽觀孤燈獨坐忽有偉人立前雲鵬呼二僕不應偉人曰吾非禍子者汝知前輩有陳考功進菴名實乎吾即是也文昌主桂籍吾分司其事子爲開化鄉人今秋開化舉者二人其一先世有德不可動其一特以其父能珍字畫將以充數吾知今秋之題爲周

天經子其識之俄而不見試題果遇此三字開化鄉是科舉者朱蓋臣郭鈞二人見識小錄

尤少師時亨延之之子平貞娶王氏產一女從左脇下出名曰佛奴聰慧異常五齡舉動如成人至秋漸不食形體日小一日母腹復開女便躍入母腹母即痛死以僧法焚之築小塔於赤石嶺葬焉見錫山別考又見湧幢小品

汪恭字惟恭其先徽人寓居前章朱氏甥也父命讀書許舍山中去家六七里聞母患瘧黑夜馳歸山深失道忽覩一馬當前疑鄰家坐騎即跨之而馳疑其形高而馳疾到大柳灣去家不半里一持燈人來馬忽置汪而食持燈人汪駭怖奔還且起視之人血凝草顱半存不知何獸也見識小錄

元時有百三歲翁王祿樵於軍幛山中者也植梧集載贈翁詩　秦辰溪言幼時曾見其曾祖遺一撒扇有遊惠山詩半首云稀歲挾侶遊茲山重來忽逾三十年山川草樹尚依然同遊諸君無存焉末署五涙山樵梁枀以詩繹之其年必在百歲外矣二條見識小錄

明洪武戊午夏四月雨雹橫山居人蕭天佑在城中三日後歸啟其室見階下有四石子一白如玉隱起竹葉紋一深紅色一淺紅色皆如寶石有芒尖一最小者鴉青色王學士達題其居曰天寶此條見無錫縣志

五里湖之廟塘里其居人多徐姓偃王後也正德初有名黃毛三者多膂力能掣奔牛尤墓有石虎以足蹴之陷地會劉六劉七叛三偕其里人吳用朱光又大浮山農楊敬楊龍應募爲兵隸指揮王景陽部下後從征岑猛於廣西爲猛所得欲降之三罵賊賊拔

其舌而醢之楊龍吳用亦不降見殺朱光楊敬夜走僧菴竊其刀薙髮乃逸二人少嘗讀書光後舉廣西武舉頗有名卒於粵敬嘉靖初爲把總歸死故鄉無錫縣志

明嘉靖三年十月七日有黑白二龍鬬於太湖之濱湖水皆赤白龍敗又三十五年正月十五日五里湖嘯中無勺水有二大魚死於湖濱見同前

遠俊字介石邑故國子生王永嘉也生有至性而躁急不能諧俗變革之際避地鄉居遂不入城邑去依

弘儲禪師於靈巖薙染數年得源流衣鉢之付晚而退居開化鄉之洞菴入滅後因塔於洞庭山焉本邑志

戴思謹號雲洲初鳳陽人居無錫早歲買卜於市肆去之京師又自齊魯歷燕代登醫巫閭慨然慕安期羨門庶幾遇之嘗在廣陵雪夜遇一道人授以五運六氣十二經絡之秘及證治諸方既而棲小五湖之石塘山間出爲人治病沉痼者無不立起遂名於時當事者多延致之或以事請思謹輒掩耳而走一時有巢父之號焉見同上

尤氏自晉江徙居無錫許舍山文獻公輝嘗構一堂於山下上梁日龍見榜日逢辰後文簡公袤莊定公煇相繼戊辰登第至府丞曾嘉靖壬辰參議瑛嘉靖甲辰方伯錫類此非邑人萬歷庚辰龍見之祥久而猶驗見西堂雜記

秦翔龍字神之居濱湖蓮花峯下家酷貧奉父正道母丁氏極孝口授村塾婦張氏勤紡織以供甘旨母病先後兩割股不使婦知及歿素不習繪事追慕兩親音容自以筆作遺照不似號哭易數紙竟大似鄉

族感其誼助以葬地躬負土累石營葬穴如巨室事兩兄撫弟姪俱極友愛卒年五十有五無子以勞瘁終見識小錄

朱灝字念學太學生與丁端時是仲明顧研農嵇靜山等在惠麓猗瀾堂鳴琴講道平日立功過簿以自儆每起一善念則一圈起一惡念則一豎嘗於泰十三房與客會飲步至廊下忽以手自批其頰客俱驚駭問之答曰無他吾起一惡念故自責耳其戒謹不覩恐懼不聞若此此條節錄木傳

蔡天任名載天啟之弟頗工詩晚年筆力窺陶謝之藩籬無錫錢仲仲退居漆塘有園亭之勝一時知名士如陳去非葛勝仲汪彥章孫仲益輩皆為之賦惟天任四亭詩語簡而意遠諸人服其韻勝此條本無錫雜識

貞烈志十二

人輒謂匹婦愚婦卑無高論及其樹節於窮巷窟門之中不禁怵目惕心喟然太息曰山澤英靈之氣不鍾於鄉之男子而鍾於婦人志貞烈第十二

秦氏郭維翰妻年十九而寡歷壽八十餘

徐氏郭鋕忠妻忠早世撫三孤成立享年六十二歲

鄒九揖壁郭氏二節婦傳郭維翰錫之許墓人妻秦氏年十八歲歸維翰明年維翰死秦欲以死殉者再不食家媼勸之曰身有娠幸生男夫子不死也節婦

始食絕葷酒後果生男名文輝恒抱之哭文輝長聘婦蕭將娶文輝歿秦鍵戶含淚日誦佛號千百聲享年八十有一維翰從孫鋕忠娶徐氏鋕忠早世家極貧遺三孤或勸之改適輒面斥之曰爾不願吾為郭氏姑恥其人色沮而去恒累日不舉火指三孤泣曰爾能力田吾無憂也既長教以力田衣食稍給愈於夫在時仲子未娶歿伯季二子皆娶婦享年六十有三甲申將上其事於朝值鼎革事遂寢未及旌鄒壁曰嗚呼二節婦所處皆奇蹇能不移其志迄今垂數

十年人無有言節婦事者蓋其處濱湖寂寞之鄉又爲農人婦故不著則夫人之抱奇節名湮沒而不彰者多矣悲哉夫許墓環山帶水意天地靈淑之氣實萃於是故先後多奇節其見於余文者有蔡節婦朱烈女皆出農人家人所不及知逢道其家二節婦事請曰願先生文之使有傳也嗚呼禮失而求諸野不信然歟因作郭氏二節婦傳

顧氏顧同元女字夏姓夏歿歸夫家守制終身邑中顧脩遠王崇巖嚴佩之皆爲傳記以著其節魚行橋

人

秦達材妻蔡氏　鄒九揖傳節婦無錫板村蔡氏女適沙頭秦達材達材二十二卒臨歿時念母老子幼泣語節婦曰吾田二畝已售人未就决絕有山地一二弓可賣爾事姑撫兒終身衣食止此矣爾無忘吾言節婦曰敢有二心夫目遂瞑節婦逼孝經四子書聚村中兒課之讀常手提其孤據案兀兀如老師句讀威儀開發有次序村中諸媪以節婦能教其子皆歡喜持雞黍餉節婦節婦以是奉姑晨昏養姑死葬有禮久之謝去生徒常一日不舉火鄰媪憐節婦或餽之食曰吾蚤具食寒不能具絮或遺之絮曰吾早具絮其性岸傲而不肯爲人憐多此類子既壯不冠曰俟成禮乃冠然娶婦無力故門楣少稱者以是蹉失子又騃嘗課之與村兒同讀卒技窮其子聽之力田往往誤耕他人之田或笑之曰鄰人之田不當耕耶後墮水而死先是節婦常爲人補舊衣少佐衣食至是哭子失其兩眼益困頓遂不欲生乃命以前田聽主後者决絕賣其山於宗人爲附身具集浮屠報

秦宗親又因隣媪掖上秦氏墓哭告曰婦不德不能報夫子今來拜掃婦死無人復上祖宗邱墓矣歸遂不食死

贊曰節婦處鄉曲食貧歿其嗣歿垂三十年名未上采風麗彤管邑之人罕有知者迻過沙頭其里人爭言節婦若一口余始知節婦嗚呼如節婦者何可使之無傳也哉

董氏秦仲鑅妻鑅邑諸生蚤世氏撫遺腹子子明成立縣旌其廬曰節抗華宗賡凍人

王氏錢耀洪母夫喪後日夜拮据內外兼綜及耀兄
弟別業耀三度喪偶氏殯往娶新鞠養孫男孫女年
登八旬齋志以沒耀繼娶惠氏爲惠春谷次女母錢
氏孀居無子依女紝織及女卒與耀母王氏相守壽
亦過七十哀哉二寡王氏沙頭人錢氏本緱山人
馬氏沈自珍妻　錢楚石肅潤傳馬氏開化鄉民沈
自珍妻年十七歸沈十九夫亡翁憐其無子而年少
也欲嫁之氏跪而請曰人皆一天我獨有二天乎願
作勞以養舅姑毋貽夫子羞翁知不可強姑緩之無

何里有富人欲娶之翁決計與之氏聞搥胸泣血云
天乎何不諒人只也閉其寢寂然無聲自經死翁悔
之無及柳棺藤束舁於中野與其夫合兆焉其宗人
瑞公輩咸異之偕里人公請於官署縣事蘇州府通
判陳訓錫獎語表其墓曰青年殉節時天啟甲子七
月事也越康熙癸亥圖中士民念烈婦歷年已久邱
壟亦平爲披榛拭壤得遺碑於荒烟蔓草中撥具詞
請於邑侯徐公永言崇祀貞烈祠以彰盛典遂祀之
惠山貞節祠云

朱氏朱朝忠女字近村張姓子聞張姓子死遽經以
殉縣送烈以成貞匾旌其父廬陳巷人　秦甯侯
詔傳烈女姓朱氏長泰山中朱朝忠女也幼而矜慎
不苟言笑與父母寢滅燭然後去褻衣若成人者長
而舛孝能先意承志執勞不倦字同鄉張錫年十九
婚有期矣張錫患疫驟卒報至母泣女亦泣是時烈
女已矢志必殉恐父母覺之則提防禁制乃收淚曰
生死命也母弗過悲午後父兄唁婿家女謂其母曰
他村演戲老人盍往散懷有兒女守舍嫂亦可以隨

行耳母留嫂而已則往女又紿其嫂曰邱中麥菽屢
爲人竊嫂往刈之乎即踵至嫂出烈女乃閉門盥櫛
去其故衣易其新衣特不御細布耳貫雙環足纏裂
素宛然農家新婦裝也遂以繩自經屋故庫下未能
懸足兩膝跪地而已嫂負菽歸推戶戶扃呼不應排
而入烈女氣絕矣奔告其姑時觀劇者聞而驚異皆
隨至其家見烈女睛不突舌不出頸無痕左手握繩
裙釵整整膚理瑩潤面帶笑容時康熙戊午四月十
三日也咸嘖嘖歎羨不置豈非誠之至者雖當自經

亦與蟬脫尸解無異予故次其實以俟觀風者采焉
雪臯氏曰自有明至清三百餘年吾鄉未嘗有烈女
也即合邑論自陳氏浦氏外亦少概見矣夫烈女
生於窮鄉長於編戶目見耳聞有視其夫如傳舍者
矣誰爲坊表誰爲教道乃能未嫁而殉不俟終日合
於古人共姜令女之義非至性天挺不扶自植者乎
可以風矣又輓辭君昔納采與問名雖未結縭夫婦
成綱常至重心獨明君若生妾何敢死君既死妾何
忍生開我匣中衣飾爲嫁時飾捐我千金軀斷以機

中織九原未遠猶可追但恐相逢不相識
陳氏王子式子荆母貧孀而撫三孤克勤克儉不失
門戶接待鄰里宗戚恭而有禮鄉里賢之壽七十餘
沙頭人
浦氏過芝妻芝弗永齡氏茹素矢節上事舅姑暨王
祖王祖姑養葬盡禮下撫二孤成立孑身力任浙中
嚴灝亭汪徵五徐浩軒皆爲立傳常海道龔之怡送
匾曰節孝壽康邑教諭任文煒送匾曰冰蘗貞操顧
巷人

顧氏何曰義妻孝廉顧仲吉女氏二十五而寡長子
何鍚早世次子鈺出嗣於伯氏勤儉自給壽六十三
無疾而終坊前西人
鮑氏朱子美妻二十四而寡撫孤至八歲以操家勤
苦致疾卒年僅三十楊樹園人
朱氏朱琢如女適蕭哲侯長子二十六而寡舅姑欲
嫁之氏堅不可奪卒撫成兩孤娶媳育孫續蕭宗祀
俞氏農家女年十五適金氏子二十二而寡遺孤長
者三歲次尚在腹翁析贈氏田六畝零氏躬秉耒以

耕早晚間隙織黃草以辦賦族人憐之或勸再醮氏
曰若然則不待今日矣迨兩孤成立能養氏已雙瞽
浦氏石塘人年二十一適周鴻儒不一年儒嬰疾氏
侍湯藥經月不寐儒憐而泣謂曰汝少無子我死當
速嫁氏即撫膺慟曰君死願以身殉儒卒氏欲自刎
舅姑止之曰吾子已死媳能守節吾老人見媳如見
子矣何乃刎爲三年服滿父兄又欲奪其志氏堅拒
之歷十年叔有子撫之成立
張氏袁成學異母弟可學之妻生二女而寡翁析產

與田三畝屋三間氏秉耒力耕兼入山樵採儲嬴備
裝嫁女稍暇卽呼天而泣一生無笑聲喜色遇男子
不論老幼垂頭趨過年五十餘卒袁家灣人
蔡氏坊前蔡君選女適近里朱方來方來出遊不歸
依父母居而操作無間自二十至今五十餘謹默寡
順鄉里靡不憐憫
王氏王果延女適董伯昇次子董樹臣年二十六而
寡樹臣庶出氏善處妯娌間敬事翁姑與庶姑宗族
賢之具實行於縣縣令李繼善判牘尾云節婦王氏

節孝兩全壼儀罕覯准給匾示獎以表芳型匾書節
孝可嘉四字
岳氏郭元調繼室二十一而寡才節特著許墓人
繆民翹貞節記天下處境之逆而心安於理情無不
順此士君子之所難豈可望之閨閣中乎吾於岳氏
不勝歎異焉氏生於邑之北里于歸湖濱郭元調不
及二年而調故時僅二十有一齡既無所出伉儷凄
楚歷今十年動無過舉而且才識出衆內外翕從蓋
忭其才足以成其志惟其志足以達其才鄉里皆敬

之重之而於翁也如水激石氏能巽順含忍焉及翁
猝爾謝世繼姑王氏不矧所出室如懸磬氏起而力
任之櫬歛如禮未幾舉翁之喪柩及前繼姑秦氏之
柩仍如禮庀其家事有條有理翁之存弗若也繼姑
王氏有子九歲氏撫育之潔衣履就傅肄業彬彬巽
於前日衆皆歎曰此郭門先世之德報也甇孤得氏
定能成立以承祧乎昔包孝肅拯子繶蚤世繶妻崔
氏痛包殄世闓翁之出婢生子綖訪得之育爲已子
其後綖貴子孫繩繩今岳與崔事大相似天之報施

自不爽也故特表而出之以勵斯世云康熙四十年
辛巳縣令李繼善給節孝垂芳匾
王氏秦商木母二十四而寡木甫生氏能經紀其家
教子讀書可謂健婦持門戶矣
周清甫媳錢氏塔上人年二十三寡赤貧力營撫孤
延日卒以成立
唐干細民許姓有女贅壻顧三生一子一女而三死
許氏女食貧居賤嫁女婚男鄉里稱之
喻氏喻文伯女字城北許家未及笄而許死氏守志

不移茹齋誦佛足不出戶庭口不言笑壽四十三而卒塔上人

周氏周達宇之女幼字於宣姓未婚而夫患瘋直至三十五歲夫疾篤召媒及氏母兄弟而言曰吾負此女久矣今還庚帖令速再醮言訖而逝氏聞痛暈幾絕赴宣居喪不歸領姪爲嗣辟纑以度晨夕里人無不讚誦焉塔上人

陸氏年十九適唐毓瑄未一年而寡又無翁姑勸其再嫁氏叱拒之所遺山田五畝身親田工有餘力或

織席或織黃草以供田稅越十五年家業倍起

附賢能中貞節

楊氏塔上人周君益婦中道寡益存日故豐於貲及氏操家政業愈增應事料事不爽毫釐

方氏庠彥方涵如女適楊樹圖未遂藩佐夫起家夫沒後規模轉大一子領文鄉薦一子領武鄉薦氏年望八治家愈精明

論曰易言苦節不可貞詩言之死矢靡他今觀鄉中諸貞烈矢之死靡他苦節而能貞矣豈鬚眉甘爲巾幗下耶志例婦人中年有子有業概不濫入貞烈茲載楊方二氏誠以賢能出羣耳蘇子瞻云匹夫而致千金卽是豪傑況閨閣乎

續　貞烈

董度麄妻鮑氏年二十而寡嘉慶二十一年丙子八月十九夜有族惡乘間入房欲行強暴婦曰女之所重者節也失節有何面目對天地族惡强迫之婦遂喊人求救叔聞之入房婦單衣而出投水而死惜未稟官嘗獎究辦族惡也

袁天如妻周氏年二十九而寡夫歿後道義自持家業愈盛當時有女丈夫之稱

節婦王氏蕭時鴻妻年二十五而寡終身以禮法自持與人言未嘗出閫外每日男女不親授受兄未亡人乎事爲宗黨所稱

烈婦趙氏鄉飲賓蕭玉田妻咸豐庚申罵賊殉難同治乙巳旌卹入祀惠山忠節祠

節婦蕭氏邑庠生朱元燮妻年二十七而寡守節至七十二而卒人無間言光緒甲申旌縣令獎其門

節婦浦氏附貢生蕭汝金妻邑增生浦映楠女撫孤訓讀成立終身儉約自持至老不倦年八十二而卒光緒丁丑旌入祀惠山白石塢貞節祠

烈婦蔣氏蕭錦雲妻咸豐庚申賊見其色美欲污之婦拒不從被數刃而死同治八年已巳旌入祀惠山忠節祠

朱節婦邑東林書院主講丁植卿先生女少嫻文翰長適朱氏事翁姑以孝聞夫耀堂患瘧而逝節婦時年祗二十七歲適產後哀痛欲殉家人百計防護久

未得間後又避人吞冰救治得痊繼思徒死無益遂撫孤成立子鳳銜得領鄉薦皆節母教督之力也年八十六而終詔旌建坊今入祀惠山節孝祠

朱孝貞女荷芳父名玉采早卒弟耀堂又少年病卒見母老嫂寡姪孤遂矢志不嫁以慰親心母歿即與嫂約曰我長嫂十年門以外我主之門以內嫂主之嫂即朱節婦丁氏姪即朱孝廉念椿洪楊亂時露棲草食流離顛沛嫂姪弱小相依爲命數年間未遇一匪皆孝貞女計畫防護之力也享年七十有三無疾而終詔旌孝貞今入祀惠山貞節祠

文苑志十三

草莽之中無假筆墨耰鉏之內安事詩書特士之居斯土者奔競之習捐而其氣能靜見聞之事寡而其心能淸往往有默契於中而形諸於言亦不至與時背謬頗可採者志文苑第十三

蕭涵字容卿號稚所苦志力學著述甚富有神鬼實錄山居別集性理纂要綱目纂要等書

王淸中字武夷沙頭人與馬文肅齊名應邑童子試文思精妙而敏捷不如文肅抑置第二採芹後騰譽

黌宮中道而殀兄王甲字存初輟學力田見弟交遊文墨仍出應試院試回肩糞出門遇報院取者問王甲家何在置擔答曰我替你傳進轉入內衣冠出見報者曰卽君耶相視而笑弟湆中字季鴻中順治丁酉經魁值科塲弊發奉旨覆試詩賦稱旨復列於前由少時得淸之教益也淸又嘗謂族姪爾調爾誠曰子兄弟之文可入泮宜與考二人出試於府不利轉而之蘇齊游庠焉先是二人歲朔往軍將山眞武殿問籤句云今日側身朝帝闕四方君子盡文明及之蘇頂闕文彩闕文明二名以進院噫淸之眼力殆與神之前知符哉

周自誠字明初試童子科遺府名告再試府尹以衛靈公第十五季氏第十六爲題援筆立就相傳一破題云第强臣於弱主之後春秋之書法也府尹奬異之終不能博一子衿又無子著述零落爲之愴然陸巷橋人

陸亮字與寅退然自處語不振聲行不疾步教授生徒茹素沒齒嘗和梅花詩百律名於時壽七十餘無

子月樓巷人

浦佩蘭字紉秋有文名而不就試娶晚育少終於乏嗣今軍將山闕帝殿聯其筆也聯云生服麟經撚長髯英雄博士席參弟子三千沒依象教礪丹及忠勇慈王座列阿羅五百可概見推陳出新矣洪北墩人

浦適字樹容別號咫元性好博奕常負不悔吟詩時得佳句年八十長歌一曲而逝知其胸無所累也許墓人

丁旦字再中少時慕朱家郭解之爲人嫌於比匪無

鄉曲之譽然負不羈之才尤工詩律鄉居不能展所長客遊楚中楚固四方交衝往來貴遊交致之其子屢迎之不歸許舍人

陸永建美容儀徙瀆東徙窰竈頭徙坊前方湖嫻於音律嘗感何日厚殉節事爲演傳奇四十齣居然有湯臨川吳石渠風致

胡鏞字振遠生平崇禮讓特妙於詞還之周柳歐秦之間竟不能辨先居坊前繼居南横山下中年去世無子

金聞字聲彰工文墨有深致而夭坊前人

過簡字王所著思亭集　王果延爲之傳君諱簡字王所父瑞時公諱芝母浦孺人以節見旌君幼失怙與兄濟零丁孤苦至於成立兄又早世家無恒産以教授爲業嘗隨官棠城又以北堂垂白不可遠游棄之而歸嘗爲鄉小子師鄉不重學脯贄不足以供養值命途多舛復遭喪嫂喪姪歲屢不登而逋負日積矣性故磊落不以爲意負不羈之才能字畫能詩歌古文詞祖帖括家言瑣屑鄙穢間供涉獵而已由是進取之途遠舉業之志塞超俗之伎妙比閭之識稀於此而或能少自貶損猶可以安定目前徐圖後策爾乃憤懣塡中益不肯小就有代爲籌而猝爲計者輒謝之囂囂然好與勝已者偕羞與不勝已者伍杜門寂處塊然無徒重值老母終堂哀毁過情形骸枯槁於是疲不能起矣然則王所之所以成其疾者王所自成之王所之所以成其品者亦王所自成也已塵容俗狀足躡肩躋吾安得復覩其人哉君生於順治八年辛卯六月初六日卒於康熙三十七年戊寅

八月十三日享年四十八歲配周氏子二嘉龍嘉鳳葬北象山教場背銘曰勞我以生沒吾寧兮不識不知返其眞兮逝者如斯復何恨兮

郭逢字思皇工詩文通天文青烏諸家語言舉止能自卓卓年近六旬僅博一衿然茲鄉文苑典型則屬之矣許墓人

秦叔光能知忠節值數奇鰥居貧病訓蒙將絕不支以死惜哉

論曰英華無益於事有識者本不重然吾驗之物

理如禾黍之濟實而生繁名花之美虛而生靳以此知英華爲造物所貴矣鄉之操觚者已寡苟能跳出帖括有可觀者每不忍湮沒其名而尤惜諸人之遺稿零落不概見也

鮑子芹曰蘇明允云今夫以生人殺人之權求一言之幾於道而不可得正非自矜也文章乃造化所秘自昔然矣吾見鄉中綴文之士非貧病即夭折無乃以才減福以福易才才綦重矣彼不知者且以其無福而抑置之吾能不重悲夫

續

朱鏞字士良邑諸生科歲試屢列高等居躬醰謹文行秀美兼精理岐黃楊樹園人

董觀光太學生所著有梅花百咏詩俱極秀麗書法得玄宰之遺大董巷人

朱泰字南升號孔陽首倡惜字善會詩文方古爲人忠信誠慤不苟於俗楊樹園人後徙楊橋

蕭涵子際舜字子升萬歷間游庠劬學早卒光緒字子冶號楓庵登崇禎癸酉賢書居躬循謹行文秀美著有巨楓詩草

浦映楠字鳳樓邑增生勵學砥行工制舉文道咸間開化游庠著錄者多出其門子履泰字恬齋亦庠生

邵濂字若泉工詩賦郡縣試屢前列是年取古學園屬第一未售明年獲隽石塘橋明柱聯烏鵲駕長溪橫鎖一湖春水彩虹斷嶸麓斜聯半壁秋山即其所題句也

蕭汝金字吉甫附貢生文思敏捷一日課期遇演劇友人與之觀劇不終場而腹稿已就游庠後涉獵禪

學以戒殺放生爲宗旨臨終有句云神仙日日在塵寰黙化庸流一夢間人事茫茫迷覺路無緣得渡上靈山卒年僅三十士論惜之（兄子煥唐字少華亦庠生九試南闈三薦未售）

朱鳳銜字念椿光緒丙子登賢書年止二十有六生平高尚其志讀書不仕勤於著述藏家待刊嘗糾同志創文社於南方泉成就者甚眾後見世風變易即改爲正蒙兩等學校以開風氣鄉人至今賴之

科目志十四

鄉之與科目者元宋以前無論已自明迄今登南宮列賢書者寥寥無幾豈人必以是重耶志科目第十四

會榜

王訥字敏行號介石別號萬松正統四年己未施槃榜工古文詞沂州同知

周淸字本澄景泰二年辛未柯潛榜四川御史

陳賓字朝用天順八年甲申彭教榜福建布政使

朱紘字廷和號直齋弘治十五年壬戌康海榜貴州御史

鄉榜

王訥正統三年戊午舉人

周淸正統十二年丁卯舉人

陳賓天順六年壬午舉人

黃瑜天順元年乙酉舉人

周楫字汝濟淸子成化十三年丁酉舉人官教諭

秦偉字國瞻號練齋成化二十二年丙午舉人官應天府通判

朱恩字廣仁號誠齋弘治十四年辛酉舉人官推官

朱紘弘治十四年辛酉舉人

朱袞字廷補號毅齋正德十一年丙子舉人官同知

朱藎臣字念祖紘孫嘉靖四十年辛酉舉人

郭鈞字龍潭嘉靖四十年辛酉舉人

鮑治字邦正號晴湖隆慶元年丁卯舉人官福建延平府同知

蕭光緒字子冶號楓庵崇禎六年癸酉舉人

王湒中字季鴻順治十四年丁酉舉人

朱旂字大旂號西安別號芥舟康熙二十三年甲子科舉人

鄒洛字大來號癸軒　科舉人

朱柏字暘谷乾隆二十一年丙子科舉人

朱上林字慶門乾隆二十五年庚辰科舉人

周浩字廣仁乾隆三十年乙酉科舉人

武鄉榜

朱馘（榜姓陸）字鳴和康熙八年己酉武舉文思幽窈近

唐八樊宗師體
朱開達榜姓周字賓儀康熙十七年戊午武舉
周鳳圻字震陽康熙二十六年丁卯武舉
朱衔字尙衣康熙二十九年庚午武舉

附援例入監出仕員

王玭字廷偉號緝齋成化間由太學生授鴻臚寺序班遷雲南呈貢縣知縣
王瑭字鍾玉號思誠由太學生授山東濮州通判
王東字退之號一沙正德間由太學生授吏目出爲

湖廣承天府沔陽州知州
王樞字靜之號思齋正德間由太學生授承事郎
鮑仁字　　正德間由太學生授承事郎
蕭愉字元孝由太學生授安陸王府廸功郎世宗龍飛病不及從
董起鵬由廩膳生授涇縣訓導
朱壎字殿光號竹溪由太學生中乾隆丙子舉人入四庫館授浙江江山縣縣丞歷署瑞安新昌縣事曾於嘉慶八年詣都察院條奏時事硃批尙無背謬

朱洪字未學邑庠生入太學考授州佐
朱綬字印紳由太學生入四庫館滿選授陝西同州府朝邑縣大慶關主簿
陸嗣宣字少迂由太學生入四庫館

論曰天之生才不擇地或咎開化之士脈薄是以士不挺生予曰否否邑中相地營墳多來開化效亦頗著僧居斯壤偏不沾其氣哉非然也病在於民不重學原其不重貧寠困之獨不見夫挑柴田稚騎牛牧兒儘多好資授之句讀能連頁記出間

有通帖括放筆洋洋灑灑坐無良師賢父兄中道而止所以從無進身志氣頽喪都不變俗尙不更化職是故與

王雨畿頴曰時王之制弟子員則文武並統於學政鄉會試則文武並統於主司朝廷既一視之乃世俗猶二視之固知賦詩退虜目不識丁毛錐與刀劍交譏自昔有然弗可革也

王定生慧曰嘗考司馬相如張釋之黃霸石奮卜式皆以貲進又況今之援例入監者鄉舉甲榜併

解會狀三元多出其中然而鄉閭鄙之士類不齒
是人累監生不是監生累人也

續

朱蘇字藕香由附生中嘉慶己卯舉人官安徽建德
教諭卓異薦舉知縣

朱鳳銜字念椿由附生中光緒丙子本省舉人揀選
知縣

浦福奎字仲謙中同治九年庚午武舉

隱逸志十五

論隱於鄉似屬迺稱特其志有異乎鄉之人者其
人固已深遠矣志隱逸第十五

錢紳字伸仲大觀三年進士任知州紹慶間謫州事
歸隱漆塘山中志尚高潔工詩嘗著詩話若干卷所
居有湖山之勝得泉於居之南味與惠泉無異名曰
通惠作亭其上　蔣瑎記彭城錢伸仲世家於無錫
既仕而歸乃卜居於漆塘山中聚書四萬卷日取而
讀之探古聖賢之蘊以善其身於其暇日稍稍疏岩

剔藪列亭臺蒔松竹為游觀之適然是山無水率以
瓶罌汲於湖以供朝夕之用奴僕顏汗肩赬陟降告
勞紹興三年春二月伸仲行於其居之南爰有寒泉
發於巖跡以杖導之如龍蛇蜿蜒盈科而後進酌而
嘗之清冽甘滑與惠山之泉無異於是甃以瓴甓回
為方池饋饎漱浣日用而不竭乃作亭於泉上名曰
通惠意其與惠山迴山居之父老聞而觀焉敬其顏
色且曰水之行地中一氣耳茲山去惠山不百里則
其泉脉灌輸理或有之或曰不然吾與若居是山老

身長子孫日以甿汲爲病今錢侯戾止而泉發於其居豈天藏神秘不輕付與有待而出耶衆以其言爲是乃相與歌曰泉何爲兮劾祉侯有德兮克君子挹彼注茲兮况羞饋祀永收勿幕兮自今伊始又賡而歌曰孝友溫良溢於文章錢侯之德兮迤演汪洋惠我無疆茲泉之澤兮德積而愈光澤久而彌昌世世其無斁兮於是宜興蔣瑎聞而異之曰昔唐相李文饒既貴重其服御飲食必欲極四方之珍怪常喜飲惠山泉置驛以取水天下苦之有浮屠告曰長安昊

天觀井水與惠山泉通公試之信然遂罷水驛寥寥數百年間其事相爲符契然以予觀之惠山距長安數千里而遠有高山大川之限是烏能相通哉特以其味似之耳今九龍漆塘相望密邇而伸仲以隱德懿行蒙神之貺則泉爲特發亦無疑者因採父老之謠言且本其所以作亭之由而爲之記

王問字子裕號仲山嘉靖十七年進士以僉事致仕子鑑字汝明號繼山嘉靖四十四年進士授吏部郎中亦告歸父子同隱居於寶界山中山有古松茂竹凡可游者三十五處太白峯槃阿亭松麈壇最勝

王問記王仲子之居在錫西南九里涇去涇里許爲五里湖湖上有漆塘充獨大浮軍嶂諸山山背太湖郎禹貢震澤夫椒洞庭諸山在焉寶界山漆塘山別名也南北塢多聚落竹木茂密山人以樵漁爲業與之言城府事不解草衣木食忻忻如也仲子治別業其間蓋將老矣　歸有光記太湖東南巨浸也廣五百里羣峯浸於波濤之間以百數重崖別塢幽谷曲隈無非仙靈之所棲息天下之山得水而悅水或束

隘迫狹不足以盡山之奇天下之水得山而止山或孤孑卑稚不足以極水之趣太湖漭淼頭洞沉浸諸山山多而湖之水足以貯之意惟海外絶島勝是中州不數覯也故凡犇湧屏立於湖之濱者皆挾湖以爲勝自錫山南過五里湖得寶界山在洞庭之北夫椒湫山之間仲山王先生居之先生早歲棄官而其子汝明始登第亦告歸父子並隱山中日以詩畫自娛有客來爲之求山居之記者余未嘗至寶界也嘗讀書萬峯上盡得湖濱諸山之景雖面勢不同無不

挾湖以爲勝而馬蹟長興往往在殘霞落照間則所謂寶界者庶幾望見之昔王右丞輞川別墅因其詩畫之妙至今可以想見其處仲山之居豈减華子岡欹湖之勝而千里湖山豈藍田之所有哉摩詰清思逸韻出塵埃之外而不能自引决於開元天寶之際以濡羯胡之腥羶以是知士大夫出處有道一失足遂不可浣如摩詰令人有遺恨也今仲山父子嘉遯於明時則其於一切世紛若太空浮雲曾不足入其胸次矣何可及哉異時考論其事當爲作王貢兩龔

傳摩詰不足以方之矣

王崇巖景物畧地之勝豈不以人哉峯巒池沼爬梳之也百年而堙塞之也一日樓臺亭榭締造之也百年而折毀之也一日喬松壽柏古桂老梅培養之也百年而斧斤之也一日高人勝侶徜徉登眺咏歌之也百年而羞辱之也一日一再至寶界僅存者覺華寺數椽耳坐卧其巔値狂飈怒發松聲濤聲上下互答爲不忍去耳湖而上之則王仲山先生在焉又上之則陳方伯先生在焉又上之則錢仲仲先生在焉仲仲名紳當宋紹慶間謝州事歸隱其中攜二鶴以從置鶴俸田舊苦無井紹慶三年春二月巖址出泉甘洌與惠泉等名曰通惠因建遂初望雲芳美通惠四亭亭廢而泉至今無恙也後屬陳方伯名賓植梅數百株名梅坡錢以鶴陳以梅俱有林處士之風焉至王仲山問則殫竭心力建湖山草堂徧植松檜曰萬松徑濬池種蓮曰白蓮池淺水蒹葭曰蘆灣可漁處曰漁隱可釣處曰釣石建亭曰可吟壘耶曰桐耶築臺曰曠如曰朝陽曰高遠因景而名更有眺巖嘯石雲竇爽谷山西故有太

白峯老人峯躍鯉峯小羅山山下有南北樵路南北桃花塢則本山所自有也問子鑑復有父風早歲投林賦詩繪景垂五十年至曾孫大益遂不能守今則旦旦伐之百無一存山下爲漆湖每秋水澄澈寶峯倒浸水中黛色嵐光舒手可掬或曰又名漆瀞

蔡載題四亭詩其一遂初著亭傍林泉偶與初心期佳處時自領未應魚鳥知其二望雲白雲何時來英英冠山椒西風莫吹去使我心搖搖其三芳美高人不惜地自種無邊春莫隨流水去恐汚世間塵其四通

惠水行天地間萬脉同一指胡爲穿石來要洗巢由
耳　葛勝仲遂初亭詩骫髀希儒先夸毘畏家戒九
萬鵬程睎三四狙公賣無甯歸刦掃初服遂初槩功
名付噲等登臨從湛輩小亭襲佳名永矢佩先誨綠
筠寒脫籜蒼宮老傾蓋家儲內閣書辨與聖賢對投
憤謝家國預事那可再不學孫與公婆娑陳利害
通惠泉詩山翁澈骨清一飲一瓢水天公隱其廉將
殆貽石髓先敕西神君一派疏清泚初驚石罅出盈
盈來未已其瀦爲淵潭其匯爲沼沚酌彼九龍泉錫

味參差是一甌紫筍春牙頰留甘美餘波供濯纓濺
沫邀洗耳山中有異事喜甚屐折齒長安昊天觀泰
昊隔千里妄云脈絡通道人眞疏矣寄語賛皇公未
應停水遞　莫汪泉梅坡詩春來千樹雪和靖鬬柴
扉山逈無塵到湖深與世違初香禽已集餘冷蜨難
飛日暮未能去徘徊戀夕暉　王問詩一寶界林麓臨
清湖浦溆相映帶歸來閉柴門寧知此山外二湖山草堂生
長此山裏不知山路遙時時埽落葉歸向松門燒三太
白峰登高送落輝流光滅遠水回首七十峯峯峯暮雲

起四羅山歲暮登玆山徘徊松雪下莫驚鸑鷟棲寄言
罻羅者五南北樵客築臺湖山間隱居心自閒常隨清風
出獨步明月還六南桃花塢桃葉暗溪津似入武陵去田
田春水流家家鳥鳴樹七北桃花塢籬落映山春鶯聲如
可聞數家桃樹下一徑入樵雲八鶴棲田白鶴巢雲松秋
深稻粱足寧知煙霞心不受人間祿九萬松徑松蘿晝長
陰連山結秋色一徑人幽深惟有獨行迹十白蓮池山中
一雨過殘溜石涓涓閑踏松花去繞池栽白蓮十一蘆灣
黃蘆鳴水曲蕭瑟湖上秋朝朝風色換去往任漁舟

十二魚隱日暝得魚歸妻子懽自足繫船湖水邊上下伐
黃竹十三釣石山人披羊裘石上閑垂釣終日不得魚倚
竿自吟嘯十四可吟亭昔吟無遺響今人來續吟翛然此
亭上猶見古人心十五桐邱清曠與神期臺上聊容與望
見幽人宮綠澗還復去十六曠如臺歸來往空山形神幾
超忽山淨湖波明臺上見秋月十七朝陽臺山氣漸覺開
花露時時瀉禽鳥悅晴光飛鳴紫石下十八高遠臺紫臺
高不窮雲戶停芝蓋仙人折瑤華海上遙相待十九眺巖
兩山結秋陰月出湖水白埜鶴飛過林幽人坐危石

二十嘯石下臨圍綺谷上築許由臺倚石忽長嘯四面清
風來二十一雲竇幽泉未出山潛與元氣結淒霏散爲霖
谷口薜衣濕二十二爽谷彈琴聲已希月出山更靜虛亭
無人知浩歌谷傳應二十三松苓泉伏脂如青牛偃蓋覆雲
壁滴露自朝朝石上涵青碧　施漸湖山草堂詩湖
上青山自隔塵久聞樵採滿荒榛閒雲無主還歸壑
栟葉成陰少住人高士偶來輕漢綬桃源從此是通
津知君不厭羊裘侶斜日松陰一挂巾　顧可久詩
王子幽棲地眞堪謝世緣湖藏深壑裏門掩衆山前

開化鄉志　卷中　隱逸　卆

窈窕尋花徑崎嶇瞰水田一坐吟亭上都令思入元
　王永積和施武陵韻一代風流自出塵百年道業
聽荆榛湖光面面迎遊客花徑層層失故人西子無
顏留茂苑漁郎有路笑迷津興亡總付陶潛酒且向
山頭一漉巾　王世懋漆塘詩移舟漆塘址躡步見
飛泉尋源始隈澳登麓見阡緜脩篁翳層坂金碧何
相鮮叢條下拂石翠色上干天嘯傲長林下把臂懷
七賢生無軒冕意兹理幸見偏安得起鍾曠爲奏朱
琴絃　又　尋山涉透迤撫景窮旦夕遊目翠微巔巨麗

生咫尺遠近標羣峯東南盡大澤山高日浮紫水澗
氣生白莽蒼千古懷溟沉萬象邑悠然盡尊酒一酬
滄洲客放曠湖山間吾生付雙屐　王立道詩湖上
秋風病未禁興來直欲到山陰漁簑亂結汀州草樵
徑香浮橘柚林遠客採薇隨鹿跡閑巖投果見猿心
放歌未盡空回棹落日層波憂思侵　鮑子芹云按
通惠泉在揚名鄉寶界庵東則錢王二先生之棲托
約略應在揚名矣然漆塘一塢南北分揚開兩鄉則
二先生所游覽品題之景又豈專在揚名哉列之集

開化鄉志　卷中　隱逸　卆一

端未爲攖人也

郭維炎字純素善理花草如虎刺細葉菖蒲松栢梅
竹蘭蕙之屬位次盆中便標別致年七十七烏裏中
銀紅絲衣手拖竹枝瘦骨輕舉望之若僊許墓人

郭萬里字爾翼江陰學諸生純素長子寄情飲奕多
讀空曠書特擅談笑不詭隨世俗自任其真　鄒
九揖傳嗚呼君之沒已二十年予妻之母君從姑也
乙酉予避兵君從父家居時置酒召余或與偏游湖
濱諸山坐危石飲酒看驚濤澎湃以遣其悲憤不平

之致兩人相弔也已復相慰遂以子逢壻吾女又加親焉余每過君輙留數日君亦時來吾家庚子君卽世逢以文來請教者數矣不暇以爲念今將老而知君者莫如余不可以遲因敘逢所述余所見聞者爲郭隱君傳隱君諱萬里字爾翼號素餘其先汴人庭堅公從宋南渡授江陰縣教諭署縣事祀名宦其子姓遂爲江陰人九傳至子嘉公贅無錫開化王氏遂爲無錫人子嘉七傳至純素先生性方嚴不苟言笑善爲人師積館穀起家家居喜種杜鵑虎刺花樹盆

累累布屏砌間君先生長子也少喜讀書鄉僻無碩師常往來洞庭江陰就學其族人多聚居江陰故君得補江陰學宮弟子文日有名亦嘗爲人師多所造就所入館穀悉以奉二人爲諸生二十年未嘗少倦甲申聞變棄去諸生皃髮杜門竭甘旨事親親歿易戚兼致君性亢直不阿如其父狎邪者不得近於前所知愛輙懽笑終日不厭或繼以詼諧於其子弟亦然君嘗自謂吾生平非酒不懽每當杯空客散增我寥落客至輙大醉之而去客亦喜就君飲甲申後益

縱情於杜酒棊枰彈琴看花然里中富人丁某王某陳某幾爲人刀俎君知其寃出力救之事皆寢其人持金報德君麾之門外曰我豈利爾財耶其人感激而去外家王氏有幼孤撫於家如己子爲娶婦始歸蕭楓菴先生曰素餘非酒人也與蕭楓菴秦宵侯爲文字友與吾外父秦集成先生爲琴友與秦玉門許爾延爲棋友君配王孺人最賢客至不待夫子命輙治具君無美醞不飲無佳肴不舉箸孺人必致洗腆姑秦孺人晚年盲兩目扶抱起居飲食者凡十載純

素先生臨歿時手授孺人金曰以旌汝孝孺人既瘁十指佐中饋爲君饗客既又督僮奴種秫爲君釀酒終歲勞苦不少休以故君晚年益享有棋酒之樂蕭楓菴諸君子與君居南北相望吾外父集成先生城居諸秦皆爲諸舅君事之惟謹獨棊酒無所讓恒見來吾外家與吾外父論琴或圍棋夜以繼日爭勝負每見顏色良久復怡然外父飲不盈勺君非酒不懽恒儲美酒以待君外父持空杯相向及語不平事鬚張如鈎戟怒發不能忍嗚呼忽忽二十年諸君子先

後相繼去世僅存者秦甯侯許爾延二人而今已老矣君享年六十有二孺人後君一年卒享年五十有六子二逢志遠　鄒陞曰予讀君自記云少時苦食貧家無五尺童父母責以瑣穫事恒不暇讀嘗就讀月光中故能底於成而恒自歎所遭不偶也予見君見義必爲人不敢以私干惜其僅以諸生老悲夫至逢述孺人勞苦終身未嘗一舒其顏宜其舅嘖嘖稱孝婦哉

秦燁字子晉住康山園上愛種菊開時邑香得未曾

有自言爲菊終歲勤動惟享用他一月年六十王吉夫嘗語其長子甯侯曰尊大人不阿黨不勢利不刻薄豈惟盛族白眉亦吾鄉祭酒

陳廷輔字武陵家植牡丹甚盛花開不延客亦不拒客杯茗追陪花裏屋旁有園有池他卉亦畧備年八十餘許舍人

董廷蕙字芬友少習儒通章句帖括壯能力田醕謹沒世不爲人知賓東人

朱章甫別號牧雲通儒釋瀟灑出塵不阿不屈楊樹園人

王兆登字若儒性藹然好談論古典取友必端年踰八旬甫橫山燒香浜人

秦鑑字子明秦仲鑠遺腹子節母董氏撫養承祧爲人能不隨俗亦能不忤俗愼言愼行其安分之民歟循禮之民歟

論曰古之人有隱於吏隱於耕隱於屠釣傭工藝術殆無地不可隱也吾則以爲人苟知足知止寓物適情聊以卒歲雖南面王樂不能易也又何必

買山充隱哉

無錫開化鄉志卷下

錫山王抱承輯

神仙釋道志十六

道爲釋之餘而神爲仙之類然二氏分門而神與人合一則以生而正直者沒而神靈也一方雖小神仙之靈跡釋道之高行粲然咸備未可以王喬鳧舄左慈羊鳴同類並譏而竟畧之也志神仙釋道第十六

王三三諱越祖宋淳熙朝爲檢點有神功追封利濟

惠民侯事詳碑文 倪峻碑文按王氏譜神之祖吾曾神之父細七神生於乾道元年乙酉十二月十三日卒於淳熙十三年丙午四月初四日年二十二紹定三年閏二月敕賜廟額靈護追封利濟惠民侯又封福濟廣利侯其廟碑曰錫山東嶽廟右有靈護神廟神姓王字越祖生而英偉長而神異恒以救災邺患爲心年二十二而歸神實宋孝宗淳熙十三年四月四日也嘉定七年邑有飛蝗民禱之神神現於蝗中驅逐之寶定三年烈風雷雨之變神顯靈復現於雲霄間風雨遂止紹定元年饑饉疾疫神拯之邑之父老相與聞於有司事聞於朝賜廟額靈護刻石記其靈跡其後凡水旱疾疫商賈往來靡弗祈禱悉有靈應元至正五年海運三千餘艘遭風舟人唐亨籲於神神即現旗幟於桅上明書敕賜王靈護五字風濤遂息糧運無虞事聞於朝元季廟宇燬於兵燹逮我皇明混一邑人不忘神德遂新其祠惟碑未復永樂辛丑冬神之嗣孫王可權輩礱石祠下仍以故宋所賜廟額敕文刻其上屬峻書其顯晦於其後峻按

祭法云古昔聖賢有功於民則祀之能捍大災則祀之能禦大患則祀之神有功於民如此宜乎廟食百世也故廟貌雖有顯晦神之英靈則無顯晦也邑人雖有異世而事神之心則無異世也神之德厚何其至也是宜書其事爲世人觀感而興起其敬神之心於無窮焉永樂二十年春二月二十一日前兵科給事中行人司倪峻書

王原三諱元三三孫當金人擾亂江浙賴以安淳祐間勅封東嶽殿帥

王通二二諱　三三曾孫元伯顏屠常州將下無錫夢神告之曰我王通二二也將軍過錫禁殺否則不利於將軍後伯顏言於元主封爲故宋朝奉郎

王護二諱仲武三三元孫元世祖海道運糧累遭覆溺至元二十六年徵爲護運海寇顧榮來犯神擲蘆葦濤面跳立其上指揮糧艘順風揚帆而寇船則逆風播蕩叩頭覶免事聞封爲護運總管凡神之靈異事蹟載其家乘與夫嗣其世者出奇著幻代不乏人然則王氏蓋以神世其家矣今廟貌三位並坐中位

爲惠濟利民侯王三三左爲故宋朝奉郎王通二右爲護運總管王護二而諺總稱爲王三太保云　又按蘇郡之民崇祀李侯王維謹卽王三三也以利民侯遂訛稱作李侯矣以姓王遂連訛稱作爵矣世俗之謬若此太保亦非封爵也世俗推尊凡神之前驅者爲太保如旗頭則稱旗頭太保是也又巫祝扮作旗頭入人家言休咎者亦自稱太保世俗之呼蓋褻神久矣神之子孫昧其褻而自小也亦曰吾祖固太保也云爾　王崇巖景物略述明陽觀盧至柔事至柔赴齋每袖果餌啗羣兒如是者十餘年一日戒羣兒次早早至羣兒如期往則至柔冉冉升天去矣久之身沒雲中墮一履爲沙頭王氏子所得後言人禍福如響應王氏子卽王三三太保也

葛洪字稚川號抱朴子晉人求爲勾漏令採藥煉丹著神仙傳十卷傳爲仙法令葛埭洪北間嘗棲托焉

王定生慧曰羅浮志載抱朴子甚詳葛洪字稚川丹陽句容人少好學家貧躬伐薪以貨紙筆夜輒寫書誦習遂以儒學知名性寡欲無所愛翫獨好神仙

導養法從祖元吳時學道得仙號仙翁以煉丹秘術授弟子鄭隱洪就隱學悉得其法晉元帝咸和初司徒王導召補州主簿後選爲散騎常侍領大著作洪固辭不就聞交趾出丹砂求爲勾漏令帝以洪資高不許洪曰非欲爲榮以有丹耳帝許之洪遂將子姪行至廣州刺史鄧岳留不聽去洪乃止羅浮山煉丹優游閑養著述不輟自號抱朴子因以名書後忽與岳疏云當遠行尋師刻期便發岳狼狽往別而洪已卒時年八十一顏色如生舉尸入棺甚輕如空衣或

以尸解得仙云又洞庭志載葛洪宅在馬稅城南一里綠石山下葛洪於此立壇煉丹列傳云隱居於此由此參之抱朴子固句容人其去葛埭洞庭無幾又晉時葛埭洞庭必人跡罕到仙家選靜到處駐足定有之矣

尹從龍常遊金陵毘陵之間攜宋時度牒自言理宗時人尹從龍也時人呼爲尹蓬頭成化十三年遇泰一誠厮於長干寺蓬頭狀貌詭異泰目之忽張口曰若攜錢來乎盍散之泰散盡無吝色曰此子可教汝

歸吾當過汝泰歸家人告曰前有一蓬頭相訪詢之即相遇之人也既止泰後種種示異盛暑則暴赤日中隆冬則以雪自覆而臥頭多虱身又腐穢必欲與泰共榻泰亦安之居三年遇大雪忽曰今夕冷甚君有愛婢願假一宿泰置不應尹笑曰君去成仙之日遠矣贈以一詩而別詩曰跨鶴西風出華州袖中常帶混圓球紅鉛黑汞東西採白雪黃芽次第收孔子泣麟周道否卞和獻玉楚王囚眼前誰是知心漢辜負人間五百秋然泰遇尹之後頗著靈異年八十餘

按一誠公已見孝友志中當年居尹作留仙館今沙頭人皆識其址

僧伽留笠長泰寺寺因爲建留笠閣蓋羅漢顯身也

正可恒禪師江北人游至長泰寺止焉造雨花堂左右側廂廚房庫房齋堂行廊遂成梵宇師能詩好露奇示寂時趺坐結印朗朗誦咒世壽六十三塔在長泰山北麓

德惠宗禪師浙之鹽官人也幼披剃入應教長歸禪得法於鄧尉剖石禪師順治辛卯正可禪師延入長

泰寺搠天王殿大殿法堂兩旁樓閣側殿置應教南園一帶房屋及增置田山設方丈立執事敲鐘伐鼓陞座說法得未曾有殆猶初祖來東土也臨逝與學人問答畢索紙筆書出字畫遒勁軒翥卓筆几上氣勃勃從頂門出顏色不改世壽六十三塔在長泰寺左

物外濟禪師儒家子自期先通儒術以酬父母之願故游庠後始得法於鄧尉剖石禪師主長泰禪席一年運芸香之氣說蓮乘之宗獅座流風天花紛雨俗籍蘇郡

古靈瑜禪師德惠禪師法嗣主長泰三年能貫儒理稟素清薄不現長年鄉人思之營塔德惠禪師之右原籍吳門人

中和順禪師領德惠禪師正印三主長泰寺座爲人和易任眞建準提閣立普同塔有語錄行世本邑城南人

古巖禪師曾駐錫成性寺兀坐小樓煙雲作供草木作侍身世兩忘亦曾駐錫雪浪菴徽郡人

白法徹禪師少壯時業儒任俠遺俗浪吟戲墨而書

畫已自斐然及削髮承佛宗初任成性寺繼任靜慧寺機鋒甚捷緣法甚疏怪哉造物生才常慮邑中人郎魏賓王名光

際天禪師俗姓敖士族順治初同諸紳坐明案繫獄尋得釋游方之外件佛了年本邑城北人

訾中禪師勝國宗室遭闖賊戕楚園門殉節孑遺一身契曹洞宗旨穿雲渡水所至名士遮留題詩相贈吐詞沉雄富贍終不落寒儉相來住留福菴新諸土木後去湖中僻島

杲菴元鑒禪師從應教歸禪證法住小山庵鑿池開徑護竹遷梅位置椽架遂成精藍香像三尊妙相希有師丰度淸逸志向高超當其曳杖林中看雲石上宛若畫圖

曉堂超鏡禪師少年悟道付拂拈偈着頭逈出禪谿居洞庵日增新棟宇俗薄不能安法體去主建平叢席

不息性乾禪師爲嵩山寺主兼主雪浪菴其辭世偈云四十餘年住此山無非無是老人禪今朝一笑從

容逝莫道山僧信杳然有徒僧聖聰在雪浪菴堅持苦行已而閉關三年一旦豁然曉了大義舊志康熙四十二年癸未卒三十一歲

郭庵里人王氏子得法於龍池深透宗旨嗣主嵩山席氣恬神靜退居楊橋碧蘿菴

聞日禪師任成性寺苦行慈腸不入世相

翠峯禪師無心衣食委順天形任前章菴

端若禪師藉薪而眠隨物而餐息息存養人莫能測歛跡漂白菴

恒明諳開士世爲儒門鼎革後割家緣而入空門曾居長泰寺銀渚菴歲月寫經中度性眞率無緇流氣臘滿七十示寂即在俗之談華甫也

龍王山頂六十年前有僧靜坐幾廿年居人夜望山頂常凝白光欲化去數日備乾松片定舉火時刻及期命發火僧即示寂惜逸其名　康熙年間僧郁文爲木龕端坐其中外闔乾柴命衆舉火衆莫敢舉因自出三昧火須臾烈熖騰空衆有見火光中冉冉而升者其後十數年有一頭陀亦自化

比邱尼元機法名上圓俗姓陸于歸王仲吉吉死無所出遂禮長泰德惠禪師剃髮爲尼持戒修行四十年推優婆夷中眞種子歲時必祭王陸兩門祖先塚結廬長泰山北麓

長道人景物略載其事長道人無姓名長踰九尺行游街市高出屋上常寓南北兩禪寺善用符水療病趙甬江開府兩浙患腹疽請醫罔効道人偶過府門中軍官入報符水可愈甬江立召之道人取一刺置筆內書符疽破愉快之極因獲厚贈千金時又有富僧號無不空願與道人俱同至許舍山中見一巨樹蓋千年物也立售之樹半空如小室色如鐵因名之曰鐵龍菴道人趺坐其中僧則鑄錬於喬松之巔結二巢置衣鉢焉四面開長川川外植槿爲籬川內植竹竹密如堵川中種白蓮又於巨樹前築高臺種杏千枝芳菲奪目二人於中施藥施符從者如市如此者幾三十年無不空自焚與巢俱燼道人千金施捨亦盡一夕遁去不知所之　顧可學詩松上結危巢參雲第一梢鶴翔堪自適雀啄莫相遭北倚岡千仞南臨水一濠山阿安野性舉首即天橋

江春波景物畧詳其始末字福生弘德間爲後母所逐蘇州雕工憐而育之遂精其藝行游遠方自楚入峩眉雞足之名勝雕刻佛像巧奪天工得工價甚多盡買藥料奇材在蜀與長素道人善道人欲游西湖遂同至浙將藥料脫去盡易青田凍石古藤癭木與花梨湘竹已偕道人還邑屈指出亡二十餘年父母俱已亡矣有後母弟尚未娶爲捐貲娶婦幷買田三十畝贈之春波則與道人選勝五浪山築草堂於茂

林中中奉佛像四面布置遠方於得石鼎鮮瓢竹籃銅磬鐘彝凡坐墩隱几諸器皆非吳下物除誦經禮佛外則取所置竹木製爲研山筆架盤盂臂閣麈尾如意几杖禪床短榻等物物物精巧光澤照人又春波善釀酒道人善治素饌出以餉客芳潔可愛二人更好客善談笑語及遠方奇蹟輒亹亹不倦唐伯虎祝枝山文衡山父子常造其廬竟日夜不忍去陸水邨扁其堂曰五泯山居并爲之記四十八年不下山逾九十坐化道人亦尸解

論曰茲土凉薄似不可留仙迹然栖玄味淡之侶往往萃止者何耶豈以高山莪莪大水湯湯於以養眞淑性去紅塵遠矣

鮑子芹曰禪客何獨多入者以其超脫的的異於俗老子有言人不衣食君臣道息人不婚宦世情減半若輩絶婚宦惡衣食已可解於天刑矣郎安得而藐之

王雨幾穎儒林至釋道總論曰僻壤人才易於泯沒勢則使然苟能奮起自雄安在不附青雲而聲施後世乎屈指從前神則越祖公元三公通二公仲武公仙則葛稚川尹從龍釋則僧伽儒林則尤文簡蔣勝欲宦望則許文懿施林宗陸元珍萬松公周本澄陳朝用朱直齋忠節則何曰厚孝友則泰一誠隱逸則錢伸仲若此諸人有一於此則人傑而地靈矣又況歷歷相望哉而今之沙頭王洪邱葛長泰僧伽許舍尤竹山蔣方湖許塔上周陶墅陸漆塘陳北莊朱坊前何固具在也茫茫區域將不復產偉人耶

王定生慧儒林至釋道總論曰余閱鄉之儒林忠節孝友行義貞烈文苑釋道諸人喟然太息曰遜荒之民幾曾通籍著忠節者無疑其寡入膠庠而青子衿者記誦詞章未可指爲文苑又宜其少儒林闇然獨善其誰識之孝友行義出於天性雖鄉曲不乏止以其微賤不足比數遂沒其名貞烈則屢見豈婦女氣稟較靜非若男子見聞龐雜易爲習俗所移抑脊土若寒素者所由與通邑大都異矣至於方外諸人後先相望亦因儒門淡泊奇才

異敏流入諸家遂至彼嬴而此絀耳

技術志十七

大哉博學無所成名五穀不熟不如荑稗人固有一藝擅長著稱天壤夫安可少之哉志技術第十七

陳起龍字雲客善寫眞下筆勁而浄出其手者栩栩欲動兼學書學吟游大人以成名者耶許墓蔣家橋人

浮屠氏一語善風鑑占人奇驗住持雪浪菴

浮屠氏浄釗字逵西攻醫術尤善丹青畫花鳥人物

生動入神住持申明亭菴

鄒名世以醫行於鄉尤精傷寒科鄉人便之

華泰字君培邑諸生以書名於鄉凡扇面祭章壽軸堂額堂聯等無不出其手書法遒勁住南横山下

華毓吾亦以書法名住坊前

何鈺字廷堅善卜以星學名曰厚先生嗣子住祖遺莊房在坊前西南屢空晏如足徵學易知命風格云

論曰至道靡所不該而於其中悟得一理便可通玄自非具異資者不能今世類以愚鈍無成之人

乃令轉而學伎不亦謬乎

續

朱丙炎字紫珊號毫染游庠後以書法名於時字館幾及通邑課餘之暇兼涉醫又工畫

流寓志十八

處必擇仁孔子所尚觀近以主孟子所占彼君子兮噬肯適我吾爲之賦白駒矣志流寓第十八

周賚字岐藩嶺南順德人二十一歲補弟子員康熙丙辰試於秋闈不捷戊午走金臺徘徊帝闕不能自已往返凡十有一年轉念慈幃白髮歸農南畝舉一子戊辰母歿庚午有友官浙書期秋至越明春往已解組旋閩遂流落西泠繼遊錫寓邑之開化南横山敬福菴僧舍惟蕭綱侯最先識之先生嘗自言平生

自生之念與生人之念同言必期踐諾重千金可想見其概矣兼有仁術師黄岐友扁盧經其胗切不惟決病之死生亦能決壽之修短酬之弗卻弗酬弗較一以濟人爲心又善導引痾之所在運氣攻之使痾立散吾聞彭祖之術如是今世養生家止求聚氣不能運氣運則反招疾未得眞傳耳夫醫與內工一道也內工理一身之表裏醫理眾人身之表裏不啻體用然已而削髮披緇異哉夫人忽而崇儒忽而近道忽而歸禪求之儒儒不有求之道道不有求之禪禪

不有惟不有故能皆有惟皆有故能不有聞先生欲歸故鄉愚詫先生何發此想夫大庾山頭之月與軍暲山頭之月同一色也粤東之龍眼荔枝與梁溪南之虀莖松花同一味也長安道上之裘敝金窮帝京衚衕之犖犖錯處與敬福菴中之折足鐺邊敲石出火煮糙米飯同一境也善乎哉劉伯倫酒德頌曰以日月爲戶牖八荒爲庭除行無轍跡居無室廬彼醉者猶能如是況醒者乎休矣

袁瑞人名繼洽善桐君之術始寓洞菴後遂卜居許舍浙之上虞人

胡幼嵌嶔之休邑人也髫年來錫寓居坊前左圖右史室無點塵愛花卉燦爛庭前四時可目風雅人也

蔣伯寬字誠齋崑山人精於醫理能詩又善書畫鐫圖章寓居許墓

論曰流行坎寓自非達人烏能當此乎或謂杳冥之地非枳棘所棲濱渤之游非轍涔可駐余應之曰唯唯否否豈獨不聞耶君子居之何陋之有

兵防志十九

蜂有蠆而人不敢攖其房蝟有刺而人不敢經其樹小蟲且然人曾不爲居備此與慢藏誨盜何異志兵防第十九

三家五家至十家爲村者置鑼一面二三十家爲村者置鑼兩面加置銃一把五十家百家則成鎮矣鑼銃之外加置招軍令衆大約以少附多量地遠近團聚閑暇時略講習拳棒指示形勢遇盜賊竊發則鳴鑼放銃掌號村村響應把截要路吶喊驅逐彼盜亦

非精卒銳兵不過烏合亡命自然心膽戰兢縮手退步矣

此地濱湖湖寇間作必先掠沿湖漸由港入內往者王兵餘黨搶掠菇頭沙頭康山下矣赤脚張三由銀渚港擾奪坊前矣長廣溪近石塘橫山橋一段及歲歉暮夜漁舟㧐沿溪居民亡賴㧐往來船隻矣抑湖中常有警營官移屯吳塘今設守汛兵防閑港口但港多兵少縱使添兵餉亦不足無益於事徒累地方惟人自爲守村自爲衛使盜不敢犯即是長策若巨

寇橫行固非鄉力所能遏也

吳塘門爲湖艘入內境第一關然河道紆北口獨山門入即五里湖徑達城濠其門尤要橫山當南北羣山之中獨橫入於內故曰橫山其麓東臨長廣溪頂上深穴石甃可容數人纍纍迤列此必烽火之窟不則瞭望之窩蓋橫山北瞻雉堞西南眺晛外湖東則遍覩長廣爲四面畢照之地其餘石塘北去之山石穴必皆設焉歲久湮沒橫山所設較多故猶存遺蹟耳試觀吳越侵南唐取道路耿則由吳塘門入者也

莫天佑欲拒明師拆石塘三橋塞斷水路亦防吳塘門入者也時當龍戰疆域各分獨山吳塘兩門實要害所在焉

論曰古者鄰里鄉黨之制分則尺寸有守合則臂指相通便是金城湯池今之保總亦由此制也乃奉爲虛文因無實用所謂法令滋彰盜賊多有良堪浩歎

著作志二十

叔孫豹以立德立功立言爲三不朽言固若是其重乎旣而思之即其言可以知其居心制行可以知其碩畫遠猷是德與功又未始不存乎其中也志著作第二十

綱目纂要　蕭涵

性理纂要　蕭涵

山居別集　蕭涵

鬼神實錄　蕭涵

天倪齋集　王昭

東林志　嚴瑴

彛經註　張遜

怡雲集　秦詔

流瓌集　秦公錧

咫玄集　浦渦

補齋集　王抱承

梅花百咏　陸亮

養志齋如夢草　黃暉

思亭集　過篪
菰巖居草　鮑泮
古今命鑑　何鈺
水竹居草　何鈺
夢花集　王穎
求是齋集　王慧
正可上人詩集　長泰恒
德爲禪師語錄　長泰宗
中和禪師語錄　長泰順

南湖集　陸寔
三才一覽　王天爵
三才圖　王天爵
連珠集　朱恩
安遇集　朱楷

論曰言日卑而集日夥徒以穢亂心目有書亦須焚一遭也又見夫俚俗句語傳唱不絕則是欲行世者宜如此矣善乎哉文之美惡吾自知之後世誰相知定吾文者乎

祠墓志二十一

祠以祀其先宮室爲後墓以藏其親宅兆宜安欲民德之歸厚不可於追遠慎終之事而忽之也志祠墓第二十一

王氏祠在堂前邨沙頭祀宋利濟惠民侯越祖及朝奉郎通二元護運總管仲武又在方泉鎮祀同

蕭氏祠在燒香濱祀漢相國文終侯及元處士安裔孫鍾海集貲建

朱氏祠在前章祀宋樂圃先生裔孫一鳴集貲建

何氏祠在趙舍何巷祀周隱士庶裔孫湘儒及景山福昌集貲建

王仲山先生祠在王村莊

董仲舒先生祠在大董巷又在董家街

墓唐以前無考

宋

仁和主簿秦觀墓在大浮山觀字少章觀弟

郎中唐作求墓在龜山先是作求訪婺州許使君德之謝曰明年求訣君誌吾墓及期而卒

顯謨閣學士許德之墓在流福山許伸墓記其畧云卜吉於流福山陽形如几席玉帶水四面圍環貴人峯三台朝拱左旗右鼓前障後屏水口有日月之捍門旋繞有樓臺之鼓角門設三層城羅百丈翠柏兩行夾道青松四畔爲屏嶺梅放白岸柳舒青側構軒楹面拱池沼當時之壯麗可想見矣

魏國夫人墓在白茅山夫人姓沈氏洪太師皓之妻丞相适之毋也适爲文表墓曰慈塋

尤雲畊墓在吳塘山雲畊諱時亨尙書袤之父先是

延之葬父雲畊於吳塘廬墓者三年一夕見燈光蔽湖有神舟抵岸山神往迎之舟中神立而叱曰此大地發福三百年誰敢當者爲我覆之山神俯首諸神忽不見延之悲痛不知所出伏墓長號水漿不入口者二日俄而湖神復至詰前事山神具以狀告神曰孝子也孝子則可以當之矣好護之明年延之服闋登第閱六世金紫不絕　又按晉郭景純有言吳塘東吳塘西玉兔對金雞有人葬得着代代着緋衣豈即其地耶然非孝感而欲求大地言何易易或謂尤尙未葬眞穴後之人競營其地以至爭鬬許訟及士人云此處久爲義塚并尤塚亦不知在何處

利濟惠民侯王越祖墓在鳳凰山

敕封東嶽殿帥王元三墓在鳳凰山陽

朝奉郎王通二墓在白龍山沙頭舊菴塢

侍郎尤棐墓在許舍山

梁灝墓在白茅山塋石嵯峨羅城墳塚猶在

錢進宗武肅王六世孫墓在猪嶺山錢氏遷錫自進宗始

國子博士李餘慶墓在橫山

元

承事郎錢光遠墓在軍嶂山南塢才字山糧七畝孫廣生祔

護運總管王仲武墓在白龍山即康山封邱所在至今免稅崇神蹟也

承事郎錢志寧墓在軍嶂山龍寺灣

明

同知王訥墓在蝦鬚鳴鳴地四十餘畝開墓道樹華表建碑亭立墓門其餘若橋梁若拜臺階級若墓碣

圍城規模宏遠矣厥後隝地分裂他姓墳其中康熙三十一年縣尹臨勘少復基址

正言周衡墓在石塘西山

長史錢允昇墓在軍將山

僉憲陸白庵墓在羅領山墓門額曰完璧歸藏

承事郎王樞墓在蝦鬚塢右山

長史錢仲益墓在軍嶂山　按錢氏墓在軍嶂山下者皆青石爲垣爲門爲柱爲檻階級升降碑碣豐隆華表違立墓道廣開卽其營建近今所罕有也

御史朱絃墓在大浮茶壺嘴山

封大夫施教墓在大浮

兵部職方陳祖綬墓在軍將山

尚書孫繼皐墓在白茆諭葬

布政秦梁墓在軍將山西箬塢

都御史秦燿墓在大浮

通判秦偉墓在白龍山

布政使陳策墓在漆塘山

贈參議李繪墓在楊橋

給事中吳汝倫墓在才字許畝

陝西提學副使李應祥墓在軍嶂山

光祿卿劉元珍墓在軍嶂山

諸生鄉祭酒高附鳳墓在漆塘謝家塢忠憲公胞兄

六世孫處士起鳳墓在謝家塢村前

處士王昭墓在裏山南原

福建按察使副使兼布政司右參議崇祀名宦鄉賢道南等祠施元珍字曠如墓在大浮龍王山六世孫鳳清及其子孫並祔士人名之施大墳縱八十丈橫六

十丈上至山巔下至大路廣八十畝翁仲碑亭已廢華表尚存

處士贈文林郎蕭涵墓在橫山之陽罔字十三十四號山田五畝有零土名大墳隝

兵部職方王永積墓在北象山教場嘴

處士鮑承明墓在橫山

知府顧岱墓在董塢

高郵州糧河州同知入祀高郵名宦祠本邑尊賢祠王游字鏡巖墓在漆塘謝家塢子樾霖並祔週圍石墻

四十餘丈後有墓墩前有月池中有甬道墓門左右各樹旗杆夾石無號山糧一畝有零

封登仕郎大理寺司務恩貢生侯世英（字子就）墓在軍嶂山才字號山田二十三畝四分八釐

義士錢明遠墓在軍嶂山正峯之下

義士錢惟常錢孟清錢孟深墓在軍嶂山白旄嶺

參將何日厚墓在坊前西南平壤其先世所營里人呼爲何老墳者是樵牧不禁子孫式微濯濯抔土傷哉單牧村宗謙弔其墓詩不用華年去避秦提戈躍

馬捍江濱誰知將帥無專柄自認男兒便殺身塚荒不回春草木靈輀應逐歲灰塵不平今日無刀借欲爲軍將惱殺人

天啟辛酉舉人高如麟（字默齋忠憲公胞弟）墓在漆塘配劉氏祔

清

知縣贈僉事張令憲墓在洞山諭葬

順治己亥恩貢生廷試一等特授州同知侯其源（字資卿）墓在吳塘山沙木橋莫字四百四十一號山田五畝又一千零六十號平田一分六釐一千零六十一號平田五分五釐一千零七十三號平田六分四釐

貤贈榮祿大夫吏部左侍郎侯璽（字佩鳴）墓在吳塘山沙木橋曾祖其源塋之穆

歲貢生入祀鄉賢祠高愈墓在許舍窰窩嶺

順治庚子舉人施照墓在大浮茶壺山土人名之施中墳子廷琫廷璜孫鈜曾孫永釜祔縱橫各四十丈山田二十六畝六分一釐五毫

施然（字斯揚）墓在大浮路下山與大墳中墳遙相鼎立

六世孫錫瑩祔土人名之施小墳縱二十八丈橫十二丈山田五畝六分

河南固始縣巡檢王彬（字蔚夫）墓在漆塘寶界山板竹峯梅園稖墳之旁週圍土墻十餘丈前築照壁遮湖光姪焯姪曾孫鶴銜式金葬墓後化字山糧六分

太學生高世達（字仲仁）墓在漆塘許墓村配張氏祔

廩貢生丹徒縣教諭高來泰（字振華）墓在漆塘王家墩上配倪氏祔

卹贈國子監助教晉光祿大夫入祀昭忠祠殉難廩

生嵇永仁墓在龜山首麓前平疇距山幾百步左肩有池　按先生爲錫流寓游福建制府范承謨幕遭逆藩之變縶獄三載與范同殉家綦貧配楊氏挈子曾筠右丹僦居城西東帶河其港爲山人載柴入城泊舟之處積久頗有熟識泊先生義僕程治扶櫬歸謀葬地山人有自薦其地可用者時曾筠方附義塾授讀義塾師某識地理延視許可以錢十千貫一穴之地而窆次子右丹殤亦窆於右側後曾筠貴增置平田三十四畝有奇池蕩一暨龜山西南北三面自

至麓頂山糧三十四畝又龜山後背五浜山南坡山糧七畝建神道碑亭祭室十六楹於墓後右方數十丈外相傳兆所爲荷葉地故不近築鄉區屬化上廿八都五圖諡字號咸豐初年先生玄孫文駿葬其生妣李恭人於先生墓後左方餘地另構一塋文駿及子有慶有翼皆祔昭穆穴文駿大挑教諭主講山東濟南書院三十三年卒後門人立祠書院奉祀有慶舉人湖南零陵知縣

江西南安府知府嵇瑛墓在簕帽山西陸　按簕帽山一名廟山嘴與龜山相距半里墓無封築後嗣祔葬餘地甚夥不立碑記致難識別

大學士贈宮太師諡文恭嵇璜墓在許坍西檠塢郎長泰山南址　按墓地廣山糧八畝屬廿七都一圖才字號封築之儀議建中輟有贔屭二置許坍浜口低窪處至今現在土人呼爲贔龍浜其第九子承濂附葬牆外昭

湖北武漢黃德兵備道舉人嵇璉墓在吳塘門東浜　按墓廣平疇三畝有奇屬廿八都二圖莫字號墓

背左右皆闢村舍墓前有祭室三楹後圮未復祇存墓門其次子承袞葬吳塘門西白茅山麓莫字號山糧七分距東浜二里另有平疇三畝爲守墓恒產又璉長孫文醇葬大塔山麓在陶布政墓右肩牆外南距東浜里許

日講起居注官陝甘學政翰林院侍講嵇承謙墓在許坍銅坑塢長泰山東麓　按墓屬才字號山糧五畝粵匪之亂羅城外右方爲人佔葬子孫式微無人整理茲竟兩墩並列

山東東昌府知府嵇承羣墓在許堰小山頭之麓其長子雯桐葬右側另塋

嵇敷成墓在長廣溪南岸揷馬嘴　按地廣平疇三畝五分有奇屬廿七都四圖過字號其孫塤祔左另塋

管理揚河江防河營守備封資政大夫嵇國斌之墓在許舍山陰洞菴之下面許舍鎮　按墓屆屬廿七都二圖艮字十一號山糧五畝國斌係留山先生從孫子承志乾隆壬辰進士仕至河東河道總督祔葬

昭穴地自山麓至平坡縱約數十丈橫祗四五丈咸豐之季後嗣陵替爲五牧楊姓佔踞捱兆盜葬兩墩將嵇兆掘彼羅城之後僅留坍塚土人造爲怪異之說競傳黑夜時聞鬼鬨云

邑庠生史應蘭妻華氏殉粤匪難墓在開化廿七圖許舍小山之麓女三同殉並祔

誥授奉政大夫康熙己丑進士刑部山西司郎中欽差督辦九江鈔關侯杲字霓峯墓在軍嶂山曾祖世英塋之昭

安徽鳳陽府知府歲貢生孫寅字柏堂墓在漆塘山湖口妾胡孺人祔

候選訓導歲貢生孫龍藻字辰巘墓在漆塘山謝家隖

王宗祉字山溪城太平橋王氏遷錫始祖墓在漆塘化字二十號

王浩字賡川太平橋王氏六世祖墓在漆塘南鄉

編修秦靖然墓在軍將山

布政使陶正中墓在吳塘祔葬祖塋

贈侍郎秦春田墓在軍將山蝦鬚塢

舉人朱相字鶴峯墓在廿八都一圖莫字二千六百三十一號土名倉前嘴

安徽建德教諭朱廉字藕香墓在漆塘謝家塢化字念二號土名鶴嘴頂

按察使秦勇鈞墓在橫山

尚書張泰開墓在漆塘謝家塢諭葬

贈侍郎秦鴻鈞墓在許舍橫山

濟東道秦震鈞墓在吳塘門

提學使朱福基墓在龜山

青浦訓導何漢清墓在黃柴塢孫起章祔
鄉飲賓贈修職郎蕭玉田墓在軍嶂山龍寺坳才字無號山田二畝子穆穴國學生啟運昭穴附貢生汝金祔
朱耀南墓在軍嶂山小大帝殿北羊圻大路旁才字無號山田十畝子孟昭仲章祔墓下山岡左五朵右季宣卯酉兼辛乙向岡下另穴光緒丙子舉人揀選知縣鳳銜子念椿墓乾巽向
朱耀堂墓在北莊板橋必字一千四百十號未丑兼

坤艮向墓後另穴朱孝貞女荷芳墓
都察院左副都御史薛福辰墓在漆塘大浮山之陰週圍石牆五十餘丈前有華表柱大方池墓門內有碑亭月池旁有祭室大間共化字二十四二十五二十六二十七二十八三十一號山田八畝四分一釐五毫
按福辰字撫屏咸豐乙卯南元歷任山東濟東泰武臨道直隸通永道順天府府尹所至察吏愛民政聲卓異一時推爲清廉第一旁通醫理國史有傳

都察院左副都御史欽命出使英法義比大臣薛福成墓在軍嶂山軍將塢羅城石垣前築平臺月池池外有甬道墓門額題古之膚使旁有祭室墓田共才字山平田　畝　分
按福成字叔耘同治丁卯副貢歷佐曾文正李文忠幕府洊保知府升授浙江甯紹台道晉湖南按察使欽命出使英法義比大臣折衝樽俎與曾惠敏齊名國史有傳
附貢生薛剛中國學生薛汝霖俱福成子在父塋之右另

穴兄弟同墓亦石垣羅城
湖北沔陽州知州花翎候補道薛福祁墓在龜山左足週圍石牆羅城明堂前有月池墓門額題德惟善政旁有祭室墓田共談字山平田七畝
按福祁字誠伯由恩貢生任內閣中書洊保知縣歷任漢川蘄水蒲圻漢陽等縣所至有政聲爲人和平篤實鄉里推爲仁厚長者
四品封典浙江新昌縣知縣侯廷楠字維楨墓在大浮龍王山下子同治丁卯舉人候選教諭煒字石琴祔

浙江新昌縣知縣同治丁卯舉人侯琫森字緯辰墓在大浮鳳凰山左

光緒己丑恩科舉人山東候補鹽大使陸紹雲自營壽域在北象山脚才字無號山田九分原配朱氏祔

邑庠生陸紹宣墓在五浪山背土名嶺下艮字第八號山田三畝四分羅城外有徐陶陸氏舊墓門

論曰我行其野尋所載哲人之墓滿目蓬蒿知爲誰是終屬紙上有墳地上無墳矣及見夫斷碣橫溝頹磚塞徑皆昔之著名塋壇也悲夫

風俗志二十二

里名勝母曾子不入邑號朝歌墨子回車今鄉以開化稱或者可開導化誨之與況世變風移昨非今是亦正未可知所望邑中楷模之君子作新之也若必追既往絶將來唯何甚志風俗第二十二

萬歷間秦虹州梁脩邑志云新安開化兩鄉民最輕佻農隙則織席以貿於市巨室武斷如懷仁而不敢肆細民習勤如天授而不能久負稅而逃者近於富安而不敢獷婦人老嫗亦有入無爲教者而不至如

開原之恣開化鄉猶或習文入仕若新安則書聲幾絶矣　康熙間嚴繩孫脩邑志云開化則雜稟岡巒之氣好鬬狠其所爲巨室者輒自尊以凌貧弱按開化三面距河登高而望鄉形猶貼水荷錢半面耳湖之水又震蕩難定全憑西面一帶巒岡障隔洪濤差堪峙立但山既多使多高田湖既近低田亦不乏即平田土性原瘠歲入一不稔佃多逋租里多逋稅爲國中之口所鄙夷宜也若謂好勇鬬狠以强凌弱生民習

氣處處有之在開化猶不敢肆也

無錫邑中人能效四方之言開化能效各鄉之言與邑中同惟依山人語與邑中音韻異邑中效以爲戲笑焉比年以來習文之士頗人泮得食之家漸延師此其淑也健訟之習未除賭博之風未息此其慝也至於衣冠言動輙慕風華士女行游務矜時尚富無厚臧亦少世席行無大惡亦少貽謀前志輕佻二字該盡鄉情

論曰羣知惰則貧而未知貧則惰何者飢寒困身

無所施其伎倆只得因循假如此鄉山居者能堅築壩深濬蕩則水亦可積低處者高厚圩岸則水亦可禦山麓可種花果夫椒洞庭之人藉橙橘梨棗以爲生業鄉何棄地之多非無資以運力故耶

土產志二十三

凡人日用必需之物值雖賤猶足以佐食苟不急易敝之方物工費而貨滯是益之困耳鄉之生理鮮少智者憫焉志土產第二十三

蓆田工少閑則羣婦子而織雖冬日不輟而春中尤尙日織一條勤織至二條濶者爲七尺次爲五尺中者爲開機狹者爲獨睡最狹者爲枕頭四條爲一筒工甚煩而贏不能倍其本　過王所簡織蓆歌打蓆草吳江來獨睡開機及五尺鄉人藉此爲生財長抽

短刷來成把赤脚蓬頭朝夜打阿璽斯麻孩掉車何嘗空立萧檐下賣來能值幾多錢買去還嫌弗耐眠那知要買吳江草話道吾農沒子田囉裏來錢如上年　王爾鐵穎詩正好春三二月天各村低坐織機前兩㸦對對中分界四手忙忙外緝編逐寸累來何異錦成筒售去不多錢玉樓遙想人兒醉猶自嫌粗未貼眠

蒲蓆取黃草蒲及茭菇枯莖織之

麥桿蓆以長麥柴織之用襯倉厫沾地氣而難腐

蘆蓆濱湖之民搵蘆作片編成蓆五條爲一同卽一件

簑衣衫用短席草爲之農人著之以禦日

黃草布沿山居民往下路買黃草梗歸以石灰久醃令腐剝實刮皮分皮績縷織爲希布間織細密如麻葛樣者工頗贏微爲衣不堅韌但弗沾汗　過王所簡詩到處山家婦全憑曉夜忙只因春裏織可備夏時嘗不比苧麻貴反勝葛苧涼休言村俗樣本地好風光　鮑子芹泮詩草梗本堅直人工變化奇來來抽片片劈去撚絲絲最細剛同絡雖精未比絺村衣

渾不厭當暑甚相宜　按黃草布有三種其最稀者爲假布糊園屏及喪服中用有浙閩河南客來收其稍密者爲眞布合爲蚊帳往江北各處賣之其最細者則爲衫褲禦暑

白魚大者七八斤張子野詩春後銀魚霜後鱸崔宗吉詩笠澤銀魚一尺長此皆指白魚而言也黃梅時最多俗呼時裏白

銀魚細如針尖出洪邱渰

白蝦過王所歌春二三月天氣晴東南風歇湖波平工夫閒暇手脚㕛或五或十齊齊行行數武便起網但見網中白朗朗仔細看來隻隻粗臍中黃子森森長更有鯢魚入網來擺尾搖頭雙鬐肥須臾推得筐中滿轉身齊上湖之隈懽喜歸途唱隻歌吳江腔調舊時𦱁靠水吃水古人語無本生涯快活多　鮑子芹詩脚憑雙槳若乘船行過平湖十里天泛泛直隨鷗羽墜飄飄宛與浪花連菰蒲雨細仍推去楊柳風高始折旋網得魚蝦歸未晚市中准酒不須錢

茶金城何衡山云產雪浪山頂蔣子閣邊此茶香韻

饒有別致若得黨姬掬雪烹之不減陶學士之風味也今長泰亦有舊志遺之因補之

菌山多有之種類不一惟產於八月者勝

黃沙 細磚砌壁用

白堊 染工用

赭石 畫家用

絨架木爲機牽絲爲經織用兩梭間以竹篾用刀劃之絨頭隨竹篾而出其業始於石塘今則徧地有之矣

論曰本業足而其餘所產之物又佐之則享其利苟無其本物亦安能如之何哉鄉之所產非不多病在本業之未足足本之方禾麥之外惟多樹桑麻蔬菜多治蠶絲棉布耳而民貧且愚難與慮始欲救之而無策也

王天爵云禾麻菽麥蔬果禽魚及諸樹木花草等物茲鄉所有不下四百餘種然飛潛動植之物在在有之不可勝錄亦不必錄惟他鄉之所寡有茲鄉之所獨多者錄其一二誠不欲誇多而鬬靡也

補鮑子芹蘆蔴詩敲蘆作片片隨手織來鬆經定還爲緯橫連又合縱敢教曾子避不與戴憑重高掛長風借原能遠浪衝

續

菌 山多有之種類不一惟產於八月者勝按雜菌爲山嵐瘴氣所結血菌是松花落地久後產出味較雜菌勝居人多以浸醬油經年不壞

黃沙 鋪磚砌壁用取於太湖者曰湖沙吳塘門人多於晴暖日赴湖邊淘擾曬乾後備人建築用取於山者曰山沙將山土無石處用竹篩篩淨和石灰用之砌牆鋪磚則可若塗抹不如湖沙細膩

白堊 染工用　石塘出石盡處未成石而猶爲泥者其色白性可去滓銷運皂廠

赭石 畫家用　橫山及出石處多有赭石之嫩者或赤色或黃色一經磨研即成顏料

黃石 即本山石開化山之採石不知昉於何時視橫山石塘最舊邑中建築羣來採取山民之附近而居者誠一大利藪也然傷墳脉壞村向莫甚於是故有請官諭禁久亦漸弛今則破禁宏開此復何言

絲繭 始於清初其源肇自濱湖一帶蓋太湖之南即浙江湖州素以絲繭世其業開化居太湖之北沾風氣者宜習蠶桑之術在清中葉不過十居一二洎通商互市後開化全區幾無戶不知育蠶矣然猶繅絲以售約有二種繅出三眼抽者曰細絲售於泰西二眼抽者曰肥絲可售於泰西可銷於本國迨上海絲廠林立錫地遂有繭行之設而從前繅絲行漸致式微由是務蠶桑者不獨開化幾全邑且不獨全邑而及於全郡誠以利之所在人趨若騖市廛會計幾以繭稅爲大宗按之閭閻大利首在農桑開化能開風氣是誠有開必先不負鄉名開化者矣然按編戶蓋藏依然十室九空仍事事奢侈諺云有一利必有一弊安得在上之君子國奢則示之以儉國儉則示之以禮哉

災祥志二十四

天災流行不惟一隅但一隅磽瘠尤弗能勝且又有一隅獨受者志災祥第二十四

明初王原吉有往揚名開化掩骼詩分薄多賢勞不敏忝賓客雖無官守縻亦復與言責二任虔劉禍慘甚長平阬先王制禮經孟春當掩骼僕夫有難色欸段纔任策騎騎度岡坂渺渺循藪澤稍稍煙微青歷歷野四白游魂有草上遺老候道側我豈物役徒茲來出心臆皇天久下憫赤子非寇敵鴟鳥何不仁啣

啄血更瀝因歌戳城南風悲淚痕籍　味此詩蓋死於兵及者矣逢江陰人字原吉避居錫之鴻山號蕭帽山人

崇禎十一年戊寅秋蝗　附識時有陸復庵顏四朱七三人先謁馬君常曰老先生衣袖太大馬曰亦不甚大陸曰不大何以袋得兩定橋馬慚完橋工次謁王中任曰老先生微租太嚴今民被災荒當成熟後令佃併償爲是次謁某某皆公道語已而鄉民毀中任等家諸紳坐罪於陸顏言於撫臣張國維梟二人首揭之高竿乃二人寔未嘗倡亂亦好盡言以翹人過之害也獨朱七既謁諸紳歸惕然悔曰禍必及矣欲走不及乃煮糯米爲團束之腰村中有高樹頂搆鳥巢如籃大潛偃其中七日下覘公差反覆索已及聞人言陸顏二人已誅度事勢已緩出巢而遁入海國朝定鼎後歸老牖下　黃堯咨曰此事幸在江以南不致激成大變若秦晉兗豫郎揭竿斬木之徒由茲起矣明季之亂大抵以激而成搢紳之橫爲禍烈矣

崇禎十二年己卯春蝗孳生布地撫臣張國維下令捕蝗小民捕蝗交納糧長稱其輕重給以穀米掘抗醃漬積累輸官臭不可聞是年八九月有物如獮猴黑夜攫人名彡魔亂

崇禎十三年庚辰夏六月鄉民無食結隊搶富民米麥縣官重懲亂民撻死治前者千餘人各鄉自擒殺及捽入火中燒死者不可勝計被搶之家更相報復指稱株連獄訟繁興云　鮑子芹云聞是年搶掠於六月十九日各鄉村不約而同　附識時撫臣黃希

憲賦形短小有果敢才略蘇有富僧海航者饑民聚而掠之公聞之立命其役止擒三人來梟首傳示航得免於掠明日叩謝公責之曰汝為僧而多藏昨日三命皆由汝死今應償還左右縛航出遇蘇司李倪長圩航呼救倪語行刑者少停入對黃公云若斬此僧似與昨斬三人令少阻了不如罰粟賑貸從之牽航轉令捐資若干航願盡諸所有得五萬金噫當時所謂不幸無過直言即至搶掠食物之外尚不敢侵亦可見矣　秋蝗大至集屋盈三尺集木柯枝為斷

折而不甚被災以穀既墜蝗嚙但隕郘中可掃畚而歸也

崇禎十四年辛巳經年不雨孳蝗塞路歲大荒斗米銀四錢民多死

國朝順治二年乙酉即明弘光元年也登萊王總戎翡駐師湖中亡賴子弟聯羣接應勢甚洶洶比屋傍徨及出湖奪船自載漁船併力來鬭擊死於水者半逃歸者亦半王兵尋即散去而站頭沙頭已被搶掠

順治八年辛卯水荒米石銀四兩時行色銀色銀五錢糴米一斗而鄉民不至餓死

順治十八年辛丑旱山田禾槁湖盜赤脚張三刼奪沿湖擒人入船索銀始釋坊前罹其害

康熙七年戊申六月十七亥時地震秋九月各村訛傳盜至每夜擊柝吶喊俗云陰兵亂

康熙九年庚戌大水秋冬虎見傷漆塘樵夫

康熙十年辛亥秋旱山禾槁

康熙十五年丙辰三春多雨麥爛田中低田不得分秋

康熙十七年戊午四月初五未時地震山禾槁

康熙十八年己未二月二十四日地震夏大旱秋八月蝗至遇荒禾嚙盡茂則不侵山畝旱草被嚙至泥九月初蝗去各村歛錢演戲酬神謳歌鼓樂之聲相聞也

康熙十九年庚申大水米石銀二兩民拆榆樹皮挑煮野菜為食路有餓殍三月中旬奉　旨賑濟吾鄉委郭姓營官給散令齊集赤石嶺各圖總甲或以紙或以布為旗編隊飢口蓬首垢面滿山徧野大口給

銀八分小口給銀四分先是縣令韓文琨募富民出粟各區推一司賑始而給粥已而給米吾鄉推蕭綱侯爲司賑

康熙二十年辛酉開孟河白茆河鄉民往役有死焉

康熙二十二年癸亥春雨麥死種幾絶至深秋民以陳麥播種高壤又病水涸

康熙二十六年丁卯虎見羊祁

康熙二十八年己巳虎傷獵人按虎入董塢民居嚮傷一行路人有朱伯卿以打飛走爲業遇衆逐虎朱

利獨擒之揮衆退後挺身追逐虎轉身撲來腥風撼樹火線吹熄銃不能發被爪面額卽以銃伸入虎口兩力相持銃爲之屈虎遁朱猶能縱步抵家後數日死朱伯卿石子街人

康熙二十九年庚午三四月間有猢猻穿窗入室捍逐旋滅又有火團滾至人門羣聚追躡漸遠漸小舉鄉當薄暮放銃鳴鑼踰月乃息按火團至前以棍擊之散碎地上拾視之則飛蟲類也摘分其形作尺許有光絲而已蓋旱蟲聚而滾扑無足異者獨見猢猻之家後輒殃咎

康熙三十二年癸酉大旱山畝多荒九月大雨傾盆西山塢内水湧過人犇出平原一望浮白又是年二月虞人從石塘塢見虎卧薪中莫之敢攖有少年沈二上顧橋人適販柴見之以堅木榦直前擊其首虎大吼跳起嚙其左臂少年卽以右手托虎腮以膝踢其咽喉得脱出左臂虞人交前斃之及剝虎腦骨爲擊所碎少年數日臂傷痊復未幾又從陸審窩見一巨虎虞人追至箬塢得之蕭綱侯錄虎患漸深與邑

令言之故羣虞併力巡緝焉

康熙三十四年乙亥四五月中積雨麥爇爛刈束歸者亦食卽嘔悶低田無分秧者秧購山苗槁平田收亦薄又是年虎行村巷大董巷食一牧兒大楊橋傷一打爪卦錢姓者　過王所簡老虎謡有老虎始聞名漸漸見眞跡不獨山間行食人畜村村驚公然白晝來胡横見人跑出雙眼睛猛然一吼如雷鳴但思吾地風氣向不惡何事近來增此孼

康熙三十五年丙子春夏旱秋七月廿三夜暴風猛

雨大木斯拔民居傾覆平地成川崇朝而殺究竟茲鄉濱湖而水易洩也

康熙三十六年丁丑九月吊橋迤北虎噬三人一斷膝死一傷腰一爪髀碎衣破膚耳獵戶斃之嗣後年年有虎出入人境食犬食豕不爲異矣

康熙三十七年戊寅春夏疫氣流行民並求神呵禁不祥潔粢豐盛縻費無算又是年一春陰雨自夏秋抵冬總無渥雨

康熙三十八年己卯春三月十三帝同太后嬪妃南

游過錫夏四月初七駕還過錫縣吏徵夫往役鄉民瘁焉又是年一春雨雪交加麥就萎已而有收出於意外入夏旱仲秋霖禾大不稔佃民逋租又是年疾疫各村求神縻費同於去歲

康熙三十九年庚辰夏秋旱歲畝多荒十一月百花多開若早麥至有豎管吐穗者十二月虎食白茆一少年

康熙四十年辛巳正月羊祁虎食一陸姓居民夏麥薄收

康熙四十一年壬午赦江南錢糧七分一畝恩至渥也不期低畝病澇高畝病乾惟平田獲頗稔而佃以遇赦不肯輸租遲之又久豪右收滿九斗中等八斗再次七斗收租者默否於心然而平田佃民實受其惠

康熙四十二年癸未麥收歉夏秋旱米收又歉流口丐食成羣

康熙四十三年甲申春重雪

乾隆二十年丙子大荒飢民死者不可勝數當事煮

賑長泰寺

乾隆五十年丙午夏秋大旱長廣溪點滴無水禾苗槁槁斗米五百文流口成羣殷戶設法捐貲煮賑橫山廟

論曰箕疇衍極春秋記災凡以使人中有戒懼則善心生焉如今日安享太平便應感天未卜將來便思弭患夫一人至誠尙能格天苟一鄉存心不欺自氛祲一鄉不被矣

禎祥附

康熙三十八年己卯沙頭王承芳田中禾發二穗三穗至四穗按分穲發一莖莖三節葉外裹之莖尖爲穗今從莖之節發出有三穗者連本則是四穗史册所載麥秀兩岐禾有九穗者今乃親見其形如是此穗若里中有好事者聞諸縣聞諸憲聞諸朝滿朝必奉表稱賀載入史册矣今泯泯無聞焉然省卻許多事

康熙四十二年赦中一欵凡八十以上者賜米肉絹絮茲鄉相望便有五人豈非南極老人星光芒流照

不遺僻壤乎

續

嘉慶九年甲子夏雨淋漓連月不霽沿湖民居積水三尺石米五千般戶減價平糶

嘉慶十二年丁卯旱六月地震徧地生毛蠡湖中可人行

嘉慶二十年乙亥春夏瘟疫流行乞丐成羣結隊殷戶捐貲煮賑設局橫山寺知縣韓履寵監視焉

嘉慶二十四年己卯麥收歉夏秋大旱山禾盡槁

道光三年癸未大水低鄉民房盡被淹沒戶庭中舟可通行

道光十八年戊戌除夕雷震十一月虹見

道光十九年己亥元旦夜雷又震正月大雪數尺

道光二十九年己酉夏大水禾田盡沒至秋始退

咸豐六年丙辰秋大旱飛蝗遍野集屋盈尺

咸豐十年庚申粵匪竄至居民流離村屋皆墟

同治元年壬戌兵亂之後饑饉洊至食草煮榆樹皮外沿湖居民竟有人相食者

同治十一年壬申三月初二夜雨雹十四又雨雹

同治十二年癸酉旱自夏徂秋雨無涓滴草木盡萎

光緒二年丙子夏六月謡傳紙人翦髮自窗戶而入登床壓人居民不安枕席徹夜梭巡以銅鑼自衛一時售此者與肆爲之一空無端紛擾至秋始息

光緒十五年己丑八月廿四日雨至九月廿四日止平地尺水禾苗雖成農夫皆以採菱桶小划船割取穀穗報勘荒以五成

光緒二十二年乙未沿山一帶有獸似狼似獐蘖其

毛深豁其口大於家犬者倍日暮輒至村閭尋食名曰竹狗凡聞某村有此獸出見者晨查犬數莫不少去一二後於山裹頑巷曾斃其一

光緒二十四年戊戌升米錢六十文墨西哥銀圓值九百文米貴銀賤數米而炊者時起搶刼富戶按圖設局平糶秋收乃止

宣統三年辛亥大水山區雖未至耔粒無收而沿湖一片汪洋盡成澤國明春始退

遺事志二十五

有鄉以來事見此志者所謂挂一漏萬也則亦何事不遺哉此特就分類外而意尙有未盡復匯入焉亦循邑志例中之雜識也志遺事第二十五

王應期字西沙增廣生六店橋人具文藻才幹與朱御史直齋里居近有族子被凌卹草詞達御聽直齋以此獲譴又邑令王松滋値倭警揚兵有京使過錫誤搶殺之令合紳僚具陳辨疏質之西沙西沙援筆改一句中之二字云邑令與使者戰死及上聞竟保

無事

朱直齋未達時喜放鷹一日鷹飛入邑紳園索之不得反受恥辱憤而仍讀書應試遂登第

朱念祖字蓋臣城中有祖遺屋與俞宦隣俞欺朱中落思併有其宅而朱不可俞屢使人掘倒墻壁朱修葺無已是科鄉榜發俞問其僕爾聞外報幾名僕首以朱對俞故老而有疾聞之驚死於椅

郭鈞字龍潭居介王族王族卑視之及遇郭欲赴鄉試王族環而守之夜則以繩環其居繩上多繫鈴以

防逸出郭乃陰令人備快馬於繩外黄夜踰繩躍馬而出王族覺而追之去已遠矣竟獲雋書旗竿聯云驚破仇人膽拔去糧長根

王吉夫年六十一時有族人王君仲夜楊設沿街檐下五更聞街鬧聲勾三人甚急一王莘野一王思泉一王吉夫心知其爲冥差矣比天明啟門莘野已死晨飧時思泉亦死午後吉夫逍遥於街君仲愕然背地與衆迯曉來所聞衆盡爲吉夫危之久之而吉夫如故先是成性寺僧魏大勝素與吉夫善病中語吉

夫壻曰去告令岳速料理家事我昨夢冥差示我以票票上令岳與我連名據冥差言欲往他處勾畢轉身到此隔幾日魏僧又語其壻曰去告令岳冥差言此人有陰德不去勾了言後魏旋卒後吉夫至七十一而坐脫　吉夫自題小影二其一繪勝國衣冠題曰嘗讀謝疊山先生卻聘書有曰後顧題爲宋處士余穆乎其有感也夫宋社屋矣先生終守爲宋人此先生志也余明人也俗可從而志不可變平日寧露頂爲頭陀遺像則仍留大雅後之觀者若猶置我於先朝人物則厚幸矣其一繪頭陀趺坐題曰甚哉形可肖神難肖也稿成有云似者有云不盡似者百年之後親識吾顏者或寡矣又孰似孰不似哉但令後之觀者彷彿其人如是而已黄冠野服吾素也而非時制貂蟬帽金錢頂非吾所安也無已寧禿吾頂而矣何傷乎泰雪皋詔挽詩及引吉翁王先生年七十一矣先一夕步至銀渚港與恒明話别厥明沐浴更衣合掌跏趺而逝諸高衲皆有詩奉輓余亦續貂以勤仰止槃微花發送君還去路明明彈指間豈謂瞿

曇能解脫亦由濂洛識機關一箪門下稱高足雙髻班中號最難從此老成星散盡出門南望只高山

趙玉森字君立號月潭别號榕湖登崇禎庚辰進士思宗烈皇帝臨軒特簡第二奉旨告諭閩藩峻節清風軺車覆命闖逆犯闕挂降案中此豈可爲伸喙辨白者雖然子雲之不爲莽大夫青蓮之不附永王璘百世下猶有爲辨況屬見聞事乎爲究其實當日闖逆所倚者宋企郊企郊所倚者一書生某書生某夙慕森名於破城擄掠百官時囑羣厮好護森森得免

楚痛眾口因指爲降及弘光立於南畿處決降案有緹騎械周介生鍾赴畿鍾與緹騎語次歎曰我則已矣若無錫趙月潭胡爲亦列案中耶森同年進士梁清寬仕於清其屬胥言當闖逆僭處京師日身在賊僚旁見京官報名籍無趙紳名清寬聞而咨嗟每向人述此胥語試思胥何心而好爲疏遠之紳白鍾負罪典刑時又何心而好爲他人不平哉厥後清旣定鼎森復罹叛案中自懸於梁繩如刀截墜下不得死就訊案中有力者多尋俱釋放又豈能死於後而不

能死於前耶森動靜有儀接人和藹自言平生於無眾寡無小大無敢慢三何寔謹持不替當諭藩過閶中一寺見有龕封坐化僧體指爲定光佛轉身而生其僧坐化之年月日森之生年月日也先一夕森於夢中已識其處吟偈一首寤祇憶首句云生我之年六月初事亦奇矣森有宅在坊前

秦汝文字太朴七十生子望九而卒邑諸生居淛木橋好讖緯方明季尚太平輒指陳變易事恐恐然教人備避開口便道大風來了皆笑其癡迨其卒後無一語不驗

周逍懋字蘘明酷信陰陽風水導引之術嘗築室於玉浪山塢中列石種梅招李老人共居之老人自言九十餘龐眉皓首能啖肉強飯步履如少壯曾有白髮吟白髮新添四五莖等閑摘去又還生而今白也由他白省得工夫與老爭東店人

王次山坊前人行二得內養訣顖門吸吸動如嬰孩又得祈雨術曾一試於毘陵以墨灑空即雲興以水潑空則雨沛以牌拍案則雷應合毘陵吏民詫爲神

鄉閭遂有二仙人之稱後閉關脩煉養白鴨一隻飼以白粒飲以清水謂滿四十九日己身成仙鴨化成鶴騎以上昇至期滿沐浴更衣就庭除跨鴨背鴨壓死聞者絕倒然前此亦有矣萬花谷集載一道士跨鵞而鵞壓死時人作詩譏之曰啖肉先生欲上昇黃雲踏破紫雲崩龍腰鶴背渾無力傳語麻姑借大鵬

開化八景詩

笠渚奇石

具湄猥者

願將踪跡寄沙汀豈爲陰晴肯乞靈波撼不勝牽荇

紫歲深羸得長苔青風流僅許淵明醉磊落難供德裕醒重念漁樵歸去後漫憑煙月認居停

吳塘漁艇

綠蓑青笠釣絲寒立盡船頭歲月殘蘆葦有緣棲澤國江湖無夢到邯鄲一聲欸乃風波險幾處歌聲婦子懽網得巨鱗沽濁酒共來相慰蓼花灘

鳳凰山花

河陽不必數繁華空谷於今有異花已學倩粧臨澗壑自餘香豔帶煙霞投閑雅趁幽人賞避俗寧尋高

士家最是燕鶯情寄好松花夢裏報蜂衙

裹山瀑布

不記潺湲幾度秋一泉瀉出四山兜穿沙屈曲淘金磧觸石縱橫漱玉毬瀑布誰能登峻嶺浣紗人豈過山溝仙家信息宜珍重莫遣飛花向外流

石塘春漲

溪頭衝急鎖橋門掩映晴川綠樹村日射水光翻石壁卅行波面動山根桃花雨後紅潮湧楊柳風前碧浪溫獨羨磯邊閑釣叟每留鷗鷺伴晨昏

軍將積雪

彤雲密布朔風號盡把瓊英散野皋點綴喬松銀作樹平鋪寒谷玉爲濤尋梅但覺留香味放鶴從何辨羽毛只有山中高臥客六花飛舞興逾豪

娛石返照

娛情石上坐相宜傾墨餘輝景更奇疊疊遠山橫錦繡層層清浪泛胭脂煙籠晚樹棲禽穩彩漾歸帆入港遲莫笑坐人憑眺久暮霞零亂動幽思

銀渚月出

新月涓涓影尚孤漸移天際倩誰扶片輪碾破秋千頃永夜虛懸玉一壺映渚易求丹桂種沉波難覓水晶圖姮娥似念詩懷澗贈我清光滿五湖

高梧庵曰山川勝景每藉文人之筆以傳若西湖十景得有瞿宗吉輩以詞傳之姑蘇十二景得有杜圻山輩以曲傳之然則此開化八景安知後世不藉具湄先生而得以詩傳之也哉余更寄語修志史者將此八咏載諸錫乘使宇宙間共識江南梁溪儘多名宿具湄橫塹橋人姓黃名輝字覲昭

王果延續以四　竹山洪濤　成性深谷　雪痕峭澗　橫山巨楓

太湖遇冬極寒結起冰山高者丈餘低者四五尺經旬不解日下望去恍若琉璃耀目及其渙時萬頃齊裂霹烈響震已而冰牌撞擊又作無數士馬喧填聲此湖中異常聲色也　丙子夏旱湖涸數里從銀渚南津地面直行下見石街綿亘當是昔時人居所築塘岸垣墉之基址桑田滄海迭更迭變詎不信夫王備四天爵詩湖濱塵起可揚鞭陵谷深悲幾變遷何代雕牆猶剩址誰家古井尙留磚深潭舊日魚龍窟淺渚今朝狐兎眠無限蒹葭秋水思那知一望半桑田

論曰方言野史多不雅馴學士大夫難言之然極眞確事亦出其中故復畧而言之原足使人發憤觀感焉

異聞志二十六

語常而不語怪語人而不語神所當奉以爲法但神怪間作其見其聞又不可竟謂之無惟知其情狀敬以遠之正以勝之可也苟泥理之所必無其如事之所必有何哉志異聞第二十六

朱文子舟從後洪北歸楊樹圖舟後有舟尾來聞語音類朱叔元因問之曰汝舟從何來答曰從方前王鳴玉店載餅不意餅完空舡而回一路遥相問答歷歷不爽至横山橋港口尾來舟漩於水面停舟待之不至回至港口寂然不見怪而登岸尋入港內見一舟泊岸問之舟中徐徐透出一人白衫長帽答曰此處向有祟何必追究文子叱之忽不見再進至近村遇裝柴舡上人問之曰並不曾有船進來即歸尋叔元故在家路鬼揶揄若是耶

唐垿細民唐潮曾受天師符籙延羽士啟建醮壇俗謂做預脩一日清早行路人見潮坐轎中儀衛甚盛舁轎者乃坊前陸行已也陸存日爲里中豪强見者詫而趨潮家潮纔氣盡術家役使鬼神變現幻相往

往有之不過播弄一時耳

王兵結水寨湖中時沉一大砲於吳塘門口値水涸里人秦宇明獲之思碎其鐵以易價俟夜深持槌掊擊砲作大聲懼而埋諸田十餘年後邑營官張姓鎭守吳塘門居民有相仇者指稱田中藏砲官令掘起因供出秦宇明明被刑破家舁砲置邑南門月城濟以朱紅虎頭木覆載所謂紅衣砲大將軍者是也歷二十年耿精忠反南服檄四方砲南赴而砲始去其不可犯不終掩殆若此

何近沙浮沙頭人夏日値雲湧風烈沿河趨歸見河中一水牛頭游水猛厲方欲審視激起水點如斗大眼爲水淬急奔至家忽睹一龍從河昇空雨如注下

又白龍山南面坳舍灣裏有一庵黃昏時雷電大發庵僧擎火掩窗窗臨山塹塹如壁起大木騰空乃龍畏行雨潛行深壑驚火爲電猝然而飛始信雷電所以鞭龍也

周柏如自恃多力多丁僭鄭氏世墓爲住宅鄭子孫訟之官官不能直周遂盡發其塚夷爲屋其忽一日當晴午六七方巾大袖人來狂風隨之撼倒門窗直入內室毀器皿傾箱篋柏舉家出走候聲響止息乃歸見衣飾布地拾起如灰燼然後柏家業愈起垂二十年一夕盜至燒其背背腐見肺肝宗嗣斬絕

殷二黃子賣柴於姑蘇有富戶失火運財物於殷舟令婢守視殷誘婢登岸載歸致富後婢致死而富戶亦憤恨以沒後殷亦被回祿所留餘椽終日發火或從門楄或從箱籠家嘗延小子師有一敝裘置寢所枕席衾帳已焚而敝裘不犯殷至不敢住屋下露炊

露宿未幾父子俱死廉巷橋人

周達甫周道巷人務農良善一旦家中怪作動用飲食之物轉眼不見又其甚者晨扃其室而出抵晚歸戶牖皆壘斷有牆壁處豁爲戶牖又嘗見毛血灑地釜有剩肉而圈豕烏有矣如是三年其長子死

韓興仁蔣家橋人有同里細民高姓者犯疫病時見車馬盈門坐而索食高曰吾家貧不能給客吾里惟韓家足以給之而高病遂愈是時韓赴城夜半其妻聞叩門聲甚急以爲夫歸也而啟之及啟門毫無影

譬心異之入室遂覺心悸寒熱交作韓歸亦病夫婦雙亡

論曰蘇子瞻每强人說鬼應是厭聞世事耳固知罕見之事能一新人聽聞此亦一鄉中之搜神齊諧也

跋開化鄉志後

余於訓蒙之暇得梓里王果延先生所撰開化志讀之不勝太息感動自吾邑新脩錫山志所載人物獨於開化多遺闕焉是以先生憫吾鄉忠臣孝子之泯沒儒學之無傳乃網羅一鄉中古往今來之人物詳覈評隲爲開化志如尤蔣秦張之儒學許施陸萬陳周王朱之宦望忠烈則吾先子曰厚公孝友則秦一誠隱逸則錢伸仲釋則僧伽神則王濟利惠民侯仙則抱樸子道則尹從龍分門類列至若貞烈伎術流寓諸人皆斑斑可考夫開化北逾方橋南盡沙頭東至方湖西抵震澤幾五十里可比一邑山水鍾靈其間挺生掘起之人又寧有艾焉余作小跋附後著其爲直筆信史雖與左穀馬班垂之無窮可也

鄉後學何鈺廷璺氏識

開化鄉志跋後

余意脩邑乘者每鄉先擇一文墨之士網羅一鄉事實邑則設局使四郊仍各投納應入志者推鴻筆二三人編輯潤色除忌諱除愛憎除附和除憚煩增後減前攘奪伎倆敘閑畧要顛倒工夫務期靡遺靡舛勿辭受怨受嗔夫如是始足以昭已往而勸後世此豈綿力所能爲菲才所能任哉吾願有心於揚側陋發幽潛者即從閭里註起推及一鄉漸廣及國中但得數人如是則記載既詳亦語多符合於此益以徵信藏諸篋底傳諸多人以俟秉裁之君子出焉是亦讀書說字者之分內事也

後跋

王果延先生開化鄉志一書素未鐫版徧蒐諸家藏本悉係鈔寫鄉人屢議續修刻印祇以索處離羣因循不果茲承邑壽翁高松濤君夙以表彰文獻爲己任覓得原輯稿本倩人繕正而同志有學博侯伯文君復許爲點定從事校讐謀及於梁合貲付印梁以梓里遺書久虞湮沒而幸得好古如高侯二君之熱心闡揚有光先哲爰不辭鄙陋與朱鑑涵君同意贊成俾襄蔵事惟是役爲時倉卒採訪未周明知挂漏之譏誠所難免尙俟後之人匡斯不逮以期完璧於續貂也

鄉人蕭煥梁跋

重修馬迹山志

（清）許 棫 等輯

《重修馬迹山志》八卷首一卷，（清）許棫等輯，清光緒六年（一八八〇）活字本。

馬迹山，簡稱馬山，位於太湖西北部。原爲太湖之中第二大島（僅次於洞庭西山），隸屬常州之武進縣；解放後，曾劃歸震澤縣；一九五四年八月劃歸無錫縣；從一九六〇年起，改屬無錫市郊區（今濱湖區）。上世紀七十年代圍湖造田，使之與陸上連接，成爲半島。

早在明嘉靖初年，馬迹山隱士錢孝（字師舜，號西青山人）曾首纂《馬迹山志》；清順治間，徐震陽（字午義）續修；康熙三十年（一六九一），陳履儼（字敬亭）又重修；道光十年（一八三〇），許可權（字桐郵）再重修；光緒六年（一八八〇），許棫又在諸志散佚的情况下，廣搜博采，再次重修。

許棫（一八〇〇—一八八二），字太眉，又字夢西，南宋『名醫進士』許叔微後裔，諸生。世居馬山小墅灣。清咸豐初曾舉孝廉方正，不赴，主講常州道南書院。晚年回歸故里，自號三橿翁。著有《讀説文雜識》、《東夫山堂詩集》、《三橿老屋填詞》、《楹語偶存》等。由他主撰的這部《重修馬迹山志》，分設太湖紀略、馬迹山總紀、峰嶺、河港、風俗、物産、灾異、祠祀（寺觀附）、古迹、冢墓、薦舉、鄉會榜、貢士（附生員）、武鄉科、仕宦（附雜宦）、孝義、文學、栖隱、烈女等門類，卷首則有舊序、纂修姓氏、例言和馬迹山全圖。因馬迹山是太湖之中的一座大島嶼，故編纂者參考了蔡昇的《太湖志》、王文恪的《震澤編》、翁澍的《具區志》和金友理的《太湖備考》等，特增添了卷一的『太湖紀略』和卷二的『馬迹山總紀』，以起到縱覽全貌的作用；同時，本志省去了『水利』一門，也是根據馬迹山四面皆湖這一具體特點而定的。卷五『祠祀（寺觀附）』中有『惟小靈山開於唐，升寺於宋，舊名祥符』，『聖祖仁皇帝御筆書「神駿寺」三字易之』。這成爲擴建祥符寺爲『靈山勝境』的重要歷史依據。

此書雖然以山名志，但實爲一部地方鄉鎮之志，也是一部很有價值的地方名勝志。

本書據光緒活字本影印。

（夏剛草）

重修馬蹟山志

光緒歲次著雍單閼陽月古夫樹馮效琮楬櫫

昔宋子京修唐書自云文減於前事增於舊烏虖豈易言哉不特正史當如是郡邑志及志一山一水體例隨地不同而文詞莫不以簡該爲貴馬蹟山水鄉也明錢隱君西青始剏志質而不詳諸文人續修不一具匭外史陳履儼本爲備而蕪雜不倫許桐郁可權踵輯之稾久佚蓋一鄉之山川田賦科名文物闕焉不顯於世者餘三百五十年於兹矣諸同人請曰郡邑志及他書往往引徵山志顧未有刊本及兹不修則舊稾散佚新蹟日湮將一山之掌故無復存焉者是豈西青具匭諸先生意乎先生其無辭予曰唯唯形諜有年儵焉衰齒目不相聽神不相使幸馮生效亮淹聞多識佽予痛釐叢薉博挍節義編爲七卷偏隅小棊何敢云文減事增哉聊以竟前人婁修未竟之志而郡邑大夫敷政之暇相與觀鄉而問俗亦足資以考鏡云爾光緒六年庚辰十月八十一老人許棫序

重修馬蹟山志目錄

重修馬蹟山志卷首

錢西青馬蹟山志序

馬蹟山一曰夫椒在震澤中爲武進屬地舊無志即有之附郡邑志中不詳淮之師錢師舜先生山人也慮事無紀載則久將泯沒無以施於後世於是訪故老搜雜記參之己見而別爲志焉志成走書使過江命爲序淮惟水平王佐禹治水有教民浚導之功宋劉晏出兵破寇解吾常之難此祀典所謂能禦大災捍大患則祀之者也夫何歲久廟毀爲東岳行祠不有先生白之官以復則二賢之祀不幾廢亡乎錢氏女夫亡夫兄欲奪其

志女乃自縊以死堵氏女因父溺水乃痛哭入水救父亦死志節凜凜與漢曹娥夏侯令之事絕相似不有先生著之則二女之死孰從而知之孰從而表揚之乎夫興祀典以報有功表貞節以厲風俗此皆有政之大者也使由是而行之遠焉其有補於鄉邦多矣夫古之君子得位則行其道不得位則行其言先生學博行修不爲祿仕豈亦行其言夫嘉靖五年丙戌秋八月南京太僕寺卿門人空與杭淮謹序

錢西青馬蹟山志後序

馬蹟山散見古今圖志皆止備山川形勝而地莫詳焉

者舉其要以該博勢有所不能也東南諸山在震澤者或曰峙或旁列湧金浮玉於雲濤煙水中世傳七十有二其閒委蛇博衍高湲幽曠民生林如閭閻都如物采郁如惟洞庭與兹耳夫自有民居卽有官師之制有禮樂教化之施有貢賦力役之征有風俗湻漓之變又烏知不有善可爲勸惡可爲戒者於其閒哉歷世既遠往迹澌滅予與西青錢師舜氏居山之中每語及此輒相感歎謂無載籍爲兹山闕典期共纂成之數十年來余宦轍南北莫措一詞嘉靖乙酉秋歸自湖藩師舜志且脫稾以示余其言覈而不浮其辭質而不俚峯巒巖壑

名稱之傳訛者正之義隱晦者加檃栝而疏之民德拯援廟祀之奪於流俗者嚴考索而復之節孝之晦於貧而有足徵信者表之養恬樂善終老丘樊士不累於俗者錄之他如物產仕進履歷古今題詠之類綱提領挈有倫有則幽微闡而勸懲寓炳若一方之史自兹同志君子出而續之傳信將來固師舜乎託始亦師舜之心也嘉靖丁亥正月夫椒山人丁致祥序

錢西青馬蹟山志跋

右馬蹟山志西青錢先生所編也嘗屬憲較一過旣而雙溪杭先生爲序諸首復持示屬綴一言於尾夫古君子之志未嘗不在翼世而善俗雖一言動亦寓教焉而況著述之大豈徒工鉛槧哉山在武進東南震澤中其名見於吳越春秋國語史記諸書矣然而泉石之幽勝俗里之敦朴土地之產育人才之彪炳忠貞節義之軒特未有表章而紀述者後之君子欲稽往迹徵文獻不無杞宋之歎先生爬羅捘采集以成書事核而該辭質而明忠臣節婦尤惓惓示勸俾觀者一展卷而得兹山之勝且覩前哲之遺規仰攀逸之芳躅將慨然有思齊之意興起人心有裨風化所謂教亦行乎其閒而先生翼世善俗之志顧不少見哉先生博學至行隱居授徒

雖老而著述不衰其遯世有得者與嘉靖丁亥六月古菴毛憲跋

徐午羲續修馬蹟山志序 志稾佚

國有史方州郡邑各有志若夫鄉則統於邑矣曷志哉馬蹟山吾武進東南之一鄉也鄉曰迎春爲生氣所自來地當巽閥而山在其區三萬六千頃中雲濤吞吐文明之所繫也兹山以鄉著故獨有志焉志一鄉志一山也三江既入震澤底定見於禹貢吳王夫差敗越於夫椒見於春秋馬蹟相傳秦始東游神馬所踐或謂是漢郁使君唐玄奘法師又以爲小靈山山之得名久矣其

有志自山人錢西青始今徐君午羲續修之午羲余姻親閒居多暇纂輯蒐采視昔特詳其用意深矣布衣而懷當世之務逸老而切善俗之思考古證今撫今追昔百年之內變遷不一而其不變遷者自如山川土田貢賦之額具在人物風俗時代之感易生要以還淳反朴革薄從忠向筆墨閒潛移默轉無以科第炫其聲華無以文章損其愿慤桃源谷口兹山兼擅其勝矣夫子曰我觀於鄉而知王道之易易也使百姓盡如迎春雖無縣官可居然羲皇以上徐君志一山志一鄉云乎哉余不佞敬弁數言於首亦觀於鄉之義也夫順治辛丑十

二月

賜進士狀元及第太子太保郡人呂宮譔

徐午羲續修馬蹟山志自序

吾夫椒以嚴鎮一片屹立巨浸中自句吳敗越報檇李之仇繼而祖龍驅馬踐石留蹟因名曰馬蹟遂與天壤不磨歷漢晉唐以及宋高宗南渡嚴兵固寨爲震澤之雄峯逮至明祖肇造區夏編鄉曰迎春列八堡九圖鍾秀毓英爲武邑之勝里舊無志志之始也實惟西青錢公纂蹟紀往敘事垂來公其有深心哉余嘗涉獵仙霞洞庭冀窮耳目之翫無何而流烽煽焰回首吾廬又值

新朝定鼎幸此消散閒身沐浴於光天化日之下偶得錢志而繙閱之聿首厥績距今百五十年之內若而國華若而郡望曷以興廢曷以榮枯弗祖是志而紹述焉其何以概鑒於前而徵信於後也余惟不揣愚昧妄覬續貂恐囿見聞用周咨采遺者摭而疑者闕訛者正而略者詳閒或附以己意復參證於達尊修益六卷彙以成書然倫軌雖同而體裁稍異俾觀者一展卷而慕忠孝之心志羨節義之操守達天時之常變驗歲序之豐凶辨戶籍之版圖審田疇之貢賦庶幾地以人傳人以事傳而馬蹟叢土直可志昭光國書昭信史爲徵

時論世者之一助乎若夫林巒巖谷煙水雲濤虬松怪石精舍名藍悉繪景於先賢詩畫中又非敢得而贅也西青復作將無同順治十八年辛丑孟春六朝逸老午羲徐震陽題於正心堂

陳敬亭重修馬蹟山志序

班孟堅易八書爲十志而後世志因以名然以三國南北二史且不敢作志信乎志之難也國有史以紀一代之終始然事亦往往多略若志視史加詳矣志有省有郡有邑郡邑視省爲詳若鄉有志則視郡邑宜尤詳然鄉志不常有非鄉不可志無博雅之士以網羅散失爲

任故鄉率無志也周官比閭族黨州鄉遂之制凡事物名數井然有序先王采之以觀風故曰觀於鄉而知王道之易易蓋鄉之所係如此吾迎春山鄉也在具區中名馬蹟相傳秦始皇東游神馬踐石成蹟故名馬蹟東有夫西有椒史載夫差敗越即其地山之得名已久而有志則自明嘉靖閒山人錢西青先生始其爲書略而未詳迄今一百六十餘年其閒山川貢賦人物風俗灾變之屬不有以萃聚之懼無以徵信於後也故十年來同族兄敬亭加意援采於耆賢古蹟忠孝節烈力表纂之近又得徐君午羲志稾一編爲之整齊其文正其閒

見之誤删詩文不足觀者成志若干卷昔孔子考夏之禮慨文獻之不足苟非錢徐兩君子余亦何所藉而薈萃之哉江淹云修史之難無出於志柳子厚自序其文曰本之太史以著其潔太史之嚴潔在天官八書余文姸鄙何足當其任而撰之比閭鄉遂之制生是鄉者實不敢辭然亦不過述舊聞事紀載非敢自附作者倘今日任采風之責者緣之以爲史助謂僅鄉里之志云乎哉康熙歲次辛未中秋中書舍人椒峯陳玉璂題於壆山堂

陳敬亭續修馬蹟山志序

讀尚書而後知政讀周禮而後知治讀春秋而後知教此三代以上之史也後之作者皆折衷太史氏以爲史而史之法傳焉蓋自班孟堅以至於今也然有其才而無其位則雖具董狐之筆方將與書蟫同朽篋中安得操湘東三管而書國乘哉雖然士君子不在朝而在野則居然一鄉之史凡夫缺者待補譌者待正幽微者待以闡揚善惡者待以勸懲一著述動關風化豈必身躋館閣而後可以史才見哉馬蹟山在震澤中一培塿耳而居民文物之盛不下蕞爾山城舊有志爲西青錢先生所編世代既更其閒風俗之澆漓人物之繼起天道

流行之災異金石爭響之文詞良有月異而歲不同者前志標列款目未爲得所典故亦多罣漏後之人因時核事不無望於此日之孟堅也久矣敬亭陳子聚十餘年精力蒐討諮詢補錢志所未及故其所載典而嚴詳而覈足爲他年考信焉山川人物分灣注之又灣爲一圖令人展卷如置身蒼岩幽壑中不啻臨淮入壁精采皆變非若大旗落日馬鳴蕭蕭者矣吾聞敬亭足蹟半天下恆嵩泰岱之巍峩江淮河海之浩瀚靡不羅貯於胸中今齒已老尚能磨盾作檄刻燭賦詩不減少年時始信司馬子長歷覽山川而文益奇故其爲志博奥典

則爲政爲治爲教不外乎是馬蹟今有志矣敬亭以具區外史自稱誠哉其爲外史矣康熙歲次辛未孟秋知台州府事前翰林院庶吉士同邑年家眷弟吳本立譔

陳敬亭續修馬蹟山志自序

夫志何昉乎禹貢一書記山川田賦貢篚實爲志之祖史記漢書均有食貨志陳壽作三國志志而史矣嗣是凡郡邑所記悉以志稱吾山舊無志志自錢西青先生始萬歷閒李嶺西修之已散逸後徐愼初又增訂視西青較備然事頗失實兼乏體裁余曩嘗裒集之謀食四方恖恖不暇從事及還山老矣椒峯中書雅志於此謂余曰兄向爲潘陽作邑乘夙諳志體今吾山文獻漸若晨星倘不加纂集則西青以後一百六十餘載之人文將湮滅不傳兄盍蒐討以成夫椒信史乎余曰唯唯乃取向所裒集者重加損益詢故老捜家乘及諸藏槀去譌存信而成之雖弗克紹前人因陋就簡之譏或可免矣既脫槀爰綴數語於卷首康熙歲次辛未季春具區外史陳巙儼題於竹醉堂

許桐邨重修馬蹟山志序 桐邨名可權所修槀佚僅存此序

馬蹟山在震澤中爲武進屬地自雍正四年分邑而山屬陽湖相傳秦始皇東游神馬踐石成蹟故名馬蹟之東曰夫西曰椒史載夫差敗越卽其地山之得名已久而有志則自明嘉靖閒錢西青先生始西青山人也慮事無紀載久將澌泯訪故老捜雜記積數十年而志成卷帙無幾凡山川貢賦人物俗尚災變之屬咸備距今三百餘載歷經鄉人士續修而增廣之裒然成集而卒未登棃棗己丑夏予視事斯邑南望馬蹟岑崟崒嵂極雲濤煙水之觀想其閒民生林如物產郁如俗里醕如方以未得讀茲山之志爲未快適余友桐邨許君過訪衙齋極稱茲山居民文物之盛出西青所定本示予謂將付剞劂屬余爲序予惟志有省有郡有邑獨鄉志無

聞忻然讀之覺山林之幽曠閭閻之敦朴土地之產育人才之蔚起忠貞節義之軒特事核而該辭質而明莫有過於是帙向予想見其林如郁如醕如者今若躬履其地穆然見

盛朝重熙累洽之化不遺一鄉也古來吏治之術存乎風俗惟習知一邑一鄉之風土人情而勸善懲惡易若指臂之使所謂儒者身不越阼序而坐運四遐豈矜異術哉茲山雖縣之一隅而得西青先生創爲志鄉人士續修而增廣之桐邨許君復編輯而壽諸梓予喜其志之成尤喜吏治之得所藉也斯亦宰是邑者之幸也夫

道光十年庚寅閏四月前翰林院庶吉士知陽湖縣事
侯官廖鴻荃譔

重修馬蹟山志姓氏

纂述

許櫃翁棫（郡增生舉孝廉方正）

參校

馮石溪效亮（生員）

編錄

陳韶甫紹先　張蔭椒遇唐（生員）　張月窗肇楠

張伍峯迺濟（生員）　丁芝谷珊　顧養輿浩初

馮季心效琮　徐邁士藹華　徐蘊溪有珍

攸修

秦漱泉廷燮（職員）　張石谷近圮（監生）　張明階坤（監生）

魯逸泉本　陳心奎漢槎　许憩泉汝忠（監生）

宋月谿善祁（監生）　周順舫方愉　吳文菴艮玉

王映谿鎬　李仲梅亦和　徐聘三保仁

許敏甫衍煦　許俊甫衍燕

例言

一馬蹟山志刱於明嘉靖時錢西青孝僅具厓略嗣徐山人震陽陳山人履儼中翰玉璂王文學熙祖許祀生可權踵修彌備而迄未付梓恐鈔本易佚彙而纂之飾以康熙以來諸迹陳志分灣紀載雖便於循覽而各灣門類繁複殊嫌瑣碎茲仍用西青體例以地名人事爲主分注灣名其下用竟昔人未竟之志備一山之掌故焉

一志郡縣山水者皆有圖以著眉目而約略爲之往往不合翁澍金友理諸圖未盡可據若分灣圖繪則灣

形大略相似非筆墨所能區別茲總繪一圖分注灣名雖限於尺幅未能詳備庶幾如陳應芳敬止集以本地之人言本地疏舛較少

一志全湖者蔡昇太湖志王文恪震澤編翁澍具區志金友理太湖備考金志尤考據翔實特意主湖防詩文從略夫筆墨以江山助奇江山以剗繪增色況具區之雄冠嶂之陗可無摹寫乎錢志太簡小隱之外僅存三十九篇陳志博收之又傷於蕪茲刺取什二三益以新搜散附各條下其無可附者入本傳無傳者入本灣不立藝文一門用范致堯吳郡志例也至太湖紀其略而馬蹟加詳則此書專紀馬蹟非紀太湖欲攬全湖者有文恪諸書在

一馬蹟爲七十二峯領褎春秋左氏傳名夫椒其役事蹟罕見南宋以來始有可攷然山川形勝自古已然詳著於篇爲馬蹟總紀灣名總紀

一馬蹟雖卷石而峯嶺河港稠疊紛繁樵薪耕作民生攸系坿以泉石津渡橋梁開袤聯如至湖中諸山隨湖水長落爲旱潦人力難施不設水利一門

一田賦差繇關於 國課民生謹錄歷届清糧田數及昔年優免繇役碑摹以資世守坿以風俗物產兼紀

災異俾旱澇水溢盜掠獸災可資參攷

一古有王社國社侯社置社而在民則爲民社會典先聖廟至土地祠皆編入會計又令鄉每里立社祀土穀之神則社乃正神猶郡邑之有城隍神禮宜春秋報賽水平王功垂萬祺劉龍圖忠萃一門尤宜百世祀至琳宮梵宇馬蹟地瘠人朴向少崇奉惟小靈山開山于唐升寺于宋舊名祥符恭逢
聖祖仁皇帝御筆書神駿寺三字易之
天章
睿藻照燿東南緇流雲集蔚爲叢林敬謹登紀棲雲菴

雲居道院奧區仙蹟並載於篇以爲湖山點綴而古蹟冢墓類爲一卷

一馬蹟自南宋予祖叔徵公及子必勝公登第後科名始可攷見至明萬歷迄國初稱極盛至有一榜數舉人明萬歷癸丣陳睿謨錢象謙吳賜孫學書丙午徐復陽許鼎臣天啟丁丣鈕國蕃姚起蛟崇禎庚午錢國琦李盛時壬午吳伯倘陳杏櫻秦之鑑國朝順治辛丣許之漸王來誥一榜數進士宋乾道丙戌許琮與姪時同蕭國梁榜明萬歷丁未吳賜許鼎臣同黃士俊榜崇禎癸未秦之鑑吳伯倘同楊廷鑑榜並國史立傳王員外就學明史有傳特科膺薦陳中璂康熙己未薦應博學宏詞科蕞爾地人文蔚起有偏邑所不逮者紀昔之盛以慨今之衰綴以貢士武科舊例也至仕宦一門冞卓有可紀者十餘人登之而貢士之後坿以生員仕宦之後坿以雜宦一以爲窮經不遇者勸

一以議敘捐輸著於功令例得坿書

一孝友義行人倫之表風化之源觀鄉而知王道之易由此也至于文章著作之儒遺佚弗燿之士代不乏人詳紀之以昭作人之化不遺僻壤焉

一劉向傳列女諸史俱設此門蓋節烈　朝廷所重旌表闡幽所以敦崇風化顧閭閻苦節上達者稀若不搜羅登志不無湮沒之憾故詳加采掇慰玆荼苦

一各志俱立雜摭拾遺等門以搭其餘然郢書燕說祗資談柄不爲典要本志不設此門期歸雅絜

三槎翁許棫識

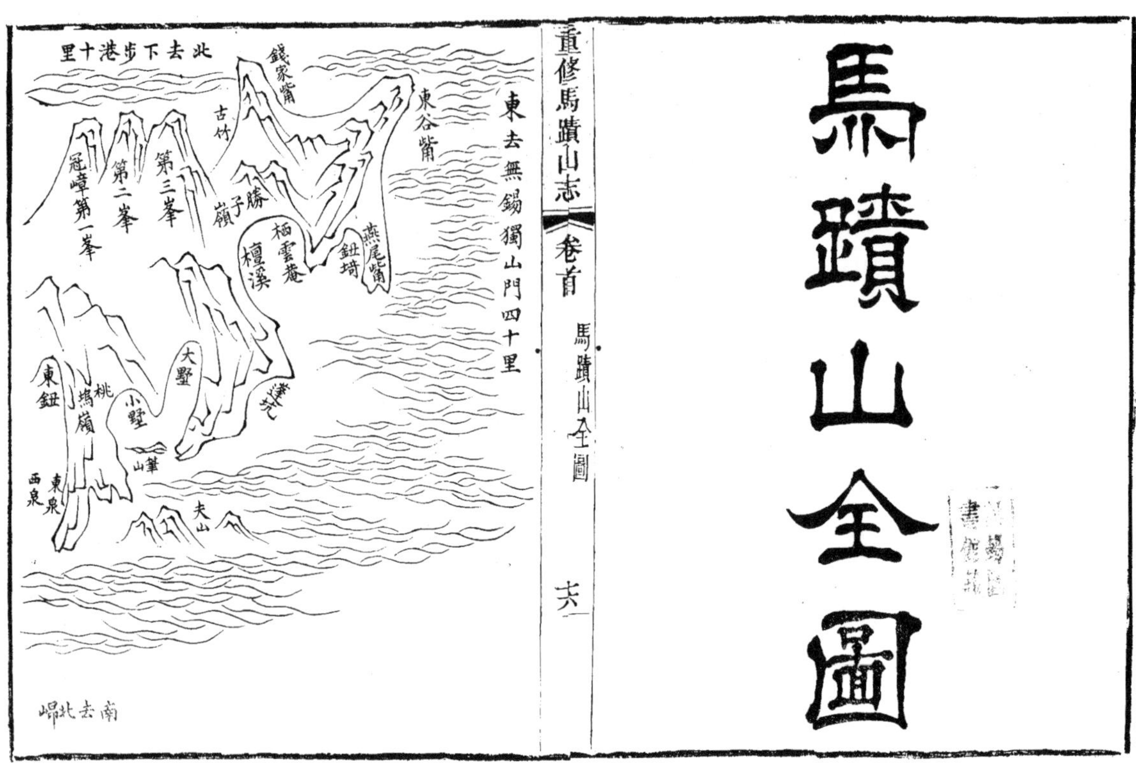
馬蹟山全圖
重修馬蹟山志
卷首
馬蹟山全圖
十六
東去無錫獨山門四十里
北去下步港十里
錢家嘴
東谷嘴
古竹
第三峯
第二峯
冠嶂第一峯
栖雲菴
檀溪
燕尾嘴
大墅
小墅
東鈕
東泉
西泉
夫山
筆山

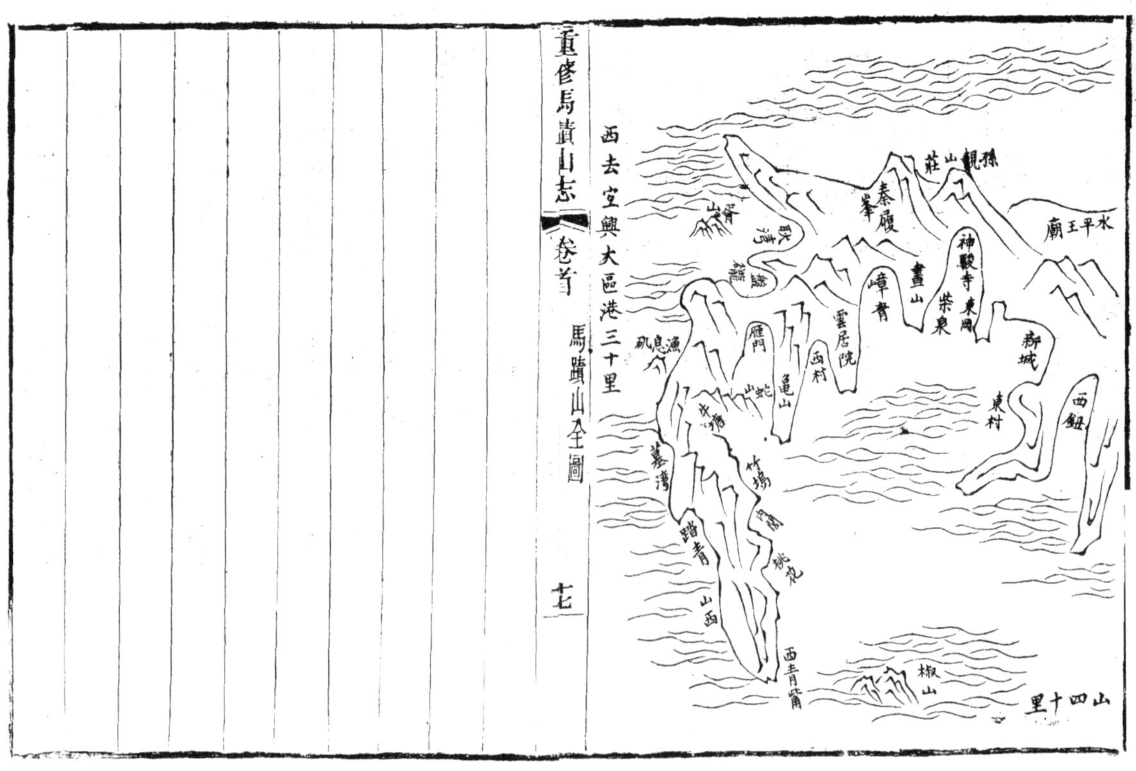
重修馬蹟山志
卷首
馬蹟山全圖
十七
西去宜興大浦港三十里
觀山莊
秦履峯
水平王廟
神駿寺
東岡
畫山
嶂背
雲居院
西村
龜山
蛇山
雁門
東村
西鈕
竹塢
桃花
踏青
山西
椒山
山四十里

重修馬蹟山志卷一

里人 許棫纂述
馮效亮參校

太湖紀略

太湖爲東南巨浸紀全湖者具有成書茲紀馬蹟一山似與全湖無涉然馬蹟與七十二峯俱在湖中而馬蹟尤大則志馬蹟必先紀太湖爰略摘古來詩文什一冠於首爲先河之道云

文

明王鏊五湖攷吳郡之西南三十餘里有巨浸焉東西二百里南北一百二十里周五百里廣三萬六千頃中有七十二峯襟帶三州蘇常湖也東南諸水皆歸焉其最大者有二一自甯國建康等處入溧陽迤邐至長蕩湖并潤州金壇延陵丹陽諸水會於宜興以入一自宣歙天目諸山下杭之臨安餘杭湖之安吉武康長興以入而皆由吳松江分流以入海（過吳松江分而爲二一自吳松江二百六十餘里入海一自急水港五十里由港浦入海）一名震澤書所謂震澤底定是也一名具區周禮職方氏云揚州之藪曰具區山海經云浮玉之山北望具區是也一名笠澤左傳越伐吳吳子禦之笠澤是也一名五湖范蠡乘舟出五湖口太史公登姑蘇望五湖是也五湖者張勃吳錄云周行五

百里故云虞仲翔云太湖東通長洲松江南通烏程霅溪西通義興荆溪北通晉陵滆溪東南通嘉興韭溪水五道故名五湖陸魯望云太湖上稟咸池五車之氣故一水五名然今湖中亦自有五名曰菱湖游湖莫湖貢湖胥湖莫釐之東周三十里曰菱湖（西口闊二里口之南則莫釐山北有徐侯山西與莫湖連舊傳湖中有青白龜子板往往見則風浪作洞庭實錄云吳王於此種菱故名莫釐山北徐侯山東南九里南北五里三面沙岸相接上有人居今吳縣無三十一都父老相傳淪於水中豈即此地邪）莫釐之西北周五六十里曰莫湖（與胥湖相連當在莫釐山西北傍莫釐故名）長山之西北連無錫老岸周一百九十里曰貢湖（西口闊五里東南長山山南即山陽村洞庭實錄云夏禹治水曾駐此故名）胥山之西南周五六里曰胥湖（與莫湖連吳地記云胥山繞胥湖東岸西臨胥湖有伍子胥三王廟或云吳王殺子胥盛以鴟夷投諸江吳人爲立祠於湖上號曰胥山）長山之東周五六十里曰游湖（西口闊二里東南岸樹里山西北岸長山洞庭實錄云吳王游玩於此故名）五湖之外又有小湖夫椒山東曰梅梁湖（吳王進梅梁至此舟沉失梁後每至春初則水面生花今洞庭有梅梁里）杜圻之西魚查之東曰金鼎湖（昔吳王泛舟五湖金鼎沉此物類相感志云震澤有金鼎湖天將雨見黑浮水面有頃雨至漁人以爲識）林屋之東曰東皋里湖（吳越王歲於此投金簡以祭銅官）而吳人稱謂則惟曰太湖云

又七十二峯記山之在水面者其景最勝若以七十二峯之蒼翠矗立於三萬六千頃之波濤其爲勝何如也徧行天下惟是有之太湖之山其發原自天目而來

奔騰至宜興入太湖融爲諸山湖之西北爲山十有四馬蹟最大（毘陵志云在武進東南太湖中周百二十里與秦履山接）又東爲山四十有一西洞庭最大又東爲山十有七東洞庭最大馬蹟兩洞庭望之渺然如世外之境郎之茂林平野閭巷井舍各數十家仙宮梵宇往往而是馬蹟之北秦履夫椒爲大夫差敗越處也西洞庭之東禹期（禹治水時嘗期諸侯於此）黿山之北横山陰山葉余長沙山爲大（長沙山有石鏡太湖中舟行人物皆見）之長沙之西衝山漫山爲大東洞庭之東北武山余山西南三山厥山澤山爲大此其上亦有人居或數百家或數十家馬蹟兩洞庭鼎峙湖中其餘諸山或遠或近若浮若沈隱見出沒於波濤之閒馬蹟之西北有若積錢者曰錢堆稍東曰大磯小磯與錫山相連而斷舟行其中曰獨山有若二黿相對者曰東鴨西鴨中有三峯稍南曰大隨小隨與夫椒相對而差小爲小椒爲杜圻范蠡所嘗止也西洞庭之北貢湖有兩山相近曰大貢小貢（正統十四年正月六日二貢相鬭開則復合已而復起鬭逾時而止見者千餘人景泰中復然出杜東原耕餘雜錄）有若五星聚者曰五石浮曰茆浮曰思夫山若兩鳥飛而欲止者曰南烏北烏其西兩山南北相對而不見見卽有風雷之異曰大雷小雷（乃大舜釣魚處也）稍北曰大干小干與二干相近曰瞳浮曰紹山曰東獄曰西獄

（世傳吳王於此置男女二獄）其前爲粥山（相傳吳王於此飼囚）有若琴者曰琴山若杵者曰杵山有對植者曰大竹小竹與衝山近有若物浮水而可見者曰長浮獺頭浮殿前浮其東與黿山相對而差小者曰龜山有若二女娟好相對立者曰大謝姑小謝姑有若石柱巖辟者曰玉柱稍北爲金庭其南爲峻山爲歷耳山中高而傍下者曰筆格驤首若逝者曰石蛇有若老人立者曰石公石蛇石公最奇若螺者曰青浮與黿山龜山南北相對者曰鼉山傍曰小鼉二鼉之閒若隱若見者曰鶖藍東洞庭之南首銳而末岐者曰箭浮若屋敧者曰三舍浮莩浮又南爲白浮澤厥之閒有若笠浮水面者曰箬帽浮有逸於前後追而及者爲貓鼠山有若穹碑立者曰石碑是爲七十二山其最大而名者兩洞庭與馬蹟也

國朝陳玉璂七十二峯記震澤一名具區又名五湖吳越人稱之則惟曰太湖廣三萬六千頃其中山之可紀者七十有二皆以峯名跨省二曰江南曰浙轄府三曰常曰蘇曰湖三府之中各以縣相屬余家於常之武進馬蹟又爲余之祖居故得頻往來於是湖而湖之隸於武進者當西北將盡之地故馬蹟爲西北最高峯馬蹟者相傳秦始皇帝登此厭勝神馬踐石成蹟因以得名事雖無考然

其蹟猶有存者馬蹟之上有津里官長二峯突兀聳秀宜列於諸峯之內然皆統於馬蹟爲七十二峯之一馬蹟之東曰夫西曰椒史稱吳王敗越者是又西曰漁息磯又東曰錢堆曰米貯曰大磯獨山者與錫山似連而斷舟行適在其若連若斷之閒而其若連若斷之閒望之有如二凫宿者東鴨西鴨爲最著自獨山而稍南者大隮小隮與夫椒相對而差小者小椒杜圻此十三峯者高不數仞小如彈丸本不可以峯名以其浮於湖水之面皆得名峯張勃吳錄云五湖周五百里即所云范蠡乘舟出五湖也五湖一曰菱二曰莫三曰游四曰貢

五曰胥五湖之中止貢有山二而山即以貢名曰大貢小貢合馬蹟之東西峯凡十有五峯并合馬蹟計之則十六峯與馬蹟遥峙而可見者東西兩洞庭爲七十二峯之冠西洞庭村居棊布人以種植花果爲生活而不善耕田每俟果熟輒易米以自給當三春花發上下瀰漫如繡錦相錯至櫻桃楊梅諸果實時又若紫霞丹山千層萬疊居者疑在仙島中角里先生者嘗居此至今有山呼角頭游人過之皆低徊留之不忍去東洞庭與西洞庭竝立距湖止十里許明文恪王公鏊家焉其餘無足稱者西洞庭之東有黿山有禹期黿與洞庭接趾

獨禹期索不可得俗有呼[山帚]者立禹廟漁人祀之多獲魚意其是乎北若橫若陰若葉余若長沙若衝若漫數峯高亦不數仞小亦如彈丸亦似馬蹟左右諸峯之不可名峯而亦以峯名更北則有若五星聚者曰五石浮曰茆浮曰思夫有若兩鳥跂翼飛而且止者曰南烏曰北烏有兩山南北對而不可見見即有大風迅雷疾作者曰大雷曰小雷有出沒橫山之東者曰干曰紹曰疃浮有傳夫差置男女二獄於其地者曰東獄曰西獄有若橫琴彈者曰琴又有傳夫差設粥飼囚處者曰粥有產竹者曰大竹曰小竹有若物浮水面拾之可得者曰

長浮曰癩頭浮曰殿前浮有若龜者曰龜有若杵者曰杵有若二女娟好相對立者曰謝姑有若柱者曰玉柱稍卻又爲金庭爲峐爲歷耳爲筆格皆若首銳而末歧者稍卻又爲石蛇石公石駝一若熊羆驤首逝一若老人拄杖行一若駝馬倒飲於湖稍卻又爲鼉爲小鼉若與黿鼉對面以類聚者稍卻又爲青浮若螺稍卻又爲鷲藍若隱見於二鼉之閒者凡四十有二峯馬蹟兩洞庭而外其餘諸峯皆少人居獨西洞庭之橫陰葉余長沙衝漫六峯與東洞庭之南山武餘厥澤三山五峯有居人數十家或百家少或數家雞犬之聲隱隱達於洞

庭此外諸峯又爲蒸煙蔓草人蹟不經之地者爲箭浮爲三舍浮爲苧浮爲白浮爲箬帽爲貓鼠爲石碑凡十有二峯合東西兩洞庭及西洞庭之東北諸峯凡五十有六峯又合馬蹟與馬蹟左右之十六峯則爲七十二峯馬蹟爲余之祖居余向從馬蹟放艇於蘇湖二郡閒七十二峯之過吾目者歷歷皆可數因從故老悉其名今在長安緬思故鄉杳不可即而七十二峯之在吾意中者猶閉目冥觀而得之因援筆爲記以誇於客之未見者　徐騰暐七十二峯記常郡東南九十里有太湖襟帶三州廣三萬六千頃考於古即書所謂震澤周禮

職方所謂具區左傳所謂笠澤太史公登姑蘇所望之五湖是也其中有山七十二而濱湖左右之山不與焉巨浸稽天游者絶少故鮮得其詳每以濱湖諸峯混入爲七十二惟明大學士王文恪公爲洞庭山人游覽考究始著七十二峯之實而以西北之山十有四歸重馬蹟在東之山四十有一歸重西洞庭又東之山十有七歸重東洞庭厥後吾山中翰陳椒峯復加探訪以馬蹟山爲主說者曰陳公尊馬蹟以壓諸峯有私意焉而不知其山脈形勢有斷斷必然也余生長於斯無兩公之遇而竊謂湖山風月本無常主閒者便是主人每於春秋佳日泛一小艇東西南北聽其所之嘗五游東西洞庭之奧一登長沙武山餘山厥澤之巔三宿渡渚龍山橫山澤山葉餘之濱一到陰山再過衝山浸山十過獨山東鴨西鴨三峯一飲峯山龜山謝姑金庭之上至於錢堆大磯小磯大椒小椒無日不對而觴之者其餘若大隋小隋若杜圻若大貢小貢若五石浮茀浮若思夫若禹期若南烏北烏若干山紹山若曈浮若東獄西獄粥山杵山若大雷小雷若大竹小竹若長浮獺頭浮殿前浮玉柱若岐山歷耳筆格石公石駝黿山小黿若青浮鷲藍若箭浮三舍浮苧蘿浮白浮箬帽浮若貓鼠石

碑皆幾經其下熟其情形因按周湖之地勢察山體之順逆大約其原起自西北由天目宜歙諸山至宜興之銅官正折而東一從武進之下華虎背入湖潛行而至馬蹟之棧山一從宜興之濱上竹山入湖潛行而至馬蹟之胥山捕魚者每言此兩處有石骨伏泉下廣數十丈長無算連接四山之紀天旱水涸大爲行舟之患余初未敢信後得奚奴善泅命與老漁人入水按驗果不謬始知太湖之有七十二峯皆自馬蹟發原始也故其爲山張左右翼如以西北一面承荷至重蜿蜒環抱有包舉東南之勢若華蓋然遙望洞庭兩山嶌然對峙與

馬蹟相雄長隱然氣勢聯絡如賓主然其他大小諸峯皆有起伏迎送分行逐隊瞻拜馬蹟以趨東南如介紹然此則七十二峯之山脈形勢也夫天地之有山川猶人有體雖寸膚之中而脈絡無不貫彼太湖之水爲七十二峯所萃聚是必有條貫於其閒而非散漫無情者矣且山與水同原水之自北來者溧陽潤州金壇毘陵渟於西滆至宜興而出太湖自西來者宣城歙縣臨安安吉武康西折至長興而出太湖無不由西北以趨東南水勢之所趨卽山勢之所趨也以之驗七十二峯之發原不有顯然可見者乎因書之以俟君子考核焉

吳莊山分三等說太湖中七十二山之名不知始於何時緣道書有七十二福地之語强爲指目以合其數其實不止於七十二也王文恪七十二峯記載震澤編與文集者微有不同後之文士詩歌記敘摹寫高濙每過其實更有無知之徒造作小說目爲吳中第一盜藪噫謬矣余嘗往來太湖諸山徵文考獻見山之大小懸殊有什伯千萬者茲又以志局圖繪湖山之役徧歷其境圖其在水中者而濱湖之山不與焉凡大小九十有七有可以山名者有不可以山名者差等以著其實作山分三等說其山有居民有官有汛有賦稅者若馬蹟一

百二十里居民萬餘戶設千總一設汛六若西洞庭八十餘里居民一萬五千餘戶設太湖營游擊一角頭司檢巡一設汛七若東洞庭五十餘里居民二萬戶設太湖營副將一太湖同知一東山司巡檢一設汛五若三山二十七山若長沙若黿山若武山若漫山若余山大不及二十里次不及十里其上居民或五六百家或二三百家或一二百家俱設汛一若禹期若葉余若橫山陰山雞山衝山若渡渚若大貢大屼大不及十五里次不過六七里居民百十家若大鼉居民二家西嶋居民五家北嶋居民一家卽廟祝吳紹文也有居民之山凡

二十有一其次無居民而有柴薪者若紹山獨山瓦山貓山鼠山大干大竹小竹大雷小雷三峯金庭石蛇錢堆津里凡十五山爲二等又其次爲小屼小干小椒小鼉小貢男獄女獄東鴨西鴨南烏北烏鷲藍筆格玉柱歷耳石駝石蟹石碑大謝姑小謝姑粥山峧山琴山杵山錬墩陰墩雁墩又爲長浮青浮白浮苧浮箭浮蝙浮瞳浮唐浮箬帽浮黃茅浮王舍浮殿前浮癩頭浮五石浮米篩浮石排浮又爲紹磯雷磯蘭座磯陶竈磯牢嶨磯米貯磯漁息磯拗折磯九星磯東沈磯楊公磯姑蘇磯吳粱磯甑盎洲區擔洲牛舌洲於家洲余洲此六十

一者或爲山脚入湖之餘氣或爲來龍奔洪之過脈亂石一叢砂土數丈隱見水面烏得以山名之震澤編云湖中之山其最大而名者馬蹟東西兩洞庭也以西北之小山十有四爲馬蹟之從以中央之小山四十有二爲西洞庭之從以東南之小山十有七爲東洞庭之從震澤編敘山原分主從自七十二峯之名著世人遂無所分别疑爲峯之廣大高滨不可紀極足以納污而藏垢豈知其不足以名山者若此哉余持論豈敢與前人立異然泰山土壤固自有别正名定論所冀破疑而解惑者竊有微意山靈有知當不以吾説爲誣也

賦　吳楊泉五湖賦余觀自古名山大澤必有記頌之章故梁山有奕奕之詩雲夢有子虛之賦夫具區者揚州之澤藪也有大禹遺蹟疏川導滯之功而獨闕然未有翰墨之美余竊病焉敢忘不才述而賦之其辭曰渹哉大矣維此五湖乃天地之玄原陰陽之所徂上值箕斗之精與雲漢乎同模受三方之灌溉爲百川之巨都居揚州之大澤苞吳越之具區南與長江分體東與巨海合流太陰之所毖玄靈之所游追湖水而往還通蓬萊與瀛洲爾乃詳觀其廣滨之所極延袤之規方邈乎浩浩漫乎洋洋西合乎濛汜東苞乎扶桑日月於是出入與天漢乎相望左有包山連以醴瀆牢雒崔嵬穹窿紆曲右有平原廣澤漫延旁薄原隰陂阪各有條格茄蘆菼薍隱軫肴錯衝風之所出零雨之所薄藝文類聚初學記俱作揚泉佩文韻府冀延歷太湖賦序俱引作揚修　又韻府揚修賦云頭首無錫足躡三江蔡昇引揚泉賦云頭首無錫足躡松江負烏程於背上懷大吳以當胃牢學崔巍穹窿紆曲大雷小雷湍波相逐今楊泉賦有牢學二句餘俱無

明朱右震澤賦按禹貢震澤厎定在揚州之域説者謂太湖也國語太湖韋昭注即五湖也書謂之震澤爾雅謂之具區漫曰五湖又似與之不同吳越春秋又名笠澤吳地記云五湖者菱湖游湖莫湖胥湖貢湖漢貨殖傳吳有五湖三江之利太史公自序亦云登

姑蘇望五湖愚意震澤以其震蕩不定而名具區以其既定而草木藪聚爲義而五湖者又太湖東岸五灣瀦水之别淑春秋時以爲笠澤漢傳吳志指爲五湖即今之太湖是也於是推本作震澤賦以爲極庶類之繁衍明禹德於不忘詞曰客有鄱陽生號遠游公子俶儻玫瑰超奇拔偉衣白雲之翩翩峩危冠之韡韡神悅悅以欲逸風飄飄而凝佇於是上會稽探禹穴訪遺蹤超洞壑軺車前驅輜重紛錯王子進之以笙鶴江令贈之以芍藥遂乃揚帆錢塘鼓楫中吳將欲窮覽山川壯游江湖造松陵主人而歡然從予主人曰子號歷覽亦聞藪

澤之大有三萬六千頃者乎生曰未也可得聞與主人曰唯唯夏曰震澤周曰具區下屬三江實爲五湖右接天目宣歙出谿之原左通松婁中江入海之迦衆流之委羣利之儲苕溪出其南溧水經其西五灣瀦其東垂虹界其隄流甘泉之淸液隱雪灘於北隈洞庭中杞林屋天開渺彭蠡吞雲夢駕雷夏軼孟瀦杳不知其幾千里之爲遠疇能計夫三萬頃而有餘其澤則汪瀼滈汗洶湧瀰潾瀰漫溟涬渙渙沄沄流飈吹波結絡龍鱗日光玉潔澄泣氤氳淸瀾凝漪錦花成文浪濤噴濆澎湃泫鄰出雷騰虹蒸雨生雲呼吸陰陽吞吐乾坤如潮汐

之不測或早暮而異觀飛揚蕩薄迆復汨淪千態萬狀不可殫論其藪則碧沙曼衍黃石碔砆莎薜蒹葭白萍青蒲荇芦蘊藻茭菰荻蘆蔓菁杜若江離蘼蕪芡實雞頭草長龍須芰荷翠沃蓮藕芳尃衆物居之何可勝圖其土則塗泥微露坤溼就乾葳蕤藨蒿茝芷蘅蘭菖蒲馬荔荃蓀射干垳楊絮白水柹葉丹蘋蓼旱綠榆楓暮殷朱橘火齊黃柑金丸連枝竝秀駢集乎其閒爾乃周流梗概溥覽闌斑兩兩相峙鬱乎崇山其山則崇巒崐嵜疊嶂嶙峋岑嶔參差如陵如墳崔巍嶒崪陂陀糾紛上拔仞岡下臨涓瀆控地軸以碕礴逐水曲而折旋馬

蹟屹立以嶷嶷翠峯峻拔以盤桓憂浮雲之流景俯蛟龍之湥淵空谷谽谺以無底磴道蜿蜒而相連其中乃有奉眞之祠禮佛之堂琳宮道館梵宇禮房煙雲繚繞金碧煇煌黃冠緇衣往來而徜徉談玄讚空學幻而言哤或高堂以演樂或擊鮮而稱觴駕白魚之飛艎泝重洑之流光水產則黏蠔旋螺土蚶石花鮐鱧鯽鯉鱖鱮鰌魦縮項之鯿赬尾之魴細鱗之鱸紫甲之蝦稻蟹盈尺巨龍專車長蛟潛鼉穹龜靈鼈周游涵泳其樂無涯羽禽則晨鵠𪀦雞鸕鶿鳧鷺鶬鴰溪鶒鵁鶄鶺鴒羣鴻來賓陽鳥攸居駕鵝遠舉鷗鷺忘機王雎竝鷟屬玉交

飛振翮刷羽以遨以嬉來如雲集去若烟稀若乃絕岸之濱漸水之石或伏或倚或臥或立或方如珪或員如璧或矗如峯巒或平如几席或滑若脂肪或廉若劍戟或赭而赤或蒼而碧或縞如玉或黝如漆爲中流之砥柱若逆河之碣石怪怪奇奇犖犖礫礫斯又天造之神工而出乎茲水之蕩激也思昔夫差競霸圖勛鏖戰於此勝負未分旌旗蔽空艅艎如雲始魚鼈以爲樂終麋鹿而成羣迺若歸釣之徒著書之士去國鴟夷泛舟西子亦復渺渺蒼波茫茫白水主人之辭未終鄒陽生肅乎跂容喟然而嘆曰甚矣世道逾下而人心之不古也

吾子好學頗識典冊不述職方之經邦而盛稱斯澤之庶殖不思禹績之胼胝而徒歎英賢於戰國皆非所以極游覽之願望而擴夫五性之至德也遐思往古擊節太息請即主人所聞而陳余所得嗚呼噫嘻浩蕩方割懷襄未平九域混而莫辨百瀆壅而不行支祁倔強於淮甸天吳披猖於海溟時維茲水震蕩靡甯浡浡洶洶湱湱轟轟疑撼天而動地猶觸雷而鞭霆類不周觸而天柱折若巨鼇抃而洲島傾斯震澤之所以錫名也迨夫九載既南庶土交正波神受職川后奉令應龍畫地以效功庚辰持戟而制命導吳松以安流別江海而表

鏡於是澤安其所水順其性鳴者自停動者自靜斯震澤之所以底定也千載之下美哉禹功昏墊之害既遠灌輸之利無窮故漁人舟子之出入豪商薄宦之經從擊檝鼓浪引帆隨風莫不連檣接舳往來乎其中斯又具區之藪以裕萬民惟正之供也方今海宇清明朝廷甯謐內修教化外修貢職農安其耕女效其織工習其業商估其值士守其經民食餘力風不揚波水不濫泆方鎮以甯地土墾闢禹之疆廣禹之績是以九州之外咸仰聖育沾濡乎仁義涵泳乎道德浹洽恩波沐浴膏澤漸摩浸潤流衍洋溢天無亢燥之災人樂沃土之

逸試言其故則辟雝湯湯聖化行矣靈沼洋洋聖澤汪矣御溝溶溶生意蒞矣溥德川流達道荒矣下視一隅甯不隘盃水於坳堂矣主人於是聳然樂聞憮然自失仰神功之長存慨餘子其何私相與鼓枻乎滄波曾不芥蔕於胸臆迺起爲詩以頌德詩曰於赫禹功配天比隆生我遺氓宅我土中原隰畇畇江漢爲東萬世永賴惟禹功是崇於皇禹德立我民極手胼足胝救災拯溺鑿井而飲耕田而食靡謝天功焉知帝力於昭太上示民以應眷佑我皇與民立命開禹疆土繼禹作聖其混合四大維民之正於穆聖王維上帝不常敬哉有土亶

亹弗敢康五嶽四瀆七澤九岡罔不修其職來言來王來言來王受天之祜於萬斯年睠我有土有土有民有子有孫有引勿替以頌斯文

夏允彝太湖賦惟陰陽之殊誕浩澤寫乎東南浮大荒而瀇滉涸萬派之瀰瀁會流宗以來朝畫斯區乎沆涵瀰紘紐而潏勢潰維紀以澄潭爾其爲大也泡泡瀰瀰絕倪冥至潒潒莽莽乎天沒渚犖寥潨赴熒浤淫裔巃嵸縈越控涓弁巨瀴瀉迂復雷磕雲呴搴長風以嘯波倒晨星以下麗流滮滮其日頫沓莫濫乎其澨際固已缶甊青草盆盎明聖宮亭非儷雲夢失競其西北則百瀆星湧江流霆轉泽灤

濋其縞接互追躔而緯經白鶴横翔五雲溢瀖蓮花明爛珥練纚縄孟津平原長廣泓澄又若謝分南北鑫擅西東九溪三過慈導粱從赤城黃土西湛東瀉咸灦灖而灑灑輪荆鬲而匯厥中其西南則天目之派戾輪激軸漵野滌荒或澌灗之潦滴或騰暴之濤瀧險潭渤其陰餘波瀋其陽紫碧溺瀆菱荻翮颼龍湖鳳渚郜浦皋塘邸閣罨畫梅玉流香青姥容裔碧浪滄涼汎乎泱漭之濱穿乎洲淤之鄉瀠瀠洸洸不可得而殫列咸指茗霅而瀞驤迄乎斯隅湛湛乎滈滈乎呷呀淪溥而靡羨溢乎其疆於是修灚巨泖連褡䘹瀨申浦笠澤灌滙瀆

重修馬蹟山志　卷一　太湖紀略　賦　十七

湃百川疏流輸之溟澥清洌延迤滐漫鬗毀觸山飛沫連雲布靄浥激嵯崩瀑旋坤駭若乃大塊宣氣飈厲發飀隆頹壓墜澆瀖碑援巍檣四斷鯤龍鬱勿翔翮墮穹丘汨遙天溼高樹沒蕩滴激澤搖岫相拉日輪漂磕地緯坼裂禹强暴沸於瀛寰感衝摐之雄聲迺回轡而東矚驚壯勢之匑匔謂余其將伯仲醴流灖而永醒又若霧收霽霽素娥游空波瀠瀠其沸汨光泣泣而連瀜上下瀁涌煜靡定蹤潭滟練合長鑒晶滙滉莫測其所屆徒瀸淡於鴻濛若乃陽烏照彩遙山吐狀參差崫嵜浮乎滄漭崇阜攢天巖碨俯仰其閎廓也三萬六千其涵

潐也七十餘二則有縹緲之峯天虧日蔽上鬟嵓而盪胸下搖蟯而絕倪攬三吴其几席鬱連天其蒼槪其遠勢之周絡則夷嶁修皈綺寮層巒巍嶫合沓而非日月之能巡詣厥名林屋是有俏蒨千重精藍十八洵密蔵而鱗次又若石公嵌褭龍頭戟岬金鐸雷隱渚渡瓊澀殆神靈之所鑱搆不可得而究既又有莫釐之山翠嵲巀嶔跨東西以踦踞若巨鼇之卬首而遐尋誕霂攸而幽螺爰扈蔚之連岑照乎彩楄藻槐之帶峦而冠峯爛乎其朱熒紫莖覆重岡而依青濬若靈源翠峯之戢香由百階而矚大包髣髴與桃華之塢消夏之灣互縈帶

重修馬蹟山志　卷一　太湖紀略　賦　十八

而祍襟其支則有靈黿偃蹇元龜贔屭禹期之琮璧流璜二椒之戈鋋息忍陰山駹駿其玄霧葉嶺披離而春翦孤鶩東味而高栖駭馬涵淪而益駛又有長沙横浸厥澤銜垓茀與莘兮叢蘴望夫君兮渺涯於菀馴兮藜萊昌刀貝七兮贍丘崖矜夔貢之若翼既巨蜃而劬拱何二雷之參商迺方霽而斯霾又若三峯五石玉柱金庭霞帆遙屹長瞳浮青若管若矢翦振藍鶩貓鼪同穴琴杵交嶅石蛇吞象者八九謝姑窮窕而清英首奚癲兮耳奚歷牛飲傳兮鼉鼓轟爰峙三山亦崇二獄白浮前殿牌穹大礐烏南北而齊翼竹大小而叢箬陶朱氏

所垂緡干比礨而峭削或問津而濟余紹王舍其鬵碕斯皆嶠巖嶄嶄嵮崿岳岳明神之奧區自浩漻而剬𣪠夐而瞰之蟺蜒其猶翽兮若羣龍之翔附於天也頫而覿之千巒萬崿若矛劍攢列駢森而流爚是產璇樞之精衣丹液充厥種十一軼駕區中黃柑綠橙檄芬逆風巨杏若掌枇杷空中楊梅纈塞來禽綺纚玄光十號楔荆三種銀杏百仞覆谷拼嵩塗林均頳南居埒穠綴華緗褧乾蘀繁榮照霞霅日蒙驟綠崆又若木發累而千章卉蕭蓼而榟組珍植璘幽其叢生葩華蕤散而掩浦灌林荔葳琳琅布扈於是瓌禽譎獸棲戢其閒不可得

而咸譜山𤞤竹猑窠猧㵎猂隲麇牿麋獾臺麛鄰牡翔牸狣奐獱貜景衡麂麃麌貗貆獥嬔麛麕麃麌渡巉越岸穿薇艸芾懸鷹鸞澗鳽鶺鴒鸛背竈鳫鷖盧休鸊鶙雝鸓斥鴳鶗鶋鶪鸂飛女城旦伯趙戴紝伏翼鴰鳴翠膺藻臆聲眇翕散翍翍鳴嘹嚶吟莫辨又若虺馴林屋迄鮮東敖雉守胥峯羕靡西篹又幽靈之所鬲別非八力之能羈圉爾乃怒濤之所磢澗盤澗之所漏錯靡嵔不泐延崖畢崿則有瑩於珪璋變於抵觳虎踞龍拏蚪飛鳳攫砦洞嵌空谽谺搋峭蟠礐重㩳單棧聯絡磷碥煜霍鬱霏劫卻霧歙雷歕雲封癬駿烽房簻篆塹鑿矩

躨𩅧霿嵺杳幻誕靡度是以梁王之苑樊川之園萬金懸購千夫競擇憍傢巇辭輪囷便嬛層巒曲嶂含雲畜煙稠岩譠夐獨嶠孤鶱崑崙三垂二肴九阪曾蔑足以方焉於是巨儈國賈飛舸編艘叟僑怪遴姈婧踐驚波蹈鱎漻穿遙裔窮罧覆駢田瑚薈所臻踊騄盪鏐鈑銑狠䑕夜覿珊瑚玻璨瑭瓊瑬球璝玫瑰硨磲鐐鐳之屬罔不颿飍浟浟烽涌而輻輳又有波人漁子飯魚家水罟罾巢罩根猎笱篳鐵湛䍡浮蕪流滬止炙膚沈淵艀艋連艤竹戞鏃射藥醒靡悔漂甞煙布泅智殫技瘦索憑偪嗚鼓聚市則有鰋鮰鱧鯇鰽鯑鯩鰱鰑鱺鯕鮊

巨鮥王鱣凝白若脂鎔銀液鱻若刀若鏃神鰤鴻鱁文鰩翔夜強徽激漩沈虎泅鹿幽繆荒眩鉤致而出同區合荃又有柔甲之解若被文犀膾餘而逝如餌靈仙或駢節而鋋尾或錦理而縠斑瀌瀌沫喁雲雲嘘噓嚼腮震谷流睞晃淵叢貫璨錯噴藻漣潺巔連伾兮骨專車鱗吞艘兮鬣刺天類奧府之閎怪非罽罟之所求焉若乃圜涯帀壤溝塍綺紛膴膴平蘧漭膏潰津龍尾桔槔恆升玉衡輪水激逆潑潑潾潾灌注原隰瀏盻溢當液成濃腴不雨恆醋殊莖協穗旅穀嘉蕡青芊赤穬繽紛隱弇畝值一金頃充百囷斯寓內之奇沃異江皋而河

灝乃有夸奢之豪詼逸之客綀嘉辰盪沈愍揚輕艑駕巍舶樓船淩雲鷁首驅蛮錦帆飄曳飛輪擊檝躃珠佩瓊士女嫺皙素絺錦氷縩繒縟纖銀口黄耳丈儿重席燃脂烹玉殺旅盈積鼓瑟吹竽流觴飛白㓜眇之音角抵之戲奕射壺博麗儕閙譃咸指湖濆而絡繹於時時雲解駁五雨徹吟平波纖縠泓秀華淡芰荷曼綵蘩藻紛苹芬芳晻靄而連渚秀榮灼爍而揜潯憑欄啟幌蕩魄搖心回棹穹窿之側停艈溫圖之陰昇猶桃𩐰烏鉢雲沈躋天平而拭鑑職胥口而壯唫拂香山之遺馥拾東光之嚏響爾乃函苞毗㚒藪逋臧亡植竿揚颿盜弄

攙搶囊凋跳踔上下翱翔封豕窫窳千百跳踉昱忽靡蹤其所之徒聞壯瀧之漎漎於是簡專諸之裔繕下瀨之艮彎落月治干將較鶩鸛飛艀艭淩鶩颲驟鴻汇鷹瞵鶚睨螭觽龍翔飛矢回濤長呼裂罔貫其餘怒猶能踦熊羆而肉虎豹何有黑山之逋魄潰池之怒螳既波清而濤晏永沛沛而洋洋彼高人之樂飢忞汗漫其尙羊或尋盟於遂初或藏弓於烏盡挾少娃於靈查侶黿鼉而永遁眩波光之淼瀰坐磐石之硱磳月斜雲黛夜㚒風澄淩風長嘯拂石鳴琴游魚唼集斂人起聽俄而瀰濤澒洞惘慌漩瀠欲竅混而鼓柮欋蕩賁而汩紘是

以方壺圓嶠之逸侶蓬萊方丈之仙靈時乘風以遙集咸漫羨以遐征然徒傳泂澥之變態罔辨五湖之肇名雲荆非滆連淞混冥貢莫游胥瀰渺浮菱自剖渾而判氣長沌漘而淪渟故震澤具區怖洪猛而殊號咸池五車混泱漭於瀛溟

國朝龔廷歷太湖賦太湖罕賦者楊修爲之未見其全有曰頭首無錫足蹏松江負烏程於背上懷大吳以當胸頭足胸背位置未確余生長湖北筮仕湖南涉歷既久伸楮攎臆竊謂所聞不如所見賦既就見雲閒夏夔仲先有是作聊並存之惟太湖之淼茫兮東望渤海以朝宗昔縱壑而入三江兮今故

道尙循夫婁松亙三吳而爲頃三萬六千兮矗峙而有七十二峯億萬年而永享安瀾兮敢忘夏后氏之神功禹貢稱震澤以方位爾雅稱具區以能容史記稱五湖以派衍左國稱笠澤以形同名號雖非一則而其節宣旱潦利濟商農漑滋品彙含括鴻濛則總爲太湖以上稟咸池之氣（陸龜蒙云太湖上稟咸池之氣）而下奠馮夷之宮者也湖源則有宣歙長興諸水匯其西晉陵荆溪衆流注其北前茗餘不諸溪合其南而發於天目吳興七十二漊常郡一百有瀆遞脈通經奔湍走洑故能雄跨三州而奴視百谷窮委則湖身爲腹兮江道是其尾閭江流無滯

兮海水乃得歸墟蓋殺其悍則力紓疏其淤則勢趨而澤腹可免澎漲之虞也若其經婁門合金涇貫昆山城抵太倉而繞其南闉是爲婁江以入東北之滄溟若其由松陵之趾出吳家港而迤邐注長洲之鑊底趨沙湖之甫里界入昆山南折以環華翔北折以奔穫水港名是爲吳松望海澨以東駛若其自龐山至白蜆歷急水港以入華亭泖瀫仍合吳松以放乎東南海甸雖未盡循東江之故道而亦差倣乎古初之一線其峯則湖東五十有八惟兩洞庭左右亭亭秀窈以排青湖西一十有四惟彼馬蹟巋然獨立蔥蒨而凝碧他如大竹小竹東

獄西獄筆格錢堆兩山象形藍垓粥獨四山龜蛇龍鼉四山象形烏東烏鴨東鴨西烏鴨西鴨蛇螺山名石蛇石螺獅牛貓鼠四山象形鼠竄而貓逐之石公石駝二山名更有若琴若杵如箭如芋四山名厥滐衕漫四山長沙渡渚二山大叽小叽謝姑杜圻四山杜圻有范蠡墓夫椒二山津里雷大雷小雷貢大貢小貢浮幢浮長浮笠浮三舍浮殿前浮磯郎漁息磯莫不追陪竦侍厥狀崎嶇或遠或近載沈載浮不足狂瀾之一柱儼似夫戲水而學泅湖澨則有鄧尉玄墓禹祁上方白茅赤石軍將吳塘七雲五浪卓錫花藏梅砦茶嶺顧渚蘭香蘭香山吳王種香處今香蘭渚碣石獨姥白鶴道場石城金蓋西塞南陽既嵾嵳而峷嶨亦嵚嵥而鬱蒼若翠屏之環壁

水如繡幙之繞崇光乃有波濤齧岸歲月浸淫時遇颶風埽瀨時逢旱魃揚塵猶及見廢墟斷礎堙井夷陸竈壁俱在梁石猶存飄爲歌榭飄爲舞亭不知何人樂上何年陸沈昔居夷族今宅川禽茫茫極目感慨難禁若夫爭雄圖霸虎踞龍蟠歎子胥之忠鯁奇少伯之陰謀痛伯嚭之讒險鑑夷光之殊尤曾幾何而吳宮香徑鹿走荒丘館娃仙子湖泛扁舟老臣遺骼鴟夷逐流而且恩深難報德重成仇長頸烏喙弓藏狗休弔古者每唏噓乎殘山賸水曠觀者直等視於雲影波漚至於包山洞天道書第九玉柱金庭禹文閟入龍威丈人字探蝌

蚪誰其辨之尼山老叟亦粵西郵迎春右肘馬蹟爲武進迎春鄉西郵在其右葛仙丹成猶遺井臼閱二千年祥光縷縷封以白雲猿鶴護守抱朴子金丹篇自言馬蹟山中立壇盟受金丹之訣於鄭君毛公羽化緲縹峯嶁西洞庭縹緲峯赤松采脂赤石脂穹窿之阜匯湖山靈靈蹟豈偶既屬名區叢林蘭若所在都有地不具數祥符治平戒律抖擻無法可說無密可剖月印湖心風傳谷口賢之西祖未知是否回視肇峯峯峯點首又有性姚孤潔志尙清嘉名流簪合風月綠奢天隨蔬收杞菊桑苧品第泉茶元鎭游湖遡洄志和泛宅浮家角里先生芝餐紺紫金沙泉畔茗瀲煙霞於松陵結勝社惟

雲水作生涯往還兮鳧飛仙舄縹緲兮客泛星槎乃若山水鍾靈人文萃藹或占臚頭或調鼎鼐或應三能或超八代接武則鵠起蟬聯彈冠則斗量車載亦且金穴銅山朱提綠琲韎韐兜羅珊瑚玳瑁素封擅卓鄭之貲豪華逐金張之隊凡此奕奕隆隆贍同斗岱可不謂玉韞則山輝珠藏則川媚更有雲溪釣叟煙渚漁翁蓑風笠雨朝西暮東巨不遺纖紘綱獲倍小能制大絲網收功疾若霜鶻下擊摩如鵬翼排空需似鸕鷀窺藻聚猶鳧鷖在㵎擊鮮換酒拉朽炊舂酕醄沈醉纜緊蓬鬆風波滿眼不芥心胸若夫經商賈客攘攘營營杭湖越港

新陳貿更榷禁之嚴切難摎守胥之谿壑靡盈物情之低昂莫定石尤之叵測堪驚覆車相尋走險同麋片帆北掛南落大錢之滑負重宵征朝收小梅之潯祇緣蠅頭逐逐不顧虎尾甓甓乃若潢池之藪萑苻之叢清嘗則波恬若鏡搶攘則鼎沸如蝨聚蟻屯蜂列械聯艅擇殷噬肉驅良人戎雖釜底游魚暫偷其食息而澤中嗸雁慘遇其殘兇遠圖者可不蚤爲衣袽之戒而汲汲焉桑土之從又若陰房老魅野渡青燐含沙射工（蜮）仰輪巨蝓（蛇）或爲象罔（水怪）噴毒生瞋或爲蜚廉（風）走石揚塵或稱海童馬御（二水怪害不孝不忠者出搜神記）或名游光𣖃神（皆無頭水怪兄弟八人）盍澤泓則藪怪物老自成精竊九鼎而雖罄其情狀歷萬劫而莫出其同輸者也至如漕糈輸輓牽土同航大官玉粒五郡惟將（上供白糧惟沿湖蘇松常嘉湖五府）惟水德滋乃色燦而土膏沃故宜粱當其霜鐮挃挃露積穰穰新穧浮綠熟粳飄香公無缺貢私有贏糧衢歌擊壤俯仰徜徉勤功將媿乎四瀆食德甯止於一方爰有鱗介之族澤衡之鮮蛟龍鯪鯉（穿山甲）鯉鯇（鯶魚）鱒（青魚）鰱（鱮）鰷鮆（湖鱭）鯔鱖鯽鮒（小鯽曰鮒）鱸鯿（鯿卽魴魚）王餘（一名鱠殘卽銀魚）鱖鯞（俗稱刺皮鯔）鱓鮧鮎（黑曰鮧黃曰鮎）斑（斑魚）鮭（河豚）玉筋（土虎）黑鯉（烏魚）黃鑽（黃色尖喙大者數十斤食諸魚）蝤蛑蟛蠘烏蝦白鰺蠡螺蚌蜆鼃蟆鱺鰻元龜

神鼇靈鼉巨黿皆揭鬐而噴沫樂得所於清漪禽則鴛鴦鷺序雁侶鷗盟鸕鷀鸂鶒王鴡鵁鶄鷫鷞翡翠鸊鷉鶺鴒飛奴（鴿）巧婦（鷦鷯）仙客（鶴）嘉賓（雀）勃姑閑客（白鷴）神女（鵲）陽精（烏）鷹鸇鶉雉鶩鸛燕鶯嘲嘲咬咬關關嚶嚶或湖流而容與或應候而和鳴弄陰晴於枝上唼荇藻於溪瀕獸則水草之濱湖山之隩狉狉榛榛實繁有族黃耳守吠（犬）烏圓護屋（貓）羊羍（音撻羊始生也）而芈（羊鳴聲也）駒生而踔堯字其豚牛腓其犢韓盧宋鵲逐走追飛蹇（驢）驘（驢父馬母曰驘）駃騠（馬父驢母曰駃騠）重負遠服又有貒豜兔貛麏麚麂鹿豺獺祭天猿猴緣木斑寅將軍（虎）掠食以渡湖玄丘

校尉（狐）拜斗而戴髑下至鼠蝟猨猩竹貍（食筍）松狗（松鼠勍者）爲毛蟲之賤畜亦莫不孳生於湖陬林麓生植則有芙蓉洽豔菌萏清芬雕菰（茭白）作飯蹲鴟（芋）煮羹藉姑（慈姑）薯蕷（山藥）百合三棱（荸薺名黑三棱）芡稱雞雁（芡有雞頭雁喙二名）角分芰蔆（四角曰芰兩角曰蔆）梅無郁而不雪竹有徑而皆孫山園果熟摘露連莖銀桃珍柰朱李紅櫻虎蟠（瓜）鴨腳（銀杏）馬乳（葡萄）鹿心（柿）纍纍金彈（枇杷梅）爍爍日精天漿十八（石榴每囊含十八粒）消五升（棃大五升）剝棗栗於庭院收蘆菔（蘿蔔）於沙汀更有柑橼紫柚絲橘黃橙旭旦霜清火齊熒熒飄香芬於洞庭於時春風淡兮春草生湖水碧兮湖山青童冠尋芳於

堤畔士女修禊於溪濱畫船桃浪青帘杏郁花腮照水柳眼窺人香風旖旎酥雨氤氳波閃魚隊樹底鶯聲及乎梅雨應節南薰入弦涼招桂棹波混筠簾訪消夏之留蹟唱采蓮之遺謳雲峯矗奇東海羲馭委轡西巔漁火螢光歷亂棹歌嬋韻悠然四顧空明一片水晶宮裏游眠既而清商至沆瀣零寒潭淨秋雯清鶴汀霜落魚市風腥攬丹楓之爛爛盟白水之泠泠或舉杯以邀月或停橈以看雲或詠蒹葭白露或歌菊秀蘭芬莫不在遐心於潛曠託高致於幽深迨至水落落而縮脈石齒齒而露斷山客憔悴木氣凋零似被放之靈均滕六布令縞素成林如新寡之文君破臘南枝助詩翁清興朔風凍合滯游子歸程吁嗟乎景物雖殊山川不改高賢已邈風流尚在魯望煙波元龍湖海吐噏百川摩挲千載前既不誣後豈不逮意者滌沆之匯嵒崿之磈必有心蹟俱恬影衾不愧裁白雲以爲裳啜清泉以療餒借岩石以厲操挽迴瀾以滌悔者乎重曰欽湖之德兮澔汗無垠其流謙而徧結兮合夷惠而得其和清載重而涼暖適時兮能任而又彷彿乎大成淆不濁而渟不敧兮願言師之汪吾度以平吾心

詩

晉鮑照自礪山東望震澤瀾漫潭洞波合沓崿嶂

雲漲島遠不測岡澗近難分幽篁愁暮見思鳥傷夕聞以此藉沈痾棲蹟別人羣結言非盡書有念豈敷文

唐宋之問望太湖宿帆震澤口曉渡松江濆棹撥魚龍氣舟衝鴻雁羣信潮頓覺滿晴浦稍將分氣赤海生日光搖湖起雲水鄉盡天徼歎息爲吳君謀士伏劍死至今悲所聞

薛據泊震澤口日落草木陰舟徙泊江汜蒼茫萬象開合沓聞風水洄沿值漁翁窩篠逢樵子雲開天宇靜月明照萬里蚤雁湖上飛晨鐘海邊起獨坐嗟遠游登岸望孤洲零落星欲盡朦朧氣漸收行藏空自秉智識仍未周伍胥既伏劍范蠡亦乘舟歌竟鼓檝

去三江多客愁　王昌齡太湖秋夕水宿煙雨寒洞庭霜落微月明移舟去夜靜魂夢歸暗覺海風度蕭蕭聞雁飛　白居易宿太湖寄元稹烟渚雲帆處處通飄然舟似入虛空玉杯淺酌巡初币金管徐吹曲未終黃夾纈林寒有葉碧琉璃水靜無風避旗飛鷺翩翻白驚鼓跳魚撥刺紅雪潤壓多松偃蹇巖泉滴久石玲瓏書爲故事留湖上吟作新詩寄浙東軍府威容從道盛江山氣色定知同報君一事君應羨五宿澄波皓月中　李紳范子蛻冠履扁舟逸霄漢嗟予抱險艱怵惕經瀰漫竊逼泛濫勞趣適殊昏旦浴日盪層空浮天淼無畔依

灘落葉聚立浦驚鴻散浪疊雪峯連山孤翠崖斷風帆同巨壑雲矗成高岸宇宙或東西星辰沈粲爛霞生須洞遠月吐青熒亂豈復問津迷休爲呂梁歎漂沈自詎係覆溺心長判吳越郡異鄉嬰童及爲翫依稀占井邑嘹唳同鶩鸛舉棹未宵分維舟方日旰徵斯濟川力若鼓淩風翰易狎當悔游臨淡罔知難　方干長天接廣澤二氣共含秋舉目無平地何心戀直鉤孤鐘鳴大岸片月落中流卻憶鴟夷子當時此泛舟　胡曾東上高山望五湖雪濤烟浪起天隅不知范蠡乘舟後更有功臣繼踵無　汪遵五湖已立平吳霸越功片帆高颺五湖風不知戰國縱橫者誰似陶朱得始終　皮日休聞有太湖名十年未曾識今朝得游泛大笑稱平昔一舍行胥塘盡日到震澤三萬六千頃頃頃玻瓈色連空淡無頹照野平絕隙好放青翰舟堪弄白玉笛疏岑七十二嵯嵯露矛戟悠然笑傲去天涯搖晝鷁西風乍獵獵驚波罨涵碧倏忽雪陣吼須臾玉崖圻樹動爲蜃尾山浮似鼇脊落照射鴻溶清暉蕩抛擲雲輕若可染霞爛如堪摘漸暝無處泊挽帆從所適枕下聞澎湃肌上生瘮瘵討異足邅回尋幽多阻隔願風與良便吹入神仙宅甘將一蘊書永事嵩山伯　陸龜蒙東南具區雄天

水合爲一高帆掛大弓羿射爭箭疾時當暑雨後氣象仍鬱密乍如開雕發聳翅忽飛出行將十洲近坐覺八極溢耳目駭鴻濛精神寒佶栗坑來斗呀豁涌處驚嵯峰險若拔龍湫喧如破蛟室斯須風妥帖若受命平秩微茫識端倪遠嶠疑格筆巉巉見銅闕（湖中穹崇山有銅闕）左右皆輔弼盤空儼相趨去勢猶橫逸嘗聞咸池氣下注作清質至今涵赤霄尚且浴白日（太湖上稟咸池五車之氣故一水五名也）又云構浮玉宛與崑閬匹肅爲靈官家此事難致詰（太湖乃仙家浮玉之北堂）纔迎沙嶼好指顧俄已失山川互蔽虧魚鳥空聱耴何當授眞簡得召天吳術一一問朝宗方應可殫

悉　宋錢昭度憶具區平生愛具區島嶼夾波湖竹雨籠鸂鶒花烟溼鷓鴣神仙疑有宅魚鼈自爲都何事勞長想機雲本在吳　羅處約泛太湖三萬六千頃湖侵海內田逢山方得地見月始知天南國吞將盡東溟勢欲連何當灑爲雨無處不豐年　范仲淹有浪接天高無風還練靜秋宵誰與期月華三萬頃　又平湖萬頃碧澌客一開顏待得臨清夜徘徊載月還　蘇舜欽題太湖杳杳波濤閱古今四無邊際莫知深潤通曉月爲清露氣入霜林作瞑陰笠澤魚肥人膾玉洞庭柑熟客分金風烟觸目相招引聊爲停橈一楚唫　梅堯臣東

吳臨海若看月上青冥河漢微分練星辰淡布螢細烟沈遠水重露裛空庭孤坐饒清興惟將影對形　蘇軾八月渡長湖蕭條景物疏西風片帆急暮靄一山孤許國心猶在匡時術已虛岷峨家萬里投老得歸無　陸游寄太湖隱者青松伐作薪白玉碎作塵雖云質已毀見者猶悲辛磊砢任棟梁温潤中琮璧豈以捐空山遂比凡木石鄙生吏高陽馬周客新豐從來豪傑士大指亦略同具區古大澤烟水渺千里可望不可到中有隱君子圖書兼河洛成毀竊乾坤有時跨鮫鯨指爲雷雨奔嗟我獨何人乃許望顏色逝將從之游變化那得測

楊備漁舠載酒日相隨一笛蘆花深處吹湖面風收雲影散水天交照碧琉璃　元唐桂芳向晚推蓬望羣山隱約青篙工排隱勢野飯雜魚腥水闊疑無地天低剩有星吳音相爾汝聊復慰飄零　李洞衆水東南會三江左右通夫差中習戰范蠡此休功鷗鳥青銅鏡魚龍紫貝宮扁舟嗟未遂蕭散媿漁翁　程煜擊楫中流去西風客思催地吞南極盡波撼北溟回蛟館懸秋月龍宮起夜雷濯纓人不見長嘯倒金罍　楊維禎五湖游鴟夷湖上水仙舟舟中仙人十二樓桃花春水連天浮七十二黛吹落天外如青漚道人謫世三千秋手把

一枝青玉虬東扶海日紅桑樛海風約住吳王洲吳王洲前校水戰水犀十萬如浮鷗水聲一夜入臺沼麋鹿已無臺上游謌吳歈舞吳鉤招鴟夷兮狎陽侯樓船不須到蓬丘西施鄭旦坐兩頭道人臥舟吹鐵笛仰看青天天倒流商老人橘幾弈東方生桃幾偷精衛塞海成甌窶海盪邙山漂髑髏胡爲不飲成春愁　朱德潤泛太湖訪友扁舟去何所渺渺太湖陰依依桑梓邨拍拍枕寒濤飛雲入遐睇鳥道橫青岑篙師戒勿渡柔櫓力不任我身雖骨立未肯折壯心放船當中流浩謌激清音何當披宮錦再作莪嵋吟　明高啟長溪如白虹分

走荆雪派具區納羣流襟帶三郡界太虛混鴻濛元氣流沆瀣初疑溟渤寬稍覺雲夢隘茫茫雁飛遲颯颯帆度快雨來鼉報鳴風起鷗鷺邁神龍作淵都豈復數鱗介珠光照水府不受白日曬朝看礮車雲雪浪動澎湃聲吹地將浮勢擊山欲壞黄頭雖輕生扳柂不敢懈有時湛明鏡峯吐青幾塊烟中樹若渉波上舟如芥漁就沙岸炊客來水祠拜震澤思禹功夫椒記吳敗白魚逢夏出黄柑待秋賣我性好游觀夙負雲水債欲尋鴟夷舸不顧涉險戒人生亦何爲世故自拘械萬事風飄花百年露垂髓何當叩林屋秉炬訪仙怪試掇不死方爲

人起痾瘵

張羽舟過太湖具區涵空闊一葦凌風度煙花亂晴天浪色生寒霧遙山含碧氛青蒲冒孤渚解帶俯清流開襟散塵慮乍聞商婦謳或見漁舫聚微茫姑蘇城綠縟洞庭樹緬思厎定功疏鑿有遺處懷安諒非賢臨深豈無懼且當趣歸楫沿洄難可住

徐賁遙天散曉華疏星斂微采鳥聲出林繁木葉過露改荒郁幾家成平湖眾流匯鴟夷渺無蹤空煩艤舟待

韓奕水落太湖秋涼風滿目愁魚龍潛窟穴蘆荻隱汀洲地勢三州接波光萬古浮誰能隨釣艇從此狎輕鷗

秦夔茫茫煙浪拍秋旻吳越山川半汨湮赤岸銀河微有路洞庭雲夢闊無津百年來往雙蓬鬢千古興亡一釣綸七十二峯天外碧含顰如送北歸人

謝晉具區跨三州震蕩爲厎定茫茫浩無垠廣大孰與並南維荆雪水東注日奔競瀦茲五百里莫可深究竟峯巒七十餘蒼翠迭掩映訝爲春雷蟄波心石筍迸朝拱各殊狀吞吐一何盛十洲徒浪傳三島諒難勝我嘗汗漫游懸帆得風正維時值清秋萬里洗澄淨龍鼉斂遺腥幽怪亦潛泳水天同一碧上下相磨瑩將投消夏灣徘徊日復暝紺宇出孤園漁歌雜僧磬波紋展夏簟月色呈秋鏡河瀉玉繩橫露肅金氣應掀蓬對清尊浩歌發孤興頓

覺宇宙寬酒酣恣吟詠棲宿烟濤中始見天水性明當卜幽居終焉醒視聽

杭濟詠湖內氷山黑風捲白波突然成怪狀伊誰秉斧鑿於此屹巒嶂蜿蜒臥蛟龍斷續走犀象魍魎瞻應顫贔屭力何壯蛟室堆蠙珠龍宮傾寶藏月浸水晶窟日搖雲母嶂寒欺鄭廣文勢比楊右相不聞和氣至消沈在反掌

邵珪湖上風恬一鏡平蘭槳擊空明仔細看秋月浮雲亦易生

蔡昇梅梁湖昔人有梅梁材器異且良共梁世無匹將以貢吳王道自太湖出險阻莫可測狂風忽起怒濤湧卻驚舟覆梅梁失失之安足嗟降祥在王家斯梁若遂當時獻王

家必有宮室奢君不見越獻西施來吴作姑蘇臺民疲越人姑蘇積因知梅梁幸而失梁存亦是亡吴物　又金鼎湖吴王西出游金鼎在王舟道出太湖裏俄焉鼎沈水太湖泛舟隨水流金鼎自失舟難留漁人連網不可得刻舟左計安能求吴王游湖樂無極那有心情禦敵國句踐倏加兵王有甬東行空餘湖中鼎萬古爲湖名後世貪夫不問吴亡事但知惜此黃金器卻思湖水若爲陵此鼎還能出人世　王鏊茫然不省似人開卻有人家住近灣一處便須終日坐百年能得幾時閒將開仍合雨復雨乍有忽無山外山安得扁舟如范蠡徧

尋七十二孱顏　沈周自甲浦道太湖四十里見吴香諸山喜而有作清茗達空與道湖已成算僕夫卻告難風浪卒莫翫勸我陟山麓正爾免憂患彼此有得失我臆殊未斷譬山行見湖昏昏秪浩瀚何如行湖中坐見山秀爛僕尚請決筮得需利在豙毅然促飛艣猛進不復惴撥穴有虎子履險獲奇觀出浦卽會勝列障擁一岸遙思攬吴香妄意覓仙幔羣聳西若監巨浸東罔畔天謂湖太淫設此似按攤雲濤日衝撞石趾力抵扞輸贏各無能兩壘對楚漢我行鋒鏑閒便以老命判山疑相慰藉逐逐笑供玩始有舟楫虞盡被山破散山亦有

情狀要我綺語讚氣聚勢則附形散脈復貫遠近相衍迤存中自駁換雖靜有動機萬態紛變亂蚪龍徐蜿蜒獅兒悍奔竄夷突各不一大小略相半正展芙蓉屏橫亙蒼玉案晴縠纈日光莫熨錦繡段金庭與玉柱遠弄波影粲歷眼四十程續續青不斷平生詫傳聞信美非謾讕修辭聊梗概歸憶庶可按　王世貞蕭晨風日佳況乃泛澄漪揚舲指空白回首覺翠微南望弁山趾北竟晉陵涯玉玦周三垂朗鑑翳全規芙蓉插波心花萼競參差谷飈捲長空瀧落迎帆吹遙岫無停瞬近瀨有定姿玄醴染驚顏觴至當不揮寄言撥奇者此勝不易

追　沈畢對老春湖上高臺夕照閒天邊時白鳥煙外忽青山神禹功何大陶朱去不還古今無限意流水自潺潺　吴敏題太湖東達吴松晝夜流南連苕霅跨三州浪花散作千層雪蜃氣騰爲五色樓怪石昔從徽廟取扁舟曾放越臣游老懷自覺難爲水青草鄱陽小似甌　文徵明秋日放舟湖上芙蓉花老浸寒流湖上清風動客舟頓覺布帆天外遠卻疑人在鏡中游　杭淮泛湖一葉煙波艇如乘銀漢槎秋來萬里興浩蕩屬誰家　馬寬遙望太湖具區望望互無窮開鑿惟瞻帝禹功一水瀰漫三郡接千山環繞眾流通新秋雨霽光浮

碧落日霞飛影濛紅遥想當年越范蠡扁舟曾泛此湖
中　范穆從晉陵出下单至洞庭晉陵南渡太湖灣道
出東南震澤閒綠樹林邊僧寺近白蘋汀外釣舟閒狂
風起處惟聞浪暗雨來時不見山誰說瀰漫四無際三
州境界一提環　吳時德七十二峯謌太湖大類吾心
胸中有磈礧同諸峯澆之洪濤三萬六千頃辦平七十
二朵青芙蓉東西洞庭與馬蹟鼎立分疆自開闢其餘
瑣屑安足論卻似兒孫仰朝夕紫綠萬狀目豈窮六時
變幻烟雲中松雪姿守溪翁爲圖爲賦徒爭雄翻思欲
得秦王鞭驅出海外毋遷延清波從此平如掌獨駕扁

舟坐天上謌滄浪招白鶴倘遇山靈笑無學即浮大白
乘興酣吐出胸中之五嶽　國朝朱彝尊罛船竹枝
詞邨外邨連灘外灘舟居翻比陸居安平江漁艇瓜皮
小誰信罛船萬斛寬　具區萬頃匯三州點點青螺水
上浮到得石尤風四面罛船打鼓發中流　黃梅白雨
太湖棱錦鬣銀刀犖滿罾盼取東湖販船至量魚論斗
不論稱　幾日湖心船趠風朝霞初斂雨濛濛小姑腕
露金跳脫帆腳能收白浪中　灣頭茱萸紅十分湖中
鷺鶿白一羣儂船縱入采菱隊不溼青青荷葉裙　十
歲癡兒兩髻梳漁娃不放柁樓居新年判金費三鎏聘

取郎夫子說書　櫂郎野飯飽青菰自唱吳歈入太湖
但得罛船爲贅壻千金不羨陸家姑　東溟大鯿也嗟
峨滅渡橋頭銜尾過一樣風波湖海別黃魚爭比白魚
多　船頭腥氣漉魚籃船尾女兒十二三染就纖纖紅
指甲新霜愛擘洞庭柑　莫釐峯下鳳舟回望見高帆
六道開傳語羽林郎莫射漁翁元爲進鮮來　徐震陽
泛太湖不是逃名范蠡舟何妨自在泛中流參差亂樹
重層出遠近孤山細點浮覽徧五湖風物勝嘯空兩國
霸圖謀濯杯欲盡滄浪興未許馮夷禁夜游　陳履儼
遇便風至吳門新秋景物佳雨後暑初斂扁舟越渺茫

風利不知險輕帆駕洪濤倏忽山萬點溯湃如軍聲迅
疾邁烟餘舟子張兩帆破浪不盱眨百里一炊時前山
翠如染漸聞雞犬鳴船頭酒旗颺浩蕩適我懷貪看意
猶歉　許棫太湖覽古洪荒以前天地作何狀盤古既
死無人知洪荒以後人世又何若堯舜之外都存疑三
江五湖落地走神禹未出誰爲治上古天近少人事尾
閭之洩非人爲隨刊奏績因勢導蒼水有使何神奇童
律庚辰大神勇治淮先鎖巫支祁傳聞東南十三怪一
一埽蕩加拘縻百蟲將軍功更巨震澤佐禹成洪施古
經嶽瀆新耳目禹貢紀實無其辭儒生覽古具興廢荒

怪但足夸童兒洪波底定移厥俗巨浸周官紀南服端委既啟七百年甲楯餘皇關不息美人一笑能沼吳卻氾扁舟五湖曲又聞龍威丈人捩素書神仙秘笈驚凡愚識字惟有天隨子高謌萬頃呼龍魚往事浮雲不足說百萬農田資蓄泄宜歙之水五壩截震蕩不虞湖波齧上疏百瀆下三江三十六浦空排決偶逢旱潦皆膏腴民足何至國課闕東南水利需大吏誰歷波濤辨曲折君不見銅官道場接穹窿中間亂插七二峯混茫元氣走東海歷四千載懷神功嗚呼以石救天天性毀以藥救人人半死八年疏鑿天所使地病在水救以水君

不見天傾西北爲漏天病根乃在混沌前百死不入膏肓界造化小兒膽更大只有地缺東南水歸壑禪海雲飛太湖落我今高詠蒼茫中但覺長風浩浩開我懷古抑鬱之心胸

重修馬蹟山志卷二

里人 許 棫纂述
馮效堯參校

馬蹟總紀

山在禹貢震澤北湖中卽古夫椒三峯矗立曰冠嶂以其高冠諸峯也右迤而南至西青背俗名龍頭登冠嶂而望東眺梁溪西襟陽羨北接毘陵南則汪洋巨浸直達蘇湖起自艮維迄於坤維長三十里闊百二十里爲灣三十有八設文武二員宋設馬蹟寨巡檢司領土兵一百七十五名駐柴泉灣元因之明初革嘉靖三十六

年改築爲煙墩以瞭倭 國朝乾隆二十二年改戚墅司爲馬蹟司建署於此後移居新塘鄉龔巷署廢稱銜門坡 巡檢俸銀三十一兩五錢二分養廉銀六十兩書辦一名皂隸二名歲支工食銀十二兩遇閏加銀一兩弓兵二十四名歲支工食銀一百七十二兩八錢遇閏加銀一十四兩四錢 舊志及震澤編具區志俱作馬蹟寨香蘭巡檢司案香蘭兩山在今荊溪縣湖瀆宋時亦設巡檢領兵一百八十五人常州府志分載之非馬蹟寨也 明萬歷十六年歲荒盜起議設哨官一員駐雪堰橋哨船七哨兵每船十一共七十七名下埠港二閭江水流港一獨山門一馬蹟山古竹灣東谷背一耿灣背山一東山插竹灣一哨官歲支銀十八兩至崇禎末各項俱奉裁充餉哨又無額編遂停不行 國朝康熙

四年浙督趙廷臣會同江督郎廷佐題設浙江游擊一員駐洞庭角頭江南守備一員駐大全港千總二員把總四員戰守兵一千名分防各汛馬蹟屬宜興周鐵橋汛雍正二年添設參將及守備千總爲江南太湖營原設游擊等爲浙江太湖營馬蹟山設右營千總一員駐西村灣（署今圮）轄本山西村雁門桃花耿灣古竹東泉六汛濱湖長洲縣金墅汛無錫縣沙墩港汛湖西埭汛吳塘門汛大阜汛獨山汛楊灣汛陽湖縣下埠汛凡八汛每汛營兵五名俱有煙墩堞樓今竝廢乾隆十二年總督尹繼善巡撫陳大受奏改江南參將爲副將兼轄浙

江太湖營光緒初改馬蹟千總領礮船爲水師另設額外一員駐山巡緝轄千總原汛

案巡檢即古之游徼雖文員實兼武事前代太湖兵防惟此馬蹟自添設千總而文歸巡檢武歸千總已

文

明薛寀夫椒馬蹟辯夫椒馬蹟之名童而習之白首而不能定其名剏兹山之故實詭異奧博不可縷析者乎兹者回旋七十二峯者久敢斷之曰從樸則馬蹟遵古則夫椒何以言之吳王敗越於夫椒事之古名之古者也秦皇神馬毘陵志載之而姑蘇志援馬蹟而屬之西洞庭又不稱祖龍而稱西漢郁刺史戴星盜驪騄騄王喬鳧舄誕不可信不知夫椒雖有二山確爲兹山之總稱在毘陵境內非姑蘇所能負之而趨者嘗升花藏而覩之山近接軍將山二洞庭左抱穹窿玄墓出其腋下及升西洞庭反是總之兹山之有官長猶西洞庭之有縹緲東洞庭之有莫釐也其有漁息磯熨斗崖則林屋消夏也人物若許陳二中丞李吳兩方伯以下則王震澤施殿元之流亞也考科目紀勳閥當歷歷臚列之惟吾師錢慰吾先生之品行吾友金斗崖之風雅慮以位掩敬別紙詳之　國朝陳履儼馬蹟山考按武進邑志云山麓一百二十里與秦履山相接山之西地名

西青嶺石壁屹立石上有四穴圓徑各尺淺六七寸水涸四穴皆見少涸則見其二舊志謂秦始皇巡幸神馬所踐又俞文豹洞庭記云漢郁使君爲雍州刺史歸杜圻洲經此山龍馬蹟留石面時人語曰朝爲雍州官暮歸栖九里文鑒詩曰瀛洲西望沃焦山山在平湖縹緲閒聞說使君千里馬至今龍蹟尚堪攀二說未知孰是考之史云秦始皇嘗曰東南有天子氣於是東游以厭之皇輿考所載祖龍東巡遺事不一於姑蘇則欲發吳王冢雲闔虎林會稽俱有秦望山嘉禾有秦駐山皆嘗登之望海又於京口鑿京峴山會稽鑿剡山以泄王氣

又嘗游嘉興長水塘以應童謠令囚十餘萬人掘汙其城四番志云常州有秦望山始皇所登今柴泉灣有秦履山可據當從前說爲是今西洞庭亦有馬蹟予謂當以在吾山者屬之始皇在西洞庭者屬之郁使君　又夫椒考按左傳魯哀公元年吳王敗越於夫椒夫椒之名始見於此注稱夫椒吳縣西南太湖中椒山王文恪七十二峯記云馬蹟之北津里夫椒爲大夫差敗越處也蔡昇太湖志云夫椒山一名夫湫山在馬蹟西南史記正義引賀循會稽記云句踐逆吳戰於五湖中大敗而退今夫椒山在太湖洞庭山西北蘇州志云夫椒今

吳縣太湖中有椒山孔穎達云杜預於此注以椒爲山名夫椒爲地名以戰必在山下以山表地耳或以爲越地非也常州志云夫椒山一名湫山在無錫縣太湖濱見九域郡國志又寰宇記云夫椒山在武進縣又云小夫椒山一名小椒山在馬蹟西南由是觀之山雖有大小之別而夫椒之名未嘗分也去秦履十餘里有兩山東一山稍大有三峯西一山平小無峯俗偁胥箕山兩山相去數里皆馬蹟之從山也縣志止有大椒小椒而無夫山或云夫山卽今隨山也在椒山東北數里亦有三峯綠椒山稍大舊志本作夫山蠹蝕夫字下半成土無錫人讀土爲隨又譌爲拖今呼馬拖其東里許有小山俗呼北隨貓南亦有小山水淺則見俗呼南隨貓爾雅釋山巒山隨詩周頌隨山喬嶽注山狹而長者說文隨云山之隨隨者然則隨山卽夫山椒山在其西南大椒實兩山爲馬蹟之從山故馬蹟亦稱夫椒　黃遵游馬蹟山記馬蹟山去毘陵東南百餘里與津里山接津里又名秦履山之西曰西青石上有凹穴圓而不深若馬蹟然舊說祖龍驅石爲梁躍馬東海以觀日出神馬至此踐石因名又云漢郁使君歸老游山龍馬駐蹟事皆莫考山峙太湖中麓周百二十餘里由西而徑東北

可三十里西北而東南半之自苦竹檀溪蓬坑歷大小墅東西鈕新城寨前過張清西郁雁門牛塘茛橋竹塢桃花內閭世傳吳王闔廬嘗避暑於此峯巒環抱如拱如揖由是而躡青轉藤伴奴至耿灣而極焉民因灣散居家約數千籍分九圖土狹人庶而多山林田値畝百緡多賫商以給然俗尚禮好客每遠客至則競相招致誠游覽佳山水處也永樂初元予來教學武進以旌表史節婦劉氏嘗兩至此恩遽弗克縱游因循考滿十年於兹念人生行止難必由兹謁天官則他除授東西未可知也於今不得覽他日無由至矣乃以十一年癸巳

春三月十七日從東關買舟道戚墅洛陽暮至文城橋翼日渡湖登苦竹同游者明子肅王粲僕華眞及舟子從步二里許過分水嶺旁有水平王廟舊傳王乃后稷庶子佐禹治水有功血食於此又二里抵故人杭仲恭家仲恭倒屣出迓既要其戚于孔嘉聯榻話雨遲明雨少歇孔嘉邀至其舍擕子出拜斵筍具饌延宿次日晴煦孔嘉偕予循山過內閶津里欲觀石上馬蹟孔嘉謂水落則出茲水長不見因登高縱目水光一鏡諸峯擁翠近而咫尺者曰夫椒夫差敗越地也遠而百里者曰胥山子胥漂骸處也他如洞庭陽羨軍將惠山皆歷歷

可數風帆沙鳥煙雲竹樹恍惚身在圖畫中竊惟夫差居吳句踐據越壤地相接才百里耳日尋干戈糜爛其民此正莊周所謂蝸角之爭者民生其閒何不幸之甚邪夫差有一子胥而不能用顧乃嚭言是聽自取滅亡冥冒之悔噬臍何及而子胥言不行計不聽不能如范蠡見機而作均爲可惜逮宋南渡都杭以一隅之地與金元交兵轟轢四十餘年孰知今日斯民沐浴皇明之化生養休息四五十年之閒戶口蕃滋復覩太平之盛回視吳越宋元之事爲可悲也歎息再四孔嘉謂余曰子何懷古之深也且休矣遂歸援筆以識　浦應麟太

湖馬蹟山記太湖皆山也七十二峯西北尤美砥中流而挹洞庭者常之馬蹟山也烟波縹緲遼絕數百里許過獨山而去者山之東錫山也山影倒湖麓巘相接覗之若咫尺者山之西陽羨也由山而南南通蘇吳支流派別者洞庭諸山也北登渡口歷苦竹檀溪過鈕埼蓬坑墅分大小鈕界東西新城古寨者東山也涉張青越牛塘經伴奴入西村莨橋竹塢內閶踏青與夫桃花山西而雁門軟蘇耿灣者西山也官長崔嵬津里掩映峯奇石怪者山中山也隱君雅澈卓錫澄清鳴琴濺玉者山中泉也龍虎縈迴蜿蜒磅礴暈如絢如居於重湖疊

嶂者智瀾來而廢寺興也薜蘿井上荆棘亭中淒然楚然屬於風帆沙鳥者闔廬去而暑宮隳也禽鳥嚶鳴蟬聲斷續桂粟舒金寒梅綴玉山之春而夏秋而冬也日出樵歌夕陽漁唱披蓑耕父杖錫歸僧出沒於雲濤烟樹者山之晴而暝晨而昏也隴頭時雨居者荷鋤秋風行旅估客東裝務本逐末耕者耕而商者商也登名廟廊宦游南北以天下爲己任者山中之禹稷也枕山栖谷抹月披雲寘世故於不聞者山中之顏子也賓來款門主出倒屣雞黍閒設鮭菜雜陳命子出見童冠畢集山人之交接也百歲之後棺槨依古戚族悲哀春者不

相送者靴紼易忽而謹易忘而追民俗湻厚猶存古風也至若倭奴寇湖波濤成塹草木揚兵逐舟南去者雖天之力而實山之靈也余生於山習知其常余長於山目擊其變知山莫余若也知山而誌之者誰東山人某人也

賦　鈕慶馬蹟山賦客有挂席兮蘭舟藉天風兮東游望震澤兮揚舲倚桂棹兮夷猶顧艮山而欲駐覭巨武而相攸仰峯巒兮軒豁俯洪波兮忘憂於是艤舟停櫂惟類是求予前而長揖語未終而情投察其志之可與諗斯適之奚由客乃告予曰歷湖山之勝處獨斯境之

最幽茲非具區之澤馬蹟之丘乎曷不攄子宏思研辭記之以會晤之清談爲贈答之艮貽庶不負吾之周爰咨諏也予乃奮然長嘯攜手坐石呼童索楮操管泚墨而爲賦曰乾坤闔闢陰陽凝流元圖授而鰲極立坤輿奠而兌澤浮轇轕兮吳楚之墟摩盪乎東南之州賴是澤之爲潴免昏墊於龍湫況丹崖之巘列氣相接於蜃樓若夫春日載陽晴空蘸碧倒浸巑岏之影橫吞崒嵂之璧上有松杉檜柏之挺秀下有蛟螭黿鼉之潛宅鱗族乘暖兮變化羽族鳴春兮嚶喈滌俗慮兮訪漁樵弔世情兮問商客於斯時也逸興優游襟懷沖適至若火鏡行空流金爍石厭溽暑兮憑陵憚亢陽兮炎炙坐林巒之清風沐澗泉於朝夕觀山澤之爽塏儼清泠之濯滌是時也令人神怡氣爽炎囂頓釋又如蓴收行秋金粟香清月出皎兮雲淡風撼竹兮球鳴倦翼還兮晚集漁火亂兮繁星水天湛乎一色嵐靄浸乎半泓助無窮之逸思脫有限之囂情更若豐隆怒作玄冥釀雪萬鶴攪乎長空滿地糝夫玉屑漁練凍兮難纏牧笛吹兮聲咽寒梅吐蕚兮綴鉛華喬松撫韻兮鼓靈瑟斯馬蹟四時之景狀雖禿山中之毫涅南山之竹未易以罄寫其毫末也余嘗築衡廬於山隈植松竹於林垓既逍遙兮

自逸復瞻顧兮徘徊於是慨嬴秦之何在悟鞭石之已灰野鹿游而西施莫返芳草淒兮夫差不歸把菊東籬言賦歸來之興濯風南浦思集童冠之偕是蓋亦有所感矣矧夫湖濱山麓神駒踏石其大如斗至今不泐此所謂大禹疏鑿之後秦始欲駕石橋渡海觀日出使神人鞭驅而存其蹟也於是客作而謂余曰噫嘻嗟哉波落石出物異時移盛衰相尋於斯何極古今人物之茫然而此具區與神蹟乃萬世之不易得非與天地相爲悠久者乎予復應之曰不然何古非今曷今非昨維德是務安斯可託在天爲星辰在地爲河嶽理會心融豁

然自若今吾與子面蒼巒而坐盤石咏清風而把明月恍然不啻瀛洲之仙境而所以獲免於龍蛇之窟以樂夫平成者皆神禹罔極之恩也昔秦嬴之術行則後世不復知禹之恩如斯其大矣觀山澤而思禹之功山澤本無情其思禹之恩故即山澤猶見禹也吾是以知禹之功當與山澤同其壽於萬斯年也信矣彼適然之迭更嬴秦之得失奚足論哉客喜乃笑而歌曰波蕩潏兮水悠悠駕輕刀兮事咨諏思夫人之功德兮誰克與儔予復賡而和之曰駕蒼龍兮驂螭寄遺蹟兮神駒嗟夫人兮安能配禹兮同歸歌音未竟客揖而去明日復來

不知其處　李濬慨夫兹山之跬步兮月磊以一拳之石曰崇以一撮之土承二儀之定位著雄名於亙古稽禹蹟而迄今兮吾不知其世幾千萬古引崐崙而衍長兮抑不知其綿聯若干嶺巍巍乎屹立於斗宿之分野奕奕乎盤據乎揚州之境宇官長崢嶸具區吞吐洞庭亙其東南千峯突其坤戶錫山銅官掩映布亙軍將闔江欑戟整伍夫椒香蘭揚芬吐霧小雷大雷承歡震怒龜山虎犢如從如赴支岡別壠星列棋布漱咸池挹河鼓約三江濯五府機忘白鶴心閑振鷺竊一盼兮瞬息收羣青兮阿堵瞻涯涘兮無垠睹微茫兮恐怖茫茫襟

懷巖巖矩度居民出沒葦杭杯渡祖龍為之留蹟赤心為之保固於戲此其天造地設神呵鬼護之略也乃若體順承坤和氣充盈仙凡品彙吐葩含英草木鳥獸化育生成生齒繁殖灣居塢豊桃花軟蘼鋪錦聯棚竹塢古竹散布幽清鈕連屬兮東西伴奴耿兮分明新城言言寨前縈縈張青西村饒沃恢宏雁門雄開牛塘笛鳴涉檀溪越蓬坑望內閎赴踏青墅分大小橋駕孤蕢桃花鈕埼巒岫崢嶸古刹行祠祥符水平宮殿岧嶢樓觀飛甍妙湛棲雲泉石琮琤緇衣黃冠秉行同貞漁樵問荅商賈經營人傑地靈女織男耕中有俊髦養素登名

梭梭直節烈烈英聲厥靈固無愧於四岳封禪乃未見於天京嗚呼噫嘻此豈兹山之自高與抑一元之宅占偶未遭與夫何終朝夕兮出沒塵囂奔走兎靈顧瞻牛毛寒暑晦明四時甄陶遇大旱兮飛騰川澤駕馭風濤鞭笞雷霆變化腴膏沃彼焦枯活我倪旄處變處常不二其操奠羣芳於下土保貞潔於層霄如此耶言觀其色蒼素可別載辨其形千仞壁立沚水寒霜白雲並潔木石與居煙霞固結夫然後低嵩華偏滕薛脫塵氛甘泠洌息交絕游養退藏拙金石同盟堅剛不折容容昂昂耿耿孑孑於萬斯年與世遂絕噫此殆所謂在彼無

惡在此無斁庶幾夙夜以永終譽者也吾何庸乎排金闕絡紫纈呈琅玕饒頰舌控彼崎嶇補其欠缺　國朝陳履儼馬蹟山賦丁卯余客瀨上永安令何惟渠謂予曰曩者讀尚書左史知有震澤夫椒久矣其勝概可得聞與余曰諾乃賦之曰維禹蹟之託基兮粵開闢於鴻濛雖一拳石之多兮實與天地而始終上弗克與恆嵩比肩兮下猶得與林屋爭雄俯視七十二峯之巔兮盤踞於三萬六千頃之中波濤滌其塵囂兮雲霞冠其巍峯岩穴爲猿鶴之所巢兮洞壑爲蛟鼉之所宮其山則官長聳秀於青霄秦履崢嶸於湖隩桃塢春紅藤灣夏

綠龜蛇脫鎖於天庭獅象就擒於山麓胥山沸伍子之濤靈鷲愒高僧之足畫山當午以融融火石中宵而煜煜錢堆米貯夜開達旦之門分水行宮午聽陽春之曲已交錢而山色不枯遇熨斗而波文猶蹙夫椒風浪尙聞鏖戰軍聲盟頂烟雲若見霸圖遺躅漁磯弄落照於晴波點岫醞酒香於茅屋其水則天井瀦一泓之甘澤龍泉挂百丈之飛流洗耳流雲之澗濯纓石塴之邱曉渡分香於荷蕩晚漁買酒於蓮兜半月泉堪烹茗咸河岸可垂鉤隱君之清波異味丹井之紫烝猶浮其古蹟則滈池君留馬蹟於西青廬中人試劍鋒於盟頂上梁

文鐫學士之山莊句漏砂沈葛仙之丹井避暑宮六月三秋望湖亭天光雲影陸希聲題雪塢之梅趙孟頫記南山之景至若樹藝則椐榆合抱松柏千尋梧桐棲鳳桑柘降隽竹擁淇園之綠橘垂南國之金蹲鴟似甕宗果來禽猴心披赤而纍纍鴨腳綴實以鱗鱗何先生奏功於田畝李夫人獻味於園林夭喬既難更僕而悉數果蓏亦不能屈指以敷陳若乃春日載陽谷風來只百卉爭妍羣芳競韡夭桃濃李緋白千家麥隴菜畦青黃百里風扶柳絮以輕颺月映梨花而若洗參差籬落者玉版禪師睍睆枝頭者金衣公子游人醉臥於花陰詩

客泛舟於春水迨夫長嬴秉令炎帝乘軒新篁解籜於北牖盧橘載酒於西園芳茗茁而旗槍戰時雨足而桔槔懸啟雙扉而下榻迎好風之泠然寄午夢於槐柯忘身世而欲仙暨乎炎夏既徂素商在御稼披黃雲桂飄玉露湖光浸月以空明山色凝煙而欲暮蘆花別浦響奏鳴榔蘋蓼芳洲謌驚宿鷺楓葉紫而眾山酡菊花黃而新釀具載觀歲晚霜隕蒹葭山容靜而如臥木葉脫而亦嘉後彫者挺歲寒之節淩冬者開幽谷之花雪滿羣山如入梁王之苑梅開千樹若游鄧尉之家更有禪宮道館煇煌金碧祥符肇造於唐宗水平崇禋於宋室

仙院燒丹棲雲卓錫妙相莊嚴諸天赫奕高眞控鶴以遙臨開士浮盃而寄蹟梵唄音繞於蓬臺步虛聲鬧於月夕宛游衹樹之園怳入蓬萊之闕若覽夫人文則科名鵲起冠蓋相望文既騰蛟起鳳武亦紫電青霜許擢花掇巍科於縈㮇辟將軍樹偉績於戎行或秉銓衡而著忠清之節或參大政而堊藩服之光兩方伯嘉猷有赫三都護我武維揚許開府握麟符於趙魏陳中丞建節鉞於荆湘中翰振鳳池之羽繡衣除當道之狼或司李於名郡或種花於河陽或以陵功而世司天之秩或以文教而開鼓篋之堂是皆彪炳於奕代難計數而表

彰者也數詞既畢主人曰吾已神游是鄉矣當置之座閒而結他日之緣

詩

唐釋文鑒題馬蹟山　瀛洲西望沃洲山山在平湖縹緲閒聞說使君千里馬至今龍蹟尙堪攀

元王逢送安上人歸馬蹟山　插竹山中偶出游折蘆濠上卽歸休踞牀獅子聲方吼踣坐龍駒蹟尙留花雨六時紛似雪松風五月冷於秋客來認得南泉斧七十二峯麈點頭

又將投海上自鴻山往太伯瀆別王左丞以爻老言馬蹟山漁商小船非攻守具得釋五百五十人數倍之回舟寄左丞　韋禍淸游馬蹟西忍聞篁竹鷓鴣啼雲昏赤地沈天狗月落孤舟背水犀小戶漁商聊復業濱憂爻老不遑棲釁連楚越非吳討須是宗周與會齊

王冕馬蹟山梅花　馬蹟山前萬樹梅望裏村村似雪開滿載揚州秋露白玉簫吹過洞庭來

華幼武自延陵歸適馬蹟山鈕彥功惠貺多品以詩謝之　旅宿延陵故舊疏歸來喜得萬金書兵戈契闊親愈密筐篚交陳禮不虛山茗久藏春雨後園梅新摘曉烟初似聞鄰郭猶紛擾何暇馳情念索居

明秦夔題夫椒　千尺嵬嵬俯洞庭祖龍巡幸此曾經馬啼猶記亡秦蹟崖石誰鐫上古銘鼇背壓波晴隱隱芙蓉積翠曉冥冥樓船此日登

瀛客分載西峯一半青

白昂過夫椒弔古　勾吳敗越兵壘戰此山麓麟經奚特書檇李仇能復往事已成塵草莽空遺鏃我來謁仙靈秋滨月方朒丘園老蹲鴟湖口徧禾菽今歲幸年豐國稅無缺縮喜從絕頂登高矚恣游目仰舒千古愁長嘯震崖谷

朱昱　霜刃交揮箭雨飛吳人得志越亡歸臥薪嘗膽君知否莫醉蘇臺玩舞衣

徐問　檇李陳師霸業新夫差三載報相尋可憐吳越俱陳蹟惟有夫椒自古今

周徵題夫椒　夫椒敗越吳休兵莫論夫差養患成若使人君寡修德越亡還有越王生

金九齡平墅　面湖山山巒隱約閒遠中堪

眺望險處好躋攀嶂霧開仍合沙鷗去復還何時戒舟
楫攜酒徧諸灣　蔡昇賦馬蹟一望巍巍知幾重太湖
西北此奇峯丹青不改千年畫勝負曾交兩國鋒惠麓
煙消遙見塔洞庭風順似聞鐘秦皇龍馬傳來久試拂
蒼苔石上蹤　又幾簇人家幾處灣灣灣石磴可躋攀
小橋流水東西澗疊障層雲上下山劉晏祠荒秋草碧
吳王宮廢雨苔斑釣船此地尋鷗侶不憚烟波費往還
又咏馬蹟山十首存六首　武進膏腴地迎春僻遠鄉青
山湖水闊白石野雲香老我尋幽壑孤蓬繫綠楊　又
舊俗商爲業誰辭南北游魚鹽吳地貨琴劍楚江舟更

得陶朱術千金坐可求　又疊障出湖北一鄉居郡南
人烹陽羨茗客買洞庭柑納稼滿場圃今年農事堪
又接屋連牆住村村不計家秋場登黍豆曉市集魚鰕
誰道生涯少男耕女績麻　又東澗橫橋斷西溪曲岸
連鹿眠芳草地燕乳落花天采采青桑葉山家蠶未眠
又曉岑收宿雨晴木靄餘烟野草開叢蕙山花染杜
鵑樵歌應空谷驚起鶴雛眠　邵珪憶夫椒寄民育支
離薄宦走清朝燕去鴻來歲月消記得閶江春雨後兩
人同坐看夫椒　杭澄湖山清隱爲宋艮用賦東南巨
浸清且漣七十二峯蚪勢聯夫椒高出青雲顛就中一

朵芙蓉妍林光搖漾水底天嵐瘴飛撲松梢烟桃花古
竹島嶼連塵飛不來地自偏先生投隱自年年一生不
受羈靮牽鳥飛雲兮魚泳川形忘物外心悠然興至哦
詩南澗邊孤笻拄月倚吟肩睡來枕易北窗前一榻掃
雲便晝眠秋風新綴蘿衣鮮春雨不種青芝田湖山淡
處從盤旋高情肎讓巢父先考槃之樂矢弗諼立纛束
帛空戔戔何時許我解俗纏與君同賦歸來篇　錢淵
題馬蹟山七十二峯浮震澤中有一峯名馬蹟云是祖
龍神馬經四蹄石上如雕畫西青崖畔盡桃花暖風遲
日烝紅霞柴門流水自村塢幽花籠晝春長嘉行行內

閬相咫尺六月風吹楊柳陌千古猶傳避暑宮躊躇往
事空陳蹟誰家種竹滿塢深猗猗晝日長陰森行人過
此消塵慮耳邊惟聽鳴瑤琴長橋曲水村塢小茅屋人
家往來少樹陰黃鳥啼一聲落花滿地無人掃亭亭午
日正暄妍方塘水淺羣牛眠禾黍高低家富足百年淶
水遺風傳雁門佳勝挺巫峯龜蛇圖畫奪天工門牆況
是多桃李盡在陽春普化中日墮西岩村欲暮殘紅返
照林間樹頳肩樵子倦歸來山路雲深不知處峻嶺嵯
峨裏耿灣一灣關鎖是胥山三春花發人攜件古樹山
茶照醉顏張青來嶺宅盤旋富足由來起力田謳徹四

更車馬歇僱耕已喚小橋邊誰人札寨古寺前橋跨灣中塔半天上方旦暮聞鐘鼓心共湖山一體禪越王敗餘城已覆新城知是何年築夜深人有讀書聲月落女牆猶未宿西鈕汨汨流芳泉左峯迢遞筆輸尖山前點下多詩意題徧梅花白雪天東鈕居宅匿深岩古殿巍巍鎮左肩繞屋林園樹縹緲不辭名利也能仙港塢東西有兩泉湖邊日泊漁翁船魚鰕朝夕爭作市酒家門巷青帘懸小墅數家依山坡嶺近數武大墅窩斷崖出沒多殊致風靜波恬漾艦舸蓬坑宋宋村無主軟藤花落閒亭午小橋流水澗東西茅屋藏春春幾許檀溪一

派清泉分蒼厓白石波沄沄臨流飽飫坐終日知是當年邵隱君古竹叢深橫古渡渡頭芳草迷烟霧魚龍噴沫水雲腥十里風帆送朝暮東谷盡處是鈕埼村深地僻行人稀日長無事門半掩白鷺羣飛水滿溪丹厓翠壁千仞渺瑤草琪花四時好山中別是一乾坤尋眞何必蓬萊島　徐繗將歸夫椒泊舟渡口咫尺胥臺路風波滿渡頭鶴情懸碧隴尊思協滄洲栖暗藏歸嶼花深引去舟白雲爲帶處髣髴識丹丘　陳睿謨歸夫椒二首萬疊烟巒聳翠鬟桃花舊繞讀書關霞烝熨斗承流起浪暖漁磯擁棹還零落數行雲外樹浮沈幾處水中

山結茅幸託羣峯下暇日扶筇次第攀山青雲白太湖濱十畝桑閒託此身看慣兒童忘笑語每逢耆舊一逡巡官梅落落傷心麗翠竹娟娟過眼新不自風塵潦倒後那知珍惜故園春　辥寀游馬蹟山誰從海上覔三山蜃市珠宮只此閒波闊欲分陽羨月天空平揖莫釐關松聲度壑疑飛雨石罅穿雲忽過灣弔古不禁亡國恨胥濤猶自越溪還　國朝歸莊望夫椒三月陽帆望具區水面諸峯大者魚龍小者鳧其最著名有夫椒煙中一抹遠在湖之西北隅吾欲從之訪古蹟波濤際天阻險途在昔春秋有强吳利擅三江與五湖豈爾於

越仇大邦檇李一戰斃闔閭人殺爾父爾敢忘出入必向君王呼枕干三年雪仇恥夫椒之役稱雄圖臣其君妾其妃吳王此時眞丈夫嗟乎吳王眞丈夫春秋大復九世仇不譏遷紀郱鄑郚彼楚頃襄宋思陵千古罪人死庸奴不若秦苻登死休自誓殲羌胡日暮途遠鞭荆平夫椒之役何愧伍子胥吾望此山千古猶憑弔放言不畏迂儒笑　邵長蘅雨後游夫椒雨歇亂峯晴龍歸洞壑腥渚虹斜照白嵐翠落衣青古檜巢雙鶴石橋逢一僧六月還來此涼颸徹夜聽　葉松馬蹟山穆然氣蒼寒瞻望辨高厚橫亙百餘里烟雲出其藪翠蔭北湖

偪勢絡羣峯首祖龍何年游駐蹕山之後蹀躞有龍駒遺蹟大如斗前此又誰名世遠不遑究

盛符升同陳椒峯游馬蹟山風雨今何夕羈愁接五湖郤須吾友在不遣此山孤竹塢藏書屋桃溪隱釣徒休論吳越事燭跋酒重呼

陳玉璂夫椒山居草堂寂寞天浩蕩烟徑斷續雲接連自然眼底少俗物况有石澗鳴清泉野寺僧定忽磬發桃源人到津不傳酒帘飄飄隔柳岸杖頭擲盡青銅錢

杭渭馬蹟山古蹟詩震澤蒼茫涵太空小靈山起峙天風嵯峨一朵青蓮出會見當年四載功七十二峯初底定永平王廟開荒徑報功思與此山齊

奕葉明禋擅名勝蓮花帶內結祥符紺宇精廬隱丈夫百頃松濤清曉夢千竿鳳竹響浮屠西歸聖僧來駐錫移得菩提親自植菩提非樹復誰知惟與疏林增幻色東去層巒官長尊俯首羣巘列兒孫磬陀石上身忘我師子巖前虎斷魂直下一岡爲火石熒光入夜凌虛碧珠聯玉削點山奇數里梅花攢翠壁循湖迢遞到金沙朝暾燦爛如明霞應是昆池回姹女丹鑪飛出九還砂悠悠斜度蓬坑麓疑向蓬萊分一曲隤波何事少幽人長使山靈歎空谷空谷之東尙可捘檀溪窈窕棲雲菴泉鳴玉漱巢由耳松老龍盤霧雨龕棲雲曲磴盤雲裏殿對天門開勝子星搖碧落映鐙寒戶把軍將烟帶紫逶迤北去轉山莊巉嶂中藏薜荔房那見華家遺氏在只傳學士尙流芳徘徊湖畔西山路舊是山人哭員處血淚成波千古流孤忠猶使山名著昔時伍子盟高峯崔嵬勢壓夫椒雄憑弔惟存試劍石劃然千載誇神鋒西來犖确金雞墩曾聞石上金雞鳴未識清音何日返空餘惆悵烟雲生雲居道院堪今古句漏辭官隱茲土芝室棋殘白鹿醒丹泉月射仙禽舞帝閽不鎖走龜蛇天矯晴嵐赴水涯怒鼉騰蛟不敢近晨昏呼吸走魚鰕漁息磯邊漁艇過征帆颺颺漪漣破得魚沽酒羲皇氓

蘆荻花灘常醉臥墓灣喚醒浮生誤聊試尋芳經竹塢避暑宮墟木石寒西施心在人朝暮紅顏豈遂覆姑蘇眼底驕奢勢自孤君王若肯納忠諫灰飛能到內閶無內閶南去桃花止秀脈迢迢萃於此熨斗崖中日月長輕濤欲洗紅塵髓紅塵拂拂老蒼生白髮蕭蕭任物情神馬永壓秦始蹟亦同滬影綴滄瀛

灣名總紀

兩山閒曰灣環馬蹟而灣三十有八古有民居者二十三今二十無民居者十有八分別注於左其無民居而廢湮如翦帽屏風鵲灣等雖有灣名概不登載

有民居二十灣

古竹灣俗偁苦竹在冠嶂第三峯下田多高壤艱灌溉居民八十餘家有上巷下巷西頭三段北望虎蕎及雅浦莘郁二港波光十里山翠分流南行過水平王廟分二途右達柴泉嶂青左達新城俱平坦無攲嶇　唐陸希聲苦竹徑山前無數碧琅玕一徑陰森五月寒世上何人憐苦節應須試問子猷看　明聶大年古竹渡綠水青山古渡頭琅玕箇箇碧如流閒來坐對清風起搖落湘雲一片秋　錢孝古竹津竹裏鷓鴣啼山前蒲稗溪孤舟泛朝暮一水限東西客路依村

轉人家隱樹低十年贏馬足曾向此中迷　馬同春風帆過東湖舟泊古竹渡岡頭苦筍生沙洲起孤鷺細雨溼前途依稀日將暮沽酒問花村酒家何處住　陳所知擬苦竹津謠苦竹津頭山若屏苦竹山前波浪驚開山種竹堪成隱底事偏尋險處行　國朝徐燠三面青山一面湖西風吹浪打菰蒲魚從柳港扁舟釣酒在梅林小店沽澗水中分村上下嶺雲高壓路崎嶇采風欲繪桃源景半業耕樵半業儒　徐神臯暮春養蠶天氣客來遲細雨斜風麥秀時高捲疏簾招燕子多吟好句和鶯兒桃花潭水新添漲楊柳煙波舊鑿池收拾釣綸歸去晚兩三知己共評詩　徐渭奎中秋即事今歲中秋節閒居興倍增山家敲白果野老饋青菱留客重沽酒開筵命徹燈嬌娃知愛月時向曲欄凭　又茅屋楓林下柴門秋水邊波平蓴菜長雨細菊花妍客饋經霜蟹家添賣芋錢登高時節近約伴趁晴天　許棫村淡連雞啼竹晚去鳥沒渡口人已歸孤舟纜新月　許衍熙近客少離思遣愁但高詠披雲出空齋萬象即一性疏烟畫夕陽野鳥投晚磬山瘦嵐氣清華寒香風定秋容谿倦眼蟲音碎清聽足己名難矜撫化物易暝趣多自

無攜賞少故不競彼此豈有殊賢愚皆能勝撥道在幾微厲志貴堅勁翫此澗底月徐悟非外倩　丁珊書齋結茅山色中書聲和鳥語不逢王無功何人就北渚

檀谿灣在勝子嶺東北倚石山爲棲雲菴南半里許居民四十餘家嶺環湖塹劃爲一區產茶把梅花隱君卓錫諸泉瀹之可忘世味　國朝許亦魯一面東湖三面山山光水色聚谿灣梅梁檀谿東湖名帆影浚朝出勝嶺樵歌薄暮還泉泛隱君廬洗雲棲禪室道心閒吾家鼻祖鍾祥地始祖叔徽公南遷居此仍願移家住此

閒　許棫山春爛漫華香歎發新茗岫底鐘聲回泉
中渡帆影
埼灣樍谿東北燕嵩回褢谷遂七腴居民數家行客
鈕罕涉　明杭濬水遠山回白鳥飛烟嵐濃處樹高低
扁舟載酒歸何處風景依稀是瀼西　國朝丁澈
山中稱古樸今說鈕埼灣尊酒時相過柴門夜不關
雞聲啼遠樹樵唱出空山我欲移家住湖濱友白鷗
沈瑪綠樹青山晚照多隔林唯聽採芝歌有時響
逐清風去閒與泉聲出薜蘿　許棫獅巖爽氣來燕
尾微波響漁唱發梅粱東山月初上以上一圖

耿灣背負秦履淡谷右蟠華家嶁盟頂左踞居民八十餘
家有姚巷秦巷後灣三段西望銅官飛翠胥山寂青
風景彷彿桃源　明謝應芳具區耕隱歌爲盛處士
作脫屣東華塵結廬太湖濱蓬藋開小徑桑接麻比
鄰金門玉堂夢不到烟蓑雨笠情相親東風二月桃
花雨布穀飛來向人語一犂初破隴頭春黃犢出欄
健如虎西山不知誰采薇南山不知誰采芝我耕我
田食我粟歲晚復有冰壺韲悲謌笑甯戚夜半猶未
已人閒閒是非何用汙牛耳綠陰繫牛春晝閒樵童
隨我看青山日暮歸來一壺酒牛棘花前笑開口笑

問儂家子若孫知我犂鋤佳趣否豈不見蘇秦爲無
二頃田六印纍纍苦奔走到了落禍坑虛名何足取
鹿門龐眞我友　國朝許棫胥山若浮來盟頂昏
曉隔落日曬西枝東柯靄將夕盟頂東麓嶂青西麓耿灣
盤蘢灣居民十數家皆王姓一澗西流石氣在戶附庸
耿灣相傳西子曾居舊稱伴奴後改伴蘢名皆不雅
說文蘢淡長谷也此谷陝而修曲稱蘢宜　國朝
陳紹琦風景幽閒比苧蘿浣沙人去可如何海棠著
雨憐紅粉楊柳含烟想翠蛾千古尙遺傾國恨五湖
無復採蓮謌欲尋少伯來游處一澗潺湲咽綠莎

許棫巉巖山頭石窗窱門前谿清蟬來娛人從子于
盤兮以上二圖
雁門灣庫岑圍繞遙瞻若斷民稠土肥有明汔　國初
科名最盛形家譬之喬木秀氣多鍾婣枝焉　明徐
問十里松陰一徑苔峯巒相湊雁門開箇中風月知
多少冐爲平分一半來　許鼎臣過鴈門舊居堂前
燕子久他飛極目滄桑感式微鴈序低迷明月影漁
燈半隱白雲磯蘼蕪舊巷各空在桃李芳洲麥漫肥
今日同人飄作客菟裘老去念安歸　國朝許棫
白浪浮漁息青山斷雁門鳴榔疎柳岸貰酒夕陽邨

以上三圖

牛塘灣背蛇山面紫荷壤地褊小居民十餘家夕陽在山樵唱未已　明徐復陽小聚寒限宿雨濃松篁流翠稻畦重牧童不解興亡事一笛輕吹過碧峯　辭直城平牛背穩如舟荷笠銜煙得自由過雨草鋪千頃綠臨風笛弄幾聲秋　國朝許棫蛇山一桁青景落寒塘瀨斜日望林邱人家在霞外

內閭灣環山襄湖林泉紆軫居民三十餘家多古人遺蹟文人往往披榛凭弔　唐張籍贈梅處士早聞聲價滿京城頭白江湖放曠情講易自傳新註義題詩

不著舊官名近移馬蹟山前住多向牛頭寺裏行天子如今議封禪應將束帛請先生　明陳璠郎景萬頃琉璃著此山無邊幽致出塵寰飛泉百尺蒼崖外啼鳥數聲綠樹閒薜巷春淡芳草沒吳宮日冷白雲閒山前有客來相皴竹屋柴扉花自關　又閒行午窗手倦暫拋書散步林泉客況舒竹塢風清聽好鳥山塘水暖翫游魚迎春花老將軍吞避暑宮穨帝子居爲問故園何處是寒山嶺下有茅廬　許鼎臣沿湖磴道無人地竹塢桃花夾內閭靄末聲來啼獨鶴天邊帆去散羣魚離宮綠草香魂冷窟岫紅蠅戰骨餘西青多紅蠅嘈膚傳爲吳越戰血所化惆悵興亡千古恨臨風不醉欲何如　國朝許棫漆娥有高臺何時爽避暑浮雲奄忽馳眇眇成愁予

桃花灣內閭西南居民十餘家王員外陳中丞發祥地東南去西青觜二里平波鴻溶椒山在𠂆　明陳璠同錢墨岩游桃花松鈎夾徑午風清隔塢幽禽三兩聲雪浪飜湖觀世態野雲橫嶺逗詩情泉流曲澗琴聲細鷗落明沙玉片輕信是利途人自醉漁樵原不問功名　又綠陰黃鳥度笙調洗耳泉聲隔薜蘿曲澗滿時青草短閒花落盡綠苔多松團曉翠林霏散

藥斸春腴夜雨過轉去石梁淡塢裏漫尋詩老皴行窩　王憲和幽谷雲樵信口謌綠陰滿徑繞藤蘿村園古樹人烟少雨洗平沙鳥蹟多問字不妨頻日到看山還約幾時過一尊相對開顏笑始信人閒有樂窩　又步入雲深徑轉賒樹頭低處見人家林枝老翠分樵擔渡柳新陰繫釣槎萬頃湖光涵熨斗一灣春色醉桃花津迷不用漁郎問倩我扶歸路未差

國朝許棫巉崖石磴礓遠翠椒峯落紅桃夾澗花花下漁舟泊　以上四圖

西邨灣雁門東北倚山襟湖居民七十餘家有中段東

頭西頭三段灣東別山块環爲雲居道院　國朝
許棫艮田對茅舍郗徑竹閒通仙居知不遠一磬落
花東 以上五圖
嶂青灣 舊名張青 由西郗而北盟頂之東地敞田腴居民二
百餘家有一二三四五莊綴耿灣後灣涵山卷翠松
濤到枕馬蹟之腹地也　國朝許棫風吹西谿月
挂在涵山松一夜葉蕭然又添何處峯 以上六圖
柴泉灣 舊名寨前 秦履峯阤靡而南居民百餘家分蓮巷西
陳東陳吳段杭段諸名右齊嶂青左概新城平疇沃
壤幾不知在水鄉循澗北二里神騣寺在焉　國

朝里人陳履儀還山勝地蹉跎浪蹟中歸來樂事自
融融縱橫荇影簷邊月斷續漁謳浦上風半榻晴光
清夢繞一尊秋色故人同菊花見說鄰灣好又曳芒
鞋過澗東　陳履儼甘老東陵學種瓜雲林滿眼不
須賒湖光入舍只三里山色過橋第二家元亮較予
多邑令君平無我富煙霞新涼午後旋開甕十畝門
前醉稻花 余居名十畝岸　許棫柴泉在山清藤磵餘花賜
一徑入雲淺知有前朝寺 灣有柴泉柴藤跨磵極古 以上七圖
新城灣接壤柴泉彌望壇曼居民七十餘家有姚家段
中巷上頭段稍西東岡背負冠嶂三峯刺天飛青滿

屋定于許中丞發祥於此　國朝許棫門前繚遠
山屋後依冠嶂懷新萬頃苗薄暮東皋望 以上八圖
東郗灣新城東北壤地磽陋居民十餘家　國朝許
棫東郗窮而曲谷口幾茅茨晞髮長松下清風盡日
吹
西鈕灣東郗東行二里過插竹屏風居民三十餘家有
南街東巷北巷澗上四段冠嶂遠峽濬壑窅淺前拱
前後兩點山縣流飛動李布政故居在焉　國朝
許棫澗水裒村流樹密書聲掩借問竹閒窗寒山銜
幾點

東鈕灣谷邃中寬田窪而美昔賈於楚民稠而富今三
十家弱恭圍積基彌望皆是然永豐廢閘尚存修而
復之本富爲上矣　國朝許棫崦淺土膏肥比屋
藏灌栵何人復永豐旱潦資啟閉 有閘名永豐蓄水利民今廢
里人馮效亮一澗雲邊出千峯雨後新偶緣流水去
忽遇采樵人養拙非逃世矜才或累身蕭然無俗慮
自號葛天民
西泉灣東鈕坤隅聲姓十餘家明時膠庠最盛辟南以
理學著邑志有傳今文墨萃猶存　國朝許棫終
朝湖上行林淺人不覺磧錯發鏞簧 鏞簧 敔眠聽水樂

背以水激石
聲似之名
東泉灣東鈕巽隅與西泉相望居民十餘家二灣之水
至此爲聖堂河入湖　國朝許之漸東泉山畔浴
金沙桃嶺春園處士家猶憶兒童嬉戲日月明攜伴
踏梨花　許棫小橋曲逼郵新月光流枕汎罷蓮窩
舟相從竹筱飲蓮窩兜宜蒂
小墅灣由東鈕北過桃塢山陜而稍田少而腴居民不
滿十家因广爲屋宋時古樹尚存據三櫃而瞑風濤
灑灑然　國朝許朝元南浜漁泊小浜淺水白鷗
天去住漁郎夙有緣一箇斜陽尋舊渚半篷殘火鬧

歸船謫鬬斗酒烹魚酌醉後輕蓑枕月眠老我閒居
忘世味可容結伴野雲邊　里人許棫結廬三櫃下
終日常閉關時逢素心人把酒望南山南山正繞三櫃老屋
大墅灣去小墅半里艮隅雙壑窅窔一澗威夷居民十
餘家兩墅皆許姓　國朝許棫碏田傍磵耕樵徑
隨峯轉開戶見夫山風來翠屏展椒山對桃花夫山對大墅　以
上九圖
附無民居十八灣
錢家灣錢家嵒西松影落波秋聲在蘆昔錢氏居之
沈昌灣檀谿南百武淺水半灣漁舟集晚　以上一圖

輭藤灣盤礲南里許野薜蝕壁濁浪溯崖　以上二圖
墓灣雁門南里許蕩田數畝一川通舟相傳丁參政致
祥莊地
繆家灣濱湖一坡廣不半畝昔爲繆氏居
蹋青灣墓灣南田數十畝昔有居人荆棘中多廢基丁
參政墓前一池明時白蓮盛開今無　明徐復陽放
屐尋芳攬翠微銅官遙映蔚藍飛麒麟高臥人何在
祗向山前看落暉　國朝陳履儀任放何嫌僻登
臨到此閒湖天空遠目山日醉臛顏漁艇鄰鷗宿樵
柯帶藥還可憐荒落冢榛棘滿前灣　以上三圖

山西灣內閎西蹐嶺荒阯棄田洮汏波際道光間置社
廟於是　國朝杭岱宗嶺西耕作嶺東家十畝秔
香蟹上笆石岸烟生漁爨晚秋風獵獵戰蘆花
沙塢灣桃花西南腴田半頃小峯環護別開一境
張坑灣桃花西有田數畝
竹塢灣內閭東北踰嶺田淺瀕湖元鈕處士錦居此紫
藤一株尚存奇古可愛　國朝徐臨寂無雞犬塢
空存春雨秋風滿墓門尚有前朝遺趾在喬松修竹
隱頹垣　失名何年此地種琊玕滿塢清陰六月寒
記得相過烟霧裏朦朧一箇緑雲團

漁沙灣竹塢東半里而弱因漁沙著名　國朝徐臨水色山光致自寬每來倚石獨盤桓如何一幅天然畫輸與漁人曉夜看

蓑橋灣竹塢北隤垣隱然有蓑橋遺蹟北即牛塘　國朝杭偕宗牛塘南去路山趾沒荒茸浪轉沙成月蘿牽竹作弓石晴龍曝背灘淺鷺移蹤我欲登橋望還宜拄瘦筇以上四圖

插竹灣一名姚灣東村東半里有田十餘畝

屏風灣插竹東隔火石嶺

金沙灣東泉東平沙耀金宜塑像布地取之不滅

砟硔灣金沙東有仙人洞見峯嶺

桃塢灣東鈕東北有田十餘畝一塢秔香兩磯珠綴米貯錢堆兩磯上有眞武行宮　唐皮日休貪綠度南嶺盡日穿林樾窮深到茲塢逸興轉超忽塢名雖然在不見桃花發恐是武陵溪暫閉仙日月倚峯小精舍當嶺殘耕垡將洞任迴環把雲惢披拂閒禽啼竒䕶險狖眠硉矹微風吹重嵐碧埃輕勃勃淸陰減鶴唳秀色治人渴敲竹聞鏦錚弄泉爭咽嗢空齋蒸柏葉野飯調石髮空羨塢中人終身無履韈　陸龜蒙行行問絕境貴與名相親空經桃花塢不見秦時人願此爲東風吹起枝上春願此作流水潛浮紫中塵願此作好鳥得棲花際鄰願此作幽蝶得隨花下賓朝爲照花日暮作涵花津試爲接花士出作偷桃人桃源不我棄庶可全天眞　明錢孝碧山流水曲夾岸盡桃花烟景春三月柴扉屋數家輕風吹錦浪遲日映香霞分付漁舟子重來路欲差　馬同春昔觀桃源圖今見桃花塢徒聞今日名不見昔時樹繁華易消沈蘭麝終塵土誰能繼芳蹤栽花徧林圃欲問桃源津愧我非漁父　國朝陳履儼小墅南隈是桃塢昔人種桃滿湖浦柵塘一曲妒霞紅漁翁常作花閒主

蓬坑灣大墅東北里許礀田數畝荒荻一灣一九兩圖於此分界以上九圖

重修馬蹟山志卷三

許　棫纂述

里人　馮效亮參校

峯嶺泉石附

冠嶂峯舊名官長三峯矗峙高五六里周二十餘里雄
冠諸山馬蹟之主峯也古竹檀溪新城東郁東西鈕
大小墅諸灣環其麓　明聶大年登官長山偈妙湛
菴湖上諸峯此最高夫差陳蹟但空壕人從斷港牽
舟入僧向懸崖置屋牢塵世百年眞幻泡具區千頃
足風濤丹青半幅能分我欲借并州快翦刀　杭澤

次聶大年韻萬仞孤撐碧落高吴宮縹緲望空壕扁
舟天際孤帆杳怪石峯頭插脚牢雨過急流飛瀑布
秋滚寒籟起松濤三州盡入雙眸底割取何須更用
刀　張虎游官長峯太古之先杳無聞太素之役形
始分不知何人壘此石壁立萬丈淩青雲初疑女媧
補天手牘下此物盤山根又疑盤古分混沌鑿斷鰲
足今猶存倚空突兀高無顚仰望一柱如登天我來
直上撥幽勝欲上不上愁扳緣天風飄飄吹我裳使
我毛骨俱輕便手攀足躡不知苦但覺身世空中懸
須臾翼翼造絕頂下視平地如滚淵老龍有洞未及

到水路斷絕應難前興來拭目白雲外太湖烟水茫
茫然少焉展席緣蘿底一觴一詠狂且顚酒酣呼鶴
竟歸去但見明月懸天邊　歐陽席題官長山呈李
方伯野色蒼茫裏孤高見此山亂雲盤石磴急雨漲
溪灣巖帶青霄遠松圍古屋閒箇中人似玉能透利
名關　錢孝夫客一朶插青雲湖上諸峯獨出羣笠
澤晴烟從下抹香鑪曉勢欲中分獅巖歲久苔蕪沒
龍洞春幽草郁芬此地登臨幾重九漫將人事付斜
曛　陳睿謨絕頂憑空官長山驚濤千里望中閒隔
溪宿鳥分投嶺遠棹歸漁各認灣風吼獅巖林颯颯

雨過龍洞澗潺潺長懷吴越爭鋒地只在湖波縹緲
閒　馬同春湖中望羣山歷歷亦何衆此峯獨巍然
無能相伯仲松風吼獅巖白雲出龍洞恍登太華巓
目眩神飛動我欲住東灣青山時入夢　國朝楊
一鶚突兀高峯霄漢閒撥奇不厭重躋攀千尋嵐氣
青連郭萬頃湖光白上山寺築高低依複嶂花開紅
紫徧溪灣支笻絕頂襟懷曠長嘯空林趁月還　徐
騰暉避世入滚山危巒次第攀雲移天自靜花落鳥
俱閒古木巢青狖清流偃玉環坐來忘日永落照映
人還　陳玉瑾登官長山期友不至東望東湖不住

雨西眺西山無數峯卽今到處事戰鬭未嘗此間無耕農荷鋤戴笠亦快樂種秫釀黍何從容有客行來小船到與汝徧歷青夫容　吳莊策杖來登第一峯天開澤國盪心胸神功注海歌明德鞭石何緣誌馬蹤　趙翼登官長山晚眺蓬萊弱水是邪非萬頃烟波穢翠微遠鳥似投天外去神魚或出浪頭飛日斜樵徑歸柴擔風起帆船打水圍如此湖山近鄉社眞慚不早買漁磯　丁進潮獨上危峯逼九霄松杉影裏徑迢迢到來絕頂風聲壯惕向寒崖暑氣消萬頃平湖來脈遠千尋峭壁接天遥山靈坐閲成今古吳

越興亡付暮潮　徐鶴清夫容萬仞逼雲霞獨立中峯望眼賒銅嶺西來山有脈太湖南去水無涯烟波盡處三州繞巖瀑飛空百道斜二十三灣風景異郁居都被茂林遮　許槭拔地崢嶸翠萬尋秋高風急一登臨三州中坼星辰闊百瀆東趨江海深石險俯隨飛鳥陊雲開倒出亂峯森山靈不解興亡恨吳越茫茫忽古今　又獨立夫椒頂飄然欲駕風山光割衢岱海氣動魚龍四顧眞空闊孤峯挺傑雄安流四千載長自憶神功　許衍熙一笻臨絕頂氣象忽雄渾遠翠搖天目浮雲擁石門三州資灌漑終古坼乾

坤匠定非人力長懷禹績存　又峯高風急雲四圍蕭蕭落葉趁雁飛秋容若爲天更衣沙平水闊湖光肥天目氣勢割海岱七十二峯列璣貝三州共戴禹績大萬頃農田資灌漑怒濤欲撼孤峯傾亂飄駕風鏡面行萬壑哀如饑虎嘯高謌怕有眞龍驚敗越夫椒只頃刻美人從古能傾國可憐謌舞猶未休依舊扁舟載絕色二千年事化劫灰古人一去不復來下視蒼茫但塵世悲謌空上姑蘇臺君不見盤陀石勢何崢嶸能爲媧皇補天闕空山百怪不敢號棄擲荒崖薜痕沒石兮石兮休悒鬱奇才遇合無倉卒我今

鍊汝作詩骨　又莽莽萬山皆江湖落日渾波濤愁極目風雨黯孤郁賦重東南困恩寬將士喧此身無寸報謌哭望　丹闌　馮效亮奇峯高入天孤立無所倚長嘯登其巓萬象歸一指洪波盪山來峭壁欲飛起海風捲愁雲秋色橫千里乾坤莽空闊吾胸亦如此　馮效琮登臨絕頂散春愁極目剛逢宿霧收四野晴開郁露屋五湖風緊浪吞舟荒苔經雨新添綠老樹無花已帶秋吳越霸圖成往事但聞巖谷起樵謳

勝子嶺右古竹左檀溪南對冠嶂三峯曲隥迂折登其

巔東北兩湖在掖下上有真武行宮
小山頭冠嶂第三峯支山麓爲妙湛菴故趾
韡楄嶁石聚如韡形左右有土泉二足樵人掬飲俗呼
龍眼泉今一涸　錢家𥻗勝子嶺北
東谷𥻗錢家𥻗東插入湖行舟由北折南最險
秦氏井秦氏宅前旁有潭均清洌不減旱歲藉以汲釀
酒尤佳（以上古竹）
冠嶂山（見前）　勝子嶺（見前）　鵲嶺（在南）　彭家尖（在北）
窑塘山下有駝公石距湖濱數武如人傴僂水中
國朝楊一鶚淺渚平灘亂荻風興亡閲盡此駝公空

山絕少求名客莫道披裘釣澤中
隱君泉徐姓宅旁水出石壁入石池徑三尺深如之芳
洌不涸淪本灣新茗風味不數第二泉矣相傳宋邵
協罷官隱此故名或說以宋許叔微隱此名　明錢
孝白石清池半畝寬飛流出自野雲端山僧細汲奔
芒屩稚子遥分褒竹竿雨重更添琴韻響月明偏覺
鏡光寒隱君今病文園渴莫笑頻來沃肺肝　國
朝楊一鶚傳道泉名是隱君還嫌君隱以泉聞如何
不與泉俱隱千古空餘一片雲
卓錫泉亦名半月在棲雲菴右僧常逸建留雲閣其上

梅花泉吳氏宅後泉眼五出俗呼吳家潭廣五尺深三
尺汲之不竭吳宅廢今名馮家園（以上檀溪）
燕尾𥻗由東谷𥻗南迤長二三里以形名
瀼花潭有大瀼小瀼不知命名所自（以上鈕埼）
棧山古竹西由麓至耿灣十里臨湖壁立又名十里山
莊宋孫學士覿置屋築園於此見古蹟
婆婆石棧山西湖中與檀溪駝公石遥對
憩漁𥻗爲右臂俗呼鮮魚𥻗
華家嶁秦履山西谷深里餘相傳唐華將軍葬此回猋
最猛舟經其口有戒心焉

華嶁泉華家嶁中從石坎流出不絕
秦履山四蕃志云常州有秦履山始皇嘗登此故名唐
開成中邵偃記云山連馬蹟夫椒峯巒回合波影映
帶實爲奇觀按即神駿寺右最高峯西爲耿灣南迤
爲柴泉嶂青俗譌津里山　國朝陳履儼秦履吾
家在青山足此生性癡無世法骨傲不人情落日三
更夢寒松一夜聲感懷靡所騁決計老躬耕
石山脈自秦履西迤石骨巉巖如蹲獅不生草木
胥山灣口如拳形家云脈自宜興竹山渡湖東爲龍舌
尖上廟嶺相傳伍子胥被殺鄉人登此哭之龍舌尖

又名黃土阪秦氏祖隴在焉　明徐復陽相國陰靈似可招忠懷盤礴氣淩霄生前已料吳爲沼死後還吞越作潮怪石蒼松凝血淚寒烟古木鎻山腰那堪千古升沈恨祇向孤臣歎寂寥　國朝陳世祉笠澤浩浩自太古湖口一卷何足數波濤噴薄忠義魂日月炤燿蛟龍怒西青石壁何斑斑我來獨弔小胥山吹簫載槖眞騷屑破郢鞭屍疑等閒姑蘇臺上方眈樂甲楯潛來沼城郭鴟夷一去不復還徒使沈冤積崖崿山前蘆荻月紛紛丹楓素葉生愁雲千古誰如大夫烈以生殉父死殉君烟波若遇范蠡檝霸越

亡吳踵相襲只今世事總悠悠我欲枯崖荷蓑笠陳紹琦草木猶疑怨沼吳苔痕點點淚痕枯蓋威那復知忠諫盡捽空教創霸圖不悔鴟夷浮笠澤只憐麋鹿到姑蘇丹心千古難磨滅一片斜陽照五湖

伍子盟頂見嶂青

陸家潭陸家墩下周四丈餘深三尺旱不枯

湯婆潭龍舌尖北旱不涸

高氏井高氏宅右旱不減以上耿灣

湯家蕎灣左二里餘至雁門里社

師子石徧山皆石一高丈許若師踞足躡一石類羊一如道士伏

柴井王姓祠前水甘冽不涸以上盤礴

龜山北自西邨抱雁門之東麓有石名醉仙

蛇山由龜山轉而西長里許其陽牛塘

港泉一名港井在北浜頂底皆石有泉三眼不竭

師子石狀如師在北窖頭

石塌北窖頭山半大數畝雨後奔瀑噴珠漱玉猛爲壯觀

漁息磯灣西南里許湖中坡陀下浸若浮螺漁舟每偈於此日斜艇集網影炊烟望之如畫　國朝釋紀

蔭同錢蘊先游漁息磯漁息磯頭午放船蒼煙綠水兩茫然輕風鞺鞳山根響衰柳迷離雁字連怪石幾拳橫斷浦殘蕪數畝賸荒田吳王霸業今何在留與忘機野鷺眠　徐兆鼎羣動終須息棲遲向石磯坐聽漁唱晚喜看野鷗歸山色迎新霽波光映落暉榮名何足問披對可忘機以上雁門

馬峯嶺蛇山迤西轉南處爲牛塘以南諸山過脈

紫荷山牛塘南屏以形名俗呼榦山許貞逼先生墓在北麓

鯉魚螻面北嶄絕數百丈聚碎石似鯉

虎塹嶺灣西 以上牛塘

漁沙觜葨橋右南即竹塢

蒙泉竹塢湖濱水落則見釀酒佳

萬安山內閶左俗呼飯椀山 內閶嶺東達竹塢

花欄山 山西嶺 以上內閶

桃花嶺自內閶至桃花 沙塢嶺

大儲山卓巇千仞若與冠嶂秦履爭雄馬蹟右峯也

西青觜由大儲山入湖蜿蜒五里俗呼龍頭 明秦之鑑秦皇神馬蹟猶留不憚披荆續舊游三十八年如昨日百千萬劫忽今秋亂餘山水吾猶在幻極滄桑

孰與謀閒覽翻添無限恨隨波泛泛羨羣鷗 國朝釋紀蔭登臨乘興喜秋晴霜打茱萸萬木清湖曲幾家閒把釣天涯何處不談兵情深泉石猶嫌癖心與烟霞自勒盟浮世滄桑君莫問白雲數點落松聲 徐騰暐和霜脫高林石氣晴一灣蘆荻漾秋清年光遞換新聞見吳越何時洗甲兵山水有緣宜挈伴琴書無恙足尋盟紛紜世態休關意且聽湖天過雁聲 馮敦琮勝地得閒游登臨一翹首人稀樵徑窄日薄村烟瘦石奇盡人立濤怒作鯨吼深穴盤龍蛇絕壁灑飛瀑叢篁纖根交孤雲遠峯皺綠石歷巉巖厓岸上傾覆心慄足不前卻走驚棲狖回憶春秋時吳越事爭鬬今來尋舊蹟零落靡所覯叢棘生荒塗蒼苔滿寒甃名花向春開問爾爲誰茂 陳紹先地勝無今古佳景足幽趣禽入嵐光飛雲隨浪花赴崖深斂古色竹密迷樵路花氣飽春檐斜曛照高樹追憶吳越閒夫差嘗爭渡遲及始皇時神馬亦曾駐倏忽幾千年山水仍如故游賞澹忘歸不覺日已暮

馬蹟石西青觜湖濱石上四穴各徑尺深六七寸水長見二穴落則全見傳爲秦始皇神馬所踐或云漢郁使君俱荒誕 明錢孝祖龍架石梁跨海觀晃漾揮

鞭策神馬躍此烟波上青山有遺蹤石面經風浪故事傳渺茫令人起惆悵還聞雍州守興味陶元亮五馬歸田園於焉日游放悠悠西青崖七里嚴灘狀老漁垂直鉤沙鳥閒相傍 馬同春始皇昔東游龍舟下笠澤赫然登此山車從徧泉石顧彼西青灣神馬曾留蹟四穴尚宛然圓徑各盈尺時來一登臨令人感今昔

獺石西青觜跨水如橋俗呼獺橋其上亦有馬蹟大小不一

熨斗崖西青觜石瞰湖如覆熨斗下容百許人

蝦蟆石在西青嶺

香鑪石沙塢南跨空如鼎可通人行

椒山西青嶺東南十餘里湖中西有小椒山如覆箕俗稱簫箕山東北去夫山十餘里吳敗越夫椒即此鮑何徐三姓居之 以上桃花

蜈蚣嶺𪓿山來脈

金雞嶺灣左俗呼西邨嶺其上爲金雞墩志云金雞鳴天下熟

唐子浜雲居院前清水一泓方廣丈許旱不枯

陸家園井在丁氏宅後水清不竭 以上西邨

伍子盟頂又名耿灣嶺自秦履南來東嶂青西耿灣高二里許路極嶄巖府志子胥誓師處又有石中分相傳子胥於此試劍 國朝高學渭盟頂秋夜前溪殘日度空庭落餘暉漸見山影沒林氣森成團坐久松月淡寒翠從中飛松與月俱靜羣動聲自希白雲如我心淡蕩何所依此心未見道已覺清且微徙倚夜將半輕風吹荷衣 吳仲正歷盡滄桑不計年山名還藉昔賢傳臣心可剖盟如日石骨長撐劍倚天壯志自完當日事剛腸甯許後人憐忠魂不逐鴟夷沒靜夜潺林泣杜鵑 張肇楠冰雪皓天地寒光閃九霄登臨悲獨客寂寞想前朝石試英雄劍吹同乞食簫感懷身世事蹤蹟付漁樵 張廼濟夙抱興吳志相傳頂上盟此間曾敗越當日誓懲荆大計關君國洩仇憶父兄至今遺恨在猶作怒濤聲

涵山張氏宅後一卷聳秀松翠蘢葱 國朝張遐唐涵山晚眺一卷秀色聳秋光山麓人家盡滌場嶺翠圍將窗戶碧松風吹到枕函涼遙看稻擔爭歸鳥倒潑湖波淦夕陽此地結茅身可老那知塵世利名忙 張肇楠秋晚登涵山秋高氣爽一銜杯快雨初晴晚照開萬井炊烟從樹出半湖山影逐帆來敢將白

眼看斯世只有青天恕不才多少長安名利客西風落葉滿塵埃

杭氏泉井山下段深二尺稍減立盈

長沙泉在長沙嶼

晝山介嶂青柴泉兩灣東西行者至此日午故名

晝山泉在山麓田中周三丈餘深三尺下見石底俗呼龍眼潭 國朝徐佩日日臨流足自娛好風扶杖與誰俱不煩謝傳登山屐何用蘇公調水符三尺靈泉通惠井一泓清味入茶鑪東西客到剛亭午試問廚中飯熟無

馬橫嶺在寺莊一名馬棚峯相傳吳王畜馬於此以上幛青

秦履山一名小靈山詳歌灣

青龍山白虎山二山神駿寺左右

交錢嶺相傳寺初建人爭布施於此交錢而去

紫泉舊名吳井四面茅棘閒介在花橋北深尺餘旁有潭徑丈井高於潭二尺皆不減不溢

八角井神駿寺廚東徑八尺深十丈石韓八角轆轤抒水于覓以達廚明天啟時龍出井挾韓一石隊石臼塢今猶存茶寮一井差小竝芳洌不竭

石臼塢在青龍山東迤東北即水平王廟以上紫泉

冠幛峯諸灣僅見一峯惟新城三峯全見詩詳古竹

芝山冠幛第一峯下二小峯相連昔人採芝於此

尹墩山冠幛山阯

分水嶺七星墩東爲東西兩山過脈水平王廟在焉

象山水平王廟後形如卧象或云即王墓

黃龍洞青龍洞俱在冠幛第一峯　明曹學佺黃龍洞望太湖君不見黃龍洞其深下無極覗之但似蒼蒼色令人憂心直相逼既有異香縹緲從風吹又何以白石倒掛枯樹枝我聞老龍在此藏其軀至今千年知有無其神既能興雲雨磔犬祀之無乃誣龍乎好睡亦太懶我欲擲石破其眼爾何不翻大海波而潛深山裏在此區區一勺之洌水湖光雖有百千里吾爲爾謀應未已但見日自西沒風從東來舉酒酹水飲我一杯散者七十二峯四羅列遠見洞庭大小雷有如雲屏錦障蕩漾乎水晶之宮盈盈進我雙金罍具區形勝盡於此千秋吳王霸圖安在哉但聞別館離宮不見牙檣錦席開湖水暮兮悠悠蒼烟橫兮上浮羣峯杳兮乍收客亦去兮不可以留我更呼龍夢中爲我語使我空山一夜愁風雨

獅子巖冠幛第二峯半巨石如獅哆口容數人游人題詩常徧

盤陀石冠幛第一峯頂員徑丈餘面平有置栢蹟可對飲

東岡石臼塢南斷而復起王姓族居前即劉家墩昔時徧植梨花翫之神思皆潔今無　明徐丞中同吳完沖虛谷集王弼言園亭詩醉眠芳樹下枕石看青天有鳥皆歌舞何泉不管弦命觴時中酒得句漫成篇絕倒棋三捷遲歸思杳然

劉家墩東岡盡處三面皆田

烏泥潭劉家墩旁畝許旱不竭

行香嶺冠嶂山坳東達大墅 以上新城

西野山 南山冠嶂南 東鄙

火石嶺插竹屏風之閒

點山二小峯入湖北裒西鈕右臂俾前點後點下有石瀨灘雨餘漁集湖光可染 明朱魯曾居後點 國朝吳有斐游石瀨灘日暖塵香二月天梨花如雪柳如烟白衣誰是山中相絳幘多應酒裏仙杖過竹橋嫌樹礙石敧沙瀨狎鷗眠歸來露浥春衫重又見柴門掩月邊

金雞墩山前大路南 五峯墩脈從冠嶂來有五墩

六堤頭 馬鞍嶺近五峯墩 東鈕嶺東即東鈕

小山泉李氏祠旁溁尺許汲已立盈 國朝許械大有蒿菜底蒼然萬古滚夢回山意思寒費月沈吟不識儀同面惟涵養晦心無名亦無始慚媿季疵斟 以上西鈕

和尚山 鶺鴒山有貴西道趙翼墓

桃塢嶺東北至小墅有眞武行宮 明錢孝碧山流水曲夾岸盡桃花烟景春三月柴扉屋數家輕風吹錦浪遲日映香霞分付漁舟子重來路欲差 國朝許之澍策杖閒尋古時殿湖光皎潔淨如練松倚虛檐蘭覆階滿院無人鬬山燕 馬同春昔覩桃源圖今見桃花塢徒聞今日名不見昔時樹繁華易消沈蘭麝終塵土誰能繼芳蹤栽花徧林圃欲問桃源津媿我非漁父 許械寂寞招提境經營父老聞鐘敲萬山月窗納半湖雲古佛金容濇枯松劫火焚逢僧採藥返與癡語斜曛 許衍熙連峯鎖孤寺寺外亂飄飛磬響白雲落推窗入翠微蟬幽風不定苔古雨添肥日落東湖紫漁舟曬網歸 又滿湖烟景雨初晴山氣蒼茫落日橫風帶斷霞涵樹色月銜滄海入

鐘聲久知世路叢荊棘欲覓桃源避甲兵卻羨山僧無箇事松濤繞屋語長生

扇子山 以上東鈕

西泉嶺薛氏宅後西至西鈕

鏞簧背南風澎湃如水樂俗名吳王背 以上西泉

蟠龍嶺 荒山背臨湖踐之有聲

鈕頭由荒山背南插入湖 以上東泉

小墅嶺東鈕至小墅

米貯磯桃塢灣口山勢已盡別起小坡俗呼鴨舌背

錢堆磯桃塢灣口湖中里許差大米貯俗呼筆山 明

吳鼎芳似貫如緡縱復橫纖雲飄忽五銖輕人閒無限難平事湖上空傳阿堵名

遲漁嶺漁舟晚集登此呼之

楊家嶺上有古柏黑夜常見縣鐙引舟同治癸亥粵逆伐之　國朝許棫伐柏歎童童老柏黑人天赤心鐵榦不計年一朝劇盜縱尋斧百丈僵仆蒼崖顚此柏相傳神所護深宵估舶迷前路風雨不動聖火然萬頃波濤得歸處空山暴樂蕣冰雪漢禪秦封不能匹魑彪潛裒山骨僵蛟龍怒攫青天裂旣無青牛被髮走渭濱又無濯龍熱血能射人早知宛轉羣盜手

恨不空腔還自焚老夫對此神色沮不及枌榆老風雨樹猶如此人何堪疾走天涯避豺虎

南山嶺諸峯皆南惟此北抱爲筱墅屏障

發洪潭屋後山頂大畝餘深三丈相傳古出蛟穴

鴨脚潭牛筋樹下　國朝許衍熙晚步潭上落日秀寒塘清暉杳深沉鳥飛帶霜奓蟲聲碎夕陰烟添月色肥雲渡潭影深葉墮風有態山縣水無心觀物泯貴賤曠懷忽古今妙善非有私獨爲達者欽以上小墅

大墅嶺由小墅至大墅

鼠尾山在灣底宋許待制墓在東麓俗呼撥花墳

東山嶺在灣左北去里餘爲蓬坑接檀溪

月井形如半月深尺許徑二尺不涸土名八角井今就湮相傳古有僧菴

飲馬潭去月井數十武不涸

隮山郎夫山椒山東北十餘里三小峯北裒在小墅吳方大墅午方昔無居人明季檀溪棲雲菴樵蘇辦課順治初丈量豁免乾隆閒江陰人葉節培攜二子居之納課無錫誅茅植果婦女理蠶桑今析十餘家皆葉姓也山頂有墓俗傳吳王冢詳見馬蹟總紀夫椒考　國朝許衍熙晚泊吳越蒼茫伯蹟收夕陽扶梛纜孤舟

晴嵐化作湖天月蠻笛吹成水國秋萬里烽烟民物淚三州財賦古今愁紅羊浩劫何時轉蘆荻風中問白鷗以上大墅

河港津渡橋梁附

官浜東北至莘邨北至雅浦湖面十里又五里至雪堰又七十里抵郡爲通山人郡要津渡船日至雪堰又有渡船至宜興大區港周鐵鎮名馬蹟渡

錢家浜錢家嶺西昔有民居　劉四浜　和尚浜

徐家橋勝子嶺下由此陟嶺以上古竹

檀溪浜　流雲澗原從彭家尖經棲雲菴入湖以上檀溪

鈕埼浜 鈕埼

姚巷浜　秦巷浜　後灣浜俱通舟楫灣多小艇渡至周鐵鎮

羊家瀾　蔣家浜

青龍橋跨姚巷河許中丞鼎臣建

延月橋　蔣家橋 以上耿灣

洪港即盤襬浜溪水由此入湖 盤襬

塹河由南浜疏至民居相傳丁參政致祥所鑿昔可行舟今漸湮

南浜　中浜　北浜俱通舟楫渡船日至宜興周鐵鎮

約三十里爲雁門渡

荷花蕩湖濱多白蓮　孟家瀾石埧下

興隆橋俗併青龍橋三元菴前永樂癸巳建下有閘瀦水溉田

太平橋南觀音堂前跨塹河成化丙午建 以上雁門

牛塘浜昔通舟楫今淤　富德上橋跨牛塘河上流元至元間里人于士顯建今廢　富德下橋跨河下流元天歷二年内閭錢道巖建爲行人要道 以上牛塘

裛橋浜今廢

内閭浜　福德橋跨内閭瀆元里人錢道巖建 以上内閭

桃花浜漁舟常泊于此　横河 以上桃花

許瀆金雞嶺南一名廟瀆

曹瀆觀音堂前今名顧家瀆俱資灌溉不通舟楫 以上西邨

杭瀆灣西　汎瀆合東西兩瀾水入湖 案字書汎同邠又普八切張衡南都賦砏汎輣軋又韓愈征蜀聯句獠江息澎汎注同澎湃今灣人呼如殺蓋方語也

徐瀆吳瀆西明正德元年里民徐文通鑿

吳瀆寺莊前　西瀆晝山南

迎春橋跨汎瀆上流元泰定元年里人鈕學祿建俗呼大橋

永安橋永安菴左元天歷三年里人陳三卿建俗呼小橋

石麟橋跨吳瀆上流崇禎六年徐庚體建 以上嶂青

辛瀆在蓮巷發原西山南入湖昔通舟楫今淤

辛瀆橋跨辛瀆神駿寺僧建俗呼三節橋

大瀆神駿寺雙瀾匯流過大瀆橋東經新城東邨入湖長五里餘山中支河此最遠

大瀆橋跨大瀆上流爲行人要道明嘉靖三年里人陳瓊重建　明陳瓊聞兒輩重建大瀆橋成巍梁高聳瀾之濱聚石連舟效苦辛道路經行當頌便邨居氣

象更添新兒曹有志還題柱私惠無輿免濟溱好待
歸來領風月角巾藜杖勸耕頻
雙瑞橋神駿寺前里餘雙澗併流南爲大瀆
橫河有二皆大瀆上流
咸河灣東近東岡劉家墩世傳水平王鑿河通北湖得
劒一盡一土中出血乃止七八九三圖里名咸河以
此 以上柴泉
馬瀆一名杭涵瀆大瀆支河通舟楫
錢瀆馬瀆東不通舟楫錢氏所鑿
馬虹橋跨馬瀆上流石紋如龍鱗 以上新城

廟下瀆大瀆河至此入湖 廟下橋跨瀆上 以上東都
李家浜屈折里許 黃天蕩蕩地今成田
永安橋跨澗俗呼青橋 青龍閘今廢 以上西鈕
東鈕浜長里許流至東泉聖堂河入湖
青龍圩田低 永豐閘今廢
青龍橋跨東鈕浜 以上東鈕
東泉浜一名聖堂河東鈕之水由此入湖 東泉
小墅浜俗呼大浜旁有三官堂
南浜南山下 國朝許朝元南浜漁泊小浜僻近白
鷗天去住漁郎夙有緣一笛斜陽尋舊渚半蓬殘火

鬧歸船歌闌斗酒烹魚酌醉後輕蓑枕月眠老我閒
情甘結伴忘形雲石不知年 以上小墅
大墅澗匯一灣之水入湖長二里
青石橋跨大墅澗 大墅浜 以上大墅

重修馬蹟山志卷四

里人　許　械纂述
　　　馮效亮參校

賦役

田地科徵五則

平田一畝科徵本色起存米七升一勺六抄九撮七圭九粟四粒有奇遇閏加徵米一勺三抄九撮八粟六顆二粒有奇

沙田每畝折實平田九分六毫三忽六微七纖五沙九塵七渺八漠三埃

高低田每畝折實平田六分五釐九毫五絲五忽一微三纖六沙八漠六埃

極高低田每畝折實平田四分七毫八絲一忽三微八纖五沙五塵三渺四漠

山灘蕩垾每畝折實平田一分八釐六毫二絲八忽五微四纖九沙二塵三渺二漠七埃

沙田以下四則折實後並與平田同科

科徵折色起存銀每畝一錢三釐二絲六忽五微二纖二沙三塵七渺四漠九埃有奇遇閏加徵見邑志

下灘每畝科銀一分五釐

四灘每畝科銀五釐

歷屆丈量通鄉田數

嘉靖元年二百二十四頃七十二畝四分三釐四毫

萬歷九年丈量田七千六百六十一畝四分山蕩一萬四千三百七十一畝四分

國朝順治四年丈量　平田五千八百四十畝九釐二毫三絲五忽四微　沙田二百二十八畝四釐五毫一忽　高低田五百五十畝七分五釐一絲八忽四微　極高低田七百一十一畝三分二釐八絲三微　山蕩垾一萬四千六百八十八畝八釐六毫七絲

四忽五微

康熙六年丈量總數缺

乾隆二十九年邑志迎春鄉田山總數　平田五千八百五十七畝五分四釐三毫三絲七忽八微　沙田二百二十八畝四分一釐九毫一忽　高低田五百五十一畝三分三釐三毫一絲一忽四微　極高低田七百十畝四分八釐八毫八絲九忽一微　山灘蕩垾溝墩坂潭一萬四千八百六十五畝三分五釐八毫八絲七忽六微　下灘一百八十八畝四分一釐三毫三絲二忽　四灘一百八十三畝七分五絲

道光十六年丈冊總數邑志鄉都
平田五千八百五十九畝九分六釐七毫三絲二忽
三微三纖
沙田二百二十八畝四分一釐九毫六絲一忽
高低田五百五十畝七分六釐七毫七絲二忽六微
極高低田七百十二畝二分四釐五毫三忽九微
山灘蕩埄溝墩坂潭一萬四千八百七十四畝八分
六釐六毫八絲五忽四微
下灘一百八十九畝零
四灘一百九十九畝零

桑棗地三十畝六分五釐九絲四忽五微見皆未墾
同治五年各圖清糧田山數
一圖陰字　平田七百八十八畝七分二釐四毫七絲
四忽　高低田二百四十二畝三分八釐五毫六絲
七忽折實平田一百五十九畝九分七釐四毫五絲
四忽　極高低田五十七畝六分五釐七毫三忽折
實平田二十三畝五分一釐三毫一絲一忽　山二
千一百三十二畝一分一釐四毫九絲四忽折實平
田三百九十七畝一分七釐三絲八忽　坂蕩埄墩
二十四畝六分一釐六毫四絲六忽折實平田四畝

五分八釐五毫五絲八忽　下灘五十八畝六釐九
毫八絲八忽　四灘十三畝二分八釐八毫九絲六
忽　里社基三畝二分七釐五毫
總共折實平田一千三百七十三畝八分八釐
鄉厲壇在勝子嶺西麓三畝三分
桑棗地無考以妙湛菴基三畝三分抵之
二圖是字　平田四百八十畝四分六毫九忽　沙田
一百十七畝七分一釐一毫八忽　極高低田七十
三畝三分八絲八忽　山一千四百二十四畝二分
六釐二毫五絲五忽　蕩埄一百三十四畝六釐七

毫八絲七忽　里社基地五分八釐三毫七絲四忽
漁息基六畝正
總共折實平田九百零八畝三分八釐
鄉厲壇在徐家嶁五畝六分八釐七毫五絲
桑棗地一在顧家嶁一在青山三畝九分
三圖競字　平田三百十六畝三釐六毫一絲二忽九
微　高低田二十五畝四釐五毫三絲八忽三微
極高低田三十九畝八分一釐二毫六絲二忽八微
山一千五百七十一畝四釐一毫二絲四忽四微
蕩埄一百三十五畝三分二釐九毫四絲一忽六微

里社基地在湯家衖
總共折實平田六百六十六畝三分七釐
鄉厲壇在北窑頭石塌下
桑棗地在平山頂
四圖資字　平田五百十六畝七分三釐　高低田二十八畝七釐　極高低田四十四畝六釐　山一千五百四十五畝四分八釐三毫三微　蕩埒五百十三畝四分八釐　四灘五十八畝三分五釐
總共折實平田九百三十六畝五分三釐
鄉厲壇在沙塢

桑棗地在牛塘灣底
五圖爻字　平田五百五畝一分七釐二毫四絲八忽三微　高低田五十七畝五釐三毫六絲九忽一微　極高低田一百四十九畝二分九釐四毫九絲五忽三微　山四百九十八畝五分七釐一忽三微　蕩埒二百二十六畝七分四釐九毫七絲六忽　四灘五十九畝九分八釐四毫　里社基地在廟山衖　觀音堂基地在曹瀆橋二分三釐八毫三絲三忽
總共折實平田七百三十八畝八分一釐
鄉厲壇一在唐子浜一在青橋大樹邊

桑棗地在龜山
六圖事字　平田一千八十二畝九分三釐二毫二絲七忽七微　沙田三十九畝五分四釐二毫二忽　極高低田二百六十一畝七分四釐二毫三絲一忽　山一千七百十三畝八分六釐七毫　蕩埒三百六十九畝八分八釐六毫七絲五忽　下灘十三畝五釐
總共折實平田一千六百十三畝六分七釐
鄉厲壇一在鳳皇山下一在耿灣五莊
桑棗地在高街頭北
七圖君字　平田七百七十二畝二分八毫五絲二忽

高低田一百三十五畝五分五釐九毫二絲九忽　極高低田四十一畝五釐三毫八絲六忽　山七百四十三畝八分八釐二毫九忽五微　蕩埒一百六十九畝二毫三絲　下灘四十八畝
總共折實平田一千三十八畝二分三釐二毫八絲四忽九微
鄉厲壇在石臼塢南
桑棗地失所在以窑墩地抵之
八圖曰字　平田五百六十五畝四分一釐八毫六絲三忽　沙田七十一畝一分六釐七毫九絲一忽

高低田六十畞九分七釐三毫九絲四忽　極高低田四十一畞一釐五毫八忽　山一千四百二十六畝四分三釐三毫七絲一忽　蕩埒七十八畞四分一釐五毫八絲五忽

總共折實平田九百六十七畝一分七釐二毫九絲七忽

鄉厲壇一在南山麓一在茅菴後

桑棗地在丁家墳北

九圖嚴字　平田八百四十畝八分六毫六絲三忽　陞平一分八釐　高低田一畝七分　極三畝一分

九毫　山蕩埒二千一百六十二畝二分七釐三毫六絲七忽　下灘二十畝六分　四灘二十畝正

里社埒三畝二分七釐八毫三絲

總共折實平田一千二百四十六畝一分八釐

鄉厲壇三畝二分三釐四毫

桑棗地三畝三分三釐五毫

通鄉平田五千八百五十九畝九分有奇　沙田二百二十八畝四分有奇　高低田五百五十畝七分有奇　極高低田七百十二畝二分有奇　山灘蕩埒溝墩坂潭一萬四千八百七十四畞八分有奇

下灘一百八十九畝有奇　四灘一百九十九畝有奇　桑棗地三十畝六分有奇見皆未墾

總共折實平田九千四百六十畝有奇原畝徵米七升一勺七抄同治六年江蘇巡撫李　奏准奉

旨減免一成畝徵米六升三合一勺五抄

戶口

明嘉靖元年戶一千七百八十九口四千六百六十二

國朝光緒五年一圖戶一百七十六口六百十八二圖戶九十九口三百五十六三圖戶八十一口二百八十四圖戶八十三口二百八十一五圖戶七十八口

三百六圖戶一百五十二口六百三十四七圖戶九十五口四百二十五八圖戶七十九口三百十一九圖戶一百十七口三百八十三

共戶九百六十口三千五百八十八

差役

薛憲岳迎春鄉漕白二糧改納太平倉碑記萬歷四十六年

古者畫野而定制田自雍以至於揚賦自冀以至於兗列爲九等又比上下而錯處之所以明有差也是故天子則四方各五百里以爲甸服其賦納之法有穗有銍

有秸有粟有米計遠近而精粗之餘以分公侯伯子男又方各五百里曰侯服諸侯之賦境内者亦猶天子之於甸服也商制有助而外不可攷攷之於周四海之内千八百國各有不盡之地名山大澤不以封附庸之國不達於天子而方伯之來朝皆有湯沐之邑當是時賦隨其地貢隨其產舟車不煩而朝野晝一先王之治天下也葢取諸隨其役破列國以爲郡縣若貢若賦悉入京師海内之大戶口之衆家家上輸人人疲命然議者往往聽所在處分故沿邊則有屯田之令僻地則有就近支消之法猶之隨之義焉國家度支出於南者什之

八長淮以來舳艫相接軍國所需萬不得已然陸行則有車腳水行則有舟腳閩湘江浙之閒僻處山陬險當澤國者多所寬恤或改糙或折兌或條編或南運酌其多寡量其輕重苟可以省民之力咫尺之而以爲便也吾常靖江與蘇之崇明既得引例而就便矣但司農能會計京省而不能及郡邑監司能及郡邑而不能併其閉險易肥瘠而洞悉之則維鄉之父老與搢紳與有責焉吾武之有迎春亦邑中崇明靖江也四面瀕湖山多於田雖無差役之擾而兌期相迫奔走爲艱自山南以及湖口遠者六七十里自湖口以及運河又數十里舟小則有中流之險舟大則入港之後上格橋梁下防淺閣且北風當船氷雪亙測父老趨事者及搢紳先生相與憂之乃具聞邑父母董侯轉請之當道得改貯太平倉是役也因存留之數立便宜之規既無損惟正之供又不加諸鄉之派良法美意自是可傳事定屬不佞岳紀其始末曰以示後昆使無忘董侯體恤至意岳何能文自今以往幸此中子弟嗣爾股肱時其賦稅亦使催科之吏知有夫椒哉昔人不云乎使諸鄉皆若迎春雖無縣官可也姑述所誦習兼致私願於兹山者如此

許之漸　改民運爲官運記　順治十四年

三吳財賦甲天下而徭役之困亦甲於天下明季之末其困殆不支矣其時官布櫃收糧長等役皆遴殷戶充之一承斯役鮮不破家而糧長爲更甚糧長初點上戶上戶盡點及中戶中戶盡則以下戶之稍裕者朋充之所承不過一二鳌而其家已罄懸矣張君紫藩以少年補弟子員毅然倡議與同志者數人請改糧長爲官解條其利弊剴切具呈於各上臺其詞大略云常屬白糧正耗米四萬九千一百四十五石四斗三升六合用船七十七隻編夫船銀四千六百七十五兩六錢零夫船米二萬一千九百九十七石五斗零編貼役米一萬九

千八百五十二石六斗零貼役銀四千六百三十三兩
八錢六分零無一項不有費無一項不有編其法周且
詳矣日久弊生民運則必僉殷實之民其閒衰老沖幼
與夫佔畢之士苟家稱素封皆必僉之此輩不能親任
其勞則必僱倩一人以代之於是包棍奸胥乘機而入
此中之弊莫可名狀必至於產盡而後止莫若運之以
官官運則民閒無包攬之棍縣官無僉役之煩銀自官
支吏胥無從抽扣而沿途催儹悉屬於官無稽遲拋撒
之虞等語比時批駁往返張君不憚奔馳卒獲具題改
為官運於是糧長之役遂革而素封之家得以占息此

雖出自朝廷恤民至意而倡其議者張君也

飭禁科派雜差 康熙六年總督郎廷佐 江南通志

常州府武進縣官廕生呂方洪等具呈為條陳開河利
弊懇頒憲示以核為國為民之實事竊三吳賦役煩重
吏民俱困茲復有開河大役所關漕務重情奉 旨奉
憲勢難刻緩第計是役之費將耗民閒所輸正項錢糧
三分之一 念民艱難若不奉憲剔釐弊竇專一責成則
徒苦百姓以飽奸胥終無實效以利國為此條陳五則
伏乞俯采芻蕘酌奪可否即須出示曉諭速令遵行百
姓沾恩無既云云五款內第四款一煩苦如沿江沿塘
坊廂半圖僻遠如迎春歷年定例一概雜差不派憲諭
煌煌可考今該房盡行混派究竟所派之數已浮二萬
五千應免之夫不過三千有餘即與豁免原屬無礙今
故意阻撓舊例以滋需索此皆工房串通圖差生發弊
端伏乞憲諭仍照例準免康熙六年十月奉總督部院
郎批仰常州府即速飭行該縣嚴行釐弊急公并酌款
示飭禁取遵行緣由報查

恤役說 江南通志邑志 陳履儼

作貢者任土宜然往役者庶人之義胡為恤而迎春又
胡為獨恤蓋諸鄉入郡水陸並通惟迎春僻處湖心洪

波浩瀚山多田寡地瘠民貧耕稼者以人代牛勞苦更
甚斂穫不足給俯仰過半餬口四方即世宦之家於里
閈無圭田之業也有事役於郡縣非舟弗濟以一葉艇
受載多人苦不勝任儻遇石尤為虐則怒濤洶湃多覆
溺之虞以故輸課者望洋裹足每致役期迨風恬波靜
甫問津而追呼者已在戶矣正供之需費於胥隸者半
他鄉不爾也若軍興若浚河一切芻束之供刀槽之具
暨力役之征非不欲子來趨事柰為巨浸所阻不能褰
裳而涉其苦於風波而有性命之憂者一若逢亢旱則
湖之南北兩岸皆涸僅湖心一線水舟楫無所施而無

水處又泥淖沒股捷足不能跬步明季甲申之旱河底坼裂入郡者皆迂道於無錫其苦於旱乾而不得達者一迨時當寒冱輪漕正亟湖冰往往腹堅坐待冰泮動須浹旬民恐愆期步行冰上十餘里始達下步儻履薄則性命頃刻間其苦於冰凌而有喪亡之虞者三迎春之民有此三苦爲民牧者亦知三吳沃土中有此苦壤哉苟以他鄉之例繩之求其納賦以時至赴調以急公勢斷有所不能矣欲外徙則安土重遷不肎棄其墳墓故甯死守之其間轉移調劑惟賢有司是賴明萬歷末邑侯董懋中徇鄉人之請上聞當道特改迎春漕白二

糧爲存畱以蘇吾鄉跋涉之困士民德之勒諸貞珉其廢也不知何年迄今鄉人讀是碑者唏噓感歎不啻峴山也

皇朝定鼎之初軍興旁午調發孔亟歷荷賢守令深知吾鄉之疲於供命也格外垂恤一槩雜差盡行豁免僅科則兩限併爲一限施恩於洪濤僻壤之民至今遂爲定例上臺批允成案具在可覆而稽也用志弗諼以告後來者

吾鄉山多田少居民貧者十九明時一圖之田不足當鄉之一甲嘉隆間多商於湘漢不至甚貧迫明末盜賊蠭起商賈裹足兵餉日增甚至田不滿三十畝而承一甲之役每屆里總貧民典鬻以應困苦日深

本朝順治四年丈量田地至六年造册康熙初年行均田之令每甲約受田三百餘畝本鄉九圖併爲三圖半所虛五圖半以別鄉多田撥入而民困始蘇頻歲又大沛 皇仁疊蒙蠲免於是閭閻有起色矣究之田寡民貧風波道遠較他鄉爲艱困役又因大司農趙 條陳內開迎春鄉田畝免雜派差徭但本鄉別鄉田畝不得混裝以致眞假莫辨遂以本鄉田併裝一二三圖爲眞迎春依例免役其餘六圖俱

裝別鄉田畝不得冒免此例尤爲至公竊鄉蒙庇積數十年矣至雍正十一年奉 旨順莊迎春田畝仍分裝九圖撥入者仍還別鄉則田既不均役安得均勢必九圖之役俱派入本鄉之田矣從前偏累之憂行將復見況近來田瘠山童十室九空且十倍於前謀生不給何以供重役邪是在豈弟君子加意撫綏矣

迎春鄉循例免役碑 乾隆四年

陽湖縣知縣李 爲一鄉沐覆載之恩千載荷生成之德叩賜鈞批勒石以垂悠久事據迎春鄉里民高鏞先

陳恩度王文徵陳𫄨乾秦天與張玉式秦用祖莊廷恩
等呈稱竊照迎春一鄉隔湖險阻離城一百三十餘里
凡有差徭邀恩免派勒有碑摹誌載可考去冬開浚運
河工書仇淩蒼通照合縣大例派差身等以遵奉
聖天子惠養窮黎寓工於賑之至意未敢有誤但恐日
後一應差徭亦照此例舉行不特荒僻編氓離城窵遠
呼應莫及反致誤公抑且歷奉優免之圖碑摹志乘所
載成規一朝頓改殊非前賢立法善意是以將縣書舞
弊混派等事上呈府憲蒙送臺查復荷憲臺垂念將迎
春鄉一圖陰字二圖是字三圖競字四圖資字五圖父

字六圖事字七圖君字八圖曰字九圖嚴字田畝前奉
均田併歸一二三三圖近因奉　旨順莊原歸版籍則
迎春鄉馬蹟一山俱係遠隔湖心離城百有餘里上下
艱難凡遇公事仍循優免勒石永垂等因詳明府憲蒙
批該地果屬至遠稟辭以免跋涉官長未必絕不曲體
人情等因在案此誠天高地厚之恩賢愚共戴老幼咸
懷切恐日久廢弛仍蹈前轍有負憲德爲此環叩憲階
伏乞查照向例俯賜鈞批勒石永循優免舊例則荒陬
赤子人人盡沐恩膏僻壤窮檐世世還沾雨露等情據
此合準勒石永垂嗣後如有一應雜辦差徭循照舊例

迎春馬山之上概行優免永遠遵行須至碑者
原碑向建縣署文昌閣前歲久殘缺嘉慶八年通鄉
捐資重摹勒石神駿寺内同治元年粵逆毀寺碑尙
存
道光二十三年邑志賦役志優免條載迎春全鄉九
圖僻處湖心縣中一應大小差徭概免

風俗

元旦舉家早起然爆竹三俗稱開門徹仗供茶餻禮先
及先像出門向喜神方遍族謁祠闾卑幼向尊長賀
歲晩不然鐙臥誑小兒云今夕鼠嫁女毋喧少頃入

夢矣是日以鉏覆麥謂之撈田財曉以聲先聞卜咎
徵鴉主老人鵲主丁壯雀主小兒犬主多盜宜陰諺
云大年初一烏碌秃高低田稻一齊熟
正月五日爲路頭生日卽五祀之行也商人謂之財神
夜半起用蔬麪置大門内與闠明燭肅拜拜畢再著
餤鑪然爆竹以多爲貴謂素路頭云
正月七日爲人日自古已然諺云一雞二犬三貓四鼠
五牛六馬七人八穀九豆十棉花其日晴明吉
正月十三日試鐙縣紙鐙家堂前如其人數然之十七
日止

上元夜澆粉爲糖圓薦家堂神婦女插簪箕上叩地以卜謂請門臼姑卽古卜紫姑也是夕束炬於田間燎之謂之照田財以火色紅白驗水旱俗云正月三箇八謂初八十八二十八也三日俱宜雨

自三日以後兒童札布爲龍馬鐙夜然燭赴各灣爲戲凡十餘日止

二月二日祀社神於廟歸復比巷合祀之是月風東南爲鷂風鷂卽紙鳶也

二月八日爲祠山生日多暴風田家五行所謂請客風送客雨正日爲洗街雨初十爲洗廚雨也晴暖主稔

十八日爲馬和尙過江風宜南北則南渡多疫

三月三日士人祀文昌祓禊諺云三月三薺菜花兒單布衫

清明前家家埽墓墓祭非古然孟子東郭墦閒之祭則其來已久迴復祭於堂是日合族祭祠享餕

立夏采小麥蠶豆櫻桃薦先諺云立夏獻三新吳之振黃葉邨莊詩自注大麥茅針海蛳燒酒皆農家立夏日所噉此石門風土也馬蹟亦有噉之者

四月八日忌雨諺云四月八日一夜雨豌豆小麥變作鬼又以是日爲浴佛日

三四月爲蠶月吾山惟古竹事蠶桑有年同治閒張邑矦清華浙人以浙法頒書諭勸民皆焚槎發等植之今漸盛

四月二十五日爲彌勒生日宜北風諺云風吹佛背無米不貴風吹佛面有米不賤

清明至五月朔郡城有雲車戲云象隋陳司徒杲仁戰具五月十五日其誕辰也他鄉閒爲之迎春獨無

端午日爲艾虎蒲劍懸門婦女以綵縷爲華勝簪髻謂之符又以菰葉裹黏米爲糉卽古之角黍飲雄黃酒灑帷帳塗小兒額云辟毒正至五朔皆火主旱

二十日爲分龍日忌雨雨則旱諺云分龍雨霏霏一百廿日曬龍衣又云二十分龍廿一雨廿三廿四落大雨往往驗

夏至祭先食餛飩是日爲頭時七日二時五日三時三日一說五日一時每時盡雷爲送時主水田家云三時三送低田白弄又云夏至逢庚三伏暖重陽遇戊一冬晴

小暑日忌雷雷多雨諺云小暑一聲雷半月黃梅倒轉來

六月六日爲浴貓犬日

立秋日亦忌雷諺云秋孛礤損萬斛

歲時雜記以七月六日雨為洗車雨七日雨為灑淚雨吾鄉則以七日為洗車雨語云七夕不洗車八月依舊車是月作茄餅薦先燕京謂之茄夾寺廟有盂蘭盆會是月得三十日為地藏開眼閏七月得三十日為地藏真生日士女駢闐尤盛

八月熱為木犀烝不久諺云白露身不露

中秋粉麥作餅 說文餅麵餈也釋名餅并也溲麵使合并也晉束晳有餅賦

二十四日祀竈神 竈周禮春官作造為六祈之一淮南子炎帝作火官死而為竈神說文炊竈也釋名竈造也造創食物也故月令孟夏祀竈竈亦先炊之類祀之宜自莊子竈有髻注以髻為竈神著赤衣狀如美女而雜書遂有名禪字子郭之語不經甚矣

臘月二十四日送竈神皆溲粉以米和赤糖合搓作團曰瑪瑙團亦曰鴛鴦團

九月九日登高宜晴諺云重陽無雨一冬晴祭先

九月十三日為釘鞾生日諺云九月十三晴釘鞾挂斷繩主冬晴胡香昊詩爭將雨具驗冬晴用此蓋是日少晴諺云重陽拗不過十三

十月朔上冢祭祠謂之十月朝吾山惟許姓然餘皆冬至祭是月暖謂之小陽春

長至食麵諺云夏至餛飩冬至麵衙署及城市俱衣冠賀元人詩云名紙相傳盡賀冬鄉閒則否然亦有冬至大如年之語 本唐中宗語冬至長於歲

十二月初三日忌晴諺云十二月初三晴來年陰溼到清明

八日雜蔬果為齋名臘八粥即東京夢華錄七寶五味粥也僧家以是日為佛證果日

二十四日送竈神

是月合祀家堂六神即五祀中中霤也神必有配共十二當即尚書六府而俗謂之五聖殆不可解盛者曰蜡筵禮運注云夏曰清祀殷曰嘉平周曰蜡秦曰臘

什物另置新者所費不貲不啻舉簡者曰過年神同而禮殺別設酒餚於几下享輿從曰回下堂作粉龍以祀土神謂之安宅意即楚詞招魂所謂土伯九約其角鬌鬌者與置等子尺鏡斗上前炷鐙曰斗案以粉作人口團及粉桃粉鏹等

除夕祀先末祀路頭神供先像帖桃符門神以松椿五六枚架門外然之為著餤爐蓋古枫盆遺意雜放爆竹不絕束蔥置大門旁曰撐門蔥以雜果實盡備新年飲客曰跳板茶今漸廢以白堊畫地作弓箭笆篇之形畢黏竈馬為接竈賜卑幼錢曰壓歲錢乃向尊

長辭歲各明鐙達旦

蔡昇太湖志云諸山土窄人稠多事商旅吾山昔多賈楚今則絶無資生之業耕樵與讀而已　陳玉璂

農具記農之爲具不一而負牛之具曰犂犂利也利發土絶草根也山海經曰后稷之孫叔均始敎牛耕陸龜蒙耒耜經云耒耜通謂之犂耒耜即易所稱神農氏斲木爲耜揉木爲耒也其制有冶金而爲之者曰犂鑱曰犂壁斲木而爲之者曰底曰壓鑱曰策額曰箭曰轅曰梢曰犂評曰建曰槃如是而犂之事畢服牛之具曰軛曲木竅其兩旁通貫耕索下繫以控

牛項潘岳籍田賦葱犗服於縹軛是也驅牛之具曰鞭紖麻合鞭鞭有鳴鞘人以聲相之用警牛行也衣牛之具曰衣牛於牧養中毛㝡疏畏寒每冬月編織冗麻衣之如裋褐所云牛衣也漢王章嘗臥牛衣中晉劉實口誦手繩賣牛衣自給牛衣之制㝡近古也如是而牛之事畢耕田之器則有若耙以耘也有若钁主誅也爾雅則謂之鐯也有若臿顔師古曰鍬也有若鋒古農法云鋒地宜深鋒苗宜淺以其柄如耒首如刃故名也有若搭農家不能盡有牛耕嘗數家爲朋工力相易日可劚地數畝以其齒劚土如杷荅故名也有若田盪均泥器也使和水土坳垤相平也又鐵齒兩行列盪去草根也計插秧之始一月之內凡三盪越數日曰頭盪越十日曰二盪又越十餘日曰三盪也有若長鑱直偃而曲上橫木如拐兩手按之振柄以起墢杜少陵歌長鑱長鑱白木柄是也有若錢詩曰庤乃錢鎛錢與鏟同體而異名也有若鎛詩又曰其鎛斯趙以薅荼蓼鎛迫也迫去地草也考工記凡器皆有國工獨無鎛非無鎛也夫人而能爲鎛不必國工也有若耨制與鎛略同易繫曰耒耨之利以教天下是也有若耰鉏制又與耨略同賈誼云

秦人借父耰鉏是也如是而耕之事畢灌田之器則有若桶籠木爲之龔其田也有若杓亦籠木如盂直之柄首佐桶爲用也有若瓦竇置塘堰中放水使入亦使出也有若筐若籃郭璞云一器也所以實灰土使肥田也如是而灌之事畢藏種之器則有若蓧若蕢魯論丈人以杖荷蓧又荷蕢而過孔氏之門器之從草者也有若種簞形如甏用貯穀種皮之風處不致鬱浥器之從竹者也有若穀盅編竹作圍長短無定入穀中以通氣亦器之從竹者也有若畚晉王猛少貧賤嘗鬻畚此也南方以蒲竹爲之北方以荊柳

爲之也有若稻包種之將布必先浸之水際三日以俟其萌而以草束爲裹俗曰稻包無定制也如是而藏種之器畢布種之器則有若瓠種竅瓠貯種穿兩首以木箄爲貫瀉種於耕犂隨掩過覆土滚則雖暴雨不至槌㨏也有若秧馬榆棘爲腹楸梧爲首昂其首尾以便兩髀較之傴僂而作者勞佚殊也有若薅馬似籃而長兩端攀以竹系寘跨閒餘裳歛之於內使不礙苗行也有若臂篝狀同魚笱穿臂於內絭衣袖使插苗也有若蓑兩具也有若笠避雨亦避日也二者自耕而穫皆相需而布種尤急也如是而布種

之器畢收穫之器則有若推鐮形如偃月作兩股短叉架以橫木兩首穿小輪中嵌鐮刃相向以斷禾莖也有若笐構竹木如屋禾悉倒控其穗久雨之際比積𥞑爲有功也有若喬扦竹長短相等每三爲數架田中控禾把以風沮溼也有若杌平木爲之平土壤之聚穀便曝日也有若竹杷如童子聚薪之物亦以攤穀也有若籭欒形廣而圓邊緣微起下繫竹二兩端俱出利扛移攤布也有若攢簞攢抖擻也簞承所遺稻也置木石之物於簞舉稻把攢之子粒隨落也有若稻牀制如鞍而大足前昂後低以竹爲界而中空之亦攢稻落子粒也有若搭爪如刀環革禾之束或積或擲速於手挈也有若杈木幹鐵首二其股利如戈戟舁取禾稗也有若帚掃遺穗也有若擔負禾具也有若鉤禾既成稛鉤而負之也有若連枷用木條四以生革編之叉或獨梃皆於柄首造擐軸舉而轉之以撲禾也有曰風車如馬牛蹲立中使圓轉受風以穀米漸加於背而落於口溼可使乾雜可使淨也有若銍若艾詩曰奄觀銍艾釋云穫禾短鐮也有若斗若斛以量穀知多寡也有斛盪制如尺量穀使平也如是而收穫之器畢作場之器則有若碌碡或

木或石刊木括之中受箕軸利旋轉以戾捍場圓也有若平板長廣相稱兩耳繫索摩土使平也有若攊沈重之木數尺刳項爲鈕以靴手兩人共舉聲相呼荅用築田岸使堅或用築場也有若欔呂氏春秋曰椎也摩田亦擊壤也如是而作場之器畢戽水之器則有若桔槔長木爲箱三面爲墻堵仰而缺置小板數十如斗而以木貫之如索水閒以架相承岸橫輥軸二寸木制如椎者十七八又立橫木眾人俯之而以足踐椎首尾旋轉如轆轤以引水上田也有若水車桔槔置之近水旁用筏篷如風帆者五六相爲索

絆使乘風引水也有若牛車制如前第以牛引之省人力也如是而戽水之器畢治穀之器則有若曰杵臼也有若碓臼之變也廣雅云臼磓下力切碓也有若𡱝制如磟碡𡱝穀出米也有若篩簁比籭疏而淡上有長係可掛以篩穀也有若礱以竹爲齒外實以土下架木爲牀以礱穀出米俗呼礱或曰龍也有若杴剡木爲首謂之木杴可擽穀物又或以竹爲之即云颺籃也有若箕簸揚米去糠也莊子曰箕之簸物去粗留精是也如是而治穀之器畢余廬墓旁課奴子耕田見農具凡若干㪷之老農又考之古昔所稱

圖畫所載有合有不合有名異而實同有名實俱異而所用亦殊者因爲文記之使知所考云

又云民皆畏法先輸納而寡爭訟　成化閒邑宰魏璋謂人曰使諸鄉皆若迎春雖無縣官可也今少衰矣

又云諸山宮室不茆茨而陶瓦貧富皆然　今仍舊

又云兄弟異居不遠祖阯家族相依故一邨之中同姓者或數十家　今仍舊

又云俗尚節儉信鬼神　吾山服飾飲饌乾嘉以後漸流於靡同治甲子粵逆肅清人無以活皆啖糠覈水草謂風可少衰乃不數年又漸侈巫風視昔更甚病不急醫而急禱往往破家媚鬼愈則功鬼不愈則曰神怒未解也辦事未誠也破財已遲也惟巫言是聽未嘗歸咎尤信僧道禮懺生曰預修歿曰超度雖稱貸爲之許貞逼先生曰巫覡苟有靈人可不入於死經懺果有益人可無所不爲且生而預修是覬福於無窮也福可覬乎歿而超度是坐親以有罪也罪可懺乎愚亦甚矣當力矯之

唐姚崇遺令佛以清淨慈悲爲本而愚者寫經造像冀以求福昔五帝三王之時國祚延長人享遐齡當此之時未有佛教豈抄經鑄象之力設齋施佛之功邪今之

佛經羅什所譯姚興執本與什對翻又造浮圖於永貴里竭盡府庫而興命不延國亦隨滅至於周齊分據天下周則毀經像而修甲兵齊則崇塔廟而弛刑政一朝合戰齊滅周興近者諸武諸韋造寺度人不可勝紀無救族誅汝曹勿效兒女子終身不寤追薦冥福道士見僧獲利效其所爲尤不可延之於家當永爲後法　此昌黎佛骨表所本最爲簡括故錄之

婚喪二禮略同諸鄉而加簡質婚論門戶其有計較財帛者里黨羞之閒行親迎禮不多覯也經粵逆之亂人稀女尤少於男遂多越禮犯分事今猶未息君子

以爲憂喪事不計以山無鑄匠也附身附梈多從儉而受弔必魚肉費不貲（惟古竹以蔬）習久不可革道光庚寅豐北豐南二鄉生員湯載趙濬如以喪事費煩陳請邑侯廖公鴻苞諭禁光緒己卯邑矦梁公鵬復示革仍未除也責在有心世道者　徐日乾喪事禁葷約戴禮曰遭喪之家三日不舉火曾論曰子食於有喪者之側未嘗飽也紫陽家禮載弔唁賻奠之儀凡四菰無款客一條惟夏彝仲先生增訂有少延待茶亦可一句則是燕飲酒食必非居喪弔問時事矣即曰地有遠近便肴而已盛饌何爲即日時有寒暑節

飲可也沈酣何故乃今筵必盛設酒必極歡居喪者樂賓朋於憂慼之時弔問者快醉飽于哭泣之際非禮甚矣且有載號載呶自甘伐德抑或議豐約談旨否定子婦之孝逆夫必有酒肉於親在之日養志斯以稱孝古有之矣必有酒肉於親死之日敬客乃以名孝古未之聞也乃背聖賢之所謂孝而獨不甘於流俗之所謂不孝貧者破產賢者從俗風斯下矣況竭誠盡慎孝子之心非爲待客豐盛也弔死問生親朋之誼非爲餔啜而來也而共尙之哉因集同志酌議禁絕挽此隤風嗣後喪家待客止用蔬素不用魚肉庶幾子婦得致哭泣之誠親朋不失哀矜之意儻能由本灣而行之逼鄉則於風俗人心不無小補云

物產（常產不載他處所無及種之異者紀之）

穀屬

香秔亦名紅蓮陸龜蒙詩近炊香稻識紅蓮是也芒紅稻微黑根葉皆香每炊人句許馥溢釜外故土名十家香但早穫薄收不多種唐書載入土貢

蠶豆同麥種蠶時熟故名產馬蹟者大倍他鄉移種則小土性然也

芋古名蹲鴟史記汶山下有蹲鴟是也俗呼芋艿（案艿音仍

當作嬭嬭一訓乳芋液似之國初吳之振詩芋乳旋蒸供午餉）有白芋紅芋黃秈香秔等名香秔尤勝絕大曰龍潭不恆種秋鬻之利過于稻同治以來爲野豬掘食植漸寡　國朝陳玉璂竹枝詞馬蹟芋頭大如盂肌理細膩風味殊山人直當青精飯一飽衆皆百不如

果屬

楊梅諸山皆有馬蹟尤佳曰殿山曰潭東曰炭園次則綠英青蔕子紫金鈴再次則荔枝味酸一種色白如雪曰雪桃土名白楊梅紅白相間者曰八角皆奇種道光己酉忽生大松蠶長五六寸楊梅經其吸食皆

萎今漸少矣

香櫞皮有粗細秋櫞皁黃皮細春櫞晩黃皮粗尤香而久

柹大名銅盆小名丁香

銀杏各灣俱有神駿寺數株㝡古

花屬

山茶小墅古山茶一株數百年物今萎

牡丹有大紅者品在魏紫上

紫薇小者徧產山巖花時如錦皆爲薪者斫去亦見古蹟

紫薇俗呼怕癢樹又呼無皮樹唐植中書號紫薇省所謂紫薇花對紫薇郎也檀溪澗上一株㝡大

植屬

杻見古蹟小墅　香樟　桑本甚少今蠶事興植漸廣　茶產檀谿香韻殊勝

藥屬

防風　乾葛　山查　益母　薄荷　紫蘇　蒼朮

半夏　六月雪　天花粉　金銀花　細辛　茵蔯

蒿　天門冬　天南星　紫地丁　金櫻子　牛膝

藿香　青精子　威靈仙　土茯苓　枸杞子

土貝母　土沙參　車前子　何首烏

布屬

縑絲布絲麻間織宜暑

苧布今俱罕作多治棉

羽屬

杜鵑小鳥春暮悲啼徹夜至夏無聲

綬帶鳥雙尾修尺餘不恆見

鸜鵒俗名八哥柔其舌能言　畫眉　鶯

練雀大如鸜鵒身被素羽尾長于身翠色可愛

獸屬

鹿山無鹿萬歷三十年里人錢豫謙買二鹿縱之繁息害稼順治初常州副將曹虎獵之令居民合圍掩捕遂絕

麞食麥豆蔬菜害民四五月閒捕其子取乳灌之性熱哺小兒尤益價昂

獺此水獺也說文曰如小狗水居食魚穴於近水山石中皮中領裘

貛李時珍曰貒豬貛也貛狗貛也道光閒始有狗貛毛蒼厚似狐而柔遜之

鱗屬

白魚吳郡志云白魚出太湖者勝葉氏避暑錄云太湖白魚實冠天下大業雜記云大業六年白魚貢入洛

陽夏至後尤肥美西青犢尤多謂之魚陳云朝龍頭
也桃花內閭人乘東南風以竿入水推而取之所謂
時裏白或瀧之清醴作羹不數五侯鯖矣

鱓魚說文作鮀唐律號鯉爲赤鱓公形似鯉味腴如鯖

鯿魚大者出太湖有長團二種團者即槎頭縮項鯿也

魣魚長七八寸夏肥居民以竹竿三步水取之亦有束
菱浮水網之者俗呼筓魚以形侔耿灣有筓魚犢正
字通云統喙細鱗俗呼魣魚今諺云太湖之美鯿白
鯉魣或作鯿白鯉鱖

鮆魚山海經云茗水北流注于具區其中多鮆魚說文

飲而不食刀魚也案江出者名江鮆湖出者名湖鮆
美相埒鮆俗作鱭

銀魚蘇州志云銀魚狀類膾殘而小長者不過三寸張
先詩春後銀魚霜下鱸遠人曾到合思吾鱸之可以
致遠

鱠殘魚無鱗骨似銀魚而長大倍腊之亦美吳郡志吳
王孫權食鱠棄餘所化或云闔閭皆無左證案即鱵
魚或作餜魚冬月帶子者名挨冰鱅金友理太湖備
考謂即銀魚之大者細審之有別

白鰕比鰕熟之紅惟太湖產皮白軟薄而美四時皆有
四五月間孕子者更佳腦有紅枕煮熟曝瀧可以致
遠

介屬

黿俗謂水老虎絕有力大者數百斤人不能制

龜爾雅十龜山龜澤龜水龜恆有惟一種腹甲兩開蛇
繞之閉即斷俗稱刻蛇蓄之無蛇不恆得意即爾雅
之攝龜與

雜物

白櫟粉采白櫟子磑之淘浸多次曝爲粉作條甚佳

茅栗庫僅白櫟薊苞如栗小于指秋熟纍纍盈枝坼之

子碗大香甜勝栗出冠嶂山爾雅栵栭注江東呼栭
栗廣韻楚呼茅栗即此

麻姑菌菌類甚繁佳者雁來菌他鄉多產此菌惟馬蹟
產之尤鮮美陰雨久則生不恆有也瀧之味減

災異

漢惠帝五年辛亥夏大旱太湖涸

吳太平元年丙子八月朔大風太湖溢平地水高八尺
古木盡拔

晉甯康二年甲戌大水

宋元嘉七年庚午十一月太湖溢

十七年庚辰大水
大明四年辛卯大水
七年甲午春太湖邊忽多鼠夏水大至悉變成鯉民人
取魚日得四五十斛明年大饑
齊建武二年乙亥大雨水湖溢傷稼
陳大建十二年庚子亢旱湖涸大饑
唐貞元八年壬申大水沒稼
長慶二年壬寅大雨太湖溢平地乘舟
四年甲辰大水太湖溢
宋太平興國二年丁丑八月朔大風太湖溢

咸平四年辛丑九月太湖溢
大中祥符三年庚戌大旱
熙甯八年乙卯夏大旱太湖涸見丘墓街井大饑
元豐元年戊午七月大風雨水高二丈餘漂沒塘岸
政和元年辛卯冬積雪丈餘橘皆凍死
建炎三年己酉寇犯常州都官員外劉晏駐兵水平王
廟出奇兵大破之追潰黨戚方沒于陳
紹興二十八年戊子大潦湖溢
紹熙五年甲寅去冬至夏秋不雨大旱冬無麥苗民饑
食草

嘉定十六年癸未太湖水溢男婦溺死無算大饑
元大德五年辛丑七月大水
天歷二年辛巳冬大雨雪太湖冰厚數尺人履冰行饑
疫死者無算
至順元年庚午大水
二年辛未大水
至正二年壬午大水淹禾名曰湖翻吳萊作儂言詩紀
異
明永樂三年乙酉淫雨湖溢
宣德九年甲寅旱饑

正統八年癸亥夏旱秋大水
九年甲子秋七月十七日烈風驟雨湖水高一二丈廬
舍漂沒巨木盡拔鳧雁降死湖中巨艘毀十五
十四年己巳正月六日大貢小貢二山門一沒于水起
復門踰時止是年大水無秋景泰中復然
景泰五年甲戌上年冬雨雪至正月積六七尺果木禽
魚皆凍死夏大水秋亢旱大饑疫
成化四年戊子六月旱湖涸
十年甲午秋七月十七夜疾風雷雨有物起自滆湖入
太湖有肅殺聲抵雁門灣東去民房覆壞者七十二

家壓斃多人巨舟攝於山麓林木宿鳥降死
十二年丙申秋大水冬太湖腹堅舟楫不通者逾月
十七年辛丑春夏旱八月十五日蝗來自北食稼及草
蕘殆盡是夕大雨漂沒廬舍人民無算明年大饑
二十年甲辰有眚（傳有妖夜擾人鄉民明火鳴金爲備數月息）
宏治十五年壬戌湖水大溢饑浙西鹽徒竊發焚掠鄉
邨常州推官伍文定襲獲賊首數十人賊解散
十六年癸亥大旱冬大雪
正德三年戊辰大旱
五年庚午夏五月湖溢

七年壬申秋七月湖涸
八年癸酉冬太湖冰堅成人物形民履冰往來七日
嘉靖二年癸未大旱湖涸漁息磯下見碓磑似昔有人
居
三年甲申螟蟲傷稼十月黑白龍鬥于湖濱水皆赤
四年乙酉大水蟲殺稼
八年己丑旱蝗飛蔽天
十三年甲午三月雨雹損廬舍
二十二年癸卯大旱歷三月不雨湖涸坼斗米銀二錢
二十三年甲辰夏六月雹大如拳

二十四年乙巳大旱蝗
二十八年己酉太湖溢
三十四年乙卯倭入太湖將犯馬蹟山蘇松撫標中軍
參將任環及俞大猷以舟師擊破之
三十五年丙辰五里湖嘯涸無勺水
四十年辛酉三月雨雹丸大上如目雨連春夏高湻壩
決五堰水注太湖六郡皆災五月湖州大盜自稱順
天王劫內閣史氏
四十一年壬戌閏五月大疫東邨起蛟水高二三丈湖
大溢鄉民大饑

隆慶元年丁卯八月大風六晝夜湖水暴漲禾花吹落
盡秕
萬歷八年庚辰夏大水冬沍寒冰堅人行冰上九年冬
復然
十二年甲申麥兩岐
十五年丁亥秋大風湖水驟長二丈餘漂沒廬畜以數
萬計先三日有白鳥無數集樹上是暮風作
十六年戊子大旱疫有虎
十七年己丑夏大旱疫雁門湖荷徧開民爭取食
十八年庚寅旱

十九年辛卯久雨敗稼
二十三年至二十六年連水災
三十六年戊申春夏大雨兩月發蛟數處米騰貴石銀
一兩五錢
四十二年甲寅二月譌言有兵遠近奔竄數日乃定時
謂陰兵亂
四十三年乙卯夏四月有螭
四十五年丁巳春大雪夏蝗
天啟三年癸亥冬十二月地震有聲湖水皆飛
四年甲子夏大水民饑

六年丙寅秋七月大風拔木
七年丁卯秋八月螟蟲傷稼
崇禎六年癸酉夏烈風拔木
七年甲戌冬湖溢
十一年戊寅夏四月蝗來八月復來食禾殆盡先是萬
歷十五六年旱潦頻仍其時米價石一兩六七錢麥
一兩二錢大麥八錢是年蝗後米貴至石三兩六錢
十二年己卯春三月烈風覆舟無數孝子陳其綸孝婦
杭氏亦被難夏五月旱蝗
十三年庚辰大旱蝗食禾殆盡

十四年辛巳大旱蝗秋雨豆嶂青盜殺人
十五年壬午旱夏五月李生瓜五行志曰李生瓜民無
家六月稻生蜓
國朝順治元年甲申亂民肆擾明總鎮黃蜚率殘兵掠
山桃花被難尤酷是年大旱北湖涸
二年乙酉潰卒百餘掠古竹糾千人追之殲數十人于
湖空與山賊至耿灣焚劫數十家
三年丙戌江南提督吳兆勝至山搜捕明進士吳賜掠
雁門炩庠生劉炳錢席先及老幼二十人掠耿灣亦
如之庠生許之濬及妻吳氏均被害諸灣被殘至百

餘人後兆勝以謀逆誅宜興山賊陳度山吳順等嘯
聚湖中劫耿灣周鐵鎮守備范可均剿捕度山授首
餘黨李成龍等復肆掠
五年戊子有虎 徐騰暐虎去說吾山素無虎相傳萬
歷戊子有虎渡湖爲患山人告知邑大夫命獵者縛
之順治戊子九月有虎來何前後相倖也在山凡百
三十日未傷人於次年二月渡湖去說者曰祥符寺
僧慧刃作驅虎文率衆比丘日夕誦呪以驅之虎之
去僧之力也然則僧呪術靈矣乎鄆州追虎碑謂虎
自銜符朱子謂識字傳文謂虎善卜識銜破是虎之

靈非僧之靈也然僧之意則誠嘉矣得虎之去而僧之事已驗未嘗不可借以䂓僧而君子不許謂夫靈異之說恐其流而有妨於正道也然則何以去也昔漢光武時殽澠驛道多虎劉昆爲宏農太守仁慈孝弟虎負子渡河和帝時王業爲荆州刺史惠化大行虎狠斂迹意吾之郡邑執事有能行仁政如劉昆王業者乎隱士劉牧居南山有虎相護不傷人牧死虎自去後漢歐寶爲孝子虎來助祭境中有虎皆去意吾鄉閭大夫士庶有能相感如劉牧歐寶者乎說者曰虎逐鹿鹿逃入水虎追之去又說者曰虎月夜臨

水見影欲撲之誤躍入水虎性直不能反顧其去以此二說近理乃强合其說而歸功於寺僧所謂厚自誣也君子之于世也有美必揚有惡必隱人許而我否之無乃以媢嫉自處也然而毀譽之際好惡存焉好惡不可不公則名實不可不核如以其力歸于寺僧而寺僧受之亦可以其力歸於郡邑執事受之併可以其力歸於鄉閭大夫士庶皆受之矣孔子曰斯民也三代之所以直道而行也吾非斯民之徒與或曰感應之事理所必然前說所稱謬邪是言也惜不令吾郡邑執事鄉閭大夫士庶聞之也吾於寺僧拒

之而猶存其說亦曰吾郡邑之尚有寺僧也云爾夏六月烈風湖溢雁門渡舟覆溺死數十人耿灣芊阿獃逋盜得而投諸湖

八年辛卯大水馬蹟陳灣諸山發蛟七十三穴米石四兩五錢八月吳江盜赤腳張三肆劫桃花雁門西邨

九年壬辰春正月朔雷電大雨夏大旱有虎

十年癸巳旱冬十一月大雪三月不止

十一年甲午夏六月烈風拔木冬十一月湖冰厚二尺明年二月始解

十二年乙未正月七日地震自南而北（凡地震皆自北而南）大水

十三年丙申有虎

十四年丁酉有虎夏六月有眚（傳妖人翦紙爲禽獸穴隙食人徹夜防守又書和尚石匠自叫自當八字於戸牌之逾月大雨止）

十五年戊戌五月二十三日地震二十七日疾風驟雨禾盡淹爭掘白色泥療飢名觀音粉

十六年己亥春夏風雨二麥俱淹海寇鄭成功擾江甯湖盜竊發掠桃花古竹東西鈕等灣八月總兵梁化鳳大破賊於江甯海寇遁盜亦息

十七年庚子冬十一月有虎

康熙元年壬寅冬十月有虎食一人渡湖溺死漁息磯

二年癸卯冬大雷電龍見
三年甲辰冬十月有虎
四年乙巳春三月六日夜虎渡湖去鄉民以爲神力斂
金演劇以報社自是永爲例秋七月烈風湖溢田禾
盡沒湖中大屈船八十三艘存五十有一
五年丙午冬十一月有虎十二月湖冰腹堅
六年丁未春三月湖涸秋七月大旱蝗傷稼殆盡冬十
二月湖氷腹堅
七年戊申六月地震生白毛長尺許
九年庚戌夏大水淹沒田廬

十年辛亥夏大旱酷暑有暍死者
十二年癸丑冬十月大雷電雌鶩化爲雄
十五年丙辰夏大水湖溢禾盡淹民大饑
十七年戊午大水
十八年己未旱疫大饑人食樹皮
十九年庚申大疫夏五月大水歲仍饑冬虎至　陳履
儀秋漲不退君子切民隱不在位卑高仲尼席不煖
大禹脛無毛豈曰丁我躬甘讓夔與皋歲昔在午未
水旱慘頻遭死徙已過半哀雁聲嗷嗷詎當今夏末
陽侯復怒號淫雨二十日山脚吼奔濤憑高一遠望
巨浸駭吾曹十室喪其九貧富鮮能逃迄今秋已半
水勢尚滔滔婦子忍羞恥相率丐糠糟粗糲難下咽
往往甃坑壕催科猶四出胥役怒且豪爲問何太急
滇楚戰相鏖羽檄下郡邑征餉復征漕稼穡旣已廢
甯復有脂膏飢寒盜之源追呼將教猱余如漆室女
憂心常忉忉敢告我執事且勿飲醇醪災雖天所降
亦由人事招
二十二年癸亥冬十一月湖冰腹堅半月方解雌雞化
爲雄
二十六年丁卯秋七月十一日北風大烈拔木發屋北

湖水涸新郵民乘涸取魚見湖底有橋路井竈拾得
器物古錢甚多其錢宋時年號也十二日大南風湖
水驟漲毀壞民居無算膽傷稼歲歉
二十七年戊辰有秋冬不雨河井涸菜盡槁大饉
二十九年庚午冬奇寒湖冰腹堅樹多凍死
三十年辛未春三月居民捕殺六虎夏蝗來大雨蝗死
若積八月隕霜殺稼冬雷電　陳履儀演戲禳虎說
里社職雖微正神也吾鄉三里社皆龍圖劉公子伯
仲叔也七八九三圖祀其仲焉山舊無虎康熙初年
數有虎至未嘗傷人旣乃忽然去社未嘗告人曰我

所驅也乃好事者歸功於神號召九灣之人演戲祭賽以報七日而後止夫虎之去果係神力必當伯仲叔協力以驅今仲公獨饗隆禮彼二公者蕭然索處無豚肩盃醴之奉豈驅虎獨仲之力邪且饗之則虎不當復來即來亦當暴于不饗之里柰何虎仍數數至也其踪蹟遍于各灣未嘗遺饗之里而且傷人焉則演戲之報不亦妄乎且驅虎神所以愛吾民也饗之吾民所以報神也每歲春秋祀以羊豚亦足以表敬矣今以演劇故頭會箕斂呱呱而泣者亦不免焉貧者舉債質衣以應農也惰畊工者廢業迄今二十

餘年費亦鉅矣民之膏血竭矣神豈肎以愛民之心反爲厲民之舉乎吾不惟以是告之人且將質諸神

三十五年丙子秋七月雷雨烈風大木盡偃壞室廬無算北湖涸

四十二年癸未旱歲歉有虎

四十六年丁亥大旱歲歉七月十五日驟西北風北湖涸

四十七年癸巳冬十二月大雷電湖氷腹堅

五十三年甲午秋旱

五十四年乙未大水歲大歉

五十五年丙申春淫雨夏秋大旱歲歉

六十年辛丑秋旱

六十一年壬寅春三月雁門渡船覆溺死六人秋旱

雍正元年癸卯冬十二月耿灣渡船覆溺死五人

二年甲辰冬十一月盜劫牛塘殷濟生家濟生妻被傷死

五年丁未秋八月淫雨湖水溢至冬不退歲饑

九年辛亥秋蟲傷稼米騰貴人食樹皮

十二年甲寅春湖水沸邨落成巨浸飯頃退

十三年乙卯秋八月烈風猛雨大區船多敗

乾隆元年丙辰夏大水歲歉

二年丁巳秋大風北湖涸民拾古錢無算見一棺東沓觜外大倍常數十人舁之不動須臾水至

三年戊午旱秋大風湖涸一日而復

二十年乙亥大旱秋蟲傷稼米石四千麥三千大饑

二十一年丙子大疫

二十四年己卯歲歉有虎嶂青食李姓一人

二十六年辛巳冬大雪湖氷堅數月乃解

三十三年戊子夏大旱歲歉秋七月龍鬥于湖鱗爪悉見

三十九年甲午大水冬十月十一日大雷雨
四十年乙未秋大旱
五十年乙巳大旱北湖成陸秋飛蝗蔽天田無粒米米
石三千麥二千千總章如麟禱雨跣足行烈日中見
農戶水甚艱隊淚謂兵曰我等所食皆若輩汗血也
禱十餘日得甘雨山以外無有也
五十一年丙午螟生如蟻農民溪塹限之米石五千麥
四千夏麥大熟石千文有年
五十四年己酉十二月二十七日夜大雷電風雨歷三
時止

五十五年庚戌七月颶風湖舟盡覆六蓬𦩷船吹于陸
十二月十九日大雨雪至二十四日積五尺許原隰
屋宇多人馬行蹟
五十六年辛亥正月十四日夜迅雷雨如墨
嘉慶元年丙辰春正月奇寒冰結於鬚樹皆凍死
二年丁巳夏六月大風雨出蛟多處湖州災尤甚
八年癸亥夏六月蝗來秋七月螟生徧野食蘆葦盡復
食禾各圖具報勘不成災
九年甲子夏大水
十二年丁卯夏旱至八月雨歲大歉

十六年辛未秋七月隕霜殺禾大饑
十九年甲戌元旦黑氣漫天夏秋不雨赤地無苗地生
白毛八月下旬河始涸米石四千
二十年乙亥古竹渡船覆溺死十八
道光元年辛巳夏六月大疫桃李海棠華如春時
三年癸未秋七月大風雨出蛟九處高低禾盡淹　許
棫紀烖詩五首入夏十日九日雨低鄉不見秧稍吐
詐踦朧得高鄉田尚可完官忍飢肚七月三日颶颶
風倒揭湖水傾空中萬雷併作一瀑瀉捉入釜底蒸
魚龍屋摧樹拔山鬼裂怒雷劈石老蛟渴四山都是

元黃血百萬高苗卷根出嗚呼一歌兮肝肺摧萬室
瀰向青天哀楗隄出水低田高水底補插高田苗薄
收晚種人力勞生計或者畱秋豪七月九日日將夕
舶趠驅濤驚天黑破隄都作巨浪卷卷過禾頭復幾
尺夫容圩接黃天蕩一日長圍裂萬丈號呼男婦走
無路壯者生逃僅三兩汝今何處逃餘生四鄉都是
號飢聲嗚呼再歌兮歌更苦那有殘羹來乞汝引喤
打鼓縣官出烖民報烖望振䘏縣堂無水觸官怒不
準天烖換氣結低鄉不準高鄉來高低請勘紛紛催
滑吏調停體官意半荒半氣成偏烖蹋烖要趁天無

雨橋背湲湲搖過檐田閒積水一丈多猶勸鄉民覓秧補縣官豈眞醬濁蟲勒荒不肎憐民窮我聞栽不五分例征餉征餉乃可公私充嗚呼長歌兮聊當哭生不盜賊卽溝瀆百萬帑銀辦裁務疆臣入奏廑天慮江湖日夜流恩膏坐使東南民志固十室九空民久傷疆名搬戶捉上堂勒索筋髓號助振餘者姦吏充私囊栽栽廉訪青州繼少穆林公給種典牛立法備安貧保富富樂輸能爲朝廷挽元氣嗚呼重歌兮歌可憐富民何力支荒年老翁肩榆嫗拾栗邨南邨北炊烟絶昨日東鄰飢殺人西家婦稚亦難活幸然水退耕荒田耕田無力忍餓眠典衣糴種種未出縣吏夜呼橫索錢泥湲沒踝棲破屋身上無襦盎無粟牀頭振銀二百文盡納餉租苦不足嗚呼卒歌兮歌轉長爾今努力輸官糧皇天福爾年豐穰

五年乙酉正月十九日古竹渡船覆溺死十餘人

七年丁亥夏白龍見西北晴雲忽散全體皆見

十一年辛卯夏大水九月地震

十三年癸巳九月積雨爛禾

十四年甲午春米大貴石五千餘秋有年

十九年己亥夏雨雹損麥秋九月六日地震

二十年庚子夏六月大雨旬日低田盡淹

二十一年辛丑夏大水冬積雪數尺

二十二年壬寅冬至夜大雷電雨雹

二十三年癸卯盜劫盤礲王桂耶家

二十九年己酉雨連春夏閏五月十二日夜五鼓天赤如血俄大雨如注發蛟二十四處高低禾盡淹大饑米石五千

三十年庚戌夏麥大餉多兩岐者

咸豐六年丙辰夏大旱秋八月蝗大至食禾無遺　許棫旱魃歎吁嗟乎東南人心恃屢豐劇盜久據江城雄咄咄旱魃何厲鬼四月不雨田禾空高鄉青苗已斷絕補種豆麻蟲盡齧萬家搏手走低鄉忍餓且作須臾活低鄉桔槔喊殺人晝夜踏水無停輪鴉呀獸嚎背坼龜往往踣作溝中魂青天蕩蕩行赤日萬車無聲河底裂河裂欲救低鄉田除是千人萬人血低鄉得水禾已齊得收尙濟高鄉飢高低併作千里赤萬室無衣又無食無衣無食民何恃盜弄潢池皆赤子嗚呼安得天公憐赤子劈歷一聲旱魃死　又飛蝗歎青天無雲風雨集報道千蝗萬蝗入山南立空百頃田既飽飛揚又山北高鄉苗枯無一根低鄉十

分畐一分一分要活萬家命蝗來食之如食人吁嗟
平飛蝗不入美史評不職致災著功令朝廷愛民重
民食乃聽百萬貪吏橫捕蝗掘種事已遲弭災當在
無災時方今兵災旱災時事亟又見荒蟲蔽天黑䕩
災敬告文武官力洗貪污齊殺賊

七年丁巳春遺蝻徧生如蟻招鴨雛食之盡麥大熟

十年庚申夏四月六日金陵逆竄陷郡城紳民避賊于
山數千艘八月賊至山月派錢畝二百僞侍王李世
賢遣賊酋據耿灣勒索漕米畝二斗五升實倍之西
泉古樹出黑烟如叢棘遇風引長數丈晝隱暮見旋

移東泉俄復故處歷數月滅

十一年辛酉賊勒索如前冬十二月湖冰腹堅明年四
月始解

同治元年壬戌賊設卡於隮山遮往來商民船勒索重
稅無脫者

二年癸亥勒索更甚民多死敲扑米升百錢餓殍載道

十一月二日官兵復無錫初七日賊遁宜興二十日
酋率賊數千至山焚掠一日去惟三四九三圖不及
至遺民屑榆啖水草有食人者

三年甲子四月六日李中丞鴻章克復常州磔僞護王
陳志書六月曾中丞國荃克復金陵粵逆遠遁
恩詔被兵地方豁免甲子乙丑丙寅三年田賦七月游
勇黃樸安等突至西泉薛汝忠家强索銀錢刃傷婦
女八月樸安黨胡順福等刼搶漁船入新邨港雪堰
橋局勇捕獲十一名委員趙立鼻胡順福等三盜

四年乙丑各圖造報荒田冊初有野豬山本無此獸粵逆掠民豬逸出習成野性孳生日衆

五年丙寅野豬益多禾麥芋蔬無不食

六年丁卯野豬害益烈農民徹夜防逐不得息田多荒
棄官令補報新墾

七年戊辰正月十九日雁門渡船覆溺死六人野豬羣
游踐食施銃鳴鉦徹夜不絕招長興獵戶捕之傷獵
戶一人幾斃棄田益多

八年己巳自乙丑以來他鄉遇稔迎春常荒以良田美
稼多殘于豬也 許械墅豬行野豬羣來食禾稅終
夜鉦聲四山急天明履畝仍傷殘婦子含悲拾遺粒
此孽髮賊之留遺遺孽猶足農民飢回頭語婦莫悲
泣數口餘生天所活不見豪家達官好氣燄往往全
家死於賊我今死豬死亦得

九年庚午各圖壯丁漸備火器習獵豬有斃者

十年辛未習獵益衆獲豬有重三四百斤者巠斃豬齧
獵人足幾墮牡豬口旁兩牙長六七寸觸人立傷斃
十一年壬申豬益衆十百爲羣湖水三四十里涉波往
來六月呈報豬荒許械秦廷燮張明階等爲獸害廢
耕籲求履勘事竊迎春鄉孤峙湖中山廣田稀居民
竭力耕作不足供食乃同治三年髮逆遺豬放逸遂
成野獸滋生日衆至七八年間數十成羣所過花息
一空農民防逐無益沿山田畝業已拋棄不種九年
十年豬益多害益烈腹裏之田無不踐食廣招獵人
打捕柰所斃之獸不及滋生百一以有限之民田供

羣豬之大嚼遂致未墾者絕無復墾之望而本種者
積多不種之荒衣食稅糧均無所出流徙日衆民不
聊生某等士著同居膚災其切欲坐視則生機日蹙
欲挽回而人力難施竊念子孫冀父母之亟慈無不
長號而奔訴而父母見子孫之待斃必將百計以矜
全謹據見在新荒田畝逐號造成細冊黏叩憲慈俯
祈俯軫民艱迅賜履勘詳請籌辦庶幾開一條之生
路拯百姓於向隅儻後來獸患不除分終作捐溝之
瘠而此日鴻仁所被願暫爲游釜之魚邑侯王公觀
光詳請藩司應爲履勘明確造冊詳請緩徵事竊據

卑縣迎春鄉孝廉方正生員許械職員秦廷燮監生
張明階等稟稱云云卑職即會同憲委試用通判吳
倅恩曜從新塘鄉雅浦港出口渡湖前詣該鄉勘得
馬蹟地方遼闊四面臨湖竝無陸地接壤野豬所擾
田地或因坐落沿山拋棄未種或被獸食作踐結穗
稀疏逐畝履勘確與冊報田數相符野豬爲害亟宜
赶緊殲除以安農業當與該鄉董等熟商咸謂通鄉
額田不及萬畝地瘠民貧欲驅獸則需費繁多欲籌
費則款無所出是以驟難悉數剿捕訪諸耆民僉稱
野豬踐食出沒靡常潛伏之區亦無定所田禾將熟

山民不論老幼男婦搭棚露居徹夜防守雖獲薄收
得不償失甚有稻未飽綻先行收割者遂致已墾之
田轉多拋荒懇求據實轉詳等語除見督董保赶緊
籌議設法驅捕外所有勘實該鄉被擾田地項下應
徵本年下忙條銀五十一兩五分六釐漕米五十六
石九斗八升六合六勺若責令照舊輸納民力實形
拮据應請彙入秋歉案內緩至來年秋後察看情形
再行啟徵以紓民力十月又詳藩批查該董者所稟
尚屬實在情形本司訪聞甚確僅緩上忙恐見在民
力仍屬拮据應將迎春鄉獸擾復荒田地項下應徵

本年上下忙條銀及冬漕米石照案緩至明年秋後
察看徵辦以示格外體恤
十二年癸酉夏旱蟲食豆苗俱盡
十三年甲戌豬益衆與新塘合詞請捕郡守譚公鈞培
邑侯吳公康壽親率獵戶徧山搜捕斃豬數十新塘
陳墓山并斃豪豬一是年野豬害減
光緒元年乙亥三月五日耿灣渡船覆溺死七八
二年丙子春有眚妖人翦紙爲人形乘厭厭人民大驚擾數月止秋旱獵時獲
豬
三年丁丑夏秋旱蝗檀谿西鈕食稼盡冬大雪奇寒北

湖氷堅二十餘日人行冰上是年有豪豬
四年戊寅豬害減豪豬益滋
五年己卯春獵得豪豬一鬣堅空中如筆管長五六寸
至尺許中尠雨末鋭白行錚錚有聲觸之豪豎傷人

重修馬蹟山志卷五

里人 許棫纂述
馮激亮參校

祠祀 寺觀附

一圖里社祠在錢家浜祀劉三公轄古竹檀溪鈕埼三
灣爲新陽里廢毀康熙三十四年周士元捐資合三
灣居民重建
三官堂董氏捨基建
眞武行宮在勝子嶺明嘉靖十九年里人邵德建三十
四年倭擾洞庭將乘南風北渡忽反北倭不得濟民

以爲神佑邑人鄒之麟書反風禦寇額每歲上巳醮
謝香火甚盛康熙二十三年衆姓募建靈官殿三十
年重建正殿咸豐庚申金陵逆據山寺觀俱被毀惟
神威靈不敢犯 以上古竹
棲雲菴宋寶慶元年僧海福建元燬明洪武初僧太玄
重建成化間僧廣惠修葺萬歷間僧慈航建前殿崇
禎末僧原明增建大殿 國朝康熙初僧德涵擴之
未竟徒常逸繼之又構西雲閣陳舍人玉璂書額今
額爲金壇王澍書道光間殿圮
太玄號曉菴元人善畫山水菴毀復興其力也

慈航西泉人善丹青緇輩推重
德涵號時隱有才幹擴新前後堂舍
常逸號千雲德涵嗣柴泉杭氏子質樸有心計承師志
構留雲閣
原明號冰菴西房僧讀書能詩康熙初與其徒其泰號
非一構觀音閣
文　國朝徐騰暐重建棲雲菴記事之興廢繫乎主
之賢否抑亦有其時耶夫椒叢爾地名藍不一自山
之逶迤而東北者越勝子嶺爲檀溪林壑淡秀天作
之靈奇也宋寶慶元年僧海福始募其地建菴名棲

重修馬蹟山志　卷五　祠祀　二

雲元至正末壞於兵燹明洪武元年僧曉菴披壤開
拓萬歷三十年閔僧慈航更建前殿至崇禎九年僧
永菴耳通繼作大殿兩廡丈室於焉整新流水縈迴
蒼松交蔭自山門達殿後爲卓錫泉色碧而味甘甃
石爲半月池儲之旁曰仰高丘僧德聽作亭其上扁
曰東湖一覽春空日晴萬頃一碧飛帆遠黛縹緲出
沒殆不可以目力窮也丘之下曰凝秀軒再轉爲觀
音閣松烟入座巒翠落窗其或雲霧晦暝雷雨震沛
牖戶之下咫尺莫辨則閣之高可知矣閣之後曰翠
竹林曰留雲坡時見馴鹿去留閒禽上下趺坐其際

片念俱空噫嘻美哉自佛法行中土而梵宇被四方
豈獨其道足以動人亦由其徒有刻厲堅持之行能
廣其道以致多助之力故神留此勝地以待海福而
海福當治平之時因得易資於民以遂其志厥後雖
成壞相尋曉菴慈航之徒又善去廢就興易陋爲美
聚景物之佳趣資衣冠之勝游非其材力不及此亦
以想宋元明盛時年豐物阜而民之樂施也　許亦
曾棲雲菴募修大殿引佛法自漢明帝時流入中國
寖昌寖熾至有元一代其崇奉之侈靡爲亘古所未
有考史所載中統初賜慶壽海雲二寺陸地五百頃

重修馬蹟山志　卷五　祠祀　三

大德五年賜興教寺地一百頃乾元寺地九十頃萬
安寺地六百頃皇慶初賜普慶寺田八萬畝邸舍四
百賜崇福寺田百頃開元寺田二百頃至治初永福
寺成賜金五百兩銀二千五百兩鈔五十萬貫雜彩
萬匹又賜西番僧金千兩袈裟二萬襲賜殊祥寺田
三百頃延聖寺田千頃天歷二年賜集慶寺腴田十
六萬二千九百頃至元七年給護聖寺地十六萬二
千餘頃英宗給福元寺鈔一千萬貫冶銅五十萬斤
集慶寺鈔萬錠鐵幡竿寺賜金百兩銀千兩鈔萬錠
至元六年建護國寺貸民錢二千六萬餘錠若此之

類國家財貨爲之耗竭而易代之後半歸澌滅自明
迄今求其寺之存者十無一焉吾山祥符古刹始於
唐至　本朝
聖祖時敕封神駿寺規模頗宏敞爲邑東南禪寺之最
而若棲雲菴則未經敕建規制殊小較前所云諸寺
太倉稊米耳乃剏始在宋理宗寶慶閒元季燬于兵
景泰閒重建有卓錫泉半月池爲名僧留蹟處迄今
殿宇幽勝古木葱鬱經五六百載而巋然獨存豈西
來象教之神靈不並於名蘭巨刹而並於棲雲一角
邪抑山僧之祝釐山人之資福有獨至者堪與茲山

竝垂不朽邪要無有諸善信善成之不能至是乾隆
中通山捐費重塑金身補葺諸廢已繕完矣頃於本
年四月十四日大殿脊梁驟然斷折壓損金容其他
榱棟審視亦多朽蠹者葢以松木易朽故山僧普照
惶急奔告咸來相度擬重購佳材蠲吉修建而謀募
引於予予維佛氏果報之說吾儒所弗道然以茲菴
歷年久遠已越四朝神駿寺爲臨濟禪宗而棲雲菴
故習瑜伽山人喪葬祈禳等事悉菴僧主之是不可
以聽其隤壞勝國時菴圮復修山人吳方伯賜爲之
引有曰千金喜捨諺云隨去隨來一念善根佛曰悉

知悉見囑山僧以此言合掌於諸檀越之前吾於今
茲亦云
詩　明蔡昇棲雲菴內白雲棲靄靄悠悠東復西老
衲翻經怪窗暝不知身被白雲迷　又古菴開俯晉
陵山時有雲棲殿閣閒雲不飛揚僧不出白雲閒似
老僧閒　醉南郁君歸馬蹟湖上此招提樹老秋常
在菴空雲自棲儒知禪味訪鳥解法音啼道院山頭
北人家澗口西我來尋舊蹟喜續百年題　國朝
楊一鶚避暑棲雲菴層巖幽僻地銷夏頗相宜涼落
松陰密風來竹影移泉清茶覺勝僧遠奕偏奇雲黑

山將雨應催老杜詩　又病後再至山菴涼氣爽到
處病堪差鳥喚曾來客僧烹試過茶提迎風入座嬾
向砌看花倦至眠高枕怡然即是家　徐騰暉不到
最幽處安知別有天山容留古木地脈潄清泉宅靜
月常到僧閒雲共眠塵緣了無極我意欲逃禪　許
之澍欲入棲雲寺先過古竹灣鳥啼芳草渡樵唱落
花山有徑皆松暗無門不水環僧留香閣笑身在畫
圖閒　朱瓚積翠當軒落雙泉合澗流松窗稀見日
花徑曲通樓茶語空山午棊聲六月秋浮生無處住
今被白雲留　丁澈香積依青嶂禪空繞碧溪水淡

猶見石山迴不聞雞犖落空林逕烟凝古木齊誰知
人境裏别有一招提　陳履儼過嶺不一里禪宮在
翠微野花風落細山荀雨抽肥憑檻看雲出隔林數
鳥歸茶香初入焙煮水試槍旗　許玉基竟無風雨
好重陽況復家山足寄狂漉酒遙看披絮帽挼萸小
惕諷經房喬松夭矯添新翠老桂扶疏發異香放眼
俗塵飛不到暫忘憂喜得清涼近褱喪女之痛　丁兆熊空
山深處白雲留半月池邊境最幽流水斷橋楓葉冷
疏籬曲徑菊花秋客無好句吟蓮社僧有名泉給茗
甌暫至不爲方外棄嶺頭梅放約重游　徐汝璉一

徑縈紆古寺東菊花香裏梵音通山舍宿雨横窗碧
松漏斜陽落澗紅卓錫泉邊參月滿樹根橋畔聽秋
風歸心卻被雲留住幾度低回小閣中　許亦魯謁
祖墓至棲雲禪院晤陳荷溪爲訪牛眠蹟還過象教
林寒花依竹瘦流水到池深茶淡多禪味棊低少競
心語來山月上滿徑落花陰　許棫東湖山色一卷
朝古刹棲雲鎖寂寥石壁嵌空因架閣樹根横澗即
爲橋園茶香嫩宜泉洌杜荀天多勝酒澆產茶荀多名泉　經
卷木魚禪誦了劫塵六十可能消　又僧雞導客杖
藜前祖德無忘七百年勝子山光森宰木宋始祖叔徽公隨高

宗南渡居此禱勝子嶺神生隱君風義占名泉隱君泉極
挾花公叔徽公墓在嶺下清洌以叔徽公隱此名　半峯樵唱湖烟暝一杵鐘聲海月圓覺
路何曾迷醉象枉將雲水證諸天　馮效亮青山問
野樵花深不知徑流泉引游蹤攝衣度危磴佛香雨
後清空色澗中淨風停竹猶響鳥飛雲自定尋幽詎
憚遙入深始知勝太虚無微滓曠然見吾性寂處忽
生喧空岩一聲磬　許衍熙湖光醉游人雨霽清蹕
膩颿景破溪烟灘聲碓嵐翠遠見古木森揭籬入孤
寺禪幽鳥親人院荒佛臥地白雲養鐘聲青山足僧
意山殺雖云麤淡泊非世味夕陽滿歸途山童荷樵

至
祠山堂徐氏宅右案神顯于廣德之横山唐初封水部
宋累封正佑昭顯威德武烈王寶祐五年改封正佑
武烈眞君後加昭德咸湻元年又加昌福今郡城八
廟之一殆正神也廣德長興等志及諸書所哆神奇
幻蹟俱襲淮南子禹化熊及塗山氏化石誕說不足
徵宜興邵天和記云神始祀於桐汭自唐世著又云
神姓張諱渤一作㴛　吳興人先世佐禹導水神生西漢
末嘗游苕霅之間鑿河通舟楫此說近之灣民每歲
二月八日盛陳牲帛致祭以祈福以上檀溪

二圖里社祠廟嶺下祀劉大公轄耿灣盤讙爲竺山里
秦履菴俗稱三元菴在蔣家橋里人李盛時建同治壬
戌燬于粵賊
寶林菴俗稱觀音堂在役灣里人高文鼎建
晏公祠在寶林菴北按七修類稿神名戌仔元爲文錦
堂局長又載太祖援毘陵舟覆紅袍神救之問何神
曰晏公也又載吳四年湯和取福建遇藍面漁翁及
軍敗漁翁又至爲設方畧遂平陳友定又載國初江
岸數崩有老漁爲設計釣得大黿岸遂成問其姓名
曰晏公倏不見遂封爲神霄玉府都督大元帥邑志

云名戌仔江西清江鎮人洪武初封顯應平浪侯按
諸說不一要爲水神無疑今郡城白雲渡亦有晏公
廟入祀典蓋正神也邑志譌戌爲成耳耿灣之祠本
名五福堂置五色面具每歲四月八日編竹爲龍形
五人戴面具追而斬之康熙閒巡撫湯文正公禁淫
祠乃塑像稱晏公焉同治壬戌燬于粵賊辛未重建
以上耿灣
玉峯菴在盤讙灣今廢 盤讙
三圖里社祠湯家嶺南祀劉大公傍有二像相傳爲公
女及壻蕭二郎君也萬歷丙申里人徐明德建

國朝康熙閒里人鈕玉聘重修
文武祠太平橋西祀文昌關侯順治三年里人徐載陽
建 邑志並有徐鸞輝合祀記今佚
三元菴青龍橋西明天啟六年徐復陽建
南觀音堂太平橋西明洪武閒建 國朝康熙乙丑里
人鈕玉聘重修
北觀音堂在店前明里人錢國瑞建今移中浜頂
大願菴在龜山麓又名地藏菴明崇禎十七年里人徐
巽陽及僧蓋如建 國朝康熙閒圮後修復同治壬
戌燬于粵賊 以上雁門

四圖里社祠在山西河頭昔與西鄉雁門諸灣合社道
光閒分建亦祀劉大公
青龍菴明崇禎十一年里人陳睿謨建今廢 以上桃花
五六兩圖里社祠在廟山嶺祀劉大公轄嶂青西鄉兩
灣爲竺山里
鈕誠所同知祠在雲居道院明李盛時有記
雲居道院俗稱神仙菴舊傳葛仙翁丹室太湖志云葛
洪嘗來此鍊丹元時道人鈕鐵崖修鍊於此建靈官
殿宏治閒道士沈道澄暨徒顧月樓於靈官殿東建
殿奉眞武三元等神萬歷甲午道士王鳴山暨徒小

泉添建山門客堂寢室　國朝順治初羽士高養沖闢基十餘畝建大殿後殿玉皇閣各三楹門外鑿池架以橋遂成勝境殿之西構鈕公祠祀明饒州郡丞誠所鈕公後祀葛仙翁閣十七寒暑始成以後屢廢屢興咸豐庚申金陵逆據山被毁未盡

鍊雲居院卽玄故丹室丹井尚存

葛玄字孝先句容人世傳葛仙翁嘗隱馬蹟山學道修

鄭隱字思遠晩師葛孝先受正一法文三皇文五嶽眞形圖居馬蹟山仁及鳥獸虎生二子人格得虎母隱將虎子還飼養之虎父尋依隱隱每出騎虎二虎子

負經書衣藥以從

葛洪字稚川孝先從孫家貧好學伐薪賣紙筆且鈔且讀南海太守鮑靚妻以女授洪內養之術都督顧祕辟爲尉以平賊功賜爵關內矦不拜聞交趾出丹砂乃乞爲句漏令入羅浮山著書不輟號抱朴子其始于馬蹟山詣鄭隱告盟受道或謂玄傳鄭隱又傳玄從弟少傳奚奚付子悌悌付子洪後洪於羅浮山付弟子安海君望世等葢在建元年閒羲後付從孫巢甫巢甫于隆安元年傳任延慶徐靈期

王纂居馬蹟山永嘉末中原大亂饑饉疫癘死者相繼纂于靜室飛章告天祈救生靈夜神人告曰子念生靈吾得以盼子矣

鈕鐵崖元時人卽葛仙翁丹室採藥修鍊後不知所之邑志作鐵崖鈕道人

高存省號養沖耿瀠人年十四出家雲居院長齋修鍊堂殿一新延居水平王廟亦新其殿宇精岐黃善易卜羽化之日授記於其徒曰二十年後我當仍來此

文　國朝魏惇徵重建神仙菴記雲居道院由來久矣葢葛孝先遺蹟所都也元鐵崖道人亦修眞此地因伐毛啟土肇建靈官殿明弘治元年沈道澄暨

徒顧月樓繼而恢闢焉遂于舊殿之東別構小殿中龕眞武旁奉三元各聖像名其菴曰神仙志不忘始也汔今蘿柏閒飄飄有淩雲氣倘地以人靈有仙則名乎續於萬歷甲午乙未鳴山王道暨徒小泉再建山門客坐廊廡寢室略具規模猶未巍煥也自羽士陳鑑玄徒孫高養沖大闢壺天鑿山爲基廣十餘畝環堵周方二百餘丈盡其故而鼎新之中建大殿三楹山門玉皇等殿廿有一閒兩廡十王殿各五閒至于客舍道房廚庫廩湢井井畢備又於殿之西前三閒爲奉政大夫鈕公神祠次三閒爲葛仙翁院再進

三閒爲養沖靜室其經營拮据鳩材庀工者若而年
刊石築土者若而年壁次丹臒者若而年始于崇禎
壬午竣於順治乙亥越十八寒暑而厥功告成皆養
沖之力也嗣是而基業日以恢棟宇日以煥白石清
泉時有磬聲流出丹崖古岳會見紫氣飛來庶仙蹤
式憑而斯菴藉以不朽乎是所望於繼養沖而起者
詩　國朝陳履儼葛仙遺蹟已千秋每度登臨定
久留樹鎖閒雲經案溼花滃明月石牀幽星檀禮斗
銀河爪丹井成砂紫氣浮誰道鐵崖今不返鶴軒夜
夜過峯頭　馮效堯四山景氣佳舉目滌煩思微露

團新秋孤霞明曉霽泉以無聲幽花因有香累院寂
道人稀林空夕鳥至丹井遺蹟荒此理關興廢懷古
發長謠太虛杳無際以上西鄙

永安菴在永安橋西張培元妻杭氏重建並捨田嶂青

唐杭將軍惲祠在神駿寺今廢

明周文襄忱祠在神駿寺文襄撫江南嘗來山築堤禦
潦置田貼役有功於民僧智瀾請於郡邑祀之今廢

神駿寺在秦履峯麓重湖疊嶂最爲幽迥唐貞觀間里
人杭將軍惲捨山建剎名小靈山爲慈恩教第一世
載高僧傳宋大中祥符中改祥符禪院宣和四年升寺元
末毀明洪武二年重建宣德十年重修正統十年賜
大藏經一藏敕曰朕體天地保民之心恭承皇曾祖考之志刊印大藏經典頒賜天下用廣流傳茲以一藏安置直隸常州府武進縣祥符寺永充供養聽所在僧官僧徒看誦讚揚上爲國家祝釐下與生民祈福務須敬奉守護不許縱容閒雜之人私借觀玩輕慢褻瀆致有損壞遺失敢有違者必究治之　其六櫥櫥一百匣匣十卷共計六百四十八匣六千四百八十卷編以千字文又賜金字華嚴經一部
嘉靖三十年重修正殿隆慶五年重修藏經殿萬
歷元年重建塔天啟四年建大悲殿崇禎四年移于
西南　國朝康熙丁未海陽蘇子荆捐資重建九年
許定于中丞請靈巖釋洪儲開臨濟宗法席於是蔚
爲叢林累有名僧主之至嘉道閒戒律漸弛遂廢方

丈習應赴咸豐庚申金陵賊東竄屋宇象設蕩爲瓦
礫藏經片紙無存未知振興何日矣

相宗慈恩第一世名窺基一名乘基尉遲氏父宗邑志作宗
其母裴氏夢吞月而生年十七奉敕爲玄奘法師弟
子夢得彌勒上生經遂援豪述義舍利自筆鋒出疏
不日成奘從西竺歸見此山彷彿靈鷲呼爲小靈山
屬窺基開法焉世傳慈恩教每出以三車自隨又傳
三車和尚永純元年示寂年五十一高宗爲製讚傳
百本疏主云

天台性宗第六世名湛然荆溪戚氏子左溪朗公嗣著

法華釋籤疏記止觀輔行金錍論維摩疏記等百餘卷初住小靈山後住越州曇一法會晚歸天台天寶大歷閒優詔不起吳越時追賜圓通尊者學士梁肅譔傳

法具洪飴孫毘陵經籍志宋晉陵馬蹟寺釋法具譔化菴胡海集

月堂昌　華藏權　正堂辨　古心安　以上宋元開堂說法事蹟履歷元季盡燬但有祖堂牌位而已

行暉號道岩洪武己酉重建寺宣德十年建佛殿禪房

智瀾號空海吳興人天竺僧元末寺燬瀾至百廢具舉

種松六百萬株寺復興與胡忠安濙周文襄忱爲方外友

道梁　梅室　大用梁　天霖澤　大川洪　皆空海弟子能守舊規

德乘字本宗大用弟子德律爲緇素推重

明孝號順菴天竺僧里人陳一言倡捐建塔延主其事才五級而寂其徒繼之成于萬歷元年久廢

方炤號錫坡誠慤端謹住持七十餘年未嘗募緣肆僻眞僧

法藏號漢月橫林蘇氏子出家五牧德慶菴徧叩名宿不契旨遂隱虞山三峯郎以自號一日聞窗外折竹聲若迅雷乃大悟又見黃梅陊地始得徹證嗣天童悟爲臨濟宗三十一世萬歷癸丑山中錢某等請至寺臨行密雲手書臨濟源流并信拂授之著有八會廣錄智證傳提語

惟安號普門陝右人神宗母李太后受皈戒天啟丙寅住寺將請國帑寂於淮陽

按宗統編年云黃山惟安普大師安邵縣奚氏子苦行精勤萬歷三十二年立黃山道場賜額慈光寺天啟三年至夫椒祥符廚粟無炊嘗七日不食後挈杖

北行至清源之乘願郵本安十年前駐錫之地未幾寂中丞許鼎臣銘塔日安志氣猛烈從萬死一生中悟無生法骨力挺堅從厮養卑賤時證尊貴性嘗說偈曰人爲無名用安能用無名人受煩惱使安能使煩惱初不識字而字從心生初不立言而言如泉湧所過開說用棒喝以成上上之器用鍊魔以接中下之機有不像語諸錄黃山檗菴志和尚嘗曰若普門大士者可謂具大人知見者也

洪儲字繼起號退翁南通州李氏子嗣三峯藏爲臨濟三十二世崇禎己亥許定于中丞請於三峯命儲主

寺丙子春闢藏雲關開堂拈提法要定于及都憲張
二無京兆鄒衣白皆執弟子禮去之天台歷主能仁
國清天甯瑞巖諸刹振興蘇州靈巖倂靈巖和尚著
有祥符語錄
洪錔號慧刃荆溪柳氏子亦三峯弟子偕洪儲主寺儲
入天台錔繼其席順治六年一日示衆曰石女穿梭
織錦章回文寫出舌蓮香遙遙寄向多情者花木春
深意轉長遂寂
濟昊號覆遠空興人嗣錔法席
居溟號去息蘇州徐氏子後遷梁溪寶安庵竭繼住靈

巖
觀英號毅安參儲和尚於茲山有省遂嗣法後主國清
方運號晝林山陰祁氏子庠生原名奔禧父諱彪佳曾
撫蘇松從其叔密菴參究有得密菴爲洞宗愚菴孟
得法弟子運流上陽赦歸從退翁出家復力參徹證
翁令出嗣密菴爲洞宗三十五世初住江上芙蓉遷
本山以上諸僧俱本紀蔭稾
紀蔭字湘雨號宙亭又號損園與紀易同受剪於南堂
謙徧參釋乘工詩康熙三十八年
聖祖仁皇帝三次南巡

召見行在
聖心契說後屢
召入都
賜
御書神駿寺易祥符舊名又
賜
御書水月禪心額
御書自製詩七絶一首
御臨米芾書一幅
御臨黃庭堅書兩幅紀蔭皆恭摹上石又

賜玉如意銅雀瓦硯綠端石硯等物著宗統編年三十
二卷三十二年進呈宙亭別錄若干卷
日燾號無隱古竹丁氏子幼孤事母孝出家神駿寺常
歸侍母母病不解衣者累月母卒葬祭盡禮窮性理
兼參釋藏多所悟入於儒近陸象山王陽明與許孝
廉亦魯許秀才景清陳處士紹琦爲方外交預知寂
期示偈有衆香國中來衆香國中去等語
坿
洪忍號潭吉蜀鄭氏子二十出家謁三峯藏力參透徹
法住杭州靈隱寺作五宗救詰洪儲于山西止而寂

式謙字卑牧號南堂廣陵沙氏子嗣洪儲住靈巖歷住射州兜率虎丘華山諸刹纂中丞鶴鳴撫吳執弟子禮徐尚書健菴宮贊果亭閣學立齋許侍御青嶼俱篤信敬重紀蔭爲謙得法上首迎塔本山

紀易字蓮山號藏雲閩主崑山王氏子侍洪儲於靈巖復參檗菴志於華山後入南堂謙之室嗣法

文　明胡濙重興碑記佛法漢明帝時流入中國凡名山勝境悉爲梵刹以虔奉其像設焉毗陵郡治之南百里而近有寺曰祥符在馬蹟山之奧壤唐貞觀中將軍杭惲捨山爲寺當太湖巨浸之中波光雲影

照耀晃漾可鑑可濯況三峯環列龍虎拱峙蜿蜒磅礴勢若拏雲據此湖山之勝四顧清曠幽敻瀟灑軼塵埃而挹秀麗飛樓湧殿鐘魚梵唄之音昏晨振響於雪林煙水間眞吉壤也柰夫緜歷歲遠向之翬飛絢爛者悉爲荊榛瓦礫之場僧徒散逸田產荒蕪遂爲居民掩有宣德十年乙卯中天竺比丘智瀾號空海者憫兹古刹廢弛爰發洪願來領寺事以興復爲己任堅持戒律精修苦行事理圓融緇素向慕捐資以助者踵至由是鳩工集材首築周垣五百餘丈植松六百萬株創建法堂方丈各十有餘閒左右伽藍祖師二殿前豎山門旁列側室與夫香積之廚貯物之庫儲粟之廩靡不畢備閱八寒暑告成其田產山場昔爲居民所掩有者則悉歸常住而徵租稅以復其舊焉空海具其始末謁予南宮徵記謂夫慈寺之成苟非巡撫亞卿周公忱郡守莫公愚邑宰朱公恕及寺鄰松陽令李公顯外護作興烏能成此偉績爲一方之名藍念其功德固不可湮沒而無傳於後也予惟佛滅度後凡求佛者悉以莊嚴像設爲事然不能無成壞今斯寺既壞而成則存乎其人此固有爲法也然覩相起敬則丹青土木之事亦不可少其所

謂無成無壞而無爲者又非思議所可得姑置勿論特以空海殫心竭力興復之勤而諸名公外護助緣之力紀其大概俾勒諸石以示永久使繼斯席者知其所自而有以考見興復之故焉

朱昱記太湖中有山曰馬蹟去武進東南八十里鄉曰迎春山有大蘭若名祥符始創於唐貞觀閒將軍杭惲捨地爲之初名小靈山宋大中祥符閒詔改祥符禪院宣和四年賜額升爲寺元末廢國朝洪武己酉僧行㻫復建草略而已宣德中惠山僧就道巖始居焉以寺荒茀弗葺劃其衣資建佛殿禪房既歸主惠山舉杭之天

竺僧瀾以自代瀾戒律精進謀諸宦達而爲之起廢焉於是巡撫尚書文襄公太守莫公縣令朱公皆爲之助益出於鄉先輩禮部尚書太保胡忠安公之所贊襄也里鄰前松陽尹李公與其子今湖廣布政使德滚勸相之爰構法堂方丈伽藍禪室復置田山以爲永業自瀾沒其徒梁大用澤天霖洪大川爲之甲乙焉今住持德乘本宗乃梁之上足也能繼其志而作新之市材庀工建大雄寶殿次天王殿塑像莊嚴金碧輝映并修諸禪室庖湢庫藏無不備復增置田積五百餘畝山二百畝樹植松竹爲邑之大叢林先是正統間瀾託忠安公上請敕賜佛經一藏俾之庋閣安奉工既訖乘求記於予予布衣也自與瀾公接識六十年矣益嘗豫纂修而世惟以貴顯相高乘公不於此而以予言不誣爲可信也故乞予爲之記

聶大年 送瀾上人請藏還寺序

佛氏之言浩汗演迤積其多至於五千四十八卷我朝自國初嘗徵天下名僧較讐刊定頒行四方凡學佛者得見全經其拯迷翊教之功可謂洪且博矣毗陵祥符禪寺住持空海上人僧中之傑然者也當祥符荒圮之餘克修舉廢墜歸然爲東南名刹復謂大藏秘典幸睹其全乃躬詣闕廷昧死以請大宗伯胡公聞於朝詔賜經一藏仍頒敕書護持給官舫載之而南上人承命競惕即日戒行將歸建經殿寶藏以侈上之賜也於是禮部郎中潘公與毗陵之士仕京師者徵言贈之余與上人託方外之好於兹有年嘗至祥符覩上人興造締構之功可謂能纘述先業矣兹又獲沾寵錫龍章寶函耀映湖山上人日率其徒繙閱誦習上祝吾皇億萬歲壽下爲生民祈無窮之福俾嗣其教誦其言者尚世世無忘君上之恩以圖報於萬一哉

李備 重建塔記

祥符禪寺世傳將軍杭惲捨山爲之建自唐貞觀初重湖疊嶂地頗清絶古有八景若雲窩若月窟若萬松居皆散見僧舍水之流有橋曰雙瑞山之中有亭曰望湖龍井則在廚之東蓮池則在殿之北其一爲浮圖元末已毀至國朝永樂成化間僧就公瀾公梁公次第主其寺一時左右者忠安胡公文襄周公先祖松陽公與焉廢興墜舉克復其舊而兹塔獨闕至萬歷父老慨然有建復議而難其人時有順菴禪師孝公古天竺僧也戒行純潔在太倉之懷雲寺詣請以建塔之役告歡然來駐錫山中曰此眞湖中第一山也吾當老於斯矣乃命其徒告諸四方

舊識咸樂於從事積資鳩工歷三寒暑而塔始成覩兹塔者頌公之功德不衰也爲之記其事云　國朝陳履儀殿宇記始進爲山門再進天王殿三楹許鼎臣署其門曰小靈山殿中東吳朱弘陽題曰湖中第一山由山門達天王殿可八十步兩旁皆有廊傾圮已久天王殿稍折而西爲大悲殿五楹康熙丁未閩海陽蘇子荆捐資重構自殿北復折而東爲藏經殿三楹殿之東爲伽藍殿三楹又名辨心堂又東爲庫房五楹又東爲香積廚四楹廚之東浮圖與八角井在焉藏經殿之西爲祖師堂三楹殿之北爲法堂

三楹堂之東四楹向爲客堂今名無隱軒軒外覆以桂樹康熙三十六年毀堂之北四楹向爲方丈紀蔭更名雙松草堂虞山吳歷寫圖由殿而西曲廊映帶爲茶寮寮後有六角井泉甘洌不減惠山過茶寮折而西爲金粟廊亦多桂由廊折而北面東三楹向結準提壇今名典雲軒面南爲藏雲關三楹洪儲鍵關於此關東舊爲隙地康熙三十六年紀蔭建禪堂三楹其西爲三昧堂五楹今改方丈曰大中堂西曰宙亭其南爲兩序寮通金粟廊五楹寮曰治玉軒青苔軒綠滿軒與鷗居皆紀蔭所立大中堂後卽秦履峯峙焉經粵逆之亂寺俱毀惟天王殿庫房香積廚猶存

陳紹琦普同塔記

禪士之寂惟方丈得以龕殮擇地而葬其餘則火化拾骨歸普同塔此天下叢林皆然也吾山神駿寺創自唐貞觀閱汔今千有餘歲歷代住持每多高德緇侶雲集盛時不下數百今亦有五六十人而荼毘處舊無塔坎西山麓爲火化所葳丙辰大衆皆以爲不便謀建塔由是住持普仁暨都監妙明共贊襄鳩工飭材建塔於背山之西南麓塔既成普仁囑余爲記余惟禪士之寂一絲不掛八垢皆空何有皮骨然露骴纍纍蓋藉無具見者心畫非所以教慈悲且拾骨

時顯見者固無遺棄至細碎雜於塵泥拾取難盡風雪朽腐倍增悽愴兹塔成荼毘者上有蓋下有藉無風雨雪霜之侵無遺棄塵泥之慮亦彼教所許也說者謂佛以色身爲幻幻軀無知此舉贅矣余謂我佛多愛諒不以無塔爲是有塔爲非也如不以有塔爲非後之人其可忽視此塔與

詩　宋許琮宿寺一枕松風入夜寒曉窗殘月隔簾看夢回竹榻聞鐘後悵絕浮生出世難還念將軍能捨宅何妨陶令未之官此身合向山中住邱壑由來號易安　徐震初游寺有感只今初到祥符寺始慰

當年嚮往睩松柏迭迎居士駕湖山旋繞法王家雨
宮北狩今安在九廟南轅祇自嗟爭似山僧多不管
一盂一衲駐年華　明劉基晨詣寺上馬雞始鳴入
寺鐘未歇草際起微靄林端淡斜月僧房湛幽寂假
寐待明發松徑斷無人經聲在清樾　馬篪憶昔少
年日禪宮著屐游夫椒山外境笠澤水邊樓梅雨一
旬暝松風五月秋何能訪僧去重泛北湖舟　秦永
齡贈空海上人偶入北山寺相逢西域僧參禪惟一
指演法有三乘谷應齋堂鼓風搖佛殿鐙題詩留石
壁今夜宿毘陵　周黼擬游不果遙聞晉陵寺殿閣

在虛空簾捲北山雨窗迎南浦風齋僧鐘韻後供佛
篆香中寂寂門前路輪蹄未許通　聶大年贈空海
上人湖上得幽寺四圍皆亂峯二三千畝稻六百萬
株松呪食來山鳥談經起鉢龍知師燕坐處淡暮更
聞鐘　又重游髣髴南屏十里松蒼苔白石認行蹤
湖光浴日金千頃山色凝烟翠萬重猨下飲泉還獻
果僧來乞食自鳴鐘山花也識曾游客背倚寒巖笑
病容　又空海上人天竺掃墓還山寺門孤塔鎖寒
烟回首家山二十年定起怕聽三竺雨思歸又問五
湖船鶴隨雪去雲連海龍獻珠來月在天還覓舊時

行道處青松半偃竹牀前　胡濙都中送瀾公領劄
還寺新承華劄下神州去入叢林第一流惠麓暫留
淹卓錫夫椒終日望歸舟翻經臺上花飛雨說法巖
前石點頭七十二峯秋色好擬過竹院伴清幽　又
清曉都門雨乍收上人遠出大方游數朝松向窗前
偃一葉蘆從江上浮放蹟自眈雲外趣匡宗不爲利
名謀遙知到日談空處頑石無情亦點頭　秦金送
淨公領劄住山天上歸來好事僧袈裟光照佛前鐙
塵緣已卻尋常債祖法應參最上乘湖水隔簾秋渺
渺寺松交蔭晚層層吳山見說夫椒勝絕頂應須我

一登　杭濟送淨公領劄還山寺門秋水隔蒼烟千
里歸心有夢縣江上孤舟初語別天涯一鉢且隨緣
逢人漫說無生偈入室應參最上禪疏竹長松湖畔
路相尋法社定他年　又游寺踏破白雲堆步入青
蓮宮鐘聲空谷應泉脈幽巖通庭草鸚鵡綠山花杜
鵑紅吟餘借禪榻高臥聽松風　張九方贈梅室上
人上人悟得西來意不向春風種桃李十笏禪房近
古梅萬蘂千花冰雪裏花開結子又生仁漏洩乾坤
萬劫春揚州何遜孤山老詩句清麗俱成塵何如阿
師居丈室心田清虛人莫識有時參透花光禪影落

冰綃春有蹟經殘趺坐對冰花寶篆風引青煙斜香
梢懸鏡月初上玉龍鱗甲侵袈裟禪餘溪上閑飛錫
瑪瑙坡前散行蹟磬聲泠泠催入定玉窟珠淵淚莫
測栴室之清徹骨清玉壺冰壑爭精瑩雪山在此十
萬八千里梅萼吹香絪緼直達王舍城　陳公懋湖
上亂峯七十二中有一峯開法門㒰得惠山香火在
鐙鐙相續未嘗昏　杭澂題本宗上人壁閒畫衆山
飛翠入茅亭亭下孤舟鎖日横此境寂無塵事擾道
心秋水一般清　段金宿寺一宿湖心寺塵機漸覺
疏濤平風息後山暝月來初汲水分雲乳翻經落蠹

魚老僧無别事相對語眞如　吴仲宿寺遠公開水
閣邀我舊蒲團玉麈從輕拂楞嚴好細看烟蘿望欲
暝雲水坐生寒漫道禪機靜皈心禮夜壇　蔡昇嵯
峨殿倚洸寥天知是青山第幾巓優鉢花開西域種
浮屠法演上乘禪窗侵涼氣夫椒雨門鎖晴光震澤
煙爲問祇園開闢始黄金布地幾千年　杭澤石磴
躋攀數里過遠聞樵唱雜漁歌山寒陰壑生靈籟湖
潤秋風捲碧波榛栗已收猿食少松蘿不翦鶴巢多
禪師約我歸蓮社爭柰疏狂嗜酒何　夏言題寺松
百盤雲氣入千峯飛蓋行穿夾道松長晝風雷驚虎

豹半空鱗甲舞蛟龍湖濤夜合秋聲壯山雨春添黛
色濃欲藉丹青圖直榦恨無韋偃得相從　宗臣題
寺松喬松萬樹總叚才護日清陰一徑開雲氣直從
天竺去濤聲長傍海門來人行道上依濃樾子落壇
前點嫩苔山水清暉增偉觀託根原不愧徂徠　王
世貞題寺松未拜寺中佛先看門外松青蔥表河潤
天矯失秦封雲結諸天座風和萬壑鐘翻空尾鸞鳳
拆地甲虬龍花滿山家釀脂充石室供惟輸道旁客
行止一枝筇　朱魯老去心情愛野芳攜筇問寺興
何長雨餘澗艸巠波綠風送山花滿徑香萬頃湖光

搖佛殿四圍山色落僧房遠公不置東林酒一味松
風勸客嘗　錢孝題靈山剎昔人施荒邱作寺靈山
趾殿腳插入湖浮圖半空裏波玉搖簾櫳嵐霏拂窗
几景物眞丹青牛首麓山比羣絢餘千年中閒頗隤
圮爰有再來僧杯渡錢塘水跏趺十笏房殿勤重修
庀山門種種新諸佛生歡喜手植松萬株漫山野烟
紫緇流振宗風鐙鐙傳不已祇園去艸堂一徑將十
里清風獨杖藜往來無盡意　許鼎臣過祥符寺竹
院鐘涼春已淺殘紅亂點綠苔陰松花滿地無人埽
一片閒雲繫野心　釋洪儲同夫椒落葉關飛鳥青

山夾亂流故人何處是舉目半輪秋　釋鴻銛粱溪
顧子克入山問法雙玉峯前月楚楚兩心共照我與
汝月落山空不見人流泉活活聲如虎　釋元愚雙
瑞清流繞寺前松分龍虎勢高騫湖光蕩漾通三郡
塔影崔嵬落半天好葉穿林禽愛語閒雲覆砌鹿貪
眠菩提香散蓮花發龍躍泉飛自昔年　國朝楊
一鶚游寺二首小靈山寺靜翠靄暮陰重帆影疏林
外鐘聲落照中撥泉孤月印聽偈萬緣空到此超塵
境知心有幾同　行來疊嶂外漸入茂林中寺裏一
灣水門連萬壑松雲滾山色黯谷靜鳥聲空性僻眈

游覽日斜興未窮　又過寺叩損園和尚此游特爲
看山來卻喜靈山霽色開鳥弄晴光覤竹院樹搖蒼
靄落經臺人眈勝境行還止鶴戀幽巢去復回試叩
禪關訪支遁圖書滿架著新裁　高簡題畫寄損園
和尚毘陵耆舊推師久十載神交繫我思正是一番
愁絕處挑鐙再讀寄來詩　釋紀蔭寄許青嶼侍御
陳椒峯中翰名山執帚菊花天來宿松根一夜禪人
徑點頭知塔影（甲寅八月夢人持贈一軸開見古塔其日夫山特書來請及入山松際塔
宛然）到門摩頂認松烟湖光淡處鷗先在漁唱高時雁
未眠七十二峯空翠落珊瑚竿斫綠陰邊　又浮螺

一點傍漁磯世業先宗寄託微水乳許詢投自合雲
山支遁買應非搴帷事業歸吟筆（侍御按三秦有搴帷行記）留圖
風流詠息機（中翰築留圖棲遲其內）松鶴待余知已久湖濱鷗
鳥豈相違　又此中應不到風塵艸木林巒入望新
一日雲山惟有我千秋旗鼓豈無人幾灣流水桃花
渡十里晴湖楓葉津極目煙波縹緲處相將杜若采
芳晨　又次韻高澹游吳門高士神交久風雨鐙前
每寄思綠凍雙松人瘦坐分明畫出艸堂詩　王時
敏寄損園和尚湖畔鐘聲聽擊撞客塵擾擾未能降
焚香洗鉢皈廬遠運水搬柴學楚龐擬斷萬緣參半

偈端知一月印千江冥心靜覩蓮花國落日西縣對
晚窗　徐騰暉秋日過寺爽入湖山是處秋爲因訪
道更尋幽千竿修竹森森蔭一道寒泉活活流孤塔
影從雲外落清鐘聲在樹間留到來頓覺忘塵念不
願隨人學貴游　陳璠游寺十里煙霞五里山梵王
宮殿白雲閒泉飛竹外僧初定月上松梢鶴未還一
炷香清塵慮靜八千偈了佛鐙閒龍降鉢咒歸何處
雙瑞橋邊水一灣　許之漸損園和尚惠茶云使知
故山風味有感斯言率成志頌老人飽飯枯吻熱塊
磊胸中百糾結五千文字遂茫然三百月團那得歠

靈山使者來打門函投片紙翻千偶纖芽焙就雨前春繾綣幾年慈愍切故山風味屬先嘗不待旗槍盛苗櫱朝霞護日布雲英夜雨浮春努星萬赤囊籠壁詎堪誇紫筍寒芳供細擷奉持頂禮法乳施旋拾枯槎瓦鑪爇魚眼行隨蠏眼開淙注寒泉傾井渫社裏宗雷道味濃湖邊顧陸徒騷屑我觀大法紛見前翠濤盈盌緣生滅請公口噴百丈泉饜飫百億人甘悅搴華茹芝展法雄丹楹寶樹成行列了知七盌病未能使使肝腸如玉雪　陳玉璂與損園上人尋幽度林薄山椒欹微雨餘畢浮蕩漾褰裳涉河滸興矚捫

烟蘿遐情寄石乳珍禽不畏人相看拂翠羽爪徑恍竆流哀湍飛別墅遵步游東峯歸雲靜如許迢遞引鐘聲松關半猶戸香臺眈憩游芳蘭蕊搴取物我無定觀皓月正徵吐　又柬損園上人十年瓢笠五湖中知爾詩從定後工多病未須親藥物閒心且與玩花叢一庭疏竊春山入三徑澄潭晚照空只恐他年攜手嘯扶筇應過虎溪東　陳履儀祥符卽景古寺撥幽景倍妍澗聲回合小橋邊苔袍積翠如無地松幰遮空別有天半塔山光羣鳥入一亭湖影亂帆縣到來不覺塵心斷欲向枯僧學坐禪　陳履儀午餘

登寺山倦拋書卷強登山戴笠歸來興已闌黃葉林中敲晚磬不知身在夕陽閒　惲格與損園和尚訂湖山之約幾時晴屐上山椒潑墨虛堂破寂寥七十二峯應待我許將烟翠染輕綃　徐兆鼎訪晝林上人行來兩袖拂松風白石蒼苔舊徑同游屐登臨追謝傅詩情潦倒問支公清波滉漾搖蓮座翠岫參差繞梵宮埽去六塵心自定應盟白社五湖中　釋秉岱濬池荒池欣一濬寒蔓翦藤蘿擬種重臺萬難尋無尾螺雨沾濟穀好晴印月痕多移取莓苔石閒來便藉莎　陳肇璿過寺古寺空山裏乘閒偶一尋白

雲橫小岫清磬出長林喬木千株老幽篁數畝淙上人能愛客不憚日登臨　朱璜卽事步卻看松處詩成見塔時小橋通澗路寒篠夾山籬鳥倦鳴偏急雲輕落較遲誰曾經信宿迎客犬應知　徐汝瑚神馬蹤何在豐碑峙曲阿山花迎客笑嵐翠撲人多樹密天無暑池寬水欲波空明一片月來送白雲過　陸嶶恩游神駿寺撥奇入招提訪舊得初地嘉名革祥符古剎錫新字幽篁森道周長楸夾門植苔漬澗疑渟石壞徑猶隧悲彼千歲姿立死失蔽翳斧斯者誰人芻薪用供饋入門龍象穨古佛半折臂循牆覘舊

題刎蘚讀銘記老僧髮鬖髿蕭然有野意苦言茶荈
薄無以報客謫側足立焦邃荒厓詎堪避坐久松風
吟竹篔寒泉駛以彼天籟鳴如揮勞者淚幸有山氣
佳不改向時翠悠然悟成虧古今殊一致　許械游
寺二首夾徑蒼苔日色殷松杉影裏有僧還一鐘暝
暝清於水萬竹搖空綠上山古澗花香浮茗盌夕陽
樵擔赴柴關安禪儘有維摩室欲乞人天一味閒
亂山飛翠落檐前靜裏經聲太古妍神馬來當三萬
頃祖龍去已二千年湖雲浩浩無今昔佛日荒荒有
變遷布地黃金懷祖德遺容敬展一悽然寺田爲遠祖定于中

丞所施寺有公畫像　又游寺歸過石傳表叔觀梅徧三首悔
曳長裾踏輭塵不來同聽鳥聲春空山流水無人境
古佛梅花自結鄰　夾徑松雲合雙流澗水清花閒
度僧影空裏定鐘聲貝葉藏廚古修篁上砌生已公
餘韻在詩思孰重賡　暮烟催客下危峯但認雙松
有徑通天闊亂帆千點黑山滾斜日半灣紅人懷栗
里孤鴻遠花到梅枝凡馬空此是山家眞富貴蔓恬
萬斛冷香中　又和陸紫峯孝廉游寺連峯走松濤
山色不到地雙澗浮野花蕭然有仙意詩僧昔何龍
奎藻錫新字緬懷二百年祖澤久霑被衣祴傳南

宗名藍石火駛隨嵐一巡埽德水渾欲斷堂涂碎令
甓風櫪交徑衕僧雛鋌走險壞佛紛可悸陸子雕虎
才欲覓荒厓避慨然念劫塵懷古有潨寄我生淡世
紛夙裒雲壑志病廢號半人窮居乃多忌直須祝宗
祈時揮阮生淚覽君勞者歌如獲楚人恭願隨天隨
子唱和吾生遂興廢彼外凋卓哉當治裏　許衍熙
拂衣遵碧澗舉步隨遠松石含蘚痕古山入磬聲空
閒雲裛古寺野鳥弄晴風禪幽僧夢瘦煙暖竹意濃
樵歌無世情悠然太古胸掬此夕陽影贈君意無窮
　馮效亮古寺閉秋色寒煙濛翠微林蟲緣佛臂松

子哆樵衣道淺有明昧心忘無是非蒲團冥坐久門
外已斜暉　又亂後過寺感作長歌長林滾箐啼陰
風亂石一徑趨靈宮訓狐野鼠竄伏莽游人往往迷
西東　奎藻當年錫神駿傑構突兀摩蒼穹龍象莊
嚴具神力夜滾蹴踘騰寒空中廚藏經秘珍寶四壁
怪畫紛青紅東南一旦陷劇寇挽回浩劫無元功木
尉赤甲入薪爨欂櫨桷棁成飛蓬荒鐘寒磬半缺落
風袍雨笏堆成叢當年　敕賜勞　帝命祇今香火
無郵翁仙佛失勢且如此何況壯士抑鬱當途窮
西觀音堂在蓮巷

石觀音堂有鄉約碑明嘉靖五年知縣孫昂立漫滅難辨

三官堂在大瀆橋東康熙二十三年里人吳重光捨地里者陳肇陽周家璉募貲建

神駿寺莊房在蓮巷本周氏之居雁門司李徐騰輝以半價捨寺爲耕穫之所 以上柴泉

水平王廟在分水嶺一名分水祠又名雲水院爲一七八九四圖香火王爲后稷庶子佐禹治水誨人浚道役祠之宋胡文恭宿請登祀典建炎間郡守周杞以劉龍圖駐兵於此并祀龍圖元末廟毁明洪武十年

道士殷南山重建雜塑東岳祠山改名東岳行宮正德十三年里人錢孝白於官請正之十六年邑人葉訓導夔言于邑侯徐官具牢醴致祭復榜今額萬歷間許中丞鼎臣重建大殿崇禎辛未吳方伯暘重修

國朝順治八年雲居院道士高養沖兼廟務于山門内建屋祠關侯正殿之西建玉皇閣道室客堂一時鼎新後漸圮嘉慶間秦興元周興隆修之咸豐庚申毁於粵逆同治癸酉稍葺之

案常州郡志載王爲后稷次子宋胡文恭宿請登祀典則王之廟食于吳久矣乃太湖志云郁使君衡山人衡山有廟古碑殘缺略云使君本吳人少以雄才見倖漢惠帝下詔徵之拜雍州牧爲政得體及卒立祠祀爲神唐同光二年吳越王錢鏐追封水平王暨二子左右將軍構廟于衡山歷久毁二十九世孫巽以衆力重葺之今衡山郁族蓋其後也又事林廣記王係太湖水神而不載其姓名洞天花燭記俾震澤主者爲順濟昭佑王異說紛繇皆不足據要以郡志及胡文恭請登祀典爲信而可徵

殷南山洪武時水平王廟羽士廟久廢南山重建元王逢宿馬蹟山殷南山鍊師道院既還鴻山畱別八句

道士偶見古竹灣畱我養高松桂闕龍蟠大澤雲水晦馬踏巨石土花斑緣章夜奏百靈集素髮春看一鶴閑忍上歸舟卻回首裊裊清磬烟嵐閑

舞生歷太常寺贊禮

高養沖 許西郵雲居道院

秦興元精法事 周興隆勤儉作苦嘉慶間鼎新殿宇

文 明徐官祭水平王文維正德十六年歲次辛巳九月己酉朔越三日辛亥武進縣知縣蕭山徐官謹以牲醴之奠昭告於水平王之神曰惟神出自有郁

佐乎神禹殺懷山襄陵之勢分決川距海之勞震澤底定毘陵攸賴豐功實垂於萬世崇祀宜著於一方柰何原宇癹亡酷值胡元之亂後人鼎作妄祀泰岱諸神歷考圖書慨祀典之久廢載詢故老喜廟貌之猶存普告鄉民重登舊額袪邪歸正副元元景仰之心捍患禦災冀冥冥陰騭之福暫修蘋藻未暇請於
天朝再續蒸嘗尚有俟乎君子聊致存羊之義用申報德之私精爽有知庶幾來格以宋贈龍圖閣待制
劉公祔食尚饗

唐鶴徵重修廟記

水平王者舊傳后稷庶子佐禹治水有功廟於震澤之夫椒豈其功

獨著於震澤閒也夫禹之智神矣其勞於外久矣然九州之勢豈能以一耳目周之其治之也又豈能以一手足之胼胝焉身之其有藉乎人之智與力也必矣用其智與力以集事則必還其智與力使食報理也況不矜伐如禹烏能貪其功而攘之乎則廟之祀王者固禹之心也亦所以報禹也予以嘉靖丙寅過夫椒謁王於廟廟之建也久矣殿寢門廡無弗飭也惟道士某實起而新之鳩工於某年月日畢工於某年月日凡募而集者纖悉畢效之用故事易集而構可久是足嘉也因其以記請而許之未有以應也余自頻年揭走南北覩水神之祀在在有之或請之朝廷或領之有司以妥神明而荅靈饗竊有感於茲廟之廢興焉般之詩曰允猷翕河則不翕者河之性也禹貢獨以底定言震澤則震而不定者亦湖之性乎河災衍溢勝國以前無論即我明興決魚臺決金龍決張秋自趙皮寨以下不可計數嘉靖末昭陽一決運道幾廢天子用以宵旰當事臣工凜凜懼無以稱塞徼福於神鑿河一百七十里有奇而流稍安是時司農水衡幾為一空而徐邳上下竟無甯歲邇者議浚下流草灣之役費亦鉅萬當事者復神其功請之

朝而廟食之而運道猶未敢報無恙也震澤自禹以來數千餘年未嘗泛濫當宋之南稍稍為患夫亦宜歛九陽之水注之過驟而茭蒲圍田之壅洩之或緩耳昔人所謂人事而非天意也是王之大造於吾民也益百倍於河之神矣河之神食報如彼茲廟乃僅領之道士獨何說與嗟夫曲突徙薪不得與焦頭爛額者論恩澤桑土綢繆無能與補苴罅漏者程捷功其來久矣於斯乎何怪且余讀封禪書其在秦中最小鬼之神者各以歲時奉祀郡縣遠方神祠者民各自奉祀不領於天子之祝官則茲廟之不得與河神

等亦勢也往予舟過徐邳環堵者僅一板未浸耳猶守弗去詢之則曰自河流不常而歲比不登欲適莽蒼而腹猶果然也難矣况宿舂糧也與其轉塡異域之溝壑無甯聽命於河之神乎其慘怛無聊之狀蓋可知矣藉令震澤不定吾其不為徐邳之民者有幾然則室而安耕而粒無震驚無昏墊在三吳之民尤首被王之祐者其何可忘予從禮官之後不能援河神以為王請姑記之以俟云

國朝陳玉璂重修廟記

祀典之重惟有功德於民則祀之而功德之大莫若治水治水之神莫若大禹故大禹之祀徧天下

其時又有佐禹治水者為水平王王后稷庶子佐禹至會稽裔人浚道功施赫然然失考止郡乘一載其績必有所據故震澤之人即立廟於嶋山祀禹復立廟於馬蹟祀王自王佐禹治震澤數千餘年未嘗泛濫即宋時宣歙九陽之水建瓴而下幾致大患未幾即安瀾無恐至今儕禹者必繼儕水平王廟之創不知何年宋胡文恭公請登祀典元燬於兵洪武間復創雜以他神至正德十六年邑人葉夔言於令斥他神復構今額閱今又幾二百年棟桷之腐黑者漸以墮瓴瓦之破碎者漸以盡道士高存省復經營鼎新續建二殿廊房客舍若干楹至今得遙峙與嶋山禹廟聳然無恙嗚呼吾山四面皆水人之居者又瀕於湖水之為係也大矣乃數千餘年未聞有泛濫之患又得疏溝洫注於川湖塘浦田畝資之永利非藉王裔人浚導之遺澤豈能至是乎宜山之人咸願刻廟石以識功德也璂復為之詩以頌之頌曰神禹之功赫赫萬古惟有部氏勳績相佐川渠浚導班班足考田疇是資室居用保建廟立宮在彼高峯增其式廓丹堊崇墉像圖孔肖冕旒煌煌樞肅瞻竦俾不敢忘歲時祭獻黜奢崇儉惟儉乃久神歆勿厭刻詩勒石

允愜衆私祝於神禹天地同堅

詩

明丁昌題分水祠

帝德傳躬稼王功佐濬川湖流三萬頃廟食百千年春港魚鰕美秋林果蓏鮮漫誇風土異努力種桑田

蔡昇仙館

門前別有春青芝紅术四時新黃冠夜溼瑤臺露應是清宵禮斗人

唐順之宿廟

獨坐花宮月疏鐘報曉晴地超三象外人覺萬緣清茹素分僧飯觀空入化城眞詮今已悟甯畏毒龍驚

葉夔喜正分水祠

震澤曾勞底定功前人特筆郡書中百年失祭殊非禮萬代攸崇乃至公往事莫追隨逝水英靈猶在耿虛空疏陳當國

吾何力令出賢矦祀不窮　辥南路口千年廟湖邊
一里餘青天神禹像紫氣道人居雲出山坳洞泉通
石罅渠姓存墩自古神在谷常虛與客時來往閒披
老氏書　錢孝分水祠神王后稷子佐禹平水土震
澤賴厎定厥功垂萬古荒祠叢木閒春秋載清酤中
附宋將軍義烈劉平甫赤心歸朝廷破賊試神武駐
兵保此山配享居西廡前元亂亡日像毁祠并腐後
來雖繼作所祀非其主居民莽蚩蚩襲謟求陰祐余
心獨不然好古慚無補敢發芻蕘言幸爲賢尹取下
令復厥初廟貌還可睹　唐鶴徵游馬蹟山宿許道

士房二首獨住水中央言尋不死方開簾見白鳥隔
院度清香機息何妨弈神全可卻糧偶來分半席遽
使世情忘　四圍環積水信是羽人居鳥下忘機後
猿窺擣藥餘閒尋漁父伴自註道家書笑我勞生甚
逍遙爾不如　錢淵松陰淺處轉肅穆閟玄宮不憚
胼胝力常詒厎定功晚煙迷古渡晴旭透高峯報德
應無極蘋蘩祇薦同　馬同春卓彼山之阿有祠翼
然出傳云稷庶子禹時嘗輔弼疏導歷三吳元功記
史筆歲時薦蘋蘩伐鼓奏靈瑟整冠謁神祠寒山半
衙日　國朝徐明斗三峯晴翠落窗紗一澗清流

繞砌斜羽士拂雲因洗竹仙童汲水爲澆花林幽時
聽千山雨閣聳遙飛百道霞漫說蓬萊風引去五湖
淺處有仙家
劉龍圖祠在水平王廟龍圖名晏字平甫嚴州人入遼
舉進士爲都官員外郎領兵歸宋織赤心報國字于
旗號赤心隊嘗從劉正彥擊降丁進及正彥反晏曰
吾豈從逆者以衆歸韓世忠設疑兵擒正彥於浦城
建炎三年十二月金人犯常州太守周杞請救晏父
子率精銳七千人出奇破之進直龍圖閣保馬蹟山
寇再至晏選舟師迎戰降千五百人追潰黨戚方等

至宣城方驚走單騎追之遂遇害事聞詔贈龍圖閣
待制官其四子立廟死所額曰義烈事見宋史忠義
傳民德之祀四子爲里社曰大公二公三公在本山
四公在新塘鄉虎渚今龍圖祠廢設木主殿之西北
隅
文　國朝陳玉璂劉龍圖祠記昔聖王制禮能禦大
災捍大患以勞定國以死勤事則祀以報功非是爲
瀆倫奸度君子無取焉予鄉之人素重禮義不惑於
鬼神故環山之地無淫祠即佛老之宮一二存者皆
唐宋時故物日就圮壞亦未嘗有竭財力增修之獨

於忠臣義士之祠夙昔有功德於吾土者則歲歲血食靡懈其棟楹梁桷瓴瓦之屬稍致橈折破缺又必葺治以爲常噫馬蹟固蕞鄉也豈好爲是以瀆民財哉亦迫於其中不能自已也里固有龍圖祠祀宋龍圖待制劉公晏按史公字平甫嚴州人入遼舉進士宣和四年帥兵歸宋建炎間金兵逼常州太守請援於公公率精銳七千人出奇破之保馬蹟山以捍寇寇再至公又出奇迎戰大破之降其衆千五百人而追潰黨戚方等於宣城方圍宣城急公又出奇方大驚卻走公欲生致方單騎追之遂遇害事聞詔贈龍

圖閣待制官其子四人立祠死所歲時祀之嗟乎具區東南巨浸自古用兵之地也傳載夫差敗越於夫椒數千百年後龍圖又奮武其間今日之陂陀水涯皆昔之連艫麋艦斬將搴旗處也雖已灰飛煙燼而驚濤駭浪之聲若與劍槊相摩者其靈爽不至今猶在邪又考公嘗從劉正彥擊丁進於淮西進不戰而降及正彥反公謂部從曰吾豈從逆者以衆歸韓世忠世忠追正彥及苗傅於浦城公設疑兵於浦山之陽正彥就擒蓋宋至是時而敝極矣文臣以禮樂相矜既無裨國事武臣偷生惜死巽愞無能平時意氣自豪謂富貴可坐致一旦臨敵鳥驚獸竄其毅然以身許國者指不數屈又或中於奸人不克竟其用予讀史至此未嘗不廢書三歎使盡得如公者以國事委之或天下不喪亡公自愛重其身不死追逐則宋之天下豈遂至亂與亡哉然則龍圖之祀固可以愧當日之人臣而勸後世春秋俎豆即徧天下可也又況於吾鄉井所謂禦災捍患者邪是爲記

詩　明朱昱赤眉萬衆婦如飛腥血隨風濺鐵衣父子一門忠孝節千年卞壼是同歸　葉夔義兵救急豈無名四子從征下玉京迎刃倒戈如破竹建旗鳴

鼓若雷驚奇勳在昔眞堪錄公論于今始獲明湖上野人相聚說徐侯舉殿慨輿情　薛應元宋室遭不競國破波中漂劉公本烈士何忍事胡遼一朝乘勢便擁騎生還朝赤心矢報國忠憫形丹稍吾常昔禦寇太守奔夫椒援師乞平甫父子殊雄驍闔門大破賊意氣今嫖姚爭先追戚方志在殲羣妖孤軍涉宣城戰沒魂誰招國家重優卹青史芳名標龍圖贈顯秩廟貌凌層霄偉哉眞義烈祀典應崇褒胡元易非主往事埋塵囂山人建正議意氣何昭昭我來謁祠下古柏鳴寒鴉

觀音堂在馬瀆橋東有鄭約碑記

茅菴在灣後明天啟閒殷氏捨地建崇禎九年女僧智廉又建寢室廚房今無女僧 以上新城

里社祠在東邨祀劉二公轄七八九三圖爲咸和里舊在東岡劉家墩雁門朱新東山夜歸昏黑迷徑神鐙導至此而滅新城錢氏捐此地康熙三十一年里人許之淙糾九灣衆姓改建 東邨

觀音堂李方伯濬故居順治閒李氏捨建成化八年郡守龍晉爲方伯建坊石柱尙存 西鉏

石觀音堂在毛家衖口舊傳石像浮至南鄉供奉一昔

轉北許孝廉亦魯撰聯云誰鑿普陀巖石像浮來只向北我知菩薩意人心得轉或回南

眞武行宮在桃塢嶺明嘉靖二十一年壬寅里人許柵馮儼同建明年捐鑄鐘一高三尺一寸腰圍六尺五寸脣徑二尺五寸今存 以上東鉏

觀音堂西泉灣湖濱 西泉

聖堂東泉浜北祀觀音眞武二像 東泉

三官堂舊在楊家嵿上 古柏一株同治癸亥爲粵逆伐去 康熙二十六年移建大浜頂有鐘一崇禎十六年陳德宣鑄捨高一尺九寸腰圍三尺五寸脣徑一尺一寸今移置大

聖觀音堂 小墅

觀音堂澗傍 大墅

古蹟

梅花塢今佚其處 唐陸希聲凍蕊凝香雪豔新小山深塢伴幽人知君有意淩寒色羞共千花一樣春

聚馬灣在冠嶂第二峯下相傳吳王養馬於此

妙湛菴小山頭下一名龍泉菴宋慶元二年僧闕創建明洪武八年僧獨峯重修正統閒僧譽成懷玉俱焚修於此今廢 唐陸希聲妙理難觀旨甚深欲知無欲是無心茅菴不異人閒世河上眞人自可尋 明

聶大年無塵林壑漲烟霞中有棲禪佛子家山色送青凝几席湖光搖綠映窗紗雷轟老樹撐枯幹風度長松落細花有暇還來借游憩地爐燒筍漫煎茶

天井一名仙井一名龍泉在小山頭麓不溢不減本妙湛菴井

劍井勝子嶺眞武行宮前如劍刱石成蓮花形雨後積水可汲

古櫟樹冠嶂峯趾凡三株相傳宋時物今無

竹里書齋徐鶴清讀書處 自題竹里艸堂云數椽茅屋小橋東遂我幽棲興不窮洗硯墨浮春澗裏讀書

聲在杏花中半生估畢三餘日六代雲仍半畝宮差喜後人勤種植相期不墜輞川風 以上古竹

邵公墩徐氏宅前平地忽起土色灸相傳宋邵協宰新昌歸隱此 國朝丁澈荒墩留得邵公名天棘薔薇滿眼生獨有無名枝上鳥啼來渾似讀書聲

仰高邱棲雲菴前明季僧德聰建亭其上扁曰東湖一覽今廢 凝秀軒仰高邱下今廢

留雲閣留雲坡上僧常逸建 國朝陳玉璂題留雲閣山之有留雲坡舊矣而棲雲菴在焉向無閣僧時隱法嗣千雲輩立之成師志也紫翰楊子居是山常

卧坐其閒即以留雲名閣屬予書額予思無心而出岫者雲也孰留之孰棲之可於坡則可於菴可於閣留邪棲邪坡邪菴邪閣邪是一是二吾以問之于雲 陳璿題留雲閣我心愛白雲特上留雲閣不見片雲留應疑松埽落 楊一鶚一閣全收四面峯峯峯春樹綠陰濃有時雲出東山嶺來宿菴前百尺松 又夏木陰陰積翠重山靈疊雙布奇峯風來閣上涼如水無事高僧晝寢濃 又傑閣淡秋望不窮山山楓葉飽霜紅夜來月吐東湖上極目寒光萬壑空 又閣中風景最宜冬葉落天空獨見松雪滿四山行蹟少惟聞雲裏一聲鐘

樹根橋棲雲菴前古椐樹根跨澗如橋水流其下今朽 以上檀溪

孫觀山莊棧山麓宋孫學士覿置屋築園於此遺趾猶存 覿自爲上梁文曰四郊烽火誕彌蛇豕之墟一島風烟宛在黿鼉之窟鳴枵出斂人之館浮杯開梵帝之宮偶避地於兵閒遂問津於耕者鴻慶居士數奇半世多難百罹救過吹齏悼心喘月平生許國卧陳登百尺之樓晚歲營巢住楊雄一區之宅命龜三卜避道五遷獨行鷗鷺之羣共集雞豚之社半山衙

日落帆影於坐中萬壑留風過樵聲於枕上蓬茅不翦畚鍤自隨遙開白板之扉緩扣烏犍之角兒童拍手競欲挽鬚婦女應門那聞轑釜泥田殳瓦盆之飲荷園官荣把之恩悵昨夢之已非佚吾生於既老木居士安能爲福亦又何求土偶人自得所歸於焉是息共此百家之聚來同一笑之歡 抛梁東春入山郵處處同澗草不鋤隨意綠巖花無主爲誰紅 抛梁南鼻息齁齁午醉酣一箑清風吹酒醒槐公不見府潭潭 抛梁西亂棘孤藤刺眼迷雀啅風前紅皺墮魚跳波底碧團低 抛梁北萬頃滄波圍澤國風

引仙舟到復回山人俗駕何須勒　拋梁上霜餘木杪浮新漲肎教百鬼瞰高明怨鶴驚猿號夜帳　拋梁下燕雀紛紛來慶廈吳王宮殿舊巢空共此蓋頭茅一把伏願上梁之後蛇蛟結蟠犬雞蕃息野繭大如甕蓋禾囷高若坻京遇桑間之餓人一飽之恩猶在覩梁上之君子大千之劫無因凡我往來共此快樂　國朝許之澍卜築當山塢書齋多野情窗含千樹綠座接百禽聲開卷塵囂絕臨風翰墨清一尊殘醉後松月滿牀明

肄業齋里人許道中讀書處今廢

柏泉井里社祠前上有柏相傳隋大業間物康熙乙卯郡守單務嘉借軍興伐歸山左秦澂傷而銘之吁嗟喬木挺秀兮實兹土之萃英甲吳郡而希有冠羣木以專榮其下有井一泓常清相依千載自隋迄明夫何陽九爲厄潢池弄兵借艨艟以利涉飛修榦之孤檣人歎神怨井沸泉傾伐甘棠而不惜賦枯樹以難賡念夫秋夕露零猶借桐爲井號春閨人老尚傳桃作渡名況兹嘉樹一旦榛荆爰借鑒於止水聊抒寫夫哀情庶使昔之失蔭增悲者毋相忘於習坎後之臨流起興者尚有感於斯銘　以上耿灣

古山茶玉峯菴後四時爛縵不知其年今無　盤礶

古樟樹菴園圍二尋蔭十畝今無

菴園蜈蚣嶺下昔有菴相傳張士誠妃錢氏葬此明太祖發其冢今存石墩

賦歸軒明錢慶致仕建今廢　以上雁門

錢家園塢東元錢處士錦故居有古紫藤晻薆夭矯尚存紫泉吳氏宅旁一株跨澗亞之

蒙泉亭元里人王洧建今廢　以上竹塢

茶亭永樂末雁門錢慶建今廢　漁沙灣

赤烏遺橋福德橋側已湮僅露石如初月下鐫吳赤烏

二年造

避暑宮相傳吳王闔閭避暑於此遺趾尚存　宋眞桂芳銀漏迢迢夜未晨管絃聲裏綺羅春飲闌方擁名姬醉豈料稽山正臥薪　范成大蓼磯楓渚故離宮一曲清漣九里風縱有暑光無著處青山環水水浮空　明高啓涼生白苧水雲空湖上曾聞避暑宮清簟疏簾人去後漁翁占盡柳陰風　朱昱前代君王避暑宮水風楊柳亂芙蓉美人去後繁華歇惟有清涼屬釣篷　又楊柳風清水殿涼荷花無語妒新妝玉桃珍饌瑤池宴千載令人笑穆王　錢孝吳宮趾

吴王憂執熱擇勝爲離宫龍舟載嬪御坐此南薫風綺疏楊柳緑水榭荷花紅百年般樂地千古淒涼中銅缾碧井塌寂無美人蹤但見秋雨夜金飈翦梧桐湖山宛然在富貴浮雲空誰來訪陳蹟白首西青翁馬同春闔閭常避暑築室此山中歲久遺荒址草樹搖西風緬昔殫民力誰云伯業空世事易今古飄忽如轉蓬嗟彼創業主猶建九成宫　國朝陳玉璂震澤盤洪濤夫椒矗丹巘句吴霸南國避暑建宫殿塹高復堙庳礫礫俯畿甸參互隱窟室寫放務完繕虹梁貫蒨陬欒櫨麗星漢涼風滌炎威明月照清

宴清宴猶未終波搖越組練空餘廢井幹寒泉侵蔓莚　丁澈避暑宫中夏日涼水晶簾繞御鑪香翠華已去紅顔盡惟有寒蟬噪夕陽　許之澍西山淡虛遺舊趾當日吴王曾避暑畫閣陰森生暮寒紗廚窈窕藏西子　又雯時歌舞歇纖腰風雨三更灑寂寥祇賸姑蘇一片月年年秋夜照夫椒　杭源濬西青湖畔晚涼多消夏曾傳玉輦過羅幟香飄輕袖舞綺筵風細翠顔酡椒華待月邀新寵蓮棹淩烟唱踏莎試問當年舊圖畫白楊青草沒銅駝

吴宫井避暑宫旁　唐羅鄴古宫荒井曾平後見説耕人又鑿開拾得玉釵鐫敕字當時恩澤賜誰來

辥將軍故居將軍元人失其名屢卻寇亂明正統間刨地得兵器火藥云

悠然亭元隱士錢源築趙松雪作記今廢

西青小隱明隱士錢孝築　明邵寶記山無草木者多有之吾嘗迫而觀焉其質土也石也其色亦土也石也少遠而觀焉亦無色也及乎數十里之外則蒼蒼之色與草木者同矣今夫地之上凡虛空者皆天之氣也山起于地而突乎天中得天之氣是以其色若是也山之蒼蒼其正色邪其草木之蔥鬱者然邪夫

椒之西峯曰西青山人謂山有諸峯而是峯獨擅是色故名歸之其所有草木固無加於諸峯也揆之吾前所論其不然邪錢君師舜築室其下名曰小隱師舜通經學古博雅多文葢士之秀者也譬之山焉得天之氣多矣故凡聞師舜之言見師舜之行莫不賢之此師舜之所以爲師舜猶山之所以爲山也或曰師舜工詞章故然或曰習威儀故然斯言也是以山之色獨歸諸草木也而可乎雖然山之氣盛而草木蕃焉士之道隆而詞章威儀著焉亦固理也因山而得夫士之道遂爲師舜記之小隱者爲屋數椽前後

植竹數千竿中藏書數千卷凡爲文事之具者備外有田數十畝挹湖水灌之足以供客山人謂之莊君子過之賦詩者若干人　明沈暉馬蹟風烟接洞庭西頭屹立一峯青巡游昔枉君王駕擇勝新開野老亭避地商巖無俗累傳家孔壁有遺經閉門想見多眞樂日夕窗前對翠屏　顧鼎臣我在蟠龍山下住夫椒只隔幾層雲何時載酒瓜皮艇去訪西青小隱君　杭濟仰止平生磊落胸塵埃何地著行蹤俯觀東海一杯水高坐西青千尺峯白石閒雲松下榻清風蹊竹澗邊笻讀餘萬卷頭今白誰向山中起卧龍

倪宗正百年書卷隱西青蘿屋雲山半洞庭眞境有仙留馬蹟老漁與我共鷗汀五言雜興寄松菊一歲新收足芡菱湖底毒龍時作怪茅齋風雨枕青萍　杭淮淩駕洪濤勞遠訪攜將秋色過江城青鞋布韈無塵土碧水丹山自性情閒過白雲尋壑去醉看騎馬覺身輕簪纓忝竊今頭白常使橫經憶後生　又先生結屋西青峯獨立縹緲淩鴻濛緬想滄波繞白石泠然梧竹生清風　又童歲憶從先生游驅馳道路今白頭何當相攜拂衣去共覽太湖萬頃秋　杭濂西來一水碧天浮千仞青峯坐白頭短褐鷺花

春楚楚石林書屋日悠悠乾坤容我一遺老烟水扣舷雙白鷗回首人閒覆棋手已將吾道付滄洲　丁致祥澤國西頭碧嶂前一區茅屋占風烟圖書几案人如玉花竹庭除日似年樸野衣冠遺世態優游伏臘傍湖田白頭無復紅塵夢空費小山招隱篇　文徵明馬蹟高峯對洞庭一螺縹緲是西青草堂寂寂烟波外應有人占處士星　陳端甫夫椒西山顏色好排闥送青青未了琴書靜對世慮忘玻璃倒浸湖光淼依依日夕羣峯低望望雲邊一螺小紫崖赤城杳莫尋竹杖芒鞵此中老　陳沂結屋西青下幽蹊

迴絕塵烟光日欲暮野色樹含春繞架書千卷圍檐竹四鄰未應儔小隱清世有閒人　葉夔湖上青峯可結茅芒鞵卉服足逍遥天生此老眞無匹名與兹山一樣高考古訂今成著述嘯烟譌月伴漁樵陶翁素有柴桑約五斗從來懶折腰　潘緒逃名身蹟寄夫椒更向西青小結茅春水湖光浮屋角夕陽山影出林梢煙霞眞趣貧清賞鷗鷺深盟郎故交書隱百年心已遠荆扉那許俗人敲　杭洵太湖煙水窟中有隱君居寄蹟孤雲外生涯萬卷餘清風攜鹿豕落日問樵漁猶恐名聲著天朝走鶴書　吳洵山水之

閒著草堂嬾將白眼看人忙興來得句漫題壁睡起攤書長滿牀雨屐烟霞花塢遠一番風雨野田荒嗟予未得從君隱回首西青思渺茫　張鎮七十二峯皆孕秀最幽深處說西青六飛一躍天留蹟萬古爭傳地有靈嘉樹暗藏君子宅異光頻動少微星太湖秋水年年碧照見先生幾醉醒　薛憲章夫椒突兀湖之中縈縈出水青芙蓉烟鬟淡綰絕鳥道插脚下侵河伯宮林屋相望渺何許金庭玉柱潛相通幽人結屋旋小隱鑿破混沌超鴻濛異時有暇或相訪布帆十幅開天風　王恩何處棲遲結草堂夫椒西畔

具區旁庭前竹影交花影門外山光接水光放眼有時酬景物愛身無夢入巖廊逃名況際清平世不羨東齊卧首陽　陳璠逋翁遺世態別岫構茅廬靜聽泉鳴玉閒來圃灌蔬鶯啼蓬戶寂鶴唳竹窗虛四壁牙籤滿芸香走蠹魚 以上內閒

葛仙丹井雲居院東唐子浜北俗傳師姑井廣二尺深倍之汲稍減立盈

抱朴子盟壇在雲居院抱朴子金丹篇云馬蹟山中立壇盟受金丹之訣于鄭君今失其處

洗心池雲居院道士高養沖鑿建橋其上 以上西郁

試劍石見峯嶺伍子盟頂

勿軒書屋明杭澤讀書處

寂照菴貞女李海珠焚修處今廢其基曰關房園

寺莊在晝山西本神駿寺莊房今爲民居 以上嶂青

花橋陳家巷北元達魯花赤置莊於此一名偃月橋

菩提樹一在神駿寺普同塔前一在東麓相傳植自異僧幹鐵青色如楸差小四月開花如指大蜜色甚香每花別抽一葉承之今並不存

龍虎松分峙山門前頂相向虬幹蒼鬣怪形殊狀不知植自何年鄒之麟衣白臥翫其下三日許侍御之漸

屬虞山吳歷寫雙松圖陳中翰玉璂大書龍虎松三字勒碑今並枯

白蓮池藏經殿東南產無尾螺

望湖亭秦履峯半僧智瀾建今廢　明姚廣孝寄題望湖亭禪宮塵事遠苔徑入林幽嵐氣千峯曉湖光萬頃秋巢松知鶴倦題石想仙游便欲來亭上長吟對白鷗　杭澤漁邨烟樹晝暝暝烟外山光分外青繞扇不揮心自爽好風吹入望湖亭　國朝陳履儼與損園上人登望湖亭舊趾羣嵐縹緲挽青鬟指點烟邨共幾灣落葉滿階迷鹿蹟孤亭遺趾浸苔斑漁

帆片片秋風裏霜樹枝枝夕照閒相對賞心惟爾我他年重構壯茲山

湖山書舍僧道梁築道梁智瀾弟子好儒讀書其中繪湖山書舍圖蔡昇有詩載太湖志久廢

浮圖在寺東毀于元萬曆元年僧明孝重建凡七級今廢

馬蹟寨詳馬蹟總紀

朱家園近書山朱魯曾居　明朱魯幽棲愛傍書山泉雨後西灣一抹烟古石白漫逼塢徑春流綠徧繞郵田韭芽出土聊供薦竹筍過牆好作椽只欠到門辛

濆水難容載酒小漁船

菴園昔有尼菴　以上朱泉

壘岩精舍錢淵讀書處今湮

槐榮堂許中丞鼎臣故宅幼時母錢植槐庭中語之曰此槐覆我堂阿慶作都堂阿慶中丞小字後果驗及鼎臣卒槐亦瘁辛卯復榮子之漸成進士異之屬虞山吳歷繪爲圖名人題詠皆徧咸豐閒堂燬于火

國朝尤侗記夫椒之麓大木千章其間矗然而挺鬱然而豐者有槐焉蓋乎許氏之堂堂之中象服而坐者爲錢太夫人冠帶侍立者大中丞公也吾聞大中丞四歲時太夫人指語之曰此槐覆堂汝作都堂至中丞五十而言遂驗吾不知太夫人何以知之豈槐有靈焉見夢於太夫人而爲之兆與或太夫人蓍卜其子之貴姑借樹木爲讖槐乃應命而與與然當中丞開府晉陽太夫人已沒此其故太夫人雖知之而未及見故無得而徵焉迨中丞卽世槐則枯矣越歲辛卯枯者復榮於是青嶼侍御登賢科歷膴仕而諸孫孝廉文學翩翩代興顧視槐之矗然鬱然者若青蔥始出也此其故不惟太夫人不及知卽中丞豈侍御以下惡能知之嘻亦異矣夫祥桑嘉禾赤芝紫荆

草木之異不一而足而莫著於宋王祐手植三槐謂吾子孫必有爲三公者此與太夫人言絕類宋書載祖士雄庭槐甚茂及雄居喪槐亦枯死服闋還茂高祖嘉之名其堂累德與許氏兩世事又類其尤異者晉陽城角有槐一日之閒三榮三瘁然則天地生物無所不有朝菌不知晦朔蟪蛄不知春秋其榮枯變化固理之常而不足異與若人世盛衰隆替之數則存乎其人德業有以致之彼草木無知偶然相應未可以爲常與然洪範休徵庶草繁廡禎祥之至至誠先知豈有一定而不爽者與此其故吾亦不得而知

也青嶼侍御之爲斯圖也非以炫異亦曰小子志之以無忘太夫人之教及大中丞之烈云古之大夫有嘉樹焉猶封殖之況先澤所存者乎遂出以示尤子曰美哉吾爲之賦甘棠　許亦魯題槐榮堂圖詩吾家中丞明名臣南宋擬花待制一十七世孫發祥始自夫椒新城郝堂以槐榮槐以人中丞幼慧善屬文父母愛之如掌珍就傳外氏緣家貧太君期望情殊專手移槐樹一本栽堂前仰天而祝此槐覆堂吾兒當作都堂官善頌善禱奚取焉蓋有所見而云然一見于門累世陰德駢一見厥祖佳城龍耳兼牛眠一

見宅承官峯中氣靈脈眞一見甯馨頭角嶄然新方諸孔北海李鄴侯之倫兒童嬉戲坐作衙官尊斷事明決決其他日爲神君果然科目登青雲行人例授早致身璽書三奉疏疊陳是時流賊羣寇搖乾坤雨河三晉聯烽烟謀臣智士心膽寒有權傾陷無權引避多挂冠公非其任徒長歎決志告養歸故山茲槐已茂青盤盤椿萱掩映瓜瓞縣家駒千里風高騫公謂子侍御青嶼公一家看槐開笑顏南柯北榦條結繁夫何嚴親遘厲節不安行不正履心憂煎籲天祈代未獲痊返魂無處偸靈丸含悲忍淚承慈護疾痛疴癢撫摩

抑搔安且便寺丞復起心縣縣太君諭以君命無違速赴燕疏忤奸璫補官不久歸林泉太君喜甚謂今毋可將兮身可全公衣朱衣奉華顚併躭祝嘏慈心歡茲槐益茂咸仰觀宮袍色映槐花妍板輿時憩槐陰寬慈言我言非偶然他日必爲封疆任大員丈夫報國軀宜捐夫何北堂零落摧心肝必誠必信附身及附棺服闋召補誠搭丹帝知斯人可倚爲屏藩特簡巡方命撫三晉之黎元偏師一旅出禦賊萬千正如螳臂當車轅況掣其肘添監軍然猶慷慨誓師指日平妖氛激以忠義士卒皆如挾纊溫奮勇殺賊諸

將皆爭先長槍大戟所向狐鼠逃紛紜河北盜欲渡河無舟船一戰可以殲其羣倏忽黑風黃霧四野屯我師車僨於濟馬濘於泥人人目瞇頭腦昏賊兵乘讻盡遝奔垂成功敗徒號天勞臣食少事正煩歐出心血腥難聞然猶三呼渡河三軍皆淚漣撫晉十月疏凡八十餘上留中不報誰之諐賊未撲滅仍燎原隻手何以擎天闕大廈一木支誠難臣力竭矣未息肩巧借和順失事彈章已上魚朝恩詔解節鉞雲漫漫井陘將卒遮道攀呼號乞留其聲動地鳴山川公諭以詩未言鳥盡弓先解已悟鴻飛弋有因大事去

矣乾坤難轉旋望闕再拜抽簪還玆槐蔚薈覆堂如蓋圓太君言若前知旃優游槐陰歷七年年五十七箕騎翩未見甲申天地翻槐兮槐兮信有神槐榮名堂垂後昆山中盛事爭流傳遺圖鬱葱佳氣蟠公七世孫名汝原敦本葺譜心獨殷手攜斯圖索詩篇槐兮槐兮信有神槐之靈與人之賢憶我少時時過新城山灣邊堂已改作槐未湮其本數抱騎牆垣中空厥腹疑匿蛟龍魂霜皮盡脫肉有蝌蚪紋虯根起伏石罅穿孫枝天矯蔭四鄰槐兮槐兮信有神試問三槐王氏其樹可得今猶存

惟半軒史志起始居新城建訓子姪自爲記今廢以上新城

桑苧墩灣北世傳桑苧翁於此品泉

碧山精舍明李令君顯建今廢

仰止亭舍藏軒俱李方伯濬建今廢

東湖書屋在後點朱魯故居燬于火　明朱魯閒居十首錄三翠微青屋兩三間玩物中庭意自閑燕掠落花飛著地犬驚風竹吠空山高眠午日穿窗白瀑倒秋簾點鬢斑一帶青松湖岸上幾回獨步過前灣草蒲爲履葛爲巾寂寂荒邨寄此身池館雖無尋丈地林花自有十分春坐忘水面觀魚戲睡足風前學鳥伸縱是吟詩有佳句山空欲語向誰人　塵事休休念慮清小軒獨坐少人聲青山娛目原無價晧月穿窗若有情數卷古書如面語一瓢新酒慰平生閒來捉筆臨爭坐字法如何自品評　章閒題東湖別業老年厭城郭湖上最情親疏雨斸山蕨新流汲澗蘋鳥啼邨樹晚鹿下野塘春當路乘軒者誰能訪隱淪

率眞亭許仲良建花木四帀魏愔徵有記今湮

古銀杏觀音堂前兩株併一大數十圍雙榦聳霄蔽虧

雲日以上西鎮

養靜窩明初許彥良彥護築以讀書養母今湮

積德堂明馮司李杲建今廢以上東鎮

文墨巷辭氏盛時弦誦聲達巷外故名

蓮窩兜平疇淺渚昔多荷

仙人洞砟磧灣石洞嵌空傴僂入寬丈餘內復一洞差小叉有石平如几出礀數尺履險下坐其上濤洶灂出足下面鐫楚人王茂方五字俗呼仙人橋以上東泉

三櫃老屋前有古柑樹三南宋初許姓始祖手植

國朝許棫三櫃老屋詩序所居櫃樹三大各百圍蔭

半其崦曰牛筋俗所嫚然稽之詩雅箋疏曰杻曰檍曰萬歲亦曰牛筋盖始祖叔微公扈蹕南渡翦茅卜隱手植以蔽子若孫焉閱今七百餘年流澤遠矣予以其榦堅韌有節甯老於是不乞世用與老屋之敝側兀傲於萬頃波濤閒而若天特全之者適相類也名予屋而謌之植根不死混沌前三橿棄擲荒江邊直幹古翠蔭大地下有老屋突兀撐人閒此屋蒼莽無人憐萬里獨立枯崖顛空香漠漠吹太古幽夢杳杳生孤妍蕭椮卷曲幾千尺鐵葉銅皮裏心赤九霄日月堪孤擎萬劫風雷不能蝕我祖扈蹕南渡江手

爲朝廷植棟梁身具邱山萬牛力欲回殺運扶皇綱紅羊白雁俄翻覆轉眼三朝又移局此材不使登明堂偃蹇空山老謌哭吁嗟乎秦家松漢家柏磊砢捎雲天所植當時曾覆阿房未央數百里一炬摧燒後人惜三橿三橿汝莫哀世無萬年不朽之巨室亦無三顧不出之賢才高人隱士未必盡無用正以不用全其材君不見出門一步即塵世水火刀兵吁可悸不如媚此老屋萬古春一任骨榦槎枒拄天地　周沐潤和萬古蒼茫一奇士樹底結茅天所置南宋江山夢已涼怒根兀自蟠天地是杻是檍還是橿詩箋雅疏其言嚨或云此是萬歲木筋很骨醜春在腹君家遠祖叔微公扈蹕南渡來山中當年手植亦偶爾豈料劃此青天容爭險鬬怪不相讓槎枒直欲無冠嶂築屋已閱七百年書聲振古出樹顛天幽日月不到地風雨過去如飛仙噫吁兮夢西是宜子之幽棲白雲英英鋪作簟偃臥其上呼軒羲我今西去一萬里有堯時之松舜時之柏摧倒三橿不敢言三橿主人氣兀兀指尖吐出青虹蜺要從今日追洪濛直如天外三峯削成碧橿兮橿兮汝如變化跳天門榑桑若木皆子孫胡爲乎倔彊老空山隆中高卧常閉關

世閒干戈更蟊賊天上雷霆恣誅殛不如山中破屋屋底腐儒伴女三橿讀書老亦得　馮效亮寥落風塵際猶存此屋閒孤根七百載寒士萬千間民物原關衰林泉且放頑蒼天獨無意眼底露孱顏　又古杻一首呈橿翁先生元氣不可閼拔地高崔嵬赤日鬱霜雪青天走風雷高睬笑借華松柏猶蒿萊空山七百年龍虎夜嘯哀寒士思廣廈巨刃難爲裁偉哉造化功成此蒼莽材工師不一顧後有萬世來　以上小墅

邱家園明初邱梢公故居詳棲隱

冢墓

明徐都司艮墓冠嶂山麓

明丁知縣辛墓冠嶂山麓 以上古竹

宋許學士叔微墓勝子嶺東麓 檀溪

唐華將軍墓華家嶁相傳唐將華公一葬此今存大石碣

明許邑丞道中墓廟嶺下

明姚廣文起蛟墓伍子盟頂下神道路口

明秦知縣之鑑墓伍子盟頂下

明李孝廉盛時墓廟嶺上 以上耿灣

明鈕知府津墓菴園

明錢知縣國端墓龜山南丁孔灣 以上雁門

明鈕知縣慶墓蛇山

明殷知縣鈇墓虎塹嶺下

明劉知州仁啟墓紫荷山

國朝許貞通先生沅墓紫荷山 子棫謁墓詩：吉壤經營始，餘生涕淚零。山花開帶血，宰木鬱初青。將毋調眠食，諸孫課史經。顯揚如可遂，庶得慰先靈。又：河汾推教廣，老學志彌優。先君七十，及門周君沐潤聯云：門羅將相文中子，學劭期頤衛武公。銘重先生瑗，周君銘墓。文遲小子修。易名符簡策，門人周君瀜培等私謚貞通先生。墓道叩松楸。學者多來拜墓。何日欽欽顧，遺書次第讎。先君手著三百餘卷，節刊詩錄十四卷。又：令弟吾家秀，依依篤性情。歡承長病毋，過補遠游兄。十載傷摧折，諸孤同死生。瞻依應好在，渾不隔幽明。匏園弟坿葬。又：淚灑冥鏹捷，誠通絮酒澆。羣山圍紫荷，四海重明朝。明日清明。汝輩年華在，吾生鬢雪飄。異時薶骨地，長伴此山要。以上牛塘

明丁參政致祥墓踏青

明王員外就學墓辭巷

明錢山人孝墓山塘

國朝王孝廉來諾墓同前 以上內關

明鈕同知國蕃墓西山

明張守備淑墓同前

明錢孝廉豫謙墓雲居院後 以上西都

宋吳教授坦墓鳳凰山西

明杭處士禮墓盟頂山麓

明吳方伯賜墓耿灣嶺東麓

明吳中書伯尚墓裏墳山

國朝吳知州軫墓裏墳山 以上嶂青

水平王墓府志分水嶺廟後大墩即王墓 新城

明李知縣顯墓東郵

明李布政濬墓東郵

明陳提舉瓊墓東郵

明李知縣龕墓東郵

明李通判龕墓東郵 以上東郵

明李都事惆墓插竹灣

宋許推官崇倫墓桃塢嶺西麓

明馮司李昶墓花園墳

國朝許同知維楨墓雙柏

國朝趙觀察翼墓鵓鴣山 以上東鉏

明辟處士南墓南山 西泉

明張博士正道墓盤龍嶺西 東泉

明邱梢公墓 許棲隱邱梢公下 舊志在小墅今迷其處

國朝許棫詩 殺氣全湖黑奇人出釣翁一身江海闊兩國舳艫雄縱舵擢強寇鳴榔起大風功成不受賞長嘯謝明公　又戰罷基初定飄然姓尚留山河歸共主風月載扁舟高爵漁家傲孤墳俠骨秋韓彭葅醢後應悔戀封侯 小墅

國朝許孝廉亦魯墓大墅東山 大墅

重修馬蹟山志卷六

里人 許 棫 纂述
馮效亮參校

薦舉

明

杭禮永樂間舉隱逸不就 有傳 嶂青

朱魯成化閒以才學薦與修國史 有傳 西鉏

國朝

陳王璂康熙十七年戊午以進士應博學宏詞中書科中書 有傳 桃花

許元基字方亨維楫孫生員薦修古今圖書集成授蒲江知縣歷任大邑大竹大足南川榮昌等縣修榮昌縣志著寒茂閣集 新城

許仲字孝張本名紹基維楫孫生員劉文定綸外舅尹文端繼善保舉知縣 新城

許棫字夔西亦魯孫儲源嗣子郡增生咸豐初元舉孝廉方正不赴 小墅

鄉會榜

宋

許叔微紹興二年壬子張九成榜翰林學士 有傳 檀溪

許必勝紹興十五年乙丑劉章榜一甲第三顯謨閣待制有傳

許琮乾道二年丙戌蕭國梁榜知制誥謫知汾州有傳

許時字守習必勝孫與叔琮同榜隨父瑋遷宜興白茅潭 以上大小墅

明

鈕慶字孔霑建文元年己卯舉人安陸知縣雁門

許道中字質齋永樂六年戊子舉人順天儒學教授主福建丁卯鄉試忤監司左遷衞輝府新鄉縣丞耿灣

李濬成化四年戊子舉人己丑張昇榜聯捷湖廣布政

有傳 西鈕

丁致祥宏治十七年甲子由儒士中式正德三年戊辰呂栫榜進士河南參政有傳 雁門

陳瓊正德二年丁卯十三名舉人福建市舶司提舉有傳 柴泉

李璹正德五年庚午舉人確山知縣有傳 西鈕

王就學萬歷十三年乙酉舉人丙戌唐文獻榜聯捷吏部員外贈光祿少卿有傳 桃花

鈕明綱字世維萬歷十六年戊子舉人吳江籍 雁門

宋雲龍字伯從同戊子以儒士中式教諭或作瀏陽知縣遷居南宅 雁門

孫學易萬歷十九年辛卯舉人壬辰翁正春榜聯捷父穗謫戍雲南楚雄衞子學易學詩學書俱以楚雄籍登科 嶂青

劉仁啟字鼎和萬歷二十五年丁酉舉人恩縣知縣雁門

孫學詩萬歷二十九年甲午舉人四川川北道嶂青

陳睿謨萬歷三十一年癸卯舉人庚戌韓敬榜進士右副都御史偏沅巡撫有傳 桃花

錢豫謙字行素同癸卯雁門

吳暘同癸卯丁未黃士俊榜進士福建左布政贈太僕卿有傳

孫學書同癸卯知縣以上嶂青

徐復陽萬歷三十四年丙午舉人四十四年丙辰錢士升榜進士南江西道御史加太僕少卿有傳 雁門

許鼎臣同丙午以儒士中式丁未黃士俊榜聯捷右僉都御史山西巡撫有傳 新城

鈕國蕃天啟七年丁卯十七名舉人雲南嵩明知州升江西饒州同知有傳 雁門

姚起蛟字文台同丁卯如皋學正耿灣

錢國瑞崇禎三年庚午舉人本姓徐醴陵知縣有傳 雁門

李盛時同庚午有傳 耿灣

丁辛字先甲崇禎六年癸酉舉人十年丁丑劉同升榜

進士浦城知縣附丁輷傳 雁門

吳伯尙字敬躋賜子崇禎十五年壬午舉人十六年癸

未楊廷鑑榜聯捷中書 嶂青

陳谷稷字子育睿謨子同壬午雲南僉事 桃花

秦之鑑同壬午楊廷鑑榜聯捷仁和知縣有傳 耿灣

國朝

徐騰颿順治二年乙酉十六名舉人九年壬辰鄒忠倚

榜進士福州推官有傳 雁門

許之漸順治八年辛卯六名舉人十二年乙未史大成

榜進士江西道御史有傳 新城

王來誥字仲文同辛卯 桃花

吳軫字文吉伯尙子順治十四年丁酉廣西七名舉人

十八年辛丑馬世駿榜進士德州知州 嶂青

陳玉璂順治十七年庚子舉人康熙六年丁未繆彤榜

進士有傳

許維楫字傳舟之漸子康熙五年丙午舉人鍾祥知縣

許維楨字松年之漸子康熙八年己酉舉人武邑知縣

康熙二年癸卯停八股鄉會試俱用策論表判分二場九年庚戌復八股三場 以上新城

許元愷字壽疇之漸孫康熙五十九年庚子順天舉人

榜姓徐 新城

秦宮璧雍正二年甲辰舉人是科補行癸卯正科二月

鄉試有傳

秦承烈字大章宮璧子乾隆元年丙辰 恩科舉人容

縣知縣以上耿灣

吳桂枝字侶層軫子乾隆十七年壬申 恩科舉人三

十一年丙戌張書勳榜進士 嶂青

史韶鈞乾隆二十七年壬午七名舉人建平訓導有傳

史玉衡字我耀號璿圖原名璣乾隆三十六年辛卯舉

人寶應教諭以上新城

許亦魯乾隆四十四年己亥 恩科舉人國子監典簿

截取知縣有傳 小墅

武鄉科

明

吳价字翼明壯年游庠以忤當事被黜遂就武萬歷己

卯乙酉戊子三中武舉正德初始行會試鄉科有一舉再舉三舉之制 嶂青

劉尙義字南國仁啟從子萬歷庚子武舉河莊守備崇

禎間從總戎毛文龍鎮守遼東皮島以功陞游擊移

鎮登萊孔有德叛父子四人皆殉難崇祀 雁門

張淑字斗明正道子天啟四年甲子武舉人大河衞守

備署指揮僉事 嶂青

貢士

宋

吳坦字國治號櫟園方伯賜祖也宋淳祐閒貢士授杭州府學教授 嶂青

明

許用謙名良器字朝用永樂六年戊子歲貢仕至戸部主事時充萬戸連歲饑饉有鬻子完糧者用免其賦且助之鄉民感焉 大墅

李顯字可大宣德三年戊申歲貢松陽知縣 西鈺

馮昶字永嘉景泰元年庚午歲貢湖廣常德府推官著素位堂詩一卷 杭澤題馮司李歸老圖九載明刑著政聲白頭無忝荷恩榮歸閒雖得林泉樂猶把丹心戴聖君 邑志及太湖備考誤作馮昶今據具區志及馮氏譜改馮譜又有世祿恩正應春文俊俱貢士然不載年分諸志亦不載姑錄以俟考

李恂號寶夫天順元年丁丑歲貢廣西布政司都事 西鈺

殷鈇字艮器天順二年戊寅歲貢北直涞水知縣 牛塘

莊桂字本英號大林宏治十年丁巳歲貢分宜訓導 西郈

李蕭嘉靖十三年甲午歲貢廣東韶州府推官升湖廣荊州府通判 有傳 西鈺

劉蕭字心岵仁啟父嘉靖閒貢北直任丘縣丞 雁門

陳情嘉靖二十三年甲辰例貢 有傳 雁門

劉仁啟萬歷二十二年甲午拔貢丁酉北榜舉人 雁門

吳惺字睿中賜從弟萬歷四十三年乙卯副榜戊午又中副榜 嶂青

劉章義字季傳仁啟子天啟元年辛酉恩貢授知縣未仕 雁門

國朝

許維模字姬範康熙八年己酉 恩貢第一候選州同知 新城

徐兆鼎字晉九騰鼎子淹古能詩康熙十一年壬子歲貢授州同知未仕 雁門

許麟燿字祥趾康熙三十一年壬申歲貢候選訓導 新城

許維枚字功占康熙三十七年戊寅歲貢 新城

杭樫字會宋號方川雍正四年丙午歲貢候選儒學司訓 柴泉

陳元字廷颺雍正七年己酉副榜 移居江陰 嶂青

張鼎字銘典乾隆四十五年庚子 恩貢癸卯順天副榜候選直隸州州判 嶂青

徐明宏治貢士 載古竹徐譜

附生員

徐師召徐登岱師召子徐叔賢吳鐘鼎吳熹董宗源有傳徐

裔徐鶴清有傳以上古竹

許新民有傳許吾學許吾仕俱新民子楊泰春邵楊廷楷

以上檀溪

許大昌許彥才有傳許性秦謨秦獻文秦城秦士達高楠

李武繩盛時子許之澄許第許燮柔姚文煒盛其傳高鍾

祺秦燦浙江杭州府學羊心培以上耿灣

丁侃丁翰有傳丁己丁昊丁昇錢徵錢袞錢袁錢國珩錢

國珍管時秀有傳管策管正華孟南湖宋新徐世良徐載

陽徐騰曜復陽長子徐騰暐有傳徐曦復陽三子徐騰暄復陽少子徐兆

貞廩生暐子劉秉乾劉述義仁敬次子劉憲義仁敬三子劉法祖述義子

劉聚奎憲義子劉崇禮尚義次子劉炳劉升吉鈕志伸鈕士英

鈕正纓鈕振聲鈕振玉鈕寅鈕士方鈕儒鈕伯鵬鈕書

應天府學鈕瑞徵鈕琯徙居奔牛鈕應午鈕平格鈕雲魏文魏章

神童文弟魏明訓魏明楷魏明憲訓楷憲皆文子憲號江源篤志積學秋闈屢擯受敎

鄉里終魏闕光魏闕和皆憲子魏惇徵有傳魏余棟武生惇徵孫鈕

懋德有傳鈕景韓懋德長子以上雁門

陳士夔桃花遷來陳玉誥士夔子陳煒有傳陳紹榮有傳陳廷桂武生

陳兆武生以上丙關

王憲廩膳生王道洪憲子王國衡就學子王維翰王鍾華俱就學孫

陳士益陳士彥陳士龍陳士鼎陳志況陳志沆陳洸三人

俱玉堦子王宋臣王熙祖宋臣姪有傳陳周樂王丕基王潘瀛俱熙

祖子丕基有傳以上桃花

莊忠莊廷選莊儼陳士元桃花遷來杭俊魯濬魯琰杭龍杭

仲韓有傳以上西邨

鈕葵鈕大邦徐文昌徐佩徐承中有傳徐庚體有傳李昌胤

李向榮杭莊李楨杭郡徐守中杭蘇杭覲瀾杭湘杭濬

祥杭元鼎吳悝吳叔盛張正道張蒲張湋俱正道子張御琛

張御楷陳世祉有傳杭彭年杭建高彭年子吳夢青長洲學張

賁艮陳坤江陰學張椒英武生薛喻義有傳徐道南吳大中張

雋張鼎有傳吳蘭枝張迺濟張遇唐以上嶂青

陳萬善陳萬謨陳萬化陳所聞有傳陳所爲陳懋猷陳時

弼有傳陳師灝陳師湋陳履素陳履覲陳履甯陳乾杭志

遠杭銘鑑有傳杭源濬有傳陳履謙陳基元有傳陳鈞遠基元子

以上柴泉

王三聘王三省王從諫有傳王鼎鹿王岱祥王岳祥從諫二子

錢淵有傳錢養民錢養士俱淵子姚同善烏城知縣周許大

昌許彥才許第許卿有傳許繩武有傳許鼎元有傳許之涵許

之濬許之溥有傳許之淙許之汾許維枚許璿燿有傳許奎

燿許台燿許圖燿許兆基爕燿子許仲瓚燿子許元基河間府學
許玉基俱台燿子羊觀羣史振鐸有傳史榮以上新城
李瑤李璨李珙李鼎李備有傳李儼李儆李雲輝朱魯有傳
朱萬年姚鳳來李聯桂許維楨李廷紹李蔭有傳以上
西錐
許存心許存艮許時譽許守忠許珵有傳許官有傳許銓許
之瀅許其綬馮起馮儒有傳馮霖有傳馮玘馮文玘子馮兆占
馮兆暘俱霖子馮元瑞馮元艮馮天瑞馮天倫馮天麒馮
天麟馮天敘馮天聽馮天文馮艮貴馮學可儒子馮好問
馮泰初馮效亮以上東錐

辥珪辥琬辥堯辥吉並珪子辥南崇祀孝弟有傳辥直辥古琬子辥
望山辥應辰南子辥應禮直子辥承恩古子辥履周承恩子以
上西泉
張文培東泉
許流許潮許宗鋭許世泰許成德許進許沅有傳許棫以
上小墅
許元科許岳胤許德基以上大墅

仕宦以朝代年號爲次灣名見鄉會榜不復注

宋

許叔微字知可號近泉父隨宋高宗南渡居眞州叔微篤志墳籍省闈不利夢白衣人曰何不學醫吾助汝慧從之果得盧扁之妙建炎初大疫叔微親行里巷診療施藥不受值所活甚衆後卜居夫椒之檀溪紹興壬子赴春官復夢白衣人曰上帝以汝陰功錫汝以官因酉語云藥市收功陳樓閒阻堂上呼盧喝六作五是科第六人登第升第五在陳祖言樓材之閒爲翰林學士未久歸專意行術惠人著類證普濟本事方十卷翼傷寒論二卷傷寒歌三卷治法八十一篇仲景脈法三十六圖辨類五卷本事方乾隆閒采入四庫全書餘俱佚古今圖書集成郡邑志俱有傳

許必勝字克之叔微子紹興十五年廷試第三人毘陵探花自必勝始案志始錢公輔而本傳不載郡判洪遵更其鄉曰迎春一說迎春名自洪武建迎春橋坊以榮之官顯謨閣待制以方正忤時歸鍾鼎臣有傳

許琮字季玉必勝四子年十八與兄子時同登第由旌德縣尉擢知制誥忤權貴斥知汾州盡心民事民誦之孫人傑有傳

明

李濬字德滐成化進士授工部主事官累湖廣左布政使所至斥貪猾除積弊毅然有爲失當軸意謝病歸

圖書數篋而已 王鏊寄李方伯七十二湙處我在洞庭東西北有馬蹟知君住此中休論吳越爭且說皇明風巒崖各縹緲泉石俱清空我有林屋洞君有秦馬蹟我有莫釐嶺君有官長峯我有銷夏屋君有避暑宮我有千樹橘君有萬株松夜泛蘆花白春游桃雨紅醉尋麋鹿友閑問樵漁翁可憐世浮薄爭似鄉情濃昔同廊廟任今共山林悰久慕玆山勝吾山鮮可同題詩寄知己老告溪頭翁

丁致祥字原德年五十以儒士舉於鄉正德戊辰進士授戶部主事監居庸德平軍儲日與諸生講說經義

閫廣鹽權匿於奸者數十萬部以致祥往一清積弊疏利弊五事皆采納漕舟自江達淮途中多滯致祥督漕復儀真廢閘專堰利者沮之不爲橈仍刻石垂久歲省費萬計擢湖廣布政司參議民業見侵於藩府官校久不決致祥從容諷王以利害悉斥還之轉陝西按察司副使撫流恤災民不困遷河南布政使參政歸歷官三十餘年囊橐蕭然題詠甚富有草窗詩一卷行世徐莊裕問有傳祟祀鄉賢 陳瓆聞丁草窗李行齋訃騎鯨昔詑李太白化鶴又聞丁令威百歲修期信難保二公相逐竟何歸文章一代推先輩風月三分付阿誰莫怪年來頻乞請不堪親舊久乖違 唐順之丁近齋參政像讚弱冠超遷或快其早麗膺作尉或惜其遲然馳也既沈身于郎署而踰也竟隳讒于湘淯則遲宦者不逮通顯而早遇者亦或數奇先生重厚長者贍于文辭蓋自少傳經已顯然而爲人師乃淹蹇久且至于年五十矣則始釋屩褐而闆闔是披然自是揚聲樹績出入乎郎曹藩臬之閒者二十有餘年而後返林泉以遨嬉此則屈伸倚伏之不可知而先生獨逢其時者哉

陳瓆字艮玉號晴峯正德丁卯舉人授廣西太平府推

官士民愛戴祀名宦升雲南大理通判忤上官左遷福建市舶司提舉司故轄海商多瑛貝瓆廉潔自持及歸檢得夫人所蓄明珠棄於水曰毋以此玷我淸白也著粵游稾滇游稾閩游稾四書詩經講義 孫玄送陳晴峯赴麗江節推分符奠南國捧檄下神京溪洞通蠻寨江山繞郡城棠陰當暮合鵬翮向秋淸去去懷陳寔行看冣治平

李龜字用之正德庚午舉人爲澧州學正苗民雜處號難治龜飭己厲俗俗漸化轉濱州濱喜夸詐龜摩以禮法士習一變升確山知縣

李齋字潔之由選拔爲韶州府推官剖決如神積案一清韶州逼近楓岡王文成剿平後餘賊肆竄蕪悉力防禦民賴以安擢荆州通判積匪望風遁攸政歸刺不入公門地方利害則侃侃不少避居鄉一意周恤貧困㓜之日無不痛悼爲唐襄文詩云一朝天地收靈氣千古湖山失主人

王就學字所敬號翼菴父死於盜終身以不得盜爲恨飲後輒涕洟號呼人咸悲之萬歷丙戌成進士授戶部驗糧廳主事中官需索解戶有累死不得聲批者就學引祖制章兩上得請著爲令三王並封議起朝

論大譁就學王錫爵門生也流涕規之動以禍福錫爵遂反詔旋以東事轉饟疏可慮者四可乘者三語侵執政不報改禮曹進員外郎調吏部二十四年陳太后梓宮將發帝嫡母也當送門外以疾不遣官恭代之命就學愕然卽日抗疏略言聖母上賓音容不可復接憑棺哭踊少盡孝思者惟此一刻獨靳一送致聖孝不終聖心何安上怒之尋得罪削籍歸不半載卒崇禎初贈光祿寺少卿明史有傳

陳睿謨字常采號鹿苹萬歷庚戌進士授建安令再遷息縣擢御史按蜀安奢之變睿謨厲兵訓士蜀疆倚重逆璫生祠徧天下巡撫尹同皐以諷睿謨睿謨正色曰須留一塊乾淨土還朝廷禍福吾任之卒不建璫既誅降敕褒美有逆璫肆毒砥柱獨高之語再按畿輔以薊門一疏忤執政出爲福建糧道歷江臬楚藩禹州兵備土寇楊四披猖數邑睿謨率千戶劉定邦計擒之兩河寇斂迹修禹州儒學課士其中日穎濱書院又請蠲河患地一百二十餘頃民德之湖南北峒蠻蠢動議復設偏沅巡撫詔睿謨往流賊李荆楚劉新宇劉高峯等並起再攻湘陰長河睿謨授將士方略屢戰皆捷三賊悉平既而獻賊逼荆勢急撫

臣疏請敕沅撫移鎮荆州護惠藩睿謨始至荆與撫臣策戰守而惠藩已微服出郢强睿謨保駕至岳州而荆陷睿謨深以爲恨無何卒閩豫蜀楚俱祀名宦所著有輔世編六卷續編五卷傳是堂文集奏疏十卷吳偉業志墓子杏稷崇禎壬午舉人歷官刑部郎中恤刑畿輔平反多歷雲南瀾滄兵備道著愼刑篋梅花草堂詩二卷與睿謨並崇祀鄉賢孫玉璂有傳

吳暘字麗中號南谷萬歷丁未進士授大理評事平反活九人遷戶部主事歷員外郎擢知河南時福藩以帝愛子僮客放縱吏不得問暘持己廉守法不阿輒

引義規諷王戒左右斂戢民以安擢浙江僉事尋擢廣東參政香山澳者倭奴貿易處也距香山縣治二十里倭夷萬指屯聚奸民煽誘築城造礮臺圖不軌巡撫何士晉以屬暘暘嚴緝奸宄杜交通召其渠帥諭以朝廷威德咸俯首聽命毀城夷臺事竣會何公以忤璫被禍去績弗上聞尋擢四川副使升江西右布政轉閩左時海內多事征調旁午暘竭蹷報額獨最庚午入覲敷對詳明命仍赴閩道病歸卒年五十大閩撫按敘剿海寇李魁奇鍾斌功追贈太僕寺卿著有學仕錄子伯尚崇禎癸未進士

徐復陽字見初號心篆幼善詩賦以儒士領鄉薦登進士授南豐調豐城以憂歸補福建莆田行取四川道御史改授南京江西道御史晉太僕卿所至案牘書函未嘗假手公餘不廢讀書歸時惟書數千卷悉手批有文集

許鼎臣字爾鉉號定于由儒士中萬歷丙午舉人聯捷進士授行人司行人遷銓曹時諸務廢弛鼎臣於宗社安危諸大政言極剴切補牘再三得請乃退羣小切齒鼎臣堅請歸養母患背創親為吮血拭沐傳膏不委媵婢家居十載起光祿丞會璫用事鼎臣言天下所不足者非財國家所苦弱者非兵唐肅宗寵任魚朝恩用為觀軍容使而九節度之師潰今東江甯前以及山海關咸使內臣監守雖駕馭得宜萬無朝恩之事而夙沙殿師齊以為辱漸所當防魏忠賢惡之罷歸崇禎初起本寺少卿諸璫聞其名莫敢橫索流賊躪晉窺豫甯武鎮兵叛上以鼎臣知兵命撫山西代宋統殷五年九月也未就道陳便宜六事略曰一蠲租以恤窮民臣聞賊皆吾民也賊之日多以驕兵之妄殺貪吏之誅求驅窮民而從賊也今搶掠一空人不樂生再若催徵必至徧地皆盜願皇上準免

全晉一歲之租其歷年逋欠盡與豁除有司專心愛養不事催科則明詔一下而窮民皆踴躍歡呼誰肯甘心作賊哉民不從賊賊勢自滅蕩平無難也一增餉以募勇敢臣聞李牧之守雲中也市租皆入幕府椎牛饗士士皆感恩願樂死戰今三關月餉甚薄而撫臣標下無親兵獨以其身為孤注恩既不敷何以行法且戰馬絕無一匹何以追賊臣願皇上速敕戶兵二部從長計議或年例可以那移或別省可以協助於舊額外特添十萬餉銀俾臣得以簡練精銳行閱犒賞買馬製器不缺於用練成親兵三千人鼓勢

殺賊其餘衆兵敢不用命哉倘皇上慨發內帑以救一時之倒懸尤足以激勵人心招集才勇賊不足平也一明賞罰以作士氣臣聞軍政曰賞一人而萬人悅者賞之殺一人而三軍懼者殺之是以賞不踰時罰不後期所以快衆心也今鼓勇先登隕首陣前者忠魂既不見卹而逗留觀望養寇貽患者狡猾反得逃刑何以服兵士而求其效死哉臣望皇上假臣便宜容臣到任之後先查衝鋒戰沒者偏裨即設祭請贈士卒則優賞家屬至殺良冒功搶人財物掠人婦女臨陣先逃者即於軍前行法庶法行而人知威懼

暢而人知奮矣一勸忠義以練鄉兵臣聞李抱真之在澤潞也選民閒子弟三丁取一歲時習射蠲其租徭得步兵二萬人遂雄視諸鎮今保甲團練法非不佳而民反爲苦者以有司擾之也臣望皇上假臣便宜容臣到任之後下令縣賞各鄉村中以百家爲一社令民閒自相推擇有才力果敢者立爲社長督率鄉民齊心殺賊有功之日優以冠帶報部授官或富民捐資募衆者臣即行旌奬鄉紳倡議募衆者臣即行奏薦則抱真之功可復覩矣一分信地以責成道將臣聞兵不分地則將臣之功罪易混地無專責則

道臣之推諉易生臣望皇上假臣便宜容臣到任之後道將俱要遵臣節制照路分派各任剿賊之責無容觀望倘玩寇偷安者臣不時參劾廉勇任事者臣不時奏薦不徇情面不畏彊禦此臣所以忠於皇上之職分也一破資格以鼓豪傑臣聞馬或泛駕而致千里士或負俗而立功名非凡之功類非凡人之所能建也自資格一拘而制科必登顯位吏員監儒等雖有長材或抑而不用至屠沽吏卒中亦豈無奇人勇士埋沒無聞者哉臣望皇上假臣便宜容臣到任之後或佐領捕尉等官苟有智可當機才能集衆者

或使之督饟或借之攝篆或參謀於行閒或統衆於險阻有功之日特行奏薦吏兵兩部破格超擢則豪傑必思自效壯士盡肎從戎賊不難平矣駐汾州督戰殺賊上天龍邢滿川閻正虎等諸將攻走王之臣復臨縣殺賊首關鎖混世王撞闖天九條龍皆鼎臣指授方略復有短毛賊攻交城急鼎臣救之賊解圍走罪帥尤某以金賂當路欲飾敗爲功鼎臣不可奏略曰諸將皆言有功微臣但知有罪由是憾者益衆疏請賑不得請蠲征不得又請察被兵州縣量蠲又請留贖穀賑饑皆不報未幾奉協剿豫寇之命鼎臣

以和順等縣處山谷間接壤中州檄兵駐防而直指竟撤使旋省監璫遂以和順失事劾罷之在晉甫十月先後凡八十餘疏皆中窾要而未竟施用論者惜之家居七年卒年五十有七崇祀鄉賢山西名宦祠著撫晉奏議四卷五有堂詩文集二十餘卷易旨二卷春災異攷喪祭攷皇明文選三十卷熊開元志墓

薛宷李盛時有傳

鈕國蕃字紹元號誠所弱冠有聲年五十五舉天啟丁卯鄉試授嵩明州知州升江西饒州同知皆有惠政歸槖蕭然以詩酒自娛三與賓筵壽七十有九著有

盟詩槀

錢國瑞字開先號蓼壘本姓徐復陽從弟七歲孤撫於舅錢行可從其姓崇禎庚午舉鄉薦授山陽教諭升醴陵知縣臨藍賊寇縣身率兵擒殺梟其二魁賊潰隨擣其巢穴殺賊甚衆境以甯又會剿湖南燕子窩巨寇有功直指汪承詔撫軍陳睿謨交章薦調河間撫流亡勸耕籌饟帝閽擢諫垣未抵都國變痛憤南還道病卒年四十有九

國朝

許之漸字儀吉號青嶼鼎臣子順治乙未進士授戸曹遷江西道御史稱敢言時義王孫可望驕蹇甚特疏參之革其爵科臣楊雍建以言事觸　聖怒廷臣不敢救以之漸片言得解莊頭劉七倚勢不法立擒治之旗民肅然巡視陝西茶馬前按茶馬自取十之二致商販不前馬額缺乏之漸至嚴除陋習勒條約宣示遠邇稱便陝西地闊遞運草至邊遠者數千里民勞費繁之漸疏其弊獲免有土官弟殺其兄謀代暮夜行賄之漸立郤之直其事被劾削籍事雪復官自以性剛寡諧徑歸徜徉林下年八十八卒著槐榮堂奏槀一卷搴帷行紀霜軺集茶馬事宜一卷槐榮堂

詩文集十卷子維梃字松年康熙己酉舉人直隸武邑令懲蠹輕徭多實政輯舊聞著書名邈林炙子維楫康熙丙午舉人湖北鍾祥令值裁兵夏包子叛大軍水陸兼進維楫籌饟安民秩然有法郡守倚重焉著嘉成堂詩鈔三卷孫元愷康熙庚子舉人

附雜宦

徐智字慧公明洪武初從事行閒有功授百戸累升彭城衛中所正千戸封武德將軍

徐艮字顧臣智子嫺武藝曉兵法洪武三十一年襲職征討有功累升至北平都司指揮僉事永樂二年調

常山中護衛掌衛事封昭勇將軍

徐善艮子永樂二十二年除福建泉州衛指揮正統閒剿賊有功累升留守前衛指揮僉事成化閒卒於任子佐襲職本灣庠生徐裔及嶂青徐氏皆其後也

徐致中號養和崇禎丙子由吏員選江西萬載縣典史

以上古竹

邵協相傳宋時人爲新昌令歸隱檀溪鄉人名其墩曰邵公泉曰隱君邵邑志俱無考

楊一鶚字紫翰號東野工詩康熙時由國學考授縣佐爲廣東揭陽縣湖口司巡檢以上檀溪

秦林號鑑湖萬歷二十年由吏員任浙江桐鄉縣典史

許遵恩字友常乾隆時考授內閣供事歷江浦縣雲南羅次臨安蒙自等縣典史以上耿灣

王璠由吏員任福建建甯典史盤瀧

鈕澤號天滋僞吳張士誠妃兄湯將軍和略太湖瞻和歸附

鈕津明洪武初任池州知府卒官贈中順大夫蔡昇太湖志有題墓詩李備有㴑鈕公寨詩其孫徙居吳江鳳皇里稱望族

錢雎號同光從湯將軍和歸太祖克敵有功授指揮賜璽券

錢斌號爲憲雎從孫襲父職永樂閒戰歿

錢勝號退菴雎從孫襲武職永樂閒有功升旗守衛指揮今檝山頭錢氏其裔也

馬榮祖善鼓峯江彬薦之武宗有寵授指揮使

劉復禮尙義子以武功授征東都司崇禎庚午殉難

丁任號碧山致祥子嘉靖壬辰授江西興國縣主簿以廉名

丁復初字紹淵號四愚鞠子博古善詩文工細楷萬歷中從將軍王右川征粵西瀧水有功授欽依守備歸

年八十四猶舉一子壽九十有六有文憲集以子幸貴凡五與賓筵

管應詔字樂莘由吏員考授縣尉未仕以上雁門

史彥洪武初任兵馬司吏目九年升四川敘南衛經歷

陳勳業字耀時嘉慶時萊州府司李升掖縣丞

陳紹榮勳業子邑庠生蘆溝橋巡檢以事謫戍伊犂以上內閣

莊謐明季巡檢

周應選字耀我父行三客居淮安應選少有膽力爲總漕旗牌崇禎初調守遼東累功升總戎賜蟒玉入

國朝原職鎮守溧陽移鎮松江順治八年卒葬新塘
之陽山以上西郡
張正道字時行號起閒七歲孤事母劉孝補諸生屢試
不售遂博涉形家言縱游秦晉燕代齊豫識孫少師
承宗於幕府曰愼自愛異日出入將相韓范儔也光
宗崩卜慶陵未定承宗薦用倒杖法決之遂定授欽
天監博士世襲旋晉五官靈臺郎又奉命修興獻陵
以子瀛秩贈昭勇將軍　孫承宗贈別張起閒序起
閒以強歲游塞下予與遭遇于雲朔時號起巖今更
起閒意向攻博士業而今乃投觚作汗漫游也別去

二十年復過予千里再易籥而去予爲祝佳公子計
偕北上起閒其來乎詩以期之娜嬛主藏客被褐負
奇姿聲華噪閭里遠志在王圻一朝攜勝友北臨滄
海崖漫下金張榻危冠抗皋比孝先便其腹匡鼎解
人頤起眠素衣裳乃滌京洛緇壯夫志萬里而爲童
子師投觚倚前楹相對幾吁嘻翻然游汗漫負劍向
祁厖西陟龍門險南探禹穴奇懷沙弔蘭蕙沍水辨
澠淄既下雲中君予亦隨之覗歸去臥雲壑重來鬓
有絲鶴彩賁封淵竹南竟帝陴孤懷或慷慨冷面冐
規覘余亦硜硜者雅不好逶蛇一室相晤言縻爛不

知疲匪耽季鷹名更饒爐尊思玉蘭方四照亭亭耀
昌期秋風吹鹿苹金粟綴高枝雙闕唱雲裔那能不
來茲　許鼎臣贈張起閒以慶陵功拜司天博士仍
奉命之楚修治顯陵張公一生湖海客五洲四岳皆
攜屐青囊數卷透元機紫電雙眸逼地脈馬鬣能移
造化工龍函巧竊陰陽澤胸中星斗善談天海內公
卿半虛席先帝登遐御極初鼎湖倉卒求眞宅術士
從來草莽疎禮臣未免迂儒嘖今皇至孝愼筮諏詔
訪異人詳決擇張公應詔一指點鬱蔥佳氣開松柏
金粟峯成劍璽扃玉魚雲護衣冠赫皇圖萬載偃天

心召見文華酬粟帛殿前拜舞受司天昨日青衫今
絳幘水木源流廑聖懷顯陵五世山川隔一片衡陽
雁海青萬里瀟湘鼂月白漢繞江回近百秋祠臣朝
斗無虛夕重遣司天葺寢園靈嵐晴擁樓臺碧畫船
簫鼓照汀洲里門歎羨咸加額天生異人際會奇老
年意氣充膚革一日遭逢豈偶然主孝臣忠斯可懌
鼎臣又有傳
陳士仁號翼南崇禎十五年任廣東南海縣仁安司巡
檢
吳彥淡字蒼舒號聖涯太學生考授州同知

吳彦博字方潞號笠湖太學生考授州同知

吳昭字大中暘弟南京光祿寺丞

張燦京監生考授州同知

張爌字紫皓考授州同知

張寀康熙閒任浙江處州新昌縣丞

徐億字民安湖口司哨長以上嶂青

陳鎧字彦慨正統閒貴州平越倉副使

陳嘉議字君俞狠山千總升守備以上柴泉

姚同善邑庠生烏城知縣

姚維善字敬思明季由吏員任福建候官典史

錢瀾字思洪明季由吏員任典史

許升耀字旭初之漸孫繼姑丈周清原改名嘉梓字虎臣歷任山東青州府博興縣浙江沅江嘉善鄞等縣

許鑽字景祥改名崇文安慶懷甯知縣雲南西州直隸州知州甯洱知縣普洱府思茅同知終宜昌知府子廷璋字同甯監生善詩以上新城

李本源字思正號右泉正德閒任湖廣沔陽州上漲湖河泊所大使

李夔龍字榮之嘉靖十五年由國學歷湖廣寶慶府武岡州判官四川天全六番招討司經歷催皇木有功諭奬督徙勤勞額

李大化字若時號寓安嘉靖閒由太學生任湖廣黄州知事

李懷字浙江衢州府江山縣尖竿頭巡檢以上西鎮

許崇倫字守序琮三子宋舉明經爲雄武軍推官

許津字清夫崇倫子宋博士濟陰主簿

許存正字尙中號望雲津子仕宋爲武義郎

許一鵬字羽豐存心子宋武安軍左翊衛千戸

許應瑞字德成明經萬歷時授益王府冠帶醫官

楊景傳字秉選由禮部儒士授河南布政司庫官升湖

廣安陸府知事寄籍焉以上東鎮

許崇敘字守經號晴湖琮長子宋武安軍千戸

許彪字飛卿明陜西甘州後衛千戸以上小墅

許崇秩字守禮號晴沙琮次子宋宜教郎

許存信字尙實流次子宋海陵丞以上大墅

重修馬蹟山志卷七

里人 許 棫 纂述
馮效亮 參校

孝義

徐著字汝逑割股療親子紹卜母吳目疾紹卜泣禱天願減算愈母久之目復明人謂孝子復生孝子爲難得云

徐明德字天祚裁正不苟鄉人服之古竹檀溪隔勝子嶺棧嶮不可步明德倡衆捐貲甃以石行者稱便

周之冕字鳳旒言行信直乾隆丙申大疫里人設醮禳

之之冕曰惟修省可以禳禍未聞祈禱能免母病衣不解帶者累月及卒哀毀柴立

徐用誠慷慨好施乾隆丙午大饑用誠傾囊煮粥漁人婦饑斃三子皆餒用誠斂貲葬婦食三子活一

徐遠震字聲揚父趾仁早卒事母孝赴郡就醫母無疾卒家人往報號泣曰母死安用生爲躍入河救免至家哭踊幾絕

徐汝瑚字介存號漱亭事親孝母疾刲肱進愈里民事涉官屏當饋汝瑚求爲解汝瑚力排寢之反其饋曰無以不義財污我有詩艸未梓

徐餘慶割股療親

徐鶴清字奉宜號尹齋邑庠生能詩性孝父亡三年宿柩側母患目疾侍湯藥不赴鄉試禱於神母目忽明嘉慶丙寅旱饑民譁鶴清與同人詣賑局訴之洪公亮吉以其詞直言之縣得賑鄉民乃安年八十有二著竹里書齋集

徐文奎字金玉咸豐庚申粤逆擾古竹金玉年已七十餘憤甚帥邨丁禦之被戕

丁履坦刲股療親

徐邦彥字開成父疾割肱愈 以上古竹

許惠字心田郡庠生豐於財好施與子卿字仲式豁達好義讀書舅顧氏拒奔婦隱其名大祲盡出粟賑貸券悉焚之與弟郁析箸讓肥產獨存糧役歲編北運職輸白粲名總部卿任匪人多逋廢產償官家以落不少芥蔕也子繩武廩膳生孫鼎臣傳在仕宦

李盛時字中孚號確菴崇禎庚午舉人以經學教授多所成就秦之鑑許之漸皆其弟子也具經濟略同年錢國瑞令醴陵盛時勸行積穀未幾歲饑督師楊嗣昌徵郡邑儲粟獨醴陵以數萬斛應活饑民無算有田半頃例畝徵租石餘盛時憐佃貧畝減二斗鄰族

效之佃沾其澤國變爲僧著芝雪詩鈔曾孫瑗字子亭工詩意格追中晚唐著雪鴻詩艸

高錦先懐爽有才識乾隆戊子己丑水旱大饑錦先倡捐振全活衆迎春苦差役錦先率鄉人呈縣得優免樹碑署前及神駿寺一鄉賴之

許廣基字匡時割股療母習醫輯許其仁外科理會等書

秦洪業字懐西讀書能文敦孝性割股療母又跪吮母癰愈 以上耿灣

丁翰字心淵致祺孫庠生入國學家業漸落檢笥得先

人子母劵數百紙人賀翰翰曰劵者以饑貸余索之獨余一人活耶盡焚之粤西大將李西垣延幕中其部曲有以金及珍珠冠爲壽乞一言翰急麾之後其人以贓敗籍有前饋丁金三百珠冠一不受語大將詫曰今世所無也又有殺賊立功而性戇者大將中讒欲置之法翰曰伯夷叔齊能殺賊邪大將笑釋之或言羅防降猺叛西垣將剿之翰單騎往覘歸白大將曰大兵將壓境而猺恬適若無事豈反者邪遂輟活猺無算歸橐蕭然以齒德三與賓筵長子大夏七歲能詩侢神童 邑志摭遺唐荆川茅鹿門命對云晚樓人靜隔山犬吠雞鳴童曰隔山雞聞不若隔鄰郎對云寒夜客來滿坐龍吟虎嘯荆川歎賞鹿門曰此子鋒芒太露非福壽器未幾卒 孫辛崇禎丁丑進士知浦城縣禁溺女嫁老婢歲饑捐俸振粟民建生祠祀之 唐順之書丁近齋示孫卷後曰丁生翰從予游出其大父近齋公家教之語凡二紙其一教以勤讀書取科第蓋世俗語也其一教以決擇於君子小人兩儒之間則以古道望之而世人語所不及者矣然公所教翰以勤讀書嘗舉予爲況蓋予之少也或然其後年旣長大則已知佔畢詞章之習非所以反身而崇德況今益衰且病精力日減于是經史諸書不一觀與絕不爲文者亦往往有

之則是予之壯且老也旣已與公所責翰少時嬾散之狀幾無以異矣其尙足爲翰法而無愧於公之所俤述者哉然至於君子儒未嘗不竊有志焉而願與翰共勉焉其可也 失名將進酒送丁心淵之浙君不見錢塘之水浴滄溟一碧萬頃涵光精又不見曹娥血淚漬石髮氣吐洪流噴寒雪海雲縹緲吹長風詞客蕭騷弄明月月裏乘舟愧錦袍猶誇意氣扶風豪登堂不飮已先醉何須玉斝浮醇醪片帆挂雙星橫思君夾岸花冥冥思君不可見寄君歌曲君須聽老矣將軍之善飯悲哉大夫之獨醒不如遨游忞八

極仙伴羣呼無姓名憶昔寒烟鎖樓閣別來晴日天廖廓一杯便抵三百杯錦繡江山供大嚼南征曲北山文北山未解南征心腸斷續續天姥吟

宋有節字貞甫徙居下步貧壯未娶傭作養母甘旨不缺母陳年六十餘病痢藥不效禱天割股和藥進母飲而甘之曰是何良劑可再進乎有節再進之母竟愈時萬歷三十七年也入孝弟祠

徐騰暉字宣仲號禹度復陽子性孝友九歲喪母哭踊欲絕水漿不入三日事兩繼母如生母侍父疾不解帶藥必親嘗越八載父沒歐血數升順治壬辰成進

士盡讓其產弟姪歷贛福二州推官政廉平士民祀之入孝弟祠 以上雁門

錢奎字聚五父有瘋疾割股救業與弟共之

陳周樂字維儀邑庠生幼孤事母孝戚黨告匱與不吝乾隆乙亥歲祲竭貲振子勳業山東萊州司理 以上內關

陳文燦字少閒性孝友居城時兄居馬蹟山患癭需醫藥急文燦挾醫渡湖值颶風舟子懼欲返文燦念兄切不可冒險歸共寢處半月兄始逝有遠族逋豪姓租挾子往質文燦知不遠百里持金代償得返嗣子

郎睿謨

陳康謨號完宇睿謨兄睿謨登進士擢顯秩迎之不至天啟壬戌例選禮部儒士亦不就里有不平咸質之戚黨窮無告者罄貲以濟咸謂有太丘遺風云

王丕基熙祁子字令德號南臺邑庠生性溫厚徵租佃告乏輒不取力周人急每云我有明日積人無今日炊即當相助何必堆金始施濟乎 以上桃花

曾釗字桐聲種學績文文有奇氣工篆刻得洪仲弢之傳與義興堵允錫善允錫督學楚中順治己丑父子死難釗走蒼梧覓遺骸不得得其像歸縣諸室誓返

其櫬卒如其志人皆義之居恆俯仰身世輒爲阮籍唐衢之哭人目爲魯癡移居運邨著編茗集

莊秉元字惟顯陶情詩酒澹泊自甘與弟秉先秉誠同居未嘗析爨

鈕懿霖字尚仁性果烈同治癸亥冬粵賊肆掠謂之打先鋒人盡竄匿懿霖挺身與鬬虜殺數賊賊衆被戕 以上西郲

杭節字惟守撫孤姪如子嘗拯溺大江還遺金謝之不受

杭檄字月川節子讀書不遇就賈獲裕弟格年長使司

貿易爲無貲省父大尉恪遠買被誣殺人撤走數百
里白其冤友愛無間
杭至字思敬少孤貧有檢操教子弟皆成名建宗祠立
祭規人以好義多之晚年築圃山麓日與賓客嘯傲
其中
費可倫貧業牛醫嘗附同里金艮瑚舟艮瑚失貲疑可
倫往索可倫不辨售產償之艮瑚旋檢得金自愧治
酒殺鐘門叩謝且曰長者向何不辨致某負罪可倫
笑曰彼時亦欲少辨然我貧舟無他人辨誰信里人
兩賢之杭源濬有傳

吳涇字清之方伯瑒族子貧攻木自食親族憐而助之
不受鼎革後賦弔古自弔詩二首堅臥絕粒歿其弔
古詩曰首陽埋白骨含悲目未瞑採薇非食生浩歌
吐衷情叩馬非多言大義炳日星高風百世師我心
尤耿耿爲君紓長恨商周共泯泯自弔詩佚
陳世曙字亮初父士仁家難避出世曙身當之幾殆奉
母挈弟妹渡湖爲塾師以養父歸病甚刲股和藥進
愈三十四未娶淮安郡丞李某嵇其賢具金幣爲之
聘婦世曙以金歸母爲仲弟娶婦已屢試不售棄去
專志古聖賢之學與當世名流往復必求其是而後
已年六十六無子作梅花詩三首而卒弟世祉語在
文學
李元誠農家子也事親孝貧必具甘旨父母歿入山采
樵必先詣墓泣拜至老不衰
徐道南字洽路邑庠生居心平恕嗣父殷富私於所愛
給道南產僅供喪葬費或爲不平道南曰嗣吾分也
豈爲利哉人服其量
張椒英字秋鑑郡武生篤孝友早失怙祭輒痛哭卒二
弟事母左右無違營二宅過故居及析箸以授二弟
田產亦自取瘠焉

張祖金字萬選太學生庠生賚艮子祖母管以賚艮止
祖金一子次子培元有三子遺命獨與培元以已膳
田二十畝宅後公基數畝亦給培元爲築室地祖金
即啟父與叔無少吝族里偁之
張祖錄字忍百椒英弟析箸後與母異宅定省無間先
意承志悉以兄爲準子儁游庠
徐器周母病割股愈以上嶂青
陳鉞字耕樂瓊父幼孤事兄如父兄有吏事於都數千
里躬饋衣糧不憚艱苦嘗至杭與費姓交易誤受十
金舟已遠亟返還之自言生平未嘗作虧心事三陟

急流不死或以此

陳一言又名偁字于朝璦子讀書孝友里人咸敬服之直指使者獎曰善人

陳其綸字維言狠山千總嘉議子崇禎庚辰從母往惠山歸舟風猛母墮水其綸躍入救抱母屍死時十九歲郡守陳瑄獎曰貞孝同瀾縣令馬嘉植獎曰至孝不沒　國朝許景清詩曹娥抱父屍千載名不朽遺事稽前朝孝行得其偶卓哉陳氏子至性世罕有梁溪回扁舟驚濤墮老母孝子號呼天猛躍不回首索母赴洪波馮夷駭欲走殘陽慘無光悲風爲停吼

旋抱母屍出三日顏不黝當時獎郡邑未勒貞珉壽世閒宦達兒金銀高過斗百行不一修虛名幸身後諛墓乞浮詞穹碑樹隴首那知行路人言之欲泄歐何如陳孝子至今挂人口雖無黃絹詞湖山賴之久　陳紹琦祖德詩只知有母不知身至孝原因至性眞赴水滿期親可救沈淵遑惜己同淪抱屍心摯堪千古題額名香感萬人敬仰先徽傳往事于公幾度淚霑巾

陳玄字震英天啓時由禮部儒士考授廣西宣化縣主簿不赴　國朝呂宮傳略公狀魁偉右目微眇自號白眼人少孤貧工細楷得趙松雪法游寓金陵詼談嘲笑議論風發或出一二語決成敗可否悉中以是靡不知有震英君願納交者是時予以蕭牆釁走金陵有遺世意公沮之曰君器宇非常當魁天下士胡自棄爲乃館予于遠公菴三載貲一出公公以禮部儒士考授粵西宣化縣三尹以遠而瘴且性傲不能事上官不赴歲庚午歸夫叔晚歲食指緐貧益甚猶視姪甯如子舉家衣食之甯諸生從予游者公平生好客喜周貧揮千金如糞土其天性然也惟是胸中磊磈無人當公意而公亦以此不能當人意甲申乙

酉之際杜門不出僦居西郊予時一過從其侘傺無聊唾壺每爲碎焉歲丁亥予捷南宮果如公言而公卽以是年捐館齒七十有一子二履儀履儼皆能文章

陳時弼字明遠號震澤庠生淹貫能文人偁經笥教授多成就父以纖嗇提以椅椅折不復葺見必泣慕終日

陳所宜字汝時號問漁以孝友任恤偁臨財不苟與人無競邑大夫獎爲善士

杭玄字景虞博涉善詞賦謙謹無疾言遽色人以田值

請益屢求不吝

杭銘鑑字屬衷少游庠有孝性嘗冰雪走梁溪負米歸養父母俱患腹疾垢污躬滌湯藥必親衣不解帶百餘日授徒他鄉有女來挑不動鄉富人無辜將陷大辟銘鑑力爲解人曰吾與若斬之數十金可坐致銘鑑曰欺天事吾不爲子若孫皆游庠及門亦多顯

吳起聖字麟陽性謹厚崇信師友歲饑奉檄施粥率先倡捐躬行周察老弱均沾實惠

吳日三字曾魯性介耿與人無忤而不隨俗家鄰僧寺足不一至家人亦不許往病不信禱臨死屬其子勿

用浮屠

吳鵬年字振北少豪俠能文童試屢黜乃習騎射應武試亦不售嵗買劉姓遇風失貲鵬年售產相償後其人倍償鵬年受其半

陳斐字淇風行端愨設教鄉里誨子弟必述古人格言懿行族有恃强者見斐輒斂迹曰吾非畏其力不覺自愧耳

杭養德字培元幼失怙事母孝貧母所嗜無弗致母沒不飲酒茹肉哀慕至老不衰

吳慶福父病刲股

陳富榮父病刲股愈

杭漢林父患疸刲股

杭祥榮刲股療母母享大年以上紫泉

王某字素菴庠生某子終身不近女色刲股愈母病

王觀先十三母病篤刲股進瘳乾隆乙亥饑捐貲振濟或愧不受託假貸給之不事懺禱常謂禮佛求福不若惠我鄰里鄉黨也以上東岡

許繩武字作求鼎臣父母喪七日不粒時嚴寒額血成冰終身成鼻疾季弟負責悉代償至徹臥榻無怨言醫毛敬宇賃其屋燬於火還其典價四十金曰汝所

失不能償也齋頭常置日歷一編日行善自課工詩有震澤歸舟遇雨詩曰爲踐湖山約歸舟巨港東一番花信雨兩岸石尤風水濺春衣溼溪環晚樹蔥石根維短纜覓火坐談空

許之溥字觀生號庶菴鼎臣三子爲人倜儻行純篤邑諸生弟早卒撫兩孤姪過己子教之成立之溥嵗試學使責其字多古體遂終身不握管輒口授人書聞闖賊陷京師痛哭幾絶自謂贅疣佯狂詩酒閒後適秦游華嶽自作祭文醉飽而上同游不敢從溥獨至昌黎慟哭處無何攀援而下鼓掌笑曰諸君何怯也

失足墮而卒之溥與金人瑞善人瑞有句云庶巷死後原無病聖歎生前只有貧人以爲讖云著賦閒樓詩

史大書字芳久號漁亭佃徐逋租卒大書往哭之流涕謂其子曰吾無以爲賻某家米若干某家穀若干足以濟汝汝取之子琬邑庠生孫韶鈞乾隆壬午舉人

許玉基字山立少劬學游庠母呂少寡家業落兄元基官蜀敬基游幕玉基家居養母晨夕侍側琴奕娛親心母卒慟哭幾死未四十鬚髮盡白著小樹齋集若干卷劉綸錢人麟序之

姚國茂祖母病刲股愈

邵維德割股療父

邵維新刲股療母兄弟孝子人以爲難 以上西鄙

李備號嶺西方伯濬孫邑廩膳生博學好古不寢然諾史某嘗寄二百金於備人無知者史暴卒備召其子還之封識如故著性理彙纂及史學摘斷

李雲會字從龍備孫博塞倚節概人假貸傾囊濟之廁傍拾遺金坐待有童子被髮奔至哭且覓雲會驗實還之童蓋勢家奴失物將致死拜謝曰三尺微命君賜矣問姓名不告祖孫還金世多之

李貞字惟闇幼孤貧母苦節撫育及長孝養侍母病年餘未嘗離側貧益甚母卒不能殮將鬻妻以備棺衾里有許還淯者義之爲贖妻又助之葬貞終身父事事在崇禎間

朱治字成五少孤母陳撫之成立母病割股愈逾數載母復病又割股如是者三人以爲難

李步雲字明揚母許氏風疾臥牀日夜抑搔轉側粥進食飲遺粒㢠塵穢拾吞之懼貽母愆廁牏自滌濯母沒數十年言及苦節必泣下以祖居讓兄自於旁構屋以居戚黨單覂者婚喪乞貸必應而不急徵取盈人負八十餘卒行路出涕曰胡亟奪我李公也 以上西鈕

許存正字尙中津子宋武義郎通劍術時湖中多寇存正集漁舟數百給以酒粟日漁於湖晚泊山下寇斂迹居人德之

許陛字處尊一鶚子有雄略遭世亂保東鈕詔徵之陛義不仕元終不出

許大榮字華卿與雁門鈕澤自命三吳豪傑大榮謂澤曰男兒欲建封侯須擇眞主澤初爲池州牧復爲僞吳守寨大榮謁胡大海問策中款薦之太祖以夜半

渡江陣亡

許彥讓字元遜大榮子奉母鈕甚恭晨夕不離鈕固疾彥讓親調藥餌跪捧禱天進母疾瘳兄彥良游海上歸兄弟讀書養親絕意仕進

馮培德字南玖深沈有卓識好施與咸豐庚申宜興貢士朱定奎名慶麟故太史理宣子挈家屬十餘人避粵逆至山貧不能賃居培德於慶麟鄉人得其孝事繼母狀敬之招至家給其日用俾無乏久之慶麟欲依戚於滬培德竭蹶遺以資計足到滬繼母不省齋未半涂費罄舟人悍不行慶麟計無出乃復回泣拜

於地曰公活我慶麟不節用致罹人爲難慶麟不愛死死如母何言既大泣不能起培德亦泣掖之曰我在君無慮復屏當數十金及米饋之慶麟乃得達滬里人許有明素無行虜於賊親老乏食培德給之粟復傾囊贖有明歸曰吾非愛有明爲其父母將以餒死及將卒諭子效亮等曰汝等誌之處世當拙毋巧居心當厚毋薄以上東鈕

許宗鉞字邦用有膂力欲就武父兄不從挾貲商楚同旅十餘舟盜掠其七及鉞舟鉞操鐵矛與戰殺數十人餘悉遯獲盜舟二取所劫悉還被劫者

許相字南驤號勉園孝廉亦魯孫碩儒沅次子性篤誠通恕敦于倫理妹病風眩臥蓐不能寸徙相奉母命往視責藥調糜廁婢嫗間十年無少倦沅幕游在外相持家政事悉舉道光己亥父命構新居積勞成疾卒僅三十有六兄棫哭以詩甚哀以上小墅

文學

丁澂字聖清號松巖康熙時人工吟詠槖佚古竹

許新民字成化少游庠食餼品惇粹入尊師之學使褚鈇獎額經旨益明著麟經宗旨四書約說通鑑舉要焚餘草徙城東五里莊檀溪

許澤字潤之礽居雁門性誠坦博極羣書從游者多顯達

許之澍字志淇讀書不遇工詩山莊云卜築當山塢書齋多野情窗含千樹綠坐接百禽聲開卷塵囂絕焚香翰墨清一尊瓊醉後松月滿林明

許振基字以南改名人號天山幼能詩兼工篆刻傳神童入京師從張玉書陳廷敬徐乾學王士禎等游皆器之嘗短衣孤劍從一奚奴走齊趙秦晉無所遇西蜀鑪寇猖獗往從戎遇張三丰指迷歸避居桐莊著笑啼集數十卷

秦宮璧字龍光之鑑孫康熙五十四年巡撫張伯行陛見特薦雍正甲辰舉人篤志實學邃經史兼歷數輿地工古文詞制藝尤有名何焯儲欣推爲畏友有文集四書章句大全三十二卷學庸文稾葬經注等書皆梓行汪由敦施廷儀李之紀皆門人也 以上耿灣

鈕勳字巽峯博古善詩教授鄉里有詩稾

陳情字曉窗嘉靖歲貢通經史能詩郡志載曰陳情詩篇

徐震陽字愼初號午義博覽羣籍能詩文試不售務著述有破閑草郵塋吟雁門逸史四卷續修馬蹟山志

六卷

徐騰暐字升如復陽猶子善屬文著紺珠堂文集三十卷今散佚存者七十二峯記虎去說數篇而已

魏愔徵字培遠幼敏學工文補弟子員食餼著四書講義傳是詩講義耶言四書備考鑑略等書有山居詩牙籤萬軸屋三間不是幽人不往還雪裏醉歸迷舊路月中孤坐對溪山梅因繞舍常防折竹爲當窗不忍刪更欲避人思洗耳枕邊時聽水潺湲始有魏章幼慧號神童年十六補弟子員旋夭族弟滄徵總角能文年十六曾郡伯拔冠軍未院試病卒

鈕懋德字汝求弱冠知名四方爭延致游郡庠學使賞譽年逾八袠手不釋卷篤嗜誠正之學著學庸講義 以上雁門

陳玉璂字賡明號椒峯睿謨孫岔稷子康熙丁未進士除中書科中書舍人戊午舉博學鴻詞負盛名賓客輻湊詩文操筆立就識者服其敏贍纂修常州府志三十八卷武進縣志四十四卷續十三卷著椒峯集二百餘卷弟玉瑛字弢仲以貢監考授學正

王熙祖字文緝郡廩膳生履謙居寡誠于待人究濂洛之學著性理彙解 以上桃花

錢孝字師舜號西青山人通博卓躒造就最多陽羨杭淮其簑著者所交邵寶文徵明皆一時名流始剏馬蹟山志丁致祥毛憲杭淮俱爲之序 邵寶詩西青山人作山志搜剔幽隱山靈愁蹟祿神馬自秦漢祠逸后稷經虞周尋常一水五湖老七十二峯千古秋分明圖畫在中祉美人何處心悠悠

陳煒字楚材邑庠生篤志力學至老不倦多著述學者宗之 以上內閣

莊伯常洪武初人通經史善詩畫 陳節愍洽題畫故人秦履山中住犬吠雞鳴萬家聚畫圖烟景髣髴同

索我新詩寫幽趣我愛此山如削玉波光倒浸嵐光
綠勢如羣馬爭後先一峯欲斷一峯續樓臺掩映湖
水邊檐有長松澗有泉垂竿絕勝嚴陵瀨載酒頻來
賀監船君家結構山之趾既學爲農又爲士秋風禾
黍春桑麻白晝琴尊夜經史客來小酌開軒窗侑觴
不用呼紅粧雲巒對面列屏障松濤爽耳鳴笙簧籃
輿暇日閒登眺尋壑經邱無不到興來隨意坐莓苔
一壺醉倒掀髯笑無官縛身忘寵辱有子成人萬事
足水兮可漁山可樵田兮可耕書可讀有時放歌出
烟渚買得新鱗就船煑白鷗飛處水如天黃鳥鳴時

花似雨當年訪君曾稅駕一別於今幾春夏鬢毛變
盡鏡中霜不見湖山見圖畫我因親老乞歸田君未
龍鍾亦引年卜鄰倘許容茅屋共結青山綠水緣
杭仲韓字方琦號瞩亭庠生讀書過目輒了史孝廉玉
衡極賞其文謂非池中物嘗就將軍陳莊聘觀校武
論孫吳兵法將軍不能難家貧不遇以授經里閈終
以上西鄙
杭澤字叔潤號匆軒經學窺奧究山中子弟多造講席
工詩著秋蒂稾　山居卽事云門外青山列畫屏雨
餘瞻眺更怡情兒童拾菌穿郇落野鹿銜花過石坪

雲度松梢添妙相鳥鳴樹底弄新聲偶然睡起來詩
興因爲烹茶久未成　又別構茅堂遠市朝野花幽
鳥共逍遙白雲隔斷門前路不放紅塵過小橋　又
過東山訪馮養浩湖山佳處草堂開爲訪幽人策杖
來不比剡溪風雪夜興闌空棹酒船回　又送馮守
約楚游天塹烟波入海流石城鍾阜壯皇州楚山嵐
氣千峯雨彭蠡湖光萬頃秋磔磔少年爲客處恩恩
今日送君游湘川此去雖然好記取歸期莫久留
又過陳素心書館問友過春嶺西來第五家草堂巢
燕子石徑落楊花小几雲陰駐虛窗樹影斜論文忘

日暮斫筍啜新茶
陳璠號古淡通經史善詩賦有遺稾
費思賢號月窗能詩稾佚
金良璋字美宣號斗崖能詩與徐承中唱和有十丈荷
花半畝塘之句辭諳孟宗推爲畏友爲作小傳
杭渭字介侯號白巖詩學元白吟詠甚富多佚存馬蹟
古蹟長歌
徐承中字伯傳號默所以詩文名幕游終其身　湖上
草堂云湖我棲遲處山前半畝宮一筇尋臘白雙屐
問春紅樂地憑詩略愁城用酒攻憑高時放目天水

兩空空
徐庚體字文度學詣嶄遠學使熊芝岡賞之拔高等游
學徐州多造就
陳世祉字亮𡊮世曙弟補錫邑諸生食餼遷居江陰桐
圻淡於進取究心理學工詩江右魏禧重之爲譔借
行軒詩草序孫元補江陰學中己酉副榜
杭岱宗字魯詹號書巖淹貫能詩文又善摹繪山水有
太湖總勝圖馬蹟全圖金友理太湖備攷稱岱宗有
二十三灣圖一灣一幅纖悉靡遺今俱佚
觧崙義字懷方曾祖耳順治丁亥進士喻義自五牧徙

夫椒爲文援据經籍雄悉自喜食餼後秋試輒蹶授
徒師範凝厲老與及門論文抵掌風發不可一世意
猶見眉宇 以上崙青
陳萬善字民善號南山瓊猶子郡庠生天性和易博識
工詩 沙隄柳色云沙隄新築路非遙種柳成行夾
小橋一夜東風新綠滿不知多少畫工描
陳機字元夫號適安工詩善書與唐荆川錢墨巖馮㞢
齋楊半溪友和荆川秋興轉眼年光催白髮驚心節
物到黃花荆川激賞 春日山居云三五八家住翠
微壓牆桃李正芳菲由來此地無車馬犬臥花陰晝

掩扉 又春雪東風仍襲北風寒吹下天花白作團
柳姨未應先有絮錯教池館捲簾看
陳所知字汝至號震峯瓊孫攻制藝不售潛心理學搢
紳延致隨問卽荅剖析疑義口無滯詞善飛白書結
構天成得者珍之著性理翼言六卷康熙二十五年
詔求遺書溧陽縣何惟澡恭錄進呈
陳所聞字汝聰號心宇蚤歲游庠五試不售棄而教授
讀書心不旁涉家人以飴佐角黍及徹見所聞脣盡
黝黑而飴如故察之池墨已罄務著述多散佚
陳履儼字若思號敬亭別號具區外史詩文博雅蕭散

有奇氣薄游南北翕然景重修任縣志馬蹟山志
陳肇璿字玉衡履儼族姪工五言閒適有致不爲常語
山居云何事甘貧僻嫌喧又愛山泉流淡澗急雲
度亂峯閒林茂從禽宿花多任雨删此閒堪自適忘
卻利名關 初夏山行云午夢初醒後閒行過別灣
葉齊山路黑花落石牀殷小雨櫻巠舍微風竹露斑
偶逢田父語隨意坐忘還
杭源濬字發祥號震湖銘鑑子工詩困棘闈絕意進取
事親孝牏廁躬滌濯誘及門以經史根柢學多造就
游粵西著淩雲集粵游吟草

陳紹琦字功魏號荷溪警穎絶人家貧無書入邨塾翻
閱立盡尺許卽能背誦爲文操筆就屢困童試棄而
農嘗躬種瓜得錢供醉客過邀入瓜舍席地轟飲酣
卽爲詩多奇語與許孝廉亦曾秀才景淸明經袁廷
吉爲忘形交孝廉書蕉葉索瓜紹琦鐫詩於瓜以報
傳爲韻事後習形家言自以楊曾復出也著荷溪詩
許孝廉序之　貧居云潔水烹茶末生柴煮芋魁道
心堅似鐵貧味美于回陟嶺看楓老循籬待菊開葛
天民在否擬與共銜盃
陳基元字玉如少鈍苦讀忽開悟操筆文立就補弟子

員接人雍友無遽色喜食酒雖醉不亂次子鈞遠諸
生方檢有守
陳疇字錫範少失怙恃嗣祖母練氏食貧鞠之成立工
詩思淸越有永嘉四靈風味朋中自李蔭許棫外皆
歎姁視之　許棫贈李蔭陳疇詩乾坤莽莽只供愁
胸有名山且自由天以一才窮兩士世當幾輩論千
秋蓬萊太白身騎鳳湖海元龍氣食牛莫道書生不
了事尚堪談笑劃滄洲　以上柴泉
王從諫字彌言天資開敏成童入泮學使倪公元珙獎
之曰文行兼粹著四書詩經講義陳履儼有傳　徐

承中同吳完沖虛谷集王彌言圍亭詩醉眠芳樹下
枕石看青天有鳥皆歌舞何泉不管絃命觴時中酒
得句漫成篇絶倒棋三捷遲歸思杳然
王從諏字敏求家貧苦讀爲陳尹菴先生高弟師範甚
嚴講解不倦山中子弟多出其門　以上東岡
錢淵字靜思號墨巖讀書好禮端慤自持長於詩有馬
蹟長歌載郡邑志
許璿耀字在衡十三補弟子員從虞山錢陸燦游陸燦
極賞其詩八試不售遂專事著述與錢名世陳鍊楊
喬年爲四君子年六十四卒易簀時遺句云半世淒

涼成怪物殘年飄蕩作詩人蓋不欲以詩鳴也著秋
菘齋焚餘草曾餘堂近草
史志超字元賡始居新城以監生考授州同築惟半軒
以課子工詩文著破愁草孫玉衡曾孫韶鈞俱舉人
史振鐸字登銘號魯齋琬子弟韶鈞榮俱警拔出倫振
鐸貧絶鈍讀文黏案上手摩口誦字滅乃已不復忘
補弟子員書學孫過庭人其室人爭購之
史韶鈞字鳴天號玉泉改名曰可琬次子性邁爽不治
常檢天才鴻麗日數千言乾隆壬午七名舉人建平
訓導

史榮字聲振號玉峯琥三子大興籍庠生考欽天監博士多羅質郡王取第一辛丑開 恩監生科五經文進呈 欽取第三爲詩首卷肄業成均試輒前列時儕江南名士候補縣丞以上新城

朱魯字得之號東湖郡庠生博聞淹練一夕作梅花詩百篇又作史斷百篇輯文信國逸事爲忠孝外傳系以詩凡四十四首他著作甚富俱燬於火成化閒以才學薦與修國史年八十餘

李蔭字友端聰記絕人嘗夜閱南華經旦背誦無遺受業許孝廉亦魯門爲高足學使姚文僖公文田器之補弟子員秋試輒獗新塘宿學龔望曾負博聞史漢俱成誦一日誦班固書遇不憶誤句續之蔭連拄其誤望曾謝曰某老矣當讓君出一頭地耳後喪明猶口授經典其徒以膳母年六十卒以上西鎮

許曰都字上俞陛子寒暑讀不輟謝龜巢應芳贈詩昨日扁舟湖上過隔林猶聽讀書聲終身教授門下多成材

許珵字煇之號懷古郡庠生讀遇疑義達旦苦思解悟乃已尤邃于易教授多聞人著近山堂詩

許官字應宿號味莪邑諸生諳憶墳典能詩善書少卿周白溪憲副王容齋中書秦芝山交聘之著味莪集

馮儒字伯鴻號履齋郡庠生善詩賦年八十餘萬歷初 詔給冠帶以上東鎮

薛南字圖南庠生儒謹篤學謁鄒守益聞仁義道德之說又從邑人毛憲朱昱唐音游益淡造自得郡好學者率令子弟從之南孝親友弟終身不衰所著書佚唐鶴徵有傳入孝弟祠族子承謙幼慧善屬對時儕神童西泉

許成才字子華號小墅性警發工詩屏世事讀書祥符寺屢不中有司選習醫博濟著拾芝閣詠

許亦魯字效曾號省輿事親篤孝性母馮氏疾劇割肱療居喪毀瘠幼稟異姿博涉淹識爲文根柢經史振叔翠藻乾隆己亥舉鄉薦出翁覃谿方綱門阿文成桂延課孫未幾辭去五試禮部不遇遂輟進取四方從游日眾盧文弨趙翼皆遣子受業門人如中州周鉞楊嗣曾等皆卓有宦績及大挑權貴人欲爲地教然不屑例就國子監典籍嘉慶丁丑截取知縣不赴嘗主講郎溪玉山書院教澤比諸河汾云年六十九卒著領雲詩古文集二十五卷後學馮敬亮謹識

許儲源字文泉孝廉亦魯子少能文趙觀察翼賞其開

悟謂亦曾曰此君家玉樹宜好植之考取欽天監算
學生多病濟仕進授經里閈以典籍自娛著竹閒詩
鈔味肋詩文草 後學馮效亮謹識
許沅字仲青號康泉晚號贅翁亦曾子事親篤孝折節
蹈道學博而精學使平恕奇其才補弟子員欲延入
署不應游京師公卿各遣子弟受經京師爲之語曰
常州二許文中之虎謂沅與同郡進士融也卒不遇
遂絕意用世專治經造就後進商城周相國祖培兄
弟及浙周治潤沐潤源緒星譽等號稱才士皆門人
也游南通州延校文富人馮某餽千金求首列斥去

兼精數學將軍弈經參贊文蔚奉
命剿夷爭欲延置戎幕長揖謝去相國以侍郎銜
命閱兵三江來謁勖之努力佐
天子拯民饑溺無私一言江夏陳制軍鑾子慶涵慶溓
堅邀至楚以老辭歸遂不出嘗言漢儒訓詁繁博多
破碎宋儒矯之又空疏鮮據集諸儒說折衷漢宋一
歸純粹著四書一隅七十卷又四書異解異讀共五
十八卷羣經異句異字共九十六卷浮笠山人詩古
文五十九卷年七十二卒學者私謚貞通先生 後學
馮效亮謹識

許衍熙字鴻臣號寬甫棫次子竺志墳策潛孳說文解
字詩追大謝善鑱繪山水著瓠菴詩詞一卷同治癸
亥隨父避粵逆之常熟歿於柴閣年僅三十 馮效
亮輓詩喪亂同貧賤艱難篤性情讀書追往哲得句
劃長城痛哭遭家難 慘遭先君子大故 傷心到友生相知遺
稾在取次爲編成 又此後無知己何時復識君世
誰容我輩天忍喪斯文人去遺芳草山空冷白雲西
河揮老淚嗚咽不堪聞 以上小墅

棲隱

徐仲三字壽卿博古多該宋末自城避居夫椒韜晦不

出宋亡誡後人曰君父之讐不可忘甯守貧賤毋求
聞達終元世子孫無應試者
董宗源字子長徇通經術崇禎間諸生國變後設教鄉
閭以終
丁志曾字魯傳研經教授不求仕進人敬憚之 曾劍
贈詩古今天下士類聚各以方山澤氣自通遷地皆
得良學士共鄉國人耳聲鏗鏘子也太瘦生惟尋凝
且狂心交三十年相見增悲涼一線太古意蟠屈在
肺腸頭顱等嬰稚顏面分天蒼慎勿言意氣何復語
文章保此區區心豐玉荒爲糧老山與空溯聊作豆

與鷗知己不多得詈影將翺翔繄我無他願願生山水旁好人共投分好書日數行所須在伊人攜手歸醉鄉貧苦何足道藉此恣徜徉

徐科盈字朝宗號東谷工詩與史漁亭陳奇峯丁訥菴諸人結吟社于雲水院性狷隘少合終日與知契煮茶拈韻不倦語及外事不應 以上古竹

徐又彬字仲玉通倪能詩文崇禎時入鼎革後杜門謝子疾革置酒召親友曰今日永訣諸君痛飲爲我歌又戒妻子毋哭泣亂我心揮手而逝著五浮山人集許朝元題巠綸圖生平不負此漁竿箬笠春風老

釣灘昨夜月明湖上望客星遙射水光寒 檀溪

許彥才字元俊十七補弟子員結廬姚巷南山著書訓子子道中舉永樂戊子舉人

褚惟中字與峯淹識能文郡紳延講性理賣藥餬口以終 山居秋晚云病餘羞鬢短風勁覺寒稠翠篠響虛壁丹楓入遠樓禮疏非傲物性嬾爲知休看菊東籬下詩成兩滿頭

顧其守字約所操立守正鄉人敬之能詩古文舌耕自給著長言集

秦之鑑字尚明號惕菴崇禎癸未進士令仁和數月國變歸教授不異經生手鈔先正格言爲訓當事欲薦諸朝忽發狂疾遂止後游嵩山至儀封卒有杞縣馮瑋傳 侯麟勳送歸櫬詩論文把酒氣縱橫記共春澆聽曉鶯豈意舊游成悵望重來此地哭先生入閩何處客羈旅歸日遲疑送遠行一事重泉堪寄慰遺書見說付康成 又倪長墀輓詩二首西風千里滿靈旗吾道艱難屬在玆老去伏生親撲壁北來韓固晚傳詩江山文藻空霄漢晉魏衣冠失羽儀他日遺書讀未盡一逢奇字一增悲 斯文憂患感吾徒八代扶衰起大儒寥落百年三策在風塵千里一經俱

可憐入夢無靈鳥猶見封棺有敝繻忍送廞旌從此去秋風江上聽啼烏

高學渭字望綸父鍾祺庠生淹究儒書門多顯達學渭巖栖自逸工五言瀟遠有致 雪霽山行云雪霽山容出衡寒拉伴行步隨煙樹遠身借杖藜輕過嶺稀人迹逢僧洽野情柴扉留客語茶拂竹邊聲 又山齋傷春荒庭晝不掃落花春可憐客去且獨坐月高猶未眠養痾知藥性習嬾厭塵緣循髮盈梳白輸他紅紫妍

高逸字爾凝孝友純篤不求聲望鄉閭重之 以上耿灣

丁潔字守素號質菴讀書工樂府性直不諱人過以子
致祥貴贈戸部郎中
管時秀字實夫庠生以孝友聞不求進取歌詠自適
管應徵字希聲能詩善書與交如坐春風嘗賈於荆襄
舍兵備蕭某家蕭後顯按臨武邑訪之已卒蕭憮然
歎息時稱儒賈
錢　字慰吾好學多聞教授鄉里薛諸孟宷其高足也
孟　字素吾工詩限誇花家三韻詠菊得絕句百餘首
徐承中庚體兄弟咸屬和　徐承中孟素吾過文度
齋頭小飲論詩卻寄小大規規不足齒貴耳賤目昔

所鄙吾徒才具雖不多高致深情各有以時乎興到
走龍蛇駿馬風檣倏千里時乎思苦索九天墨守般
攻幾生死前無往古後無今利盛中晚置不理喜吾
孟子忽相過傾我詩筒讀不已中閒更賞觀蓮章難
弟難兄雙玉倚因憶君家兩詩翁拔俗出塵同一揆
淺寒名目非定評北面王韓隸餘子乃知持論有衣
鉢小溟低嶽敢如此嶔崎歷落老徐生不虞衆否惟
一唯
管默思字咸和治家嚴鄉人憚之有二益堂詩草今佚
還山云憶昔出門日山梅方吐新堪憐白髮老長

負故園春花事空三月山容闊十旬倘逢親友顧自
謂異鄉人　又北岸漁舟北去不一里開門便見湖
每停漁父棹不減輞川圖魚菜環兒女雲山傍酒壺
晚來攜杖看吾亦欲忘吾
殷楚芳字茂勉恂恂雅飭舌耕自給能詩鄉評推重吏
部給冠帶儒官邑大夫獎以額
管應詔字樂莘由吏員考授縣尉未仕與堵應幾余纘
中交最善有史孟麟周延儒蔣如奇序　以上雁門
于　字孔嘉博經史講經世學洪武初獻策於朝不用
歸隱

殷樂賢字莘野豐頤美髯博學能文持躬修謹教授鄉
閭多所造就
殷鉞字廷武性樸友與弟鈇竝弱冠游庠阨於遇遂恣
情山水誘掖後進　以上牛塘
鈕錦字尚絅居竹塢學行高尚授徒里閈多所成就
馮子振隱居賦爲鈕君作具區之閉馬蹟之山春波
蕩潏而碧蘸雪浪泙湃而清瀉三萬六千頃浮日月
之滉瀁七十有二峯界宇宙之中閒輕舠穿橘柚之
洞散屧步松杉之班於此有人佩聲珊珊讀書夜半
而鶴臯唳霜牖之寂闃洗墨卓午而魚餌挾晴沙以

往還吾聞鈕君隱居其灣築鷗磯而無城市之態呼
雁伴而育江湖之顏亦有飛仙霧鬢雲鬟從我游于
其巔花白而紅殷廼有弓刀繡鉞之矦來結詩書綺
腹之高閒吾將逸遠嚮於林屋小天之上下陪宿鴐
於震澤靜岸之局闕宮錦淋漓何年賜還雖傑句以
雛誇肆墨瀋而難攀則滄浪濁而纓纓之士款曲磊
塊澆而揚眉之客未闌此其馬蹟之盼也　又游竹
塢詩四首贈鈕隱君劉侯將相家携客晚相過爲言
馬蹟山詩屋竹千箇清心鈕君子萬卷畱四坐何言
挺特姿隻舸堪挀舵毘陵如此歡令我春夢破　齋

菴幾時來小獵鹿茸草傳聞好事人舟泊門已埽談
笑傾家釀鄰甕亦傾倒輕風浮玉天何必問三泖海
鼇猶堪把洞壑悉幽討　太湖光爛銀日上眩朝彩
幽人住此中浩蕩增磊塊亦有千橘林柯葉霜不改
神仙畱丹竈五色精璀璀我欲從之游青芝爲君采
　環湖皆是山岸岸鷗鷺浴烟巒浮溼翠盡日看不
足結廬總忘機開卷抽畫軸四時樓閣倚人境非世
俗悠哉東湖春此客面已熟 竹塢
錢源字士元號悠然姿博究墳策不爲祿仕雅善趙子
昂作亭山南額曰悠然松雪爲作記洪武初卒有詩

稾
蘇雨字民悅號甘白戇直樸野有古人風能詩錫邑王
進士訥爲之銘子鳳字文祥號忍菴亦能詩
蘇仲仁能詩與錫邑顧允迪善　允迪寄詩絶境傳聞
馬蹟山浪花堆裏聳雲鬟數峯秋色簾櫳外萬頃波
光几席閒漁浦沙明寒月白人家樹老夕陽殷扁舟
日欲尋高隱不識仙居第幾灣　仲仁和家園髣髴
小孤山四面烟波擁翠鬟來往檣帆明鏡裏參差樓
閣畫圖閒千年梅樹巖頭白二月桃花洞口殷他日
放舟勞枉問柴扉只在內閭灣

錢濟餘字君錫博闕覽性坦率不事修飾學者疑閔剖
析無滯名士多出其門 以上內閭
王求禎字亮卿端謹老成力持公道子孫多游庠食餼
人謂厚道之報 桃花
杭禮字仲恭永樂閒舉隱逸不就壽八十八著夫椒野
史四十卷
杭黙字思道號梧岡少勵志讀書游徐徵絃先生門學
使賞其文已首拔以字誤被黜隱居教授門多成名
方伯吳賜其高足也
李若周有隱德士林推重之

張春湘字杏三試不售援例爲國子生見事明決嘗池令謝蘭邀入幕人訐諸生某書籠有狂悖語春湘曰此狂生無知不可使文字掇禍勸謝諭釋之歸杜門授徒與查鄰臯許竹閒陳廣軒李清渠等爲詩酒雅會蒔花木自娛不復進取鄉人質以事片言立決人皆敬之 以上韓青

錢黼字伯舉號雪漁讀書能了大義隱居樂善論事曲直不爲詭隨鄉人說服

許鼐元字爾調號古樵鼎臣弟邑增生養方教子之涵之淙游庠著抱膝居詩文集 以上新城

許彥良字元善大榮子胡大海欲拔爲將痛父陳亡固辭負劍入海洪武十八年還築養靜窩與弟彥讓讀書其中或勸之仕彥良笑曰汝以吾居此不如仕邪吾一片野心已被白雲留住矣竟不出

許其仁字宅眞號枕流有光子精奇門六壬尤工岐黃投藥輒效鼎革之際祝髮祥符寺號甚遠訓子令習醫曰學醫必讀書醫理無窮也貧人切勿論財著本草選要發微二卷傷寒節要二卷外科理會二卷

馮霖字潤蒼廪生教授鄉里遠近雲集多所造就 以上東山

張震亨字羽霜溫雅有度善飲能詩稾散失 東泉

丘楫公失其名爲梳工明太祖征陳友諒泊岸側友諒舟過順流追之友諒以此就殪不受封且求一醉上命光祿寺給之一日天寒雨雪醉臥屋角太祖解衣覆之後不知所終 舊志丘楫墓在小墅今迷其處大墅丘家園其遺址也

許世泰字時雍號桂軒郡庠生博稽墳素聲譽籍甚與空與杭淮同門學淮自以爲不及屢不中有司遂輟進取當道造廬勸駕朗吟曰何事白雲留我住恐教再著北山文終不出著桂軒集 以上小墅

重修馬蹟山志卷八

里人 許 棫纂述
馮效亮參校

列女

吳氏徐成策妻郡城袁弼女二十七寡苦節三十七年

吳氏孝子徐著繼妻三十二寡苦節撫孤年五十一

周氏丁志皋妻徙居江陰長壽鄉順治乙酉兵至志皋挈氏匿田間兵執志皋氏奮身護兵斫之至死不釋志皋竟得免諸文人哀以詩

丁氏周君曜妻夫卒甘貧守志族某謀嫁之議成氏哭別夫墓赴水死邑侯給額曰節曜清流杭源濬有傳

徐氏周培仲妻二十三夫卒自經救免毀容忍死後人欲奪其志氏歸告父曰兒不即殉者舅姑缺奉耳今不可活矣至家縊死

朱氏周朝樂妻二十六寡苦節二十九年

賈氏徐岳年妻稱孝女歸徐謹事姑嫜二十六夫卒哀毀矢志撫孤年六十一

王氏徐泰妻二十九寡苦節撫孤年四十八

楊氏徐方茂妻二十四寡苦節撫孤年六十四

朱氏徐趾仁妻三十五寡撫孤成立親戚至未嘗面窗守節四十一年年七十五大學士劉綸贈額恆德共貞邑侯汪公邦憲給額松筠晚翠

唐氏丁佳仁妻二十七寡矢志撫孤守節二十餘年

曹氏丁堅妻二十四寡撫孤成立守節二十餘年

羊氏丁汝權妻二十九寡守節三十二年年六十一

高氏徐悅心妻耿灣高錦先女三十寡撫孤兆祥成立娶王氏三十一寡氏及孀媳同撫孤孫藉十指以給氏年八十八媳年六十九

姚氏徐浩嵩妻刲股療夫禱神願減壽益夫算

張氏丁烼妻刲股療姑

曾氏丁蓀培妻刲股療夫

張氏徐奎榮妻東泉汝翼女二十八寡苦節三十二年

張氏周洪祥繼室嶂青一鳴女年十九歸周二十一寡苦節撫孤成立見年五十七

宋氏周方選妻二十八寡苦節撫孤成立見年五十七

李氏丁允川妻夫卒苦節撫孤成立見年五十一 以上古竹

丁氏錢元德妻二十六寡苦節二十一年 鄒埼

李氏徐有章妻三十寡謹事病翁撫孤成立年七十三

杭氏徐义彬妻孀居苦節撫孤年七十九

楊氏徐櫺妻三十二寡苦節撫孤年六十七
丁氏楊公藩妻二十三寡事姑撫孤苦節六十年年八
十三
陳氏楊升妻三十寡撫孤成立子婦相繼沒復撫女孫
積勞遘疾卒年五十八
周氏徐遵道妻三十寡守節撫孤年四十二
周氏徐開宗妻樂山女二十九寡守節撫孤見年六十
七以上檀溪
吳氏顧恕妻西邨吳滿女女索厚聘不時嫁嘉靖初恕
病篤始歸已不可婚矣氏侍湯藥甚謹彌月夫亡乘

閒自縊　里人丁參政致祥作顧郎婦云吳氏女顧
郎婦嫁郎郎病不出戶禮乖婚媾戶者誰居貨待時
要善賈堂前禮畢歸洞房慘不成歡事辛苦調糜和
飲悄無言婦服於人是其所郎言再偶復何人色不
見瞋心則怒强言苟如此泉下何顏復相覩吞聲死
別情未洽百年未幾先朝露尋思事定惟有死掩戶
自經計非左同牢日短同穴長口碑不斷青山路吁
嗟乎堂堂意氣偉丈夫平生自許可託孤一朝事變
失所守剛腸臭腐成泥塗顧郎婦出天賦截鼻投崖
堪並數山人歌罷面發赬丈夫事業裙釵做

莊氏郡庠生許第妻第以神童名早卒氏年二十二苦
志撫孤守節四十九年
李氏秦臯妻孝廉盛時姊二十四寡苦節撫孤四十年
壽六十有四
楊氏秦墀妻生子之鏞兩月墀歿氏年三十五苦節撫
教立孤年六十六　江陰黃睎夫椒高爲秦節母作
夫椒山太湖水山高巍巍水瀰瀰貞松冠山巓幽蘭
被湖沚秦家有節婦幽貞照閭里忠臣不二君烈婦
爲夫死婦不殉夫婦有以兩月孤兒婦所倚千荼萬
檗甘如薺艱辛三十餘年矣噫吁嘻國無忠臣反顏

事逆亡國敗家血食斬絕守節撫孤安可得秦家節
婦眞人傑夫山成塵湖水竭節婦之名乃可滅　許
之漸詩有母能立孤有子能立身慈孝總相合艱苦
本性情我里檀溪楊太君兩月遺孤血淚新力勤紡
績僵十指母子對影成三人世皆陽春望桃李母獨
冰雪淩宵晨貞顏古骨昔士女懷清築臺無纖塵高
歌黃鵠矢萬里壽母兒齒期千齡猶聞襁褓呱呱泣
克配五夜承瑤綸　龔策詩秋月明檀溪清千秋皎
皎疇與京表署六合憑支撐髧髦之咏天日晶棘心
護背兩共盟哀鵜孤鵠總不情捋荼茹檗永霜貞遺

孤雨月方煢煢寒鐙落月照短檠乳燕嘍嘍和機聲恥從節義居乃名白首青鬟立其誠子今七尺已有成烏頭雙樹行且旌素心芳躅繼秦瑛庖傳八義帳宣平女宗母師今再賡此山此水永不傾　李燾時題雙節爲秦母作余姊歸秦門早寡苦節玆因之鏞母楊孺人徵壽詩故并志之不禁泫然欲涕也雁過夫椒不忍棲多因寒夜泣孤嫠如吾老姊青年淚共爾尊堂白髮齊比屋砧聲一片月殘機鐙影五更時須將太史青霜筆寫入前朝處士詩

秦氏許繩裕妻志德女二十二寡苦志撫孤守節四十

五年康熙丁巳卒年六十七

徐氏高有爲妻夫卒貧甚紡績營育子女長子履坦有操行游京師例選禮部儒士孫鍾祺爲諸生有聲次子顯臣暨媳俱早卒氏撫其遺孤艱苦更甚近五旬長齋禮佛女工至老不輟常曰非勤苦無以成家吾爲後人作榜樣也卒年八十三大學士呂宮題贈曰母儀仁壽

堵氏張宗傑妻錫邑富家女宗傑早失怙恃貧不能娶氏年二十四始入贅二十六寡扶夫柩歸耿灣氏昆弟見家徒四壁欃舟邀與偕歸氏曰此吾家也已遣孤玉鉉甫八月氏紡績自給足不踰閾玉鉉成立氏年五十六

秦氏張鳳采妻同里子修女孝廉宮璧從妹堵氏妯娌也亦二十六寡同志相依有無黽勉撫孤玉鑑玉鏡相繼歿氏年五十一　秦宮璧有傳乾隆五年俱特旌

吳氏監生許裕基妻刲肱差母及翁裕基卒于粵氏劬瘁撫孤年五十卒　劉文定公綸傳略孺人吳氏明學士中行五世孫女生十七年馬蹟山元行許翁次子爲贅壻家極貧歲游幕外出孺人性至孝母疾革刲肱肉和藥進母少差卒不起繼歸山中事翁膳必

精腆而自與二幼子尚忠遵恩糲食雍正壬子秋翁病瀕危醫不肎予藥孺人爇香中庭默有所禱還拊二子背夜深兒且臥孃淪翁炒米湯訖來看兒翼日二子寤驚問孃臂血何漉漉出曰誤搶壁籬耳卽挈之走省翁翁言天嚮曙我神爽勝常趣醫覆診詫曰脈頓起乃今可勿藥嘻異矣尚忠突出旬傅臂方訊所用以孺人告約少選過舍取劑叩之曰日者心駴而翁證忽變而孃得毋刲股乎尚忠謝不知然纍記孺人在室事仲忪歸拉弟索母於房則方裂幅布複裹肱創血益漉漉出二子哭且叫孺人亟手堵其口

曰勿使人知人知翁弗效猶汝外婆孃白喫一痛矣白喫一痛云者蓋孺人前已刲左肱至是當右刲而左手澀又齒齧肱肉引刀急刲遂并及臂因語兒吾曩救母纔延一月息吾孝不至方慟不欲生有世母來慰諭說割股者須聶切如星子碎病者嚥一星可一年活而以全臠濡藥汁固無濟昨吾糝翁湯少不減十數星也時翁病瘵年政六十一逮乾隆己未得壽六十有八孺人尚追悔昔請翁呷湯不盡甌常恨恨焉孺人既貧困早衰庚申猝得裕基粵中訃銜恤治裝促尙忠奔迎而塗資乏半爲惡奴狗兒乾沒孺人

愈不給越辛未五月卒年五十論曰曲學之士猥以貞女夫亡不嫁孝子割股愈親皆獨行過情爲聖經所不許庸詎知一介至性激發奚暇披陳典則尺寸比擬而蹈之善夫子朱子有言屈原之忠忠而過者也屈原之過過于忠者也稔乎此可以觀孺人之孝或云復菴公昔以爭江陵張相奪情事被廷杖至股肉狠籍不爲動孺人宜無忝其苗裔哉

王氏許漢章妻太平鄉尙林女漢章夭某欲奪其志氏鳴之官官直之後某復强逼氏截髮毀面復鳴官得遂其志

吳氏許岐燿妻夫歿子夭氏苦志守節年九十餘嘉慶壬申卒

殷氏許鳩燿妻牛塘懋功女二十九寡苦志撫嗣道光戊子卒年七十四

吳氏許培基妻二十三寡苦志三十年

楊氏許湘妻湘歿於粵守節終身年六十九女能詩適朱易二十八寡守節三十三年

徐氏字玉峯郡城人通經史大義工吟詠二十五歸耿灣秦斌事姑孝家貧夫館外氏亦授徒族中藉供甘旨課暇習鍼黹日攜餐歸遺姑姑慰甚斌病篤氏爲

疏誓神請代斌竟愈而氏卒年二十八有玉峯焚餘艸

莊氏聲遠女字許洛原未婚卒氏過門事姑孝謹苦志撫嗣守貞二十六年

孫氏許漢珍妻二十一寡苦志撫孤孤夭又撫子承嗣守節六十年年八十

李氏許漢琪妻大智女二十六寡終身守節茹蔬年五十九

王氏許拱辰妻十八寡撫姪爲嗣守節五十九年

董氏許鴻見妻莘村天如女二十四寡苦節撫嗣四十

五年
許天成季女幼字某某早卒女矢志守貞勤紡績創公
產爲本分世祀貧守貞終身
許鏞女字華愛元未娶卒氏守貞茹蔬終身
秦氏聖公女贅錫邑童大年不數月大年卒誓身殉父
母慰諭之乃勉起養老撫幼艱苦萬端無何父母相
繼逝諸弟又皆夭氏哭泣喪明暴卒
張氏庠生許燮柔妻君友女燮柔歿遺孤五氏教養成
立守節五十餘年年九十三
宋氏秦慶滑妻二十寡撫兩幼孤成立苦節五十年年

六十九
周氏姚丕承妻三十寡撫子女俱成立苦節三十七年
年六十七
張氏丁堰人秦養正繼室五載夫卒守節三十八年
許沆傳略張氏秦養正繼室事姑待夫孝敬生一女
養正卒氏毀瘠甚以姑耄叔未壯强起理家秦素封
食指繁賓戚常滿叔既娶與嬸鈕愛逾姊妹終日不
離中饋未嘗告飆撫訓前室女如己女前室女配吾
兄文泉先生己女配宜邑松江教授尹壽孫貢生於
相子氏少慰既兩壻兩女相繼逝氏大慼及叔舉子

延燮氏乃喜曰今可以慰吾夫矣卒年六十二
高氏秦守妾守卒孤幼戚族羣裂其產氏挈孤訴邑得
直　許棫傳略高氏秦守簉室郡城人事嫡鈕盡禮
生子廷燮甫五齡守卒守故有家釁戚弱孤寡詭設
質劑索厚息攘其契券并控廷燮非守子氏挈孤徧
訴戚黨又訴之邑閱五年始得直悉追還其產及廷
燮長再授室氏劬瘁百端卒完先業教子有成戚黨
以爲秦氏功臣焉
秦氏姚均揚妻孝子洪業女孝事翁姑八載夫卒翁姑
又逝叔與子女俱幼氏撫訓婚嫁庚申賊至以憤卒

苦節二十餘年
王氏顧科盈妻夫歿無子撫姪嗣又殂孤苦守節見年
五十六以上耿灣
吳氏王泰和妻雪堰橋銓女二十寡嗣姪孝初旣立氏
猶勤紡績見年四十九盤灘
李氏孟道傳妻道傳客死雲陽氏迎柩湖濱沈於水姑
杭從之俱救免歸潛縊庭樹繩斷姑諭緩須臾死氏
荅不可緩者二族勸不可先姑死氏荅不宜後者三
謂歲凶後死分姑食且後死則覬覦無忌終一死遂
乘隙縊

顧氏徐晉陽妻晉陽客死江右氏二十五遺孤三歲氏縫績撫孤苦節四十五年

徐氏管正志妻正志讀書攻苦年三十卒子女俱殤氏煢煢隻影足不出戶餘二十年至老禮佛鄰人始識其面

金氏丁時憲妻憲讀書舌耕早卒無子女氏赤貧苦守夫兄欲奪其志氏聞號慟自縊救免紡績終身

李氏孟元卿妻貧氏勤苦克家事姑謹二十七夫死氏毀慟捐軀者三皆救免乃白姑曰姑在婦不宜死然婦少淩犯死且不白姑愛婦俾早從郎君地下姑知

志不可奪氏備含殮諸物櫛沐整衣向姑再拜姑挽之氏絕袖闔戶縊時日將晡姑依戶外聞嗌嗌有聲齧指出血汗浹背不敢張目視時萬歷己丑十二月二十日

徐氏鈕昇妻二十二寡苦節五十餘年天啟閒直指旌之曰貞節令有司歲給粟帛

徐氏鈕尙陞妻二十三寡孝事舅姑撫孤成立守節五十四年

王氏岡卿徐復陽繼室婁東大司寇世貞女孫長齋奉佛夫疾調護周至疾篤諸醫束手氏割股進瘳李盛時有傳

戴氏知縣徐國瑞妻年二十四國瑞卒遺腹生子食貧立孤年六十八

錢氏徐國瑞子庠生騰暄妻毀莊孝廉霖女三十二寡撫教立孤授室生子子媳相繼歿氏持齋禮佛年八十二姪錢名世有傳

陳氏宋棣妻棣早亡貧甚氏甘藜藿日夜操作撫一子一女成立當道獎額曰操同冰蘖

杭氏鈕如珩妻未三十寡茹貧厲節課三子永譽永成永秀成業貞節三十餘年年六十三

鈕氏張虞賓妻如珩女年二十六寡無子堅志苦節撫嗣子取給十指壽七十餘人謂能稟母訓云

劉氏鈕國蕃子仲如妻喪夫無子守節六十餘年

杭氏錢松妻松字大年萬歷三十一年舉人豫謙曾孫家極貧氏事親盡孝翁歿夫出游氏事役姑尤謹學使獎扁曰南陔風世

許氏宋梧繼妻中丞鼎臣曾女孫幼知書二十八寡矢志撫二孤曰死節易撫孤難吾爲其難者貞節四十五年年七十三

陳氏宋南材妻生二子一女夫卒毀欲絕繼曰夫死義

不獨活柰孤兒女何乃不死貧勤紡績雪夜捉梭指膚盡裂有富人賄鄰嫗說氏峻卻之嫗再至氏怒曰是教吾狗彘行也毀容矢志歲歉富人饋以米氏不受苦節三十餘年

丁氏宋杞妻夫早卒守節終身

莊氏宋積慶妻二十一寡勤紡績慎撫孤守節四十一年年六十二

宋氏管嗣安妻未三十寡守節四十餘年年七十四

徐氏管兆琛妻夫早卒矢志靡他守節四十餘年

宋氏管兆璜妻夫早卒守節終身

王氏管允升妻三十一寡貞潔自矢孝養無違守節三十八年

許氏管學銘妻二十八寡守節三十一年

錢氏鈕楚材妻二十九寡守節二十四年

王氏殷理達妻三十寡茹荼撫二孤成立苦節三十四年

管氏殷道和妻二十七寡苦志撫二孤守節四十年

薛氏殷承謨妻二十三寡矢志撫孤成立守節三十餘年

莊氏宋津妻西邨中和女二十三寡誓身殉人曉以孀姑五旬遺孤七月不可死乃茹貧養姑撫孤咸豐三年卒年六十四以上雁門

劉氏史彥繼妻泰安州人隨父寓南都年十八歸彥洪武元年隨夫任四州敘南衛經歷八年彥死貧甚旅殯淺土閱十六年負骸攜幼同峽州奴萬里還葬廬墓側紡績自給永樂二年年五十五有司聞于朝敕建坊曰貞節

錢氏年十六歸姚冕生一女成化十九年冕客死柩還迎哭舟次赴水殉救不死服闋夫兄欲奪其志氏覺投於池復救免家人防甚密佯許之防少懈一日薄

暮淅米釜中謂女曰汝爨火吾少睡靡成報我比女往寢門堅閉叩而啼眾壞戶入氏縊於榻肉已寒矣

顧允迪詩猗彼錢淑人及笄歸姚氏貞性本天成卓然邁諸姊夫君死客鄉時年尚少只聞訃慟欲絕歸櫬俟河涘躍踊沒清流所親援出水忍死撫孤女伯氏良可鄙投池又不絕秉志終一死炊靡謂孤女靡熟呼我破誰知鍵寢門懸榻見夫子堅節終不移哀慕徧鄰里惜哉無旌揚幽光掩塵土我聞心暗傷灑淚記終始匪直闡潛德欲以正人紀閣筆倚山窗萬壑悲風起

丁氏孟文學妻致甯女夫客死於汴氏年二十二食貧

撫子子亡撫孫年八十卒嘉靖辛酉庠生王憲白之

郡邑旌曰貞節

徐氏陳志淑妻三十寡事姑孝撫孤成立縣尹旌曰節

孝流芳

徐氏陳維周繼室二十八寡事孀姑盡孝教子嚴苦節

四十三年年七十一

陳氏錢夢麟妻三十餘寡事姑孝教子有方守節三十

餘年年六十六

穆氏陳丕烈繼室二十三寡撫孤守節六十餘年年八

十五

薛氏陳志泌妻苦節四十年

殷氏陳志淇妻三十餘寡家極貧給於十指葬姑如禮

教子成立苦節四十七年

高氏陳秉鐸妻錦先曾女孫三十一寡撫二子一女成

立事姑甚孝年四十五

張氏陳錦昭妻犇牛庠生傑女二十八寡孝事翁姑撫

孤成立矢節三十八年年六十六

鈕氏陳九霄妻二十八寡茹荼撫孤苦節二十年 以上內間

李氏王就見妻夫早卒四子一女俱幼家甚貧氏日夜

紡績足不踰戶延師教子成立苦志三十餘年 嘉靖特旌

莊氏宋之垣妻二十五寡撫孤兆桂讀書成立苦節五

十年 以上桃花

吳氏莊敘元妻二十八寡矢志撫孤家奇貧所需出十

指及娶婦生孫氏少慰旣子婦相繼歿氏又撫孤孫

苦節五十五年年八十三

陳氏晉鉽妻柴泉庠生基元季女鉽好客屨恆滿氏主

中饋雖匆頳設饌必絜腆姑慰之氏曰新婦職也中

年乏嗣勸夫置妾得男桂初而夫與妾俱逝撫嫁諸

女俱能秉母訓宏其家教孤長授室喪孫猶作苦不

倦見年七十八 以上西都

高氏杭僅妻僅卒撫二孤至莊成立莊弱冠游庠直指

鄧公澄旌曰貞操郡縣晏公文輝旌曰天付完節年

七十餘

海珠李可習女年十四有委禽者截髮自誓旣父母相

繼歿祝髮焚修法名海珠閉關五十餘年七十餘卒

吳賜鈕國蕃陳世祉俱有傳 世祉傳略貞孝女李

氏父可習母薛俱好善生女一人養親不字媒再至

截髮毀容誓無變志越年餘父疾篤籲天求代母病

癱封肉療之俱不效相繼逝哀動鄉里遂閉戶食貧有覬覦者不遂火其居女堅臥不起鄰人突焰出之父友張達藏杭奉川憐其無歸構室寺莊曰寂照菴居之饋之糧女鏟鬚焚修有修尾神雀集肩之異

徐氏庠生杭觀瀾繼妻徐氏瀾弟庠生湘妻俱二十六寡俱茹貧教遺孤崇禎末湘早歎生計益艱常相藿食而豐養舅姑雍穆無閒俱享大年

吳氏副憲鄒嘉生子延玠妻方伯賜次女延玠選貢生以起義被禍吳屢自經以救免後籍其家將起解迎母至問曰兒服金屑何故不死母曰此故不足傷生

且勿為此去當不至死氏曰憶壻繫金陵時兒恐乏用遺以金鐲壻卻之示書曰鐲乃汝附體物豈可著他人手今可以女子身委諸官府徒隸乎兒不行矣然意頗暇薄暮置酒呼幼女侍母飲母寢乃沐浴理髮衣麻衫密縫下裳取延玠諸手札以髮纏臂上又以所寄詩扇珀墜納懷就牀柱縊母聞急呼之吳曰大人何苦不成就兒做乾淨人母命婢移火至氣已絕女粵秀亦哀痛不食卒年十五歲

徐氏俞錫調妻順治初湖寇剽劫執氏逼之不從脅以刃大罵賊憤甚被斫死錫調遂不復娶

陳氏杭璘妻柴泉陳玄女翁姑老皆臥病夫遠游氏奉養周至衣不解帶姑謂家人曰此孝婦也吾子不如願孫婦得如吾婦足矣姑卒慟哭彌月亦卒

秦氏徐士仁妻士仁早世撫兩孤旭賜成立縣令李公旌曰節勁冰霜

金氏張御杓妻杓溺湖氏矢節撫孤嬪成立年八十餘卒

杭氏張培元妻金氏孫媳三十三寡矢志守貞事姑孝訓子嚴善持家業倍起子俱成立長子椒英為武生學使胡公獎曰節孝可風郡守葉公獎曰冰清蘭馥

嚴氏江陰黃橋御史斗三女孫歸鄉貢士陳元次子煜夫亡服將闋絕粒死　秦宮璧傳略貞烈婦嚴氏江邑黃橋舊家女讀書明大義女紅暇覽古閨人貞烈事輒感喟年十七歸張青里鄉貢士陳廷颺次子煜辨色起執事惟謹奉舅姑甘旨必腆而自食粗糲雍正乙卯年二十四夫病禱神祈代病革謂氏曰吾知汝不毀志如年少無子何氏泣曰君無慮脫有不諱吾斬衰三年即從君地下即死恐傷兩大人心且力不辦雙櫬夫遂瞑氏哀毀骨立朝暮哭奠服將闋不食母強之則曰夫俟我黃泉今居期阿娘阻苦無益

堅絶粒十日死年二十七其里人私謚貞烈
吳文璧字永和蔭監生董之璜繼妻方伯賜女孫之璜
殁天衆官通政遺産無幾之璜婚一月游大梁病歸
阽危呼與訣曰吾三事未了先大夫墓碑未立前室
吳氏未葬子幼未成立以是累汝氏嫁裝頗厚夫病
久斥賣且盡喪後縮衣食延師教子求名筆作翁碑
銘又卜地合葬夫與前室子翼學有成母老而貧迎
養至殁幼弟與己子同學飲食教誨無異守節六十
三年氏少工詩五言如樹影移殘月荷香散遠風疏
雨兼花落歸雲雜鳥飛七言如草淺風細蜻蜓立花

落泥融燕子忙茶煙輕傍風扶去竹影閒隨月過遲
俱有唐人風味及孀居曰此非未亡人事也遂屏去
存者曰茗聰拾稾翼爲梓行有沈德潛序潘耒譔傳
李氏監生張祖金妾三十寡守節二十年
李氏吳成業妻二十二寡裹足不出戶叔嫂不通問教
孤成立年五十餘
王氏孫立卿妻二十九寡貧事舅姑以孝聞撫孤成立
苦節冰心鄉人敬之
馮氏徐錦榮妻二十七寡艱苦矢節孝舅姑養葬如禮
撫幼子成立

張氏徐汝珩妻夫卒家貧孝事翁姑矢節撫孤成立年
七十餘
王氏杭道南妻生而喑二十九寡困縈活嗣艱倍尋常
苦節四十六年年七十四
杭氏張聖授妻秀華女二十七寡孝事舅姑矢志守節
見年六十二
魯氏張可興妻二十四寡無子孝事翁翁疾革刲股進
翁卒喪葬盡禮終身縞素年五十五
張氏錫邑閭江吳勤學妻暐青應星女二十九寡粵賊
燬其居攜三子一女避母家茹荼飲檗撫子女成立

置屋產光緒五年卒年六十七以上暐青
丁氏陳彥慨妻正統間慨由徵辟仕貴州平越倉副使
卒官氏挈孤扶櫬間關萬里葬夫祖壟
趙氏陳所安妾二十九寡遺二子一女紡績撫孤一子
游庠氏年七十七
郁氏陳履中妻夫卒撫子成立通守權邑篆旌曰柏舟
竝美年六十九
鈕氏杭學業妻萬歷庚子大饑夫久客氏忍飢紡績夫
歸旋歿氏年二十八或勸改適斥之貞操益厲撫子
女成立年七十三

徐氏杭建臣繼室夫卒采薪衣食艱苦備歷撫二孤成立娶婦生孫壽及古稀

杭氏庠生陳乾妻知書賢淑隨母與姑往惠山歸遇暴風舟覆氏攀檣救母得起復投水救姑俱溺死梧塍徐遵湯私謚孝潔

吳氏陳殿英妻適陳夫已病瘵侍湯藥三年夫病篤諭以改適氏曰脫不起吾當俟君泉下耳彌留時氏調湯藥置枕邊往屋後縊先夫一日死年二十四

杭氏陳盛初妻嫁三年夫死遺孤夭貞操不二致養族姪爲嗣

王氏陳元嘉妻二十八寡孝事舅姑和妯娌姪紹琦孤貧不能讀母將令習藝氏曰兒慧當使讀庶紹書香慰地下人脩脯吾紡績佐之茹蔬杜門苦節四十八年年七十六許景清有傳

姚氏陳會嘉妻三十寡家極貧依母紡績撫孤成立年四十八許景清有傳

陳氏董佑申妻母孀居迎養于家三十寡課孤遁舉子業病瘵卒又撫孫成立苦節三十八年

王氏杭立山妻二十九寡家極貧舅姑老子幼仰事俯育備歷艱辛舅姑歿廢產營葬卒立二孤

徐氏陳盤庚妻庠生道南女夫亡營葬產盡紡績度日値祭埽薄物必哭奠里郤賢之

楊氏吳鼇年妻二十九寡事翁姑育孤子心力俱瘁舅姑歿喪葬費出十指教子嚴大學士程文恭公贈額曰節竝松筠苦節五十三年年八十二

徐氏陳靜本妻庠生道南女二十一寡苦節撫孤年四十四

史氏庠生陳履謙妻大書女二十寡守節六十三年年八十三

陳氏杭源濬繼妻撫前室子如己出夫亡自縊

胡氏吳日景妻年二十寡苦節撫孤成立年六十

錢氏吳鳳年妻段莊季美女未字時封股療母後事姑亦稱於鄉里

陳氏吳遠紹妻思度女二十六寡紡績不少暇苦節三十四年

練氏陳開業繼妻郡城人翁其昌慮不耐作苦氏卸妝出汲不殊邨婦翁大慰生子洪桂不復育洪桂年二十夭撫姪雄文子疇嗣洪桂甫二月需乳亟無力雇人氏忍湩溢得哺兒後開業病革謂氏曰汝歸我二十餘年無失德今遽相棄命也能立此五歲兒延晴

峯公祀吾瞑矣遂卒晴峯公者明正德舉人推官璦
也系四房而疇大房族以疇非嫡嗣起與言圖瓜分
氏割產入祠乃安而祖業廢過半又歲連歉家不支
氏晝夜操作撫養孤孫甚至遣就族伯基元學旣益
困將罷讀而耕泣謂疇曰汝家三世書香至汝以貧
斬吾負汝祖臨危之託矣柰何基元聞謂曰兒可讀
吾樂誨之無以束脩爲也乃復讀歲終饋手織布數
丈爲贄師辭不得納其半疇試于院屢躓氏慰之授
室後舉三子皆殤孫婦隨歿氏大慟曰吾數十年艱
苦欲爲陳氏延一線耳今已矣何以生爲遂不食疇

長跪泣請乃食從疇繼室生子氏已先卒年八十二
李氏吳長謙妻西鈕太學生步雲女秉性貞孝歸八月
夫卒撫孤貽穀授室子歿撫孤孫宗翰年六十八
徐氏陳我振妻二十寡事姑十七載茶蓼備嘗撫孤成
立年六十五
丁氏陳我詵妻三十寡苦志撫孤咸豐庚申年六十二
卒
李氏吳世英妻東郁俊賢女二十九寡食貧善事翁姑
撫立二孤見年六十歲
龔氏陳培卿妻庠生鈞遠子婦善事翁姑夫歿絕而蘇

曰死義也但翁姑在耳迨翁姑歿亦卒守節十二年
年三十九
張氏吳南谷妻貞嫕寡言夫卒矢志守節見年四十九
以上柴泉
王貞女名玉瑗庠生三省女通孝經列女傳受許氏聘
許子以盜聞女作詩曰我投父母十九春誓不污身
嫁匪人恐來見逼難脫身故先一死明吾心獨貽父
母悲痛淚來生當報罔極恩吾生于嘉靖己未死于
萬曆丁丑在世十九年幸潔吾身雖死何憾萬年青
史知吾心否邪吾不暇計矣自經死

宋氏王搏九妻搏九早世遺一子一女氏年二十五苦
節三十餘年孤得立
張氏王品珍妻太學生紹洙女二十三夫卒殮畢持刀
自刎救免姑泣謂曰吾止一兒今死矣而汝又死吾
何依氏乃不死夜侍姑寢扶持出入疾痛疴癢爲之
抑搔稱孝婦守節四十三年年六十六 以上東岡
錢氏膳生許繩武妻庠生淵女繩武避仇居新城子鼎
臣小字阿慶四歲時氏指槐語之曰槐樹蔭我房阿
慶做都堂及槐覆房鼎臣果開府山西鼎臣承母訓
卒成名宦孫之漸登科以槐榮名堂繪圖王時敏題

公槐瑞應圖尤侗李楷有賦并序吳偉業宋實穎陸
貽典王奕鴻屈復等俱有題咏
吳氏許之濬妻大理寺卿亮女京師陷歸馬蹟山時明
進士吳暘起義訛傳匿山中蘇松提督吳兆勝統兵
至山搜捕見氏色欲污之氏大駡賊殺之之濬救之
亦被害
瞿氏庠生許之汾妻福建布政士達女二十一寡苦志
撫孤守節終身
許氏北渠吳守寅妻庠生鼎元女守寅卒氏苦節五十
三年撫姪立嗣爲邑諸生

楊氏州判許維植妻二十七寡撫姪元愷嗣守節三十
九年年六十五元愷康熙庚子順天舉人
呂氏許台耀妻大學士宮女孫運副方高女性嚴正不
苟言笑年十七于歸克盡婦道宗族著稱台耀屢困
棘闈齎志早歿氏忍貧課教諸子元基敬基玉基以
義方不屑屑于富貴貧賤可謂賢明知大義者
莊氏許臨耀妻州同知繹女能詩文明大義事翁維枚
祖姑吳克循婦道夫亡訓子刻苦卒成立親書遺訓
貽後
許氏吳縣教諭楊標妻侍御之漸女孫鍾祥今維楫女

母徐有古賢婦風氏幼承家訓以禮自淑標未赴任
卒氏即長齋繡佛教育子女三十年如一日
劉氏史我彩妻于歸二十日夫歿氏年二十九事孀姑
撫孤姪克敦婦道年五十一
王氏史編妻二十五寡孝事姑奉夫主於室朝夕拜奠
撫教嗣子母貧迎養于家終身不御色絲巡按甘士
价給扁獎之
王氏庠生史振鐸子宗海妻東岡中行女二十三寡事
翁教子鄉里欽敬道光十二年年六十七卒
楊氏史元祥妻錫邑胡埭連升女二十八寡赤貧撫孤

道光癸卯卒苦節五十年年七十八
錢氏宋蟾桂妻二十七寡翁病刲股
周氏殷春寶妻古竹夢祥女二十三寡撫孤女茹荼苦
節同治癸亥年三十四卒
陳氏周根興妻二十九寡苦志守節撫姪順觀爲嗣見
年七十五以上新城
堵氏李世茂妻柴泉人父翰往視挈之歸翰帽墮湖撈
之亦墮氏痛哭躍入救父俱死時正德十二年
馮氏許維梓妻東鈕應蛟女梓年二十四應試墮水卒
氏年二十撫姪爲嗣守節四十餘年年六十三庠生

王熙祖杭彭年具呈學使張公元臣獎額貞節流芳

馮氏李荀御妻東鉼撰伯女得舅姑歡性儉約不事華飾生二子次子甫七月荀御卒薄暮姑又殂氏欲殉翁諭以撫孤存夫祀爲大氏勉銜恤勛勤喪葬如禮既翁又卒叔及兩姑俱幼劬瘁撫訓姑長厚奩贈各適名族爲叔娶乃析產無毫髮私長子以病不娶爲次子中興授室得三孫人謂可少安而叔嬸又相繼歿遺一子一女氏撫之又俱殤氏曰李氏祚薄至此一未亡人何能爲遂以次子嗣叔卒年七十四艱節幾五十年

陸烈婦李氏名惠蓮雅浦陸芳繼室泰來長女夫卒不食八日父往諭之氏泣曰兒今且不死乃食未幾父疾氏歸奉湯藥不解衣帶父卒哀甚還夫家二日仰藥死距夫卒已七十日矣以上西鉼

李氏庠生馮天倫妻鼎女三十寡堅節待死終身一髻傚不易嘉靖丁酉里人辭南白當道旌之年五十九

李鼐詩山中李節婦湖上堵孝女倫常重節孝丈夫非容易湖山二女流貞性拄天地一爲父子恩一爲夫婦義父蝕墮湖死父死堵亦逝夫義先李亡夫亡李同志孝行慷慨成堅操從容遂秋風山木號陳僆寒淚夜雨湖水平點點滴餘骴女死父不知婦守夫豈冀血性所噴薄匪欲垂名字湖山有時泐流芳永不墜

殷氏許有遠妻新城麟女二十寡姑老遺孤二歲㷀然守志父母欲奪之歸甯擁鑪婉勸氏解裹帕投于鑪起還夫家散髮不髻誓不復返庠生馮太初欲爲請旌苦辭萬歷甲辰卒年六十三侍御錢一本有貞節壽序

堵氏許有光妻勁節撫孤其仁成立

錢氏許有政妻新城一宏女二十二寡苦節四十餘年

年六十三

馬氏馮大智守節三十八年

馮氏庠生許之瀅妻明綱女孫二十寡立嗣守節二十三年

馮氏許之瀚妻明賡女二十七寡苦志撫孤守節終身

許氏元亨女年十四父病篤刲股進愈女以創卒

高氏許燦廷繼妻二十九寡貞節茹貧撫二孤女成立光緒六年卒年六十以上東鉼

李氏辭之湆妻十九寡無子堅志苦守數十年力支門戶孝養翁姑翁姑歿喪葬盡禮晚年皈佛清操不渝

康熙十年里人許之淙等白于郡矦紀公堯典奬曰
節孝流芳
殷氏辥汝祿妻新塘張墓仁戻女二十五寡同治元年
卒守節十七年
秦氏辥雲梯妻二十八寡苦志撫孤長生成立年五十
四以上西泉
張氏庠生許宗銳妻銳弱冠游庠二十四卒氏年十九
堅節撫孤七十年壽八十八
李氏庠生許進妻三十二寡甘志窮餓冰節不渝年六
十九

馮氏許蔭蕃妻孝廉亦魯母事君婞摯孝舅斗瞻年老
患胃瘡蔭蕃與氏不解帶日夜交摩凡五閱月被穿
數處易簀時指謂蔭蕃曰此汝婦孝徵宜留示子孫
龔氏孝廉許亦魯妻新塘龔巷時行女侍郎鏜從姑事
舅姑先志無違善理家亦魯及子沅常幕游氏支外
內井井得舅姑歡性慈祥寬惠姻里告要無不應至
典質衣珥不吝或積負赧顏啟齒氏知之日是區區
者慎無介意復轉貸以濟終不責償自奉甚儉未嘗
蓄羅綺訓子孫有方循循禮法望而知為某家子弟
云卒年七十七遠近聞之皆悲惋有哭失聲者侍郎

輓云歸許六十年教子誨孫累葉詩書開望族環湖
八百里感恩銜惠同聲婦孺哭徽音藎紀實也
葉氏江陰青陽鎮金聲女太學生許縣源妻守節二十
一年
辥氏許南根妻西泉泳女二十八歲守節年五十
秦氏許衍羲妻錫邑吳山賜福女二十三寡茹蔬守節
年五十
李氏許衍烈妻二十五寡長齋守節孝養舅姑賢聲無
聞卒年三十九以上小墅
鈕氏許華玉妻二十七寡守節撫孤年六十二

馮氏許秉彝妻二十五寡守節四十三年
徐氏許國善妻三十六寡貞節不渝撫二孤成立年五
十五
李氏許靄善妻西鈕庠生蔭姪女三十四寡篤孤力學
甚嚴齋己豐師設膳腆腆不倦見年五十歲以上大墅
已入邑志未攷何灣十七八
邵氏宋某妻年二十四懷娠四月夫死貧如洗矣念姑
老枵腹承養兒土築塋越六十年未嘗茹葷未嘗啟
齒
杭氏錢岱年妻撫庶子成立卒年六十餘

杭氏陳叔盛妻
劉氏許貢山妻
張氏馮朝宗妻
鮮氏陳奎元妻
徐氏錢有文妻
堵氏孫禮昭妻
王氏陳大昌妻
莊氏陳金元妻
劉氏鈕元吉妻
馮氏徐連慶妻

朱氏周興鎬妻
宋氏吴希尚妻
吴氏王朝鍔妻
曾氏顧惟孝妻
陳氏錢麟妻

馬迹山導遊

（民國）伍受真 輯

《馬迹山導遊》，（民國）伍受真輯，民國十九年（一九三〇）初版，二十三年（一九三四）再版。

伍受真，江蘇武進人，生平不詳。馬迹山即今之無錫馬山，作者輯述該書時，馬山尚屬武進縣。元王仁輔《無錫志》云：『（馬山）其山清秀，山中有靈山寺，舊屬無錫，後割入晋陵。』解放後，馬山重新劃入無錫市。伍受真此書，沿用舊時方志體例，在表述内容上則使用現代地理學方法。全書標列有小目：地位、沿革、山系、風景、民情、特産、交通、登山遊程、山灣峰嶺、泉石、古迹等，從旅遊角度全面介紹了當時馬山的情况。由於當時馬山尚處於自然農村狀態，未經旅遊開發，故所作介紹皆爲原始風貌。作者認爲馬山一經開發，其旅遊價值必勝於鼋頭渚，則已爲今日之馬山所證明，實爲卓識。伍書出版後僅數年，馬山即遭日寇蹂躪，全島古木砍伐殆盡。後又遭『文革』之劫，地形地貌大變，故是書所述當時馬山資料甚是寶貴。

本書據民國鉛印本影印。

（徐志鈞）

馬蹟山導遊

錢振鍠署

石山

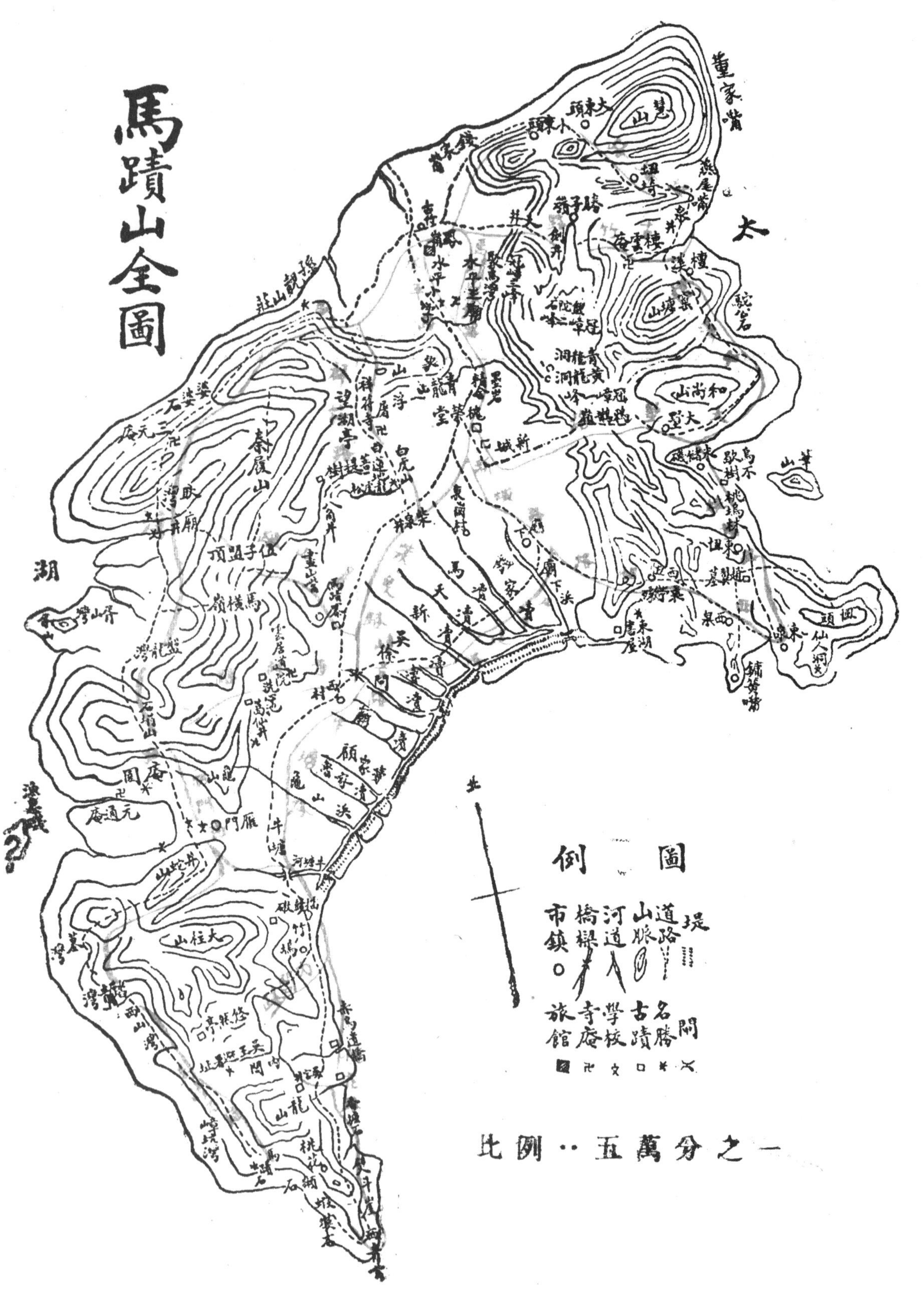
馬蹟山全圖
圖例
堤
道路
山脈
河道
橋樑
市鎮
閘
名勝
古蹟
學校
寺庵
旅館
比例：五萬分之一

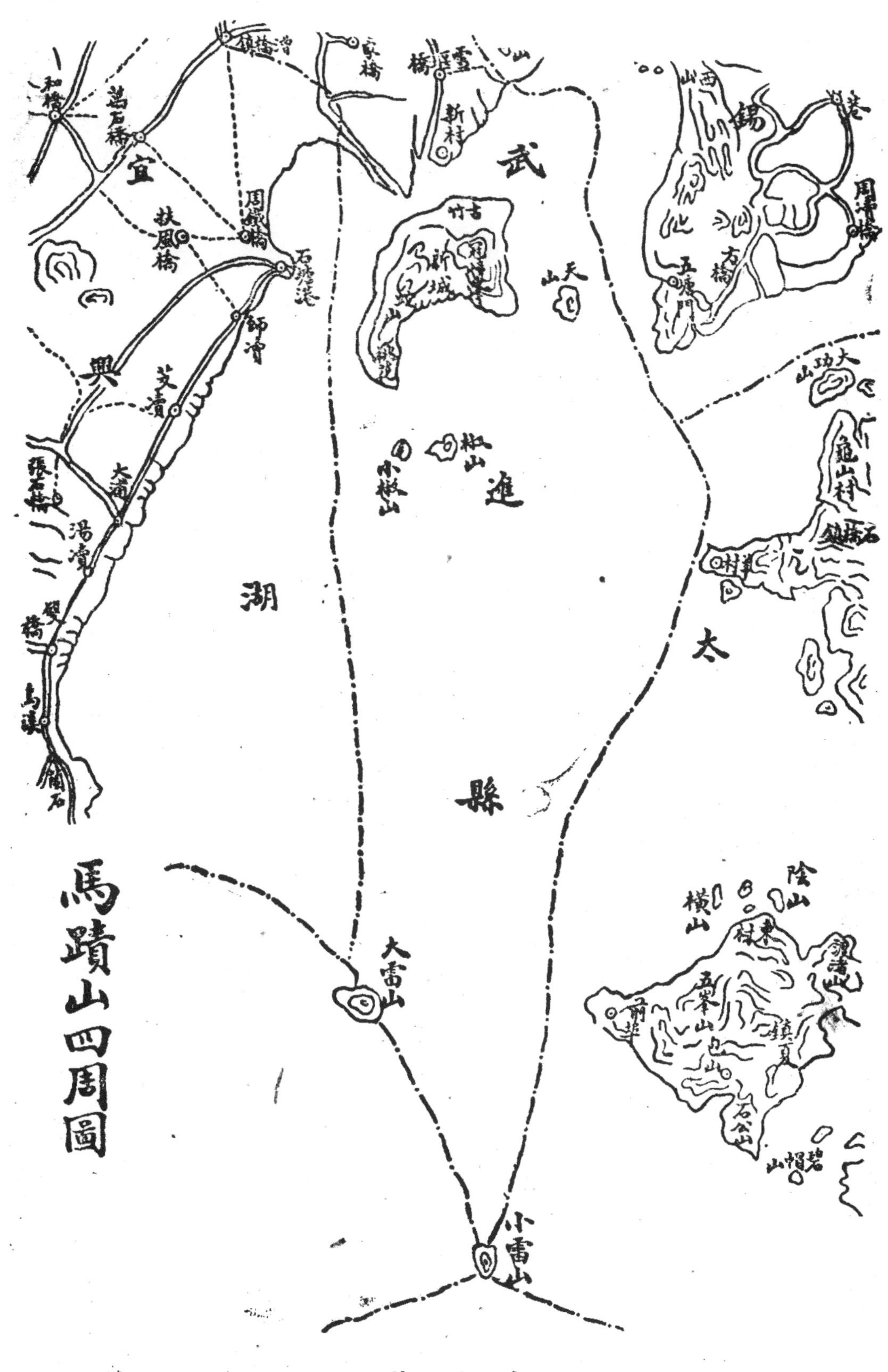

比例：四十萬分之一

旅館望雲

馬蹟山旅館在古竹灣妙湛菴故址建於民元二十年地位高爽四圍水山林木夏日避暑尤佳

籐橋在嶂青灣相傳系五百年前物

籐橋

劍井

劍井在勝子嶺眞武行宮側形如劍削

馬蹟山處處青松姿勢屈曲奇異此其一也

柴泉道中

宋杻

亦名檉在小墅灣大數十圍奇古宋初許氏始祖手植

隱君泉

泉在檀溪灣水出石壁芳洌不涸相傳宋邵協能官隱此或云宋許叔微隱此故名

隋柏

在耿灣三元菴門前圍牆內雙幹凌霄不知植自何年菴建於隋末故名牆外有井曰柏井水甘不涸

前後點山

二峯入湖環西紐右臂稱前點後點下有石瀨

葛井

在雲居道院前相傳爲葛洪之丹井

古銀杏

在東泉灣高聳雲霄鄉人呼之爲雄白果樹惟結果甚艱年僅數粒或竟不結

西青紫

在桃花濱自大福山入湖蜿蜒數里俗名南龍頭風景佳絕

在神駿寺東系宋代建築物毀於元明重建今存石幢

祥符寺浮屠

古椿

在桃花灣古幹拳曲高於雲霄其隙坐有二童

在西青嵴側形如蝦蟆

蝦蟆石

試劍石

在秦履峯頂亦名伍子盟頂志傳子青試劍於此石中分如削登峯路稍塹及巔風景絕佳

駝公石

石在檀溪灣窰塘山下距湖濱數武如老人傴僂水中

序

余嘗遊錫之黿頭渚。羨其矗立雲濤煙水中。擅花木亭臺之勝。爲低回留之不能去。然黿頭渚固不遠吾邑之馬蹟山遠甚。蓋峯巒之幽邃。林木之葱蘢。泉流之清冽。天產之富庶。靡不彼遜於此。惟是世人知有黿頭渚而不知有馬蹟山何哉。良以茲山雖饒天然勝景。而絕少人工點綴。交通食宿。又未稱便。名流既相率裹足。山遂湮沒不彰耳。外方遊客無論矣。即邑之人其來此盤桓者。殆百無一二焉。居恆輒曰。邑中鮮佳山水。其然豈其然乎。夫茲山勝概。冠太湖七十二峯而有餘。使熱心公共事業者。出而經營之。修道路。建橋梁。構亭榭。新寺觀。並於駕車命舟授餐適館之需。略加致意。則曩之好遊黿頭渚者。必一變而踵接於馬蹟山。於是馬蹟山之名。不難於三兩年間駕黿頭渚而上之。奈何長此恝置。一任其荒蕪寂歷邪。庚午初夏。余因病。入山小休。常與趙君峪平丁君甫屏王君粹三。行咏山光水色中。方尋幽探勝之餘。慨茲山之不爲世重也。爰輯馬蹟山導遊一書。非僅爲便利遊客計。亦所以興邑人闢治山林保存古蹟之思云爾。

民國十九年五月　　武進伍受眞

再版序

孔子曰。不患莫己知。求爲可知也。伍君受眞。輯馬蹟山導游。以人之不知馬蹟山爲患。冀有熱心人出而點綴之。使其名駕鼋頭渚而上。余謂馬蹟山之受知於人久矣。遠則吳王避暑。葛仙鍊丹。近則騷人墨客。題詠成冊。其歷史之悠遠。彷之諸大名山。未必落後。而民不習僞。室不閉戶。風俗之厚。又爲斯世所無。陶淵明桃花源記。成乎幻想。而此則一泉一石。一樹一草。率乎天眞。余愛之。余數至錫。然而經濟衰落之影響。侵略主義之壓迫。馬蹟山雅不欲與世相爭。而不能自外於世。故爲馬蹟山計。宜使地盡其利。農有餘粟。卑居處而盡力乎溝洫。惡衣食而奮發其精神。輸之以新知識。而保其舊道德。肅之以規律。而勿入之於奢靡。則馬蹟山自有其可知之處。亦何患人之不之知耶。今者山之南。築一堤。鑿一河。各長數里。以護湖田。山之北。築路數百丈。以利民行。倚冠嶂三峯。築旅舍數椽。適環湖諸縣。公路完成。昔者窮日而至山。今則二三小時可達。馬蹟山含天然風景外。人工之經營自此始。伍君所慮之駕車命舟授餐適館諸事。漸逐節而解。若夫達官貴人。富商巨賈。駕汽車以就熟路。瞬息百里。振飛機以臨清風。足亂浮雲。談富國須重國產。而忘其車與機皆自舶來。言裕民必先節用。而日食萬錢。猶苦無下箸處。例之馬蹟山人。登冠嶂峯以爲高。酌飲君泉以爲甘。夏啖雪桃百顆。冬炊紅蓮一斗。熙熙乎風巒雲海之下。僕僕乎朝露夕陽之間。怡然自足。不知世間有名利事。以此語彼。若語冰於夏蟲耳。此之所競競乎求爲可知者。彼又何途之從而知之。伍君聞余言而笑。以其導游原著。使增輯再版。余欣然應之。并爲之序。

民國二十三年五月　　武進莊启

馬蹟山導遊

舉要

地位

馬蹟山在武進城東南七十里太湖中。周六十餘里。合三十五公里。面積一百零三方里又〇七二。合三十四公方里又二〇一。山西南窄而東北廣。在東北至西南橫十一里。東南至西北長十八里。東去無錫吳塘門三十里。東北去無錫獨山門四十里。東南去北嶋山四十里。西去宜興大區港三十里。北去雅浦港十里。去莘村港七里。

沿革

山在禹貢震澤北湖中。即古夫椒。山之西麓曰西青。石壁峭立。有石窟四。圓如馬蹟。世傳秦始皇遊幸時神馬所踐。又云漢郁使君歸老遊山。龍馬駐蹟。故云馬蹟。宋置馬蹟山寨。元置巡司。明初下常州。俞通海以舟師略太湖。入馬蹟山破張士誠水寨。清屬常州府陽湖縣迎春鄉。今改武進第十一區。

山系

馬蹟山之主峯曰冠嶂。舊名官長。有大官長二官長三官長之稱。三峯矗峙。高五六里

○西偏爲分水嶺○直貫南北○坦若平地○嶺之西爲象山○又西爲小靈山○稍南爲畫山○踰山而北與虎臂相直者曰棧山○西爲小胥山○其南爲馬鞍山○馬鞍之南爲覆舟山○迤南而西爲萬安山○爲花欄山○爲龜山○爲蛇山○訖於西青嘴○官長之南爲點山○爲芝山○其西爲火石嶺六堄山○東爲𪃟鴣山○爲桃塢嶺○又東而近湖爲荒山○爲蝦笛山○折而北爲盼子嶺○自嶺而東爲錢家嘴○爲東谷嘴○爲燕尾嘴○皆瀕於湖○山之東境極於此○而夫椒則馬蹟之從出也○俱在湖中○東曰夫○西曰椒○亦稱小夫椒○

風景

東南諸山在震澤者○或中峙○或旁列○湧金浮玉於雲濤煙水中者○世傳有七十二○而高深幽夐○則首推馬蹟○蓋馬蹟之勝○不僅林木葱蘢○泉石清奇○而層嵐疊嶂○曲折縈紆○實湖上諸峯所不及○波光萬頃○山色四圍○四時之景物不同○旦暮之風光亦異○古蹟名勝○俯拾卽是○皆饒幽趣○惟善遊者得以攬賞會心耳○偶誌一二如次○

（春日） 登冠嶂最高峯看太湖　耿灣聽鶯　檀溪試新茗　漫斗崖濯足　西青嘴觀洪濤　醉卧柴泉紫藤花下　分水嶺看雲海　七里堤賞梅

（夏日） 古竹灣啖楊梅　小墅看朝霞　三櫃書屋前納涼　秦履聽樵歌　戰鼓墩望遠山　祥符寺聽松聲　西鈕古銀杏樹下對奕

（秋日） 雁門玩月色　避暑宮弔古　火石嶺看楓葉荻花　鑪簀嘴聽水樂　新城訪菊

2

七里河泛棹

（冬日）　盤瓏小飲　梅塢道中玩雪　棲雲庵煨芋　牛塘探梅　雪霽泛舟漁息磯　雲居道院剝松仁

民情

山民醇厚有古風。鮮進取心。不嗜煙賭。亦不善漁獵。赤貧者以樵採爲生。有富不滿萬窮不討飯之諺。各灣居民。多土著。雖夜不閉戶。而偷盜之事。所罕見焉。客至。相率來觀。每延入汲泉煮茗相款洽。有不識山程者。常爲導行。五里十里不倦。終其身未嘗出山者甚衆。蓋不啻古桃花源中人也。

特產

（穀屬）香秔。亦名紅蓮。陸龜蒙詩近炊新稻識紅蓮是也。芒紅。稻微黑。根葉皆香。每炊入勺許。馥溢釜外。故土名十家香。但早穫薄收。不多種。唐書載入土貢。　芋。有白芋紅芋黃秈香杭等名。香秔尤勝。絕大者曰龍潭。

（果屬）楊梅。馬蹟山楊梅尤有名。上者曰殿山。曰潭東。曰炭圓。次則綠英。青蒂子。紫金鈴。一種色白如雪者曰雪桃。土名白楊梅。紅白相間者曰八角楊梅。皆奇種也。　枇杷。　葡萄。　香櫞。秋櫞早黃皮細。春櫞晚黃皮粗。粗者尤香而久。　柿。大曰銅盆小曰丁香。　銀杏。

（花屬）紫藤。小者徧產山巖。花時如錦。 山茶。 牡丹。大紅色。品在魏紫上。古竹磾青各有一本。數百年前物。 紫薇。檀溪澗上一株最大。

（植屬）茶。產檀溪者香味在碧羅春上。

（藥屬）防風。 乾葛。 山查。 益母。 薄荷。 紫蘇。 蒼朮。 半夏。 六月雪。 天花粉。 金銀花。 細辛。 茵蔯蒿。 天門冬。 天南星。 紫地丁。金櫻子。 牛膝。 藿香。 青精子。 威靈仙。 土茯苓。 枸杞子。 土貝母。

土沙參。 車前子。 何首烏。

（羽屬）杜鵑。 綬帶。 鷓鴣。 畫眉。 練雀。

（獸屬）獐。 獺。 獾。

（鱗屬）白魚。 鱓魚。 鰲魚。 銀魚。 鱠殘。 白蝦。

山灣

環馬蹟山皆灣。灣爲兩山間之平地。計三十八灣。大者山民所居。茲列如左。

古竹　俗稱苦竹。在冠嶂峯下。北望虎背及雅浦莘村二港。波光十里。山翠分流。南通水平小學。分兩途。右達柴泉嶂青。左達新城。路平坦。無戲嶇。

檀溪　在勝子嶺東北。倚山有棲雲菴。嶺環湖塹。梅花隱君卓錫諸泉在焉。

鈕埼　在檀溪東北。燕背回抱。谷邃土腴。

耿灣　背負秦履深谷。右蟠華家嶁。盟頂左踞。西望銅官胥山。風景佳絶。

盤瀧　一澗西流。石氣在戶。相傳西子曾居此。舊稱伴奴。亦稱伴龍。

雁門　庫岑圍繞。遙瞻若斷。民稠土肥。

牛塘　背蛇山。面紫荷。夕陽在山。樵唱未已。

內閭　環山抱湖。林泉紆軫。多古蹟。

桃花　內閭西南。平波鴻溶。椒山在厂。

西郚　雁門東北。倚山襟湖。灣東別山玦環。爲雲居道院。

嶂青　西郚之北。盟頂之東。地敞田腴。

柴泉　一名寨前。右巒嶂青。左概新城。澗北二里至神駿寺。

新城　接壤柴泉。彌望壇曼。背負冠嶂。三峯刺天。飛青滿屋。

東郜　新城東北。壤地磽陿。

西鈕　東郜冠嶂遠脈。濬壑窅深。

泉鈕　谷遂中寬。田塍而美。莽圃頹基。觀者興感。

西泉　東鈕坤隅。

東泉　東鈕巽隅。與西泉相望。三灣之水。至此爲聖堂河入湖。

小墅　由東鈕北過桃塢山。狹而脩。田少而腴。

大墅　去小墅半里。雙巒窅窔。一澗威夷。

錢家　錢家衖西。松影落波。秋聲在蘆。

沈昌　檀溪南。淺水半灣。漁舟集晚。

[illegible]藤　盤瀧南。野薜蝕壁。濁浪淜崖。

菖灣　雁門南里許。

繆家　濱湖一坡。廣不半畝。

踢青　有丁氏墓白蓮池。

山西　內閭西。

沙塢　桃花灣西。

張坑　桃花灣西。

竹塢　內閭東北。

漁沙　竹塢東。

萇橋　竹塢北。

插竹　一名姚灣。東鄙東半里。有田十餘畝。

屏風　插竹東。隔火石嶺。

金沙　東泉東。平沙燿金。取之不滅。

砟棋　金沙灣東。仙人洞在焉。

桃塢　東鈕東北。一塢秔香。兩磯珠綴。

蓬坑　大墅東北。磳田數畝。荒荻一灘。

峯嶺

冠　嶂　舊名官長。三峯矗峙。高一百三十餘公尺。合二里弱。周十里強。馬蹟山之主峯也。古竹檀溪東鄉新城東西鈕大小墅諸灣環其麓。

勝子嶺　右古竹。左檀溪。南對冠嶂三峯。曲磴迂折。登其巔。東北兩湖在掖下。上有眞武行宮。

鳳　嶺　冠嶂三峯下。爲妙湛庵故址。今築馬蹟山旅館。

轆桶嶁　錢家衖勝子嶺北。石聚如轆形。左右有泉。俗呼龍眼泉。

鵲　嶺　勝子嶺南。

窰塘山　冠嶂三峯左。下有駝公石。

棧　山　古竹西麓。至耿灣十里。臨湖壁立。又名十里山莊。宋孫覿築園於此。

華家嶁　秦履山西。谷深里餘。相傳唐華將軍葬此。

秦履山　相傳秦始皇登此故名。西爲耿灣。南迤爲柴泉嶂青。

胥　山　盤瀧灣北。山下灣口如拳。相傳伍子胥被殺。鄉人登此哭之。

龜　山　北自西鄉。抱雁門之東。麓有石。名醉仙。

蛇　山　由龜山轉向西長里許。其陽爲牛塘。

石塲山　在雁門。雨後奔瀑。噴珠漱玉。甚可觀。

漁息磯　孤懸湖中。對雁門南浜坡陀下。浸若浮螺。漁夫唱晚於此。網影炊烟。望之如畫。

鯉魚嶁　在牛塘灣。面北。嶄絕數百丈。聚碎石如鯉。

紫荷山　牛塘灣南。以形名。許貞通墓在北麓。

虎塹嶺　牛塘灣西。

萬安山　俗名飯碗山。在內閭灣。

花欄山　內閭西嶺。

桃花嶺　自內閭灣至桃花灣間。

大儲山　馬蹟山右峯。

椒　山　西青豬東南十里。湖中西有小椒。俗呼胥賓山。東北去夫山十里。吳敗越於此。

蜈蚣嶺　黿山來脈。

金雞嶺　俗呼西邨嶺。上爲金鷄墩。

伍子盟頂　即湫灣嶺。東嶂青。西湫灣。路極塹巖。府志子胥誓師處。中有石中分。相傳子胥於此試劍。一說吳王試劍石。

涵　山　嶂青張氏宅後。一卷聳秀。松翠襲裾。

賫　山　介嶂青柴泉兩灣。東西行者至此日午。故名。

馬橫嶺　一名馬棚峯。在嶂青。相傳吳王畜馬於此。

青龍白虎山　在神駿寺左右。

交錢嶺　神駿寺側。相傳寺初建時。人爭布施於此。交錢而去。

芝　山　冠嶂第一峯下。二小峯相連。昔人採芝於此。

分水嶺　七星墩東。爲東西兩山過脈。水平王廟在焉。

象　山　水平王廟後。形如臥象。或云郎王墓。

東　岡　石臼塢南。即劉家墩。昔時徧植梨花。玩之神思皆潔。今無。

行香嶺　冠嶂山坳。

西野山　冠嶂南。

火石嶺　插竹屏風之間。

點　山　二小峯入湖。抱西鈕右臂。稱前點後點。下有石瀨灘。

五峯墩　脈從冠嶂來。

六峴頭　在西鈕。

馬鞍嶺　近五峯墩。

和尚山　在鈕東。

鵓鴣山　趙翼墓在焉。

桃塢嶺　東北至小墅。

扇子山　在東鈕。

西泉嶺　在西泉薛氏宅後。

鏞黄胥　在西泉。南風澎湃。作古樂聲。俗名吳王胥。

蟠龍嶺　在東泉。荒山胥。臨湖。踐之有聲。

鈕　頭　在東泉。由荒山背南插入湖。

小墅嶺　東鈕至小墅。

米貯磯　在大墅。桃花灣口。別起小坡。俗名鴨舌胥。

錢堆磯　在大墅。桃花灣湖中。俗呼筆山。

遲漁嶺　在小墅。漁舟晚集。登此呼之。

大墅嶺　由小墅至大墅。

鼠尾山　在大墅灣底。許侍御墓在東麓。俗名採花墳。

𨺗　山　夫椒山東北十里三小峯。

泉石

龍眼泉 轆桶嶁左右各一。樵者掬飲之。今一涸。

隱君泉 在檀溪。水出石壁。入石池。徑三尺。深如之。芳冽不涸。淪本灣新茗。風味不亞第二泉。相傳宋邵協罷官隱此。故名。或說以宋許叔微隱此名。

卓錫泉 亦名半月池。在棲雲庵右。

梅花泉 在檀溪馮家園後。亦名吳家潭。泉眼五。廣五尺。深三尺。汲之不竭。

華嶁泉 耿灣華家嶁中。泉從石坎流出。清絕。

港 泉 在雁門北濱。底頂皆石。有泉三眼。不竭。

濠 泉 竹塢湖濱。水落則見。釀酒極佳。

杭氏泉 在嶂青。深二尺。稍減立盈。

長沙泉 在長沙嶁。

畫山泉 在畫山麓田中。周三丈餘。深三尺。下見石底。俗呼龍眼潭。

柴 泉 在柴泉灣。舊名吳井。深尺許。旁有潭。徑丈。井高於潭二尺。皆不盈不涸。

小山泉 在西鈕李氏祠旁。深尺許。汲盡立盈。

天 井 一名仙井。亦名龍泉。在古竹小山頭麓。水清冽。不溢不減。

劍 井 在勝子嶺眞武行宮側。如劍削成蓮花形。雨後積水可汲。

柴井　在盤瀧王姓祠前。水甘冽不涸。

葛仙井　在雲居道院東。廣三尺。深倍之。大旱不枯。味甘冽。

吳宮井　在避暑宮旁。

八角井　神駿寺厨東。徑八尺。深十丈。石垣八角。轆轤抒水于筧以達厨。相傳明天啓時。龍出井。挾垣一石。陊石臼塢。今猶存茶寮中。

月井　形如半月。深二尺。旱不涸。亦名八角井。今就湮。

瀼花潭　在鈕埼。有大瀼小瀼。

陸家潭　耿灣陸家墩下。歲旱不涸。

湯婆潭　耿灣龍石尖下。遇旱不涸。

烏泥潭　在新城劉家墩旁。歲旱不竭。

發洪潭　在小墅山頂。大畝餘。深三丈。相傳古出蛟六。

鴨脚潭　在小墅牛筋樹下。

飲馬潭　去月井數十武。不涸。

洗心池　在雲居道院。道士高養冲鑿。並建橋其上。

白蓮池　舊在藏經殿東南。產無尾螺。

唐子浜　雲居道院前。清水一泓。旱不涸。

駝公石　檀溪窑塘山下。距湖濱數武。如人傴僂水中。

娑婆石　在耿灣棧山西湖中。與檀溪駝公石遙對。

獅子石　在盤瀧。一高丈許。若獅踞足蹣。一石狀如羊。一如道士伏。

馬蹟石　在西青脊湖濱石上。四穴各徑尺。深六七寸。水長見二穴。落則全見。傳為秦始皇神馬所踐。或云漢郁使君。

香爐石　在沙塢南。跨空如鼎。可通人行。

獺石　在西青脊。跨水如橋。俗呼獺橋。其上亦有圓穴如馬蹟。大小不一。

蝦蟆石　在西青脊側。如蝦蟆蹲坐水中。

盤陀石　在冠嶂第一峯頂。圓徑丈餘。面平。有置杯蹟。可對飲。

天下平石　在桃花灣。民國二年出土。

熨斗崖　在西青脊。石瞰湖如覆熨斗。下容百許人。

青龍洞
黃龍洞　俱在冠嶂第一峯。

仙人洞　在東灣砟碁灣。石洞危斜。依山勢而成。可傴僂入。廣丈許。既過復有一洞。差小而奇。又有石。濶五尺。長丈餘。面鐫楚人王茂方五字。俗呼仙人橋。

獅子龕　在冠嶂第二峯半。巨石如獅哆口。可容數人。

古蹟

眞武行宮 在勝子嶺。明嘉靖十九年。里人邵德建。三十四年倭擾洞庭。將乘南風北渡。忽反北。倭不得濟。民以爲神佑。邑人鄒之麟書反風禦寇額。每歲上巳。香火甚盛。

聚馬灣 在冠嶂第二峯下。相傳吳王養馬于此。

妙濟菴 在古竹小山頭下。一名龍泉菴。宋慶元二年。明洪武八年修復廢。即今馬蹟山旅館址。

竹里書齋 在古竹。徐鶴清讀書處。

棲雲菴 宋寶慶元年僧海福建。元燬。明洪武初。僧太玄重建。成化間。僧廣惠修葺。萬歷間。僧慈航建前殿。崇禎末。僧原明增建大殿。清康熙初。僧德涵擴之。未竟。徒常逸繼之。又構留雲閣。陳玉璂書額。今額爲金壇王澍書。道光間燬圮。

並榮樹 在棲雲庵前。巨銀杏樹中包一樸樹。俱鬱茂。

邵公墩 在檀溪徐宅前。相傳宋邵協歸隱處。

仰高邱 在檀溪棲雲庵前。明季僧德聰建亭其上。額曰東湖一覽。下有凝秀軒。

留雲閣 在檀溪留雲坡上。僧常逸建。

孫觀山莊　在棧山麓。宋學士孫覿。曾置屋築園於此。

柏　泉　在耿灣里社前。上有柏。相傳隋大業間物。

庵　園　在蜈蚣嶺下。昔有庵。傳張士誠妃鈕氏葬此。明太祖發其冢。今存石墩。

鈕家園　在竹塢東。元鈕處士錦故居。有古紫藤。晻藹夭矯。尚存。

赤烏遺橋　在福德橋側。已湮。僅露石如初月。下鐫吳赤烏二年造。

避暑宮址　相傳吳王闔閭構宮避暑於此。

悠然亭　元隱士錢源築。趙松雪作記。今廢。

西胥小隱　在內閭。明隱士錢孝築。

擂鼓墩　世傳吳王督戰處。以足蹋之。跫然有聲。

西青背　由大儲山入湖。蜿蜒五里。俗呼龍頭。爲全山最勝處。

雲居道院　俗稱神仙菴。舊傳葛仙翁鍊丹室。太湖志云。葛洪嘗來此鍊丹。元時道人鈕鐵崖修鍊於此。建靈官殿。宏治間。道士沈道澄暨徒顧月樓。於靈官殿東建殿奉眞武三元等神。萬曆甲午。道士王鳴山暨徒小泉。添建山門客堂寢室。淸順治初。羽士高養冲闢基十餘畝。建大殿後殿玉皇閣各三楹。門外鑿池。架以橋。遂成勝境。

抱朴子盟壇　在雲居院。抱朴子金丹篇云。馬蹟山中立壇盟。受金丹之訣于鄭君。今失其處。

勿軒書屋　在嶂青。明杭濬讀書處。

神駿寺　在秦履峯麓。居重湖疊嶂間。最爲幽迥。唐貞觀間。里人杭將軍惲。捨山建刹。名小靈山。宋大中祥符中。改祥符禪院。宣和四年升寺。元末燬。明洪武二年重建。宣德十年重修。正統十年賜大藏經一藏。嗣燬。淸康熙間蘇子荆捐貲重建。康熙賜御書神駿寺。易祥符舊名。並賜水月禪心額。自製詩七絕一首。米芾書一幅。黃庭堅書兩幅。玉如意銅雀瓦硯綠端石硯等物。庚申之亂。寺燬。民國三年重建。現僅康熙乾隆御書各一幅。水月禪心額。綠端硯。存寺中丈室。

浮　屠　在神駿寺東。燬于元。明重建。今廢。

菩提樹　一在神駿寺普同塔前。一在東麓。相傳植自異僧。幹鐵青色。如楸。差小。四月間開花。如指大。蜜色甚香。每花別抽一葉承之。今並不存。

龍虎松　分峙神駿寺山門前。頂相向。虬幹蒼髯。怪形殊狀。不知植自何年。鄉之鱗衣白臥翫其下三日。許之漸屬虞山吳歷寫雙松圖。陳玉基大書龍虎松三字。勒碑。今並枯。

望湖亭　在秦履峯半。僧智瀾建。今廢。

花　橋　一名偃月橋。在柴泉。

馬蹟寨　宋設馬蹟寨巡司。兵一百五十名。駐柴泉灣。元因之。明嘉靖三十年。改爲烟墩。以瞭倭寇。今訛爲窰墩。

壘岩精舍 錢淵讀書處。今廢。

槐 榮 室 明許中丞鼎臣故宅。幼時母錢。植槐庭中。語之曰。此槐覆我堂。阿慶作都堂。阿慶中丞小字。後果驗。及鼎臣卒。槐亦瘁。辛卯復榮。子之漸成進士。異之。屬虞山吳歷繪爲圖。名人題詠殆遍。咸豐間。堂燬於火。

水平王廟 在分水嶺。一名分水祠。又名雲水院。王爲后稷庶子。佐禹治水。誨人浚道。後祠之。宋胡文恭宿請登祀典。建炎間。郡守周杞以劉龍圖駐兵於此。并祀龍圖。

劉龍圖祠 在水平王廟。龍圖名晏。字平甫。嚴州人。入遼舉進士。爲都官員外郎。領兵歸宋。織赤心報國字于旗。號赤心隊。金人犯常州。太守周杞請救。晏父子率精銳七千人出奇破之。進直龍圖閣。保馬蹟山。寇再至。晏還舟師迎戰。降千五百人。追潰黨戚方等至宣城。方驚走。單騎追之。遂遇害。詔贈事聞。龍圖閣待制官。其四子立廟死所。額曰義烈。今祠廢。設木主于廟之西北隅。

桑 苧 墩 在西鈕灣北。世傳桑苧翁於此品泉。

碧山精舍 明李令君顯建。今廢。

東湖書屋 在後黏山。明朱魯故居。燬於火。

古銀杏　觀音堂前。兩株併一。大數十圍。雙幹聳霄。蔭蔽雲日。

趙翼墓　甌北先生。字耘松。乾隆進士。工詩。與袁枚蔣士銓齊名。墓在東鈕鵓鴣山。

古杻樹　在三橿老屋前。宋初許姓始祖手植。三株今存其二。大各數十圍。奇古。

烏不歇樹　在橿樹側。枝幹拳曲有刺。烏鳥不敢棲止於其上。故云。亦百年前物。

道路

路名	起點	止點	長度
水平路	古竹渡口	新城柴泉叉路	一里半
柴泉路	接水平路	畫山嘴龍潭	二里半
嶂青路	畫山嘴龍潭	西村沙泥街	二里
西村路	沙泥街	蜈蚣嶺	一里半
牛塘路	西村沙泥路	擂鼓墩	四里
內閭路	擂鼓墩	吳王避暑宮舊址	三里
雁門路	蜈蚣嶺	牛塘	二里
旅館路	古竹渡口	馬蹟山旅館	半里
祥符路	柴泉路龍帶橋	祥符寺	一里
桃花路	避暑宮	西青嶺即龍頭	五里
耿灣路	南接雁門路	古竹渡口	十四里
新城路	接水平路	廟橋	三里半
西鈕路	廟橋	西泉	四里
桃塢路	西泉	經東鈕小墅至大墅止	四里

檀溪路	檀溪	大墅	五里
鈕埼路	古竹渡口	鈕埼	五里
七里堤	老虎峪	擂鼓墩	七里
晝山路	晝山泉	耿灣路	三里
馬蹟石路	西青觜	雁閃路	九里
古竹路	古竹渡口	檀溪	五里
大墅路	水平路	大墅	五里半

名勝概列

古竹灣

名稱	本書頁數
冠幛峯	八
獅子龕	一四
勝子嶺	八
鳳嶺	八
韡桶嶁	八
龍眼泉	一二
天井	一二
眞武行宮	一五
聚馬灣	一五
妙湛庵	一五
劍井	一二
竹里書齋	一五

檀溪灣

名稱	本書頁數
鵠嶺	八
窰塘山	八
駝公石	一三
隱君泉	一二
卓錫泉	一二
梅花泉	一二
棲雲庵	一五
並榮樹	一五
邵公墩	一五
高邱仰	一五
留雲閣	一五

鈕埼灣

名稱	本書頁數
褒花潭	一三

耿灣

名稱	本書頁數
梭山	八
華家嶁	八
華嶁泉	一二
陸家潭	一三
秦履山	八
胥山	八
湯婆潭	一三
婆婆石	一四
孫覲山莊	一六
柏泉井	一六

盤龍灣

名稱	本書頁數
獅子石	一四
柴井	一三

雁門灣

名稱	本書頁數
龜山	八

交通食宿

由古竹灣至柴泉嶂靑雁門。道路平坦。東至檀溪等處。須越𦝼子嶺，山路頗塹。西至耿灣等處。路較平。山中有籐竹輪可坐。各處到山之法如下。

一，武進縣城　甲、坐武宜路長途汽車至漕橋。計一小時。由漕橋改乘錫宜長途汽車至雪堰橋。約半小時。由雪堰橋附下午二時開行之馬山渡船。或雇船上山。乙、下午二時許在天甯寺前趁輪船。下午六時許由雪堰橋至莘村。輪船公司有雇就之湖船上山。丙、晚七時許。在東門外水門橋。趁雪堰橋船。餘同甲。丁、趁火車至無錫改趁錫宜汽車至雪堰橋餘。同甲。

二，無錫縣城　甲、由火車站趁錫宜長途汽車。半時至雪堰橋。餘同一，甲。乙、在新世界前。趁上午十一時開之中華新裕輪船至雪堰橋。餘同一、甲。丙、雇湖船出獨山門。逕至馬蹟山。風順二時可到。丁．雇汽船出獨山門逕至馬蹟山。一時許可到。

三，宜興縣城　甲、趁錫宜汽車至雪堰橋。餘同一，甲。乙、由班船至周鐵橋轉渡船至古竹。丙、雇湖船出大匾港。渡湖登山。丁、逢舊歷三六九趁周鐵橋渡船至雁門。

馬蹟山旅館。在古竹冠嶂峯下之鳳嶺。舊名小山頭。房間軒敞。花木扶疎。食宿皆稱精美。如游客人數過多。或團體旅行。可先期通知旅館。或區公所。代爲置備一切。

遊覽日程（參閱馬蹟山圖）

二日遊

第一日　馬蹟山旅館路　水平路　新城路　西鈕路　桃塢路　檀溪路　古竹路

第二日　馬蹟山旅館路　水平路　柴泉路　嶂青路　西村路　牛塘路　桃花路　雁門路　馬蹟石路　耿灣路　古竹路

三日遊

第一日　馬蹟山旅館路　水平路　西鈕路　桃塢路、檀溪路　古竹路

第二日　馬蹟山旅館路　水平路　柴泉路　嶂青路　西村路　耿灣路　古竹路

第三日　馬蹟山旅館路　水平路　柴泉路　嶂青路　西村路　雁門路　牛塘路　七里堤　新平路　水平路　古竹

五日遊

第一日　馬蹟山旅館路　水平路　大墅路　檀溪路　古竹路

第二日　馬蹟山旅館路　水平路　新城路　西鈕路　桃塢路　大墅路　水平路　古竹

第三日　馬蹟山旅館路　水平路　柴泉路　嶂青路　西村路　耿灣路　古竹路

第四日　馬蹟山旅館路　水平路　柴泉路　嶂青路　西村路　雁門路　牛塘路　七里堤　新城路　水平路　古竹

第五日　馬蹟山旅館路　新城路　七里堤　牛塘路　內閶路　桃花路　乘舟入牛塘開

七里河　新城路　登陸　水平路　古竹

—28

馬蹟山改進事業概況

太湖七十二峯。其東爲山五十八。東西洞庭最大。西北爲山十四。馬蹟山最大。馬蹟山孤懸湖中。與無錫黿頭渚。梅園。小箕山。諸名勝相望。水程不足三十里。武進行政區域。屢經改併。而馬蹟山則獨立爲一特別區。雖僻遠荒陋。而民俗淳樸。考之邑志及前賢記載。其名蹟屈指難數。而十九已湮沒於荒煙蔓草間。然形其地。則湖光山色。秀麗宜人。其南則汪洋巨浸。縱目數百里。其雄偉。亦非他山所能比擬。

武進農村事業。發端於民國二十一年。指定湖塘橋。南夏墅。卜弋橋。東安鎮四處。文化。經濟。自治。兼營並進。稍具端倪。至二十一年。蔡縣長培莅是邑。努力促成。期其普及。於是將全縣十九區。除城市外。每區指定一鄉。爲示範鄉。作改進全區之試驗。馬蹟山則指定竹溪鄉試辦。其地即由雪堰橋新村渡湖到山登岸處也。

竹溪鄉。南北約二里。東西約五里餘。共一百九十戶。男女八百二十五口。（二十二年調查）。生計窮困。全鄉熟地。僅三之一。荒地則有二千一百三十三畝。二十二年冬。蔡縣長偕同諸士紳到山視察。以墾荒爲惟一要務。而山中風景。亦有開發之必要。即首先認股集銀四千元。即在示範鄉之李昂里之山坡。建築一旅館。館前有田二十畝。闢作農事試驗場。縣農場主任賀兆錫君。悉心規劃。農事推廣所辦事處。即附設旅館。聘程君如衡主其事。擬分期進行。將全鄉荒地墾熟爲目的。

山中文化當然落後。公立水平小學。爲全山文化中心。有學生不足一百人。經費竭蹶。幾無以自存。校長曹振之君。爲潘家橋人。艱苦卓絕。主持校務十四年。鍥而不舍。深得山中信仰。山中婦孺。無不知曹先生者。而教育經費竭蹶。縣局愛莫能助。爰商之丁區長。由區公所租田四十畝。爲校產。併由縣長及同遊諸君集資二百元。爲墾荒費。農事由程君如衡指導。而種苗則由縣農場供給。是舉於學校經濟。雖未必有近利。而曹振之君。將率教員學生。共同墾荒。殊有甚深之意義。而馬蹟山學生。絕少升學者。將校中教科之不必要者。盡量減少。以勞作爲生活教育。亦有價值之試驗也。

曹振之君。會同程如衡君就竹溪鄉區公所旁。辦一民衆學校，每晚授課二小時。有聽講生四十一人。不僅以識字爲目的。並爲訓練民衆之主要機關。其科目爲。精神講話。村政討論。語文。農事常識。實用算術。衛生概要。此校已辦理四個月。聽講者幸無間斷。前途殊有希望。現擬組織青年生活改進會。並派人赴無錫教育學院實習農村工藝。暑假前可畢業囘山。將於秋冬農隙時傳習家庭工業。

自民衆學校開辦後。山中漸知注意于公共事業。第一試驗爲築路。區長丁稚圭君。熱心主持。而民衆學校之宣傳。爲之推進。本鄉道路。征工修築。組織委員會爲之設計。一律用本山石片。其用料係按戶征集。計共征得黃石一萬五千四百八十二擔。征得湖沙一千五百二十一擔。已築成之路列下。

水平路。自古竹埠頭起。至望湖亭基止。

旅館路。自古竹埠頭起。至旅館路止。

檀溪路。自古竹埠頭起。至上段止。

以上三路。共長四百九十二丈九尺。最闊處足一丈。其中稍稍購料及茶水零用。共費銀不足四百元。刻已定兩年計劃。全鄉公路一律修築完整。

馬蹟山人民生計。較武進各鄉區特別艱窘。新設施除竹溪示範鄉外。以築堤一事爲全山空前壯舉。山之南面有平田約七千畝。爲全山精華。惟動遭湖水淹沒。有三年淹兩頭之成語。是處豐收全山衣食皆有著。一遇水淹。即須乞振。蔡縣長於上年冬間偕同游諸君到山。疊與山中人士討論。決定借款築堤。自戰鼓墩至廟下。計長六里餘。由縣政府技術室設計規劃。委任相星伯君主其事。而士紳擔任借款。卽由受益田畝分三期歸還。併建水泥閘四座。計需銀一萬六千元。用征工方式而另招洲夫數百人。從事難工。堤長一千一百十七丈。下寬二丈六尺。上寬八尺。高度八尺。取土處成一河與堤並行。通湖之瀆十八均匯注於此河。擇其瀆之大者四。各建一閘。以節制水之出納。更關重要。自三月動工。經丁稚圭區長辛勤努力。堤已將竣工。而水泥閘工程亦在進行中。至多一月可全工告竣，堤成擬組織護堤委員會。以維持永久。堤外蘆荻。本湖邊天產。於護堤極有關係。堤之內。有舊柳數百株。係數十年物。本年植樹節。鄉民經丁區長之倡導。又植柳萬株。本年冬間。擬將堤面徧植梅樹。不特爲風景點綴。

梅之出產。即充護堤之用。從此山中農田。旱澇均有辦法矣。

馬蹟山農村事業。於此短時期內。得稍稍見成績。實由丁稚圭區長熱誠努力。晝夜辛勤。故能推行無阻。而水平小學校曹振之君。能奮鬥十四年。得全山之信仰。故能有所提倡。即如響斯應。否則即有賢長官之倡導。及地方人士之熱心。諸事亦無由實現。農村事業。端賴本鄉人士之自力。洵不誣矣。

近來從事農村改進者。或主從教育入手。或主從經濟入手。或主竟從政治入手。其實三者互相關聯。馬蹟堤成。於全山人民。得一甚深之印象。即人力可制勝天然。此一心理。可爲種種設施之原動力。非農田水利任何實益所能比擬。抑尤有感者。游者莅山。無不戀戀其天然風景。加以風俗淳厚。均有世外桃源之想。其實細加體察。受大社會不景氣之影響。異常深刻。而帝國主義之經濟侵略。雖窮山僻壤。均有甚顯明之迹象可尋。民族自救。任何地任何人均有一部分責任。馬蹟山一隅。方在開端。尙望高明賜教。

二十三年五月錢以振謹述

詩文彙

文

夫椒馬蹟辯

薛寀

夫椒馬蹟之名。童而習之。白首而不能定其名、矧茲山之故實。詭異奧博。不可縷析者乎。茲者周旋七十二峯者久。敢斷之曰。從樸則馬蹟。遵古則夫椒。何以言之。吳王敗越於夫椒。事之古。名之古者也。秦皇神馬。毘陵志載之。而姑蘇志援馬蹟而屬之西洞庭。又不稱祖龍而稱西漢郁刺史。戴星盜驪。拶鬣王喬凫舄。誕不可信。不知夫椒雖有二山。確爲茲山之總稱。在毘陵境內、非姑蘇所能買之而趨者。嘗升花藏而覘之。山近接軍將山二洞庭。左抱穹窿。玄墓出其腋下。及升西洞庭反是。總之茲山有官長。猶西洞庭之有縹緲。東洞庭之有莫釐也。其有漁息磯尉斗崖。則林屋消夏也。人物若許陳二中丞。李吳兩方伯以下。則王震澤施殿元之流亞也。考科目。紀勳閥。當歷歷臚列之。惟吾師錢慰吾先生之品行。吾友金斗崖之風雅。處以位拖。敬別紙詳之。

馬蹟山考

陳履鐵

按武進邑志云。山麓一百二十里。與秦履山相接。山之西。地名西青背。石壁屹立。石上有四穴。圓徑各尺。深六七寸。水涸。四穴皆見。少涸。則見其二。舊志謂秦始皇巡幸神馬所踐。又僧文鑒洞庭記云。漢郁使君爲雍州刺史。歸杜圻洲。經此山。龍馬蹟留石面。時人語曰。朝爲雍州官。暮歸栖九里。文鑒詩曰。瀛洲西望沃焦山。山在平湖縹緲間。聞說使君千里馬。至今龍蹟尚堪攀。二說未知孰是。考之史云。秦始皇嘗曰。東南有天子氣。於是東游以厭之。皇輿考所載祖龍東巡遺事不一。於姑蘇則欲發吳王冢。雲間虎林會稽俱有秦望山。嘉禾有秦駐山。皆嘗登之望海。又於京口鑿京峴山。會稽鑿剡山。以泄王氣。又嘗游嘉興長水塹以應童謠。令四十餘萬人掘汙其城。四蕃志云。常州有秦望山。始皇所登。今柴泉灣有秦履山可據。當從前說爲是。今西洞庭亦有馬蹟。予謂當以在吾山者屬之始皇。在西洞庭者屬之郁使君。

夫椒考

陳履鐵

按左傳晉哀公元年。吳王敗越於夫椒。夫椒之名始見於此。注稱夫椒吳縣西南太湖中椒山。王文恪七十二峯記。云。馬蹟之北津里夫椒。爲大夫差敗越處也。蔡昇太湖志云。夫椒山一名夫湫山。在馬蹟西南。史記正義引賀循會稽記云。句踐逆吳。戰於五湖中。大敗而退。今夫椒山在太湖洞庭山西北。蘇州志云。夫椒今吳縣太湖中有椒山。孔穎達云。杜預於此注以椒爲山名。夫椒爲地名。以戰必在山下。以山表地耳。或以爲越地非也。常州志云。夫椒山一名湫山。在無錫縣太湖濱。見九域郡國志。又寰宇記云。夫椒山在武進縣。又云小夫椒山。一名小椒山。在馬蹟西南。由是觀之。山雖有大小之別。而夫椒之名未嘗分也。去秦履十餘里有兩山。東一山稍大、有三峯。西一山平小。無峯。俗稱脊箕山。兩山相去數里。皆馬蹟之從山也。縣志止有大椒小椒。而無夫山。或云夫山。卽今隋山也。在椒山東北數里。亦有三峯。际椒山稍大。舊志本作夫山。蠹蝕夫字。下半成土、無錫人讀土爲墮。又譌爲拖。今呼馬拖。其東里許有小山。俗呼北隋貓。南亦有小山、水淺則見。俗呼南隋貓。爾雅釋山巒山墮。詩周頌隋山喬嶽。注山狹而長者。說文墮云。山之隋墮者。然則隋山卽夫山椒山。在其西南、夫椒實兩山、爲馬蹟之從山。故馬蹟亦稱夫椒

太湖馬蹟山記

浦應麟

太湖皆山也。七十二峯。西北尤美。砥中流而扼洞庭者。常之馬蹟山也。烟波縹緲。遼絕數百里許。過獨山而去者。山之東。錫山也。山影倒湖。麓巘相接。視之若咫尺者。山之西。陽羨也。由山而南。南通蘇吳。支流派別者。洞庭諸山也。北登渡口。歷苦竹檀溪。過鈕崎蓬坑墅。分大小鈕。界東西漸城古寨者。東山也。沸漲青。越牛塘。經件奴。入西村長橋竹塢內閭踏青與夫桃花山西而雁門軟藤耿灣者。西山也。官長崔嵬。津里掩映。峯奇石怪者。山中山也。隱君雅潄。卓錫澄清。鳴琴濺玉者。山中泉也。龍虎縈迴。蜿蜒磅礴。聳如絢如。居於重湖疊嶂者。智淵來而梵寺興也。薜蘿井上。荊棘亭中。凄然楚然。屬於風帆沙鳥者。闔廬去而暑宮隤也。禽鳥嚶鳴。蟬聲斷續。桂粟舒金。寒梅綴玉。山之春而夏秋而冬也。日出樵歌。夕陽漁唱。披蓑耕父。杖錫歸僧。出沒於雪濤烟樹者。山之晴而暝晨而昏也。雕頭時雨。居者荷鋤。秋風行旅。估客束裝。務本逐末。耕者耕而商者商也。登名廟廊。宦游南北。以天下爲己任者。山中之禹稷也。枕山栖谷。抹月披雲。眞世故於

晦明。四時甄陶。遇大旱兮飛騰川澤。駕馭風濤。鞭箬雷霆。變化腴膏。沃彼焦枯。活我倪旄。處變處常。不二其操。冀羣芳於下土。保直潔於層霄加此邪言。觀其色。蒼素可別。載辨其形。千仞壁立。沚水寒霜。白雲並潔。木石與居。烟霞固結。夫然後低嵩華。偏滕薛。脫塵氛。甘冷冽。鳥交絕游。養退藏拙。金石同盟。堅剛不折。睿容昂昂。耿耿孑孑。於萬斯年。與世遼絕。噫。此殆所謂在彼無惡。在此無斁。庶幾夙夜以永終譽者也。吾何庸乎排金闕。絡鬃福。呈瓌玕。饒頰舌。控彼崎嶇。補其欠缺。

馬蹟山賦

陳履鑯

丁卯余客瀨上。永安令何惟藻謂余曰。曩者讀尚書左史。知有震澤夫椒久矣。其勝概可得聞歟。余曰諾。乃賦之曰。維禹蹟之託基兮。肇開闢於鴻濛。雖一拳石之多兮。實與天地而始終。上弗克與恆嵩比肩兮。下猶得與林屋爭雄。俯視七十二峯之巔兮。盤踞於三萬六千頃之中。波濤滌其塵囂兮。雲霞冠其巍峯。岩穴爲猿鶴之所巢兮。洞壑爲蛟龍之所宮。其山則官長聳秀於青霄。秦履崢嶸於湖陝。桃塢春紅。藤灣夏綠。龜蛇脫鎖於天庭。獅象就擒於山麓。胥山沸伍子之濤。靈鷲惕高僧之足。畫山當午以融融。火石中宵而煜煜。錢堆米貯。夜開達旦之門。分來行宮。午聽陽春之曲。已交錢而山色不枯。遇聚斗而波文猶蹙。夫椒風浪。尚聞鏖戰軍聲。蠡頂烟雲。若見霸圖遺躅。漁磯弄落照於晴波。黠岫醞酒香於茅屋。其水則天井潴一泓之甘澤。龍泉挂百丈之飛流。洗耳流雲之澗。濯纓石塌之邱。曉渡分香於荷沼。晚漁買酒於蓮兜。中月泉堪烹茗。咸和岸可垂鉤。隱君之清波異味。丹井之霧霧猶浮。其古蹟則滈池君留馬蹟於西青。蘆中人試劍鋒於盟頂。上梁文鐫學士之山莊。句漏砂洗葛仙之丹井。遊昇宮六月三秋。望湖亭天光雲影。陸希聲題雪塢之梅。趙孟頫記南山之景。至若樹藝則梧榆合抱。松柏千尋。梧桐棲鳳。桑柘降鷹。竹擁淇園之綠。橘垂南國之金。蹲鴟似斃。宗果來禽。猴心披赤而纍纍。鴨脚綴實以鱗鱗。何先生奏功於田畝。李夫人獻味於園林。天喬既雜更僕而悉數。果蔬亦不能屈指以數陳。若乃春日載陽。谷風來只。百卉爭妍。羣芳競肆。天桃濃李。緋白千家。麥壟菜畦。青黃百里。風扶柳絮以輕颺。月映梨花而若洗。參差籬落者玉版禪師。睍睆枝頭者金衣公子。游人醉臥於花陰。詩客泛舟於春水。迨夫長贏秉令。炎帝乘軒。新蓂解籜於北牖。盧橘載酒於西園。芳茗茁而旗槍戰。時雨足而桔橰縣。啓雙扉而下榻。迎好風之泠然。寄午夢於槐柯。忘身世而欲仙。暨乎炎夏既徂。素商在御。稼披黃雲。桂飄玉露。湖光浸月以宮明。山色凝烟而欲暮。蘆花別浦。響奏鳴榔。蘋蓼芳洲。歌驚宿鷺。楓葉裂而染山酡。菊花黃而新釀具。載觀歲晚。霜隕蒹葭。山容靜而如臥。木葉脫而亦嘉。後彫者挺歲寒之節。凌冬者開幽谷之花。雪滿翠山。如入梁王之苑。梅開千樹。若游鄧尉之家。更有禪宮道館。輝煌金碧。祥符肇造於唐宗。水平崇禮於宋室。仙院燒丹。棲雲卓錫。妙相莊嚴。諸天赫弈。高眞控鶴以遙臨。開士浮盃而寄蹟。梵唄音繞於蓬壺。步虛聲聞於月夕。宛游祇樹之園。恍入蓬萊之闕。若覽夫人文則科名鵲起。冠蓋相望。文既騰蛟起鳳。武亦紫電青霜。許探花掇巍科榮榜。薛將軍樹偉績於戎行。或秉銓衡而著忠清之節。或參大政而垂藩服之光。兩方伯廣猷有赫。三都護我武維揚。許開府握麟符於趙魏。陳中丞建節鉞於荆湘。中翰振鳳池之羽。繡衣除當道之狠。或司李於名郡。或種花於河陽。或以陵功而世司天之秩。或以文教而開鼓篋之堂。是皆彪炳於古代。雖計數而表彰者也。數嗣既畢。主人曰。吾已神游是鄉矣。當置之座間而結他日之緣。

重建棲雲菴記

徐膽暉

事之廢興。擊乎主之賢否。抑亦有其時邪。夫椒岩兩地。名藍不一。自山之逶迤而東北者。越勝子嶺爲檀溪。林壑深秀。天作之靈奇也。宋寶慶元年。僧海福始募其地建菴。名雲元。至正末。燬於兵燹。明洪武元年。僧曉菴披壤開拓。萬歷三十年間。僧慈航更建前殿。至崇禎九年。僧冰菴耳通繼作大殿兩廡。丈室於焉整新。流水縈迴。蒼松交蔭。自山門達殿後。爲卓錫泉。色碧而味甘。甃石爲半月池儲之。旁曰仰高丘。僧德聰作亭其上。扁曰東湖一覽。春空日晴。萬頃一碧。飛帆遠黛。縹渺出沒。殆不可以目力窮也。丘之下曰凝秀軒。再轉爲觀音閣。松烟入座。巒翠落窗。其或雲霧晦暝。雷雨震沛。牖戶之下。咫尺莫辨。則閣之高可知矣。閣之後曰翠竹林。曰留雲坡。時見馴鹿去留。間禽上下。趺坐其際。片念俱空。噫嘻美哉。自佛法行中土而梵宇破四方。豈獨其道足以動人。亦由其徒有刻厲堅持之行能廣其道。以致多助之力。故神留此勝地以待海福。而海福當治平之時。因得易資於民以遂其志。厥後雖成壞相尋不開者。山中之顏子也。客來款門。主出倒屣。雞黍開設。鮭菜雜陳。命子出見。童冠畢集。山人之交接也。百歲之後。棺槨依古。戚族盡哀。舂者不相。送者執紼。易忽而謹。易忘而追。民俗淳厚。猶存古風也。至若倭奴寇湖。波濤成塹。草木揚兵。逐舟南去者。雖天之力而實山之靈也。余生於山。習知其常。余長於山。目擊其變。知山莫余若也。知山而誌之者誰。東山人某人也。

馬蹟山賦

鈕慶

客有挂席兮鬪舟。藉天風兮東游。望震澤兮揚舲。倚桂棹兮夷猶。願長山而欲駐。睨巨武而相攸。仰峯巒兮軒豁。俯洪波兮忘憂。於是艤舟停櫂。惟類是求。予前而長揖。語未終而情投。察其志之可與。諗斯適之奚由。客乃告予曰。歷湖山之勝處。獨斯境之最幽。茲非巨區之澤。馬蹟之丘乎。曷不攄子宏思。研辭記之。以會晤之清談。爲贈答之良貽。庶不負吾之周爰咨諏也。予乃嗒然長嘯。攜手坐石。呼童索楮。操管泚墨而爲賦曰。乾坤闔闢。陰陽凝流。元圖授而繫極立。坤輿奠而兌澤浮。轇轕兮吳楚之墟。摩盪乎東南之州。賴是澤之爲瀦。免昏墊於龍湫。況丹崖之載列。氣相接於蜃樓。若夫春日載陽。晴空飄碧。倒浸巉岏之影。橫吞穹窿之壁。上有松杉檜柏之挺秀。下有蛟螭黿鼉之潛宅。鱗族乘暖兮變化。羽族鳴春兮嚶喈。滌俗慮兮訪漁樵。弔世情兮問商客。於斯時也。逸興優游。襟懷沖適。至若火鏡行空。流金鑠石。厭溽暑兮熙陵。憚亢陽兮炎炙。坐林壑之清風。沐澗泉於朝夕。觀山澤之爽塏。瀹清冷之灌滌。是時也。令人神怡氣爽。炎囂頓釋。又如蓐收行秋。金粟香清。月出皎兮雲淡。風搖竹兮球鳴。捲翠還兮晚集。漁火亂兮繁星。水天湛乎一色。嵐氣浸乎中泓。助無窮之逸思。脫有限之囂情。更若豐隆怒作。玄冥釀雪。萬襭攪乎長空。滿地糝夫玉屑。漁練凍兮難纏。牧笛吹兮聲咽。寒梅吐蕚兮濺鉛華。喬松撫韻兮鼓靈籟。斯馬蹟四時之景狀。雖禿山中之毫。罄南山之竹。未易以罄等其毫末也。余嘗築衡廬於山隈。植松竹於林垓。既逍遙兮自逸。復瞻顧兮徘徊。於是慨嬴秦之何在。悟鞭石之已灰。野鹿游而西施莫返。芳草凄兮夫差不歸。把彌東籬。言賦歸來之興。灑風南浦。思集童冠之偕。是蓋亦有所感矣。矧夫湖濱山麓。神駒踏石。其大如斗。至今不泐。此所謂大禹疏鑿之後。秦如欲驅石橋渡海觀日出。使神人鞭驅而存其蹟也。於是客作而謂余曰。曠嗟嘆哉。波落石出。物異時移。盛衰相尋。於斯何極。古今人物之茫然。而此具區與神蹟。乃萬世之不易得。非與天地相為悠久者乎。予復應之曰。不然。何古非今。曷今非昨。維德是務。安斯可託。在天為星辰。在地為河嶽。理會心融。豁然自若。今吾與子。面蒼巒而坐盤石。詠清風而把明月。恍然不啻瀛洲之仙境。而所以獲免於龍蛇之窟以樂夫平成者。皆神禹罔極之恩也。昔秦嬴之衡行。則後世不復知禹之恩如斯其大矣。觀山澤而思禹之功。山澤本無情。其思禹之恩。故即山澤猶見禹也。吾是以知禹之功。當與山澤同其壽於萬斯年也。信矣。彼適然之迭更。嬴秦之得失。奚足論哉。客喜。乃笑而歌曰。波蕩潏兮水悠悠。駕輕刀[illegible]事杳諏。思失人之功德兮誰克與儔。予復賡而和之曰。駕蒼龍兮驂螭。寄遺蹟兮神駒。嗟夫人兮安能配禹兮同歸。歌音未竟。客揖而去。明日復來。不知其處。

馬蹟山賦

李濬

慨夫燕山之跬步兮。月磊以一拳之石。日崇以一撮之土。承二儀之定位。著雄名於亘古。稽禹蹟而迄今兮。晉不知其世幾千萬古。引崐崙而衍長兮。抑不知其綿聯若干禩。巍巍乎屹立於斗宿之分野。弈弈乎盤據乎揚州之域宇。實長峰巒。具區吞吐。洞庭亘其東南。千峯突其坤戶。錫山銅官。掩映布互。軍將闔江。橫戟整伍。夫椒香闕。揚芬吐霧。小雷大雷。承歡震怒。龜山虎嘴。如從如赴。支岡別壠。星列棋布。漱咸池。挹河鼓。約三江。瀉五府。機忘自鶴。心閒振鷺。窮一盼兮瞬息。收羣青兮阿堵。瞻涯涘兮無垠。睹微茫兮恐怖。茫茫襟懷。巖巖矩度。居民出沒。葦杭杯渡。祖龍為之留蹟。赤心為之保固。於戲。此其天造地設。神呵鬼護之略也。乃若體順承坤。和氣充盈。仙凡品彙。吐葩含英。草木鳥獸。化育生成。生齒繁殖。灣居塢[illegible]。桃花軟藤。鋪錦聯棚。竹塢古竹。散布幽清。鈕蓮屬兮東西。伴奴耿兮分明。新城官言。秦餘縈縈。張青西村。饒沃恢宏。雁門雄開。牛壩笛鳴。涉檀溪。越蓬坑。望內閣。赴踏青。墅分大小。橋駕孤長。桃花鈕崎。巒岫崢嶸。古剎行祠。祥符水平。宮殿岩嶢。樓觀飛甍。妙湛棲雲。泉石琮琤。緇華黃冠。衆行同貞。漁樵問答。商賈經營。人傑地靈。女織男耕。中有俊髦。養素登名。稜稜直節。烈烈英聲。厥靈罔愧於四岳。封禪乃未見於天京。嗚呼噫嘻。此豈燕山之自高與。抑一元之宅占偶未遭與。夫何終朝夕兮出沒塵寰。奔走兔靈。願贈牛毛。寒是。晞菴慈航之徒。又善去廢就興。易陋爲美。緊景物◦能歷◦資衣冠之勝游◦非其材力不及此◦亦以想宋元明盛時年豐物阜而民之樂施也◦

重建神仙菴記

魏惇徵

雲居道院。由來久矣。蓋葛孝先遺蹟所都也。元鉄崖道人亦修眞此地。因伐毛啓土。肇建靈官殿。明弘治元年。洮道澄暨徒顧月樓繼而恢闢焉。遂于舊殿之東別構小殿。中龕眞武。旁奉三元各聖像。名其菴曰神仙。志不忘始也。迄今蘿柏闌飄飄有凌雲氣。儲地以人靈。有仙則名乎。續於萬歷甲午乙未。鳴山王道暨徒小泉再建山門。客坐廊廡。寢室略具規模。猶未巍煥也。自羽士陳鑑玄徒孫高養沖大闢壺天。鑿山爲基。廣十餘畝。環堵周方二百餘丈。盡其故而鼎新之。中建大殿三楹。山門玉皇等殿廿有一間。兩廡十皇殿各五間。至於客舍道房。廚庫廪湢。井井畢備。又於殿之西前三間爲奉政大夫鎧公神祠。次三間爲葛仙翁院。再進三間爲養沖靜室。其經營拮据。鳩材庀工者若而年。刊石築土者若而年。鑿炭丹臒者若而年。始於崇禎壬午。竣於順治乙亥。越十八寒暑而厥功告成。皆養沖之力也。嗣是而基業日以恢。棟宇日以煥。白石清泉。時有磬聲流出。丹崖古岳

之會見紫氣飛來。庶仙蹤式憑。而斯菴藉以不朽乎。是所望於繼養沖而起者。

神駿寺重興碑記

胡濙

佛法漢明帝時流入中國。凡名山勝境。悉爲梵刹。以崇奉其像設焉。毘陵郡治之南百里而近。有寺曰祥符。在馬蹟山之奧壤。唐貞觀中。將軍杭惲。捨山爲寺。當太湖巨浸之中。波光雲影。照耀晃瀁。可鑑可濯。况三峯環列。龍虎拱峙。蜿蜒磅礴。勢若怒雲。據此湖山之勝。四顧清曠。幽夐瀟灑。軼塵埃而挹秀麗。飛樓湧殿。鐘魚梵唄之音。昏晨振響於雲林烟水間。眞吉壤也。奈夫緜歷歲遠。向之翬飛絢爛者。悉爲荊榛瓦礫之場。僧徒散逸。田產荒蕪。遂爲居民掩有。宣德十年乙卯。中天竺比丘智瀾號空海者。憫茲古刹廢弛。發洪願。來領寺事。以興復爲己任。堅持戒律。精修苦行。事理圓融。緇素向慕。捐資以助者踵至。由是鳩工集材。首築周垣五百餘丈。植松六百萬株。創建法堂方丈各十有餘間。左右伽藍祖師二殿。前豎山門。旁列側室。與夫香積之廚。貯物之庫。儲粟之廪。靡不畢備。閱八寒暑告成。其田產山場。昔爲居民所掩有者。則悉歸常住而徵租稅以復其舊焉。空海具其始末。謁予南宮徵記。謂夫

茲寺之成。苟非巡撫亞卿周公忱。郡守莫公愚。邑宰朱公恕。及寺鄰松陽令李公顯外護作興。烏能成此偉績。爲一方之名藍。念其功德。固不可湮沒而無傳於後也。予惟佛滅度後。凡求佛者。悉以莊嚴像設爲事。然不能無成壞。今斯寺既壞而成、則存乎其人。此固有爲法也。然覩相起敬。則丹青土木之事。亦不可少。其所謂無成無壞而無爲者。又非思議所可得。姑置勿論。特以空海殫心竭力興復之勤。而諸名公外護助緣之力。紀其大概。俾勒諸石以示永久。使繼斯席者。知其所自。而有以考見興復之故焉。

重修水平王廟記

唐鶴徵

水平王者。舊傳后稷庶子。佐禹治水有功。廟於震澤之夫椒。豈其功獨著於震澤間也。夫禹之智神矣。其勞於外久矣。然九州之勢。豈能以一耳目周之。其治之也。又豈能以一手足之胼胝爲身之。其有藉乎人之智與力也必矣。用其智與力以集事。則必還其智與力使食報理也。況不矜伐如禹。烏能貪其功而攘之乎。則廟之祀王者。固禹之心也。亦所以報禹也。予以嘉靖丙寅過夫椒。謁王於廟。廟之建也久矣。殿寢門廡。無弗飭也。惟道士某實起而新之。鳩工於某年月日。畢工於某年月日。凡募而集者。纖悉畢效之用。故事易集而構可久。是足嘉也。因其以記請而許之。未有以應也。余自頻年竭走南北。覩水神之祀。在在有之。或請之朝廷。或領之有司。以妥神明。而答靈響。竊有感於茲廟之廢興焉。殷之詩曰。允猷翕河。則不翕者河之性也。禹貢獨以底定言震澤。則震而不定者亦湖之性乎。河災衍溢。勝國以前無論。即我明興。決魚臺。決金龍。決張秋。自趙皮寨以下。不可計數。嘉靖末。昭陽一決。運道幾廢。天子用以宵旰。當事臣工。凜凜懼無以稱塞徼福於神。鑿河一百七十里有奇。而流稍安。是時。司農水衡幾爲一空。而徐邳上下。竟無寧歲。邇者議浚下流草灣之役。費亦鉅萬。當事者復神其功。請之朝而廟食之。而運道猶未敢報無恙也。震澤自禹以來數千餘年。未嘗泛濫。當宋之南。稍稍爲患。夫亦宜歛九陽之水。注之過驟。而菱蒲圍田之壅。洩之或緩耳。昔人所謂人事。而非天意也。是王之大造於吾民也。蓋百倍於河之神矣。河之神食報如彼。茲廟乃僅領之道士。獨何說與。嗟夫。由突徙薪。不得與焦頭爛額者論恩澤。桑土綢繆。無能與補苴罅漏者程捷功。其來久矣。於斯乎何怪。且余讀封禪書。其在秦中最小鬼之神者。各以歲時奉祀。郡縣遠力神祠者。民各自奉祀。不領於天子之祝官。則茲廟之不得與河神等。亦勢也。往予舟過徐邳。環堵者僅一板未浸耳。猶守弗去。詢之。則曰自河流不常。而歲比不登。欲適莽蒼。而腹猶果然也難矣。況宿舂糧也。與其轉填異域之溝壑。無寧聽命於河之神乎。其慘怛無聊之狀。蓋可知矣。藉令震澤不定。吾其不爲徐邳之民者有幾。然則室而安。耕而粒。無震驚。無昏墊。在三吳之民。尤首被王之祐者。其何可忘予從禮官之後。不能援河神以爲王請。姑記之以俟云。

重修水平王廟記

陳玉璂

祀典之重。惟有功德於民則祀之。而功德之大。莫若治水。治水之神。莫若大禹。故大禹之祀徧天下。其時又有佐禹治水者爲水平王。王后稷庶子。佐禹至會稽。導人浚道。功施赫然。然失考。止郡乘一載其積。必有所據。故震澤之人。即立廟於嶼山祀禹。復立廟於馬蹟祀王。自王佐禹治震澤。數千餘年未嘗泛濫。即宋時宣歙九陽之水建瓴而下。幾致大患。未幾即安瀾無恐。至今稱禹者。必繼稱水平王。廟之創不知何年。宋胡文恭公請登祀典。元燬於兵。洪武間復創。雜以他神。至正德十六年。邑人葉夔言於令。斥他神。復榜今額。閱今又幾二百年。棟桷之腐黑者漸以墮。磚瓦之破碎者漸以盡。道士高存省復經營鼎新。續建二殿。廊房客舍若干楹。至今得遙峙與嶼山禹廟。聳然無恙。嗚呼。吾山四面皆水。人之居者。又濱於湖。水之爲係也大矣。乃數千餘年未聞有泛濫之患。又得疏溝滙注於川湖塘浦。田畝資之永利。非藉王誨人浚導之遺澤。豈能至是乎。宜山之人咸願刻廟石以識功德也。璂復爲之詩以頌之。頌曰。神禹之功。赫赫萬古。惟有邰氏。勤續相佐。川瀆浚導。班班足考。田疇是資。室居用保。建廟立宮。在彼高峯。增其式廓。丹壁崇墉。像圖孔肖。冕旒煌煌。摳衣瞻竦。俾不敢忘。歲時祭獻。黜奢崇儉。惟儉乃久。神歆勿厭。刻詩勒石。允愜衆私。並於神禹。天地同垂。

劉龍圖祠記

陳玉璂

昔聖王制禮。能禦大災捍大患以勞定國以死勤事。則祀以報功。非是爲瀆倫奸度。君子無取焉。予鄉之人。素重禮義。不惑於鬼神。故環山之地無淫祠。即佛老之宮一二存者。皆唐宋時故物。日就圮壞。亦未嘗冒竭財力增修之。獨於忠臣義士之祠。夙昔有功德於吾土者。則歲歲血食靡懈。其棟楹梁桷甎瓦之屬。稍致橈折破缺。

又必董治以爲常。噫。馬蹟固窶鄉也。豈好爲是以瀆民財哉。亦迫於其中不能自已也。里固有龍圖祠。祀宋龍圖待制劉公晏。按史。公字平甫。徽州人。入遼舉進士。宣和四年。帥兵歸宋。建炎間。金兵遍常州。太守請援於公。公率精銳七千人。出奇破之。保馬蹟山以捍寇。寇再至。公又出奇迎戰。大破之。降其衆千五百人。而追潰黨戚方等於宣城。方圍宣城急。公又出奇。方大驚卻走。公欲生致方。單騎追之。遂遇害。事聞。詔贈龍圖閣待制。官其子四人。立祠死所。歲時祠之。嗟乎。具區東南巨浸。自古用兵之地也。傳載夫差敗越於夫椒。數千百年後。龍圖又奮武其間。今日之陂陀水涯。皆昔之連艫艨艦斬將搴旗處也。雖已灰飛煙燼。而驚濤駭浪之聲。若與劍槊相摩者。其靈爽不至今猶在邪。又考公嘗從劉正彥擊丁進於淮西。進不戰而降。及正彥反。公謂部從曰。吾豈從逆者。以衆歸韓世忠。世忠追正彥及苗傅於浦城。公設疑兵於浦山之陽。正彥就擒。蓋宋至是時而微極矣。文臣以禮樂相矜。既無裨國事。武臣偷生惜死。巽懦無能。平時意氣自豪。謂富貴可坐致。一旦臨敵鳥驚獸竄。其毅然以身許國者。指不數屈。又或中於奸人。不克竟其用。予讀史至此。未嘗不廢書

三數。使盡得如公者。以國事委之。或天下不遽亡。公自愛重其身。不死追逐。則宋之天下。豈遂至亂與亡哉。然則龍圖之祀。固可以愧當日之人臣。而勸後世。春秋俎豆。即徧天下可也。又況於吾鄉井所謂禦災捍患者邪。是爲記。

採觀山莊上梁文

採觀

四郊烽火。誰彌蛇豕之墟。一島風烟。宛在黿鼉之窟。遂鳴杼出鮫人之館。浮杯開梵帝之宮。偶避地於兵間。遂問津於耕者。鴻慶居士。數奇中世。多難百罹。致過吹簫。悼心喘月。平生許國。卧陳登百尺之樓。晚歲營巢。住楊雄一區之宅。命龜三卜。避道五遷。獨行鷗鷺之羣。共集雞豚之社。中山銜日。落帆影於坐中。萬壑留風。過櫓聲於枕上。蓬茅不翦。春鋤自隨。適開白板之扉。緩扣烏犍之角。兒童拍手。競欲挽鬚。婦女應門。那聞轢釜。泥田父瓦盆之飲。衛園官桑把之風。悵昨夢之已非。佚吾生於既老。木居士安能爲福。亦又何求。土偶人自得所歸。於焉是息。共此百家之聚。來同一笑之歡。

抛梁東。春入山郵處處同。澗草不鋤隨意綠。巖花無主爲誰紅。

抛梁南。鼻息齁齁午醉酣。一逢清風吹酒醒。槐公不見冷潭潭。

抛梁西。亂棘孤藤剌

眼迷。雀啅風前紅蕊墮。魚跳波底碧圓低。 拋梁北。萬頃滄波園澤國。風引仙舟到復回。山人俗駕何須勒。

拋梁上。霜餘木杪浮嶄漲。肯教百鬼瞰高明。鴉鶴驚猿號夜帳。 拋梁下。燕雀紛紛來慶廈。吳王宮殿舊巢空。共此蓋頭茅一把。伏願上梁之後。蛇蛟結蟠。犬雞蕃息。野蘭大如甕盎。禾黍高若坻京。遇桑間之餓人。一飽之恩猶在。視梁上之君子。大千之劫無因。凡我往來。共此快樂。

西青小隱記

邵寶

山無草木者多有之。吾嘗迫而觀焉。其質土也石也。其色亦土也石也。少遠而觀焉。亦無色也。及乎數十里之外。則蒼蒼之色。與草木者同矣。今夫地之上。凡虛空者皆天之氣也。山起於地。而突乎天。中得天之氣。是以其色若是也。山之蒼蒼。其正色邪。其草木之蔥鬱者然邪。夫椒之西峯曰西青。山人謂山有諸峯。而是峯獨擅是色。故名歸之。其所有草木。固無加於諸峯也。揆之吾前所論。其不然邪。錢君師舜。築室其下。名曰小隱。師舜通經學古。博雅多文。蓋士之秀者也。譬之山焉。得天之氣多矣。故凡聞師舜之言。見師舜之行。莫不賢之。此師舜之所以爲師舜。猶山之所以爲山也。或曰師舜工詞章故然。或曰習威儀故然。斯言也。是以山之色獨歸諸草木也。而可乎。雖然。山之氣盛而草木蕃焉。士之道隆而詞章威儀著焉。亦固理也。因山而得夫士之道。遂爲師舜記之。小隱者。爲屋數椽。前後植竹數千竿。中藏書數千卷。凡爲文事之具者備。外有田數十畝。挹湖水灌之。足以供客。山人謂之莊。君子過之賦詩者若干人。

槐榮堂記

尤侗

夫椒之麓。大木千章。其間矗然而挺。鬱然而豐者。有槐焉。蓋乎許氏之堂。堂之中象服而坐者。爲錢太夫人。冠帶侍立者。大中丞公也。吾聞大中丞四歲時。太夫人指語之曰。此槐覆堂。汝作部堂。至中丞五十而言遂驗。吾不知太夫人何以知之。豈槐有靈焉。忽夢於太夫人而爲之兆與。或太夫人預卜其子之貴。姑借樹木爲識。槐乃應命而興與。然當中丞開府晉陽。太夫人已沒。此其故太夫人雖知之。尚未及見。故無得徵焉。迨中丞卽世。槐則枯矣。越歲辛卯。枯者復榮。於是青嶼侍御登巍科。歷縣仕。而諸孫孝廉文學。翩翩代興。顧視槐之矗然鬱然者。若青蔥始出也。此其故。不惟太夫人不及知。卽中丞暨侍御以下惡能知之。噫。亦異矣。夫祥桑嘉禾。紫芝聚荆。草木之異。不一而足。而莫著於宋王祐手植三槐。謂吾子孫必有爲三公者。此與太夫人言絕類。宋書載祖士雄庭槐甚茂。及雄居喪。槐亦枯死。服闋還茂。高祖嘉之。名其堂累德。與許氏兩世事又類。其尤異者。晉陽城角有槐。一日之間。三榮三瘁。然則天地生物。無所不有。朝菌不知晦朔。蟪蛄不知春秋。其榮枯變化。固理之常。而不足異與。若人世盛衰隆替之數。則存乎其人德業有以致之。彼草木無知。偶然相應。未可以爲常與。然洪範休徵。庶草繁廡。禎祥之至。至誠先知。豈有一定而不爽者與。此其故吾亦不得而知也。青嶼侍御之爲斯圖也。非以炫異。亦曰小子志之。以無忘太夫人之教。及大中丞之烈云。古之大夫有嘉樹焉。猶封殖之。況先澤所存者乎。遂出以示。尤子曰。美哉。吾爲之賦甘棠。

詩

題馬蹟山　　釋文鑒

瀛洲西望沃洲山。山在平湖縹緲間。聞說使君千里馬。至今龍蹟尙堪攀。

送安上人歸馬蹟山二首　　王逢

插竹山中偶出游。折蘆濠上卽歸休。踞牀獅子聲方吼。踏坐龍駒蹟尙留。花雨六時紛似雪。松風五月冷於秋。客來認得南泉斧。七十二峯應點頭。

將投海上自鴻山往太伯瀆別王左丞以父老言馬蹟山漁商小船非攻守具得釋五百五十人數倍之囘舟寄左丞　　王逢

韋褐清游馬蹟西。忽聞篁竹鷓鴣啼。雲昏赤地沈天狗。月落孤舟背水犀。小戶漁商聊復業。深憂父老不遑棲。疊連楚越非吳計。須是宗周與會齊。

馬蹟山梅花　　王冕

馬蹟山前萬樹梅。望裏村村似雪開。滿載揚州秋露白。玉簫吹過洞庭來。

自延陵歸適馬蹟山鈕彥功惠貺多品以詩謝之　　華幼武

旅宿延陵故舊疏。歸來喜得萬金書。兵戈契闊親愈密。筐篚交陳禮不虛。山茗久藏春雨後。園梅新摘曉烟初。似聞鄰郭猶紛擾。何暇馳情念索居。

題夫椒　　秦夔

千尺嵬嵬俯洞庭。祖龍巡幸此曾經。馬蹄猶記亡秦蹟。崖石誰鐫上古銘。鼇背壓波晴隱隱。芙蓉積翠曉冥冥。樓船此日登瀛客。分載西峯一半青。

過夫椒弔古　　白昂

勾吳敗越兵。鏖戰此山麓。麟經奚特書。檇李仇能復。往事已成塵。草莽空遺鏃。我來謁仙靈。秋深月方朒。丘園老蹲鴟。湖口徧禾菽。今歲幸年豐。國稅無缺縮。喜從絕頂登。高曠恣游目。仰紓千古愁。長嘯震崖谷。

夫椒弔古　　朱昱

霜刃交揮箭雨飛。吳人得志越亡歸。臥薪嘗膽君知否。莫醉蘇臺玩舞衣。

夫椒弔古　　徐問

檇李陳師霸業新。夫差三載報相尋。可憐吳越俱陳蹟。惟有夫椒自古今。

題夫椒　　周敍

夫椒敗越吳休兵。莫輪夫差養患成。若使人君寡修德。越亡還有越王生。

題馬蹟山

金九齡

平疊面湖山。山巒隱約間。還中堪眺望。險處好躋攀。嶂霧開仍合。沙鷗去復還。何時戒舟楫。邀酒徧諸灣。

賦馬蹟

蔡昇

一望巍巍知幾重。太湖西北此奇峯。丹青不改千年畫。勝負曾交兩國鋒。惠麓烟消遙見塔。洞庭風順似聞鐘。秦皇龍馬傳來久。試拂蒼苔石上蹤。

賦馬蹟

蔡昇

幾族人家幾處灣。灣灣石磴可躋攀。小橋流水東西澗。疊障層雲上下山。劉晏祠荒秋草碧。吳王宮殿雨苔斑。釣船此地尋鷗侶。不憚烟波費往還。

咏馬蹟山六首

蔡昇

武進膏腴地。迎春僻遠鄉。青山湖水闊。白石野雲香。老我尋幽壑。孤篷繫綠楊。

舊俗商爲業。誰辭南北游。魚鹽吳地貨。琴劍楚江舟。更得陶朱術。千金坐可求。

疊障出湖北。一鄉居郡南。人烹陽羨茗。客買洞庭柑。

納稼滿場圃。今年農事堪。秋場登黍豆。曉市集魚鰕。接屋連檣住。村村不計家。誰道生涯少。男耕女績麻。

東澗橫橋斷。西溪曲岸連。鹿眠芳草地。燕乳落花天。采采青桑葉。山家蠶未眠。

曉岑收宿雨。晴木罥餘烟。野草開叢蕊。山花染杜鵑。樵歌應空谷。驚起鶴雛眠。

憶夫椒寄民育

邵珪

支離潦倒走清朝。燕去鴻來歲月消。得閒江春雨後。兩人同坐看夫椒。

湖山清隱爲宋良用賦

杭濟

東南巨浸清且漣。七十二峯蚪勢聯。夫椒高出青雲顛。就中一朵芙蓉妍。林光搖漾水底天。嵐瘴飛撲松梢烟。桃花古竹島嶼連。塵飛不來地自偏。先生投隱自年年。一生不受羈鞅牽。鳥飛雲兮魚泳川。形忘物外心悠然。興至哦詩南澗邊。孤筇挂月倚吟肩。睡來枕易北窗前。一榻掃雲便晝眠。秋風新綫羅衣鮮。春雨不種青芝田。湖山深處從盤旋。高情肯讓巢父先。考槃之樂矢弗諼。玄纁束帛空戔戔。何時許我解俗纏。與君同賦歸來篇。

題馬蹟山

錫灃

七十二峯浮震澤。中有一峯名馬蹟。云是祖龍神馬經。四蹄石上如雕畫。西脊崖畔盡桃花。暖風遲日蒸紅霞。柴門流水自村塢。幽花籠晝春長寡。行行內閣相咫尺。六月風吹楊柳陌。千古猶傳避暑宮。躊躇往事空陳蹟。誰家種竹滿塢深。猗猗晝日長陰森。行人過此消塵慮。耳邊惟聽鳴瑤琴。長橋曲水村塢小。茅屋人家往來少。樹陰黃鳥啼一聲。落花滿地無人掃。亭亭午日正暄妍。方塘水淺犂牛眠。禾黍高低家富足。百年淶水遺風傳。雁門佳勝挺巫峯。龜蛇圖畫奪天工。門牆況是多桃李。盡在陽春普化中。日隱西岩村欲暮。殘紅返照林間樹。額眉樵子倦歸來。山路雲深不知處。峻嶺嵯峨襄耿灣。一灣關鎖是胥山。三春花發人攜伴。古樹山茶照醉顏。張青夾嶺宅盤旋。富足由來起力田。謳徹四更車馬歇。儷耕已喚小橋邊。誰人札寨古寺前。橋跨灣中塔半天。上方旦暮聞鐘鼓。心共湖山一體禪。越王敗餘城已覆。新城知是何年築。夜深人有讀書聲。月落女牆猶未宿。西鈕汨汨流芳泉。左峯迢遞筆輪尖。山前點下多詩意。題偏梅花白雪天。東鈕居宅匿深岩。古殿巍巍鎮左肩。繞屋林園樹縹緲。不辭名利也能仙。淺塢東西有兩泉。湖濱日泊漁翁船。魚蝦朝夕爭作市。酒家門巷青帘懸。小墅數家依山坡。嶺近敷武大野窩。斷崖出沒多殊致。風靜波恬漾艋舸。蓬坑寂寂村無主。軟藤花落閒亭午。小橋流水潤東西。茅屋藏春春幾許。檀溪一派清泉分。蒼崖白石波沄沄。臨流飽飫坐終日。知是當年邵隱君。古竹叢深橫古渡。渡頭芳草迷烟霧。魚龍噴沫水雲腥。十里風帆送朝暮。東谷盡處是鈕埼。村深地僻行人稀。日長無事門半掩。白鷺翠飛水滿溪。丹崖翠壁千仞澁。瑤草琪花四時好。山中別是一乾坤。尋眞何必蓬萊島。

具區耕隱歌爲盛處士作

謝應芳

脫屣東華塵。結廬太湖濱。蓬蘿開小徑。桑麻接比鄰。金門玉堂夢不到。烟蓑雨笠情相親。東風二月桃花雨。布穀飛來向人語。一犂初破隴頭春。黃犢出欄健如虎。西山不知誰采薇。南山不知誰采芝。我耕我田食我粟。歲晚復有冰壺蘆。悲歌笑儕戚。夜半猶未已。人間閒是非。何用汙牛耳。綠陰繫牛春晝閒。樵童隨我看青山。日暮歸來一壺酒。牛棘花前笑開口。笑問儂家子若孫。知我犂鋤佳趣否。豈不見蘇秦爲無二頃田。六印纍纍苦奔走。到了落籠坑。虛名何足取。鹿門龐。眞我友。

將歸夫椒泊舟渡口

徐鏻

咫尺胥臺路。風波蕩渡頭。鵝情懸碧隴。蓴思協滄洲。
柳暗藏歸嶼。花深引去舟。白雲爲帶處。髣髴識丹丘。

歸夫椒二首

陳睿謨

萬疊烟巒聳翠鬟。桃花舊繞讀書關。霞蒸熨斗承流起。
浪暖漁磯擁棹還。零落數行雲外樹。浮沈幾處水中山。
結茅幸託羣峯下。暇日扶筇次第攀。

山青雲白太湖濱。十畝桑間託此身。看慣兒童忘笑語。
每逢耆舊一逡巡。官梅落落傷心麗。翠竹涓涓過眼新。
不自風塵潦倒後。那知珍惜故園春。

游馬蹟山

薛寀

誰從海上覓三山。蜃市珠宮只此間。波闊欲分陽羨月。
天空不揖莫釐關。松聲度壑疑飛雨。石筍穿雲忽過灣。
弔古不禁亡國恨。胥濤猶自越溪還。

望夫椒

歸莊

三日揚帆望具區。水面諸峯大者魚龍小者鳧。其最著名
有夫椒。烟中一抹遠在湖之西北隅。吾欲從之訪古蹟。
波濤際天阻險途。在昔春秋有強吳。利擅三江與五湖。
蕞爾於越仇大邦。檇李一戰斃闔閭。人殺爾父爾敢忘。
出入必向君王呼。枕干三年雪仇恥。夫椒之役稱雄圖。
臣其君。妾其妃。吳王此時眞丈夫。嗟乎吳王眞丈夫。
春秋大復九世仇。不譏遷紀郱鄑郚。彼楚頃襄宋思陵。
千古罪人死庸奴。不若秦苻登。死休自誓殲羌胡。日暮
途遠鞭荆平。夫椒之役何愧伍子胥。吾望此山千古猶憑
弔。放言不畏迂儒笑。

雨後游夫椒

邵長蘅

雨歇亂峯晴。龍歸洞壑腥。渚虹斜照白。嵐翠落衣青。
古檜巢雙鶴。石橋逢一僧。六月還來此。涼颸徹夜聽。

馬蹟山

葉松

穆然氣蒼窈。瞻望辨高厚。橫亘百餘里。烟雲出其藪。
翠蔭北湖偏。勢絡羣峯首。祖龍何年游。駐蹕山之後。
蹀躞有龍駒。遺蹟大如斗。前此又誰名。世遠不遑究。

同陳椒峯游馬蹟

盛符升

風雨今何夕。羈愁撩五湖。卻須吾友在。不遣此山孤。
竹塢藏書屋。桃溪隱釣徒。休論吳越事。燭跋酒重呼。

夫椒山居

陳玉璂

草堂寂寞天浩蕩。烟徑斷續雲接連。自然眼底少俗物。
況有石澗鳴清泉。野寺僧定忽磬發。桃源人到津不傳。
酒帘飄飄隔柳岸。杖頭擲盡青銅錢。

馬蹟山古蹟歌

杭渭

雲澤蒼茫涌太空。小靈山起峙天風。嵯峨一朵青蓮出。
會見當年四載功。七十二峯初底定。水平王廟開荒徑。
服功恩與此山齊。弈葉明禋擅名勝。蓮花帶內結祥符。
紺宇精廬隱丈夫。百頃松濤清曉夢。千竿鳳竹響浮屠。
西歸聖僧來駐錫。移得菩提親自植。菩提非樹復誰知。
惟與疏林增幻色。東去層巒官長尊。俯首羣峰列兒孫。
磐陀石上身忘我。師子巖前虎斷魂。直下一岡爲火石。
熒光入夜凌虛碧。珠聯玉砌點山奇。數里梅花櫕翠壁。
循湖迢遞到金沙。朝暾燦爛如明霞。應是昆池同姹女。
丹鑪飛出九還砂。悠悠斜度蓬坑麓。疑向蓬萊分一曲。
隤波何事少幽人。長使山靈歎空谷。空谷之東尚可探。
檀溪窈窕棲雲菴。泉鳴玉潄巢由耳。松老龍盤霧雨龕。
棲雲曲磴盤雲裏。殿對天門開勝子。星搖碧落映鐙寒。
戶挹軍將烟帶紫。逶迤北去轉山莊。巖隩中藏薜荔房。
那見華家遺氏在。只傳學士尚流芳。徘徊湖畔西山路。
舊是山人哭員處。血淚成波千古流。孤忠猶使山名著。
昔時伍子踞高峯。崔嵬勢壓夫椒雄。憑弔惟存試劍石。
劃然千載誇神鋒。西來岩導金雞墩。曾聞石上金雞鳴。
未識清音何日返。空餘惆悵烟雲生。雲居道院堪今古。
句漏辭官隱茲土。芝室棋殘白鹿醒。丹泉月射仙禽舞。
帝闕不鎖走龜蛇。天矯晴嵐赴水涯。怒鱷騰蛟不敢近。
晨昏呼吸走魚蝦。漁扈磯邊漁艇過。征帆風颭漪漣破。
得魚沽酒羲皇氓。蘆荻花灘常醉臥。蓴灣喚醒浮生誤。
聊試尋芳經竹塢。避暑宮墟木石寒。西施心在人朝暮。
紅顏豈遂覆姑蘇。眼底驕奢勢自孤。君王若肯納忠諫。
灰飛能到內閶無。內閶南去桃花止。秀脈迢迢萃於此。
熨斗崖中日月長。輕濤欲洗紅塵髓。紅塵拂拂老蒼生。
白髮蕭蕭任物情。神馬永垂秦始蹟。亦同漚影綴滄瀛。

苦竹徑

陸希聲

山前無數碧琅玕。一徑陰森五月寒。世上何人憐苦節。應須試問子猷看。

古竹渡

聶大年

綠水青山古渡頭。琅玕箇箇碧如流。閒來坐對清風起。搖落湘雲一片秋。

古竹津

錢孝

竹裏鷓鴣啼。山前蒲稗溪。孤舟泛朝暮。一水限東西。客路依村轉。人家隱樹低。十年羸馬足。曾向此中迷。

泊古竹

馬同春

風帆過東湖。舟泊古竹渡。岡頭苦爭生。沙洲起孤鷺。

細雨溼前途。依稀日將暮。沽酒問花村。酒家何處住。

苦竹津謠

陳所知

苦竹津頭山若屏。苦竹山前波浪驚。開山種竹堪成隱。底事偏尋險處行

古竹

徐 燠

三面青山一面湖。西風吹浪打菰蒲。魚從柳港扁舟釣。酒在梅林小店沽。澗水中分村上下。嶺雲高壓路崎嶇。采風欲繪桃源景。半業耕樵半業儒。

古竹暮春

徐神皋

養蠶天氣客來邇。細雨斜風麥秀時。高捲疏簾招燕子。多吟好句和鶯兒。桃花潭水新添漲。楊柳烟波舊鑿池。收拾釣綸歸去晚。兩三知己共評詩。

古竹中秋即事二首

徐鴻奎

今歲中秋節。閒居興倍增。山家敲白果。野老饋青菱。留客重沽酒。開筵命徹燈。嬌娃知愛月。時向曲欄凭。

茅屋楓林下。柴門秋水邊。波平蓴菜長。雨細菊花妍。客饋經霜蟹。家添賣芋錢。登高時節近。約伴趁晴天。

古竹

許 棫

村深連雞啼。竹晚去烏沒。渡口人已歸。孤舟纜新月。

古竹

許衍熙

近客少離思。遣愁但高詠。披雲出空際。萬象朗一性。疏烟畫夕陽。野鳥投晚磬。山瘦嵐氣清。華寒香風定。秋容豁倦眼。蟲音碎清聽。足己名難矜。攜化物易瞑。趣多自無擬。賞少故不競。彼此豈有殊。賢愚皆能勝。探道在幾微。厲志貴堅勁。翫此澗底月。徐悟非外倩。

登官長山愒妙湛菴

聶大年

湖上諸峯此最高。夫差陳蹟但空壕。人從斷港牽舟入。僧向懸崖置屋牢。塵世百年眞幻泡。具區千頃足風濤。丹青半幅能分我。欲借并州快剪刀。

登官長山次聶大年韵

杭 澤

萬仞孤撑碧落高。吳宮縹緲罨空壕。扁舟天際孤帆杳。怪石峯頭插脚牢。雨過急流飛瀑布。秋深寒籟起松濤。三州盡入雙眸底。割取何須更用刀。

游官長峯

張 虎

太古之先杳無聞。太素之後形始分。不知何人鑿此石。壁立萬丈凌青雲。初疑女媧補天手。臍下此物盤山根。又疑盤古分混沌。鑿斷鰲足今猶存。倚空突兀高無顛。仰望一柱如登天。我來直上探幽勝。欲上不上愁扳緣。

天風飄飄吹我裳。使我毛骨俱輕便。手攀足躡不知苦。但覺身世空中懸。須臾翼翼造絕頂。下視平地如深淵。老龍有洞未及到。水路斷絕應難前。輿來拭目白雲外。太湖烟水茫茫然。少焉展席綠蘿底。一觴一詠狂且顛。酒酣呼鶴竟歸去。但見明月懸天邊。

題官長山呈李方伯

歐陽席

野色蒼茫裏。孤高見此山。亂雲盤石磴。急雨漲溪灣。巖帶青霄遠。松圍古屋閒。箇中人似玉。能透利名關。

題官長山

錢孝

夫容一朵插青雲。湖上諸峯獨出羣。笠澤晴烟從下抹。香爐曉勢欲中分。獅巖歲久苔蘚沒。龍洞春幽草郁芬。此地登臨幾重九。漫將人事付斜曛。

題官長山

陳睿謨

絕頂懸空官長山。驚濤千里望中間。隔溪宿鳥分投嶺。遠棹歸漁各隱灣。風吼獅巖林颯颯。雨過龍洞澗潺潺。吳儂吳越爭鋒地。只在湖波縹緲間。

題官長山

馬同春

湖中翠羣山。歷歷亦何衆。此峯獨巍然。無能相伯仲。松龍吼獅巖。白雲出龍洞。恍登太華巔。目眩神飛動。我欲住東灣。青山時入夢。

題官長山

楊一鶚

突兀高峯霄漢間。探奇不厭重躋攀。千尋嵐氣青連郭。萬頃湖光白上山。寺築高低依嶺嶂。花開紅紫徧溪灣。支筇絕頂襟懷曠。長嘯空林趁月還。

題官長山

徐騰暉

遯世入深山。危巒次第攀。雲移天自靜。花落鳥俱閒。古木巢青狖。清流偃玉環。坐來忘日永。落照映人還。

登官長山

吳莊

策杖來登第一峯。天開澤國盪心胸。神功注海歌明德。鞭石何緣誌馬蹤。

登官長山晚眺

趙翼

蓬萊弱水是邪非。萬頃烟波繞翠微。遠島似投天外去。神魚或出浪頭飛。日斜樵徑歸柴担。風起罛船打水圍。如此湖山近鄉社。眞慚不早買漁磯。

登官長山

丁進潮

獨上危峯逼九霄。松杉影裏徑迢迢。到來絕頂風聲壯。悄向寒崖暑氣消。萬頃平湖來脈遠。千尋峭壁接天遙。山靈坐閱成今古。吳越興亡付暮潮。

登官長山

徐鶴清

夫容萬仞逼雲霞。獨立中峯望眼賒。銅嶺西來山有脈。
太湖南去水無涯。烟波盡處三州繞。巖瀑飛空百道斜。
二十三灣風景異。郁居都被茂林遮。

登官長山

許械

拔地崢嶸翠萬尋。秋高風急一登臨。三州中坼星辰闊。
百瀆東趨江海深。石險俯隨飛鳥隊。雲開倒出亂峯森。
山靈不解興亡恨。吳越茫茫忽古今。

妙湛菴

陸希聲

妙理雖觀旨甚深。欲知無欲是無心。茅菴不異人間世。
河上眞人自可尋。

妙湛菴

聶大年

無塵林壑漲烟霞。中有棲禪佛子家。山色送青凝几席。
湖光搖綠映窗紗。雷轟老樹撐枯榦。風度長松落細花。
有暇還來借游憩。地爐燒筍漫煎茶。

自題竹里草堂

徐鶴清

數椽茅屋小橋東。遂我幽棲興不窮。洗硯墨浮春澗裏。
讀書聲在杏花中。半生佔畢三餘日。六代雲仍半畝宮。
差喜後人勤種植。相期不墜輞川風。

檀谿灣

許亦曾

一面東湖三面山。山光水色聚谿灣。梅梁檀谿東湖名帆影淩
朝出。勝嶺樵歌薄暮還。泉泛隱君塵慮洗。雲棲禪室道
心閒。吾家鼻祖鍾祥地。始祖叔徽公南遷居此仍願移家住此間。

檀谿灣

許械

山春燗漫華。香數發新茗。岫底鐘聲同。泉中渡帆影。

駝公石

楊一鶚

淩渚平灘亂荻風。興亡閱盡此駝公。空山絕少求名客。
莫道披裘釣澤中。

隱君泉

錢孝

白石清池半畝寬。飛流出自野雲端。山僧細汲奔芒屩。
稚子遙分裹竹竿。雨重更添琴韻響。月明偏覺鏡光寒。
隱君今病文園渴。莫笑頻來沃肺肝。

隱君泉

楊一鶚

傳道泉名是隱君。還嫌君隱以泉聞。如何不與泉俱隱。
千古空餘一片雲。

棲雲菴

蔡昇

棲雲菴內白雲棲。藹藹悠悠東復西。老衲翻經怪衙暝。

不知身被白雲迷。

古菴開傍晉陵山。時有雲棲殿閣間。雲不飛揚僧不出。白雲閒似老僧閒。

棲雲菴　薛南

郁君歸馬蹟。湖上此招提。樹老秋常在。菴空雲自棲。儒知禪味訪。鳥解法音啼。道院山頭北。人家澗口西。我來尋舊蹟。喜續百年題。

避暑棲雲菴　楊一鶚

層巖幽僻地。銷夏頗相宜。涼落松陰密。風來竹影移。泉清茶覺勝。僧還弈偏奇。雲黑山將雨。應催老杜詩。

病後再至棲雲菴　楊一鶚

山菴涼氣爽。到處病堪差。鳥喚曾來客。僧烹試過茶。畏迎風入座。嬾向砌看花。倦至眠高枕。怡然即是家。

棲雲菴　徐騰暉

不到最幽處。安知別有天。山容留古木。地脈漱清泉。室靜月常到。僧閒雲共眠。塵緣了無極。我意欲逃禪。

棲雲菴　許之澍

欲入棲雲寺。先過古竹灣。鳥啼芳草渡。樵唱落花山。有徑皆松暗。無門不水環。僧留香閣笑。身在畫圖間。

棲雲菴　朱瑛

積翠當軒落。雙泉合澗流。松窗稀見日。花徑曲通樓。茶話空山午。棋聲六月秋。浮生無處住。今被白雲留。

棲雲菴　丁澂

香積依青嶂。禪空繞碧溪。水深猶見石。山迥不聞雞。翠落空林逕。烟凝古木齊。儒知人境裏。別有一招提。

棲雲菴　陳履儼

過嶺不一里。禪宮在翠微。野花風落細。山筍雨抽肥。憑檻看雲出。隔林數鳥歸。茶香初入焙。責水試槍旗。

棲雲菴　許玉基

竟無風雨好重陽。況復家山足寄狂。漉酒遙看披絮帽。搜萸小憩諷經房。喬松夭矯添新翠。老桂扶疏發異香。放眼俗塵飛不到。暫忘憂喜得清涼。

棲雲菴　丁兆熊

空山深處白雲留。半月池邊境最幽。流水斷橋楓葉冷。疏籬曲徑菊花秋。客無好句吟蓮社。僧有名泉給茗甌。暫至不爲方外棄。嶺頭梅放約重游。

棲雲菴　徐汝璉

一徑縈紆古寺東。菊花香裏梵音通。山含宿雨橫窗碧。

松滿斜陽落澗紅。卓錫泉邊秋月滿。樹棲橋畔聽秋風。
歸心卻被雲留住。幾度低同小閣中。

謁祖墓至棲雲菴晤陳荷溪

許亦魯

爲訪牛眠蹟。還過象教林。寒花依竹瘦。流水到池深。
茶淡多禪味。棋低少戰心。歸來山月上。滿徑落花陰。

棲雲菴二首

許械

東湖山色一菴朝。古剎棲雲鎮寂寥。石壁嵌空因架閣。
樹根橫澗即爲橋。園茶香嫩宜泉冽。杜鵑天多勝酒澆。
產茶筍多石泉
經卷木魚禪誦了。刼塵六十可能消。

僧雛導客杖藜前。祖德無忘七百年。勝子山光森宰木。
宋始祖叔徽公隨高宗南渡居此禱勝子嶺神生探花公叔徽公墓在嶺下
隱君風義占名泉。
隱君泉極清冽以叔徽公隱此名
牛峯樵唱湖烟暝。一杵鐘聲海月圓。覺路
何曾迷辟象。枉將雲水證諸天。

棲雲菴

馮效亮

青山問野樵。花深不知徑。流泉引游蹤。攝衣度危磴。
佛香雨後清。空色澗中淨。風停竹猶響。鳥飛雲自定。
尋幽詎憚遙。入深始知勝。太虛無微滓。曠然見吾性。
寂處忽生喧。空岩一聲磬。

棲雲菴

許衍熙

湖光醉游人。雨霽清暉膩。飄景破溪烟。灘聲確嵐翠。
遠見古木森。揭蘿入孤寺。禪幽鳥親人。院荒佛臥地。
白雲養鐘聲。青山足僧意。山殽雖云蠡。淡泊非世味。
夕陽滿歸途。山童荷樵至。

邵公墩宋邵協歸隱處

丁澂

荒墩留得邵公名。天棘薔薇滿眼生。獨有無名枝上鳥。
啼來渾似讀書聲。

題留雲閣

陳琦

我心愛白雲。特上留雲閣。不見片雲留。應疑松塔落。

題留雲閣

楊一鶚

一閣全收四面峯。峯峯春樹綠陰濃。有時雲出東山嶺。
來宿菴前百尺松。
夏木陰陰積翠重。山靈錢錢布奇峯。風來閣上涼如水。
無事高僧晝寢濃。
傑閣深秋望不窮。山山楓葉飽霜紅。夜來月吐東湖上。
極目寒光萬壑空。
閣中風景最宜冬。葉落天空獨見松。雪滿四山行蹟少。
惟聞雲裏一聲鐘。

鈕琦灣　杭澤

水遠山回白鳥飛。烟嵐濃處樹高低。扁舟載酒歸何處。
風景依稀是溪西。

鈕琦灣　丁澈

山中稱古樸。今說鈕琦灣。尊酒時相過。柴門夜不關。
雞聲啼遠樹。樵唱出空山。我欲移家住。湖濱友白鷳。

鈕琦灣　沈瑶

綠樹青山晚照多。隔林唯聽採芝歌。有時響逐清風去。
聞與泉聲出薜蘿。

鈕琦灣　許棫

巖獅爽氣來。燕尾微波響。漁唱發梅梁。東山月初上。

耿灣　許棫

胥山若浮來。盟頂昏曉隔。落日曬西枝。東柯靄將夕。

盟頂東麓嶂
青西麓耿灣

秦履山　陳履纖

秦履吾家在。青山足此生。性痴無世法。骨傲不人情。
落日三更夢。寒松一夜聲。感懷靡所騁。决計老躬耕。

胥山灣　徐復陽

相國陰靈似可招。忠懷盤礴氣淩霄。生前已料吳爲沼。
死後還吞越作潮。怪石蒼松凝血淚。寒烟古木鎖山腰。
那堪千古升沈恨。祗向孤臣歎寂寥。

胥山灣　陳世祉

笠澤浩浩自太古。湖口一卷何足數。波濤噴薄忠義魂。
日月照耀蛟龍怒。西青石壁何斑斑。我來獨弔小胥山。
吹簫戰橐眞騷屑。破郢鞭屍疑等閒。姑蘇臺上方耽樂。
甲楯潛來沼城郭。鴟夷一去不復還。徒使沈冤積崖崿。
山前蘆荻月紛紛。丹楓素葉生愁雲。千古誰如大夫烈。
以生殉父死殉君。烟波若遇范蠡檝。霸越亡吳躡相躡。
只今世事總悠悠。我欲枯崖荷蓑笠。

爲耿敬齋作耿灣圖　唐寅

大江之東水爲國。其間巨浸稱震澤。澤中有峯七十二。
夫椒最大居其一。夫椒山人耿敬齋。與我十年爲舊識。
晝耕夜讀古人書。青天仰面無慚色。今我圖其所居景。
烟樹茫茫渾水墨。我也奔馳名利人。老來盡掃塵埃跡。
相期與君老湖上。香飯魚羹首同白。

孫觀山莊　許之澍

卜築當山塢。書齋多野情。窗含千樹綠。座接百禽聲。

開卷塵囂絕。臨風翰墨清。一尊爭醉後。松月滿林明。

盤龍灣　陳紹琦

風景幽間比苧蘿。浣沙人去可如何。海棠著雨憐紅粉。
楊柳含烟愁翠蛾。千古尚遺傾國恨。五湖無復採蓮歌。
欲尋少伯來游處。一澗潺湲咽綠波。

雁門灣　徐問

十里松陰一徑苔。峯巒相湊雁門開。箇中風月知多少。
肯爲平分一半來。

過雁門舊居　許鼎臣

堂前燕子久他飛。極目滄桑感式微。雁序低迷明月影。
漁燈半隱白雲磯。謝燕舊巷名空在。桃李芳洲麥漫肥。
今日同人歸作客。毿裘老去念安歸。

雁門灣　許棫

白浪浮漁息。青山斷雁門。鳴榔疎柳岸。貰酒夕陽邨。

同錢藕先游漁息磯　釋紀蔭

漁息磯頭午放船。蒼烟綠水兩茫然。輕風鞺鞳山根響。
衰柳迷離雁字連。怪石幾拳橫斷浦。殘蕪數畝賸荒田。
吳王霸業今何在。留與忘機野鷺眠。

漁息磯　徐光鼎

翠動終須息。棲遲向石磯。坐聽漁唱晚。喜看野鷗歸。
山色迎新霽。波光映落暉。榮名何足問。披對可忘機。

牛塘灣　徐復陽

小聚寒隈宿雨濃。松篁流翠稻畦重。牧童不解興亡事。
一笛輕吹過碧峯。

牛塘灣　薛直

坡平牛背穩如舟。荷笠衝烟得自由。過雨草鋪千頃綠。
臨風笛弄幾聲秋。

牛塘灣　許棫

蛇山一桁青。景落寒塘瀨。斜日望林邱。人家在霞外。

贈梅處士　張籍

早聞聲價滿京城。頭白江湖放曠情。講易自傳新註義。
題詩不著舊官名。近移馬蹟山前住。多向牛頭寺裏行。
天子如今議封禪。應將束帛請先生。

即景　陳璠

萬頃琉璃著此山。無邊幽致出塵寰。飛泉百尺蒼崖外。
啼鳥數聲綠樾間。薜巷春深芳草沒。吳宮日冷白雲閒。
山前有客來相敂。竹屋柴扉花自關。

閶行

陳璠

午窗手倦暫拋書。散步林泉客況舒。竹塢風清聽好鳥。
山塘水暖玩游魚。迎春花老將軍巷。避暑宮殘帝子居。
為問故園何處是。寒山嶺下有茅廬。

內閶灣

許鼎臣

沿湖磴道無人地。竹塢桃花夾內閶。霝末聲來啼獨鶴。
天邊帆去散羣魚。離宮綠草香魂冷。窮岫紅蠅戰骨餘。
西青多紅蠅嚐廣傳為吳越戰血所化 惆悵興亡千古恨。臨風不醉欲何如。

內閶灣

許棫

漆娥有高台。何時來避暑。浮雲奄忽馳。眇眇成愁予。

馬蹟山志成贈錢師舜

邵寶

西青山人作山志。搜剔幽隱山靈愁。蹟絲神馬自秦漢。
祠追后稷經虞周。尋常一水五湖老。七十二峯千古秋。
分明圖畫在中沚。美人何處心悠悠。

避暑宮

眞桂芳

銀漏迢迢夜未晨。管絃聲裏綺羅春。飲闌方擁名姬醉。
豈料稽山正臥薪。

避暑宮

范成大

蓼磯楓渚故離宮。一曲清漣九里風。縱有暑光無著處。
青山環水水浮空。

避暑宮

高啓

涼生白苧水雲空。湖上曾聞避暑宮。清簟疏簾人去後。
漁翁占盡柳陰風。

避暑宮

朱昱

前代君王避暑宮。水風楊柳亂夫容。美人去後繁華歇。
惟有清涼屬釣篷。

詠避暑宮

朱昱

楊柳風清水殿涼。荷花無語妒新妝。玉桃珍饌瑤池宴。
千載令人笑穆王。

避暑宮

錢孝

吳王憂執熱。擇勝為離宮。龍舟載嬪御。坐此南薰風。
綺疏楊柳綠。水榭荷花紅。百年般樂地。千古凄涼中。
銅缾碧井攔。寂無美人蹤。但見秋雨夜。金飈翦梧桐。
洲山宛然在。富貴浮雲空。誰來訪陳蹟。白首西青翁。

避暑宮

馬同眘

闔閭嘗避暑。築室此山中。歲久遺荒趾。草樹搖西風。
緬昔殫民力。誰云伯業空。世事易今古。飄忽如轉蓬。

嗟彼創業主。猶建九成宮。

避暑宮

陳玉璂

震澤盤洪濤。夫椒矗丹巘。句吳霸南國。避暑建宮殿。
塹高復堙庳。磔磔俯畿甸。參互隱窟室。寫放務完繕。
紅梁貫脊陬。欒櫨麗星漢。涼風滌炎威。明月照清宴。
清宴猶未終。波搖越組練。空餘廢井幹。寒泉侵蔓莚。

避暑宮

丁澈

避暑宮中夏日涼。水晶簾繞御罏香。翠華已去紅顏盡。
惟有寒蟬噪夕陽。

避暑宮

許之澍

西山深處遺舊趾。當日吳王曾避暑。畫閣陰森生暮寒。
紗廚窈窕藏西子。
霎時歌舞歇纖腰。風雨三更濕寂寥。祇賸姑蘇一片月。
年年秋夜照夫椒。

避暑宮

杭源濬

西青湖畔晚涼多。消夏曾傳玉輦過。羅襪香飄輕袖舞。
綺筵風細翠顏酡。椒華待月邀新寵。蓮棹淩烟唱踏莎。
試問當年舊圖畫。白楊青草沒銅駝。

西青小隱

沈暐

馬蹟風烟接洞庭。西頭屹立一峯青。巡游昔枉君王駕。
擇勝新開野老亭。避地商飈無俗累。傳家孔壁有遺經。
閉門想見多眞樂。日夕窗前對翠屏。

西青小隱

顧鼎臣

我在蟠龍山下住。夫椒只隔幾層雲。何時載酒瓜皮艇。
去訪西青小隱君。

西青小隱

杭濟

仰止平生磊落胸。塵埃何地著行蹤。俯觀東海一杯水。
高坐西青千尺峯。白石閒雲松下榻。清風疏竹澗邊笻。
讀餘萬卷頭今白。誰向山中起卧龍。

西青小隱

倪宗正

百年書卷隱西青。蘿屋雲山半洞庭。眞境有仙留馬蹟。
老漁與我共鷗汀。五言雜興寄松菊。一歲新收足芡菱。
湖底毒龍時作怪。茅齋風雨枕青萍。

西青小隱

杭淮

淩駕洪濤勞遠訪。攜將秋色過江城。青鞋布襪無塵土。
碧水丹山自性情。閒過白雲尋壑去。醉看騎馬覺身輕。
簪纓忝竊今頭白。常使橫經憶後生。

西青小隱

杭淮

先生結屋西青峯。獨立縹緲淩鴻濛。緬想滄波繞白石。泠然梧竹生清風。

西青小隱　杭淮

童歲憶從先生游。驅馳道路今白頭。何當相攜拂衣去。共覽太湖萬頃秋。

西青小隱　杭濂

西來一水碧天浮。千仞青峯坐白頭。短褐驚花春楚楚。石林書屋日悠悠。乾坤容我一遺老。烟水扣舷雙白鷗。回首人間覆棋手。已將吾道付滄洲。

西青小隱　丁致群

澤國西頭碧嶂前。一區茅屋占風烟。圖書儿案人如玉。花竹庭除日似年。樸野衣冠遺世態。優游伏臘傍湖田。白頭無復紅塵夢。空賦小山招隱篇。

西青小隱　文徵明

馬蹟高峯對洞庭。一螺縹緲是西青。草堂寂寂烟波外。應有人占處士星。

西青小隱　陳端甫

夫椒西山顏色好。排闥送青青未了。琴書靜對世慮忘。玻璃倒浸湖光渺。依依日夕翠峯低。望望雲邊一螺小。

紫崖赤城杳莫尋。竹杖芒鞵此中老。

西青小隱　陳沂

結屋西青下。幽蹊迥絕塵。烟光日欲暮。野色樹含春。繞架書千卷。圍檐竹四鄰。未應稱小隱。清世有閒人。

西青小隱　葉夔

湖上青峯可結茅。芒鞵布服足逍遙。天生此老眞無匹。名與玆山一樣高。考古訂今成著述。嘯烟歌月伴漁樵。陶翁素有柴桑約。五斗從來嬾折腰。

西青小隱　潘緒

逃名身蹟寄夫椒。更向西青小結茅。春水湖光浮屋角。夕陽山影出林梢。烟霞眞趣貪清賞。鷗鷺深盟即故交。書隱百年心已遠。荆扉那許俗人敲。

西青小隱　杭洵

太湖烟水窟。中有隱君居。寄蹟孤雲外。生涯萬卷餘。青風攜鹿豕。落日問樵漁。猶恐名聲著。天朝走鶴書。

西青小隱　吳洵

山水之間著草堂。嬾將白眼看人忙。興來得句漫題壁。睡起攤書長滿牀。兩屐烟霞花塢遠。一番風雨野田荒。嗟予未得從君隱。回首西青思渺茫。

西青小隱　張鎮

七十二峯皆孕秀。最幽深處說西青。六飛一躍天留蹟。
萬古爭傳地有靈。嘉樹暗藏君子宅。異光頻動少微星。
太湖秋水年年碧。照見先生幾醉醒。

西青小隱　薛憲章

夫椒突兀湖之中。㶏㶏出水青夫容。烟鬟淡綰絕鳥道。
插脚下侵河伯宮。林屋相望渺何許。金庭玉杜潛相通。
幽人結屋成小隱。鑿破混沌超鴻濛。異時有暇或相訪。
布帆十幅開天風。

西青小隱　王恩

何處棲遲結草堂。夫椒西畔具區旁。庭前竹影交花影。
門外山光接水光。放眼有時酬景物。置身無夢入岩廊。
逃名况際清平世。不羡夷齊臥首陽。

西青小隱　陳璠

逋翁遺世態。別岫構茅廬。靜聽泉鳴玉。閒來圃灌蔬。
鶯啼蓬戶寂。鶴唳竹窗虛。四壁牙籤滿。芸香走蠹魚。

同錢墨岩遊桃花灣　陳瑤

松鶴夾徑午風清。隔塢幽禽三兩聲。雪浪飜湖觀世態。
野雲横嶺逗詩情。泉流曲澗琴聲細。鷗落明沙玉片輕。
信是利途人自辭。漁樵原不問功名。

綠陰黃鳥度笙歌。洗耳泉聲隔辟囂。曲澗滿時青草短。
閒花落盡綠苔多。松園曉翠林霏散。藥劚春腴夜雨過。
轉去石梁深塢裏。漫尋詩老敏行窩。

桃花灣　王憲和

幽谷雲樵信口歌。綠陰滿徑繞藤蘿。村團古樹人煙少。
雨洗平沙鳥蹟多。問字不妨頻日到。看山還約幾時過。
一樽相對開顏笑。始信人間有樂窩。

步入雲深徑轉斜。樹頭低處見人家。林枝老翠分樵担。
渡柳新陰繫釣槎。萬頃湖光涵熨斗。一灣春色醉桃花。
津迷不用漁郎問。倩我扶歸路未差。

桃花灣　許棫

碳崖石礓礓。遠翠枚峯落。紅桃夾澗花。花下漁舟泊。

西青嶺　秦之鑑

秦皇神馬蹟猶留。不憚披荆續舊游。三十八年如昨日。
百千萬刼忽今秋。亂餘山水吾猶在。幻極滄桑孰與謀。
閒覽翻添無限恨。隨波泛泛羨輕鷗。

西青嶺　釋紀蔭

登臨乘興喜秋晴。霜打茱萸萬木清。湖曲幾家閒把釣。

天涯何處不談兵。情深泉石猶嫌癖。心與烟霞自勒盟。
浮世滄桑君莫問。白雲數點落松聲。

馬蹟石　錢孝

翻龍架石梁。跨海觀晃漾。揮鞭策神馬。躍此烟波上。
青山有遺蹤。石面經風浪。故事傳渺茫。令人起惆悵。
還聞雍州守。興味陶元亮。五馬歸田園。於焉日游放。
悠悠西青崖。七里巖難狀。老漁垂直鉤。沙鳥閒相傍。

馬蹟石　馬同春

始皇昔東游。龍舟下笠澤。赫然登此山。車從徧泉石。
顧彼西青灣。神馬曾留蹟。四穴尚宛然。闊徑各盈尺。
時來一登臨。令人感今昔。

西村灣　許棫

良田對茅舍。郁徑竹間通。仙居知不遠。一聲落花東。

幛青灣　許棫

風吹西谿月。挂在涵山松。一夜葉蕭然。又添何處峯。

遯山　陳履儀

勝地蹉跎浪跡中。歸來樂事自融融。縱橫符影簷邊月。
斷續漁歌浦上風。半榻晴光清夢繞。一尊秋色故人同。
菊花見說鄰灣好。又曳芒鞋過澗東。

盟頂秋夜　高學湄

前溪殘日度。空庭落餘暉。漸見山影沒。林氣森成圍。
坐久松月深。寒鞏從中飛。松與月俱靜。鞏動聲自希。
白雲如我心。淡蕩何所依。此心未見道。已覺清且微。
徙倚夜將半。輕風次荷衣。

伍子盟頂　吳仲正

歷盡滄桑不計年。山名還藉昔賢傳。臣心可剖盟如日。
石骨長撐劍倚天。壯志自完當日事。剛腸留許後人憐。
忠魂不逐鴟夷沒。靜夜深林泣杜鵑。

伍子盟頂　張迺濟

夙抱興吳志。相傳頂上盟。此間曾敗越。當日誓懲荊。
大計關君國。深仇憶父兄。至今遺恨在。猶作怒濤聲。

山居即事　杭澤

門外青山列畫屏。雨餘瞻眺更怡情。兒童拾繭穿村落。
野鹿銜花過石坪。雲度松梢添妙相。鳥鳴樹底弄新晴。
偶然睡起來詩興。祇為烹茶久未成。

過東山訪馮養浩　杭澤

湖山佳處草堂開。為訪幽人策杖來。不比剡溪風雪夜。
興闌空棹酒船回。

送馮守約楚游　杭澤

天塹烟波入海流。石城鐘阜壯皇州。楚山嵐氣千峯雨。
彭蠡湖光萬頃秋。碌碌少年爲客處。悤悤今日送君游。
湘川此去雖然好。記取歸期莫久留。

過陳素心書館　杭澤

問友過春嶺。西來第五家。草堂巢燕子。石徑落楊花。
小几雲陰駐。虛窗樹影斜。論文忘日暮。斫筍啜新茶。

望湖亭　姚廣孝

禪宮塵事遠。苔徑入林幽。嵐氣千峯曉。湖光萬頃秋。
巢松知鶴倦。題石想仙游。便欲來亭上。長吟對白鷗。

望湖亭　杭澤

漁舸烟樹藹暝暝。烟外山光分外青。納扇不揮心自爽。
好風吹入望湖亭。

與損園和尙登望湖亭　陳履儆

羣嵐縹渺挽青鬟。指點烟郛共幾灣。落葉滿階迷鹿蹟。
孤亭遺趾浸苔斑。漁帆片片秋風裏。霜樹枝枝夕照間。
相對賞心惟爾我。他年重構壯茲山。

柴泉　陳履儆

甘老東陵學種瓜。雲林滿眼不須賒。澗光入舍只三里。
山色過橋第二家。元亮較予多邑令。君平無我富烟霞。

柴泉　許棫

新涼午後旋開甕。十畝門前醉稻花。（余居名十畝岸）
柴泉在山清。藤綢餘花賜。一徑入雲深。知有前朝寺。

宿神駿寺　許琮

一枕松風入夜寒。曉窗殘月隔簾看。夢回竹榻聞鐘後。
悵絕浮生出世難。還念將軍能捨宅。何妨陶令未之官。
此身合向山中住。邱壑由來號易安。

晨詣神駿寺　劉基

上馬雞始鳴。入寺鐘未歇。草際起微靄。林端淡斜月。
僧房湛幽寂。假寐待明發。松徑斷無人。經聲在淸樾。

神駿寺　馬箎

憶昔少年日。禪宮著屐游。夫椒山外境。笠澤水邊樓。
梅雨一旬瞑。松風五月秋。何能訪僧去。重泛北湖舟。

贈空海上人　秦永齡

偶入北山寺。相逢西域僧。參禪惟一指。演法有三乘。
谷應齋堂鼓。風搖佛殿鐙。題詩留石壁。今夜宿毘陵。

擬游神駿寺不果　周黼

遙聞晉陵寺。殿閣在虛空。簾捲北山雨。窗迎南浦風。

齋僧鐘韻後。供佛篆香中。寂寂門前路。輪蹄未許通。

贈空海上人　聶大年

湖上得幽寺。四圍皆亂峯。二三千畝稻。六百萬株松。晛食來山鳥。談經起鉢龍。知師燕坐處。深暮更聞鐘。

重游神駿寺　聶大年

髣髴南屏十里松。蒼苔白石認行蹤。湖光浴日金千頃。山色凝烟翠萬重。猨下飲泉還獻果。僧來乞食自鳴鐘。山花也識尋遊客。背倚寒巖笑病容。

空海上人天竺掃墓還山　聶大年

寺門孤塔鎖寒烟。回首家山二十年。定起怕聽三竺雨。思歸又問五湖船。鶴隨雪去雲連海。龍獻珠來月在天。還覓舊時行道處。青松半偃竹床前。

送瀾公領刹還寺　胡濙

漸承華刹下神州。去入叢林第一流。惠麓暫留淹卓錫。夫椒終日望歸舟。翻經臺上花飛雨。說法巖前石點頭。七十二峯秋色好。擬過竹院伴清幽。

清曉都門雨乍收。上人遠出大方游。數朝松向齋前偃。一葉蘆從江上浮。放蹟自耽雲外趣。匡宗不爲利名謀。遙知到日談空處。頑石無情亦點頭。

送淨公領刹住山　秦金

天上歸來好事僧。袈裟光照佛前鐙。塵緣已却尋常債。祖法應參最上乘。湖水隔簾秋渺渺。寺松交蔭晚層層。吳山見說夫椒勝。絶頂應須我一登。

送淨公領刹還山　杭濟

寺門秋水隔蒼烟。千里歸心有夢懸。江上孤舟初話別。天涯一鉢且隨緣。逢人漫說無生偈。入室應參最上禪。疎竹長松湖畔路。相尋法社定他年。

游神駿寺　杭濟

踏破白雲堆。步入青蓮宮。鐘聲空谷應。泉脈幽巖通。庭草鸚鵡綠。山花杜鵑紅。吟餘借禪榻。高臥聽松風。

贈梅室上人　張九方

上人悟得西來意。不向春風種桃李。十笏禪房近古梅。萬蕊千花冰雪裏。花開結子又生仁。漏洩乾坤萬劫春。揚州何遜孤山老。詩句清麗俱成塵。何如阿師居丈室。心由清虚人莫識。有時參透花光禪。影落冰綃春有蹟。經殘趺坐對冰花。寶篆風引青煙斜。香梢縣鏡月初上。玉龍鱗甲侵袈裟。禪餘溪上閑飛錫。瑪瑙坡前散行蹟。磬聲泠泠催入定。玉窟珠淵深莫測。梅室之清徹骨清。

玉壺冰鑿爭精瑩。雪山在此十萬八千里。梅萼吹香絪縕直達王舍城。

神駿寺　陳公懋

湖上亂峯七十二。中有一峯開法門。留得惠山香火在。鐙鐙相續未嘗昏。

題本宗上人壁間畫　杭　徵

來山飛翠入茅亭。亭下孤舟鎮日橫。此境寂無塵事擾。道心秋水一般清。

宿神駿寺　段　金

一宿湖心寺。塵機漸覺疏。濤平風息後。山暝月來初。汲水分雲乳。翻經落蠹魚。老僧無別事。相對話眞如。

宿神駿寺　吳　仲

遠公開山閣。邀我舊蒲團。玉麈從輕拂。楞嚴好細看。烟蘿望欲暝。雲水坐生寒。漫道禪機靜。皈心禮夜壇。

神駿寺　蔡　昇

嵯峨殿倚泬寥天。知是青山第幾巔。優鉢花開西域種。浮屠法演上乘禪。簷侵涼氣夫椒雨。門鎖晴光震澤煙。爲問祇園開闢始。黃金布地幾千年。

神駿寺　杭　澤

石磴躋攀數里過。遙聞嵐唱雜漁歌。山寒陰鑿生靈籟。湖潤秋風捲碧波。榛栗已收猿食少。松蘿不剪鶴巢多。禪師約我歸蓮社。爭奈疏狂嗜酒何。

題神駿寺松　夏　言

百盤雲氣入千峯。飛蓋行穿夾道松。長晝風雷驚虎豹。半空鱗甲舞蛟龍。湖濤夜合秋聲壯。山雨春添黛色濃。欲藉丹青圖直榦。恨無韋偃得相從。

題神駿寺松　宗　臣

喬松萬樹總良才。護日清陰一徑開。雲氣直從天竺去。濤聲長傍海門來。人行道上依濃樾。子落壇前點嫩苔。山水清暉增偉觀。託根原不愧徂徠。

題神駿寺松　王世貞

未拜寺中佛。先看門外松。青蔥表河潤。天矯失秦封。雲結諸天座。風和萬壑鐘。翻空尾鸞鳳。拆地甲虬龍。花滿山家釀。脂充石室供。惟輸道傍客。行止一枝笻。

神駿寺　朱　贊

老去心情愛野芳。攜筇問寺興何長。雨餘潤艸垂波綠。風送山花滿徑香。萬頃湖光搖佛殿。四圍山色落僧房。遠公不置東林酒。一味松風勸客嘗。

題靈山刹

錢 孝

昔人施荒邱。作寺靈山趾。殿脚插入湖。浮圖半空裏。
波玉搖朧朧。嵐霏拂窗几。景物眞丹青。牛首蘢山比。
彙絢餘千年。中間頽隤圮。爰有再來僧。杯渡錢塘水。
跏趺十笏房。殷勤重修庀。山門種種新。諸佛生歡喜。
手植松萬株。漫山野烟紫。緇流振宗風。鐙鐙傳不已。
祇園去艸堂。一徑將十里。清風獨杖藜。往來無盡意。

過祥符寺

許鼎臣

竹院鐘涼春已深。殘紅亂點綠苔陰。松花滿地無人埽。
一片閒雲繫野心。

同夫椒

釋温儲

落葉門飛鳥。青山夾亂流。故人何處是。擧目半輪秋。

梁溪顧子克入山問法

釋鴻銛

雙玉峯前月楚楚。兩心共照我與汝。月落山空不見人。
流泉活活聲如虎。

題神駿寺

釋元愚

雙瑞清流繞寺前。松分龍虎勢高騫。湖光蕩漾通三郡。
塔影崔嵬落半天。好鳥穿林禽愛語。閒雲覆砌鹿貪眠。
菩提香散蓮花發。龍躍泉飛自昔年。

游神駿寺 二首

楊一鶚

小靈山寺靜。翠靄暮陰重。帆影疎林外。鐘聲落照中。
探泉孤月印。聽偈萬緣空。到此超塵境。知心有幾同。
行來疊嶂外。漸入茂林中。寺抱一灣水。門連萬壑松。
雲深山色黯。谷靜鳥聲空。性僻耽游覽。日斜興未窮。

叩損園和尙

楊一鶚

此游特爲看山來。卻喜靈山霽色開。鳥弄晴光啼竹院。
樹搖蒼靄落經臺。人耽勝境行還止。鶴戀幽巢去復回。
試叩禪關訪支遁。圖書滿架著新裁。

題畫寄損園和尙

高 簡

毗陵耆舊推師久。十載神交繫我思。正是一番愁絕處。
挑鐙再讀寄來詩。

寄許青嶼侍御陳椒峯中翰

釋紹隆

名山執帚菊花天。來宿松根一夜禪。入徑點頭知塔影。甲寅八月夢入持贈一軸開見古塔其日夫山特書來請及入山松際塔宛然
到門摩頂認松烟。湖光淡處鷗先在。漁唱高時雁未眠。七十二峯空翠落。
珊瑚竿斫綠陰邊。
浮蝶一點傍漁磯。世業先宗寄託微。水乳許詢自投合。

雲山支遁買塵非・峯帷事業歸吟筆。侍御按三秦有峯帷行記 留圃風流詠息機。中翰築留圃棲遲其內 松鶴待余知已久。湖濱鷗鳥豈相違。

寄損園和尚

王時敏

湖畔鐘聲聽擊撞。客塵擾擾未能降。焚香洗鉢皈廬遠。蓮水搬柴學楚龐。擬斷萬緣參半偈。端知一月印千江。冥心靜覷蓮花國。落日西懸對晚窗。

秋日過神駿寺

徐騰暉

爽入湖山是處秋。爲因訪道更尋幽。千竿修竹森森蔭。一道寒泉活活流。孤塔影從雲外落。清鐘聲在樹間留。到來頓覺忘塵念。不願隨人學貴游。

游神駿寺

陳璠

十里烟霞五里山。梵王宮殿白雲間。泉飛竹外僧初定。月上松梢鶴未還。一炷香清塵慮靜。八千偈了佛鐙閒。龍降鉢呪歸何處。雙瑞橋邊水一灣。

損園和尚惠茶云使知故山風味有感斯言率成志頌

許之漸

老人飽飯枯吻熱。塊磊胸中百糾結。五千文字遂茫然。只恐他年攜手嘯。

三百月團那得歠。靈山使者來打門。函投片紙翻千偈。纖芽焙就雨前春。繾綣殘年慈懇切。故山風味屬先嘗。不待旗槍盛苗蘗。朝霞護日布雲英。夜雨浮春努星茁。赤囊籠璧詎堪誇。紫筍寒芳供細擷。奉持頂禮法乳施。旋拾枯槎瓦鑪爇。魚眼行隨蟹眼開。深注寒泉傾井潔。社裏宗雷道味濃。湖邊顧陸徒騷屑。我觀大法紛見前。翠濤盎盎緣生滅。請公口噴百丈泉。饔飧百億人甘悅。峯華茹芝展法雄。丹楹寶樹成行列。了知七盌病未能。便使肝腸如玉雪。

與損園上人

陳玉璂

尋幽度林薄。山椒歇微雨。餘暉浮蕩漾。褰裳涉河滸。與矚捫烟蘿。畏情寄石乳。珍禽不畏人。相看拂翠羽。仄徑恍窮流。哀湍飛別墅。遲步游東峯。歸雲靜如許。迢遞引鐘聲。松關半猶戶。香臺耽聽游。芳闃恣搴取。物我無定觀。皓月正微吐。

東損園上人

陳玉璂

十年飄笠五湖中。知爾詩從定後工。多病未須親藥物。閒心且與玩花叢。一庭疏牖春山入。三徑澄潭晚照空。只恐他年攜手嘯。扶筇應過虎溪東。

祥符寺即景　陳履儀

古寺探幽景倍妍。澗聲同合小橋邊。苔䂬積翠如無地。
松幔遮空別有天。半塔山光羣鳥入。一亭湖景亂帆縣。
到來不覺塵心斷。欲向枯僧學坐禪。

午餘登寺山　陳履儀

倦拋書卷強登山。戴笠歸來興已闌。黃葉林中敲晚磬。
不知身在夕陽間。

與損園和尚訂湖山之約　惲格

幾時晴展上山椒。潑墨虛堂破寂寥。七十二峯臨待我。
許將烟翠染輕綃。

訪晝林上人　徐兆鼎

行來兩袖拂松風。白石蒼苔舊徑同。游屐登臨追謝傳。
詩情潦倒問支公。清波滉瀁搖蓮座。翠岫參差繞梵宮。
埽去六塵心自定。應盟白社五湖中。

濬池　釋秉岱

荒池欣一濬。寒蔓翦藤蘿。擬種重臺藕。難尋無尾螺。
雨沾漪縠好。晴印月痕多。移取蘚苔石。閒來便藉莎。

過神駿寺　陳肇濬

古寺空山裏。乘閒偶一尋。白雲橫小岫。清磬出長林。
喬木千株老。幽篁數畝深。上人能愛客。不憚日登臨。

即事　朱璜

步却看松處。詩成見塔時。小橋通澗路。寒筱夾山籬。
鳥倦鳴偏急。雲輕落較遲。誰曾經信宿。迎客犬應知。

神駿寺　徐汝瑚

神馬蹤何在。豐碑峙曲阿。山花迎客笑。嵐翠撲人多。
樹密天無暑。池寬水欲波。空明一片月。來送白雲過。

游神駿寺　陸黼恩

探奇入招提。訪舊得初地。嘉名革祥符。古刹錫新字。
幽篁森道周。長楸夾門植。苔漬澗疑渟。石壞徑猶墜。
悲彼千歲姿。立死失蔽翳。斧斯者誰人。劈薪用供饋。
入門龍象頹。古佛半折臂。循墻覓舊題。剔蘚讀銘記。
老僧髮鬖髿。蕭然有野意。苦言茶荈澌。無以報客誼。
側足立焦邃。荒厓詎堪憩。坐久松風吟。竹覓寒泉駛。
以彼天籟鳴。如揮勞者淚。幸有山氣佳。不改向時翠。
悠然悟成虧。古今殊一致。

游神駿寺　許棫

夾徑蒼苔日色殷。松杉影裏有僧還。一鑪喚暝清於水。
萬竹搖空緣上山。古澗花香浮茗盌。夕陽樵擔赴柴關。

安禪儘有維摩室。欲乞人天一味閒。

亂山飛翠落檐前。靜裏經聲太古妍。神馬來當三萬頃。祖龍去已二千年。湖雲浩浩無今昔。佛日荒荒有變遷。布地黃金懷祖德。遺容敬展一悽然。寺田爲遠祖定于中丞所施寺有公畫像

游神駿寺歸過石傳表叔觀梅 許棫

惼曳長裾踏軟塵。不來同聽鳥聲春。空山流水無人境。古佛梅花自結鄰。

夾徑松雲合。雙流澗水清。花間度僧影。空裏定鐘聲。貝葉藏廚古。修篁上砌生。已公餘韻在。詩思孰重賡。

暮烟催客下危峯。但認雙松有徑通。天闊亂帆千點黑。山深斜日半灣紅。人懷栗里孤鴻遠。花到梅枝凡馬空。此是山家真富貴。夢恬萬斛冷香中。

和陸紫峯孝廉游神駿寺 許棫

連峯走松濤。山色不到地。雙澗浮野花。蕭然有仙意。詩僧昔何寵。奎藻錫新字。緬懷二百年。祖澤久霑被。衣褫傳南宗。名藍石火駛。隨嵐一迅掃。德水渾欲澌。堂涂碎令甓。風礎交徑術。僧雛鋌走險。壞佛紛可悸。陸子雕虎才。欲覓荒崖避。慨然念劫塵。懷古有深寄。

我生淡世紛。夙抱雲壑志。病靡號牛人。窮居乃多愧。直須祝宗祈。時揮阮生淚。覽君勞者歌。如獲楚人惎。願隨天隨子。唱和吾生遂。興廢彼外凋。卓哉當治裏。

游神駿寺 許衍熙

拂衣遵碧澗。舉步隨遠松。石含蘚痕古。山入磬聲空。間雲抱古寺。野鳥弄晴風。禪幽僧夢瘦。烟暖竹意濃。樵歌無世情。悠然太古胸。掬此夕陽影。贈君意無窮。

游神駿寺 馮敎亮

古寺閉秋色。寒烟濛翠微。林蟲緣佛臂。松子陊樵衣。道淺有明昧。心忘無是非。蒲團冥坐久。門外已斜暉。

朱家園 朱脅

幽棲愛傍畫山泉。雨後西灣一抹烟。古石白漫通塢徑。春流綠徧繞郊田。韭芽出土聊供節。竹筍過牆好作椽。只欠到門辛瀆水。難容載酒小漁船。

題槐榮堂 許亦犇

吾家中丞明名臣。南宋探花待制一十七世孫。發祥始自夫椒新城郲。堂以槐榮槐以人。中丞幼慧善屬文。父母愛之如掌珍。就傳外氏緣家貧。太君期望情殊專。手移槐樹一本栽堂前。仰天而祝此槐覆堂吾兒當作都堂官。

善頌善禱矣取焉。蓋有所見而云然。一見于門累世陰德駢。一見厥祖佳城龍耳犂牛眠。一見宅承官峯中氣靈脈眞。一見寧馨頭角嶄然新。方諸孔北海李鄴侯之倫。兒童嬉戲坐作衙官尊。斷事明决决其他日爲神君。果然科目登青雲。行人例授早致身。璽書三奉疏疊陳。是時流賊羣寇搖乾坤。兩河三晉聯烽烟。謀臣智士心胆寒。有權傾陷無權引避多挂冠。公非其任徒長歎。决志告養歸故山。茲槐已茂青盤盤。椿萱掩映瓜瓞緜。家駒千里風高騫。一家看槐開笑顏。南柯北榦像結緊。夫何嚴親遘厲節不安。行不正履心憂煎。籲天祈代未獲痊。返魂無處偷靈丸。含悲忍淚承慈護。疾痛疴癢撫摩抑搔安且便。寺丞復起心縣縣。太君諭以君命無違速赴燕。疏忤奸璫補官不久歸林泉。太君喜甚謂今毋可將分身可全。公衣朱衣奉華顚。偶觥視蝦慈心歡。茲槐益茂成仰觀。宮袍色映槐花妍。椒輿時憩槐陰寬。慈言我言非偶然。他日必爲封疆任大員。丈夫報國軀宜捐。夫河北堂零落摧心肝。必誠必信附身及附棺。服闋召補誠抒丹。帝知斯人可倚爲屏藩。特簡巡方命撫三晉之黎元。偏師一旅出禦賊萬千。正如螳臂當車轅。況掣其肘添監軍。然猶慷慨誓師指日平妖氛。激以忠義士卒皆如挾纊溫。奮勇殺賊諸將皆爭先。長槍大戰所向狐鼠逃紛紜。河北盜。欲渡河。無舟船。一戰可以殲其羣。倏忽黑風黃霧四野屯我師。車僨於濟馬濘於泥人人目眯頭腦昏。賊兵乘汹盡逸奔。垂成功敗徒號天。勞臣食少事正煩。歐出心血腥難聞。然猶三呼渡河三軍皆淚漣。撫晉十月疏凡八十餘上留中不報誰之愆。賊未撲滅仍燎原。隻手何以擎天關。大廈一木支誠難。臣力竭矣未息肩。巧借和順失事彈章已上負朝恩。詔解節鉞雲漫漫。井陘將卒遮道攀。呼號乞留其聲動地鳴山川。公諭以詩未言鳥盡弓先解。已悟鴻飛弋有因。大事去矣乾坤難轉旋。望闕再拜抽簪還。茲槐蔚薈覆堂如蓋圓。太君言若前知旃。優游槐陰歷七年。年五十七箕騎翩。未見甲申天地翻。槐兮槐兮信、有神。槐榮名堂垂後昆。山中盛事爭流傳。遺圖鬱蔥佳氣蟠。公七世孫名汝原。敦本輯譜心獨殷。手攜斯圖索詩篇。槐兮槐兮信有神。賢之靈與人之賢。憶我少時時過新城山灣邊。堂已改作槐未遷。其本數抱騎牆垣。中空厥腹疑匿蛟龍魂。霜皮盡脫肉有蝌蚪紋。蚪根起伏石罅穿。孫枝夭矯蔭四鄰。槐兮槐兮信有神。試問三槐王氏其樹可得今猶存。

留別水平王廟羽士殷南山　王逢

道士偶見古竹灣。留我養高松桂間。龍蟠大澤雲水晦。
馬踏巨石土花斑。綠章夜奏百靈集。素髮春看一鶴間。
忍上歸舟卻回首。裊裊清磬烟嵐間。

題分水祠　丁昌

帝德傳躬稼。王功佐濬川。湖流三萬頃。廟食百千年。
春港魚蝦美。秋林果蓏鮮。漫誇風土異。努力種桑田。

題分水祠　蔡昇

仙館門前別有春。青芝紅朮四時新。黃冠夜浥瑤臺露。
應是清宵禮斗人。

題分水祠　葉夔

震澤曾勞底定功。前人特筆郡書中。百年失祭殊非禮。
萬代攸崇乃至公。往事莫追隨逝水。英靈猶在耿虛空。
疏陳當國吾何力。令出賢侯祀不窮。

題分水祠　錢孝

路口千年廟。湖邊一里餘。青天神禹像。紫氣道人居。
雲出山幽洞。泉通石罅渠。姓存墩自古。神在谷常虛。
與客時來往。閒披老氏書。

題分水祠　錢孝

神王后稷子。佐禹平水土。震澤賴底定。厥功垂萬古。
荒祠叢木間。春秋載清酤。中隃宋將軍。義烈劉平甫。
赤心歸朝廷。破賊試神武。駐兵保此山。配享居西廡。
前元亂亡日。像毀祠并腐。後來雖繼作。所祀非其主。
居民莽蚩蚩。驟詔求陰祜。余心獨不然。好古慚無補。
敢發芻蕘言。幸爲賢尹取。下令復厥初。廟貌還可睹。

游馬蹟山宿許道士房　唐鶴徵

獨住水中央。言尋不死方。閒簾見白鳥。隔院度清香。
機息何妨弈。神全可御欂。偶來分半席。遽使世情忘。
四圍環積水。信是羽人居。鳥下忘機後。猿窺擣藥餘。
閒尋漁父伴。自註道家書。笑我勞生甚。逍遙俯不如。

分水祠　錢淵

松陰深處轉。廟穆閟玄宮。不憚胼胝力。常諳底定功。
晚烟迷古渡。晴旭透高峯。報德應無極。蘋蘩祗薦同。

分水祠　馬同春

卓彼山之阿。有祠翼然出。傳云稷庶子。禹時曾輔弼。
疏導歷三吳。元功記史筆。歲時薦蘋蘩。伐鼓奏靈瑟。
整冠謁神祠。寒山半銜日。

分水祠　徐明斗

70

三峯晴翠落窗紗。一澗清流繞砌斜。羽士拂雲因洗竹。仙童汲水爲澆花。林幽時聽千山雨。閣聳遙飛百道霞。漫說蓬萊風引去。五湖深處有仙家。

劉龍圖祠　朱昱

赤胄萬衆埽如飛。腥血隨風濺鐵衣。父子一門忠孝節。千年卜壹是同歸。

劉龍圖祠　葉夔

義兵救急豈無名。四子從征下玉京。迎刃倒戈如破竹。建旗鳴鼓若雷驚。奇勳在昔眞堪錄。公論于今始獲明。湖上野人相聚說。徐侯舉廢愜輿情。

劉龍圖祠　薛應元

宋室遭不競。國破波中漂。劉公本烈士。何忍事胡遼。一朝乘勢便。擁節生還朝。赤心矢報國。忠悃形丹綃。吾常昔禦寇。太守奔夫椒。援師乞平甫。爲子殊雄驍。關門大破賊。意氣今嫖姚。爭先追戚方。志在殲羣妖。孤軍浩宣城。戰沒魂誰招。國家重優䘏。青史芳名標。龍圖贈顯秩。廟貌凌層霄。偉哉眞義烈。祀典應柴褒。胡元爲非主。往事墮塵囂。山人建正議。意氣何昭昭。我來謁祠下。古柏鳴寒鴞。

黃龍洞望太湖　曹學佺

君不見黃龍洞。其深下無極。視之但似蒼蒼色。令人毫心直相逼。既有異香縹緲從風吹。又何以白石倒掛枯樹枝。我聞老龍在此藏其軀。至今千年知有無。其神既能興雲雨。磔犬祀之無乃誣。龍乎好睡亦大嬾。我欲擲石破其眼。爾何不翻大海波而潛深山裏。在此區區一勺之湖水。湖光雖有百千里。吾爲爾謀應未已。但見日自西沒。風從東來。舉酒酹水。飲我一杯。散者七十二峯四羅列。遠見洞庭大小雷。有如雲屏錦障蕩漾乎水晶之宮盈盈進我雙金罍。具區形勝盡於此。千秋吳王霸圖安在哉。但聞別館離宮不見牙檣錦席開。湖水暮兮悠悠。蒼烟橫兮上浮。羣峯杳兮乍收。客亦去兮不可以留。我更呼龍夢中爲我語。使我空山一夜愁風雨。

東村灣　許棫

東村紛而曲。谷口幾茅茨。晞髮長松下。清風盡日吹。

西鈕灣　許棫

澗水抱村流。樹密書聲掩。借問竹間窗。寒山銜幾點。

東湖書屋閒居十首錄三　朱晉

犖徵書屋兩三間。玩物中庭意自閑。燕掠落花飛著地。犬驚風竹吠空山。高眠午日穿窗白。潦倒秋霜點鬢斑。

一帶青松湖岸上。幾回獨步過前灣。
草蒲爲履葛爲巾。寂寂荒村寄此身。池館雖無尋丈地。
林花自有十分春。坐忘水面觀魚戲。睡足風前學鳥伸。
縱是吟詩有佳句。山空欲語向誰人。
塵事休休忿慮清。小軒獨坐少人聲。青山娛目原無價。
皓月穿牕若有情。數卷古書如面語。一瓢新酒慰平生。
閒來捉筆臨爭坐。字法如何自品評。

游石瀨灘

吳有斐

日暖塵香二月天。梨花如雪柳如烟。白衣誰是山中相。
絳幘多應酒裏仙。杖過竹橋嫌樹礙。石敧沙瀨狎鷗眠。
歸來露浥春衫重。又見柴門掩月邊。

東鈕灣

許棫

隴深土膏肥。比屋藏灌㳌。何人復永豐。旱澇資啓閉。

有閘名永豐蓄水利民今廢。

東鈕灣

馮敎亮

一澗雲邊出。千峯雨後新。偶緣流水去。忽遇采樵人。
養拙非逃世。矜才或累身。蕭然無俗慮。自號葛天民。

西泉灣

許棫

終朝湖上行。林深人不覺。襖踏發鏞蹩。斂眠聽水樂。

東泉灣

許之漸

東泉山畔浴金沙。桃嶺春園處士家。猶憶兒童嬉戲日。
月明攜伴踏梨花。

東泉灣

許棫

小橋曲通郵。新月光流枕。汎罷蓮窩舟。相從竹筱飲。

蓮窩兜宜荷

小墅灣南浜漁泊

許朝元

小浜淺水白鷗天。去住漁郎夙有緣。一笛斜陽尋舊渚。
半篷殘火鬧歸船。歐闌斗酒烹魚酌。醉後輕蓑枕月眠。
老我閒居忘世味。可容結伴野雲邊。

小墅灣

許棫

結廬三櫃下。終日常閉關。時逢素心人。把酒望南山。

南山正繞三櫃老屋

三櫃老屋歌

許棫

植根不死混沌前。三櫃棄擲荒江邊。直舒古翠蔭大地。
下有老屋突兀撐人間。此屋蒼莽無人憐。萬里獨立枯巖
顚。空香漠漠吹太古。幽夢杳杳生孤妍。蕭槮卷曲幾千

尺。鐵葉銅皮裏心赤。九霄日月堪孤擎。花却風雷不能蝕。我祖扈蹕南渡江。手爲朝廷植棟梁。身具邱山萬牛力。欲回殺運扶皇綱。紅羊白雁俄翻覆。轉眼三朝又移局。此材不使登明堂。偃蹇空山老歌哭。吁嗟乎。秦家松。漢家柏。磊砢梢雲天所植。當時曾覆阿房未央數百里。一炬摧燒後人惜。三檟三檟汝莫哀。世無萬年不朽之瓦室。亦無三顧不出之賢才。高人隱士未必盡無用。正以不用全其材。君不見出門一步即塵世。水火刀兵吁可悸。不如媚此老屋萬古春，一任骨幹槎枒拄天地。

三檟老屋歌 馮效亮

寥落風塵際。猶存此屋閒。孤根七百載。寒士萬千間。民物原關抱。林泉且放頑。蒼天獨無意。眼底露孱顏。

三檟老屋歌古妞一首呈檟翁馮效亮

元氣不可閟。拔地高崔嵬。赤日鬱霜雪。青天走風雷。高际笑岳華。松柏猗蒿萊。空山七百年。龍虎夜嘯哀。寒士思廣廈。巨刃難爲裁。偉哉造化功。成此蒼莽材。工師不一顧。後有萬世來。

題邱梢公墓 許械

殺氣全湖黑。奇人出釣翁。一身江海闊。兩國骯髒雄。縱舵摧強寇。鳴榔起大風。功成不受賞。長嘯謝明公。

錢堆磯 吳鼎芳

似貫如緡縱復橫。織雲飄忽五銖輕。人間無限難平事。湖上空傳阿堵名。

大墅灣 許械

稽田傍澗耕。樵徑隨峯轉。開戶見夫山。風來翠屏展。

椒山對桃花山　夫山對大墅

踢青灣 徐復陽

放屐尋芳攬翠微。銅官遙映蔚藍飛。麒麟高臥人何在。祗向山前看落暉。

踢青灣 陳履仙

任放何嫌僻。登臨到此間。湖天空遠目。山日醉朧顏。漁艇鄰鷗宿。樵柯帶葉還。可憐荒落冢。榛棘滿前灣。

山西灣 杭岱宗

嶺西耕作嶺東家。十畝秔香蟹上笆。石岸烟生漁爨晚。秋風獵獵戰蘆花。

竹塢灣 徐臨

寂無雞犬塢空存。春雨秋風滿墓門。尚有前朝遺址在。

倚松修竹垣題額

漁沙灣

徐階

水色山光致自寬。每來倚石獨盤桓。如何一幅天然畫。輸與漁人曉夜看。

長橋灣

杭岱宗

牛塘南去路。山趾沒荒茸。浪轉沙成月。蘿牽竹作弓。石晴龍曝背。灘淺鷺移蹤。我欲登橋望。還宜拄瘦笻。

桃塢灣

皮日休

行行度南嶺。盡日穿林樾。窮深到茲塢。逸興轉超忽。塢名雖然在。不見桃花發。恐是武陵溪。暫閉仙日月。倚峯小精舍。當嶺殘耕垡。將洞任迴環。把雲恣披拂。閒禽啼叫窱。險狖眠硉矹。微風吹重嵐。碧埃輕勃勃。清陰滅鶴睡。秀色治人渴。敲竹鬪縱鋝。弄泉爭咽嗢。空齋蒸柏葉。野飲調石髮。空羨塢中人。終身無履襪。

桃塢灣

陸龜蒙

行行問絕境。貴與名相親。空經桃花塢。不見秦時人。願此爲東風。吹起枝上春。願此作流水。潛浮縈中塵。願此作好鳥。得棲花際鄰。願此作幽蝶。得隨花下賓。朝爲照花日。暮作涵花津。試爲探花士。出作偷桃人。桃源不我棄。庶可全天眞。

桃塢灣

錢孝

碧山流水曲。夾岸盡桃花。烟景春三月。柴扉屋數家。輕風吹錦浪。遲日映香霞。分付漁舟子。重來路欲差。

桃塢灣

馬同春

昔觀桃源圖。今見桃花塢。徒聞今日名。不見昔時樹。繁華易消沈。闢辟終塵土。誰能繼芳蹤。栽花徧林圃。欲問桃源津。訝我非漁父。

桃塢灣

陳履饒

小墅南隈是桃塢。昔人種桃滿湖浦。柳塘一曲妒霞紅。漁翁常作花間主。

梅花塢

陸希聲

凍蕊凝香雪豔新。小山深塢伴幽人。知君有意凌寒色。羞共千花一樣春。

74

作者名錄

姓名	字號	時代	籍貫	略歷
丁兆熊		清		
丁昌		明		
丁致祥	原德	明	武進	正德進士歷官三十餘年蠹橐蕭然有草窗詩集崇祀鄉賢
丁珊	芝谷	清		
丁進潮		清		
丁澂	聖清	清		工吟詠
尤侗	同人	清	長洲	擅詩詞古文著有西堂雜俎艮齋雜記鶴栖堂文集等凡百餘卷
文徵明	衡山	明	長洲	詩文書畫皆工而畫尤勝其畫兼有趙孟頫倪瓚黃公望之長
王世貞	元美 鳳洲	明	太倉	嘉靖進士忤嚴嵩歸好爲詩古文著有弇山堂別集觚不觚集王氏書苑畫苑等
王逢	原吉	明	江陰	有梧溪詩集
王恩		明		
王時敏	遜之 烟客	清	太倉	崇禎初以蔭官太常兵後隱於歸村爲清初畫家領袖有西田集
王冕	元章	明	諸暨	善畫梅幼貧依僧讀書韓性錄爲弟子遂稱通儒
王獻和		明		
白昂	廷儀	明	武進	天順進士入司風紀歷掌邦刑有平恕老成之譽致仕卒諡康敏

姓名	字號	朝代	籍貫	事略
皮日休	襲美 逸少	唐	襄陽	咸通中舉進士性傲誕能文章與陸龜蒙爲友有松陵唱和詩集
朱昱	默陽	明	武進	有孝行少好學博綜羣書覃精著述尤長於詩
朱晉	得之	明	武進	博聞淹練善詩文著作甚富俱燬於火
朱璜		清		
宗臣	子忠	明	秣陵	善畫山水人物
沈孺		清		
沈曋		明		
吳仲	亞夫	明	武進	正德進士
吳正仲		清		
吳有裴		清		
吳莊		清		
吳鼎芳		明		
李濬	又哲	清	太康	咸豐歲貢有秋圃齋文集捻匪紀略
周鏞		明		
杭岱宗	晉詹 書巖	清	武進	淹貫能詩文又善摹繪山水有太湖總勝圖馬蹟全圖今俱佚
杭洵		明		
杭淮	東卿	明	宜興	弘治進士歷官以志節著與兄濟並負詩名有雙溪集
杭渭	介侯	清	武進	詩學元白吟詠甚富多佚存馬蹟古蹟長歌
杭源濬	發祥	清	武進	工詩困棘闈絕意進取事親孝著有凌雲集學游吟草

杭徵 明

杭澤 叔潤 勿軒 清 武進 專經學工詩著秋蒂集

杭濂 明

杭濟 世卿 明 宜興 弘治進士官至方伯與弟淮具善詩學有二杭集

金九齡 明

邵長蘅 子湘 清 武進 以詩古文辭名著有青門集

邵珪 文敬 明 宜興 成化進士善書工棋有半江集

邵寶 國賢 明 無錫 成化進士教人以致知力行爲本宸濠索詩文峻卻之卒謚文莊學者稱二泉先生

段金 明

范成大 致能 宋 吳縣 紹興進士充國信使使金不辱命而返有文名尤工詩著有石湖集攬轡錄桂海虞衡志吳郡志等

胡濙 源潔 明 武進 節儉寬厚歷事六朝謚恭忠

姚廣孝 斯道 明 長洲 讀書工詩書精陰陽術數之學燕王立拜太子少師復其姓賜名廣孝（初度爲僧名道衍）有逃虛子集

夏言 公謹 明 貴溪 正德進士以強直開敏結主知去諫官未浹歲而拜六卿嚴嵩妒之奪職放歸

唐寅 伯虎 子畏 六如 明 吳縣 弘治中鄉試第一甯王宸濠幣聘之寅察其有異志狂佯使酒宸濠放還築室桃花塢與客般飲其中畫入神品詩文初尚才情晚年頹然自放有畫譜及集

唐鶴徵 凝菴 明 武進 隆慶進士以博學聞

倪宗正 本端 明 餘姚 弘治進士有突兀稿觀海集太倉稿倪小野集

眞桂芳 宋

姓名	字	朝代	籍貫	事略
徐汝璉		清		
徐汝瑚	介存	清	武進	事親孝善詩
徐兆鼎	晉九	清	武進	康熙歲貢淹古能詩
徐明斗		清		
徐神皋		清		
徐問	用中	明	武進	弘治進士官戶部尚書歷官廉正不避權倖入官四十年家無長物生平學宗紫陽有讀書劄記山堂萃稿
徐遇奎		明		
徐復陽	見初	明	武進	由進士晉太僕寺卿歸時惟書數十卷悉手批有文集
徐臨		清		
徐燠		清		
徐燐		明		
徐鶴清	奉宜	明	武進	性孝能詩著有竹里書齋集
徐騰驤	升如	清	武進	善屬文著紺珠堂文集
徐騰暉	宸仲	清	武進	順治進士
浦應麟		清		
秦小鮀		明		
秦之鑑	尚明	明	牛塘	崇禎進士明亡歸復遊嵩山至儀封卒
秦金	國聲	明	無錫	弘治進士居官一以廉正自持卒諡端敏有安楚錄
秦夔	廷韶	明	無錫	天順進士著有中齋集
孫覿	仲益	宋	晉陵	歷官翰林學士吏戶二部尚書立朝正直因忤執政歸隱太湖濱西徐里著有鴻慶

78

姓名	字	朝代	籍貫	事略
馬同春		明		集
馬麓		明		
高啓	季迪	明	長洲	博學工詩洪武初爲編修與修元史累官至戶部侍郎以改修府治上梁文觸怒腰斬年三十九著有大全集鳧藻集
高學渭	望綸		武進	工五言澹遠有致
高簡	澹游	清	蘇州	能詩善畫山水
曹學佺	能始	明	候官	萬歷進士明亡入山投繯死著有易經通論春秋闡義輿地名勝志石倉集等書
陳世祉	亮衷	清	武進	工詩
陳公懋		明		
陳玉璂	賡明	清	武進	康熙進士舉博學鴻詞負盛名詩文操筆立就纂修常州府志武進縣志著有椒峯集
陳沂	宗魯	明	應天	正德進士授編修少好蘇氏詩自號小坡中歲乃宗盛唐爲文出入史漢工畫及隸篆
陳所知	汝至	明	武進	潛心理學善飛白
陳紹琦	功魏	清	武進	警穎絕人著有荷溪集
陳肇璿	玉衡	清	武進	工五言閒適有致
陳眷謨	常朵	明	武進	萬歷進士著有輔世編傳是堂文集等
陳端甫		明		
陳璠	古溪	明	武進	通經史善詩賦
陳履儀		清		

姓名	字號	朝代	籍貫	事略
陳履儀	若思 敬亭	清	武進	詩文博雅任修縣志及馬跡山志
陳瑞		清		
張九方		明		
張虎		明		
張遇濤		清		
張鎮		明		
張籍	文昌	唐	烏江	爲詩長于樂府多警句有張司業集
許之樹	志淇	清	武進	讀書不遇工詩
許之漸	儀吉	清	武進	順治進士官至御史彈劾不避權貴有槐榮堂詩鈔
許玉基	山立	清		少劬學游庠著有小樹齋集
許亦脅	效曾 書輿	清	武進	博涉淹識舉鄉荐不仕主講郎溪玉山書院著有領雲詩古文集
許衍熙	鴻臣 寬甫	清	武進	篤志憤策潛研說文詩追大謝善繪山水著有瓠詩詞一卷
許械	太眉 夢西	清	武進	工詩精小學成豐初舉孝廉方正不赴主講道南書院有東夫山堂詩集三櫃老屋塡詞等
許琮	季玉	宋	武進	由縣尉擢知制誥忤權貴斥知汾州民誦其德
許朝元		清		
許鼎臣	爾鉉 定予	明	武進	萬歷丙午舉人聯捷進士進至光祿丞巡撫山西著撫晉奏議五有堂詩文集易旨災異攷喪祭攷皇明文選
陸希聲		唐	海寧	博學善屬文書得撥鐙法
陸輔恩	亞章	清	武進	道光舉人有讀秋水齋詩文集
陸龜蒙	魯望	唐	長洲	不喜與流俗交常乘舟設篷席放游江湖間自謂江湖散人有耒耜經小名錄笠澤叢書甫里集

80

惲格	壽平 正叔 南田	清	武進	幼嘗避染杭之靈隱寺擅花卉賦色之妙爲古今絕藝詩筆超逸有甌香館集
盛符升	珍示	清	崑山	康熙進士官至御史有誠齋詩集崑山志
鈕度	孔霑	明	武進	建文舉人
華幼武	彥清	元	無錫	少有盛名公卿旨援之士者力辭不就工詩有黃楊集
湛子振	海粟	元	攸州	博治經史于書無所不讀以文章名一世官集賢待制有梅花百詠
馮效亮	石溪	清	武進	生員
葉松		清		
葉夔		明		
楊一鶚	寀翰	清	武進	工詩
趙翼	耘松 甌北	清	武進	乾隆進士歷館閣漫游邊疆解組歸主講揚州安定書院詩與袁枚蔣士銓齊名著廿二史劄記武功記盛陔餘叢考甌北詩集等
潘緒		明		
蔡昇		明		
劉基	伯溫	明	青田	元末進士棄官歸佐明太祖成帝業封誠意伯博通經史尤精象緯之學著有郁離子覆瓿集寫情集犁眉公集等書
歐陽席		明		
錢孝	師舜	明	武進	通博卓越撰馬蹟山志
錢灝	靜思	明	武進	好禮端愨自長於詩
謝應芳	子蘭	明	武進	至正中隱白鶴溪授徒講學元末避地吳中居芳茂山著有辨惑編思賢錄毘陵續志龜巢集等

薛直 明

薛南 圖南 明 武進 篤學孝友唐鶴徵爲立傳

薛寀 明

薛憲章 明

薛應元 明

歸莊 元恭 清 崑山 明諸生工文辭書畫國變後野服終身有恆軒集懸弓集山游詩

魏惇徵 培遠 清 武進 敏學工文著四書講義傳是詩四書備孝鑑略等

聶大年 壽卿 明 臨川 博學善詩古文得歐率更法授仁和教諭事母孝詔旌其門景泰中以修史徵入翰林

釋文鑒 唐

釋元愚 明

釋秉岱 清

釋紀蔭 明

釋洪儲 明

釋鴻銛 明

顧鼎臣 九和 崑山 弘治進士第一授修撰累遷禮部右侍郎崑山舊無城鼎臣言當事城之後倭亂獲全有未齋集

五十日之馬蹟山避暑

莊启

一·馬蹟山之認識

承親友不棄。每以游山相約。一則我是游過亞而不山的。天工之外。倘有人工的點綴。與我國僧占名山。不可比擬。再則我游山於文無七步之才。於貲無千金之積。山實不希罕我的一游。所以我算是與國內名山。諸多疏闊。

馬蹟山是武進縣境內的一座山。大不過一百方里。高不過一千六百餘尺。以其近。故於十年前。偕翁佩爭趙頌平沙武曾錢琳叔于瑾懷唐企林潘佑齡諸君一來。此爲我認識馬蹟山之始。惟其小。故無聊賴的我。倘可以爲他效些微勞。惟其不高。故易於登臨。

居然。從我來過以後。馬蹟山常常有人道及。都知道他是太湖的主峯。都知道他的民風敦厚。有「窮不討飯富不滿萬」之諺。爲江南之安樂土。爲今世之桃源。山不以奇特勝，而以平淡勝。人不以爭競存。而以知足存。是今世之所少有。而爲馬蹟山之特長。

二·馬蹟山遇災

天災流行。那裏沒有。民元二十年大水。馬蹟山是太湖的一島。四圍的水。自然儘量攻擊。而馬蹟山人審丁。幸有賑者。山人勉得一飽。當民元十七年遇蟲荒。食其果木殆盡。馬蹟山如何受得起兩次災。余於壬申年偕趙頌平唐企林方巽光蔣尉仙余少舫唐浩民史企望諸君再至。見馬蹟山雖兩次受災。而不改其風。聞災時有以受賑爲恥。寧長餓不出戶者。而山中居然新築一平坦之路。就此知馬蹟山之頗有後望。

三·七里堤之建築

癸酉初冬錢君琳叔約蔡子平何志脣俞澤民吳鏡淵劉堯性趙頌平胡勤生姚桂生周孝平謝鐘豪顧壽璇賀光錫蔣錫齡林後保謝博唐諸君及余到山。成立示範鄉。琳叔因注意改良農村者。當於古竹起行。至西青贊。俗稱南龍頭。行至桀泉。遇陳君叔華。詢其秋收如何。知沿湖田之遭湮没者三千餘畝。而此田乃三年没兩年者。詢其何不築堤護之。則以築堤尚可山人自爲。惟需建閘數座。何來多金。乃商之子平縣長。徵同游者之意。均以爲此實馬蹟山最要之舉。蓋東自火石嶺起。西至戰鼓墩止。長七里弱。所護田計七千畝以上。全山平田。僅萬畝也。乃集羣力爲借款設計。或費心力。或費脣舌。三閱月而堤成。堤之下鑿一河。長亦七里。

四·旅館之籌建

伍君受眞。亦愛馬蹟山。輯有導游一册。以馬蹟山之駕舟命車授餐適館之缺乏爲慮。誠然。同人等每至山。均食宿於丁君穉圭家。及區公所。在主人不勝其招待之煩。在客人不免過於打擾。築堤案通過之後。錢君琳叔有籌建旅館之議。衆意贊同，而旅館亦與堤工同時完成。在冠嶂三峯之西北麓。俗名小山頭亦名塔山。地爲妙湛菴舊址。菴有塔。故名。相傳地形如鳳。鳳頭鳳耳鳳尾均約略可辨。亦曰鳳嶺。旅館北向北湖。對峯梹橘之虎背。南則一帶松林。雜以楊梅等樹。南湖隱約可見。其景絕佳。

然而事貴實驗。此初成之旅館。究竟好到如何。缺點何在。應得老老實實的説出。并且隨時補救。

甲　房間太少　到山來的客人。常常合多數來作一二日之盤桓。此旅館閑時可以十天半月。無人問津。或者一時有客滿之患。

乙　整理餘地　此地爲丁氏公產。共計六畝。現在占用不及二畝。應卽與地主立訂租約。將餘地盡量墾熟。分植樹木果實蔬菜。

丙　徵求鄰居　旅館以山石松林爲鄰。雅而寂。東部冠嶂三峯下。空地甚多。其位置且較旅館之地爲佳。可徵求愛山同志建屋。夏日避暑。餘時由旅館代爲照管。或同樣留客。以補旅館之不足。

丁　鑿井　地在山頭。取水甚遠。夏日尤感困難。每担水索洋一角。而旅館浴資每客。亦定價一角。自不可久恃。余爲雇工開挖原有之井。下挖二十餘尺。而泉自上下左右至。觀之甚樂。惟旅館自用之井。則尚未鑿耳。

缺乏餘屋　程君如衡。爲本山農事推廣所主任。以推廣所無屋辦事。住在旅館。即請爲義務經理。見其室中。米油鹽醬酒俱全。如雜貨店。而床上堆滿被褥。令人不得不佩服其涵養功夫。

五・我的避暑

眞的。世界進化了。遇着不可抵抗者。則避之。夏日可畏。乃有避暑之名。此風盛行之後。我想熱帶上的人。到夏天必全數移居。但眉避暑兩字。現在還不過少數富貴人所佔有。我呢，當然不配有此資格。我不過到所愛的馬蹟山。山居爲天罷。還記得去冬大雪瀰漫。水天一色的時候。我也曾來過。那算是消寒了。

我想避暑地方。著名的有好幾處。誰肯到不高不大的馬蹟山來呢。包管我可以獨居旅館。占盡湖山。遂於二十三年七月十日搭早車到無錫。雇一汽油船。三個鐘頭到古竹浜。水淺得很。幸得一隻小漁船渡我上山。殊不知我未來之前。有楊君夫婦先到。旣來之後。有許君全眷偕來。旅館房間本不多。我又帶了六七個冠者童子來山。省得他們在家吵鬧。旅館遂爲三姓所私有。後來少數客人。尙可移挪出一間房子。來多了只得擋駕。的確。暑是避得了的。早晚的淸涼。沒有一天沒有好好的風。正午的熱度。比山下要低五六度至八九度。落日之麗。星月之皎。決非城市中人。所可夢見。便是馬蹟山不上山的人。也口口聲聲說山上風涼得多。

不錯風涼得多。異口同聲這樣說。且不單是人。大有桑場有兩只狗。天天光降。難道畜類也與人同意。不單是狗。大宗的蒼蠅。也戀着這塔山頭。但是人們和牠有些同處不來。於是大採辦其蒼蠅拍子。每人每日至少也打死三五十個。我呢。竟把打蒼蠅當作體操。打到我住的小房間裏。宣告肅清。但門一開。又有乘隙而入的了。於是覺得拒蠅要在總入口。旅館各房間。向外開門。是一個招來之道。最多的是大門進來的一間。飯桌上總是黑壓壓的一層。有時很恭敬地對於粥飯湯菜。振翅先嘗。我恨極了。招了兩位木匠兩位瓦匠來。在大門外添一重紗門。重關嚴禦。又塞了兩間向外開的門。居然有效。除了飛的。還有螞蟻。常常成隊。當日落月上的時候。來與我們親近。有時也順便咬一口半口。黃君爾塵說。用菜油餅作肥料。同時可以去螞蟻。我還未試驗。要說句良心話。蚊子不能算多。但若大開窗戶。也不難引進幾個。這可除拍無法了。

六·學生們的暑期作業

現在多數人。都批評學校。我亦不敢作十二分辯護。同我來的。有三個初中二年級學生。在知識方面。都有一知半解。無奈淘氣太重。大都不求甚解。而且個個畏難就易。厭舊喜新。說話多而少扼要。動作易而無紀律。我曾出過一個算題。是「馬蹟山昨日得雨二寸。戽水機每匹馬力每秒可戽水。·七八立方丈。每匹馬力每小時用柴油半磅。每噸柴油價值八十元。馬蹟山平田以一萬畝計算此二寸雨用四十三匹馬力機戽水。應需若干時。需油費若干。」竟隔了三天。無人交卷。我找了一個。助他計算。算完了。其餘兩個看也不來看一看。又有一個初中一年級生。據說英文不好。我是沒有學過英文的。那知道他學了一年英文。音也不會拼。不成句的雞呀。狗呀。父呀。母呀。認識了幾十個。此與所用課本及教師都有關係。其餘小學校學生。學識自然差的多。而同屬一派。我叫他們記日記。寫字。或者作文。都不對他們的胃口。一間房子。總是紛亂的。一件東西總是東拋西丟的常常你拿我的筆了。墨了。他污我的紙了書了的妙着。用具任意浪費。開着紗窗。蒼蠅成羣的進來。也視若無睹。吃些水果。皮核滿地。我想我同來幾個學生。決不是特別選出的。難道中國從今以後。只有亂嘈嘈的過去麼。却要補一句。他們資質。都是聰敏的。要學什麼。包管學得成的。

七·黃爾塵的十畝山莊

我是武進人。馬蹟山是武進的山。我誇美馬蹟山好像有幾分阿私所好。可是武進人畢竟空話說得多。實事求是的少。余友泰與黃爾塵於去年春隻身來山。商之丁君稚圭。願得地若干畝。爲馬蹟山人。丁君許之。爲購及租地數畝。黃君即偕丁君雨亭來。作林墾計劃。今所購地已十餘畝。復租地四十餘畝。在柴泉鄉之石臼塢。分植桃杏枇杷石榴。租吳氏宗祠爲事務所。初雇一泰興農攜婦居此。今則加雇工四五人。備小車三四輛。畜豬二頭。余到山之次日。爾塵亦至。至旅館傾談。自是日相過從。對於馬蹟山興味甚厚。希望甚大。常言購地租地爲難。蓋馬蹟山湖水所及之田。可以種稻者。不過萬畝。近山平地。本有果樹者。爲山人的副產品所在。不願出賣。其產有楊梅者。更重視。且俗以賣產爲恥。即山巔高地。每歲所獲柴草。亦值一元。故租地或易相商。條件亦甚簡。即每歲每畝一元。過高之處較賤。闢塵來前。已爲大有六塢租得新城鄉山田三百畝植桑。故近處餘地益少。

八．冠嶂峯避暑社之發起

並不是我避暑避出與來。得隴望蜀。某晚在旅館椅坐。賞月閒談。許君幹方道「旅館地位。離平地不過幾十尺。已有如此天氣。再高處度必更佳。我意此山之秀。足與他山抗衡。而四面皆湖。民風之厚。賊盜絕跡。爲他處所無。不宜坐棄。應在冠嶂一峯。購地百畝。先築登峯之路。次作飲水設備．分割區域。廣植樹木。徵集同志。自行建屋。成一避暑新村。可同意否」。余是之。次日商之闢塵。闢塵約往觀。即偕幹方闢塵及程君如衡。由新城登行青嶺。途陡削難着足。依一水道而上。如衡最健。闢塵及余次之。幹方又次焉。由鴉鵲嶺至一峯頂。地轉平坦。全湖在目。不僅北古竹。南七里堤內田舍。東鋪簣背。西西青背。及全山一村一墅一灣一嶺。無不歷歷可數。即蘇州之東西洞庭。宜興之銅官山。無錫之軍將山。常州之電廠烟囱。均了了在望。下視冠嶂二峯三峯。則訝其卑。其他諸峯無論矣。余偕如衡往尋青黃龍洞。得其一。在峯之西麓。無路可走。草上甚滑。余凡三次失足。而如衡居然舉步如常。幹芳意甚決。即請稚圭商購地。稚圭曰「此地向無人要。不圖今日遇着識者」。蓋言江南風景。不可遺太湖。觀太湖風景。必至馬蹟山冠嶂一峯也。

九．交通之計劃

蹟山的交通。自然要分「山外」「山內」。山外交通。以陸路過湖爲捷。同時也有水路。馬蹟山的責任。在過湖到山。山在武進宜興無錫三縣之間。當備汽油船。使極迅速的到山。茲列日常往來各埠如下。

埠名	到山里數	帆船			汽油船	備註
		時間 順風	時間 逆風	船價（元）	時間	

無錫	梅園	四〇	二時	四時	一·二〇	一時半	在無錫武進。均可雇汽油船直到古竹雁門或廟瀆。雇帆船甚難。由山至各處。可雇帆船。上列船價。爲區公所所定。
	小箕山	三七	二時	四時	一·二〇	一時半	
	大渲口	四五	二時半	四時	一·三〇	一時半	
	火車站	七〇	四時	六時	二·〇〇	三時	
	閶港口	一〇	半時	一時	〇·八〇	十五分	
武進	雪堰橋	一五	一時半	三時	一·〇〇	四十分	
	莘村港	七	半時	一時	〇·五〇	十五分	
	雅浦港	七	半時	一時	〇·五〇	十五分	
	百瀆口	一〇	半時	一時	〇·八〇	十五分	
宜興	分水墩	一〇	半時	一時	一·〇〇	十五分	
	周鐵橋	一〇	半時	一時	一·〇〇	十五分	
	沙塘港	一〇	半時	一時	一·〇〇	十五分	

山外交通。賴錫宜公路。時間可以縮短。惟渡湖之汽油船。必不可少，在最近港口上船。到山至多半小時。加無錫或宜興汽車需時一小時。武進一小時半。則三處到山。均可在兩小時左右。

山內交通。作凵形。其中路即古竹水平柴泉嶂青西村內閭桃花西胥嵴。其東路即古竹鈕嶮檀溪大墅小墅東西泉東……贅胥西鈕廟下新城水平。其西路即古竹耿灣踏青灣桃花。

子、東山周游

闞塵告我。江君上達將來。余未之信。因上達甚忙也。不意上達果至。至則要求於最短時間。領略此山勝處。乃借游東山。上達欲樹多之處。余告以此願易償。旅館之南。及北面歷階而下。皆多樹處。然其小者。至勝子嶺下義塚。則可觀矣。由此上勝子嶺，蹬道皆石砌。峻嶒曲折。且相傳築於元末。久失修。爲全山最難行

馬蹟山交通計劃

之路。登嶺而望。右古竹。左檀溪。南對冠嶂三峯。左右均見太湖。頂有小武當廟。山人稱廟神極靈。余姪劭往求籤。籤罰留箱前橫帆若干尺云。

下勝子嶺。至棲雲菴。菴前有一桃園。乃新闢者。菴右有卓錫泉。亦名半月池。梅花泉在其後。菴舊負盛名。今迥非昔比。皆菴僧不善主持所致。區公所將易人掌菴。復興或有望。由此南行至檀溪。訪飲君泉。相傳宋邵協隱此。故名。泉出石壁。瀉入石池。味甘冽。泉後大樹成蔭。已伐去數株。樹後倚山。風景秀美。泉前居民數十戶。某日馬君元放晨游至此。向徐姓索粥充飢。酬以值。則力辭不受。山俗如此。由檀溪登窰蕩嶺。路甚平。下至蓬坑灣。路漸低。蓬坑

灣甚小。無居民。上達謂此處可築游泳池。前行至大墅灣。路漸寬。又前至小墅灣。。三櫃老屋前。三櫃今存其二。二株合一根。高十餘丈。大各數十圍。爲宋初許姓始祖所手植。樹側一樹。不知其名。枝幹曲屈有刺。鳥不棲止。伍君受眞。名爲鳥不歇樹云。

登小墅嶺。見湖面愈廣。遠則無錫之軍將山。近則筆山矗立湖中。由此登桃塢嶺。嶺上有北極行宮。與勝子嶺之武當廟遙相映。惟此則屏湖。彼則面山。其景殊異。下嶺爲東鈕灣西鈕灣。西鈕灣有古銀杏。兩株合一。大數十圍。鄉人謂之白果樹。惟結果甚少。多時不過七八粒。雙幹干霄。濃蔭蔽日。由檀溪至此。入行林中。林隙可窺太湖。嶺高則湖愈闊。林後皆山。如行畫圖中。但恐無此名畫手。以圖其眞耳。登火石嶺。南望東西洞庭。下爲前後點山。下嶺至廟下。

廟是土地廟。隱古樹間。樹各高十餘丈。皆百年以上物。以松爲最多。此外櫸，柏，楓，楊，檀，栗，朴，榆等。數不可計。余苦不能識。丁君雨亭。程君如衡指而告之。仍不能記憶也。其下綠草勻鋪。游者均就地坐。此處爲馬蹟山演戲之處。低處搭台。觀者隨山坡上下坐立。天然露天戲園。而樹蔭布滿。清風時至。雖炎熱亦涼爽。余謂上達。此處樹如何。上達乃無言。廟下有瀆。名廟瀆。亦名大瀆。卽七里河之東端。現方設戽水機。機聲隆隆。亦馬蹟山以前所未有也。上達今日必返。乃由廟下回。經新城。至旅館。談山內交通問題。上達作東山一周。頗注意東山。當擬計劃如下。

甲。由古竹渡起。向東北行。由錢家旁登山。經紐埼檀溪循原來路綫到水平路。東折至西頭村至古竹渡。全部計二十里，半爲平路。

乙。路不甚陡。其坡度可在百分之十以下。則全路可以行車。

丙。路寬暫以四公尺爲標準。

丁。路旁不應植城市式的行道樹。而廣植林木。卽謂之行道林亦可。

戊。路旁建築及一切經營在測量路線時計劃之。

.90

已。所需經費逐步籌措。

丑、西山周游

西山較東山爲廣。惟其向西。所以氣候不如東山。故東山楊梅較西山爲佳。而檀溪茶葉類碧羅春。絕佳。

某晨偕丁君稚圭程君如衡由古竹渡經西頭村。循慈悲山塹山之麓。而至耿灣。環湖而行。其下湖田。地亦木枯。蓋近湖田爲漏水田。朝戽而夕滲。較離湖遠者更易乾。而湖漊之蘆。亦作色黃。洵大旱矣。途遇自耿灣來者七八人。云將赴古竹。遂偕返。而秦君履平亦至。導憩於秦氏宗祠前。耿灣多古樹。祠立代用小學。門前大樹兩株。實有三株。中一株已枯。而其側新產一株。彷彿同根。相映不覺其爲枯樹也。余等即坐在樹陰下。鄉人會談。均苦旱。戽水者日夕不停。尚不足所需。再不雨。則戽水者力將不勝。至古竹諸君。擱有鄉民議決案。請將七里堤之戽水機借用數日。以救眉急。耿灣分後灣姚巷盤龍灣三段。盤礴灣。亦名伴奴灣。相傳西施曾居於此。三段共有田八百畝。鄉人鑒於七里堤之益。亦欲築堤。堤長里許。北端在慈悲山脚。南端在胥山脚。鄉民願完全徵工。中建兩閘。閘費需籌借。幷擬即開工。蓋戽水問題解決。鄉民已有隙做工。而時在新秋。工程較冬季爲起色也。胥山廣百畝。舊亦湖中一島。今與湯家牚間。已由姚巷而連。胥山後即後灣。而姚巷之南。曲入一角。爲盤龍灣。全山各灣。惟盤龍灣不見湖。以幽美名。耿灣極幽秀。舊居耿姓甚多。今已絕跡。余嘗見唐六如。爲耿敬齋畫耿灣圖。並題以詩。相去五百年耳。而耿家墓墩已變爲秦家坟園。今子孫繁衍者爲秦姓。秦家坟園。樹木茂盛。余等在秦氏宗祠。大啖西瓜。瓜爲耿灣產。甚甜。復至履平家午餐。餐後即至秦家坟園。全部數十畝。均爲樹陰所蔽。今日熱度甚高。旅館中至九十三度。而在此一無所覺。履平尊翁如昌先生及本家順樓先生。先後至。兩先生年皆古稀而身體強健。可敬可重。順樓復捧兩西瓜來。謂是我田間出品。聞先生等至。特將來。先已有耿灣小學學生。搬到長凳及茶壺茶碗等。且吃且談。竟至忘返。

稚圭先說。「走罷。再到一個公園去」。乃辭邦植如昌及順樓老者。偕如衡履平及秦君遜邦。至所謂另一公園者。則舊時之周家園。今亦爲秦姓墓園矣。地較前園似略小。而規模更齊整。余等各據一石坐。鄉民復送長凳來。謂「你們城裏人。石上坐不來的」。繼至背山。山作圓形。稚圭謂「此地可墾」。履平謂「北面有送西瓜來的本家老者手植楊梅多顆」。余謂「比所謂德不孤。必有鄰。餘地正宜速墾」如衡說「東南向最好。惟夾有石排。墾時應分級。則石亦有用。且此處石受風日久。有苔印。較普通黃石爲美觀」。山上視耿灣口如拳。蘊蓄甚深。背負秦履峯。西望銅官諸山。形勢外軒爽而內屈曲。爲山中較裕之處。下背山。後經周家園耿家墩而登秦履峯。峯較冠嶂一二峯爲低。有舊石路。甚陡。登之與登勝子嶺相似。其頂卽伍子盟頂。東嶂青西耿灣。南北皆湖。相傳爲子胥誓師處。頂北有石中分。卽試劍石。辭履平遜弥下峯至嶂青。之存德堂藥店。店主復出西瓜。極贊七里堤之功。比施賑之功更大。我說「你們的丁區長忙得夠了。罵得也夠了」。女店主說「山上人不懂事。現在沒有人不贊的了。沒有橫河。沒有戽水機器。不用說沒有這樣的稻。恐怕籽粒無收。現在再要說不好。眞是喪盡良心了」。由嶂青登賁山。山介柴泉嶂青之間。東西行者至此日午。故名。南望太湖背負秦履諸峯。山不甚高。登臨甚易。稚圭謂「可於此築屋數楹」。誠然。下山由柴泉歸。

余所謂西山閭游。與本日所游。一半不同。且秦履峯甚塹。行車不易。應該從耿灣經過湯家犢轆灣到雁門。雁門民稠土肥。與耿灣相伯仲。從雁門經墓灣至踏青灣。白蓮池在焉。經嶂坑灣。至西青嘴。訪馬蹟石。石在湖濱。上有四穴。經各尺許。深六七寸。水漲僅見一穴。水落全出。相傳爲秦始神馬所踐。離此不遠。復有獺石熨斗崖蝦蟆石等。蝦蟆石如蝦蟆蹲坐水中。熨斗崖石下覆如熨斗。內可容百人。獺石則跨水作橋形。俗稱獺橋。上亦有圓穴如馬蹟。大小不一。諸石均須乘舟沿湖邊行始可見。西青嘴由大儲山蜿蜒入湖。長數里。俗呼南龍頭。在馬蹟山登山。宜上冠嶂一峯。觀水則宜至西青嘴也。

西青嘴屬於桃花灣。灣前波平如洗。椒山在目。東訪赤烏橋石。石如初月形。「吳赤烏二年造」字跡猶存。由此至內閭灣。環山抱湖。林泉入勝。其古蹟之著者。爲吳闔閭避暑宮址。已成平地。向東北行。經竹塢灣至牛塘灣。灣背山面湖。東望一片秧針。間以戽水牛棚。遠近綠樹。佳景也。由此至西山灣之雲居道院。俗稱神仙菴。志稱葛洪在此煉丹。其側有葛仙井。廣三尺。深倍之。大旱不枯。味甘洌。院前有洗心池。爲道士高沖所鑿。南池由東洗心行。入一大林場。非其他林園所及。余在避暑期中。曾兩至此。一次偕黃君爾塵許君幹方。一次偕陳君無咎嚴君曙東馬君元君放張君明經及丁君稚圭。至則在草地坐。院中道士聞客至。即以輿宜茶壺送茶來。或送西瓜。相待甚殷。近處男女老幼。不期而集。或所雇轎夫。往親友處索茶水。來此坐者必久。或晝臥。其樹之高古者。環列四周。中空一場。場生細草。林深不知其盡處。樹後皆山。湖水不可見矣。盛夏無日光。惜江君上達來時。未到此一駐足。以償其愛多樹之願耳。從西村經嶂青到柴泉。西折至祥符寺。寺在秦履峯麓。唐貞觀中杭將軍惲。捨山建刹。名小靈山。宋祥符中。改祥符禪院。宣和四年升寺。元末燬。明洪武二年重建。正統間燬。清康熙間蘇子荆捐建。御書神駿寺額。祥符舊名遂廢。洪楊之亂。寺燬。民元三年。建方丈室及餘屋。迥非舊觀。寺之周圍多大樹。今亦爲人還伐殆半。然尚有山田三百餘畝。平田四十餘畝。衔善爲主持。不難恢復。去冬錢君琳叔輩來山。偕天寧寺維寬和尚來。囑其覓僧接管。聞今秋可至。則此寺或可再起。由此逾象山可循慈雞山至古竹之西頭村。

寅、中山圈

中路本極平坦。蓋東西兩麓之衔接處。現時已可通車。此路從古竹村起。南行經水平王廟。水平王爲后稷庶子。佐禹治水。誨人浚道。後人祠之。宋建炎中。郡守以劉龍國曾駐兵於此。並祠焉。清光緒間。馬蹟山野豬患爲。出傷人畜。常州府譚鈞培遣兵捕逐之。亦祠於此。其他塑像神主尚多。或有據。或無據。祠北有嶺。曰分水嶺。故亦名分水祠又名雲水院。登嶺甚易。向南北皆見太湖。地位甚佳。祠南爲公立水平小學校。校長曹振之。爲人誠謹核實。長此校十四年。備受山人愛戴。除授課外。常協助措理地方公益事。由此南行至柴泉。一名寨前。舊於此設馬蹟寨。後山前湖。東折至廟下。登七里堤。西行至擂鼓墩。墩臨湖。中一土堆。踏之作響。相傳爲夫差敗越時擂鼓處。亦名戰鼓墩。下墩至牛塴。背負蛇山。東接嶂青。登山嶺。至西村。返柴泉。此路應有之設備。爲

甲，放寬原有之水平路柴泉路。直接七里堤

乙，道傍植樹使成林。其樹不必取之山外。就山中原有而可移者。分類移植。

丙，七里堤外。加植垂柳萬株。堤之兩邊。植梅二千株。堤內與七里河間。可作苗圃。

興路之中。以中山園施工最易。本歲或可成功。

十一，馬蹟山之農事

倉廩實而知禮節。衣食足而知榮辱。馬蹟山人。都很知禮節榮辱。其故由於以四五千人耕一萬畝田。平均一個人占田兩畝。勉勉強強。可稱足實。然天災人事的變遷。影響到倉廩衣食。便一籌莫展。或者求神許願。實行那神道所設之教。蝗虫呀。松蝎呀。均指爲天意。不加捕捉。泥於學古。不肯師今。長此以往。衣食倉廩。將起恐慌。全山平田。以南部爲多。然七里堤的建築。曾起許多疑點。土堤不能當湖水之衝擊呀。山水不能暢洩。水患更大呀。甚至於恐借款無法償還。難爲了我們的丁稚圭區長。弄得舌敝唇焦。手忙脚亂。好容易完工了。郤巧今年旱年。水不侵堤。於新成立堤。固可無慮。而七千畝田。無處取水。戽水機是山上沒有見過的。疑信參半。并且無購備之力。賴全縣有防旱之籌劃。丁區長分到三座機器到山。我到山避暑之日。是城裏開會防災之時。我便急急的向山人報告。且爲他們道喜。當時他們亦有喜色。我請他們趕快把廟瀆口到太湖的一段水道。開深四尺。那時縣裏派在山上的堤工專員相君星伯還在山上。我請他去指導開浚。一日完工。戽水機一到。七千畝田都插起秧來。從前架在七里河裏的水車。單剩了車埰了。在上流各瀆水車的中。也省力了。據說廟瀆上尋常要架九部水車。每部要五十七個人戽水。七里河邊。共有十九個瀆。其中有四個瀆可以到太湖裏湊壞戽水。照此推算。省下幾部車。幾個人。幾許錢呀。難怪山人們漸漸的說。這機器是「好老」。然而中間機器壞過三次。引起不少話說。幸而在短時間過去了，結果這堤工沒有防着水災。先防防旱災。也算始料所不及。

既然受了堤，河，及機器的好處。應該趕早進一步的預備。免得來年着忙。聚在一處的七千畝田。用三部機器戽水。是不經濟的。并且全山幾十個瀆。單顧這個大瀆。亦不是完全的計劃。我想兩個辦法。

甲　在適當的地方。建造一個原動力廠。装一部三百基華的發電機。戽水時在各灘裏裝大小電動機。全山平田萬畝。每年每畝戽水。用人力及牛力。至少二元。則每年所費爲兩萬元。已勉可維持原動廠。加入他時礱米軋油或織布。這個廠很用得著。且有餘利。

乙　在廟濱設一固定水站。備六十至一百馬力之戽水機。用水管或木槽。將水提高。引至上流。由上下注。則全部得水。牛車人力車。完全取消。另備戽水機船數隻。各灘輪流戽水。

然而他們桃源裏的人。秦漢魏晉以後的話。不嘗聽見的。富不滿萬的資本家。化幾千幾萬。是心痛的。甲項辦法。固然太迂闊。乙項辦法。也要等到臨渴而思掘井。想到定。掘到好。已渴到最後一步了。但是熱心人大可投資。這是一個善舉。且是一個穩當的事業。

水旱的問題解決。方可言農。馬蹟山的農。是舊的。所耗是費的。所放棄的利益是多的。而改革是無意的。是懶的。黃君爾壓。帶了一個未成年的童農。來拾牛屎。詢其故。方知他們牛屎。是不拾的。所以馬蹟山農事的改進。竟要脚踏實地。做給他們看。口說是無效的。但是成效一見。信仰心是有的。

十二，馬蹟山之林藝

馬蹟山面積。是一百零三方里。從前人説馬蹟山周圍百二十里。現在測之。不過六十餘里。此一百零三方里是平方。若計算山坡。自然不止此數。我們就照此方里計算。應合五萬五千五百二十餘畝。除了一萬畝平田。尚餘四萬五千餘畝。現有的果木。佔不到二千畝。實空着四萬餘畝之地。無論高低平陡　都長着松栗等樹。或青草。近來黃爾壓輩。所墾的大都是較高平地。其實一直到山頂上。均可種植。至於何者爲宜。梅，桃，李，杏，柿，嘉慶子，枇杷，石榴，等果樹。都山上固有之出品。或最近有人試種。得有成績者。桑，茶，烟葉，花生，等。經程君如衡試種。認爲極合者。梧桐，楊柳，楓，欅，烏臼，梓，桕，黃金樹，油桐，杉，等木材，亦山常見之樹。可以製苗分植。楊梅皆屬天產。余問何不自栽。輩以爲不可，其實此種長青樹。栽成盆景。亦甚可愛。花類則有紫藤。杜鵑。而古竹峰青之牡丹。皆數百年舊本。盛開時洵大觀也。

若爲玩賞名花。則無論何樹均可栽植。若爲植果造林。則宜乎相當之計劃。茲介紹程君如衡之預算於左

租地千畝，專植枇杷，梅子，蘋菓三類，其預算計劃草擬如下

第一年　支出

1. 墾費　（每畝六元）　計六，〇〇〇

2. 種苗費　（支配如下）

品名	占地（畝）	每畝株數	每株苗價（元）	苗價總數（元）
枇杷	四〇〇	四〇	〇．五	八，〇〇〇
梅子	四〇〇	三〇	〇．二	二，四〇〇
蘋菓	二〇〇	二〇	〇．五	二，〇〇〇
合計				一二，四〇〇

項目	元
3. 種苗運費（照種苗價加一成）	一，二四〇
4. 十間房屋建築費（每間一百元）	一，〇〇〇
5. 農具及什物器具	五〇〇
6. 租金（每畝二元）	二，〇〇〇
7. 肥料（每畝二元）	二，〇〇〇
8. 工資（工人八十名每月支十元）	九，六〇〇
9. 管理及技術人員（三人每月共支八十元）	九六〇
01 其他（副產物種子在內）	八〇〇
總計	三六，五〇〇

第二年　支出

1. 租金　二，〇〇〇
2. 肥料　二，〇〇〇
3. 工資　九，六〇〇
4. 管理人員薪金　九六〇
5. 副產物種子（每畝五角）　五〇〇
6. 其他　二〇〇

總　計　一五，二六〇

第三，第四，第五三年支出，均依照上列標準

收　入

第一年副產物（每畝四元）　四，〇〇〇

第二年副產物　四，〇〇〇

第三年副產物（以後因果樹漸長，副產物卽漸次減收）　三，五〇〇

第四年副產物　三，〇〇〇

第五年副產物　二，〇〇〇

第六年（果實開始收入，詳計如下）

品　名	總株數	每株產量（斤）	總產量（担）	每担值（元）	產值總計（元）
枇杷	一六，〇〇〇	八	一，二八〇	一五，〇〇	一九，二〇〇
橙子	一二，〇〇〇	八	九六〇	八，〇〇	七，六八〇

蘋果	四，〇〇〇	五	一〇〇	二〇，〇〇〇	四，〇〇〇
總計					三〇，八八〇

第七年起每年果樹收入，依照第六年收入加一成、二成……爲準茲將其收入詳列如下

第七年	三〇，八八〇加 三，〇八八	三三，九六八
第八年	三〇，八八〇加 六，一七六	三七，〇五六
第九年	三〇，八八〇加 九，二六四	四〇，一四四
第十年	三〇，八八〇加一二，三五二	四三，二三二
第十一年	三〇，八八〇加一五，四四〇	四六，三二〇
第十二年	三〇，八八〇加一八，五二八	四九，四〇八

在第十二年上，果樹已至盛產時期，自二十年後，漸次衰敗，茲不贅述，

自第一年至第六年，支出浩大，收入頗少，因此債務日積，茲將收支損益預算列於下

年份	支（元）	收（元）	損（元）	益（元）	備攷
第一年	三六，五〇〇	四，〇〇〇	三二，五〇〇		
第二年支出	一五，二六〇				
第一年債息	一，二五〇				
合	一八，五一〇	四，〇〇〇	一四，五一〇		年利一分
第三年支出	一五，二六〇				
第一年債息	三，二五〇				
第二年債息	一，四五一				
合	一九，九六一	三，五〇〇	一六，四六一		

98

第四年支出	一五・二六〇		
第一年債息	三・二五〇・〇〇		
第二年債息	一・四五一・〇〇		
第三年債息	一・六四六・一〇		
合	二一・〇六七・一〇	三，〇〇〇	一八，六〇七，一〇
第五年支出	一五・二六〇		
第一年債息	三・二五〇・〇〇		
第二年債息	一・四五一・〇〇		
第三年債息	一・六四六・一〇		
第四年債息	一・八六〇・七一		
合	二三・四六七・八一	二，〇〇〇	二一，四六七，八一
第六年支出	一五・二六〇		
第一年債息	三・二五〇・〇〇		
第二年債息	一・四五一・〇〇		
第三年債息	一・六四六・一〇		
第四年債息	一・八六〇・七一		
合	二五・六一四・八一	三〇，八八〇	五，二六五，四〇

第六年上，果實收入三〇，八八〇，除支出二五，六一四元，六，尚餘五，二六五元，四可開始還債，歷年虧損債務，共計一〇三，五四五元，九一除還五，二六五元，四，總欠尚有九八，二八〇元，五一，以後果實漸增收入，則債務亦可漸次償還，茲將第七年起，至第十二年之收入償債損益預算，詳列如下；並可見在十

二年度終了後。于完全還清債務外。可得純益二三·二一一元·〇三云。

年份	支出（元）	收入（元）	收支相較益數（元）	仍虧債務（元）
第七年支出	一五，二六〇			
總債息	九，八二八，五一〇			
合	二五，〇八八，五一〇	三三，九六八	八，八七九，四九〇	八九，四〇一
第八年支出	一五，二六〇			
總債息	八，九四〇，一〇〇			
合	二四，二〇〇·一〇〇	三七，〇五六	一二，八五五，九〇〇	七六，五四五·一〇〇
第九年支出	一五，二六〇			
總債息	七，六五四，五一〇			
合	二二，九一四，五一〇	四〇，一四四	一七，二二九，四九〇	五七，三一五，六一〇
第十年支出	一五，二六〇			
總債息	五，九三一，六〇〇			
合	二一，一九一，六〇〇	四三，二三二	二二，〇四〇，四〇〇	七，二七五，二一〇
第十一年支出	一五，二六〇			
總債息	三，七二七，五二一			
合	一八，九八七，五二一	四六，四二〇	二七，三三二，五〇〇	九，九四二，七〇〇
第十二年支出	一五，二六〇			
	九九，二七			
合	一六，二五四，二七〇	四九，四〇八	三三，一五三，七三〇	

十三，馬蹟山之工商

馬蹟山也談得到工商麽。雜貨店找不出五家。猪是要隔幾天殺一隻的。其實不然。有生產便有工商。事在人爲也。茲略舉之。

甲。倉庫。馬蹟山每年產的米麥。富的藏之於家。窮的要等着錢用。收着便賣。到需要時再以倍幾倍的價錢買進。而且賣出買進。必須再加船錢。和到雪堰橋無錫的雜用。實到手的不過十分之五六。爲這個問題。應該設一個倉庫。救濟不少。

乙。水果行　馬蹟山不是產楊梅麽。一到楊梅時節。老少男女。一簍也有。一石也有。日裏爬上樹。一顆顆摘下。夜裏趁着船。過湖求售。船錢提一成。喝杯茶。吃碗麵。買些零碎。回來或竟妙手空空。冬天的芋頭。也復如是。不過雪堰橋換了許墅關了。萬一馬蹟山果類日繁。山人爲了賣水果。必至疲於奔命。既然。馬蹟山可以開繭行爲什麽不可以開水果行。以及其他本山出品銷運機關。

丙。消費合作　現在拿了五元鈔票到山。便是一種不動產。同時要換一元的角子或銅元。也是無法可想。至於鹽呀，酒呀，醬油呀，豆餅呀。無一不要坐了船出去取來。究竟有幾千人的消費。應該設法合作。

丁。罐頭食物廠　馬蹟山忙着幾畝田。幾石柴。僅有少數人作捕魚生活。然湖中自有漁船。大者成幫。掛帆五六道。御風而行。終年不登陸。他捕起魚來。另行有小船。一船一船的載出。若在山設廠製罐。魚蝦會送上門來的。猪呀，鷄呀。聽憑畜養。尙有田裏樹上的鮮貨。隨種隨用。取之不竭。

十四，馬蹟山之教育

馬蹟山舊文化甚高。私塾甚多。因爲太不合現代教育。漸漸的淘汰。剩了幾個中通不通的先生。力不能耕。食難求飽。行吟澤畔。自歎失時。而山中僅完全小學一。初小四。不足育才。我去年到湖南去。見獄麓之湖南大學。與城市完全隔絕。學生耐苦勤學。耗費極少。爲培植人才計。設校要求清淨地方。馬蹟山實一相宜地點。若注意農林。則更易週旋。成績必好。

十五，馬蹟山之醫藥

窮鄉僻壤。不當死而死的人不少。數日內山中病者死者。時有所聞。不過夏日受暑。其急治法。爲挑痧。人死。喪禮甚儉。第二日成殮。棺須購自雪堰橋。至貴不過三十餘元。第三日安葬。尋常看風水。選吉日甚誠。獨葬不擇日。不另期開吊。亦美俗也。馬蹟山的醫藥。可謂完全缺乏。生病惟求鬼祐。叫神，求籤，擺飯。習以爲常。山居本不易病。而他們住屋都在山下。大戶一幢一幢相接。天井寬僅幾尺。小戶房屋更淺。牛圈豬圈。同在一室。暑日一扇門。一張長凳。露天長臥。直至天明。如何不生病呢。故居處既有改良之必要。醫藥之設備。尤不可緩。而山地高爽。設一療養院。更屬相宜。

十六，大雨送歸舟

暑去秋來。避暑的應該終止其避了。我也作此想。忽然家書到山。報告姊倩方巽光病故。遂急急下山。一向不下雨的天。數日也時時降些雨來。農民自然感激上蒼。三十日晨有濛濛微雨。殊不以爲意。未知湖邊。雨點像珠子般的打來。而湖水淺涸。大船不能靠岸。仍以小舟渡出如來時一樣。可是未到小舟。而滿身淋漓盡致。再經小舟毫無遮蓋。登大船時周身透濕。乃在舟中全部更換衣履。更換賦就。而雨止雲收。歷二時至無錫大渲口。雇車至車站。於下午一時半到家。

馬蹟山導游

中華民國十九年六月初版
二十三年八月再版
定價 每冊三角
外埠酌加郵費
編輯者 伍受眞
繪圖者 莊星平
攝影者 沈倓
校訂者 姚子瑜 趙念莊
印刷處 振羣公司
寄售處 又日新書社

横雲景物志

（民國）横雲居士 撰

《橫雲景物志》，不分卷，（民國）橫雲居士撰，民國二十四年（一九三五）鉛印本。

楊翰西（一八七七—一九六〇），名壽楣，別號静齋、橫雲居士，無錫人。清光緒二十八年舉人，歷官廣州造幣廠總辦。民國後從事實業，曾當選無錫縣商會會長。抗戰時任汪僞中央政府委員等。一九四六年以『從逆罪』獲刑一年。一九五一年移居香港，後寓居臺灣，病卒於基隆。一九一七年至一九三六年間，楊翰西在無錫太湖黿頭渚購地建橫雲山莊，《橫雲景物志》描述園内景物，包括：泉、湖水漲落、旱潦、颶風、冰湖、禽獸、巨蟒、移星、水族、龍爪槐、虬松、紅葉、石柏、松蠶、白相船、渡船、競渡、笋船、桂栗、山笋、松菌、燈塔緣起、霞綺亭、石壁、石洞、翠微驛、秋一澗、雲階、紫淵鐵鞭、澄瀾堂聯，頗多第一手資料，其中『白相船』是有關無錫太湖近代旅游休閑業最早的文字記載。是爲該《志》價值之一。

本書據民國二十四年（一九三五）鉛印本影印。

（沙無垢）

橫雲景物志序

無錫爲東南壯邑山水之勝尤擅名於寰宇運河之水由梁溪西注滙爲五里湖以入於震澤瀕湖諸山犇湧環抱巖壑競秀歸熙甫寶界山居記所謂重涯別塢幽谷曲隈無非爲仙靈之所棲息者往往而是自充山迤邐而下山趾斗入湖有巨石突峙俯瞰湖流如黿之出水而昂其首故俗稱爲黿頭渚云吾弟翰西既得此地始闢果園繼增別墅經營締構者二十餘年倚山爲閣抱水爲廊精舍可以留賓廣庭可以召客帶以清池怪石綴以玲樹奇花每當春秋佳日遠近籃輿畫舫縱萃來遊皆以弟爲風月湖山之主於是標其山曰橫雲顏其墅曰橫雲山莊屬傳沅叔同年爲記復列舉山中景物輯爲是編寄余序之夫山居者識烟雲朝暮之狀水行者辨風雨陰晴之候治農圃者諳花樹果蓏蓺植培養之方凡事得之身經而目驗者言之倍親切而有味也余以甲戌春歸里嘗信宿山中雲峯霞嶠秀靚奇麗近在几席之前陟飛雲之閣登澄瀾之堂俯瞰重湖萬頃一碧波濤渺然目極千里之外擷山果以侑酒採溪毛以供饌鷄黍之精潔蝦菜之芳鮮都非城市所有今覽是編覺烟水之味猶盎然於胸抱中也自前代以來士大夫治園林觴賓客管絃歌舞之場翰墨丹青之蹟大抵在九峯二泉之間此地僻處湖濱遊屐罕至惟有風帆沙鳥往來而翔泊漁夫樵子上下而謳吟頃歲吾鄉人士始於環湖築道路建橋梁葺亭榭館舍以待四方遊客林泉花石選勝而增華繡嶂鑪塘之畔車馬轉稀而黿頭渚之名遂艷稱於人口乃歎名山靈境終古在天壤間待其人而始興至其時而始顯噫世變滄桑今昔盛衰之感豈獨在朝市也哉乙亥孟夏楊壽枏序於舊京雲在山房

横雲景物志

橫雲居士撰

山　橫雲山者鄉人俗稱曰南獨山邑志不載志僅言充山之下有曹灣巨石突出湖中曰鼋頭渚實則充山在鼋渚南尚有三里曹灣亦尚二里渚上所負之山自古未有定名迨余買山輿築遊人作記官治劃鄉屢以名稱詢余遂以橫雲爲對蓋四十年前廖養泉先生綸鑿橫雲二字於石壁今取爲名不亦可乎自是山名乃定而劃鄉亦以爲稱至廣福寺與太湖別墅所佔之山伏而再起應另名曰峭巖余贈廣福寺寺基原主老契上載有是名顧詢之土人則亦無知者失傳久矣

泉　山必有泉泉必有源源則在乎搜剔初在在山亭旁得石坎有水而易涸是固坎而非泉也既在石坎之下松下清齋之北數武山塢中見平石如鏡雖秋冬燥旱此石輒潤知其處必可有得乃剔其石隙而濬之果得泉焉遂名之曰滿碧此外則廣福寺之一勺泉爲蹟頗古其上有王仲山先生問題字曰鼋頭一勺得名已在明代惜有源甚細誠勺水耳

湖水漲落　湖中水量以民國二十年辛未大水二十三年甲戌大旱相比較高差幾至一丈測橫雲石壁水影得之平時依南北風向亦有漲落錫邑居太湖西北西北風緊往往數小時內退水一二尺港口之舟不早移動輒被膠蓋浪受風推疊向湖州也

旱潦　民國二十年辛未秋大水第一第二果園盡沒水中渡舟駛至旨有居室內園中果樹全萎水退後隄岸果園均培高一尺耗費甚鉅然辛未之水如重見尚恐不免甲戌之旱自小滿至小暑兩月中不見點雨小暑至處暑偶雨不盈寸夏至後即熱如大伏草木枯黃落葉滿地蛟與蛙均爲絕跡可謂燥烈之至樹之不經旱者爲柳爲山楊爲楓爲桂最經旱者爲松柏歷此長炎針葉不失其青翠是知松柏不獨耐寒抑且禦風耐旱人而具此資稟則

艱屯危難又有何可畏亦何事不可成凡大旱大潦湖水必有至淺至高之一日憶甲戌之旱於立秋日忽來西北颶風湖水本已極淺經此而驟退二尺湖邊盡涸距岸一二里方可行舟舟與岸之交通竟爲斷絕至辛未之水於某某日當水量最高之時突又加以大南風湖水頓漲一二尺遂至室內可以艤渡雖時間不久而爲害非輕矣

颶風　颶風如來自東北者則無足爲患以有山爲屏也所畏者夏日雷雨西南陣風片刻之間往往損屋折樹故山半建築不可過於簡陋凡大風雨來天地晦暝湖水壁立其聲勢如排山倒海令人心悸神眩少過雲開日出則

又水鏡澄瀾黛山含笑矣此種景象蓋屢遘之

冰湖　錫金識小錄載太湖冰山高一二丈余實未見惟嚴冬冰結映日晶瑩一望無際洵爲奇觀至天氣轉暖遙聞湖心震響破竹聲喧知冰解矣有湖舟貪程冒險被凍則糧盡援絕殊爲危險

禽獸　湖濱多山而無峻嶺深壑故亦無巨獸野兎頗蕃孳亦偶見禽則雉鳧之屬冬日甚多余初至時面湖之山傷於樵採無五尺以上之樹故無鳥雀亦不聞蟬聲今則枝底爭巢林梢噪夏矣

巨蟒　辛未年大水當疾風猛雨烟霧迷漫之際有園丁

見第二果園中巨蟒長二丈首騰空而尾帖地其行挾風迅如閃電入水而逝

移星　夏夜納涼山半臥觀星斗近似可捫往往見移星小者蚩然大者光赤其聲隆然或星後有尾遺光丈許癸酉年某某數日天文台預報有流星羣城中士女有泊舟黿渚觀之者顧不如預言之多稀疏偶見耳

水族　湖濱魚蝦最鮮美白蝦尤勝於青蝦魚則白魚銀魚顧銀魚非出於小漁舟皆多桅巨船網得曝乾以售以小艇駛近其旁乘其起網而購之則活者可得其美可知大致白魚多於夏銀魚多於冬至湖中魚類亦有數十如

小型之比目偶亦有之漁人以非繁品不以上市也深秋蟹巨而肥惜湖寬無斷不能多得

龍爪槐　廣福寺陶朱閣門前廣場有龍爪槐二量如上人所手植也其右一株老幹四張如巨繖嫩枝紛垂如纓絡每值夏日綠陰濃蔽空其中可坐五六人簷前又有籐花二株爲余手植春日垂花甚盛

虬松　原有山松非駢擠余不輕棄更就其形式而修剪之澄瀾堂左側數武有松出於山坡夭矯蜿蜒橫伸過路可寶也此外飛雲閣後一株奇秀閣後一株則姿勢較遜

紅葉　全山紅葉不多祇野生小漆樹叢雜草中經霜而

紅再霜而落不足觀也余於秋一澗起至廣福寺多植楓樹秋末山中紅葉以此段稍爲可觀

石柏　涵虛亭之外有巨石中立湖中余於石頂鑿隙植柏一株今十六七年矣未見其高而昂藏自勁每值雨後蒼翠尤可愛

松蠶　松具堅貞之性炎寒皆非所畏畏者惟松蠶耳民國二十一年壬申始見於湖西孫家灣一帶不旋踵而蔓延過湖轉瞬而山前後均遍鄉人無法驅除祇以人工捕捉或集資演劇酬神以禳之其實化學藥劑必能噴除松當嫩針初發經此而禿幹無葉蔽往往枯萎余植白皮松

一株十年拱矣亦殆此厄
白相船　西人遊艇俗名白相船以光宣之季民國初元爲最盛其時黿渚未闢邑人士足跡罕至湖濱而西人之以聖誕節來遊者於項王廟黿頭渚之間舳艫相望夏日更有泊一二星期避暑者今則絕無而僅有矣揣其故由於交通日便食宿易覓朝來夕去反之而租僱遊艇行廚食品類須自帶反增煩費亦且見物力之艱甚於曩昔歐戰以後外商之遭際亦遜於前矣
渡船　渡船始以漁舟厥後由余給四舟與兩岸湖濱郁楊顧周四姓輪值爲請官給示備案四姓賴以謀生迨後

遊客日多渡舟亦增各加棚欄髹漆今更汽船爲渡此亦物質之演進也
競渡　舊俗端陽前後龍舟競渡向祗城外黃埠墩舡尖有之近年始以汽船拖至太湖暢施其技畫船簫鼓而更佐以雕輪演者以中獨與橫雲夾峙之間爲最適蓋二面皆山不招風浪橫雲碼頭又天然船塢錫山景物略記蓉湖競渡謂五里湖儘堪舒展何必拘拘於尺幅之近今閱三百年乃實踐其言
笋船　每年季春三月巨舟裝笋由湖州來鮓貨上市不分晝夜兼程而進過渚時園丁掉小舟張布爲袋駛近笋船輒擲笋數枚年以爲常蓋酬燈塔懸燈之勞也
桂栗　桂栗與桂花夾種爲惠山名品仲秋栗熟適屆桂開甜嫩而隱含桂香花神廟旁與桂樹夾植數株亦惠山種也
山笋　本山之笋有大小二種爲太倉名產移植者今山前後廣福寺旁多有之夏初蕃生爲佐餐佳品
松菌　產於桃花時節彷彿宜興桃花菌寺僧善治之
燈塔緣起　華丈藝珊言其先公題蓉先生避庚申之難居南鄉湖濱一日舟行夜黑不辨方向悞入湖心不能收口正惶急間遙見一燈向之行遂達荒岸細認知爲黿渚

而燈則無有也余聞而識之默察風雨晦暝之夕實有設燈之必要於是在渚頭立桿懸燈通年無間迨民國十三年夏錫湖輪船開航余亦股東之一倡議集貲以代賀儀即以賀儀移建燈塔作開航紀念衆韙其議由是易桿爲塔而泐石題名焉邑人秦効魯先生毓鎏爲之記余長兄蔭北爲之銘
霞綺亭　霞綺亭者丙申辛丑兩案在庠同人紀念之作也就山根巨石爲基范以混凝土建製特堅蓋是處當洪濤之衝南風水漲浪激亭址水花可以濺面別饒奇趣亭址方廣不逾丈而名人題詠獨多同邑秦丈湘臣名敦世

有七言長古詠之伊峻齋觀察立勳曩曾治錫篆額曰乾坤日夜浮題名錄暨亭記爲余從弟組雲所書亭名則泗州張燕昌太史書三巨字由吳少鶴刻石亭外更有橫榜曰烟波萬頃則爲金息侯少保筆張名啓後光緒甲辰傳臚金名梁精古籀均余壬寅鄉榜同年與秦伊諸公皆以書法文章名世而余弟組雲書宗松雪亦重於時

石壁　黿渚之勝在橫雲石壁懸崖外突腹虛如黿呑吐波濤雄偉奇秀必身臨其下者方能領略秦湘臣丈有句云千金能買太湖石難買斷岸此千尺蓋邑中濱湖諸山此境殆罕外此則爲廣福寺石壁華藝珊丈鑿落霞與孤鶩齊飛七字於上又明人王問題曰天開峭壁更有一處在花神廟之旁青松偃蓋人跡罕臨而列屏高下苔蘚斑駁實爲太古之遺

石洞　石洞有三一在花神廟之後曰藏玄一在霞綺亭之下橫雲石壁之間宗人吳江楊千里先生名之曰歸雲兩洞均由余置有造像又一則在黿頭之下土人相傳曰烟霞洞者深可五六尺高可一人以石齒巉巉下臨湖底俯瞰不見足跡又難下臨必棹小舟近之亦奇境也

翠微驛　環湖馬路成於甲戌之冬首端接開原路經大渲越揚西沿寶界充山而至橫雲山後余就奇秀閣下接

展馬路四十丈直至松下清齋之西闢停車場更沿路旁築茅舍賃作小店爲輿夫棲息飲食之所名之曰翠微驛取唐人羅鄴詩斜陽古驛西風緊指點人煙宿翠微句自古驛爲官有無以名室者海通以來鐵路四達驛名已廢今取而點綴風景藉存陳迹兼使來者知爲停驂之所不亦可乎驛背湖面山嵐翠當前湖波繞後雖草草數楹極饒佳趣

秋一澗　秋一余長女晋華之別號也女畢業於上海愛國女學兼長詩古文工花卉得同邑秦岐農丹徒謝公展兩先生之傳二十四歲渡海遊歐美詩益進歸黃岡皮氏年三十一而歿澗旁有地一區爲女所購名之所以紀念也

雲階　雲階者至廣福寺道中之一亭也邑人俞仲還先生題二字爲額亭居峭壁俯臨湖流地爲張先生軼歐所有捐贈廣福寺基址一丈方由寺跨路建築中供彌陀遊人至此藉可稍憩再上而山漸陡矣

紫淵鐵鞭　鞭爲九世叔祖紫淵公之物公諱維寧清初隱居管社築管社山莊建層樓別館率妻子偕隱其中讀書賦詩尤嫻武事膂力絕人湖濱多盜一夜盜至公單身禦而仆之後又奉其魁至公又仆之自是無敵犯者事見

拙存老人蔣衡所譔墓誌邑志隱逸有傳遺鐵鞭二余取其一置之廣福寺爲寺世寶其一稍小爲公之嫡支所藏云

澄瀾堂聯　山莊名聯甚多而一處一景其足含括一切者允推四兄味雲所集長聯曰傍連嶺帶長川西南諸峯林壑尤美送夕陽迎素月上下一碧波瀾不驚上聯首語出世說而吾錫山水之美確在西南聯語章一山同年楥書之一山書宗十七帖得其神髓是可與湖山並久矣

橫雲山莊記

（民國）傅增湘　撰

《横雲山莊記》，（民國）傅增湘撰，民國二十五年（一九三六）無錫錫成印刷公司鉛印本，封面題署『藏園老人横雲山莊記』。

傅增湘（一八七二—一九五〇），字沅叔，號雙鑒樓主人、藏園老人等，四川江安縣人。清光緒二十四年（一八九八）進士，入翰林院爲庶吉士。民國建立後曾入内閣任教育總長。傅氏藏書二十萬卷，多宋元善本，名槧佳刻，雄視海内，爲版本目録學一代大家。傅氏與無錫楊翰西爲親家，民國二十五年來遊，於楊氏横雲山莊小住，撰是文，爲楊氏花甲稱觴祝壽。

民國五年（一九一六）無錫楊翰西購太湖充山西南臨湖山地六十畝，包括伸入太湖的鼋頭渚，創辦植果場。兩年後構築别墅林，因湖邊崖壁上原有『包孕吴越』和『横雲』之大字刻石，故名之爲『横雲山莊』。這裏原是山外有山，湖中有湖，重涯别塢，幽谷曲隈。經過二十餘年的經營建造，倚山爲閣，抱水爲廊，在山有亭，面湖有堂，四時之景，雲峰霞嶠，秀靚奇麗，重湖波濤，一碧萬頃，風檣雲帆，白鷗朱鷺，風景之佳，絶勝太湖。這裏今天仍爲無錫鼋頭渚風景區的核心景區。傅氏此文爲我們保存了當年景區内建築的布局、來歷、掌故、形制、賦意，是重要的歷史文獻。如：今之長春橋，當年爲楊氏所辦紡織廠同仁所捐建，以此爲楊氏祝壽，故名之曰長春。雲逗樓乃爲紀念楊氏先人有雲逗樓文集而建。『具區勝景』四字摹自何紹基手迹，乃集字而非題書。稱面湖之湖石爲平泉故物，平泉乃唐李德裕洛陽園林之名，稱平泉故物，所指乃城中家園中移來也，然此石亦甚古。湖邊之誦芬堂爲楊翰西父親楊藝芳之光禄祠。傅行文至此，回憶當年在京殿試，考官正是楊藝芳。文中還提及山莊之建築皆以北京皇家建築爲藍本。文中提到的藏玄洞、小函谷、松下清齋，這些都毁於『文革』。傅氏來遊後一年，楊氏即於三月把横雲山莊交縣政府歸公，易名『横雲公園』。一九四九年後，人民政府又加全面修葺擴大。二十世紀八十年代公園擴大爲風景區後，山莊作爲精華景觀，被命名爲『鼋渚春濤』。傅文是國家級風景名勝之區鼋頭渚的重要歷史文獻。

本書據民國二十五年錫成印刷公司鉛印本影印。

（徐志鈞）

藏園老人横雲山莊記

横雲山莊記

横雲山莊者余姻家無錫楊君翰西之別墅也出城西南行三十里渡寳界橋傍五里湖而西充山分支而下鸞鳳騫騰左右分張兩翼中間忽横岡吐出下飲湖心磯頭巨石森奇衝波兀立若浮黿之翹其首然俗呼爲黿頭渚其地廻巖曲塢水闊雲多志乘所未詳天開之異境也君既得斯地乃精心營度上起山脅下接湖脣按行而拓築之削石開基披林覓徑架巖起屋鑿澗通湖或結𢳆於崖根或啓槅於木末或植籬援以界埸圃或繚堤堰以集舟航蓋經畫垂二十年而一旦軒豁呈露亭館紛羅山滌湖光開滌以供麗矚林淵錦鏡綴目而延新眺九峯二泉之外忽獲此神明之境古人云山水有靈亦驚知己於千古若君之搜奇擇勝罄啓名區夫豈偶然也哉余嘗與君曳杖偕行流觀極眺自緣湖大道抵翠微驛街彈居其左津渡設其右所以利往來資呵護入門粉壁爲屏屏後架軒榜曰涵萬軒外荷池數十畝堤上夾植櫻花跨堤爲橋題以

長春紡織同人合築以壽君者憑欄騁望雲容水態紛霏來集循池左行道旁列肆數楹飲食器玩百物咸具游人於此取給鄉民藉以資生焉道左石樓仿烏斯藏式掩映青林者曰雲逗樓爲先世度汪先生而建也先生乾隆時舉鴻博以文章擅名有雲逗樓文集傳世君補築此樓用以昭明德詔後人焉折而東崇坊屹立湖岸摹勒何蝯叟書具區勝境於其陰實爲山莊之水步奇石面坊而立拱揖若肅客然是名古雲石平泉故物也稍進爲清芬嶼方亭翼然眉曰藕花深處步石橋入崇祠五楹閎麗靖深爲君奉祀先德光祿公之室迴廊四周後有小軒署以誦芬公從曾李二公翊贊中興自領偏師轉戰蘇常晚仕津門轉餉濟軍訓士講武有勞於國馨香俎豆禮亦宜之余幼時集賢試藝荷公拔識執贄升堂今瞻拜遺祠有餘慕焉凈香水榭對宇開軒領受荷香致饒清逸出嶼沿山椒果園而南拾級登山孤亭高出雲外是名涵虚望山脊盡處一塔巍然壓於黿首明炬在中輝光四達此夜行之燭暗室之燈藉拯迷途非

徒爲觀美而已。斜徑下降。臨湖一亭。標以霞綺。泮宮舊侶。刻石題名。自此沿湖而南。積崖俯水。巉削如屏。昔年邑令巴州廖綸。掉舟過此。驚其偉異。手題包孕吳越以張之。別鐫橫雲二字於側。茲山緣是得名。書法雄肆。深入平原。儒吏風徽。宜與名山同壽矣。復由涵廬亭。歷石磴而上。升及山半。廣夏連欜。是爲澄瀾之堂。屏山鏡水。高明靚深。寫放出自舊京。營造咸依法式。山中故多勝居。而茲堂崇麗。乃如眉之著而焉。出堂依山而左。石上有圓亭。曰閶風。曲徑斜通。重栱飛欄。隱隱出芳林中。則憑巖瞰湖之飛雲閣也。軒楹明塏。縱目無際。長夏延薰。清宵佇月。瀕湖之居。斯爲最勝。其下曰長生未央館。爲君清齋宴晦之室。更上爲秋一澗。君感晉華長女。清才早世。故勒名澗上以紀之。而山莊嶺頭之界亦盡焉。取原徑返澄瀾堂。轉而右行。山隈茅屋數椽。以舍園官。而庖湢儲庋之室附之。紆折而北。喬柯夾徑。中丹垣白石。中祀女夷。是爲花神廟。後有洞曰藏玄。中供石佛。仰視崇巔。忽見浮屠湧射。翠微縞潔。如浴雪。迫而觀之。塔趾刻石紀

君練團捍里之功。故醵金造此。用示勿忘。并篆徽稱錫之仁壽。以志祝延之意云。廟右有澗。阿小築。微具歐風。藉栖海客。旁阜小亭。揭曰在山。其右爲洪碧泉。君剔石得之。視嶺頭一勺。甘芳勝之。泉南別啓精廬。取吳讓之書松下清齋榜。樹於中楣。几案精嚴。琴書清潤。有客戾止。靜聽松風。飽餐嵐翠。於此間得少佳趣。陟嶺北邁。抵小函谷。鎮以嚴關。署曰奇秀閣。升閣四望。蒼茫萬頃。縹緲三山如列几案。迴顧內湖浦嶺。犢山諸門之勝。亦飛光送影。近納於襟袖間。極登覽之高奇。綰全山之鎖鑰。洵不負此佳名矣。閣外爲山莊北界。自此越後澗。可達廣福寺。下山即趨翠微驛馳道矣。環游既竟。欣翫靡窮。領要而言。實兼數美。吳越山川。故多妙域。然近者恆雜市囂。遠者或艱跋涉。此則泉壑幽深。塵凡迴別。舟車安便。嬉處優游。携手春林。負杖秋澗。適性遊履。取暢高情。是宜頤老。其善一也。西上秣陵。東泊申浦。風輪飆軌。晨往夕歸。都人士女。聯襼遠來。漾桂棹於清波。席落英於曾岨。乘風可至。載月而還。是宜俊游。其善二也。貞素之士。玩世

遺榮。飲谷棲巖。蕭然物外。竹溪逸侶。烟波釣徒。於此栖遲。可以畢影。松蘿長年魚鳥。是宜招隱。其善三也。亦有幽人詞客。來游來歌。窺烟渚。臨滄洲。獨浪雲霞。談討芝桂。林嬉水晏。愜彼素心。觴詠傳其雅游。景物爲之暉麗。是宜樂志。其善四也。夫方輿攬勝。何啻萬區。然多僻陋而未彰。或荒穢而不治。甚者概慕流風。自矜標致。而丹青土木。徒侈壯觀。卑壤山林。轉傷天趣。洞天福地。豈繫凡俗所窺。風月湖山。正待名賢爲主。余流連慨歎。因知此勝賞神鄉。非君之秀情超拔。殆未足以語此也。嗟夫。仙靈宅府。既手抉以洩其奇。畚畫溪山。復意匠以窮其妙。孟堅所云。天啓其心。人惎之謀者。余於山莊見之矣。昔顧阿瑛卜築界溪。園池亭榭。賓朋文酒。盛極東南。所著草堂雅集。玉山名勝二書。傳播至今。迄於勝明。祁忠惠公構園寓山。締造窮年。遠閣豐莊。通霞袖海。册戶題眉者。凡四十有九。自撰寓山注以誌之。今山莊之名。不減松越。君之雅量。可趾顧祁。盍輯爲橫雲紀勝一編。播美標奇。以繼文叔洛陽名園之後乎。抑又聞之。太倉王遜之奉

常之築西田也。東澗老人爲之撰記。時值奉常六十始壽之辰。余衰年寡學。何敢上企牧翁。若君之茂族瑰才。視西廬何以遠過。今君方花甲開筵。而余記適成。行將泛梁溪之棹。登飛雲之閣。朗誦茲文。舉杯邀月。即爲君進曼壽之觴可乎。丙子七月藏園傅增湘記。

後記

無錫是中國吴文化的發祥地。七千多年悠久歷史與文明，造就了『梁溪明秀之區，衣冠禮樂甲於江左』的城市人文傳統和深厚的歷史文化底藴。數千年來，文脉綿延，永世流芳。邵寶在《錫山遺響》序中曾經這樣描述：『錫之爲邑，在三吴間。山水清麗豐曠，生其地者，多沉雅秀整，以文名家，代不乏人。』文化已經成爲這座城市最本色的氣質。爲傳承吴地文明，建設文化名城，進一步彰顯無錫城市内在精神特質，經過幾年的精心策劃，旨在全面整理地方文化典籍的《無錫文庫》編纂出版工作於二〇一〇年全面啓動，二〇一一年起陸續與讀者見面了。

無錫的城市文化曾經爲中華文化寶庫作出過巨大貢獻。顧愷之、倪瓚、王紱、鄒一桂、賀天健、徐悲鴻、錢松喦、吴冠中，如松秀群嶺，在中國繪畫史上擁有很高的地位；華秋蘋、楊蔭瀏、劉天華、華彦鈞（阿炳），乃韵動天籟，對中國音樂發展發揮了重要作用；李紳、蔣防、尤袤、蔣捷、陳維崧、顧貞觀、嚴繩孫、周濟、劉半農，皆胸懷錦綉，在中國文學史上可謂各領風騷；計六奇、顧祖禹、顧棟高、秦蕙田、嵇璜、錢基博、錢穆、錢鍾書、錢海岳，可稱堂奥廣庭，學造淵源，在中國學術史上卓然大家；顧憲成、高攀龍之東林，唐文治之『國專』，徐霞客之游記，徐壽、華蘅芳之『格致之學』，陳翰笙、錢俊瑞、孫冶方、薛暮橋之經濟學，都堪稱中華文化史上的一座座高峰，至今閃耀着炫目的光芒。

深厚的歷史文化底蘊激發了無錫城市的文化自覺。市委、市政府滿懷對鄉土誠摯之情、對文化敬畏之感，以義不容辭的責任擔當，致力於文化强市建設，以科學的理念和方式對歷史文化遺産作全方位的觀照、深層次的發掘、系統性的保護，匯四海之智，舉全市之力，共襄文化建設盛舉。二〇〇六年十二月，無錫市成功申報國家歷史文化名城，標志着新一輪文化意識的覺醒，并迅速轉化爲文化自覺的實踐。近年來，我市全面啓動惠山、清名橋、小婁巷、榮巷、蕩口等五個歷史文化街區和十個古村落保護修復工程，『護其貌，顯其顔，鑄其魂，揚其韵』；鴻山遺址成功保護的經驗被國家文物局譽爲大遺址保護『無錫模式』，并被授予首批國家考古大遺址公園，闔閭城遺址考古發現則確立了歷史上無錫曾作爲吴王闔閭都城的地位；建成開放六十餘座博物館、名人故居和紀念館；對無錫的非物質文化遺産予以重點保護；每年春天舉辦的中國（無錫）吴文化節、中國文化遺産保護論壇成爲文化亮點，享譽海内外。這些舉措遵循規律，探索文化建設體制和機制的創新，形成了寶貴的『無錫經驗』，得到海内外學者、專家的一致肯定。

在注重保護歷史文化遺存的過程中，發掘、整理無錫歷史文獻著作，展示和弘揚無錫城市的思想精神世界，自然而然成爲大家關注的重點。二〇〇六年，市委宣傳部組織無錫文史專家、學者編撰的十七册三百萬字的《無錫文化叢書》正式出版，引起强烈反響，出版後供不應求，在二〇〇八年再版加印。《無錫文化叢書》集中反映了無錫城市文化精華，展示了無錫城市文化特質，彰顯了無錫歷史文化的厚重，同時也告訴人們，文化精神的傳遞是文化繁榮發展的重要内涵，一旦擦去歲月蒙塵，優秀的歷史文化就會轉化成爲取之不盡的精神財富。

爲了進一步彰顯城市歷史文化底藴，二〇〇七年，市委、市政府將全面系統整理無錫文化典籍擺上工作議事日程，明確提出編纂《無錫文庫》。由于無錫歷史文化底藴深厚，卷帙浩繁，内容豐富，編纂工作千頭萬緒，要想整理出一部簡明扼要而又内容翔實、主旨鮮明而又文質彬彬的文獻集成，難度遠大於預想。爲此，我們先後成立了《無錫文庫》工作委員會和編輯委員會，加强對編纂出版工作的組織領導與統籌協調，在尊重歷史、尊重規律、尊重科學、尊重專家的基礎上，積極推進文庫編纂工作。編輯委員會經過反復論證，明確原則，綱舉目張，有條不紊地開展工作。充分憑借地方文史專家的優勢，充分發揮高校人文學院、研究機構的作用，充分依靠出版機構的專業經驗，并邀請國内外著名文史專家指導、把關，形成了文庫編纂的工作合力。

在編輯過程中，我們力求使《無錫文庫》成爲經得起歷史考驗的鄉邦文獻集成。

全面規劃又保持開放結構。面對豐富的歷史文化積澱，没有規劃就不可能形成清晰的編纂思路。在前期編纂工作中，編輯委員會經過二十餘次的論證會和專題研討會，形成并確定了《無錫文庫》總書目，明確了收録範圍和内容主體，立足無錫市區，兼顧江陰、宜興，主要體現無錫本土内容，突出人文科學，適當兼顧其他門類。據此，《無錫文庫》收録圖書五百五十餘種，分爲五輯：第一輯『官修舊志』，收編無錫地方志（含江陰、宜興）；第二輯『地方史料專著』，收編反映無錫地方史料的專著與筆記；第三輯『年譜家乘』，收編無錫（含江陰、宜興）地方名人年譜和望族的家譜；第四輯『無錫文存』，收編歷史上無錫作家詩文和專著的精華；第五輯『近現代名家名著存目』，編撰無錫近現代名家名著的書目提要。爲使文庫具有更大的開放度和包容量，《無錫文庫》注重整體設計，在框架分類上既注意整合，又突出重點，考慮到文庫的涵蓋面和系統性；在書目選擇上既注重經典性，又强調代表性，兼顧到圖書本身質量和作者特點；在出版方式上既總體規劃、循序推進，又采取較爲靈活的方式，成熟一批出版一批，不編序號，爲今後增補書目預留空間。

尊重歷史又反映時代特色。《無錫文庫》注重歷史性與時代性相結合，以嶄新的學術角度和現代學科理念對城市歷史文化進行整理和弘揚。編纂工作充分體現對歷史傳統的尊重，儘可能減少評述性成分，杜絶截割、改篡、增删圖書内容，對節選本衹采取作者的自選本。與此同時，以現代學術視野來看待傳統史料，增加收録有價值的歷史資料和文獻，如對民國時期的一些稿本、期刊、會刊、紀念册也予以應有的關注，收入了部分重要的民間史料。

保持原貌又便于讀者查閲。《無錫文庫》除第五輯外，全部采用原版影印方式，力争選擇最優版本作底本，保持文獻著作的歷史面目。爲了便於閲讀、查證、使用、研究，每一輯均撰寫編輯説明，每種書撰寫提要，并編撰《文庫》書目索引。通過這樣的方式，使《無錫文庫》兼具工具書檢索的作用，增强文化典籍整理的實用功能。

如期完成又精益求精。《無錫文庫》作爲一項重大文化工程，編纂工作面廣量大，必須集中力量，一鼓作氣。我們明確，從編纂工作全面啓動開始，花三年時間完成《無錫文庫》出版工作。《無錫文庫》總書目形成後，五輯的書目編纂工作同時開展、整體推進。我們要求，《無錫文庫》編纂出版工作要强化精品意識，力求思想精深、内容精彩、選編精當、學風精良、裝幀精美。文庫編纂出版的每個環節都反復論證推敲，確保經得起歷史檢驗。

《無錫文庫》的編纂出版工作，得到了鳳凰出版傳媒集團的大力支持，鳳凰出版社在版本選擇、編輯出版方面做了細緻的工作；由於《無錫文庫》收録的資料有三分之二散落在全國各圖書館中，中國國家圖書館、上海圖書館、南京圖書館等一批國内知名圖書館爲此提供了積極的幫助；應邀擔任《無錫文庫》學術顧問的專家，都是無錫籍的文化名人和國内一流的古籍研究專家，他們有的不顧年事已高，有的不顧自身工作繁忙，爲《無錫文庫》的編纂工作付出辛勤勞動；《無錫文庫》工作委員會和編輯委員會成員以及編務人員在文庫編纂出版過程中做了大量的工作。在此，謹向他們表示崇高的敬意和由衷的謝忱！

由於《無錫文庫》收録内容涉及範圍廣、時間跨度長，部分書目已經散佚，可利用資料受到限制，加之編輯委員會水平有限，《無錫文庫》的編纂工作難免會有一些疏漏和錯誤，不當之處敬請讀者指正。

王立人

二〇一一年一月